Physica-Lehrbuch

Physica-Lehrbuch

Basler, Herbert
Aufgabensammlung zur statistischen Methodenlehre und Wahrscheinlichkeitsrechnung
4. Aufl. 1991. 190 S.

Basler, Herbert
Grundbegriffe der Wahrscheinlichkeitsrechnung und Statistischen Methodenlehre
11. Aufl. 1994. X, 292 S.

Bloech, Jürgen u.a.
Einführung in die Produktion
2. Aufl. 1993. XX, 410 S.

Bossert, Rainer und Manz, Ulrich L.
Externe Unternehmensrechnung
Grundlagen der Einzelrechnungslegung, Konzernrechnungslegung und internationalen Rechnungslegung
1997. XVIII, 407 S.

Dillmann, Roland
Statistik II
1990. XIII, 253 S.

Endres, Alfred
Ökonomische Grundlagen des Haftungsrechts
1991. XIX, 216 S.

Farmer, Karl und Wendner, Ronald
Wachstum und Außenhandel
Eine Einführung in die Gleichgewichtstheorie der Wachstums- und Außenhandelsdynamik
1997. XX, 334 S.

Ferschl, Franz
Deskriptive Statistik
3. Aufl. 1985. 308 S.

Gabriel, Roland/Begau, Klaus/Knittel, Friedrich/Taday, Holger
Büroinformations- und -kommunikationssysteme
Aufgaben, Systeme, Anwendungen
1994. X, 148 S.

Gaube, Thomas u.a.
Arbeitsbuch Finanzwissenschaft
1996. X, 282 S.

Gemper, Bodo B.
Wirtschaftspolitik
1994. XVIII, 196 S.

Graf, Gerhard
Grundlagen der Volkswirtschaftslehre
1997. VIII, 324 S.

Hax, Herbert
Investitionstheorie
5. Aufl. korrigierter Nachdruck 1993. 208 S.

Heno, Rudolf
Jahresabschluß nach Handels- und Steuerrecht
1994. XVI, 390 S.

Huch, Burkhard u.a.
Rechnungswesen-orientiertes Controlling
Ein Leitfaden für Studium und Praxis
2. Aufl. 1995. XXVI, 431 S.

Kistner, Klaus-Peter
Produktions- und Kostentheorie
2. Aufl. 1993. XII, 293 S.

Kistner, Klaus-Peter
Optimierungsmethoden
Einführung in die Unternehmensforschung für Wirtschaftswissenschaftler
2. Aufl. 1993. XII, 222 S.

Kistner, Klaus-Peter und Steven, Marion
Produktionsplanung
2. Aufl. 1993. XII, 361 S.

Kistner, Klaus-Peter und Steven, Marion
Betriebswirtschaftslehre im Grundstudium
Band 1: Produktion, Absatz, Finanzierung
2. Aufl. 1996. XVI, 475 S.

Kortmann, Walter
Mikroökonomik
Eine anwendungsbezogene Einführung in das Grundmodell
1997. XVI, 494 S.

Kraft, Manfred und Landes, Thomas
Statistische Methoden
3. Aufl. 1996. X, 236 S.

Michaelis, Peter
Ökonomische Instrumente in der Umweltpolitik
Eine anwendungsorientierte Einführung
1996. XII, 190 S.

Nissen, Hans Peter
Makroökonomie I
3. Aufl. 1995. XXII, 331 S.

Sesselmeier, Werner
Blauermel, Gregor
Arbeitsmarkttheorien
1990. X, 222 S.

Steven, Marion
Hierarchische Produktionsplanung
2. Aufl. 1994. X, 262 S.

Swoboda, Peter
Betriebliche Finanzierung
3. Aufl. 1994. 305 S.

Vogt, Herbert
Einführung in die Wirtschaftsmathematik
6. Aufl. 1988. 250 S.

Vogt, Herbert
Aufgaben und Beispiele zur Wirtschaftsmathematik
2. Aufl. 1988. 184 S.

Weise, Peter u.a.
Neue Mikroökonomie
3. Aufl. 1993. X, 506 S.

Zweifel, Peter und Heller, Robert H.
Internationaler Handel
Theorie und Empirie
3. Aufl. 1997. XXII, 418 S.

Rainer Bossert

Unternehmensbesteuerung und Bilanzsteuerrecht

Grundlagen der Einkommen- und Körperschaftbesteuerung von Unternehmen

Mit 84 Abbildungen

Springer-Verlag Berlin Heidelberg GmbH

Prof. Dr. Rainer Bossert
Hamsterweg 1
D-65307 Bad Schwalbach

Die Deutsche Bibliothek - CIP-Einheitsaufnahme

Bossert, Rainer:
Unternehmensbesteuerung und Bilanusteuerrecht : Grundlagen
der Einkommens- und Körperschaftsbesteuerung / Rainer
Bossert. - Heidelberg : Physica-Verl., 1997
(Physica-Lehrbuch)
ISBN 978-3-7908-1005-9   ISBN 978-3-642-59272-0 (eBook)
DOI 10.1007/978-3-642-59272-0

ISBN 978-3-7908-1005-9

Dieses Werk ist urheberrechtlich geschützt. Die dadurch begründeten Rechte, insbesondere die der Übersetzung, des Nachdrucks, des Vortrags, der Entnahme von Abbildungen und Tabellen, der Funksendung, der Mikroverfilmung oder der Vervielfältigung auf anderen Wegen und der Speicherung in Datenverarbeitungsanlagen, bleiben, auch bei nur auszugsweiser Verwertung, vorbehalten. Eine Vervielfältigung dieses Werkes oder von Teilen dieses Werkes ist auch im Einzelfall nur in den Grenzen der gesetzlichen Bestimmungen des Urheberrechtsgesetzes der Bundesrepublik Deutschland vom 9. September 1965 in der jeweils geltenden Fassung zulässig. Sie ist grundsätzlich vergütungspflichtig. Zuwiderhandlungen unterliegen den Strafbestimmungen des Urheberrechtsgesetzes.

© Springer-Verlag Berlin Heidelberg 1997
Ursprünglich erschienen bei Physica-Verlag Heidelberg 1997

Die Wiedergabe von Gebrauchsnamen, Handelsnamen, Warenbezeichnungen usw. in diesem Werk berechtigt auch ohne besondere Kennzeichnung nicht zu der Annahme, daß solche Namen im Sinne der Warenzeichen- und Markenschutz-Gesetzgebung als frei zu betrachten wären und daher von jedermann benutzt werden dürften.

Umschlaggestaltung: Erich Kirchner, Heidelberg
SPIN 10570536   88/2202-5 4 3 2 1 0 – Gedruckt auf säurefreiem Papier

Vorwort

In Zeiten, in denen der Gesetzgeber hektische Betriebsamkeit entfaltet und das Steuerrecht permanent korrigiert, modifiziert und/oder durch weitere Ausnahmen zur Ausnahmeregelung die Komplexität erhöht, erscheint es als kühnes, mitunter fast fragwürdiges Unterfangen, ein in die Grundlagen der Einkommen- und Körperschaftbesteuerung einführendes Lehrbuch zu verfassen.
Dennoch habe ich mich zu diesem Schritt entschlossen, nicht, um den vorliegenden Lehrbüchern ein weiteres Werk hinzuzufügen, sondern mit dem Ziel, dem Leser eine aktuelle, leicht verständliche und vergleichsweise umfassende Einführung in eine durchaus schwierige, intransparente Materie an die Hand zu geben, entbindet die Gesetzgebungshektik doch nicht von der Verpflichtung, Wissen stets aktuell erarbeiten zu müssen. Um Verständlichkeit und Nachvollziehbarkeit sicherzustellen, wurden bewußt zahlreiche Abbildungen, Beispiele und Vergleichsrechnungen in den Text integriert; das recht umfangreiche Literaturverzeichnis soll nicht etwa die vollständige Verarbeitung relevanter Veröffentlichungen belegen, vielmehr soll dem/der Leser/in ein Hilfsmittel zur Verfügung gestellt werden, das im Einzelfall die vertiefende Erarbeitung ausgewählter Fragestellungen ermöglicht.
Die thematische Auswahl der Lehrbuchinhalte basiert auf den langjährigen Lehrerfahrungen des Verfassers an Fachhochschule und Universität, berücksichtigt aber gleichermaßen Erkenntnisse des Verfassers aus Industrietätigkeit und Beratungspraxis hinsichtlich der fachspezifischen Anforderungen, die an Absolventen eines betriebswirtschaftlichen Studiums gestellt werden. Insoweit wendet sich das einführende Lehrbuch insbesondere an Studierende der Betriebswirtschaftslehre an Universitäten, Fachhochschulen, Berufsakademien sowie Verwaltungs- und Wirtschaftsakademien, die sich, ohne sich notwendigerweise auf die Fachrichtung Betriebswirtschaftliche Steuerlehre/Steuerrecht spezialisieren zu wollen, ein hinreichendes Grundwissen dieses Fachgebiets aneignen wollen oder müssen. Darüberhinaus wendet sich das Lehrbuch aber auch an Studierende der Rechtswissenschaften sowie den in Vor- oder Geleitworten immer wieder angesprochenen „Praktiker", der sich mit der Materie vertraut machen will.
Die Erarbeitung des Lehrbuchs setzt hinreichende Kenntnisse der Finanzbuchhaltung sowie der handelsrechtlichen Rechnungslegung voraus, wurde aber bewußt so konzipiert, daß jeweils relevante Fragen der handelsrechtlichen Bilanzierung und Bewertung in das Lehrbuch, wenn auch in vereinfachter Darstellung, integriert wurden. Damit soll sichergestellt werden, daß sich die Aufarbeitung der Inhalte weitgehend ohne Parallellektüre realisieren läßt.
Im **Ersten Teil** werden allgemeine Grundlagen vermittelt, die für das Verständnis des „Systems" der Einkommen- und Körperschaftsbesteuerung von Unternehmen unerläßlich sind: In besonderem Maße gilt dies für Ziele und Prinzipien des Steuerrechts, aber auch für die Systematik der Steuerarten, das Besteuerungsverfahren sowie das Aufzeigen von Problemfeldern, die die Unternehmensbesteuerung in

Deutschland kennzeichnen. Der **zweite Teil** führt in die Einkommenbesteuerung des Einzelunternehmer sowie von Mitunternehmern von Personengesellschaften ein, wobei das thematische Schwergewicht naturgemäß auf einem unter Beachtung des Maßgeblichkeitsprinzips erstellten Betriebsvermögensvergleich nach § 5 EStG liegt. Unabhängig hiervon werden jedoch auch die anderen Gewinnermittlungsmethoden ausreichend skizziert. Der **dritte Teil** vermittelt eine gestraffte Einführung in die Körperschaftbesteuerung von Kapitalgesellschaften. Dabei stehen - einer Einführung entsprechend - die körperschaftsteuerlichen Modifikationen des Steuerbilanzgewinns, das Anrechnungsverfahren sowie die körperschaftsteuerliche Organschaft im Mittelpunkt.

Abschließend sei allen gedankt, die mich bei der Abfassung und druckreifen Umsetzung des Manuskripts auf mannigfache Weise unterstützt haben. Mein Dank gilt in diesem Zusammenhang auch Herrn Dr. Müller sowie den Damen und Herren von der Springer-Verlagsgruppe, die mir äußerst kooperativ zur Seite standen. Besonderen Dank aber schulde ich meiner Frau, die mit unermüdlicher Geduld und Nachsicht immer wieder bereit war, auf Urlaub zu verzichten und es mir damit ermöglicht hat, innerhalb einer vergleichsweise kurzen Zeitspanne ein weiteres Lehrbuch in der Physica-Lehrbuchreihe vorzulegen.

Heidelberg, im Dezember 1996   Rainer Bossert

Inhaltsverzeichnis

A	**Grundlagen**..	1
1	**Problematik von Unternehmensbesteuerung und Steuersystem**	1
2	**Allgemeine Grundlagen der Unternehmensbesteuerung**...........	5
2.1	Steuerbegriff..	5
2.2	Steuerarten...	6
2.3	Steueraufkommen...	8
2.4	Steuerhoheit...	10
2.5	Rechtsquellen und Rechtsnormen des Steuerrechts...................	11
2.6	Ziele und Prinzipien des Steuerrechts.....................................	14
2.6.1	Leistungsfähigkeitsprinzip...	15
2.6.2	Gleichmäßigkeit und Tatbestandsmäßigkeit der Besteuerung......	17
2.6.3	Steuerliche Haupt- und Nebenziele..	19
2.7	Typisierende und wirtschaftliche Betrachtungsweise im Steuerrecht..	20
3	**Ausgewählte Aspekte des Besteuerungsverfahrens**................	26
3.1	Ermittlungsverfahren und Festsetzungsverfahren.....................	26
3.2	Steuerrechtsfähigkeit, Steuerpflichtiger und Steuerschuldner......	31
3.3	Besteuerungsverfahren und Betriebsprüfung............................	34
3.3.1	Allgemeine Grundlagen...	34
3.3.2	Außenprüfung..	35
3.3.3	Grundlagen der Betriebsprüfung..	38
B	**Besteuerung des Unternehmenserfolges von Einzelunternehmen und Personengesellschaften: Einkommensteuer**..	46
1	**Allgemeine Charakteristik der Einkommensteuer**................	47
2	**Aufbau des Einkommensteuergesetzes**.................................	49
3	**Persönliche und sachliche Steuerpflicht**...............................	51
3.1	Persönliche Steuerpflicht..	51
3.1.1	Unbeschränkte Einkommensteuerpflicht.................................	52
3.1.2	Beschränkte Einkommensteuerpflicht.....................................	52
3.2	Sachliche Steuerpflicht..	54
3.2.1	Systematik der Einkunftsarten...	58
3.2.2	Haupt- und Nebeneinkunftsarten...	59

3.2.3	Überschuß- und Gewinneinkunftsarten	60
3.2.4	Umfang und Besonderheiten der Gewinneinkunftsarten	63
3.2.4.1	Einkünfte aus Land- und Forstwirtschaft	63
3.2.4.2	Einkünfte aus Gewerbebetrieb	65
3.2.4.2.1	Merkmale eines Gewerbebetriebes	65
3.2.4.2.2	Unternehmen, Unternehmer, Mitunternehmer und Mitunternehmerschaft im Einkommensteuerrecht	68
3.2.4.2.3	Arten gewerblicher Einkünfte	77
3.2.4.3	Einkünfte aus selbständiger Arbeit	83
3.2.5	Methoden der Gewinnermittlung	84
3.2.5.1	Überschußrechnung gemäß § 4 Abs. 3 EStG	85
3.2.5.2	Betriebsvermögensvergleich gemäß § 4 Abs. 1 EStG	87
3.2.5.3	Betriebsvermögensvergleich gemäß § 5 EStG	89
3.2.5.3.1	Gewerbetreibende i.S.d. § 5 Abs. 1 S. 1 EStG	92
3.2.5.3.2	Gesetzliche Buchführungs- und Abschlußpflichten	93
3.2.5.4	Gewinnermittlung nach Durchschnittssätzen gemäß § 13a EStG	94
3.2.5.5	Schätzung nach § 162 AO	95
3.2.5.6	Anwendungsbereich der Gewinnermittlungsmethoden	95
3.3	Betriebseinnahmen und Betriebsausgaben	96
3.3.1	Betriebseinnahmen	97
3.3.2	Betriebsausgaben	99
3.3.3	Beschränkt abzugsfähige und nichtabzugsfähige Betriebsausgaben	101
3.4	Einlagen und Entnahmen	103
4	**Gewinnermittlung und Ertragsteuerbilanz**	**106**
4.1	Der Grundsatz der Maßgeblichkeit der Handels- für die Steuerbilanz	107
4.1.1	Materielle Maßgeblichkeit	107
4.1.2	Formelle Maßgeblichkeit	108
4.1.3	Umgekehrte Maßgeblichkeit	108
4.2	Maßgeblichkeit, handelsrechtliche Rechnungslegung und steuerliche Gewinnermittlung	109
4.3	Handelsrechtliche Grundsätze ordnungsmäßiger Buchführung	112
4.3.1	Grundsatz der Bilanzwahrheit	113
4.3.2	Grundsatz der Vollständigkeit	113
4.3.3	Grundsatz der Einzelbewertung	113
4.3.4	Grundsatz der Bilanzklarheit	115
4.3.5	Grundsatz der Bilanzkontinuität	115
4.3.6	Grundsatz der Vorsicht	118
4.3.6.1	Realisationsprinzip	118
4.3.6.2	Imparitätsprinzip	120
4.3.6.3	Anschaffungswertprinzip	121
4.3.7	Grundsatz der Stichtagsbezogenheit	122

4.3.8	Grundsatz der Unternehmensfortführung	124
4.3.9	Grundsatz der Wesentlichkeit	124
4.4	Bilanzierungskonzeption des Einkommensteuerrechts	125
4.4.1	Wirtschaftsgüter und Bilanzierung	127
4.4.1.1	Aktive Wirtschaftsgüter: Wirtschaftsgutbegriff und abstrakte Bilanzierungsfähigkeit	127
4.4.1.2	Konkrete Bilanzierungsfähigkeit: Aktivierungspflicht, Aktivierungswahlrechte und Aktivierungsverbote	137
4.4.1.3	Bilanzierungshilfen	140
4.4.1.4	Passive Wirtschaftsgüter: Wirtschaftsgutbegriff, abstrakte und konkrete Bilanzierungsfähigkeit	141
4.4.1.5	Passivierungspflichten, Passivierungswahlrechte und Passivierungsverbote	146
4.4.2	Rechnungsabgrenzungsposten	152
4.4.2.1	Aktive Rechnungsabgrenzungsposten	152
4.4.2.2	Passive Rechnungsabgrenzungsposten	156
4.4.3	Persönliche und sachliche Zurechnung der Wirtschaftsgüter	157
4.4.3.1	Betriebsvermögen und Privatvermögen	158
4.4.3.1.1	Notwendiges Betriebsvermögen	159
4.4.3.1.2	Gewillkürtes Betriebsvermögen	161
4.4.3.1.3	Notwendiges Privatvermögen	163
4.4.3.2	Besonderheiten des steuerlichen Betriebsvermögens von Personengesellschaften	163
4.4.3.3	Betriebsvermögen und Sonderbetriebsvermögen: Ermittlung der Einkünfte aus Gewerbebetrieb bei Mitunternehmern einer Personengesellschaft - Beispiel -	165
4.4.4	Exkurs: Bilanzierung geleaster Wirtschaftsgüter	168
4.5	Bewertungskonzeption und Bewertungsmaßstäbe des Einkommensteuerrechts	171
4.5.1	Bewertungsprozeß	171
4.5.2	Bewertungsmaßstäbe	175
4.5.2.1	Anschaffungskosten	176
4.5.2.2	Herstellungskosten	184
4.5.2.3	Ermittlung der Anschaffungs- oder Herstellungskosten	194
4.5.2.3.1	Festbewertung	195
4.5.2.3.2	Gruppenbewertung	196
4.5.2.3.3	Durchschnittsbewertung	197
4.5.2.3.4	Verbrauchs- oder Veräußerungsfolgeverfahren	197
4.5.2.3.5	Retrograde Ermittlung der Anschaffungs- oder Herstellungskosten	200
4.5.2.3	Erfüllungsbetrag/Rückzahlungsbetrag	201
4.5.2.4	Barwert	202
4.5.2.5	Teilwert	203
4.5.2.5.1	Teilwertkonzeption	204

4.5.2.5.2	Teilwertvermutungen	207
4.6	Bewertung aktiver Wirtschaftsgüter	215
4.6.1	Handelsrechtliche Bewertung von Vermögensgegenständen	215
4.6.1.1	Handelsrechtliche Bewertung der Gegenstände des Anlagevermögens	216
4.6.1.2	Handelsrechtliche Bewertung von Gegenständen des Umlaufvermögens	222
4.6.2	Steuerrechtliche Bewertung aktiver Wirtschaftsgüter	225
4.6.2.1	Bewegliche und unbewegliche abnutzbare Wirtschaftsgüter des Anlagevermögens	225
4.6.2.1.1	Absetzungen für Abnutzung (AfA) oder Substanzverringerung (AfS)	226
4.6.2.1.2	Sofortabschreibung geringwertiger Wirtschaftsgüter	235
4.6.2.1.3	Absetzung für außergewöhnliche Abnutzung (AfaA)	236
4.6.2.1.4	Teilwertabschreibung	238
4.6.2.1.5	Zusammenfassende Gegenüberstellung der Abschreibungsverrechnung in Handels- und Steuerbilanz	244
4.6.2.2	Nichtabnutzbare Wirtschaftsgüter des Anlagevermögens und Wirtschaftsgüter des Umlaufvermögens	245
4.6.3	Handels- und steuerrechtliche Bewertung von Verbindlichkeiten bzw. passiven Wirtschaftsgüter	246
4.6.4	Steuerliche Bewertungsfreiheiten	247
4.6.4.1	Sonderabschreibungen, erhöhte Abschreibungen und Bewertungsabschläge	269
4.6.4.2	Steuerfreie Rücklagen und Übertragung stiller Reserven auf Reinvestitionsobjekte gemäß § 6b EStG	251
4.6.4.3	Steuerfreie Rücklagen und Übertragung stiller Reserven auf Ersatzwirtschaftsgüter gemäß R 35 EStR	254
4.6.4.4	Ansparabschreibung und Ansparrücklage	256
4.6.5	Bewertung von Einlagen und Entnahmen	259
4.7	Verlustabzug nach § 10d EStG	262
5	**Einkommensteuertarif, Veranlagung und Erhebung**	265
5.1	Normaltarif und Veranlagung	265
5.2	Progressionsvorbehalt	270
5.3	Tarifbegrenzung für gewerbliche Einkünfte	271
5.4	Tarifermäßigung für außerordentliche Einkünfte	274
5.5	Tarifliche Einkommensteuer und festzusetzende Einkommensteuer	274
5.6	Steuererhebung	275
6	**Solidaritätszuschlag**	277

| C | Besteuerung des Unternehmenserfolges von Kapitalgesellschaften: Körperschaftsteuer | 278 |

| 1 | Allgemeine Charakteristik der Körperschaftsteuer | 278 |

| 2 | Aufbau des Körperschaftsteuergesetzes | 282 |

3	Persönliche und sachliche Steuerpflicht	283
3.1	Persönliche Steuerpflicht	283
3.1.1	Unbeschränkte Körperschaftsteuerpflicht	283
3.1.2	Beschränkte Körperschaftsteuerpflicht	286
3.1.3	Körperschaftsteuerbefreiungen	287
3.2	Sachliche Steuerpflicht	288
3.2.1	Körperschaftsteuerliche Modifikationen des Steuerbilanzergebnisses	293
3.2.1.1	Offene und verdeckte Einlagen im Rahmen von Gesellschaft-Gesellschafter-Beziehungen	293
3.2.1.2	Verdeckte Gewinnausschüttungen im Rahmen von Gesellschaft-Gesellschafter-Beziehungen	296
3.2.1.3	Verdeckte Gewinnausschüttungen im Rahmen der Gesellschafter-Fremdfinanzierung	300
3.2.1.4	Abziehbare Aufwendungen	303
3.2.1.5	Nichtabziehbare Aufwendungen (nichtabziehbare Betriebsausgaben)	305
3.2.1.6	Steuerfreie Einnahmen (Erträge)	308
3.2.1.7	Verlustabzug	309
3.2.2	Schema zur Ermittlung des zu versteuernden Einkommens von Kapitalgesellschaften	310

| 4 | Körperschaftsteuertarif und Veranlagung | 312 |

5	Körperschaftsteuerliches Anrechnungsverfahren	316
5.1	Zielsetzung und Konzeption	316
5.2	Herstellung der Ausschüttungsbelastung	321
5.3	Verwendbares Eigenkapital	323
5.4	Nichtabziehbare Betriebsausgaben und Anrechnungsverfahren	335
5.5	Betriebswirtschaftliche Aspekte der Körperschaftsteuer: Anrechnungs-, Definitiv- und Interimkörperschaftsteuer	339

6	Körperschaftsteuerliche Organschaft	341
6.1	Konzeption und Zielsetzung der körperschaftsteuerlichen Organschaft	341
6.2	Voraussetzungen der Organschaft	343

6.2.1	Organträger und Organgesellschaft	343
6.2.2	Eingliederung der Organgesellschaft in den Gewerbebetrieb des Organträgers	345
6.2.3	Gewinnabführungsvertrag	350
6.3	Ermittlung und Zurechnung des Einkommens der Organgesellschaft	352
6.4	Vorteile der Organschaft	357

Literaturverzeichnis ... 361

Stichwortverzeichnis ... 369

Abkürzungsverzeichnis

a.A.	Anderer Ansicht
a.a.O.	am angegebenen Ort
Abs.	Absatz
Abschn.	Abschnitt
AEAO	Anwendungserlaß zur Abgabenordnung
a.F.	alte Fassung
AfA	Absetzung für Abnutzung
AfaA	Absetzung für außergewöhnliche technische oder wirtschaftliche Abnutzung
AFG	Arbeitsförderungsgesetz
AfS	Absetzung für Substanzverringerung bzw. Substanzverzehr
AG	Aktiengesellschaft
AIG	Auslandsinvestitionsgesetz
Anm.	Anmerkung
AO	Abgabenordnung
ArbNErfG	Gesetz über Arbeitnehmererfindungen
Art.	Artikel
AStG	Außensteuergesetz
BAnz	Bundesanzeiger
BB	Betriebs-Berater (Zeitschrift)
Bd.	Band
BdF	Bundesminister der Finanzen
Begr.	Begründung
BerlinFG	Berlinförderungsgesetz
betr.	betrifft, betreffend
BewG	Bewertungsgesetz
BFH	Bundesfinanzhof
BFHE	Sammlung der Entscheidungen des Bundesfinanzhofs

BFH/NV	Sammlung amtlich nicht veröffentlichter Entscheidungen des BFH, Haufe-Verlag, Freiburg
BFM	Bundesfinanzministerium
BFuP	Betriebswirtschaftliche Forschung und Praxis (Zeitschrift)
BGB	Bürgerliches Gesetzbuch
BGBl.	Bundesgesetzblatt
BGH	Bundesgerichtshof
BGHZ	Entscheidungen des BGH in Zivilsachen
BiRiLiG	Bilanzrichtlinien-Gesetz
BMF	Bundesministerium der Finanzen
BpO	Betriebsprüfungsordnung
BpO(St)	Betriebsprüfungsordnung (Steuer)
BR	Bundesrat
BR-Drucks.	Bundesrat-Drucksache
BStBl.	Bundessteuerblatt
BT	Bundestag
BT-Drucks.	Bundestag-Drucksache
BVerfG	Bundesverfassungsgericht
DB	Der Betrieb (Zeitschrift)
DBA	Doppelbesteuerungsabkommen
ders.	derselbe
DMBEG	D-Markbilanzergänzungsgesetz
DMBG	D-Markbilanzgesetz
DMBilG	D-Markbilanzgesetz
Dötsch/Eversberg	Die Körperschaftsteuer, Loseblatt-Kommentar, Stuttgart 1983 ff.
Drucks.	Drucksache
DStR	Deutsches Steuerrecht (Zeitschrift)
DStZ	Deutsche Steuer-Zeitung (Zeitschrift)
EFG	Entscheidungen der Finanzgerichte
EG	Einführungsgesetz, Europäische Gemeinschaft

EGAO	Einführungsgesetz zur AO
EinfErl	Einführungserlaß
Entsch	Entscheidung
EntwHStG	Entwicklungshilfe-Steuergesetz
EntwLStG	Entwicklungsländer-Steuergesetz
EStÄG	Einkommensteuer-Änderungsgesetz
EStDV	Einkommensteuer-Durchführungsverordnung
EStER	Einkommensteuer-Ergänzungsrichtlinien
EStG	Einkommensteuergesetz
EStR	Einkommensteuer-Richtlinien
EU	Europäische Union
EWIV	Europäische Wirtschaftliche Interessenvereinigung
FG	Finanzgericht
FGO	Finanzgerichtsordnung
Fifo	First in first out
FR	Finanz-Rundschau (Zeitschrift)
GenG	Genossenschaftsgesetz
GewStG	Gewerbsteuergesetz
GG	Grundgesetz
gl.A.	gleicher Ansicht
GmbH	Gesellschaft mit beschränkter Haftung
GmbHG	GmbH-Gesetz
GoB	Grundsätze ordnungsmäßiger Buchführung
grds.	grundsätzlich
GrS	Großer Senat
GuV	Gewinn- und Verlustrechnung
Hermann/Heuer/ Raupach	Einkommensteuer- und Körperschaftsteuergesetz mit Nebengesetzen, Loseblatt-Kommentar, Otto-Schmidt-Verlag, Köln

HFR	Höchstrichterliche Finanzrechtsprechung
HGB	Handelsgesetzbuch
h.M.	herrschende Meinung
HR	Handelsregister
Hrsg., hrsg.	Herausgeber, herausgegeben
HURB	Handwörterbuch unbestimmter Rechtsbegriffe im Bilanzrecht des HGB
i.d.F.	in der Fassung
i.a.R.	in aller Regel
i.d.R.	in der Regel
IDW	Institut der Wirtschaftsprüfung in Deutschland e.V.
InstFSt	Institut Finanzen und Steuern e.V.
InvZul	Investitionszulage
InvZulG	Investitionszulagengesetz
i.S.d.	im Sinne des
i.S.v.	im Sinne von
i.V.m.	in Verbindung mit
i.w.S.	im weiteren Sinne
JbFS	Jahrbuch der Fachanwälte für Steuerrecht
KAAG	Gesetz über Kapitalanlagegesellschaften
KapESt	Kapitalertragsteuer
KapErhStG	Kapitalerhöhungs-Steuergesetz
KG	Kommanditgesellschaft
KGaA	Kommanditgesellschaft auf Aktien
KStDV	Körperschaftsteuer-Durchführungsverordnung
KStG	Körperschaftsteuergesetz
KStR	Körperschaftsteuer-Richtlinien
KStRG	Körperschaftsteuer-Reformgesetz

Lifo	Last in first out
m.a.W.	Mit anderen Worten
m.E.	meines Erachtens
m.w.N.	mit weiteren Nachweisen
MwSt	Mehrwertsteuer
NJW	Neue Juristische Wochenschrift (Zeitschrift)
Nr.	Nummer
Nrn.	Nummern
OFD	Oberfinanzdirektion
OHG	Offene Handelsgesellschaft
PublG	Publizitätsgesetz
RAO	Reichsabgabenordnung
RegE	Regierungsentwurf
RFH	Reichsfinanzhof
Rn	Randnummer
RStBl.	Reichssteuerblatt
Rz.	Randziffer
S.	Seite
sog.	sogenannt
SolZG	Solidaritätsgesetz 1995
Sp.	Spalte
st.Rspr.	ständige Rechtsprechung
StandOG	Standortsicherungsgesetz
StÄndG	Steueränderungsgesetz
StBereinG	Steuerbereinigungsgesetz
Stbg	Die Steuerberatung (Zeitschrift)
StbJb	Steuerberaterjahrbuch

StEK	Steuererlasse in Karteiform, Otto-Schmidt-Verlag, Köln
SteuerStud	Steuer und Studium (Zeitschrift
StuW	Steuer und Wirtschaft (Zeitschrift)
Tz.	Textziffer
u.a.	unter anderem
Urt.	Urteil
UStDV	Umsatzsteuer-Durchführungsverordnung
UStG	Umsatzsteuergesetz
UStR	Umsatzsteuer-Richtlinien
vEK	verwendbares Eigenkapital
VVaG	Versicherungsverein auf Gegenseitigkeit
VZ	Veranlagungszeitraum
WPg	Die Wirtschaftsprüfung (Zeitschrift)
ZfB	Zeitschrift für Betriebswirtschaft
Ziff.	Ziffer
ZonenrandFG	Zonenrandförderungsgesetz
ZRFG	Zonenrandförderungsgesetz

A Grundlagen

1 Problematik von Unternehmensbesteuerung und Steuersystem

Im Rahmen der Besteuerung von Unternehmen kommt der steuerlichen Gewinnermittlung die zentrale Bedeutung schlechthin zu, da der steuerliche Gewinn die Hauptbemessungsgrundlage der gewinnabhängigen Steuern, der sog. Ertragsteuern, darstellt. Die gewinnunabhängigen Substanzsteuern des Unternehmens (z.B. Gewerbekapitalsteuer, Vermögensteuer) sind demgegenüber von eher untergeordneter Bedeutung, auch wenn nach wie vor über die steuersystematische Berechtigung der Gewerbesteuer kontrovers diskutiert und die verfassungsrechtliche Entsprechung der Vermögensteuer in ihrer derzeitigen Ausgestaltung zurecht verneint wird.

Kennzeichnend für die Gewinnbesteuerung in der deutschen Steuerrechtsordnung ist, daß der Gewinn des Unternehmens nicht rechtsformneutral der Besteuerung unterworfen wird: Der Gewinn der Kapitalgesellschaften wird der Körperschaftsteuer (und Gewerbeertragsteuer), der Gewinn des Einzelunternehmens sowie die Gewinnanteile der Gesellschafter von Personenhandelsgesellschaften werden der Einkommensteuer (und Gewerbeertragsteuer) unterworfen mit der Konsequenz, daß die Wahl der Unternehmensrechtsform vielfach ausschließlich nach steuerlichen Zweckmäßigkeitsüberlegungen erfolgt, da die Steuerbelastung von Unternehmen mit identischer wirtschaftlicher Leistungsfähigkeit deutliche rechtsformabhängige Unterschiede aufweist. Zwei einfache Beispiele mögen dies verdeutlichen:

(1) Der Gewinnanteil eines Gesellschafters einer OHG unterliegt der Einkommensteuer. Die Höhe der Steuerbelastung des auf den Gesellschafter entfallenden Gewinns wiederum ist abhängig von den persönlichen Verhältnissen des steuerpflichtigen Gesellschafters (Familienstand, Alter, außergewöhnliche Belastungen sowie anderen positiven oder negativen Einkünften). Dies kann im Extrem dazu führen, daß der anteilige Unternehmensgewinn des Gesellschafters A einem Einkommensteuersatz von z.B. 40 % unterliegt, während der identisch hohe anteilige Unternehmensgewinn des Gesellschafters B überhaupt nicht besteuert wird.

(2) Die Tarifgestaltung der Einkommensteuer einerseits und der Körperschaftsteuer andererseits ist nach wie vor unterschiedlich, auch wenn durch das Standortsicherungsgesetz der Körperschaftsteuersatz auf 45 % und der Einkommensteuerspitzensatz für gewerbliche Einkünfte auf maximal 47 % gesenkt wurden.

Die wenig sachgerechte und nach wie vor rechtsformabhängig unterschiedliche Besteuerung von Unternehmen hat nicht zuletzt dazu geführt, daß eine Reihe von Konstrukten geschaffen wurden, die ausschließlich die Minderung der Steuerbelastung von Unternehmen und den Ausgleich rechtsformspezifischer Nachteile zum

Ziel haben: Betriebsaufspaltung, GmbH & Co KG, AG & Co KG, Zwei- bzw. Dreikonten-Modell usw. stehen stellvertretend hierfür.

Die immer wieder angekündigte Unternehmenssteuerreform steht nach wie vor aus: Ein einheitliches, die wirtschaftliche Natur eines Unternehmens berücksichtigendes Unternehmenssteuerrecht wurde bislang nicht geschaffen, vielmehr wurde durch punktuelle, vorrangig von der Tagespolitik bestimmte 'Änderungen' versucht, Auswüchse zu beseitigen und der tatsächlichen Entwicklung in der Unternehmenspraxis und der Rechtsprechung Rechnung zu tragen. Die im Jahre 1989 vom BFM eingesetzte Kommission zur 'Verbesserung der steuerlichen Bedingungen für Investitionen und Arbeitsplätze' (Unternehmenssteuerkommission) hat zwar in der Zwischenzeit Vorschläge erarbeitet und vorgelegt, doch ist unverkennbar, daß eine Unternehmenssteuerreform, die dieses Prädikat tatsächlich verdient, derzeit politisch offensichtlich weder gewollt ist noch für machbar erachtet wird. Bis dato wurde nicht einmal die mehr als überfällige Entlastung der Unternehmen von der ertragsunabhängigen Gewerbekapitalsteuer und Vermögensteuer realisiert, obwohl gerade diese Entlastung zu den aus Sicht der Kommission unabdingbaren Basisreformen zu zählen sind.[1] Zusammenfassendkann derzeit für das deutsche Steuersystem festgestellt werden:

(1) Das deutsche Steuerrecht kennt derzeit **kein eigenständiges System der Unternehmensbesteuerung**, die Besteuerung der Unternehmen ist vielmehr in ein allgemeines System eingebunden, das durch eine Vielzahl unterschiedlicher, z.T. miteinander verbundener Steuerarten und divergierende Bemessungsgrundlagen und Tarife gekennzeichnet ist.

Beispiel:

Der steuerpflichtige Gewinn einer AG wird zwar nach den Vorschriften des Körperschaftsteuergesetzes ermittelt und besteuert, der Gewinnermittlung wird jedoch der einkommensteuerpflichtige Gewinn zugrunde gelegt; das Einkommensteuergesetz wiederum beinhaltet nur *u.a.* Vorschriften zur Ermittlung des steuerpflichtigen Gewinns aus unternehmerischer Betätigung.

---

[1] Auch eine per 2.7.1996 erneut institutionalisierte 'Steuerreform-Kommission', in der unter Vorsitz des BMF vorrangig Mitglieder der politischen Exekutive und der Koalitionsparteien vertreten sind, läßt die vollmundig angekündigte umfassende Steuerreform nicht erwarten. Die Kommission wurde vielmehr als 'Kommission zur Reform der Einkommensbesteuerung' definiert, die insbesondere Vorschläge zur Senkung der Steuersätze zu erarbeiten hat und Vorschläge vorlegen soll, die „...dazu beitragen, das wirtschaftliche Wachstum in Deutschland zu stärken, den Erhalt und die Schaffung von Arbeitsplätzen zu fördern und Innovationen zu begünstigen" (vgl. BMF-Finanznachrichten 17/96, S. 1). Dies läßt eher eine Schaffung weiterer wirtschaftspolitisch motivierter Ausnahmeregelungen denn eine Straffung und systematische Ordnung des Einkommensteuerrechts erwarten, auch wenn die Verbesserung der Transparenz als Kommissions-Nebenziel definiert wurde. Die überfällige und notwendige grundlegende Reform der Unternehmensbesteuerung, wie sie von Wissenschaft und Praxis seit Jahren gefordert wird, läßt sich auf diesem Wege zweifellos nicht realisieren.

(2) Das deutsche Steuersystem **vernachlässigt** i.d.R. **wirtschaftliche Tatbestände**, die ein Unternehmen in betriebswirtschaftlicher Sicht charakterisieren, zugunsten zivilrechtlicher Beurteilungsmaßstäbe, so daß bedeutsame betriebswirtschaftliche Zielgrößen steuerechtlich zwangsläufig vernachlässigt werden.

Beispiel:

Die in betriebswirtschaftlicher Sicht relevanten Zielgrößen Cash Flow, kapitaltheoretischer Gewinn, operativer Gewinn, Deckungsbeitrag usw. sind steuerrechtlich irrelevant, die Erfolgsbemessungsgrundlagen werden vielmehr ausschließlich juristisch definiert.

(3) Das deutsche Steuersystem **besteuert Unternehmen** in Abhängigkeit von ihrer **Rechtsform unterschiedlich**, so daß die Steuerlastquote über die Rechtsformwahl oder -änderung beeinflußt werden kann; dies hat nicht nur zur Konsequenz, daß relevanten ökonomischen Faktoren wie Unternehmensgröße, Konzernierung und Marktstellung steuerlich unbeachtlich sind, vielmehr kann dies dazu führen, daß ein der Höhe nach identischer Periodengewinn zweier vergleichbarer Unternehmen in Abhängigkeit von Rechtsform und Gewinnverwendungsentscheidung unterschiedlich hoch besteuert wird.

(4) Die Komplexität des deutschen Steuerrechts führt aus Sicht der betroffenen Unternehmen zu einem vergleichsweise hohen Maß an **Planungsunsicherheit**, da weder die Steuerlastquote des Unternehmens noch die mit einzelnen Maßnahmen verbundenen steuerlichen Konsequenzen innerhalb gesicherten Rahmenbedingungen über einen längeren Zeitraum geplant werden können. Dies ist vorrangig auf die Komplexität des Steuerrechts, die 'Änderungsgeschwindigkeit' der Steuergesetzgebung, die zahlreichen Ausnahmeregelungen aber auch auf die Interpretationsfähigkeit und Auslegungsbedürftigkeit durch Finanzverwaltung und Finanzgerichte zurückzuführen.

Beispiel:

Minderung der steuerlichen Reisekostensätze bei Auslandsreisen, Wiederanhebung nach massiven Protesten der Industrieverbände; die Entscheidungsdauer bei Ausschöpfung des Instanzenzuges liegt z.T. bei fünf Jahren und darüber, d.h., das steuerpflichtige Unternehmen kann erst nach Vorliegen eines rechtskräftigen Urteils der Planung annähernd gesicherte (steuerliche) Daten zugrunde legen.

Durch die Verabschiedung von Jahressteuergesetzen, die vergleichsweise isoliert politisch für notwendig erachteten Gegebenheiten Rechnung tragen, wird Komplexität nicht reduziert und das Maß an Planungsunsicherheit noch erhöht. Bereits im Jahre 1985 hat Friauf - ohne daß zum damaligen Zeitpunkt auf Jahressteuergesetze zurückgegriffen werden mußte - auf die verhängnisvollen Auswirkungen einer letztlich unkoordinierten Steuergesetzgebung hingewiesen: *„Das demokratische Gesetzgebungsverfahren hat zu dem chaotischen Zustand unseres Steuerrechts geführt. Eine hektische und unkoordinierte Artikelgesetz-*

gebung dreht gleichzeitig an tausend Zahnrädchen, ohne daß ein Uhrmacher da wäre, der für die Funktion des ganzen Räderwerks einstünde, ja der auch in der Lage wäre, die Wechselwirkung zwischen den einzelnen Rädchen mit ihren einzelnen Zähnen zu überblicken"[2]. Damit wird natürlich keineswegs für ein 'undemokratisches' Gesetzgebungsverfahren oder ein Planwirtschaftssystem plädiert, vielmehr wird zurecht bemängelt, daß pluralistischen Partikularinteressen unkoordiniert und ad hoc entsprochen und ein in sich schlüssiges Steuersystem-Konzept nach wie vor vermißt wird.

Die Ermittlung des steuerpflichtigen Gewinns basiert bei allen Kaufleuten im wesentlichen auf den handelsrechtlichen Bilanzierungs- und Bewertungsvorschriften: Der Grundsatz der Maßgeblichkeit der Handels- für die Steuerbilanz verknüpft die steuerrechtliche Gewinnermittlung mit der handelsrechtlichen Rechnungslegung, auch wenn letztlich in Bezug auf die Informationsvermittlung durch Jahresabschluß und Steuerbilanz unterschiedliche Ziele verfolgt werden bzw. verfolgt werden müssen, denen durch abweichende steuerrechtliche Sonderregelungen (so z.B. den Bewertungsvorbehalt des § 5 Abs. 6 EStG) in steuerlicher Hinsicht nur bedingt Rechnung getragen werden kann. Die Rückwirkung der steuerlichen Gewinnermittlung auf die handelsrechtliche Rechnungslegung (umgekehrte Maßgeblichkeit) wiederum denaturiert das Instrument Jahresabschluß hinsichtlich der diesem vom Gesetzgeber zugedachten Aufgaben und erweist sich zunehmend als hinderlich in Hinblick auf eine internationale Harmonisierung der Rechnungslegung von Kapitalgesellschaften, da handelsrechtliche Bilanzierungs- und Bewertungswahlrechte i.d.R. ausschließlich steuerlich motiviert wahrgenommen werden mit der Konsequenz, daß der ausschüttungsfähige Gewinn entgegen den Interessen der Investoren vielfach minimiert wird. Insbesondere die umgekehrte Maßgeblichkeit hat bewirkt, daß nicht publizitätspflichtige Unternehmen i.d.R. lediglich noch eine Einheitsbilanz erstellen, die gleichermaßen die Funktion der handelsrechtlichen Rechnungslegung wie auch der steuerlichen Gewinnermittlung zu übernehmen hat; dies stellt aus meiner Sicht in der Tat eine unzulässige Nivellierung der naturgemäß unterschiedlichen Zielsetzungen beider Instrumente dar.

Der Darstellung der Grundlagen der Unternehmensbesteuerung wird zunächst eine vereinfachte, bewußt knapp gehaltene Skizzierung wesentlicher steuerrechtlicher Grundlagen (Steuerbegriff, Steuerarten, Ziele und Prinzipien des Steuerrechts usw.) vorangestellt; dies erscheint m.E. unerläßlich für ein kritisches Nachvollziehen der Problematik der Unternehmensbesteuerung wie auch der mit der Erstellung der Steuerbilanz verbundenen Fragestellungen.

---

[2] Friauf 1985, S. 309

2 Allgemeine Grundlagen der Unternehmensbesteuerung

2.1 Steuerbegriff

§ 3 Abs. 1 AO definiert Steuern als

„*... Geldleistungen, die nicht eine Gegenleistung für eine besondere Leistung darstellen und von einem öffentlich-rechtlichen Gemeinwesen zur Erzielung von Einnahmen allen auferlegt werden, bei denen der Tatbestand zutrifft, an den das Gesetz die Leistungspflicht knüpft; die Erzielung von Einnahmen kann Nebenzweck sein. Zölle und Abschöpfungen sind Steuern im Sinne dieses Gesetzes.*"

Steuern sind damit im wesentlichen durch folgende **Merkmale** gekennzeichnet:

(1) Steuern sind einmalige (z.B. Erbschaftssteuer) oder wiederkehrende (z.B. Einkommensteuer) **Geldleistungen**. Sachleistungen (Naturalleistungen oder die Nutzungsüberlassung von Sachen) und Dienstleistungen sind keine Steuern im Sinne des § 3 Abs. 1 AO.

(2) Steuern steht **keine unmittelbare**, direkte zurechenbare **Gegenleistung** des Staates gegenüber, vielmehr soll über das Steueraufkommen der allgemeine Finanzbedarf von Bund, Ländern, Gemeinden und Gemeindeverbänden gedeckt werden. Steuern sind damit durch die fehlende Äquivalenz von Leistung und Gegenleistung gekennzeichnet.

(3) Steuern müssen ferner von einem öffentlich-rechtlichen Gemeinwesen erhoben werden, das kraft **Steuerhoheit** zur Auferlegung von Steuern berechtigt ist (Art. 105 GG: Bund und Länder, die dieses Recht z.B. auf Gemeinden oder Religionsgemeinschaften delegieren können).

(4) **Haupt- oder Nebenzweck** der Erhebung von Steuern muß die Erzielung von **Einnahmen** sein. Ergänzungsabgaben oder ein Solidaritätszuschlag sind damit Steuern im Sinne des Gesetzes, nicht jedoch ein z.B. rückzahlbarer Konjunkturzuschlag.

Dadurch, daß die Erzielung von Einnahmen qua Besteuerung Haupt- oder Nebenzweck sein kann, wird sichergestellt, daß der 'Staat' über die Besteuerung nicht nur fiskalpolitische, sondern auch wirtschafts-, sozial-, konjunktur-, beschäftigungs- und strukturpolitische Ziele verfolgen kann, soweit dies aus übergeordneten politischen Gesichtspunkten für notwendig erachtet wird.

(5) Steuern setzen zudem die **Allgemeinheit** und **Tatbestandsmäßigkeit** voraus, d.h. die Geldleistung 'Steuer' muß allen auferlegt werden, bei denen ein Tatbestand erfüllt ist, an den ein Einzelsteuergesetz (z.B. Einkommensteuergesetz, Vermögensteuergesetz ...) die Besteuerungspflicht knüpft. Steuern sind damit

zugleich Zwangsabgaben, der Steuerpflichtige kann sich der Besteuerung legal nicht entziehen.

Insbesondere aufgrund fehlender Äquivalenz lassen sich somit Steuern gegenüber **Gebühren** (z.B. Verwaltungsgebühren, Benutzungsgebühren) und **Beiträgen** (Erschließungskosten eines Grundstücks, Kurtaxe usw.) abgrenzen: Gebühren und Beiträge sind stets durch eine kausale Verknüpfung von Geldleistungen einerseits und Gegenleistung andererseits gekennzeichnet. Dies ist auch dann der Fall, wenn die Gegenleistung durch den Leistungsberechtigten tatsächlich nicht in Anspruch genommen wird, ausreichend ist allein, daß die Möglichkeit, die Gegenleistung in Anspruch nehmen zu können, besteht (z.B. Kurtaxe).

Sonderabgaben sind demgegenüber Abgaben, die nicht zur Deckung des allgemeinen Finanzbedarfs, sondern zur Finanzierung besonderer Aufgaben von bestimmten Gruppen Abgabepflichtiger erhoben werden. Sonderabgaben sind wie Steuern durch die fehlende Äquivalenz von Leistung und Gegenleistung gekennzeichnet, sie sind jedoch keine Steuern i.S.d. Art. 105 ff. GG, da das Aufkommen i.d.R. nicht in die Staatskasse, sondern in besondere Fonds fließt, die der Finanzierung bestimmter Aufgaben dienen (z.B. Filmabgabe, Schwerbehindertenabgabe). Durch die Erhebung von Sonderabgaben wird die Allgemeinheit der Steuerpflichtigen insoweit entlastet, als die Finanzierung bestimmter Lasten, die nur von bestimmten Gruppen verursacht wird oder nur für diese Gruppen mit Vorteilen verbunden ist, letztendlich auf diese Gruppen verlagert wird.

Ebenfalls nicht unter den Steuerbegriff fallen Verspätungszuschläge, Säumniszuschläge, Zwangsgelder, Kosten und Zinsen; diese stellen vielmehr steuerliche Nebenleistungen i.S.d. § 3 Abs. 3 AO dar. Steuerliche Nebenleistungen werden folglich - dies gilt im übrigen auch für Gebühren, Beiträge und Sonderabgaben - in der Gliederungssystematik der Gewinn- und Verlustrechnung nach § 275 Abs. 2, 3 HGB eines Unternehmens nicht unter dem Posten 'Steuern', sondern unter dem Sammelposten 'Sonstige betriebliche Aufwendungen' ausgewiesen.

2.2 Steuerarten

In der Bundesrepublik werden derzeit knapp 50 Einzelsteuern erhoben, die auf ca. 90 Einzelsteuergesetzen sowie mehr als 100 Rechtsverordnungen basieren. Diese Feststellung verdeutlicht allein schon in quantitativer Hinsicht, daß sich das deutsche Steuerrecht weder durch eine konsistente gedankliche Ordnung, noch durch Transparenz auszeichnet.

Die Einzelsteuern lassen sich, je nach Systemansatz und Untersuchungsziel, sehr unterschiedlich gliedern und klassifizieren:

(1) Unter **betriebswirtschaftlichen Gesichtspunkten** lassen sich unterscheiden:
- **Ertragsteuern**; hierbei knüpft die Besteuerung unmittelbar am unternehmerischen Erfolg an, der regelmäßig als rechnerisches Ergebnis der Steuerbilanz festgestellt wird. Zu den Ertragsteuern zählen die Einkommensteuer (einschl. Kirchensteuer), die Körperschaftsteuer und die Gewerbeertragsteuer.
- **Substanzsteuern**; besteuert wird die mittels Vermögensaufstellung ermittelte betriebliche Substanz eines Unternehmens. Zu dieser Gruppe zählen die Vermögensteuer und die Gewerbekapitalsteuer, die Besteuerung erfolgt losgelöst von der wirtschaftlichen Leistungsfähigkeit eines Unternehmens.
- **Verkehrssteuern**; besteuert wird ein Verkehrsvorgang, eine wirtschaftliche Transaktion wie die Lieferung einer Ware oder der Erwerb eines Grundstücks. Hierzu werden regelmäßig z.B. die Grunderwerbsteuer, die Kapitalverkehrssteuern sowie die Umsatzsteuer gerechnet. Inwieweit die Umsatzsteuer allerdings tatsächlich dieser Gruppe zuzurechnen ist, ist strittig. Vielfach wird in der Literatur - m.E. zurecht - die Auffassung vertreten, bei der Umsatzsteuer handele es sich nicht um eine Verkehrsteuer, sondern um eine Steuer auf die Einkommensverwendung.
- **Faktor- oder Produktsteuern**; besteuert werden hierbei Produktionsfaktoren oder bestimmte Erzeugnisse. Zu dieser Gruppe zählen z.B. Grundsteuer, Mineralölsteuer, Tabaksteuer usw.

(2) Soweit der Differenzierung und Klassifizierung **andere Kriterien** zugrunde gelegt werden, kann z.B. unterschieden werden zwischen:
- **Direkten und indirekten Steuern**

  Direkte Steuern sind solche Steuern, bei denen Steuerschuldner und Steuerträger identisch sind (z.B. Einkommensteuer); bei indirekten Steuern fallen Steuerschuldner und wirtschaftlicher Steuerträger auseinander, d.h. die tatsächliche Steuerlast wird auf Dritte überwälzt (z.B. Umsatzsteuer).
- **Subjekt- und Objektsteuern**

  Subjekt- oder Personensteuern tragen den persönlichen Verhältnissen der steuerpflichtigen Person Rechnung, durch die deren wirtschaftliche Leistungsfähigkeit beeinflußt wird (z.B. Alter, Familienstand, Zahl der Kinder, außergewöhnliche Belastungen usw.). Zu dieser Gruppe zählen typischerweise die Einkommensteuer und die Vermögensteuer.

  Objekt - oder Realsteuern berücksichtigen demgegenüber personenbezogene, die wirtschaftliche Leistungsfähigkeit des Steuerpflichtigen beeinflussende Umstände nicht. Beispiele hierfür sind die Gewerbesteuer und die Grundsteuer.

- **Periodische und aperiodische Steuern**
  Periodische Steuern werden regelmäßig erhoben (z.B. Einkommensteuer, Umsatzsteuer), aperiodische Steuern dagegen nur unregelmäßig und fallweise (z.B. Erbschaftssteuer, Grunderwerbsteuer).
- **Besitz- und Verkehrsteuern, Zölle und Verbrauchsteuern**
  Diese Unterscheidung orientiert sich insbesondere am Steuerverwaltungs- und Steuerverfahrensrecht: Zu den Besitzsteuern zählen die Steuern vom Einkommen, Ertrag und Vermögen, zu den Verkehrssteuern Umsatzsteuer und Kapitalverkehrssteuern (z.B. Wechselsteuer, Versicherungssteuer, Rennwett- und Lotteriesteuer, Börsenumsatzsteuer usw.). Zur zweiten Gruppe zu rechnen sind neben den Zöllen die Verbrauchsteuern im weitesten Sinne wie Tabaksteuer, Salzsteuer, Hundesteuer.

Insbesondere die Unterscheidung zwischen Subjekt- und Objektsteuern stellt vorrangig auf ein **formalrechtliches Systematisierungskriterium** ab, da der Abgrenzung von Steuerarten die Merkmale zugrunde gelegt werden, aus denen sich der jeweilige Besteuerungstatbestand ableitet.

2.3 Steueraufkommen

Das Gesamtaufkommen aller von Deutschland erhobenen Einzelsteuern belief sich im Jahre 1994 auf ca. 786 Mrd. DM. Rund 80 % des Gesamtsteueraufkommens entfielen dabei auf die der Größenordnung nach wichtigsten vier Einzelsteuern, d.h. die Einkommensteuer, die Körperschaftsteuer, die Umsatzsteuer und die Gewerbesteuer. Lokale Verbrauch- und Verkehrsteuern fallen demgegenüber, gemessen am Gesamtaufkommen, kaum ins Gewicht, auch wenn diese sog. **Bagatellsteuern** hinsichtlich ihrer Bedeutung zur Finanzierung kommunaler Aufgaben nicht unterschätzt werden dürfen. Abbildung 1 vermittelt einen Überblick über die quantitative Bedeutung einzelner Steuerarten sowie die Entwicklung des Gesamtsteueraufkommens in den Jahren 1988 bis 1994 (in Mio. DM):

Jahr Steuerart	1988	1990	1992	1994
Einkommen- und Körperschaftsteuer				
Lohnsteuer	152.233	167.504	214.175	266.522
Veranlagte Einkommensteuer	29.881	33.189	41.533	25.510
Kapitalertragsteuer	8.121	8.731	11.381	17.746

Zinsabschlag				13.708
Körperschaftsteuer	32.301	30.003	31.716	19.569
Umsatzsteuer				
Umsatzsteuer	58.587	67.661	98.798	195.265
Einfuhrumsatzsteuer	52.552	55.625	80.874	40.433
Gewerbesteuer	31.987	34.465	41.297	44.086
Vermögensteuer	4.396	5.554	6.729	6.627
Kraftfahrzeugsteuer	9.356	8.169	11.011	14.169
Tabaksteuer	14.480	14.555	19.591	20.264
Wechselsteuer	366	293	328	1
Versicherungsteuer	2.578	2.904	5.862	11.400
Mineralölsteuer	25.644	27.032	47.266	63.847
Grunderwerbsteuer	3.151	3.256	4.523	7.386
Börsenumsatzsteuer	748	585	138	21
Gesamtaufkommen	452.436	488.096	661.919	786.159

Abb. 1: Steueraufkommen ausgewählter Steuerarten 1988 - 1994
(*Statistische Jahrbücher 1988, 1990, 1992, 1994*)

Für 1995 werden Steuereinnahmen von ca. 820 Mrd., für 1996 von 828 Mrd. DM erwartet.[3]

---

[3] Schätzergebnisse des Arbeitskreises „Steuerschätzungen", vgl. Anlage 1 zur BMF-Pressemitteilung 65/95

2.4 Steuerhoheit

Unter Steuerhoheit läßt sich allgemein das einer öffentlich-rechtlichen Körperschaft (z.B. Bund, Länder, Gemeinden) zustehende **Recht der Besteuerung** verstehen. Über **originäre Steuerhoheit** verfügen im Geltungsbereich des GG Bund und Länder (= geteilte originäre Steuerhoheit), über **derivative Steuerhoheit** Gemeinden, Gemeindeverbände und die Kirchen, d.h. Bund und Länder als originäre Träger können das Recht zur Erhebung von Steuern an diese delegieren.

Die **Gesetzgebungskompetenz** liegt gemäß Art. 105 GG überwiegend beim Bund, der gemäß Art. 105 Abs. 1 GG die ausschließliche Gesetzgebungskompetenz über Zölle und Finanzmonopole besitzt. Gemäß Art. 105 Abs. 2 und Art. 72 Abs. 2 GG hat der Bund die sog. **konkurrierende Gesetzgebung** über die übrigen Steuern, deren Aufkommen ihm ganz oder teilweise zusteht; dies gilt auch dann, wenn ein Bedürfnis nach einer bundesgesetzlichen Regelung gegeben ist. Dies wird im Regelfall bejaht werden müssen, da die Wahrung der Rechts- und Wirtschaftseinheit innerhalb eines konföderal verfaßten Staates bundesgesetzliche Regelungen voraussetzt. Unabhängig von Art. 106 GG bleibt den Bundesländern insoweit wenig Spielraum, Steuergesetze nach Art. 105 Abs. 2 GG zu verabschieden, da der Bundesgesetzgeber von der konkurrierenden Gesetzgebung geradezu erschöpfend Gebrauch gemacht hat.

Unabhängig hiervon regelt Art. 105 Abs. 2a GG, daß den Ländern die ausschließliche Gesetzgebung über **örtliche Verbrauchsteuern**, soweit diese nicht bundesgesetzlich geregelten Steuern gleichwertig sind, zusteht; hierzu gehören z.B. Vergnügungssteuer, Hundesteuer, Jagdsteuer.

Um sicherzustellen, daß die Länder an der Steuergesetzgebung angemessen beteiligt werden, schreibt Art. 105 Abs. 3 GG vor, daß bei Steuern, deren Aufkommen den Ländern oder Gemeinden ganz oder teilweise zufließt, der **Bundesrat** zustimmen muß.

Das **Steueraufkommen** wird teilweise nach dem sog. **Trennsystem**, teilweise nach dem sog. **Verbundsystem** aufgeteilt. Für die meisten Steuerarten wird das Trennsystem praktiziert (*Art. 106 Abs. 1, 2 GG*), d.h. Bund, Ländern und Gemeinden wird jeweils der Ertrag aus bestimmten Steuerarten zugewiesen. Das Verbundsystem (*Art. 106 Abs. 3 - 7 GG*) wird ausnahmsweise für die dem Aufkommen nach bedeutendsten Steuerarten zugrunde gelegt (Einkommen-, Körperschaft-, Umsatzsteuer), d.h. diese Steuern werden als Gemeinschaftssteuern nach einem bestimmten Schlüssel aus dem jeweiligen Gesamtaufkommen auf Bund, Länder und Gemeinden verteilt. Schließlich sieht Art. 107 GG zum Ausgleich der unterschiedlichen Finanzkraft der Bundesländer noch einen horizontalen (*Art. 107 Abs. 1 S. 4 und Abs. 2 S. 1, 2 GG*) und vertikalen (*Art. 107 Abs. 2 S. 3 GG*) **Finanzausgleich** vor.

Die Steuerhoheit ist grundsätzlich unbeschränkt; die **nationale Steuerhoheit** kann allenfalls **beschränkt** werden durch bilaterale Verträge zur Vermeidung der Doppelbesteuerung ein und derselben Steuergegenstandes ('**Doppelbesteuerungsabkommen**'), **internationale Handelsverträge und -abkommen** (z.B. GATT-Abkommen), die **Übertragung von Hoheitsrechten** auf zwischenstaatliche Einrichtungen (z.B. EWG-Vertrag) oder die zwingende Beachtung allgemeiner völkerrechtlicher Regeln der **Exterritorialität** gemäß Art. 25 GG (z.B. Botschaften).

2.5 Rechtsquellen und Rechtsnormen des Steuerrechts

Als Rechtsquellen und Rechtsnormen des Steuerrechts kommen förmliche Gesetze, Rechtsverordnungen, autonome Satzungen, Gewohnheitsrecht, Doppelbesteuerungsabkommen, internationale Verträge sowie das supranationale Recht der Europäischen Gemeinschaften in Betracht. Verwaltungsvorschriften und Entscheidungen der Finanzgerichte haben demgegenüber keinen Rechtsnormcharakter.

(1) **Förmliche Gesetze**

Hierunter fallen alle Rechtsnormen, die von den gesetzgebenden Körperschaften (Bundestag, Bundesrat, Landtage) in einem förmlichen Gesetzgebungsverfahren beschlossen, ausgefertigt und verkündet werden (Bsp.: Einkommensteuergesetz, Umsatzsteuergesetz, Abgabenordnung).

Der Rangordnung nach ist zwischen Verfassungsgesetzen (insbesondere *Art. 104a bis 115 GG*) und einfachen Gesetzen (z.B. Bewertungsgesetz) zu unterscheiden.

Die grundlegenden Normen, die einheitlich für alle oder nahezu alle Steuerarten gelten und das Besteuerungsverfahren regeln, sind in der Abgabenordnung (AO) zusammengefaßt; die AO stellt quasi eine Art Grundgesetz des deutschen Steuerrechts dar, durch die vorrangig die Rechtsvereinheitlichung sichergestellt werden soll. Ergänzt werden die Vorschriften der AO durch weitere Gesetze, die Verfahrens- und Organisationsvorschriften enthalten: z.B. Finanzverwaltungsgesetz (FVG), das den Aufbau der Finanzverwaltung und die sachliche Zuständigkeit der Finanzbehörden regelt; Finanzgerichtsordnung (FGO), die die Finanzgerichtsbarkeit regelt; Steuerberatungsgesetz (StBerG), das das Berufsrecht steuerberatender Berufe regelt sowie das Bewertungsgesetz (BewG), das formelle und materiell-rechtliche Regelungen enthält. Diesen allgemeinen und vorwiegend formellen Vorschriften stehen materielle Regelungen der Einzelsteuergesetze gegenüber, die steuerartspezifische Regelungen zu Steuersubjekt, Steuerobjekt, Bemessungsgrundlage und Steuertarif enthalten. Zu den wichtigsten Einzelsteuergesetzen sind insbesondere Einkommensteuergesetz, Körperschaftsteuergesetz, Gewerbesteuergesetz, Vermögensteuergesetz, Umsatzsteuergesetz, Grundsteuergesetz und Erbschaftsteuergesetz zu rechnen. Besondere, steuerlich relevante Bereiche sind darüber hinaus z.B. geregelt im Außensteuergesetz (AStG), Umwandlungssteuergesetz (UmwStG) usw.

(2) **Rechtsverordnungen**

Rechtsverordnungen beinhalten zwar als Gesetze im materiellen Sinne allgemeinverbindliche Regelungen, werden jedoch im Gegensatz zu förmlichen Gesetzen nicht in einem förmlichen Gesetzgebungsverfahren verabschiedet, sondern von der Exekutive erlassen. Steuerrechtsverordnungen bedürfen i.d.R. der Zustimmung des Bundesrates (*Art. 80 Abs. 3 i.V.m. Art. 105 Abs. 3 und 108 GG*), ggf. auch des Bundestages. Voraussetzung für den Erlaß von Steuerrechtsverordnungen ist u.a., daß eine gesetzliche Ermächtigung hierzu vorliegt, die nach Inhalt, Zweck und Ausmaß hinreichend bestimmt ist (so z.B. *§ 51 EStG, § 53 KStG*). In Rechtsverordnungen werden gesetzliche Regelungen spezifiziert und präzisiert.

Beispielhaft für Steuerrechtsverordnungen stehen die Einkommensteuer-Durchführungsverordnung, die Körperschaftsteuer-Durchführungsverordnung, die Umsatzsteuer-Durchführungsverordnung usw.

(3) **Gewohnheitsrecht**

Gewohnheitsrecht ist ungeschriebenes Recht, das sich durch langandauernde Übung gebildet hat und von der allgemeinen Rechtsüberzeugung eines Gemeinwesens getragen wird. Die Frage, inwieweit Steuerrecht auf Gewohnheitsrecht beruhen kann, wird in der Literatur nicht einheitlich beantwortet[4]; auch die Rechtsprechung des BFH hat zu dieser Frage bislang nicht abschließend Stellung genommen[5]. Einigkeit besteht jedoch insoweit, als dem Gewohnheitsrecht steuerrechtlich lediglich untergeordnete Bedeutung beizumessen ist.

(4) **Autonome Satzung**

Autonome Satzungen sind Rechtsvorschriften, die von einer juristischen Person des öffentlichen Rechts aufgrund besonderer, ihr übertragener Autonomie erlassen werden. Steuerrechtlich von Bedeutung ist in diesem Zusammenhang vor allem die Befugnis der Gemeinden zur Festsetzung der Realsteuer-Hebesätze sowie die Möglichkeit der Bundesländer, ihre Gesetzgebungsbefugnis über örtliche Verbrauch- und Aufwandsteuern gemäß Art. 105 Abs. 2 a GG auf die Gemeinden zu übertragen (derivative Steuerhoheit z.B. für Vergnügungsteuer, Hundesteuer usw.). Einzelheiten hierzu werden durch die Kommunalabgabengesetze geregelt.

(5) **Doppelbesteuerungsabkommen**

Abkommen zur Vermeidung der Doppelbesteuerung ('Doppelbesteuerungsabkommen') sind völkerrechtliche Verträge, die durch Transformation in nationales Recht durch den Bundesgesetzgeber innerstaatliche Rechts-

---

[4] ablehnend z.B. Paulick 1977, Rn. 244 ff., Tipke 1985, S. 90
[5] BFH/GrS BStBl. 84, 751, 764

normqualität erhalten (*Art. 59 Abs. 2 GG*). Doppelbesteuerungsabkommen haben Vorrang gegenüber anderen Steuergesetzen (*§ 2 AO*). Durch Doppelbesteuerungsabkommen wird uni-, bi- oder mulitlateral die Besteuerung ein und desselben Steuerobjekts geregelt und einem Vertragsstaat zugewiesen. Dadurch soll vermieden werden, daß ein und dasselbe Steuerobjekt mehrfach der Besteuerung unterworfen wird. Doppelbesteuerungsabkommen bestehen mit fast allen Staaten, mit denen die Bundesrepublik intensive wirtschaftliche Beziehungen unterhält und dienen letztlich dazu, den internationalen Austausch von Waren, Kapital und Dienstleistungen zu erleichtern. Das Hauptanwendungsgebiet liegt im Bereich der Einkommen-, Körperschaft- und Gewerbesteuer.

(6) **Supranationales Recht der Europäischen Gemeinschaften**

Hierzu zählen vorrangig die Verordnungen und Richtlinien der Europäischen Gemeinschaften. Während die Verordnungen der EU innerhalb der Gemeinschaft für jedermann geltendes Recht darstellen, verpflichten Richtlinien die Mitgliedstaaten der EU, bestimmte Harmonisierungsmaßnahmen in nationalstaatliches Recht umzusetzen (Bsp.: 6. Richtlinie (EWG) Nr. 77/388 zur Harmonisierung der Rechtsvorschriften der Mitgliedstaaten über die Umsatzsteuer).

Verwaltungsanweisungen (Rechtsgrundlage Art. 108 Abs. 7 GG) besitzen keine Außenwirkungen, binden allein die nachgeordneten Behörden im Innenverhältnis und betreffen i.d.R. eine Vielzahl gleichartiger Fälle, für die eine intern einheitliche Handhabung für notwendig erachtet wird. Verwaltungsanweisungen werden regelmäßig von übergeordneten Behörden (BMF, OFD) in Form von Organisationsvorschriften und Gesetzesanwendungsvorschriften erlassen. Bei letzteren ist systematisch zwischen allgemeinen Verwaltungsanweisungen (z.B. Einkommensteuer-Richtlinien, Körperschaftsteuer-Richtlinien sowie allgemeinen Erlassen, Verfügungen und Schreiben, die Rechtsanwendungen von allgemeiner Bedeutung regeln) und einzelfallbezogenen Erlassen und Verfügungen zu unterscheiden.

Die **Entscheidungen der Steuergerichte** haben keine allgemeine Bindungswirkung, Rechtskraft erwächst somit ausschließlich gegenüber den Prozeßbeteiligten. Unabhängig hiervon ist Urteilen des Bundesfinanzhofs (BFH) vielfach grundsätzliche Bedeutung beizumessen; dies veranlaßt die Finanzverwaltung i.d.R., wichtige bzw. grundlegende Urteile des BFH in entsprechende Verwaltungsanweisungen aufzunehmen. Eine Verpflichtung hierzu besteht jedoch nicht, die Finanzverwaltung kann vielmehr durch einen - i.d.R. zurecht umstrittenen - Nichtanwendungserlaß auf eine allgemeine Umsetzung verzichten.

Wichtige Entscheidungen der erstinstanzlichen Finanzgerichte werden in der Zeitschrift „Entscheidungen der Finanzgerichte" (EFG), zweit- und im Finanzgerichtsweg letztinstanzliche Entscheidungen des Bundesfinanzhofs werden in Teil II des Bundessteuerblatts, der Entscheidungssammlung des BFH sowie in den Zeitschriften „Höchstrichterliche Finanzrechtsprechung" (HFR) und „Sammlung amtlich nicht veröffentlichter Entscheidungen des Bundesfinanzhofs" (BFH/NV) veröffentlicht.[6]

Neben den Entscheidungen der Steuergerichte können ggf. im Einzelfall Entscheidungen des **Bundesverfassungsgerichts** (z.B. hinsichtlich der Vereinbarkeit von Steuergesetzen mit dem Grundgesetz) und des **Europäischen Gerichtshofs** (z.B. hinsichtlich der Vereinbarkeit eines Steuergesetzes mit höherrangigem europäischen Recht) bedeutsam sein.

2.6 Ziele und Prinzipien des Steuerrechts

Steuern werden vorrangig erhoben, um den (ständig zunehmenden) Finanzbedarf des Staates (Bund, Länder, Gemeinden, Gemeindeverbände) zu decken. In Verfolgung dieser **fiskalpolitischen Zielsetzung** ist der Gesetzgeber jedoch den verfassungsrechtlich gesetzten Schranken unterworfen, d.h. das Ziel der Erzielung von Einnahmen durch Erhebung von Steuern darf keine beliebig disponierbare Zweckverwirklichung sein, sie ist vielmehr an materiellen und formalen **Gerechtigkeitsprinzipien** auszurichten.

Tipke[7] weist zurecht darauf hin, daß „... *die Steuergerechtigkeit ... in Anbetracht der Höhe der Steuerbelastung gegenwärtig die wichtigste Dimension distributiver Gerechtigkeit*" darstellt und bemängelt angesichts der gegenwärtig nahezu hektischen Verabschiedung relativ isolierter Jahressteuergesetze, daß „... *Steuergerechtigkeit ... nicht von Jahr zu Jahr etwas anderes bedeuten*" könne[8].

Systematisch vereinfacht lassen sich **Ziele und Prinzipien** des Steuerrechts wie folgt zusammenfassen:

---

[6] Die übliche Zitierweise von BFH-Urteilen dokumentiert u.a. das Datum der Entscheidung, den erkennenden Senat, die laufende Jahresnummer der Klage sowie die Fundstelle; Bsp.: BFH-Urteil vom 24.7.1995, VI R 223/95, BStBl. II 1995, 705 = Entscheidung vom 24.7.1995 durch den VI. Senat, 223. Klage des Jahres 1995, veröffentlicht im Bundeststeuerblatt Teil II des Jahres 1995, S. 705; Buchstabe „R" kennzeichnet ergänzend, daß der BFH als Revisionsinstanz tätig wurde. Im Rahmen dieses Lehrbuches werden im Folgenden BFH-Urteile verkürzt, d.h. ohne Kennzeichnung des erkennenden Senats sowie der Klagenummer, zitiert, ein Vereinfachungsverfahren, das m.E. im Rahmen einer Einführung durchaus zulässig erscheint.

[7] Tipke 1993, Bd. I, S. 60

[8] Tipke 1993, Bd. III, S. 1449

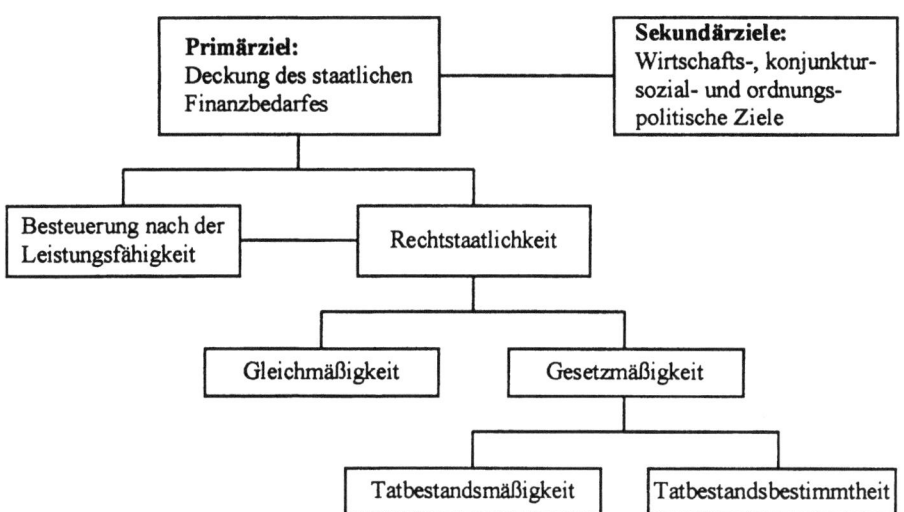

Abb. 2: Ziele und Prinzipien des Steuerrechts

Hieraus resultieren u.a. Willkürverbot und gleichmäßige Gesetzesanwendung, Verbot der Benachteiligung von Ehe und Familie, Sicherung der Eigentumsgarantie, Freiheit der Berufswahl und Berufsausübung, Beachtung des Übermaßverbotes, Wahrung des Steuergeheimnisses, Tatbestandsmäßigkeit und Tatbestandsbestimmtheit der Besteuerung und nicht zuletzt die **Besteuerung nach der wirtschaftlichen Leistungsfähigkeit**[9].

2.6.1 Leistungsfähigkeitsprinzip

Die in Art. 3 GG verankerte Besteuerung nach der Leistungsfähigkeit des Steuerpflichtigen ist nach der Rechtsprechung des Bundesverfassungsgerichts ein zwingendes **Gebot der** Steuergerechtigkeit und ist auch nach h.M. als sachgerechtes **Fundamentalprinzip** der Besteuerung zu interpretieren. Dies gilt trotz zahlreicher kritischer Einwände nach wie vor uneingeschränkt, auch wenn die subjektive (wirtschaftliche) Leistungsfähigkeit von Steuerpflichtigen nur über Hilfsgrößen (z.B. Höhe des Einkommens, des Vermögens, Höhe der Einkommensverwendung) meßbar und damit konkretisierbar ist und die aus diesem Prinzip resultierenden Konsequenzen für die Besteuerung zahlreiche Unschärfen aufweisen und durchaus unterschiedlich interpretiert werden können. Da das Leistungsfähigkeitsprinzip als Schutzprinzip schlechthin konzipiert ist, wird es jedoch gleichermaßen eine hori-

---

[9] BVerfG vom 22.2.1984, BVerfGE 66, 214

zontale wie eine vertikale Schutzkomponente aufweisen müssen: Identische wirtschaftliche Leistungsfähigkeit von Steuerpflichtigen führt (horizontal) zu einer belastungsmäßig 'gleichen' Besteuerung, während unterschiedliche wirtschaftliche Leistungsfähigkeit (vertikal) mit einer unterschiedlich hohen steuerlichen Belastung von Steuerpflichtigen verbunden sein muß. M.a.W.: Je höher die Leistungsfähigkeit eines Steuerpflichtigen ist, desto höher muß die mit einem definierten steuerlichen Tatbestand verbundene Steuerlast sein (und umgekehrt). Dies erscheint a priori einsichtig, begründet und zwingend; eine sachgerechte Umsetzung dieses Postulats in die Besteuerungspraxis setzt jedoch voraus, daß gesellschaftlicher Konsens über

- die „richtige", die Leistungsfähigkeit eines Steuerpflichtigen zutreffend widerspiegelnde **Bemessungsgrundlage** gefunden

und

- eine **Tarifstruktur** geschaffen wird, die angemessen in der Lage ist, die Steuerlast in Abhängigkeit von der (unterschiedlichen) Leistungsfähigkeit zu differenzieren.

Wie komplex die damit verbundenen Fragen und Probleme sind, wird selbst dann deutlich, wenn - wie dies bis dato der Fall ist - das **Einkommen** als Indikator schlechthin zur Bemessung der Leistungsfähigkeit herangezogen wird: Da das 'Einkommen' keine objektiv definierte Größe ist, muß es in sachlicher (welche Einkünfte werden als Einkommen erfaßt?), räumlicher (welche in- und/oder ausländischen Einkünfte werden berücksichtigt?), zeitlicher (werden periodische und/oder aperiodische Einkünfte erfaßt und wie werden sie berücksichtigt?) und personeller (wem werden welche Einkünfte wann wie zugerechnet?) Hinsicht abgegrenzt werden. Damit verbunden bzw. daneben ist die Frage nach einem angemessenen, die Leistungsfähigkeit berücksichtigenden Steuertarif zu klären. Der Tarif und seine Ausgestaltung muß sicherstellen, daß das Existenzminimum steuerlich freigestellt bleibt, über diesem Eckwert liegende Einkommen sukzessive höher besteuert werden, gleichzeitig aber Leistungswillen von Steuerpflichtigen, Risikobereitschaft, Selbstfinanzierungskraft und Wettbewerbsfähigkeit von Unternehmen nicht über Gebühr beeinträchtigt werden. Zu berücksichtigen ist zudem, daß zwischen der Definition der Bemessungsgrundlage Einkommen und dem jeweils definierten Steuertarif Interdependenzen gegeben sind: Werden' bestimmte Einkünfte oder Einkommensteile in die Bemessungsgrundlage nicht einbezogen oder können aus übergeordneten gesamtwirtschaftlichen Zielen vermindert oder auf Null gestellt werden (z.B. durch Sonderabschreibung, Bewertungsabschlag usw.) wirkt dies bei einem progressiv gestalteten, definierten Steuertarif steuerlastsenkend, obwohl der Indikator Leistungsfähigkeit hierfür per se keine unmittelbare Rechtsfertigung zu liefern in der Lage ist. Führt dies im Extrem dazu, daß sich Steuerpflichtige mit außergewöhnlich hohem Einkommen und damit ausgeprägter wirtschaftlicher Leistungsfähigkeit legal der Besteuerung entziehen können, verstößt dies in eklatanter Form gegen das Leistungsfähigkeitsprinzip und damit gegen das für einen gesellschaftlichen Konsens unabdingbare Gebot der Steuergerechtigkeit. Eine im Bewußtsein der Steuerpflichtigen nicht mehr verankerte Überzeugung praktizierter Steuergerechtigkeit ist auf Dauer jedoch nicht tragbar, da die Steuermoral unterminiert wird und Steuerverkürzung und -hinterziehung quasi moralisch legitimiert werden (Legitimitätsverlust des Staates).

Insoweit ist im Zusammenhang mit dem Leistungsfähigkeitsprinzip die Überlegung einzubeziehen, daß das Leistungsfähigkeitsprinzip zwar eine differenzierte und 'gerechte' Verteilung der Steuerlasten erfordert, die Leistungsfähigkeit der Steuerpflichtigen aber selbst in nicht unbeträchtlichem Maße durch die Höhe periodisch zu entrichtender Steuern beeinflußt wird. In einem zunehmend intensivierten, globalen und weltweiten Wettbewerb zwischen Unternehmen und sich ständig verändernden Rahmenbedingungen, Faktoren, die sich auf das erzielbare Einkommen und damit die Leistungsfähigkeit von Unternehmern und Nichtunternehmern auswirken, muß Leistungsfähigkeit so definiert werden, daß einerseits berechtigten Gerechtigkeitspostulaten entsprochen wird, andererseits Unternehmen in die Lage versetzt werden, ihre potentielle Leistungsfähigkeit auch für die Zukunft zu sichern.

Neben dem vereinfacht skizzierten Indikator Einkommen zur Bestimmung der Leistungsfähigkeit von Steuerpflichtigen wird in der Steuertheorie zunehmend die Einkommensverwendung, der Konsum, als geeignete Maßgröße der Leistungsfähigkeit begriffen, wenn auch nach wie vor z.T. kontrovers darüber diskutiert wird, inwieweit eine konsumbezogene Ausrichtung des Leistungsfähigkeitsprinzips die derzeit mit der Größe Einkommen verbundenen Probleme zu lösen in der Lage ist.[10]

2.6.2 Gleichmäßigkeit und Tatbestandsmäßigkeit der Besteuerung

Der Grundsatz der **Gleichmäßigkeit** der Besteuerung leitet sich unmittelbar aus dem Gleichheitssatz des Art. 3 GG ab und soll als weiteres steuerrechtliches Fundamentalprinzip sicherstellen, daß Steuerpflichtige bei identischer Leistungsfähigkeit gleich belastet und gleiche Sachverhalte steuerlich unterschiedslos gleich behandelt werden. Soweit durch einzelne Vorschriften der Steuergesetze dem Gleichheitssatz nicht entsprochen wird, verpflichtet dies nach h.M. den Steuergesetzgeber zur Schaffung verfassungskonformer Regelungen (vgl. dazu kritisch: 1).

Neben dem Grundsatz der Gleichmäßigkeit der Besteuerung zählt der Grundsatz der **Tatbestandsmäßigkeit** zu den weiteren fundamentalen Grundsätzen, die sich aus dem Rechtsstaatsprinzip ableiten lassen. Aus der Beachtung dieses Grundsatzes folgt, daß eine steuerliche Leistungsverpflichtung nur dann gegeben sein kann, wenn die Besteuerung an einen durch ein formelles Gesetz geregelten Tatbestand anknüpft (= Gesetzmäßigkeit der Besteuerung: 'nullum tributum sine lege'). Der Grundsatz der Tatbestandsmäßigkeit wird ergänzt durch den Grundsatz der Tatbe-

---

[10] vgl. dazu z.B. Schmidt 1996, S. 37 f.

standsbestimmtheit der Besteuerung: Soweit die Steuerpflicht durch ein formelles Steuergesetz begründet wird, muß die Steuerpflicht nach Gegenstand, Zweck und Umfang so detailliert bestimmt sein, daß die Steuerlast für den Steuerpflichtigen absehbar und berechenbar wird.[11] Während dem Grundsatz der Tatbestandsmäßigkeit vergleichsweise unkompliziert Rechnung getragen werden kann, müßte aus dem Grundsatz der Tatbestandsbestimmtheit eigentlich konsequenterweise ein hohes Maß an Transparenz der Besteuerung abgeleitet werden können. Die Realität vermittelt diesbezüglich ein völlig anderes Bild: Die Steuergesetzgebung wird vielfach von kurzfristig-situativen Regelungen geprägt, die fiskalpolitisch motiviert sind, Planungssicherheit vermissen lassen und durch eine Vielzahl von Ausnahme- und Übergangsregelungen ein Maß an Komplexität schaffen, die für den 'normalen' Steuerpflichtigen nicht mehr überschaubar ist. Hinzu kommt, wie bereits eingangs moniert, daß sachlogisch begründete Konzeptionen ebenso vermißt werden, wie ein in sich geschlossenes Steuerrechtssystem.

Die zwingende Beachtung des Grundsatzes der Gesetzmäßigkeit der Besteuerung läßt sich mittelbar aus dem Grundgesetz ableiten: Aus Art. 2 Abs. 1 GG folgt, daß die Besteuerung verfassungskonformer Gesetze bedarf (Bsp.: Freistellung des Existenzminimums), aus Art. 20 Abs. 3 GG, daß die vollziehende Gewalt an Recht und Gesetz gebunden ist.

Letzteres läßt sich zudem aus Art. 14 Abs. 3 S. 2 GG ableiten, d.h. der Besteuerungseingriff ist wie die Enteignung nur verfassungskonform zulässig.

Neben der mittelbaren Verankerung im GG ist die Gesetzmäßigkeit der Besteuerung unmittelbar aus § 3 Abs. 1 AO abzuleiten: Die Geldleistung 'Steuer' muß allen auferlegt werden, bei denen der Tatbestand gegeben ist, an den das Gesetz die Leistungspflicht knüpft. Aus der Gesetzmäßigkeit der Besteuerung lassen sich z.B. folgende Konsequenzen ableiten:

- **Verfahrensrechtliche Legalität**

  d.h., die Finanzbehörden müssen Steuern unter Beachtung der Gesetze festsetzen und erheben *(§ 85 Abs. 1 AO)*; ein Verzicht auf die Erhebung von Steuern bedarf einer entsprechenden gesetzlichen Ermächtigung (so z.B. aus Billigkeitsgründen gemäß *§ 163 Abs. 1 AO oder § 227 AO*).

- **Verbot von Steuervereinbarungen**

  d.h., entgegen § 78 Nr. 3 AO sind Steuervereinbarungen oder Steuerverträge zwischen den Verfahrensbeteiligten nach h.M. unzulässig; öffentlich-rechtliche Vergleichsverträge (z.B. mit Vereinbarung eines Steuererlasses) können somit grundsätzlich nicht geschlossen werden.

---

[11] vgl. dazu ausführlich z.B. Weber-Fas 1979, S. 36 ff.

2.6.3 Steuerliche Haupt- und Nebenziele

Das fiskalische Primärziel 'Einnahmenerzielung' wird zunehmend durch steuerliche Nebenziele bzw. -zwecke ergänzt, durch die die Besteuerung als Mittel zur Verfolgung wirtschafts-, konjunktur-, struktur-, wettbewerbs-, beschäftigungs- und sozialpolitischer Ziele instrumentalisiert wird. Der Übergang zwischen den einzelnen 'Politiken' ist z.T. fließend, ihnen gemeinsam ist, daß sie aus übergeordneten politischen Überlegungen heraus motiviert werden. Aus der Verfolgung steuerlicher Nebenziele resultieren nicht nur Konflikte mit dem Gleichheitsgrundsatz, vielmehr wird durch vielfach kurzlebige Regelungen mit sich ständig reduzierender Halbwertzeit das Prinzip der Rechtssicherheit in z.T. erheblichem Maße beeinträchtigt. Unabhängig hiervon hat das Bundesverfassungsgericht in seiner ständigen Rechtsprechung das Steuerrecht als „*legitimes Lenkungsinstrument*" zur Verfolgung wirtschafts- und sozialpolitischer Ziele im weitesten Sinne ausdrücklich anerkannt, einer Auffassung, der sich der BFH und das BVerwG in ihrer ständigen Rechtsprechung angeschlossen haben. Daraus folgt, daß das Steuerrecht neben reinen **Steuerrechtsnormen** zusätzlich **Sozialzwecknormen** und **Wirtschaftszwecknormen** enthält oder enthalten kann, durch die sowohl dem Primärziel wie auch den Sekundärzielen entsprochen wird.

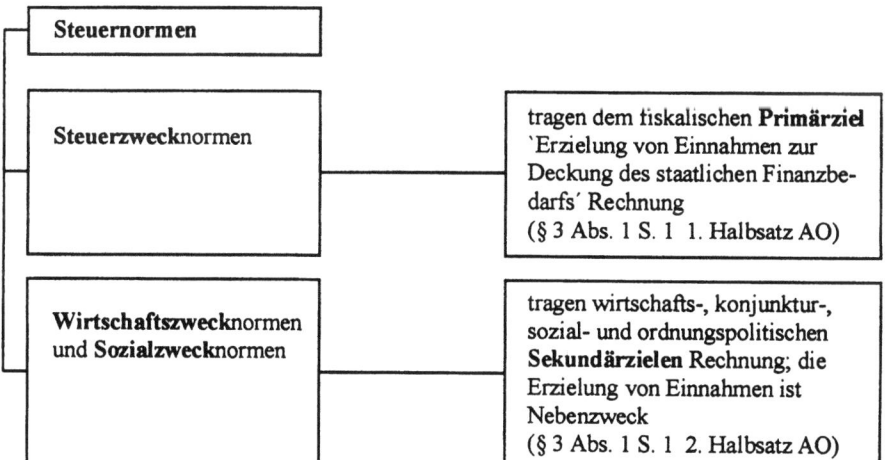

Abb. 3: Systematik steuerlicher Zwecknormen

Beispielhaft für die Verfolgung wirtschafts- und sozialpolitischer Nebenziele durch die Steuergesetzgebung seien genannt:

- Förderung des Wohnungseigentums z.B. gemäß § 10e EStG, § 34 f. Abs. 2 EStG, § 7 FördGebG als Instrument der Sozial- und Wirtschaftspolitik;
- Förderung von Investitionen in den neuen Bundesländern nach Maßgabe des Fördergebietsgesetzes (FörGebG) sowie des Investitionszulagengesetzes (InvZulG) als Instrument regionaler Wirtschaftsförderung ebenso wie
- die auslaufende Förderung des Zonenrandgebietes durch das Zonenrandförderungsgesetz und die stufenweise abgebaute Förderung der Berliner Wirtschaft durch das Berlinförderungsgesetz (BerlinFG);
- die Förderung kleiner und mittlerer Unternehmen durch Sonderabschreibungen nach § 7g EStG als Instrument der Mittelstandsförderung.

Die Verfolgung wirtschafts- und sozialpolitischer Ziele über die Steuergesetzgebung läßt sich stellvertretend durch die im Zonenrandförderungsgesetz formulierten Zielsetzungen verdeutlichen: Gemäß § 1 Abs. 1 sollte zum Ausgleich der Auswirkungen der Teilung Deutschlands, zum Ausgleich von Standortnachteilen, zur Sicherung und Schaffung von Dauerarbeitsplätzen sowie zur Verbesserung der Infrastruktur die Leistungskraft den Zonenrandgebietes durch bestimmte (steuerliche) Maßnahmen bevorzugt gestärkt werden.

2.7 Typisierende und wirtschaftliche Betrachtungsweise im Steuerrecht

Da die Steuererhebung und Steuerfestsetzung auf eine Vielzahl von Einzelfällen abstellt (Massenverfahren), enthalten die Steuergesetze eine Reihe typisierender Normen, die auch dann anzuwenden sind, wenn der Einzelfall dem gesetzlich geregelten Tatbestand zwar ähnlich ist, jedoch diesem nicht vollständig entspricht. Dadurch soll sichergestellt werden, daß ähnliche, letztlich jedoch abweichende Sachverhalte gleich behandelt werden. Diese **Typisierung** kann sich auf Sachverhalte oder Rechtsfolgen beziehen und ist nach der Rechtsprechung des BVerfG grundsätzlich zulässig, da durch die Steuergesetzgebung regelmäßig Massenvorgänge des Wirtschaftslebens geregelt werden[12]; die Praktikabilität der Steuerrechtsnormen setzt demnach voraus, daß steuerliche Sachverhalte losgelöst von den Besonderheiten des Einzelfalles oder den Besonderheiten ganzer Sachverhaltsgruppen typisiert werden, auch wenn damit in gewissem Maße wirtschaftlich ungleiche Wirkungen für den oder die Steuerpflichtigen verbunden sein können.[13] Die mit der Typisierung verbundenen ungleichen Wirkungen auf und Belastungen von Steuerpflichtigen

---

[12] BVerfG vom 3.12.1958, BStBl I 59, 68
[13] BVerfG vom 24.1.1962, BVerfG 13, 331 ff.

dürfen allerdings nur im Ausnahmefall eintreten und müssen geringfügig sein, eine dadurch bedingte Benachteiligung ganzer Gruppen von Steuerpflichtigen ist regelmäßig nicht zulässig und verstößt ggf. gegen Art. 3 GG.[14]

Nicht nur die Steuergesetzgebung bedient sich der Typisierung, vielmehr wird auch in der Steuerrechtsprechung auf die typisierende Betrachtungsweise zurückgegriffen: Der konkret zu entscheidende Sachverhalt wird auf einen in solchen Fällen 'typischen' Sachverhalt zurückgeführt und dem gesetzlich geregelten Tatbestand unterworfen. Die Zulässigkeit der typisierenden Betrachtungsweise in der Rechtsprechung wird vom RFH mit Hinweis auf den Grundsatz der Gleichmäßigkeit der Besteuerung nahezu uneingeschränkt bejaht, vom BFH zunächst fortgeführt, später jedoch deutlich restriktiver gehandhabt, so daß auch in der Steuerrechtsprechung die Typisierung die zulässige Ausnahme zur eindeutig vorrangigen Einzelfallprüfung darstellt.[15]

Neben der typisierenden Betrachtungsweise stellt die **wirtschaftliche Betrachtungsweise** eine Besonderheit des Steuerrechts dar. Bis zum Inkrafttreten der AO 1977 sah das Steuerrecht in § 1 Abs. 2 und 3 StAnpG eine eigenständige Auslegungsregel vor, nach der bei Auslegung der Steuergesetze die „*wirtschaftliche Bedeutung*" der Steuerrechtsnormen zu berücksichtigen war. Die wirtschaftliche Betrachtung als Auslegungsregel der Steuergesetze ist inzwischen von untergeordneter Bedeutung, da die AO der wirtschaftlichen Betrachtungsweise in zahlreichen Normen unmittelbar Rechnung trägt. Durch die wirtschaftliche Betrachtungsweise wird der Tatsache Rechnung getragen, daß das Steuerrecht in mannigfaltiger Weise auf wirtschaftliche Prozesse und Tatbestände des Wirtschaftslebens abstellt und die bürgerlich-rechtlichen Begriffe und Gestaltungsformen nicht in jedem Falle ungeprüft auf die Auslegung einer Steuerrechtsnorm übertragen werden können. Zwar gebietet die **Einheit der Rechtsordnung**, daß die „*... Ordnungsstruktur des Zivilrechts (nicht) völlig außer acht zu lassen ist*",[16] doch muß in bestimmten Fällen ein steuerrechtlicher Sachverhalt abweichend von der bürgerlich-rechtlichen Beurteilung ausschließlich nach seiner **tatsächlichen wirtschaftlichen Gestaltung** gewürdigt werden. Dies gilt insbesondere dort, wo Einzelsteuergesetze vorrangig oder ausschließlich auf die Erfassung und Besteuerung wirtschaftlicher Prozesse und Tatbestände abstellen (z.B. EStG, KStG, GewStG, UStG, VStG). Durch die wirtschaftliche Betrachtungsweise soll sichergestellt werden, daß wirtschaftlich identische, jedoch bürgerlich-rechtlich unterschiedlich gestaltete Vorgänge oder Zustände steuerlich gleich behandelt werden. Daraus folgt, daß das Steuerrecht zwar im **Regelfall** an die bürgerlich-rechtliche Gestaltung eines Rechtsgeschäfts anknüpft, unter bestimmten Voraussetzungen jedoch die wirtschaftliche Betrachtungsweise eine abweichende Beurteilung gebietet. In besonderem Maße trifft dies naturgemäß für

---

[14] vgl. BVerfG vom 29.5.1990, BStBl II 90, 653, 664; BVerfG vom 20.12.1966, DB 67, 21
[15] vgl. z.B. BFH IV 158/56 vom 6.6.1957, BStBl III, 286; BFH IV R 13/90 vom 18.4.1991, BStBl II 91, 751
[16] Blümich/Stuhrmann Rz. 70 zu § 2 EStG

das Bilanz(steuer)recht zu, da die Abbildung ökonomischer Prozesse allein auf zivilrechtlicher Basis zwangsläufig zu einem nicht angemessenen Ergebnis führen müßte. Die daraus resultierende Dominanz der wirtschaftlichen Betrachtungsweise in einem weitgehend eigenständigen Bilanzrecht ergibt sich zwingend aus den spezifischen Zwecksetzungen der handelsrechtlichen Rechnungslegung und der Steuerbilanz sowie der Verknüpfung beider Instrumente durch das Maßgeblichkeitsprinzip. Beisse[17] bezeichnet das Bilanzrecht insofern zutreffend als „*Domäne der wirtschaftlichen Betrachtungsweise*", Döllerer betont die zentrale Bedeutung der wirtschaftlichen Betrachtungsweise für das Bilanzrecht, wenn er das Bilanzrecht als „*wirtschaftlich gefärbtes Schuldrecht*" bezeichnet.[18]

Die **AO** enthält insbesondere folgende **Regelungen**, die Ausfluß der wirtschaftlichen Betrachtungsweise darstellen:

(1) **Wirtschaftliche Interpretation des Eigentumsbegriffs gemäß § 39 Abs. 2 Nr. 1 AO**

Zwar sind Wirtschaftsgüter (Sachen, Rechte) gemäß § 39 Abs. 1 AO grundsätzlich dem bürgerlich-rechtlichen Eigentümer zuzurechnen (= Regelfall), doch wird diese Regel immer dann durchbrochen, wenn ein anderer als der bürgerlich-rechtliche Eigentümer die tatsächliche Herrschaft über ein Wirtschaftsgut in der Weise ausübt, daß er den Eigentümer für die Zeit der gewöhnlichen Nutzungsdauer von der Einwirkung auf das Wirtschaftsgut wirtschaftlich ausschließen kann. In solchen Fällen sind das betreffende Wirtschaftsgut, die hieraus erwirtschafteten Erträge sowie die damit verbundenen Aufwendungen dem **wirtschaftlichen** und nicht dem bürgerlich-rechtlichen **Eigentümer** zuzurechnen.

Nach der ständigen Rechtsprechung des BFH ist es dabei sowohl möglich, daß bürgerlich-rechtliches Eigentum und wirtschaftliches Eigentum an *einem einheitlichen Wirtschaftsgut* (z.B. DV-Anlage, bebautes Grundstück) auseinanderfallen wie auch das Auseinanderfallen von wirtschaftlichem Eigentum an Grund und Boden einerseits und dem darauf errichteten Gebäude andererseits denkbar ist.[19]

Wirtschaftliches Eigentum kann z.B. gegeben sein bei

(1.1) **Leasingverträgen**, bei denen der Leasinggeber aufgrund der gewählten Vertragskonstruktion nahezu für die gesamte Nutzungsdauer von einer Einwirkung auf das geleaste Wirtschaftsgut ausgeschlossen wird (vgl. dazu ausführlich Teil B, 4.4.4).

---

[17] Beisse in StuW 1981, S. 12
[18] Döllerer in BB 1974, S. 1541, 1546
[19] BFH vom 26.5.82, BStBl II 82, 639; BFH vom 13.6.84, BStBl II 84, 816

(1.2) **Treuhandverhältnissen.** Hierbei überläßt ein Treugeber einem Treuhänder ein Wirtschaftsgut 'zu treuen Händen' mit der Maßgabe, nach Außen in eigenem Namen aufzutreten. Bei dieser verdeckten Stellvertretung wird das Wirtschaftsgut dem wirtschaftlichen Eigentümer, dem Treugeber, zugerechnet, d.h. dieser ist Zurechnungssubjekt des Wirtschaftsgutes im steuerrechtlichen Sinn.

(1.3) **Sicherungsübereignung.** Auch in diesem Falle ist der übereignende Sicherungsgeber steuerlich als Eigentümer zu behandeln, das Wirtschaftsgut ist folglich ihm steuerlich zuzurechnen; insoweit wird die Sicherungsübereignung wirtschaftlich mit einer Pfandrechtsbestellung gleichgestellt. Soweit Wirtschaftsgüter mehreren wirtschaftlichen Eigentümern zur gesamten Hand zustehen, wird anteilig zugerechnet, soweit dies für eine zutreffende Besteuerung erforderlich ist.

Nießbraucher, Mieter und Pächter sind demgegenüber i.d.R. nicht wirtschaftlicher Eigentümer im Sinne von § 39 Abs. 2 Nr. 1 AO. Dies ist selbst dann der Fall, wenn z.B. der Pächter im Rahmen der pachtweisen Übernahme eines Gewerbebetriebes vertraglich die Substanzerhaltungspflicht für das gepachtete Anlagevermögen übernimmt: bürgerlichrechtlicher und wirtschaftlicher Eigentümer ist bzw. bleibt der Verpächter, lediglich beim Umlaufvermögen erfolgt in solchen Fällen eine Zuordnung des wirtschaftlichen Eigentums an den Pächter.[20]

(2) **Maßgeblichkeit des wirtschaftlichen Ergebnisses eines Rechtsgeschäfts gemäß § 40 AO**

Der Grundsatz der Gleichmäßigkeit der Besteuerung gebietet es, auch Rechtsgeschäfte die sittenwidrig sind oder aus sonstigen Gründen gegen ein gesetzliches Gebot oder Verbot verstoßen, der Besteuerung zu unterwerfen, soweit ein steuergesetzlicher Tatbestand ganz oder teilweise erfüllt ist (z.B. Einkünfte aus Prostitution, Hehlerei, Waffenhandel usw.). Durch diese **Wertneutralität** des Steuerrechts soll sichergestellt werden, daß sittenwidrige oder verbotene Rechtsgeschäfte steuerlich nicht bessergestellt und damit privilegiert werden.

---

[20] vgl. BFH vom 16.11.78, BStBl II 79, 138; BFH vom 30.1.86, BStBl II 86, 399

(3) **Maßgeblichkeit des wirtschaftlichen Ergebnisses eines Rechtsgeschäfts gemäß § 41 Abs. 1 S. 1 AO**

Auch im Falle der **Nichtigkeit oder Anfechtbarkeit** eines Rechtsgeschäfts gilt dies entsprechend: Formmängel, Geschäftsunfähigkeit einer Vertragspartei usw. sind für die Besteuerung solange unbedeutend, als die an dem Rechtsgeschäft beteiligten Parteien das wirtschaftliche Ergebnis dieses Rechtsgeschäftes eintreten und bestehen lassen.

Beispiel:

Unternehmer A veräußert an den geschäftsunfähigen B eine DV-Anlage; der von A vereinnahmte Kaufpreis ist, obwohl das Rechtsgeschäft nichtig ist, bei Ermittlung der Besteuerungsgrundlagen des Unternehmens A zu berücksichtigen.

(4) **Steuerliche Unmaßgeblichkeit von Scheingeschäften und Scheinhandlungen gemäß § 41 Abs. 2 AO**

Scheingeschäfte und Scheinhandlungen, die weder ernsthaft gewollt sind noch tatsächlich bestehen, sind steuerlich ohne Bedeutung, da für die Besteuerung ausschließlich das tatsächliche Verhalten maßgebend ist (Bsp.: Scheinwohnsitz in einem 'Niedrigsteuerland'; Scheinlieferung des Unternehmers A an den Unternehmer B).

Auf der anderen Seite sind jedoch sog. **verdeckte Rechtsgeschäfte** für die Besteuerung maßgebend, wenn durch ein Scheingeschäft ein anderes Rechtsgeschäft verdeckt werden soll; die Besteuerung stellt somit allein auf das tatsächliche und gewollte wirtschaftliche Ergebnis ab.

Beispiel:

Ein unbebautes Grundstück wird mit notariell beurkundetem Vertrag zu 400.000 DM von A an B veräußert, obwohl der zwischen den beiden Parteien vereinbarte tatsächliche Kaufpreis 800.000 DM beträgt und dieser Betrag tatsächlich an A abgeführt wird. Das notariell beurkundete Rechtsgeschäft ist nach § 117 BGB nichtig, das hierdurch verdeckte Rechtsgeschäft über den vereinbarten höheren Kaufpreis ebenfalls (§ 313 BGB). Unabhängig hiervon wird gemäß § 41 Abs. 2 S. 2 AO der höhere Kaufpreis der Besteuerung zugrunde gelegt (die Grunderwerbsteuer von 2 % bemißt sich in diesem Falle aus den vereinbarten 800.000 DM).

(5) **Steuerliche Unmaßgeblichkeit des Mißbrauchs von Gestaltungsmöglichkeiten des Rechts gemäß § 42 AO**

Grundsätzlich gilt auch steuerrechtlich der Grundsatz der Vertrags- und Gestaltungsfreiheit, d.h. der Steuerpflichtige kann die für ihn steuerlich günstigste Gestaltungsform wählen, soweit damit keine mißbräuchliche Steuerumgehung verbunden ist. Letzteres ist jedoch stets dann anzunehmen, wenn bei alternativen bürgerlich-rechtlichen Gestaltungsmöglichkeiten eine Gestaltung gewählt wird, die in Anbetracht des angestrebten Ziels offenkundig unangemessen ist und damit ein steuerlicher Effekt erreicht wird, der vom Gesetzgeber offensichtlich nicht gewollt war bzw. vom Gesetz 'mißbilligt' wird. Soweit die vorgenannten - vereinfachten - Voraussetzungen erfüllt sind, ist der Besteuerung nicht die tatsächliche, sondern gemäß § 42 AO die **wirtschaftlich angemessene** Rechtsgestaltung zugrunde zu legen. Die Generalklausel des § 42 AO ist nicht unproblematisch, da die Abgrenzung zwischen zulässiger Steuerminimierung, unzulässiger (jedoch nicht strafbarer) Steuerumgehung nach § 42 AO und strafbarer Steuerhinterziehung nach § 370 AO durchaus Schwierigkeiten bereiten kann.

Beispiele:

Eine mißbräuchliche Gestaltung des Rechts hat der BFH z.B. bei sog. 'Kettenschenkungsverträgen' zur Ausnutzung von Schenkungssteuer-Freibeträgen (*BFH vom 30.11.60, BStBl III 61, 21*) oder bei Entnahmen unmittelbar vor und Wiedereinlage unmittelbar nach dem Bewertungsstichtag zur Minderung des Einheitswertes (*BFH vom 18.12.68, BStBl II 69, 232*) bejaht.

Keine mißbräuchliche Rechtsgestaltung liegt demgegenüber z.B. vor, wenn ein Beschenkter ein ihm im Wege der Schenkung übertragenes Grundstück noch am Tag der Schenkung zu einem Betrag weiterveräußert, der mehr als das zwanzigfache des Einheitswertes beträgt, soweit Geldbeschaffung Motiv für die Schenkung war (*BFH vom 17.4.74, BStBl II 74, 521*)

3 Ausgewählte Aspekte des Besteuerungsverfahrens

3.1 Ermittlungsverfahren und Festsetzungsverfahren

Das Besteuerungsverfahren läßt sich in analytischer Phasenabfolge in das Ermittlungsverfahren und das Festsetzungsverfahren zerlegen; Ermittlungs- und Festsetzungsverfahren bilden zusammen das Veranlagungsverfahren. Durch das Ermittlungsverfahren werden die steuerlich relevanten Verhältnisse (= Besteuerungsgrundlagen wie z.B. steuerpflichtiger Gewinn, Umsatz, Gewerbeertrag usw.) eines Steuerpflichtigen untersucht, Aufgabe und Ziel des Festsetzungsverfahrens ist es, die Festsetzung der Steuer durch einen formellen Steuerbescheid vorzunehmen.

Beteiligte am Besteuerungsverfahren sind vorrangig die **Finanzbehörden**, insbesondere die jeweils zuständigen Finanzämter, auf der einen sowie die **Steuerpflichtigen** auf der anderen Seite. Die Steuerverwaltung ist als Eingriffsverwaltung an Recht und Gesetz gebunden, soweit aufgrund entsprechender gesetzlicher Regelungen Ermessensentscheidungen getroffen werden können, wird der Ermessensspielraum durch den Grundsatz der Gleichmäßigkeit der Besteuerung, das Willkürverbot und den Grundsatz der Verhältnismäßigkeit der Mittel limitiert. Um die Finanzbehörden in die Lage zu versetzen, den zu besteuernden Sachverhalt vollständig zu eruieren, sind die am Besteuerungsverfahren beteiligten Steuerpflichtigen zu vergleichsweise umfassender Offenlegung und Mitwirkung verpflichtet.

Der in § 90 AO verankerte **Mitwirkungsgrundsatz** ergänzt den **Untersuchungsgrundsatz** des § 88 AO: Auf der einen Seite ermittelt die Finanzbehörde steuerliche Sachverhalte von Amts wegen und bestimmt Art und Umfang der Ermittlungen, auf der anderen Seite ist der Steuerpflichtige zur Mitwirkung bei steuerlichen Ermittlungen verpflichtet, da die gesetzliche Steuer i.d.R. nur dann zutreffend festgesetzt werden kann, wenn der Steuerpflichtige seinen - z.T. recht umfassenden Mitwirkungspflichten - nachkommt. Neben allgemeinen Auskunfts- und Mitteilungspflichten sowie eingeschränkten Ausunftsverweigerungsrechten Dritter gemäß § 102 AO haben Unternehmen bzw. Unternehmer i.S.d. Einzelsteuergesetze insbesondere folgende Mitwirkungspflichten zu erfüllen:

- **Buchführungs- und Aufzeichnungspflichten**,

  die dem Unternehmen z.B. aufgrund handelsrechtlicher (§§ 38 ff. HGB i.V.m. § 140 AO) oder steuerrechtlicher Vorschriften (§§ 141 ff. AO) auferlegt werden. Geordnete und intersubjektiv nachvollziehbare Aufzeichnungen und regelmäßig erstellte Abschlüsse tragen insbesondere bei der Besteuerung von Unternehmen zu einer sachgerechten Ermittlung der Steuerfälle und Steuersachverhalte bei und sind unabdingbare Voraussetzung einer den gesetzlichen Vorschriften entsprechenden Steuerfestsetzung. Dazu ist es notwendig, daß die Buchführung sowohl allgemeinen, in § 145 AO verankerten Grundsätzen wie auch speziellen Ordnungsvorschriften (z.B. § 146 AO; Grundsätze ordnungsmäßiger DV-gestützter Buchführungssysteme - GoBS -) entspricht. Soweit die entsprechenden Voraussetzungen erfüllt sind müsen zudem, losgelöst von der Buchführungspflicht, Wareneingang und/oder Warenausgang gesondert aufgezeichnet werden (§§ 143, 144 AO) und für Zwecke der Umsatzsteuer gesonderte Aufzeichnungen (§ 22 UStG) gemacht werden.

Die sachgerechte und zutreffende Ermittlung steuerlicher Sachverhalte setzt neben der Erfüllung gesetzlicher Buchführungs- und Aufzeichnungspflichten ferner voraus, daß Unternehmen/Unternehmer

- **Aufbewahrungspflichten**

entsprechen, damit sichergestellt werden kann, daß Unterlagen, soweit sie für die Besteuerung von Bedeutung sind, steuerlichen Ermittlungsverfahren zugrunde gelegt werden können. Insbesodere durch § 147 AO (i.V.m. dem Schreiben betr. Verwendung von Mikrofilmaufnahmen zur Erfüllung gesetzlicher Aufbewahrungspflichten vom 1. Februar 1984) werden umfangreiche und spezifizierte Regelungen hinsichtlich der Art der aufzubewahrenden Unterlagen, der Art der Datendokumentation sowie dem Aufbewahrungszeitraum vorgegeben, die zwingend zu beachten sind.

Durch Buchführungs- und Aufzeichnungspflichten einerseits wie auch Aufbewahrungspflichten andererseits wird insbesondere sichergestellt, daß Steuerpflichtige ihrer Verpflichtung nach §§ 90, 97 AO nachkommen können, die für die Besteuerung notwendigen Aufzeichnungen, Geschäftspapiere, Bücher, Abschlüsse und sonstigen Unterlagen dem Finanzamt vorzulegen (**Vorlagepflicht**).

Die vorgenannten Pflichten werden ergänzt durch weitere unmittelbare und mittelbare Mitwirkungspflichten in Form von

- **Meldepflichten, Anzeigepflichten und Anmeldungspflichten**,

durch die die Erfassung der Steuerpflichtigen und damit die Durchführung des Besteuerungsverfahrens sichergestellt werden soll. Hierzu zählen z.B. die Verpflichtungen, die zur Personenstands- und Betriebsaufnahme erforderlichen Angaben zur Verfügung zu stellen (§ 135 AO) und eingetretene Veränderungen mitzuteilen (§ 136 AO); insbesondere sind in diesem Zusammenhang auch Anzeigepflichten zu erfüllen, die der steuerlichen Erfassung von Kapitalgesellschaften dienen (§ 137 AO) oder die Aufnahme, Verlegung oder Aufgabe eines Gewerbebetriebs, einer Betriebsstätte oder einer freiberuflichen Tätigkeit betreffen (§§ 138, 139 AO).

- **Steuererklärungspflicht**.

Gemäß § 149 AO sind Steuerpflichtige zur Abgabe von Steuererklärungen verpflichtet, soweit dies durch Einzelsteuergesetze vorgeschrieben ist oder das Finanzamt hierzu auffordert.

Vielfach wird moniert, die durch Mitwirkungspflichten verursachten, durchaus beträchtlichen Kosten seien quasi als gesonderte, primär von Unternehmen zu tragende **Zusatzsteuer** zu qualifizieren. Dabei wird jedoch übersehen, daß vor allem die handels- und steuerrechtlich normierten Aufzeichnungs-, Buchführungs-, Abschluß- und Aufbewahrungspflichten nicht nur steuerlichen Zwecken dienen, sondern der betriebswirtschaftlich unabdingbaren Verpflichtung zur Selbstinformation von Unternehmer(n) und/oder Management Rechnung tragen, die Interessen außenstehender Dritter angemessen berücksichtigen und grundlegenden rechtstaatlichen Prinzipien entsprechen. Die Mitwirkungskosten werden i.d.R. durch den unmittelbaren und mittelbaren Informationsnutzen kompensiert.

Diese weitgehenden **Offenbarungs-** und **Mitwirkungspflichten** stellen einen verhältnismäßig tiefen Eingriff in das allgemeine Persönlichkeitsrecht des Steuerpflichtigen dar; daraus resultiert konsequenterweise, daß alle Informationen, die der Finanzverwaltung hinsichtlich der geschäftlichen, beruflichen und persönlichen Verhältnisse des Steuerpflichtigen zur Verfügung zu stellen sind, ausschließlich zu steuerlichen Zwecken ausgewertet und an nicht verfahrensbeteiligte Dritte nicht weitergegeben werden dürfen.

Die Wahrung des **Steuergeheimnisses** (§ 30 AO) schützt insoweit berechtigte Interessen des Steuerpflichtigen, sichert ein sachgerechtes Besteuerungsverfahren und trägt damit letztlich auch öffentlichen Interessen Rechnung. Das Steuergeheimnis erstreckt sich auf alle Amtsträger i.S.v. § 7 AO und diesen gleichgestellte Personen (z.B. Amtsträger anderer als der Finanzbehörden, soweit diese mit steuerlichen Angelegenheiten befaßt werden) und schützt in sachlicher Hinsicht vor unbefugter Offenbarung oder Verwertung von Informationen über Verhältnisse des Steuerpflichtigen sowie von Betriebs- oder Geschäftsgeheimnissen des Steuerpflichtigen. Der Begriff 'Betriebs- oder Geschäftsgeheimnis' ist vergleichsweise weit auszulegen und umfaßt alle betrieblichen Angelegenheiten, an deren Geheimhaltung Unternehmensleitung oder Unternehmer interessiert sind; dazu zählen z.B. auch Rezepturen, Stücklisten, Kundendateien, Ergebnisse von Marktstudien, DV-Programme, Produktentwicklungen usw., die vielfach nicht oder zumindest nicht unmittelbar im Rechnungswesen dokumentiert werden. Geschützt werden nicht nur natürliche Personen, sondern auch alle steuerrechtsfähigen Gebilde wie juristische Personen des privaten und öffentlichen Rechts, Personengesellschaften und sonstige Gemeinschaften. Bei Gemeinschaften gilt grundsätzlich, daß das Steuergeheimnis nicht gegenüber geschäftsführungs- und damit vertretungsberechtigten Personen greift; daraus folgt im Umkehrschluß, daß z.B. dem nicht vertretungsberechtigten Kommanditisten einer KG ebensowenig Einblick in die Gewerbesteuerakten einer KG gewährt werden darf, wie dem Aktionär der Einblick in die Steuerakten einer Aktiengesellschaft versagt werden muß.

Durch den Umfang und die zeitlich unbegrenzte Geltung der Geheimhaltungspflicht soll das allgemeine Bewußtsein gestärkt werden, daß eine Offenlegung aller für die Besteuerung relevanten Umstände eines Steuerpflichtigen ausschließlich mit steuerlichen Folgen verknüpft ist.

Grundlage des Besteuerungsverfahrens ist die **Steuererklärung** des Steuerpflichtigen; soweit der Gewinn nach § 5 EStG ermittelt wird (Vollkaufleute und bestimmte andere Gewerbetreibende), ist z.B. der **Einkommen- oder Körperschaftsteuererklärung**

- eine Abschrift der auf dem Zahlenwerk der Buchführung beruhenden **Bilanz** sowie - bei Anwendung der kaufmännischen doppelten Buchführung - der **Gewinn- und Verlustrechnung** beizufügen; auf Verlangen des Finanzamtes ist ggf. ergänzend hierzu eine **Hauptabschlußübersicht** vorzulegen (*§ 60 Abs. 1 EStDV*).

- Soweit die Bilanz Ansätze oder Beträge enthält, die den steuerlichen Vorschriften nicht entsprechen, sind diese durch Zusätze oder Anmerkungen den steuerlichen Vorschriften anzupassen (steuerliche Korrekturen z.B. in Form von **Zu- und Abrechnungen** außerhalb der Bilanz). Anstelle einer entsprechend korrigierten Handelsbilanz kann auch eine ausschließlich für steuerliche Zwecke erstellte **Steuerbilanz** beigefügt werden (*§ 60 Abs. 2 EStDV*), wobei die Überleitung von der Handelsbilanz i.d.R. durch eine sog. **Mehr- oder Weniger-Rechnung** erfolgt.

Beispiel Mehr- oder Weniger-Rechnung:

Handelsbilanz	Mehr- / Weniger Rechnung		Steuerbilanz
	Soll	Haben	
*			*
*			*
Anlagevermögen 800	200		Anlagevermögen 1.000
*			*
Bilanzgewinn 300		200	Bilanzgewinn 500

- Bei Kapitalgesellschaften ist ggf. eine Abschrift des **Anhangs**, des **Lage-** und des **Prüfungsberichts** der Steuererklärung beizufügen (*§ 60 Abs. 3 EStDV*).

Soweit sich das zuständige Finanzamt der Steuererklärung anschließt ist das Ermittlungsverfahren beendet, so daß in unmittelbarem Anschluß die Steuer durch **Steuerbescheid** festgesetzt werden kann. Der Steuerbescheid ist ein an den Steuerschuldner gerichteter Verwaltungsakt i.S.d. §§ 118 ff. AO, der gemäß § 157 AO schriftlich 'zu erteilen' ist, die festgesetzte Steuer nach Art und Höhe bezeichnet und eine Rechtsbehelfsbelehrung zu enthalten hat. Der Steuerbescheid enthält i.d.R. die Besteuerungsgrundlagen; unter bestimmten Voraussetzungen werden die Besteuerungsgrundlagen jedoch nicht durch den Steuerbescheid, sondern durch einen gesonderten Verwaltungsakt in Form eines **Feststellungsbescheids** gesondert festgestellt. Soweit sich ein solcher Feststellungsbescheid gegen mehrere Personen, wie z.B. die Gesellschafter einer OHG, richtet, werden die Besteuerungsgrundlagen nach §§ 179, 180 AO i.V.m. der Verordnung über die gesonderte Feststellung von Besteuerungsgrundlagen nach § 180 Abs. 2 der Abgabenordnung **einheitlich und gesondert festgestellt.**[21]

Beispiel:

Die einkommen- und körperschaftsteuerpflichtigen Einkünfte werden gemäß § 180 Abs. 1 Nr. 2a AO einheitlich und gesondert festgestellt, wenn - wie dies z.B. bei einer Personengesellschaft der Fall ist - am Gewinn der Gesellschaft mehrere Personen (= Gesellschafter) beteiligt sind und der Gewinn den Gesellschaftern anteilig zuzurechnen ist.

Durch die einheitliche Feststellung soll sichergestellt werden, daß gleiche Sachverhalte gegenüber mehreren Beteiligten mit gleichen steuerlichen Rechtsfolgen verbunden sind.

Die Steuerfestsetzung durch Steuerbescheid erfolgt i.d.R. **endgültig**, d.h. der Steuerbescheid wird nach Ablauf der Einspruchsfrist bestandskräftig (die Bestandskraft kann jedoch unter den Voraussetzungen der §§ 172 ff. AO durchbrochen werden). Abweichend vom Regelfall der endgültigen Festsetzung können Steuern unter dem Vorbehalt der Nachprüfung oder vorläufig festgesetzt werden. Unter dem **Vorbehalt der Nachprüfung** werden Steuern gemäß § 164 Abs. 1 AO insbesondere dann festgesetzt, wenn Steuerpflichtige der Außenprüfung regelmäßig unterzogen werden bzw. in absehbarer Zeit eine Außen-(Betriebs-)prüfung durchgeführt werden soll. Die Vorbehaltsfestsetzung hat zur Folge, daß die Steuerfestsetzung bis zum Ablauf der Festsetzungsfrist jederzeit aufgehoben oder geändert werden kann, ohne daß die Voraussetzungen für die in den §§ 172 ff. AO geregelten Durchbrechungstatbestände erfüllt sein müssen. Eine **vorläufige Steuerfestsetzung** nach § 165 AO kommt regelmäßig in Betracht, solange ungewiß ist, ob die Voraussetzungen für die Entstehung einer Steuerschuld tatsächlich eingetreten sind. Die vorübergehende, auf Tatsachen beruhende Ungewißheit über die Entstehung einer Steuerschuld kann z.B. durch einen schwebenden Zivilprozeß, den zu erwartenden Abschluß eines Doppelbesteuerungsabkommens oder die vom BVerfG festgestellte Unvereinbarkeit eines Steuergesetzes mit dem Grundgesetz bedingt sein, soweit im letztgenannten Fall der Gesetzgeber zu einer Neuregelung verpflichtet ist (Bsp.: Vermögensteuer).

---

[21] vgl. zur gesonderten Feststellung von Besteuerungsgrundlagen insbesondere § 180 Abs. 1 bis 3 AO und die dort genannten Anwendungsfälle

3.2 Steuerrechtsfähigkeit, Steuerpflichtiger und Steuerschuldner

Die Steuerrechtsfähigkeit ist eine von der Rechtsfähigkeit i.S.d. BGB losgelöste Sonderrechtsfähigkeit, durch die spezifischen steuerlichen Belangen Rechnung getragen wird. Steuerrechtsfähigkeit besitzt regelmäßig, wer nach den Einzelsteuergesetzen als Beteiligter eines Steuerrechtsverhältnisses Träger von Rechten und Pflichten sein kann (= **Steuersubjekt** oder Steuerperson). Der Kreis der Steuerrechtsfähigen ist damit nicht allgemein bestimmt, er wird vielmehr in Abhängigkeit von der jeweiligen Steuerart einzelsteuergesetzlich festgelegt; so können aufgrund von Regelungen der Einzelsteuergesetze z.B.

natürliche Personen:	Einkommensteuer / Vermögensteuer
juristische Personen:	Körperschaftsteuer / Vermögensteuer
'Unternehmer' unabhängig der jeweiligen Rechtsform:	Umsatzsteuer

über Steuerrechtsfähigkeit verfügen und damit als Steuersubjekt in Betracht kommen. In systematischer Abgrenzung läßt sich der **Kreis der Steuersubjekte** wie folgt zusammenfassen:

(1) **Natürliche Personen**

Die Steuerrechtsfähigkeit beginnt mit Vollendung der Geburt und endet mit dem Ableben.

(2) **Juristische Personen des privaten Rechts** (z.B. AG, GmbH, KGaA, rechtsfähige Vereine) und **juristische Personen des öffentlichen Rechts** (z.B. Körperschaften, Anstalten und Stiftungen des öffentlichen Rechts)

Vielfach beginnt hierbei die Steuerrechtsfähigkeit bereits im Stadium der Unternehmensgründung (z.B. KStG) bzw. dann, wenn sich die in Gründung befindliche 'Vor'gesellschaft am allgemeinen wirtschaftlichen Verkehr beteiligt (z.B. UStG). Die Steuerrechtsfähigkeit endet mit der Liquidation der Gesellschaft und der erkennbaren Einstellung jeglicher Tätigkeit; dabei spielt keine Rolle, ob die Gesellschaft zu diesem Zeitpunkt bereits im entsprechenden öffentlichen Register (z.B. Handelsregister, Vereinsregister) gelöscht ist.

(3) **Personengesellschaften** (z.B. OHG, KG, GbR, EWIV, Partnergesellschaft, nichtrechtsfähige Vereine)

Die Steuerrechtsfähigkeit beginnt auch hier z.T. unabhängig davon, ob die Gründung bereits vollzogen ist, zu dem Zeitpunkt zu dem die Unternehmereigenschaft bejaht wird (z.B. Umsatzsteuer) bzw. mit dem Zeitpunkt des Bestehens eines Gewerbebetriebes (z.B. Gewerbesteuer). Wie bei juristischen Personen endet die Steuerrechtsfähigkeit mit der Einstellung des Geschäftsbetriebes.

Aufgrund dessen, daß die Steuerrechtsfähigkeit jeweils durch Einzelsteuergesetze geregelt wird, beinhaltet sie letztlich eine **Teilsteuerrechtsfähigkeit**, d.h. der Kreis der Steuersubjekte ist nicht allgemein, sondern jeweils steuerartspezifisch geregelt.

Beispiel:

Personengesellschaften sind zwar Umsatz- und Gewerbesteuersubjekte, nicht jedoch Einkommen- oder Vermögensteuersubjekte; für letztere werden die hinter der Gesellschaft stehenden natürlichen Personen als Steuersubjekte der Besteuerung unterworfen.

Steuerpflichtig ist gemäß § 33 Abs. 1 AO, wer Verpflichtungen zu erfüllen hat, die ihm durch die Steuergesetze auferlegt werden; die Verpflichtungen können materiell-vermögensrechtlicher oder formell-verfahrensrechtlicher Art sein. Zum Kreis der Steuerpflichtigen zählen:

- der **Steuerschuldner** (§ 43 AO)
- der **Steuerhaftende** (§ 69 AO)
- der **Steuerentrichtungspflichtige** (§ 43 S. 2 AO)
- der **Steuererklärungspflichtige** (§ 149 AO)
- der **zu einer Sicherungsleistung Verpflichtete** (§ 241 AO)
- der **Buchführungs- und Aufzeichnungspflichtige** (§§ 140 ff. AO)
- der **Träger anderer**, durch Steuergesetze auferlegter **Pflichten** (§§ 138, 139 AO).

Der Steuerpflichtige kann sich gemäß § 80 Abs. 1 AO durch einen **Bevollmächtigten** vertreten lassen. Unter bestimmten Voraussetzungen können diese zurückgewiesen werden (§ 80 Abs. 5 und 6 AO); eine Zurückweisung ist nicht möglich, soweit gemäß § 3 StBerG die Befugnis zu unbeschränkter Hilfeleistung in Steuersachen gegeben ist. In der Unternehmenspraxis sind dies vor allem Steuerberater, Steuerbevollmächtigte, Steuerberatungsgesellschaften, Wirtschaftsprüfer, Wirtschaftsprüfungsgesellschaften, vereidigte Buchprüfer und Buchprüfungsgesellschaften, die Unternehmen in Steuersachen als Bevollmächtigte vertreten. In eingeschränktem Umfang ist aufgrund der Rechtsprechung des Bundesverfassungsgericht[22] eine Hilfeleistung auch außerhalb der Autorisierung nach § 3 StBerG möglich; in solchen Fällen hat sich jedoch die Tätigkeit z.B. entsprechend ausgebildeter Steuerfachgehilfen oder gewerblich tätiger Buchhaltungsbüros auf das geschäftsmäßige Kontierung von Belegen oder die geschäftsmäßige Erledigung der laufenden Finanzbuchhaltung zu beschränken. Eine darüberhinausgehende Hilfeleistung ist nicht zulässig.

---

[22] BVerfGE 54/301; 59/302

Der Begriff des **Steuerschuldners** ist weit enger gefaßt als der des Steuerpflichtigen: Steuerschuldner ist, wer im Rahmen eines Steuerschuldverhältnisses nach Maßgabe der Einzelsteuergesetze verpflichtet ist, eine Steuer für eigene Rechnung an einen Steuergläubiger zu entrichten. Daraus folgt, daß der Steuerschuldner zwar stets Steuerpflichtiger ist, der Steuerpflichtige jedoch nicht notwendigerweise Steuerschuldner sein muß.

Beispiele:
Eine OHG ist buchführungs- und aufzeichnungspflichtig (= Steuerpflichtiger), Steuerschuldner der Einkommensteuer sind jedoch die hinter der OHG stehenden Gesellschafter, die damit zugleich Steuerschuldner und Steuerpflichtige sind.

Ein Arbeitnehmer ist hinsichtlich der Lohnsteuer Steuerpflichtiger und Steuerschuldner, der Arbeitgeber ist Steuer(entrichtungs)pflichtiger, ohne zugleich Steuerschuldner zu sein; der Steuerentrichtungspflichtige entrichtet in diesem Falle aufgrund einzelsteuergesetzlicher Regelungen die Steuer für Rechnung des Steuerschuldners.

Die Gesamtheit der (gesetzlich geregelten) Rechtsbeziehungen zwischen dem Steuerschuldner und dem Steuergläubiger bildet das **Steuerschuldverhältnis**; hierbei handelt es sich um ein besonderes öffentlich-rechtliches Schuldverhältnis, das als zwingendes öffentliches Recht der Verfügungsgewalt der am Besteuerungsverfahren beteiligten natürlichen und juristischen Personen sowie Personengesellschaften entzogen ist. Daraus folgt zwingend, daß durch Vereinbarung zwischen den Verfahrensbeteiligten die gesetzlichen Regelungen des Steuerschuldverhältnisses weder geändert noch aufgehoben werden können. Derartige Vereinbarungen würden einen rechtsunwirksamen Verstoß gegen den Grundsatz der Gesetzmäßigkeit (insbesondere Art. 20 Abs. 3 GG) darstellen. Während das Steuerschuldverhältnis materiell-rechtlich auf Geldleistungsansprüche abstellt, beinhaltet das sog. **Steuerpflichtverhältnis** vorwiegend formelles Recht wie z.B. die Pflicht zur Abgabe der Steuererklärung, der Führung von Büchern und Aufzeichnungen, der Duldung von Prüfungshandlungen usw.

Vermögensrechtliche Geldleistungsansprüche aus dem Steuerschuldverhältnis werden begründet, soweit der Tatbestand erfüllt ist, an den das Gesetz die Geldleistungspflicht knüpft (§ 38 AO). Im einzelnen handelt es sich dabei um die nachfolgend aufgeführten Ansprüche (der steuerberechtigten Körperschaft an den Steuerschuldner bzw. - wie z.B. bei einem Erstattungsanspruch - in umgekehrter Richtung):

- Steueranspruch   § 37 Abs. 1 AO
- Steuervergütungsanspruch § 37 Abs. 1 AO
- Haftungsanspruch   §§ 37 Abs. 1, 69 ff. AO
- Erstattungsanspruch   § 37 Abs. 1 und 2 AO

- Anspruch auf steuerliche
  Nebenleistungen wie § 37 Abs. 1 AO
- Verspätungszuschläge § 152 AO
- Zinsen §§ 233 - 237 AO
- Säumniszuschläge § 240 AO
- Zwangsgelder § 329 AO
- Kosten §§ 337 - 345 AO

3.3 Besteuerungsverfahren und Betriebsprüfung

3.3.1 Allgemeine Grundlagen

Im Regelfall werden im Rahmen eines als Masseverfahren ausgestalteten Ermittlungsverfahrens der Steuerfestsetzung die Angaben und Daten der Steuererklärung zugrunde gelegt, die ggf., soweit Zweifel angezeigt sind und Beanstandungen notwendig werden, durch Rücksprache mit dem Steuerpflichtigen oder durch Zuziehung Dritter abgeklärt werden.

Neben den 'normalen' Ermittlungsverfahren (§§ 85 ff. AO) regelt die AO in den §§ 193 - 217 drei **spezielle Verfahren** der steuerlichen Sachaufklärung, die, soweit die hierfür erforderlichen Voraussetzungen erfüllt sind, die üblichen Verfahren der Steuerermittlung ergänzen:

- **Außenprüfung** §§ 193 bis 207 AO
- **Steuerfahndung** § 208 AO
- **Steueraufsicht in besonderen Fällen** §§ 209 - 217 AO

Diese besonderen Steuerermittlungsverfahren beinhalten im Gegensatz zu den 'normalen' Verfahren Ermittlungs- und Prüfungshandlungen, die von im Außendienst tätigen Mitarbeitern der Finanzverwaltung außerhalb ihrer lokalen Dienststelle wahrgenommen werden. Hierdurch soll der Finanzverwaltung die Möglichkeit eröffnet werden, die vielfach wenig effiziente Innendienstermittlung der Besteuerungsgrundlagen durch eine Sachaufklärung vor Ort zu ergänzen.

Aufgabe der **Steuerfahndung** ist gemäß § 209 AO im wesentlichen die Erforschung von Steuerstraftaten und Steuerordnungswidrigkeiten (Abs. 1 Nr. 1), die Ermittlung der Besteuerungsgrundlagen in solchen Fällen (Abs. 1 Nr. 2) sowie die Aufdeckung und Ermittlung bislang unbekannter Steuerfälle (Abs. 1 Nr. 3). Die Steuerfahndung setzt im Regelfall dort ein, wo die Ermittlungskompetenzen des normalen Außendienstes zur Sachaufklärung nicht mehr ausreichen, obliegt damit betrauten Dienststellen der Landesfinanzbehörden sowie Zollfahndungsämtern und ist im Vergleich zur Außenprüfung mit erheblich erweiterten Befugnissen (§§ 208, 404 i.V.m. § 399 Abs. 2 S. 2 AO) ausgestattet. Hierzu zählen z.B. die Befugnisse zur Durchsuchung und Beschlagnahme bei Gefahr in Verzug oder aufgrund einer richterlichen Anordnung oder die Befugnis zur Verhaftung aufgrund eines richterlichen Haftbefehls.

Beispiel:

Ein ausgeschiedener Mitarbeiter erstattet anonym Anzeige gegen die X-OHG, seinen früheren Arbeitgeber wegen durchgeführter Scheingeschäfte. Soweit die Veranlagungs- und Außenprüfungsstellen zu der Auffassung gelangen, daß hinreichende tatsächliche Anhaltspunkte für eine Steuerstraftat vorliegen und sich der Sachverhalt mit den üblichen Mitteln des Besteuerungsverfahrens nicht aufklären läßt, wird die Steuerfahndungsstelle mit der Sachaufklärung betraut.

Die **Steueraufsicht in besonderen Fällen** (= zollamtliche Überwachung) kommt ausschließlich bei Zöllen und Verbrauchssteuern in Betracht und bezweckt im Gegensatz zur Außenprüfung oder (zumindest fallweise) zur Steuerfahndung nicht die Ermittlung der Besteuerungsgrundlagen, vielmehr steht die laufende Kontrolle von Unternehmen im Vordergrund, die einen erheblichen grenzüberschreitenden Verkehr an verbrauchsteuerpflichtigen Waren aufweisen.

Das in der Steuerermittlungspraxis wichtigste Verfahren der besonderen Sachaufklärung stellt jedoch regelmäßig die **Außenprüfung** dar.

3.3.2 Außenprüfung

Die steuerliche Außenprüfung ist gemäß § 193 AO zulässig bei Steuerpflichtigen, die einen gewerblichen oder land- und forstwirtschaftlichen Betrieb unterhalten oder freiberuflich tätig sind. Damit unterliegen der Außenprüfung als Prüfungssubjekte grundsätzlich

- **Unternehmer** gemäß § 193 AO,

    d.h. Gewerbetreibende, Land- und Forstwirte und Freiberufler.

    Die Außenprüfung bezieht sich dabei entgegen dem Wortlaut des § 193 Abs. 1 AO nicht nur auf den oder die hinter einem Unternehmen oder einer Gesellschaft stehenden natürlichen Personen, vielmehr ist die Außenprüfung auch gegenüber einer **Personengesellschaft**[23] und einer **Kapitalgesellschaft**[24] zulässig. Nicht

---

[23] BFH vom 16.11.1989, BStBl II 1990, 272 und vom 13.9.1990, BFH/NV 1991, 716
[24] BFH vom 11.12.1991, BStBl II 1992, 595

der Außenprüfung unterzogen werden Steuerpflichtige, die Einkünfte aus selbständiger Arbeit erzielen, jedoch nicht freiberuflich tätig sind.[25]

- **Andere Steuerpflichtige** gemäß § 193 Abs. 2 Nrn. 1 und 2 AO

Dazu zählen i.S.d. Abs. 2 Nr. 1 Steuerpflichtige, die nicht Unternehmer sind, hinsichtlich ihrer Verpflichtung, für Rechnung eines anderen Steuern zu entrichten oder einzubehalten und abzuführen (z.B. die Verpflichtung eines privaten Arbeitgebers, die Lohnsteuer abzuführen). Darüber hinaus kommt gemäß Abs. 2 Nr. 2 eine Außenprüfung auch dann in Betracht, wenn die für die Besteuerung erheblichen Verhältnisse der Aufklärung bedürfen und eine Prüfung an Amtsstelle nach Art und Umfang des zu prüfenden Sachverhalts nicht zweckmäßig ist. Eine auf Abs. 2 Nr. 2 gestützte Außenprüfung muß besonders begründet werden und kommt z.B. bei Steuerpflichtigen mit umfangreichen und vielgestaltigen (nichtbetrieblichen) Einkünften in Betracht (*AEAO Nr. 3 zu § 193*)

Diese beiden originären Subjektgruppen werden ergänzt durch **abgeleitete Prüfungssubjekte** i.S.v. § 194 Abs. 2 AO: Im Rahmen einer Außenprüfung können, soweit dies zweckmäßig ist, auch Mitglieder der Aufsichtsorgane einer Gesellschaft in die Außenprüfung einbezogen werden.

Den beiden originären Prüfungssubjektgruppen entsprechend lassen sich Außenprüfungen unterscheiden in

- **Betriebsprüfungen**, denen Steuerpflichtige i.S.d. § 193 Abs. 1 AO unterzogen werden und

- **sonstige Außenprüfungen**, die in den Fällen durchgeführt werden, bei denen die Voraussetzungen nach § 193 Abs. 2 Nr. 1 oder 2 erfüllt sind.

Darüber hinaus kommen als Sonderformen die abgekürzte Außenprüfung sowie sog. Sonderprüfungen in Betracht. Eine **abgekürzte Außenprüfung** findet nach § 203 AO in Fällen von untergeordneter steuerlicher Bedeutung statt und beschränkt sich auf die wesentlichen Besteuerungsgrundlagen. Anders als bei der normalen Außenprüfung entfallen jedoch Übersendung des Prüfungsberichts, Stellungnahme des Steuerpflichtigen und Schlußbesprechung. Ansonsten löst die abgekürzte Außenprüfung dieselben Rechtsfolgen aus.[26] **Sonderprüfungen** befassen sich demgegenüber mit der Prüfung einer bestimmten Steuerart (z.B. Lohnsteuer-Außenprüfung, Umsatzsteuer-Sonderprüfung) oder der Prüfung bestimmter Besteuerungssachverhalte (z.B. Liquidationsprüfung im Zusammenhang mit einem Steuerstundungsverfahren). Nicht der Außenprüfung zuzurechnen ist die sog. **betriebsnahe Veranlagung**; diese ist in verfahrenstechnischer Hinsicht Teil des Steuerfestsetzungsverfahrens, auch wenn sie grundsätzlich als abgekürzte Außenprü-

---

[25] z.B. Testamentsvollstrecker, vgl. BFH vom 5.11.1981, BStBl II 1982, 184
[26] BFH vom 25.4.1985, BStBl II 1985, 702

fung durchgeführt werden kann.[27] In schematisch vereinfachter Form lassen sich die Gestaltungsformen der Außenprüfung wie folgt zusammenfassen:

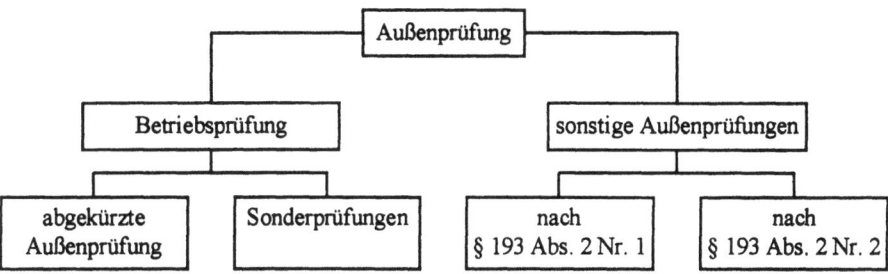

Abb. 4: Gestaltungsformen der Außenprüfung nach AO

Zulässigkeit, Umfang, Zuständigkeit und Durchführung von Außenprüfungen sind wie folgt **geregelt**:

- **Betriebsprüfung**

    §§ 193 - 207 AO i.V.m. Betriebsprüfungsordnung (Steuer) - BpO (St) - und dem AO-Anwendungserlaß zu §§ 193 - 207

- **Sonstige Außenprüfungen**

    §§ 193 - 207 AO i.V.m. AO-Anwendungserlaß zu §§ 193 - 207.

BpO (St) und AEAO binden als Verwaltungsanweisungen die Finanzbehörden und verpflichten diese, alle Steuerpflichtigen im Zuge einer Außenprüfung gleich zu behandeln.[28]

Die Durchführung der Außenprüfung steht grundsätzlich im Ermessen der Finanzbehörde, einen Anspruch darauf, geprüft zu werden, hat der Steuerpflichtige nicht; dies gilt auch dann, wenn der Steuerpflichtige im Zuge einer Betriebsveräußerung eine vorherige Außenprüfung für notwendig erachtet. Der **sachliche Umfang** der Außenprüfung bestimmt sich nach § 194 Abs. 1 S. 1 AO: Da die Außenprüfung der Feststellung der Besteuerungsgrundlagen des Steuerpflichtigen, insbesondere der Unternehmer, dient kann sie

- sich auf eine oder mehrere **Steuerarten** beziehen,
- einen oder mehrere **Besteuerungszeiträume** umfassen oder
- auf **bestimmte Sachverhalte** beschränkt werden.

Die Festlegung des Umfangs der Außenprüfung liegt im pflichtgemäßen Ermessen der Finanzbehörde. Die Außenprüfung bei einer **Personengesellschaft** umfaßt re-

---

[27] vgl. AEAO Nrn. 2 und 3 zu § 85
[28] BFH vom 10.2.1983, BStBl II 1983, 286

gelmäßig auch die Prüfung der steuerlichen Verhältnisse der Gesellschafter, soweit diese für die zu überprüfenden einheitliche Feststellungen von Bedeutung sind.[29] § 194 Abs. 2 AO erweitert den Prüfungsumfang bei Personen- und Kapitalgesellschaften darüber hinaus noch insoweit, als Gesellschafter, Aufsichtsrats- oder Beiratsmitglieder grundsätzlich in die bei einer Gesellschaft durchgeführte Außenprüfung einbezogen werden können, wenn dies im Einzelfall zweckmäßig erscheint.

Da die Außenprüfung der Feststellung der Besteuerungsgrundlagen dient, können Erkenntnisse über **steuerliche Verhältnisse Dritter** (z.B. Aufsichtsratmitglieder, Kunden, Lieferanten usw.) durch sog. **Kontrollmitteilungen** an die zuständigen Finanzämter weitergeleitet und dort ausgewertet werden.

Beispiel:

Bei der Betriebsprüfung eines Verlages fertigt der Betriebsprüfer Kontrollmitteilungen über die Honorare von Autoren aus und leitet diese dem Wohnsitzfinanzamt des jeweiligen Autors zur Nachprüfung zu.

3.3.3 Grundlagen der Betriebsprüfung

Insbesondere im Rahmen der Betriebsprüfung von Unternehmen werden der Finanzverwaltung Möglichkeiten eröffnet und Pflichten auferlegt, denen sie angesichts beschränkter personeller Kapazitäten der Betriebsprüfungsdienste nicht gerecht zu werden vermag.[30] Trotz der vielfach und zweifellos zurecht beklagten personellen Engpässe im Betriebsprüfungsdienst ist festzustellen, daß die Bundesrepublik nach wie vor über die höchste Betriebsprüferdichte verfügt; angesichts der hohen Komplexität des deutschen Steuerrechts eine notwendige, wenn auch nicht hinreichende personelle Konsequenz, damit wenigstens näherungsweise den Prinzipien der Gleichmäßigkeit und Gesetzmäßigkeit der Besteuerung Rechnung getragen werden kann. In der Betriebsprüfungspraxis wird den eingeschränkten personellen Kapazitäten u.a. dadurch Rechnung getragen, daß

(1) **Prüfungsprioritäten** gesetzt werden. In nach h. M. nicht zu beanstandender Ermessensausübung geht die Finanzverwaltung davon aus, daß die Prüfungsnotwendigkeit vorrangig durch die Betriebsgröße determiniert ist; m.a.W.: Je größer ein Unternehmen ist, desto prüfungswürdiger ist es. Dies führt in der Konsequenz dazu, daß

(2) nur bei sog. **Großbetrieben** gemäß § 4 BpO (St) eine im Zeitablauf **alle Veranlagungszeiträume/Rechnungsperioden umfassende** Betriebsprüfung durchgeführt werden soll; auch die Sicherstellung dieser noch vertretbaren Sollvorschrift setzt naturgemäß voraus, daß die hierfür erforderlichen personellen Kapazitäten im Betriebsprüfungsdienst der Finanzverwaltung tatsächlich zur Ver-

---

[29] § 194 Abs. 1 S. 3 AO
[30] vgl. BMF-Nachrichten 54/91 S. 4

fügung stehen. Soweit dies nicht gewährleistet ist, liegt aufgrund objektiv unterlassener Betriebsprüfung ein Verstoß gegen den Grundsatz der Gleichmäßigkeit der Besteuerung vor.

(3) bei Steuerverlagerungen in weniger gravierenden Fällen sog. **Nichtbeanstandungsgrenzen** beachtet wurden, die der neugefaßte Rationalisierungserlaß allerdings nicht mehr vorsieht (so ist es z.B. nicht zu beanstanden, wenn Nichtbanken ein Pauschalkredere bis zu 1 % der Forderung - ohne MwSt. - verrechnen).

Seit **1.1.1992** wird gemäß § 3 BpO i.V.m. dem BFM-Schreiben vom 15. Juli/16. August 1994[31] eine Eingruppierung von Unternehmen in Groß-, Mittel-, Klein- und Kleinstbetriebe vorgenommen, wobei branchenspezifische **Größenmerkmale** zugrunde gelegt werden:

Branche/ Betriebsart	Merkmale	Großbetriebe	Mittelbetriebe	Kleinbetriebe
Handelsbetriebe	Umsatz/DM od. steuerlicher Gewinn/DM	> 11,5 Mio. > 0,45 Mio.	> 1,3 Mio. > 0,09 Mio.	> 0,25 Mio. > 0,048 Mio.
Fertigungsbetriebe	Umsatz/DM od. steuerlicher Gewinn/DM	> 6,5 Mio. > 0,4 Mio.	> 0,8 Mio. > 0,09 Mio.	> 0,25 Mio. > 0,048 Mio.
Freie Berufe	Umsatz/DM od. steuerlicher Gewinn/DM	> 6,5 Mio. > 0,85 Mio.	> 1,2 Mio. > 0,2 Mio.	> 0,25 Mio. > 0,048 Mio.
Andere Leistungsbetriebe	Umsatz/DM od. steuerlicher Gewinn/DM	> 8,0 Mio. > 0,45 Mio.	> 1,1 Mio. > 0,09 Mio.	> 0,25 Mio. > 0,048 Mio.
Kreditinstitute	Aktivvermögen oder steuerlicher Gewinn/DM	> 200 Mio. > 0,75 Mio.	> 50 Mio. > 0,25 Mio.	> 15 Mio. > 0,06 Mio.

---

[31] BStBl I S. 707, 660

| Versicherungsunternehmen | Jahresprämieneinnahmen/DM | > 40 Mio. | > 6,5 Mio. | > 2,5 Mio. |

Abb. 5: Betriebsgrößenklassen der Betriebsprüfung (ohne land- und forstwirtschaftliche Betriebe)

Soweit die Größenordnungsmerkmale eines Kleinbetriebes nicht erreicht werden, erfolgt eine Einstufung als sog. **Kleinstbetrieb**. **Verlustzuweisungsgesellschaften** werden den Großbetrieben gleichgestellt und wie diese behandelt; dies gilt für Körperschaften, die **gemeinnützigen, mildtätigen oder kirchlichen Zwecken** dienen, entsprechend, soweit ihre Einnahmen 20 Mio. DM übersteigen.[32]

Die Zuordnung zu den vorstehend genannten Größenklassen wirkt sich auf den **zeitlichen Umfang** der Betriebsprüfung aus:

(1) Bei **Großbetrieben** soll gemäß § 4 Abs. 2 BpO (St) durchgängig geprüft werden, d.h. der Prüfungszeitraum soll zur Sicherstellung einer lückenlosen Prüfung an den vorhergehenden Prüfungszeitraum anschließen. Nach der Rechtsprechung des BFH ist das Finanzamt bei Großbetrieben gehalten, eine Anschlußprüfung durchzuführen, eine zeitliche Prüfungsbeschränkung auf die letzten drei Besteuerungszeiträume erfolgt nicht.[33] Großbetriebe werden in der Betriebsprüfungspraxis alle 3 - bis 4 Jahre geprüft.

(2) Bei **Mittel-, Klein- und Kleinstbetrieben** soll der Prüfungszeitraum gemäß § 4 Abs. 3 S. 1 BpO(St) die letzten drei Besteuerungszeiträume, für die bis zur Unterzeichnung der Betriebsprüfungsanordnung Steuererklärungen für die Ertragsteuern abgegeben wurden, nicht überschreiten. Eine Erweiterung des Prüfungszeitraumes ist nur in Ausnahmefällen unter den in § 4 Abs. 3 S. 2 PpO(St) genannten Voraussetzungen zulässig; eine Erweiterung des Prüfungszeitraumes kommt dabei insbesondere dann in Betracht, wenn mit erheblichen Steuernachforderungen, -vergütungen oder -erstattungen zu rechnen ist oder z.B. der Verdacht einer Steuerstraftat besteht. Die zeitliche Regelbeschränkung auf drei zurückliegende Besteuerungszeiträume ist von erheblicher Bedeutung, da Mittelbetriebe im Durchschnitt nur alle 10 - 15 Jahre, Klein- und Kleinstbetriebe im Durchschnitt alle 20 - 30 Jahre einer Betriebsprüfung unterzogen werden.

Soweit Unternehmen **konzernzugehörig** sind (einheitliche Leitung oder Control-Verhältnis) sind die Konzernunternehmen im Zusammenhang und nach einheitlichen Grundsätzen zu prüfen, sofern die Konzernaußenumsätze mindestens 50 Mio. DM betragen (**einheitliche Konzernbetriebsprüfung**). Soweit ein Unternehmen mehreren Konzernen zugehörig ist, ist dieses zusammen mit dem Konzern zu prü-

---

[32] BMF-Schreiben vom 15.10.1991, BStBl I 1991, 934
[33] BFH vom 8.12.1993, BFH/NV 1994, 501

fen, der quotal am höchsten beteiligt ist oder -bei gleiche Beteiligungsverhältnissen - in der Geschäftsführung dieses Unternehmens federführend ist. Die Konzernbetriebsprüfung ist in den §§ 13 - 19 BpO(St) geregelt.

Die Betriebsprüfung ist gemäß § 6 BpO(St) auf das **Wesentliche** abzustellen und zeitlich auf das **notwendige Maß** zu beschränken. Sie hat sich in erster Linie auf solche Sachverhalte zu erstrecken, die zu endgültigen Steuerausfällen, -erstattungen oder -vergütungen oder zu nicht unbedeutenden Gewinnverlagerungen führen können. Der dem § 6 BpO(St) immanente Rationalisierungsgrundsatz führt im Regelfall dazu, daß die Betriebs-prüfung als **stichprobenartige Schwerpunktprüfung** durchgeführt wird, die Besteuerungsgrundlagen insoweit also nicht vollständig einer Nachprüfung unterzogen werden. Die Betriebsprüfung wird sich nach der Neufassung der länderweise koordinierten Rationalisierungserlasse für die steuerliche Außenprüfung insbesondere auf folgende **Prüfungsschwerpunkte beziehen:**

– Vollständigkeit der Betriebseinnahmen

– ungeklärte Vermögenszuwächse

– Abgrenzung von Betriebsvermögen/Privatvermögen, Betriebseinnahmen/Einlagen, Betriebsausgaben/Entnahmen

– Verträge zwischen nahestehenden Personen

– Auslandsbeziehungen

– Investitionszulagen, Sonderabschreibungen

– Gesellschaftsverhältnisse, insbesondere Änderung der Beteiligungsverhältnisse, Wechsel der Unternehmensrechtsform, Betriebsaufspaltung, Verträge mit Gesellschaftern

– Betriebserwerb, -umwandlung, -verpachtung-, -aufgabe, -veräußerung

– Anpassung der Firmen-Steuerbilanz an die letzte Bp-Steuerbilanz

– Grundstückskäufe und -verkäufe, Nutzungsänderungen bei Grundstücken

– Finanzanlagen, Beteiligungen, Wertpapiere

– Wertansätze in der DM-Eröffnungsbilanz

– Prüfung wesentlicher nichtbetrieblicher Einkünfte

– Umsatzsteuer, so z.B. Differenzen vorangemeldeter/ erklärter Umsätze, Vorsteuerabzug, § 15a UStG, Ausfuhrlieferungen, innergemeinschaftliche Lieferungen, innergemeinschaftlicher Erwerb.

Abb. 6: Prüfungsschwerpunkte nach dem neugefaßten Rationalisierungserlaß

Die Prüfungsschwerpunkte werden letztlich determiniert durch Rechtsform, Betriebsgröße und Branchenzugehörigkeit sowie durch **interne und externe Betriebsvergleiche**, die der Betriebsprüfer nach vollzogener Prüfungsanordnung im Rahmen seiner Prüfungsvorbereitung durchführt. Durch einen internen Betriebsvergleich werden die Bilanz- und die GuV-Ansätze des Prüfungszeitraums systematisch mit dem Ziel analysiert, etwaige atypische Ansätze festzustellen, die dann im Rahmen der Betriebsprüfung hinterfragt werden können. Über diesen internen Vergleich hinaus wird ein externer Betriebsvergleich durchgeführt, d.h. die relevanten Kennzahlen des zu prüfenden Unternehmens werden mit sog. '**Richtsätzen**' verglichen. Hierbei handelt es sich um branchentypische Durchschnittskennzahlen, die aufgrund durchgeführter Betriebsprüfungen ermittelt wurden; diese Richtsätze werden in Richtsatzsammlungen dokumentiert und veröffentlicht.

Gemäß § 199 Abs. 1 AO sind die festgelegten Prüfungsschwerpunkte zugunsten wie zu Ungunsten des Steuerpflichtigen zu prüfen. Die aufgrund von Betriebsprüfungen realisierten Mehrergebnisse beliefen sich allein im Jahre 1994 auf mehr als 15 Mrd. DM.[34] Die folgenden Abbildungen vermittelt einen Überblick über die Entwicklung der steuerlichen Mehrergebnisse in den Jahren 1991 bis 1994, differenziert nach Betriebsgrößenklassen, sowie die Entwicklung der Mehrergebnisse je Prüfer und Jahr.[35]

	1991 (in Mio DM)	1992 (in Mio. DM)	1993 (in Mio. DM)	1994 (in Mio. DM)
Großbetriebe	7.976	11.313	11.130	12.424
Mittelbetriebe	1.436	1.420	1.474	1.585
Kleinbetriebe	551	577	588	655
Kleinstbetriebe	432	420	436	515

Abb. 7: Aufteilung der Mehrsteuern nach Betriebsgrößen

---

[34] vgl. BFM-Finanznachrichten 27/95 vom 28.7.1995, S. 3
[35] BMF-Finanznachrichten 27, 1995, S. 4

Jahr	Mehrsteuern (in Mio. DM)	Betriebsprüfer (Zahl)	Mehrergebnis je Prüfer (in Mio. DM)
1981	6.702	10.781	621,6
1984	9.314	11.025	844,8
1987	9.980	11.250	887,1
1988	11.145	11.358	981,2
1989	10.208	11.173	913,6
1990	11.443	11.448	999,6
1991	11.040	11.093	996,2
1992	13.741	10.878	1.263,2
1993	13.629	10.631	1.282,0
1994	15.179	11.149	1.361,5

Abb. 8: Mehrergebnis je Prüfer 1981 - 1994

Werden die Mehrergebnisse nach Steuerarten differenziert, zeigt sich, daß der Schwerpunkt eindeutig bei den Ertragsteuern sowie der Umsatzsteuer liegt, die übrigen Steuerarten sind demgegenüber von eher untergeordneter Bedeutung:

	1991 (in Mio. DM)	1992 (in Mio. DM)	1993 (in Mio. DM)	1994 (in Mio. DM)
Umsatzsteuer	1.100	1.372	1.045	1.148
Einkommensteuer	3.613	3.242	3.186	3.827
Körperschaftsteuer	3.307	5.168	5.141	5.533
Gewerbesteuer	2.069	3.006	3.242	3.431
Vermögensteuer	303	363	378	481
Sonstige Steuern	648	590	628	759

Abb. 9: Mehrergebnisse nach Steuerarten 1991 - 1994

Der **Durchführung** der **Betriebsprüfung** (dies gilt für die Außenprüfung generell) muß gemäß § 196 S. 1 AO eine schriftliche **Prüfungsanordnung** vorausgehen, durch die der persönliche, sachliche und zeitliche Prüfungsumfang bestimmt werden. Die Prüfungsanordnung ist dem Betroffenen innerhalb einer angemessenen Zeit, i.d.R. mindestens 14 Tage vor Prüfungsbeginn, bekanntzugeben (*§§ 197, 124 AO*) und muß eine Rechtsbehelfsbelehrung enthalten. Gegen die Prüfungsanordnung wie auch gegen eine etwaige Erweiterung kann Beschwerde (*§ 349 AO*) eingelegt und Antrag auf Aussetzung der Vollziehung (*§§ 361 AO, 69 FGO*) gestellt werden. Der Prüfungsbeginn ist mit Datum und Uhrzeit aktenkundig zu machen, da dieser die Festsetzungsverjährungsfrist hemmt (*§ 171 Abs. 4 AO*) und vom Zeitpunkt des Prüfungsbeginns an eine strafbefreiende **Selbstanzeige** bei Steuerhinterziehung gemäß § 371 AO nicht mehr möglich ist. Die Betriebsprüfung findet während den üblichen Geschäftszeiten in den Geschäftsräumen des Unternehmens statt, der oder die Prüfer sind berechtigt, Grundstücke und Betriebsräume zu betreten und zu besichtigen; dabei soll der Betriebsinhaber oder ein Beauftragter hinzugezogen werden. Grundsätzlich hat der Steuerpflichtige gemäß § 200 AO bei der Feststellung von Sachverhalten, die für die Besteuerung erheblich sein können, mitzuwirken, insbesondere Auskünfte zu erteilen, Bücher, Geschäftspapiere und andere Urkunden zur Einsicht und Prüfung vorzulegen und die zum Verständnis der Aufzeichnung erforderlichen Erläuterungen zu geben. Unter bestimmten Voraussetzungen ist es darüber hinaus zulässig, andere Betriebsangehörige zur Sache zu befragen (*§ 200 Abs. 1 S. 3 AO*). Soweit sich aufgrund der Betriebsprüfung eine Änderung der Besteuerungsgrundlagen ergibt, ist eine **Schlußbesprechung** abzuhalten, es sei denn, der Steuerpflichtige verzichtet darauf. Im Rahmen der Schlußbesprechung sind insbesondere strittige Sachverhalte sowie die rechtliche Beurteilung der Prüfungsfeststellungen und ihre steuerlichen Auswirkungen zu erörtern. Das Ergebnis der Betriebsprüfung wird gemäß § 202 Abs. 1 AO in einem schriftlichen **Prüfungsbericht** dokumentiert; in diesem sind die für die Besteuerung erheblichen Prüfungsfeststellungen in tatsächlicher und rechtlicher Hinsicht sowie die Besteuerungsgrundlagen darzustellen. Auf Antrag des Steuerpflichtigen ist diesem der Prüfungsbericht vor seiner Auswertung zuzuleiten und Gelegenheit zu Stellungnahme zu geben.

Kontrollmaterial (in Form von Kontrollmitteilungen) soll nach Maßgabe des neugefaßten Betriebsprüfungs-Rationalisierungserlasses gefertigt und den für die Besteuerung zuständigen Finanzämtern zugeleitet werden, wenn einer der nachfolgend genannten Sachverhalte erfüllt ist:

- Abfindungen, Einmalzahlungen Zuschüsse und dgl.
- Vermutung von fingierten Vorgängen (Scheinfirmen, Scheingeschäfte)
- Vorgänge über Hilfsgeschäfte bzw. solche Geschäfte, die nicht branchentypisch für ein Unternehmen sind
- Leistungen (erkennbar oder vermutet) kurzlebiger Betriebe
- Provisionen und ähnliche Vergütungen
- Rechnungen mit ungewöhnlichem Erscheinungsbild
- Schmiergeldzahlungen und andere Leistungsvergütungen
- Gewährung von Vorteilen jeglicher Form (Rabatte, Boni usw.)
- Fragwürdige Zahlungsaufforderungen, ungewöhnliche Zahlungs- und Abwicklungsmodalitäten
- Geldschenkungen, Übertragung von Bank- und Sparguthaben sowie von Wertpapieren
- Unentgeltliche Einräumung oder Übertragung einer Beteiligung
- Verzicht auf Darlehens- und andere Forderungen
- Umfang der Warenverkäufe an gewerbliche Abnehmer

Abb. 10: Fertigung von Kontrollmaterial - Fallgruppen -

B Besteuerung des Unternehmenserfolges von Einzelunternehmen und Personengesellschaften: Einkommensteuer

Der positive Erfolg der wirtschaftlichen Betätigung eines **Einzelunternehmers** sowie die auf die **Gesellschafter von Personengesellschaften** entfallenden Gewinnanteile werden der Einkommensteuer unterworfen. Da die Einkommensteuer eine **Subjekt- oder Personensteuer** ist, wird die Höhe der Steuerbelastung sowohl von den persönlichen Verhältnissen des Steuerpflichtigen (Familienstand, Alter usw.) wie auch von der Höhe der anderen Einkünfte, die im Veranlagungszeitraum erzielt wurden, bestimmt. In diesem Zusammenhang ist auch zu berücksichtigen, daß die Bemessungsgrundlage der Einkommensteuer wie auch die Steuerlast nicht allein von der **wirtschaftlichen Leistungsfähigkeit** des Steuerpflichtigen abhängen, sondern über Wirtschafts- und Sozialzwecknormen versucht wird, gerade die Einkommensteuer für die Verfolgung wirtschafts-, struktur-, beschäftigungs- und sozialpolitischer Ziele zu instrumentalisieren. Hinzu kommt, daß der Einkommensteuertarif progressiv bis zu einem Spitzensteuersatz von 53 % ausgestaltet ist, der wiederum bei gewerblichen Einkünften auf 47 % abgesenkt wird. Dies kann dazu führen, daß identische Gewinne unterschiedlicher 'Unternehmer' in unterschiedlicher Höhe mit Einkommensteuer belastet werden. Auf die Höhe der Steuerlast eines Einzelunternehmers oder Gesellschafters einer Personenhandelsgesellschaft wirken sich damit insbesondere aus:

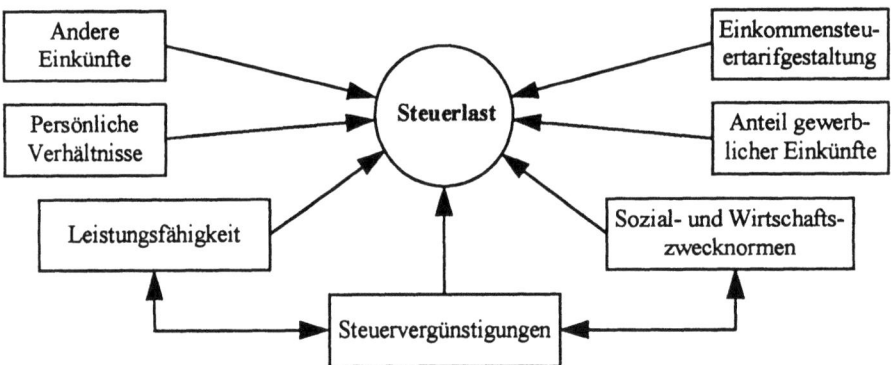

Abb. 11: Allgemeine Charakteristik der Einkommensteuer

1 Allgemeine Charakteristik der Einkommensteuer

Die Einkommensteuer knüpft als Personensteuer an das von einer natürlichen Person (= Steuersubjekt) erzielte Einkommen (= Steuerobjekt) an, d.h. die **ökonomische und steuerliche Leistungsfähigkeit** einer natürlichen Person wird an dem von ihr erzielten Einkommen gemessen. Die ökonomische Interpretation der Leistungsfähigkeit setzt dabei nicht nur voraus, daß bei Ermittlung des steuerpflichtigen Einkommens ausschließlich Vorgänge berücksichtigt werden, die mit einer wirtschaftlichen Tätigkeit in unmittelbarem Zusammenhang stehen, vielmehr ist zudem eine exakte Trennung zwischen Einkommenserzielung einerseits und Einkommensverwendung andererseits zwingend erforderlich. Der Steuergesetzgeber hat sich diesbezüglich zwar eindeutig festgelegt und Leistungsfähigkeit im Sinne von Einkommenserzielung interpretiert, damit ist jedoch noch nicht abschließend geklärt, was unter 'Einkommen' zu verstehen ist. Eine theoretisch fundierte Abgrenzung des steuerpflichtigen Einkommens läßt grundsätzlich unterschiedliche Möglichkeiten zu:

(1) Der **Quellentheorie** zufolge umfaßt das Einkommen ausschließlich Einkünfte, die dem Steuerpflichtigen regelmäßig aus einer Einkunftsquelle zufließen (z.B. Arbeitslohn, Betriebsrente, Unternehmergewinn). Einkünfte, die aperiodisch oder einmalig zufließen sowie Wertänderungen des Vermögens (z.B. Veräußerungsgewinne oder -verluste, einmalige Barabfindungen usw.) werden nach der Quellentheorie bei der Bemessung des steuerpflichtigen Einkommens nicht berücksichtigt. Die preußische Einkommensteuer von 1891 basierte auf der Quellentheorie, Ansätze einer quellentheoretischen Interpretation des steuerpflichtigen Einkommens finden sich aber auch im heutigen Einkommensteuersystem (so z.B. bei der Abgrenzung der sog. Überschußeinkünfte, vgl. dazu Teil B 3.2.3).

(2) Die **Reinvermögenszugangstheorie** erweitert demgegenüber das steuerpflichtige Einkommen: Danach sind grundsätzlich alle (regelmäßigen und/oder unregelmäßigen) Einkünfte sowie Vermögensmehrungen als Einkommen der Besteuerung zu unterwerfen; maßgebend ist jeweils der Zeitpunkt der Realisation, also des tatsächlichen Zugangs beim Steuerpflichtigen. Die Reinvermögenszugangstheorie wurde weitgehend im Reichseinkommensteuergesetz von 1920 umgesetzt und tendenziell auch in das heutigen Einkommensteuersystem übernommen (so z.B. bei der Abgrenzung der sog. Gewinneinkünfte, sowie bei der Besteuerung von Zinserträgen, die aus Vermögen erwirtschaftet werden, das aus bereits versteuertem Einkommen gebildet wurde; gerade die Zinsbesteuerung stößt bei aus diesem Grunde bei vielen Steuerpflichtigen auf Unverständnis, ist aber in der Logik der Reinvermögenszugangstheorie begründet.).

Die Reinvermögenszugangstheorie läßt sich prinzipiell durch die **Reinvermögenszuwachstheorie** erweitern. Auch diesem theoretischen Ansatz zufolge sind alle regelmäßigen/unregelmäßigen Einkünfte und Vermögensmehrungen einkommensteuerpflichtig; maßgebend ist jedoch nicht der Realisationszeitpunkt, vielmehr werden Vermögensänderungen bereits dann berücksichtigt, wenn sie unabhängig von ihrer marktlichen Bestätigung eintreten (z.B. Wertsteigerung des Grundvermögens werden nach der Reinvermögenszuwachstheorie stets im Rahmen des steuerpflichtigen Einkommens berücksichtigt, nach der Reinvermögenszuwachstheorie erst nach ihrer Realisation durch Veräußerung des Wirtschaftsgutes).

Das geltende Einkommensteuerrecht basiert weitgehend auf dem Reichseinkommensteuergesetz von 1924, folgt keiner geschlossenen theoretischen Konzeption und berücksichtigt enumerativ und sehr pragmatisch unterschiedlichen Einkunftsarten, die sich ansatzweise sowohl mit der Quellen- wie auch der Reinvermögenszugangstheorie begründen lassen. Bei der Abgrenzung des steuerpflichtigen Einkommens nicht berücksichtigt werden betriebswirtschaftliche Ansätze und Größen, die der Besteuerung des Einkommens aus unternehmerischer Betätigung prinzipiell zugrunde gelegt werden könnten; dies gilt in besonderem Maße für die Größen 'Cash Flow' und 'kapitaltheoretischer Gewinn', die den Erfolg der unternehmerischen Betätigung m.E. sehr viel prägnanter dokumentieren, als dies ein vorrangig juristisch definierter Einkommensbegriff zu leisten in der Lage ist:

Als **kapitaltheoretischer Gewinn** läßt sich die positive Differenz des Unternehmensertragswertes der Periode t gegenüber der Vorperiode t_{-1} bestimmen; Ertragswertminderungen führen entsprechend zu einem kapitaltheoretischen Verlust der jeweiligen Periode.

Cash Flow oder finanzwirtschaftlicher Überschuß ist der positive oder negative Saldo der Einzahlungen und Auszahlungen der jeweiligen Periode.

2 Aufbau des Einkommensteuergesetzes

Das **EStG 1990** in der Fassung vom 7. September 1990 gliedert sich in letztlich neun Abschnitte, die im einzelnen regeln:

Abschnitt	Regelungsbereich	§§
I	**Steuerpflicht** § 1 regelt die persönliche Steuerpflicht	1
II	**Einkommen** Abschnitt II regelt die Ermittlung des zu versteuernden Einkommens, insbes. die sachlichen Voraussetzungen der Besteuerung, Gewinn und Gewinnermittlung, Überschuß der Einnahmen über die Werbungskosten, umsatzsteuerrechtlicher Vorsteuerabzug, Sonderausgaben, Vereinnahmung und Verausgabung, nicht abzugsfähige Ausgaben sowie die einzelnen Einkunftsarten.	2 bis 24a
III	**Veranlagung** Abschnitt III regelt insbesondere Veranlagungszeitraum, Steuererklärungspflicht und Veranlagung von Ehegatten.	25 bis 28
IV	**Tarif** Abschnitt IV regelt z.B. Einkommensteuertarif, Progressionsvorbehalt, Tarifbegrenzung bei gewerblichen Einkünften, außergewöhnliche Belastungen, bestimmte Pauschbeträge, außerordentliche Einkünfte.	32 bis 34b
V	**Steuerermäßigung** Steuerermäßigung z.B. bei ausländischen Einkünften, Einkünften aus Land- und Forstwirtschaft, Mitgliedsbeiträgen und Spenden an politische Parteien usw. sind in Abschn. V geregelt.	34c bis 35
VI	**Erhebung** Abschnitt VI regelt die Erhebung der Einkommensteuer, der Lohnsteuer, der Kapitalertragsteuer sowie die Veranlagung von Steuerpflichtigen mit steuerabzugspflichtigen Einkünften.	36 bis 46

VII	weggefallen	49 bis 50a
VIII	**Besteuerung beschränkt Steuerpflichtiger** Abschnitt VIII regelt die Besteuerung beschränkt Steuerpflichtiger (inländische Einkünfte ausländischer Steuerpflichtiger).	50b bis 78
IX	**Sonstige Vorschriften, Bußgeld-, Ermächtigungs- und Schlußvorschriften** In Abschnitt IX geregelt werden z.B. die Verordungsermächtigung, besondere Anwendungsregeln anläßlich der Herstellung der deutschen Einheit usw.	
X	**Kindergeld** Abschnitt X regelt Anspruch, Höhe, Zahlungszeitraum sowie besondere Mitwirkungspflichten bei Zahlung von Kindergeld i.S.d. Gesetzes.	62 bis 78

Abb. 12: Systematik des Einkommensteuergesetzes

Für die **Besteuerung** der **Einkünfte aus unternehmerischer Betätigung** des Einzelunternehmers sowie der Gesellschafter von Personengesellschaften sind dabei **bilanzsteuerrechtlich** von unmittelbarer und besonderer Bedeutung:

- Gewinnbegriff und Gewinnermittlung §§ 4 bis 7k EStG
- Umsatzsteuerrechtlicher Vorsteuerabzug § 9b EStG
- Einkünfte aus Gewerbebetrieb §§ 15 bis 17 EStG
- Einkommensteuertarif und Tarifbegrenzung bei gewerblichen Einkünften §§ 32a bis 32d EStG

Die Vorschriften des EStG werden insbesondere ergänzt durch Vorschriften der EStDV und LStDV sowie in Form von Verwaltungsanweisungen durch EStR und LStR bzw. Schreiben des BMF, in denen die Behandlung steuerlich relevanter Sonderfragen geregelt wird (z.B. 'Bauherrenerlaß', 'Leasingerlaß', Schreiben betr. Umfang des Kapitalkontos i.S.d. § 15a Abs. 1 Satz 1 EStG usw.).

3 Persönliche und sachliche Steuerpflicht

3.1 Persönliche Steuerpflicht

§ 1 EStG ist mit 'Steuerpflicht' überschrieben. Der Begriff 'Steuerpflicht' wird im EStG keineswegs einheitlich verwendet, vielmehr wird damit sowohl auf die **persönliche** wie auch die **sachliche** Steuerpflicht abgestellt: Die Abgrenzung der persönlichen Steuerpflicht beantwortet die Frage, wer der Einkommenbesteuerung unterworfen wird, die sachliche Steuerpflicht betrifft die Frage, ob ein Tatbestand gegeben ist, der zur Einkommenbesteuerung führt und damit eine entsprechende Steuerschuld begründet. **Persönlich steuerpflichtig** sind gemäß § 1 Abs. 1 und 4 EStG ausschließlich **natürliche Personen**; daraus folgt, daß **Personengesellschaften** selbst nicht einkommensteuerpflichtig sind, vielmehr sind die Gewinne einer Personengesellschaft den Gesellschaftern unmittelbar zuzurechnen und von diesen zu versteuern. Für Gemeinschaften (Gesamthand- oder Bruchteilgemeinschaften) gilt dies entsprechend. Ebenfalls nicht einkommensteuerpflichtig sind **Kapitalgesellschaften** und andere in §§ 1, 2 KStG aufgeführte Körperschaften, Personenvereinigungen und Vermögensmassen: Die von juristischen Personen erwirtschafteten Gewinne werden nach den Vorschriften des KStG der Körperschaftsteuer unterworfen. Dabei ist allerdings einschränkend zu berücksichtigen, daß vor Eintragung einer Kapitalgesellschaft im Handelsregister eine differenzierte Betrachtung notwendig wird:

- Soweit die Gesellschafter einen Vorvertrag über die Gründung einer Kapitalgesellschaft geschlossen haben entsteht eine sog. **Vorgründungsgesellschaft**, die gesellschaftsrechtlich als Personengesellschaft einzustufen ist. Die Vorgründungsgesellschaft ist damit nicht körperschaftsteuerpflichtig, vielmehr wird der von ihr erwirtschaftete positive oder negative Erfolg den Vorgründungsgesellschaftern zugerechnet und bei diesen der Einkommensteuer unterworfen.

- Durch Abschluß eines förmlichen Gesellschaftsvertrages wird die Vorgründungsgesellschaft in eine **Gründungsgesellschaft** überführt. Die Gründungsgesellschaft ist mit Aufnahme ihres Geschäftsbetriebes körperschaftsteuerpflichtig, wenn die Eintragung in das Handelsregister unmittelbar bevorsteht.[36]

Die Frage, ob eine **ausländische Gesellschaft** steuerrechtlich als Personen- oder Kapitalgesellschaft einzustufen ist, beantwortet sich danach, ob die ausländische Gesellschaft nach ihrer organisationsrechtlichen Struktur und ihrer wirtschaftlichen Stellung eher einer Personen- oder Kapitalgesellschaft nach deutschem Recht entspricht.[37] Bei einer ausländischen Gesellschaft, die nach deutschem Recht als Personengesellschaft einzustufen ist, muß insoweit jeweils auf den steuerlichen Status

---
[36] BFH vom 20.10.1982, BStBl II 1983, 247
[37] BFH vom 17.7.1968, BStBl II 1968, 695; BFH vom 3.2.1988, BStBl II 1988, 588

ihrer Gesellschafter abgestellt werden, d.h. diese können unbeschränkt oder beschränkt einkommensteuerpflichtig sein.

3.1.1 Unbeschränkte Einkommensteuerpflicht

Natürliche Personen, die ihren Wohnsitz (*§ 8 AO*) oder gewöhnlichen Aufenthaltsort (*§ 9 AO*) im Inland haben, sind gemäß § 1 Abs. 1 EStG **unbeschränkt einkommensteuerpflichtig**; die Staatsangehörigkeit ist dabei grundsätzlich unbeachtlich (Ausnahme: Diplomaten einer ausländischen Botschaft und Konsularbeamte eines ausländischen Konsulats, die lediglich mit inländischen privaten Einkünften i.S.d. § 49 EStG einkommensteuerpflichtig sind, soweit nicht in einem DBA eine andere Regelung getroffen wurde oder die Befreiungsvorschrift des § 3 Nr. 29 EStG greift).

Über die unbeschränkte Steuerpflicht des § 1 Abs. 1 EStG hinaus erweitern § 1 Abs. 2 und 3 EStG den Kreis der unbeschränkt steuerpflichtigen natürlichen Personen (= **erweiterte unbeschränkte Einkommensteuerpflicht**), soweit die dort genannten Voraussetzungen erfüllt sind. Die erweiterte unbeschränkte Steuerpflicht kommt insbesondere für deutsche Auslandsbedienstete mit diplomatischem oder konsularischem Status und deren zum Haushalt gehörende Angehörige (*§ 1 Abs. 2 EStG*) sowie Auslandsbedienstete ohne diplomatischen/konsularischen Status und Inlandsbedienstete, die ihren Wohnsitz oder gewöhnlichen Aufenthaltsort im Ausland haben, in Betracht (*§ 1 Abs. 3 EStG*). Eine **Sonderregelung** greift für deutsche Bedienstete der EG, die ihren Wohnsitz außerhalb der Bundesrepublik, jedoch in einem EG-Mitgliedstaat haben; diese sind unbeschadet der Regelung des § 1 Abs. 1 bis 3 EStG gemäß Art. 14 des Protokolls über die Vorrechte und Befreiungen der Europäischen Gemeinschaften vom 8.4.1965 wie unbeschränkt Einkommensteuerpflichtige zu behandeln, auch wenn die aus EG-Kassen gezahlten Bezüge selbst steuerbefreit sind.

Bei unbeschränkt Steuerpflichtigen ist es unerheblich, ob die Einkünfte im Inland oder Ausland erzielt wurden, so daß nach dem **Welteinkommensprinzip** sämtliche Einkünfte in Deutschland zur Einkommensteuer heranzuziehen sind.

3.1.2 Beschränkte Einkommensteuerpflicht

Natürliche Personen, die weder ihren Wohnsitz noch ihren gewöhnlichen Aufenthaltsort im Inland haben, sind gemäß § 1 Abs. 4 EStG **beschränkt steuerpflichtig**, soweit inländische Einkünfte i.S.d. § 49 EStG erzielt werden. Die beschränkte Steuerpflicht wird damit sowohl an persönliche (Wohnsitz oder gewöhnlicher Aufenthaltsort) wie auch an sachliche Merkmale (inländische Einkünfte i.S.d. § 49) geknüpft; unabhängig hiervon hat die beschränkte Steuerpflicht „... *objektsteuerähnlichen Charakter...*, *d.h. die persönlichen Verhältnisse des Steuerpflichtigen bleiben weitgehend unberücksichtigt, die Steuer wird vielfach an der Quelle mit Abgeltungswirkung erhoben...*".[38] Zu den beschränkt steuerpflichtigen Einkünften i.S.d. § 49 EStG rechnen u.a. auch bestimmte Einkünfte aus Gewerbebetrieb (*§ 49 Abs. 1 Nr. 2 Buchst. a bis f EStG*), wie z.B. die Gewinnanteile eines beschränkt Steuerpflichtigen aus seiner Beteiligung an einer inländischen Personengesellschaft, Vergütungen i.S.d. § 15 Abs. 1 Nr. 2 EStG oder Gewinne aus Veräußerung von Betrieben, Teilbetrieben oder Mitunternehmeranteilen durch beschränkt steuerpflichtige Gesellschafter.

Um einer Steuerflucht von Personen mit wirtschaftlichen Interessen im Inland durch Wohnsitzverlagerung in sog. Niedrigsteuerländer wirksam zu begegnen, wurde in direkter Anbindung an §§ 49 bis 51 EStG durch die §§ 2 und 5 AStG eine **erweiterte beschränkte Einkommensteuerpflicht** verankert, durch die sichergestellt werden soll, daß die Inlandseinkünfte deutscher Staatsangehöriger, die ihren Wohnsitz aus steuerlichen Motiven in das Ausland verlegt haben, ähnlich hoch besteuert werden, wie dies unter vergleichbaren Verhältnissen bei unbeschränkt steuerpflichtigen Inländern der Fall gewesen wäre. Die erweiterte beschränkte Steuerpflicht z.B. gemäß § 2 AStG ist an die Erfüllung bestimmter Voraussetzungen gekoppelt, durch die u.a. erreicht werden soll, daß die Erweiterung auf solche Fälle beschränkt bleibt, die der Bedeutung nach als gewichtig einzustufen sind. Die erweiterte beschränkte Steuerpflicht nach § 2 AStG setzt u.a. in vereinfachter Zusammenfassung voraus:

- Der Steuerpflichtige muß in den letzten 10 Jahren vor seiner Wohnsitzverlegung als Deutscher **mindestens 5 Jahre unbeschränkt steuerpflichtig** gewesen sein;
- der Steuerpflichtige muß **wesentliche wirtschaftliche Interessen** im Inland haben (Einkunftsfreigrenze 32.000 DM);
- der Steuerpflichtige muß in einem **Niedrigsteuerland ansässig** sein oder als sog. 'taxfloater' durch ständigen Wohnsitzwechsel nirgendwo ansässig sein. Ob ein Land als Niedrigsteuerland einzuordnen ist, wird durch einen abstrakten Vergleich des deutschen Einkommensteuertarifs mit dem entsprechenden ausländischen Steuertarif festgestellt. Eine Niedrigbesteuerung liegt z.B. gemäß § 2 Abs. 2 Nr. 1 AStG vor, wenn der ausländische Wohnsitzstaat bei einer unverheirateten natürlichen Person bei einem Einkommen von 150.000 DM eine Einkommensteuer erhebt, die um ein Drittel geringer ist als die vergleichbare deutsche Einkommensteuer.

Soweit diese - vereinfacht dargestellten - Voraussetzungen erfüllt sind, werden erweiterte Inlandseinkünfte zur deutschen Einkommensteuer herangezogen und nach dem Welteinkommensprinzip progressiv besteuert. Die Besteuerung nach den Vorschriften der §§ 2, 5 AStG ist **der Höhe nach** auf die Steuerlast beschränkt, die bei

---

[38] Blümich/Krabbe § 49 EStG, Rz. 6

unbeschränkter Steuerpflicht gegeben gewesen wäre und **zeitlich** auf 10 Jahre nach Beendigung der unbeschränkten Steuerpflicht begrenzt.[39] Über den vorgenannten Bereich der Wohnsitzverlagerung in ein Niedrigsteuerland hinaus regelt das AStG zudem die Gewinnabgrenzung in internationalen Konzernen sowie die Beteiligung an Zwischengesellschaften in Niedrigsteuerländern durch Steuerinländer. So berechtigt die mit dem AStG verfolgte Konzeption der Zielsetzung nach sein mag, so kompliziert stellt sich die Gesetzesanwendung nach wie vor in der Praxis dar, da sich das AStG nur bedingt in die Systematik des Einkommen- und Körperschaftsteuerrechts einfügen läßt; so hat der BFH in seinem Jahresbericht 1986 nicht nur auf die Komplexität der Vorschriften des AStG hingewiesen, sondern kritisch angemerkt, daß es „... *fraglich (ist), ob und wie die Verwaltungspraxis ein derartiges Gesetz bewältigen und damit die angestrebte Gleichmäßigkeit der Besteuerung erreichen kann*".

3.2 Sachliche Steuerpflicht

Der Umfang der Besteuerung bestimmt sich nach § 2 EStG; danach unterliegen natürliche Personen mit ihrem **Einkommen** der Einkommensteuer. Der dem EStG zugrunde liegende Einkommensbegriff folgt keinem einheitlichen, logisch schlüssigen Theoriekonzept, vielmehr werden im Sinne einer pragmatisch-enummerativen Auflistung Einkünfte berücksichtigt, die sich sowohl mit der Quellen- wie auch der Reinvermögenszugangstheorie begründen lassen (vgl. dazu ausführlich 2.1). Der Verzicht auf eine allgemeingültige Definition des Begriffs 'Einkommen' und die in sich nicht schlüssige und z.T. inkompatible Auflistung unterschiedlicher Einkunftsarten hat zwangsläufig dazu geführt, daß

- auf eine klare **Abgrenzung** zwischen zu versteuerndem Einkommen einerseits und steuerlich unbeachtlichen Einnahmen andererseits verzichtet werden mußte (so fehlt z.B. eine definierte Abgrenzung gegenüber der steuerlichen unbeachtlichen Liebhaberei ebenso, wie der inzwischen auf 67 Ziffern angewachsene Katalog steuerfreier Einnahmen des § 3 EStG bei stringenter Begriffsdefinition entbehrlich gewesen wäre),

- identische Sachverhalte einkommensteuerlich **unterschiedlich behandelt** werden (Veräußerungsgewinne aus Anlagevermögen einer Personengesellschaft werden dem zu versteuernden Einkommen der Gesellschafter zugerechnet, während Veräußerungsgewinne bei einer Reihe anderer Einkunftsarten steuerlich i.d.R. unberücksichtigt bleiben),

---

[39] vgl. dazu ausführlich z.B. Blümich/Menck, AStG; Brenzing/ Krabbe/ Lampenau/ Mössner/ Runge, Außensteuerrecht, Kommentar, Herne-Berlin 1991; Wassermeyer, 15 Jahre Außensteuergesetz, in: DStR 87, 635

- der Begriff 'Einkommen' **nicht allein aus § 2 EStG** zu bestimmen ist, vielmehr zur inhaltlichen Konkretisierung und Vervollständigung auf Folgevorschriften des EStG zurückgegriffen werden muß (so stellt z.B. § 24 für bestimmte Sachverhalte klar, daß diese zu den Einkünften gemäß §§ 13 bis 23 EStG zu rechnen sind[40]).

Dem Grundsatz nach gilt, daß steuerpflichtige Einkünfte nur dann vorliegen, wenn der jeweils Einkommensteuerpflichtige sich mit der Absicht betätigt, auf Dauer einen Überschuß der Einnahmen über die Ausgaben zu erzielen; m.a.W.: Einkommensteuerpflichtige Einkünfte setzen die **Einkunftserzielungsabsicht** voraus. Einkunftserzielungsabsicht ist regelmäßig dann gegeben, wenn eine Tätigkeit nach ihrer Gestaltung und Ausrichtung erkennbar geeignet ist, Einkünfte zu erzielen. Wird die Einkunftserzielungsabsicht bejaht, erhöhen die Einnahmen das zu versteuernde Einkommen, damit in wirtschaftlichem Zusammenhang stehende Ausgaben werden mindernd berücksichtigt.

Das Einkommensteuerrecht folgt insoweit dem **objektiven Nettoprinzip**. Fehlt die Absicht Einkünfte zu erzielen, wirkt sich die Betätigung einkommensteuerlich nicht aus, d.h. die erzielten Einnahmen und geleisteten Ausgaben bleiben unberücksichtigt, die Betätigung wird dem (privaten) Bereich der Einkommensverwendung zugeordnet. Dies ist regelmäßig dann der Fall, wenn eine Tätigkeit ausschließlich privat veranlaßt und erkennbar nicht geeignet ist, auf Dauer positive Einkünfte zu erzielen. Durch die Abgrenzung der nicht steuerbaren **Liebhaberei** soll verhindert werden, daß die Verlagerung von Ausgaben der privaten Lebenshaltung in den steuerlichen Bereich das steuerpflichtige Einkommen entgegen der Intention des Gesetzgebers mindert. Das Rechtsinstitut der Liebhaberei ist im EStG nicht normiert, so daß die Rechtsprechung aufgerufen war und ist, durch Auslegung der mit den einzelnen Einkunftsarten des § 2 Abs. 1 EStG verbundenen Tätigkeiten Grundsätze zur Abgrenzung zwischen steuerlich relevanten und steuerlich nicht relevanten Tätigkeiten zu entwickeln.[41] Der BFH hat sich dabei in seiner neueren Rechtsprechung an einem subjektiven Liebhabereibegriff orientiert, d.h. Verluste sind nur dann steuerbar und einkünftemindernd, wenn bei realistischer Beurteilung im Gesamtergebnis positive Einkünfte angestrebt werden können.[42] Entscheidend ist damit letztlich eine **Totalbetrachtung**, d.h. es wird auf den gesamten Zeitraum abgestellt, in dem die Tätigkeit ausgeübt wird. Soweit innerhalb der Gesamtbetrachtung in einzelnen Perioden Verluste erwirtschaftet werden, ist dies für die steuerliche Einordnung der Tätigkeit irrelevant. Die mit der Totalbetrachtung geforderte Totalgewinnprognose bereitet insbesondere dann erhebliche Probleme, wenn in der Anlaufphase über mehrere Jahre Verluste entstehen; die Rechtsprechung zur zeitlichen Reichweite des Prognosezeitraumes ist dabei keineswegs einheitlich: Bei ei-

---

[40] so auch BFH vom 30.3.1982, BStBl II 1982, 552
[41] Bei Überschußeinkunftsarten wird eine einkommensteuerlich relevante Tätigkeit i.d.R. verneint, vgl. BFH/GrS vom 25.6.1984, BStBl. II 1984, 751
[42] BFH/GrS vom 25.6.1984, BStBl II 1984, 751

nem zwischen 3 und 14 Jahren schwankenden Zeitraum wird unterstellt, daß ein Betrieb auf Dauer mit Verlust arbeitet[43] und damit steuerlich als nicht relevante Liebhaberei einzustufen ist.[44]

Aus § 2 EStG läßt sich folgendes **Schema zur Ermittlung des zu versteuernden Einkommens** ableiten (*vgl. R 3 EStR 1993*):

	Einkünfte aus Land.- und Forstwirtschaft	= Gewinn
+	Einkünfte aus Gewerbebetrieb	= Gewinn
+	Einkünfte aus selbständiger Arbeit	= Gewinn
+	Einkünfte aus nichtselbständiger Arbeit	= Arbeitslohn - Versorgungsfreibetrag - Werbungskosten
+	Einkünfte aus Kapitalvermögen	= Kapitalerträge - Sparerfreibetrag - Werbungskosten
+	Einkünfte aus Vermietung und Verpachtung	= Mieteinnahmen - Werbungskosten
+	Sonstige Einkünfte	= Einnahmen - Werbungskosten
=	**Summe der Einkünfte aus den Einkunftsarten**	
+	nachzuversteuernder Betrag	§ 10a EStG
+	aufgelöste Akkumulationsrücklage	§ 58 Abs. 2 EStG
+	Hinzurechnungsbetrag	§ 2a Abs. 3 S. 3, Abs. 4 EStG, § 2 Abs. 1, S. 3 Abs. 2 Auslandsinvestitionsgesetz
-	ausländische Verluste	§ 2a Abs. 3 S. 1 EStG
=	**Summe der Einkünfte**	§ 2 Abs. 1 EStG
-	Altersentlastungsbetrag	§ 24a EStG
-	Abzug für Land- und Forstwirte	§ 13 Abs. 3 EStG
=	**Gesamtbetrag der Einkünfte**	§ 2 Abs. 3 EStG

---

[43] vgl. z.B. BFH vom 17.3.1960, BStBl III 1960, 324; BFH vom 18.3.1976, BStBl II 1976, 485
[44] zur Abgrenzung der Liebhaberei vgl. ausführlich Blümich/Stuhrmann § 2 EStG, Rz. 26 ff.

-	Sonderausgaben	§§ 10, 10b, 10c EStG
-	außergewöhnliche Belastungen	§§ 33 - 33c EStG
-	Steuerbegünstigung der zu Wohnzwecken genutzten Wohnungen, Gebäude und Baudenkmale sowie der schutzwürdigen Kulturgüter	§§ 10e - 10h, 52 Abs. 21 S. 4 - 7 EStG, § 7 FördG
-	Verlustabzug	§§ 10d, 2a Abs. 3 S. 2 EStG
=	**Einkommen**	**§ 2 Abs. 4 EStG**
-	Kinderfreibetrag	§ 32 Abs. 6 EStG
-	Haushaltsfreibetrag	§ 32 Abs. 7 EStG
-	Tariffreibetrag	§ 32 Abs. 8 EStG
-	Härteausgleich	§ 46 Abs. 3 EStG, § 70 EStDV
=	**zu versteuerndes Einkommen**	**§ 2 Abs. 5 EStG**

Abb. 13: Schema zur Ermittlung des zu versteuernden Einkommens

Die Gewinne des Einzelunternehmers wie auch die den Gesellschaftern einer Personengesellschaft zuzurechnenden Gewinnanteile werden als '**Einkünfte aus Gewerbebetrieb**' im Rahmen der Summe der Einkünfte des Steuerpflichtigen erfaßt. Das Schema zur Ermittlung des zu versteuernden Einkommens verdeutlicht gleichzeitig, daß Gewinne in Abhängigkeit von den anderen Einkunftsarten und den persönlichen Verhältnissen des Steuerpflichtigen unterschiedlich hoch mit Einkommensteuer belastet sein können, da die individuelle Steuerlast in erheblichem Maße durch die persönlichen Verhältnisse des Steuerpflichtigen determiniert wird.

§ 2 Abs. 6 EStG definiert zwar, was unter der festzusetzenden Einkommensteuer zu verstehen ist, läßt aber offen, in welcher Reihenfolge die von der tariflichen Einkommensteuer abzusetzenden Steuerermäßigung zu berücksichtigen sind (die Reihenfolge ist nur teilweise im EStG geregelt, so z.B. *in §§ 34f Abs. 3, 34g S. 1 EStG*). In R 4 EStR 1993 hat die Finanzverwaltung ein **Ermittlungs- und Rangfolgeschema** entwickelt, das unter sachgerechter Umsetzung von Abfolgefestlegungen des EStG zu einer größtmöglichen Minderung der festzusetzenden Einkommensteuer führt:

Steuerbetrag laut Grund- oder Splittingtabelle (§ 32a Abs. 1, 5; § 50 Abs. 3 EStG)

oder

Steuerbetrag nach dem bei Anwendung des Progressionsvorbehaltes (§ 32b EStG) oder der Steuersatzbegrenzung sich ergebenden Steuersatz

+ Steuer aufgrund Berechnung nach den §§ 34, 34b, 34c Abs. 4 EStG

= **tarifliche Einkommensteuer (§ 32a Abs. 1, 5 EStG)**

- Entlastungsbetrag nach § 32 c EStG
- ausländische Steuern nach § 34c Abs. 1 und 6 EStG, § 12 AStG
- Steuerermäßigung bei Land- und Forstwirten nach § 34e EStG
- Steuerermäßigung für Einkünfte aus Berlin (West) nach den §§ 21, 31 Abs. 14a BerlinFG
- Steuerermäßigung für Steuerpflichtige mit Kindern bei Inanspruchnahme erhöhter Absetzungen für Wohngebäude oder der Steuerbegünstigungen für eigengenutztes Wohnungseigentum (§ 34f Abs. 1, 2 EStG)
- Steuerermäßigung bei Mitgliedsbeiträgen und Spenden an politische Parteien und unabhängige Wählervereinigungen (§ 34g EStG)
- Steuerermäßigung nach § 34f Abs. 3 EStG
- Steuerermäßigung bei Belastung mit Erbschaftssteuer (§ 34 EStG)
+ Steuern nach § 34c Abs. 5 EStG
+ Nachsteuer nach § 10 Abs. 5 EStG
+ § 3 Abs. 4 S. 2 Forstschädenausgleich

= **festzusetzende Einkommensteuer (§ 2 Abs. 6 EStG)**

Abb. 14: Schema zur Ermittlung der festzusetzenden Einkommensteuer

3.2.1 Systematik der Einkunftsarten

§ 2 Abs. 1 EStG führt abschließend **sieben Einkunftsarten** auf. Eine Einkunftsart läßt sich dabei als Zusammenfassung sachlich gleichartiger Einkünfte verstehen, die durch die objektiv mögliche Absicht Gewinn oder einen Einnahmeüberschuß zu erzielen, gekennzeichnet sind. Einkünfte sind steuerbar, soweit sie einer dieser Einkunftsarten zugehörig sind. **Inhalt** und **Umfang** der sieben Einkunftsarten bestimmt sich nach den §§ 13 bis 24 EStG. Als zusätzliche, **besondere** und nicht ausdrücklich im EStG geregelte **Einkunftsart** werden nach h.M. die nach § 10a Abs. 2 EStG für Zwecke der Nachversteuerung dem Einkommen hinzuzurechnenden Beträge und der Hinzurechnungsbetrag nach § 2a Abs. 3 S. 2 und § 7 ff. AStG angesehen.

Nach der **Art der Einkünfte** ist zwischen Gewinneinkunftsarten und Überschußeinkunftsarten, nach der **Rangfolge der Zuordnung der Einkünfte** ist zwischen Haupt- und Nebeneinkunftsarten zu unterscheiden. Die nachfolgende Abbildung verdeutlicht die Systematik der Einkunftsarten:

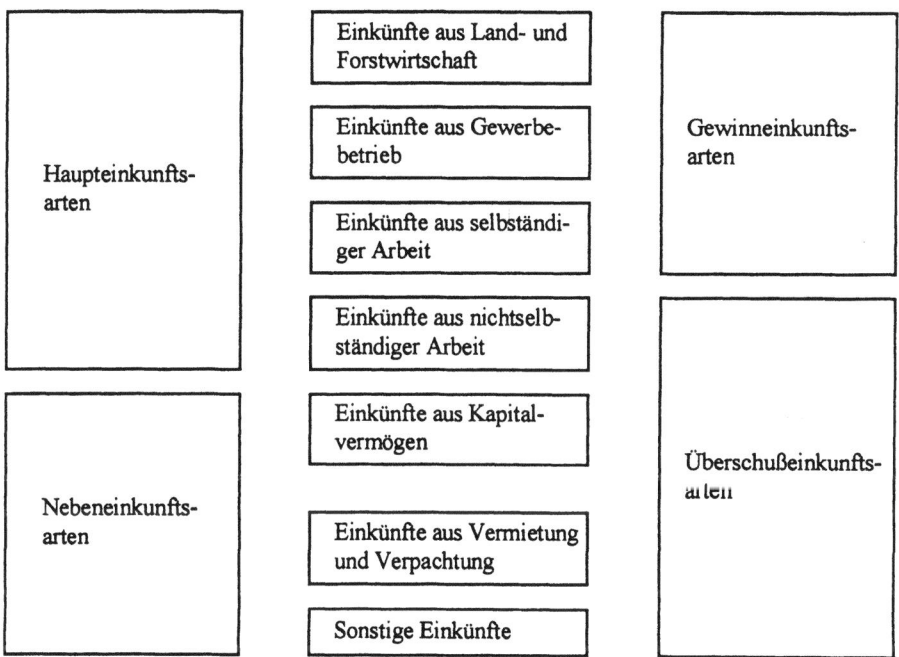

Abb. 15: Systematik und Klassifizierung der Einkunftsarten

3.2.2 Haupt- und Nebeneinkunftsarten

Die Unterscheidung zwischen **Haupt- und Nebeneinkunftsarten** läßt sich mittelbar aus §§ 20 Abs. 3, 21 Abs. 3, 22 Nr. 1 S. 1 und Nr. 3 S. 1 sowie 23 Abs. 3 EStG ableiten und ist von erheblicher Bedeutung für die Abgrenzung der Einkunftsarten untereinander: Nebeneinkunftsarten folgen den Haupteinkunftsarten subsidär, d.h. Einkünfte sind nur dann unter eine der Nebeneinkunftsarten zu subsumieren, wenn eine sachlich zutreffende Zuordnung zu einer der vier Haupteinkunftsarten nicht möglich ist.

Beispiel:
Unter dem Betriebsvermögen einer OHG wird ein Wertpapierbestand ausgewiesen. Die periodischen Zinserträge sind Teil des den Gesellschaftern zuzurechnenden OHG-Gewinns und damit als Einkünfte aus Gewerbebetrieb und nicht als Einkünfte aus Kapitalvermögen zu erfassen.

Während die vier Haupteinkunftsarten gleichberechtigt nebeneinander stehen, erfolgt die subsidäre Zuordnung bei den Nebeneinkunftsarten vereinfacht in der Rangfolge 'Einkünfte aus Vermietung und Verpachtung' - 'Einkünfte aus Kapitalvermögen' - 'Sonstige Einkünfte'. Grundsätzlich sind dabei z.B. folgende **Zuordnungsregeln** zu beachten:

- **Einkünfte aus Vermietung und Verpachtung** sind zwar gemäß § 21 Abs. 3 EStG den anderen Einkunftsarten gegenüber nachrangig, doch gehen die in §§ 20 Abs. 3, 22 Nrn. 1 und 3 EStG festgelegten Regelungen vor.
- Regelmäßig **wiederkehrende Bezüge** (z.B. Miet- oder Pachteinnahmen) sind gemäß § 22 Nr. 1 EStG nur dann als sonstige Einkünfte zu erfassen, wenn eine Zuordnung zu den sechs anderen Einkunftsarten nicht in Betracht kommt.
- **Einkünfte aus Spekulationsgeschäften** sind grundsätzlich als sonstige Einkünfte zu erfassen. Spekulationsgeschäfte liegen gemäß § 23 Abs. 3 S. 1 EStG aber nicht vor, wenn Wirtschaftsgüter veräußert werden, deren Wert bei einer der sechs anderen Einkunftsarten anzusetzen ist. Werden jedoch z.B. innerhalb der Spekulationsfrist von 6 Monaten (*§ 23 Abs. 1 Buchst b EStG*) wesentliche Beteiligungen an einer Kapitalgesellschaft veräußert, sind diese entgegen § 17 EStG nicht als Einkünfte aus Gewerbebetrieb, sondern als sonstige Einkünfte zu erfassen (*§ 23 Abs. 3 S. 2 EStG; R 169 EStR 1993*).

3.2.3 Überschuß- und Gewinneinkunftsarten

Von besonderer Bedeutung ist die Gruppierung der Einkunftsarten nach der **Art der Ermittlung**: Durch die Unterscheidung in **Gewinneinkunftsarten** und **Überschußeinkunftsarten** folgt das Einkommensteuerrecht dual unterschiedlichen Einkommensbegriffen. Die damit verbundenen Konsequenzen lassen sich vereinfacht wie folgt zusammenfassen:

(1) **Gewinneinkunftsarten**

Die sachliche Steuerpflicht wird weitgehend der Reinvermögenszugangstheorie folgend abgegrenzt, d.h. jede realisierte Vermögensänderung ist steuerlich als relevant zu berücksichtigen. Dies gilt für positive wie negative Wertänderungen gleichermaßen, unerheblich ist dabei, ob Aufwendungen in unmittelbarem Zusammenhang mit einer Gewinneinkunftsart stehen oder z.B. als Buchverluste aus der Veräußerung von Vermögen angefallen sind.

(2) **Überschußeinkunftsarten**

Die sachliche Steuerpflicht wird weitgehend der Quellentheorie folgend abgegrenzt, d.h. steuerlich relevant sind dem Grunde nach ausschließlich regelmäßig zufließende Einkünfte, Wertänderungen des Vermögens bleiben prinzipiell unberücksichtigt (Ausnahme z.B. Spekulationsgewinne /-verluste, soweit die Voraussetzungen hierfür sachlich erfüllt sind).

Die **Zuordnung** von Einkünften zu einer Gewinn- oder Übeschußeinkunftsart ist damit sowohl hinsichtlich der **Höhe der Einkünfte** von Bedeutung wie auch hinsichtlich der Beurteilung dessen, ob **steuerbare Einkünfte** vorliegen.

Sowohl den Gewinn- wie auch den Überschußeinkunftsarten liegen hinsichtlich ihrer Ermittlung identische **Prinzipien** zugrunde:

- Das **Prinzip der Abschnittsbesteuerung** hat zur Folge, daß die Höhe der Einkünfte ausschließlich von Vorgängen abhängig ist, die innerhalb des i.d.R. 12 Kalendermonate umfassenden Einkunftsermittlungszeitraumes eingetreten sind. Bei Überschußeinkunftsarten entspricht der Ermittlungszeitraum dem Kalenderjahr, bei Gewinneinkunftsarten stimmt der Ermittlungszeitraum mit der Rechnungsperiode überein. Das Prinzip der Abschnittsbesteuerung wird jedoch nicht uneingeschränkt umgesetzt und z.B. durch die Möglichkeit eines Verlustabzugs nach § 10d EStG zulässigerweise durchbrochen.

- Aufgrund des bereits angesprochenen **objektiven Nettoprinzips** werden die steuerpflichtigen Einnahmen um die damit in einem kausalen wirtschaftlichen Zusammenhang stehenden Ausgaben gemindert. Bei den Überschußeinkunftsarten muß ein kausaler Zusammenhang der Ausgaben mit der Tätigkeit der Einkunftserzielung gegeben sein, bei den Gewinneinkunftsarten ein kausaler Zusammenhang zwischen Ausgaben und unternehmerischer bzw. betrieblicher Betätigung. Daraus folgt, daß die Einkünfte als Saldo aus Einnahmen und Ausgaben nach folgendem vereinfachtem Schema ermittelt werden:

– **Gewinneinkunftsarten**: Betriebseinnahmen - Betriebsausgaben

– **Überschußeinkunftsarten**: Einnahmen - Werbungskosten.

Bei allen Einkunftsarten sind prinzipiell Verluste (Gewinneinkunftsarten) bzw. negative Einkünfte oder 'Unterschüsse' (Überschußeinkunftsarten) denkbar. Da sich die Summe der Einkunftsarten unter Berücksichtigung aller vom Steuerpflichtigen erwirtschafteten positiven und/ oder negativen Einkünfte errechnet, wird daraus nach h.M. zurecht abgeleitet, daß zunächst innerhalb einer Einkunftsart positive und negative Ergebnisse zu verrechnen sind (**horizontaler** oder **interner Verlustausgleich**); soweit dies nicht zu einem vollständigen Verlustausgleich innerhalb der Einkunftsart führt, wird eine Verrechnung mit den Ergebnissen der anderen Einkunftsarten durchgeführt (**vertikaler** oder **externer**

Verlustausgleich). Sofern sich nach horizontalem und vertikalem Verlustausgleich ein negativer Gesamtbetrag der Einkünfte ergibt, kann dieser unabhängig von der Einkunftsart gemäß § 10d EStG als **Verlustabzug** oder **Verlustvortrag** berücksichtigt werden. Der Verlustabzug oder Verlustvortrag ist jedoch nach ständiger Rechtsprechung des BFH erst nach Durchführung des horizontalen und vertikalen Verlustausgleichs zulässig.[45]

Damit ergibt sich folgendes **Ablaufschema**:

1. Rechenschritt: Horizontaler Verlustausgleich

Wird beispielhaft unterstellt, daß die natürliche Person A als Gesellschafter an der X-OHG und der Y-OHG beteiligt ist, werden die ihm zuzurechnenden Einkünfte aus Gewerbebetrieb wie folgt ermittelt (fiktive Zahlen):

Anteiliger Gewinn X-OHG: 150.000 DM

Anteiliger Verlust Y-OHG: 100.000 DM

Im VZ werden nach horizontalem Verlustausgleich somit 50.000 DM als Einkünfte aus Gewerbebetrieb berücksichtigt.

2. Rechenschritt: Vertikaler Verlustausgleich

Wird zudem unterstellt, daß A im VZ negative Einkünfte aus Vermietung und Verpachtung in Höhe von 100.000 DM erwirtschaftet hat, wird dieser 'Unterschuß' der Einnahmen über die Werbungskosten vertikal mit den positiven Einkünften aus Gewerbebetrieb verrechnet, da ein Ausgleich innerhalb der Einkunftsart Vermietung und Verpachtung nicht möglich ist. Die Summe der Einkunftsarten wie der Gesamtbetrag der Einkünfte belaufen sich in dem vereinfachten Beispiel somit auf -50.000 DM. Diese können in einem

3. Schritt: in den Verlustabzug bzw. Verlustvortrag nach § 10d EStG einbezogen werden (vgl. dazu ausführlich Teil B, 4.7).

- Der Ermittlung der Summe der Einkünfte aus den Einkunftsarten liegt eine **sachliche Interpretation** des Leistungsfähigkeitsprinzips zugrunde, d.h. persönliche Verhältnisse (und darauf ggf. resultierende Belastungen) des Steuerpflichtigen bleiben bei der Berechnung der Einkünfte unberücksichtigt. Persönlichen Merkmalen (z.B. außergewöhnliche Belastungen, Alter, Zahl der Kinder usw.) wird folglich nicht bei der Ermittlung der steuerpflichtigen Einkünfte, sondern vielmehr erst bei der Ableitung des **zu versteuernden Einkommens** Rechnung getragen.

---

[45] z.B. BFH vom 3.16.1975, BStBl II 1975, 698

3.2.4 Umfang und Besonderheiten der Gewinneinkunftsarten

Die folgenden Ausführungen beschränken sich auf eine knappe Skizzierung inhaltlicher und bilanzsteuerrechtlich wesentlicher Merkmale und Besonderheiten der drei Gewinneinkunftsarten mit besonderer Betonung der Einkünfte aus Gewerbebetrieb. Die für die Abgrenzung der Gewinneinkunftsarten relevanten Vorschriften des EStG lassen sich wie folgt zusammenfassen:

- Einkünfte aus Land- und Forstwirtschaft   §§ 13 - 14a EStG
- Einkünfte aus Gewerbebetrieb   §§ 15 - 17 EStG
- Einkünfte aus selbständiger Arbeit   § 18 EStG

3.2.4.1 Einkünfte aus Land- und Forstwirtschaft

Inhalt und Umfang der Einkünfte aus Land- und Forstwirtschaft werden zwar in § 13 Ab s. 1 und 2 EStG abschließend bestimmt, doch hat der Gesetzgeber auf eine allgemeine Definition der Einkunftsart verzichtet und statt dessen Einkünfte aufgelistet, die dieser Einkunftsart zuzurechnen sind. Nach der - allerdings unvollständigen - Abgrenzung gemäß R 135 Abs. 1 S. 1 EStR 1993 umfaßt Land- und Forstwirtschaft die *„planmäßige Nutzung der natürlichen Kräfte des Bodens und die Verwertung der dadurch gewonnenen Erzeugnisse"*. Im einzelnen sind bei dieser Einkunftsart zu erfassen:

- Einkünfte aus dem **selbständigen Betrieb** von Landwirtschaft, Forstwirtschaft, Weinbau, Gartenbau, Obstbau, Gemüsebau und anderen Betrieben, die Pflanzen oder Pflanzenteile mit Hilfe der Naturkräfte gewinnen (*§ 13 Abs. 1 Nr. 1 S. 1*), Einkünfte aus Tierzucht und Tierhaltung in den Grenzen gemäß § 13 Abs. 1 Nr. 1 S. 2 sowie Einkünfte aus sonstigen land- und forstwirtschaftlichen Betrieben, wie z.B. Binnenfischerei, Imkerei, Wanderschäferei, Jagd, Forstgenossenschaften gemäß § 13 Abs. 1 Nr. 2 - 4 EStG.

- Einkünfte aus einem unselbständigen land- und forstwirtschaftlichen **Nebenbetrieb**, der dem Hauptbetrieb unmittelbar zu dienen bestimmt ist (z.B. Molkerei, Brennerei) gemäß § 13 Abs. 2 Nr. 1 EStG.

- **Einnahmen**, die in **Zusammenhang mit dem** land- und forstwirtschaftlichen **Hauptbetrieb** angefallen sind (z.B. Einnahmen aus Nebenleistungen oder der Verpachtung eines land- und forstwirtschaftlichen Betriebs oder Teilbetriebs).

- Die **Produktionsaufgabenrente** nach dem Gesetz zur Förderung der Einstellung der landwirtschaftlichen Erwerbstätigkeit gemäß § 13 Abs. 2 Nr. 3 EStG.

- Der **Nutzungswert der Wohnung** des Steuerpflichtigen, soweit die Voraussetzung gemäß § 13 Abs. 2 Nr. 2 EStG erfüllt ist.

- Einkünfte aus der **Veräußerung** eines land- und forstwirtschaftlichen **Betriebes**, Teilbetriebes oder eines Anteils an einem land- und forstwirtschaftlichen Betriebsvermögen. Veräußerungsgewinne werden jedoch nur insoweit erfaßt, als die Grenzen gemäß §§ 14, 14a EStG überschritten werden; steuerpflichtige (Teil-)Veräußerungsgewinne unterliegen nach § 34 EStG einem ermäßigten Steuersatz.

Die **Rechtsform**, in der ein land- und forstwirtschaftlicher Betrieb geführt wird, ist i.d.R. unbeachtlich. Betätigt sich z.B. eine Personenhandelsgesellschaft ausschließlich im Bereich der Land- und Forstwirtschaft, erzielt sie folgerichtig Einkünfte aus Land- und Forstwirtschaft; wird jedoch neben der land- und forstwirtschaftlichen Betätigung eine gewerbliche Tätigkeit ausgeübt, erzielt die Gesellschaft insgesamt Einkünfte aus Gewerbebetrieb, soweit die gewerbliche Betätigung nicht im Rahmen eines land- und forstwirtschaftlichen Nebenbetriebs erfolgt.[46] Eine gewerblich geprägte Personengesellschaft i.S.d. § 15 Abs. 3 Nr. 2 EStG erzielt demgegenüber stets gewerbliche Einkünfte.

Die **Abgrenzung** zwischen Land- und Forstwirtschaft und Gewerbebetrieb kann sich im Einzelfall als problematisch erweisen: Beschränkt sich der land- und forstwirtschaftliche Betrieb nicht auf die Verwertung selbstgewonnener Erzeugnisse, sondern kauft dauernd und nachhaltig fremde Erzeugnisse zu und verwertet diese am Markt, liegt ein **steuerlich schädlicher Zukauf** stets dann vor, wenn der Zukauf mehr als 30 % des Umsatzes beträgt; in solchen Fällen ist steuerlich ein Gewerbebetrieb anzunehmen (*R 135 Abs. 2 S. 3 EStR 1993*).

Beispiel:

Ein Obstbaubetrieb erwirtschaftet einen Jahresumsatz von insgesamt 100.000 DM. Hierin enthalten sind Umsätze aus dem Zukauf und der Verwertung von Schnittblumen in Höhe von 60.000 DM, deren Einkaufswert bei 38.000 DM lag. Da der Grenzwert von 30 % (Einkaufswert in % des Gesamtumsatzes) überschritten wird, liegt kein land- und forstwirtschaftlicher Betrieb, sondern ein Gewerbebetrieb vor.

Soweit das Einkommen des Steuerpflichtigen 50.000 DM (bzw. 100.000 DM bei Zusammenveranlagung) nicht überschreitet, wird gemäß § 13 Abs. 3 EStG für Einkünfte aus Land- und Forstwirtschaft ein **Freibetrag** in Höhe von 2.000 DM (4.000 DM bei Zusammenveranlagung) gewährt: Einkünfte aus Land- und Forstwirtschaft werden nur dann bei Ermittlung des Gesamtbetrages der Einkünfte berücksichtigt, wenn dieser Freibetrag überschritten wird.

---

[46] BFH vom 10.11.1983, BStBl II 1984, 152

3.2.4.2 Einkünfte aus Gewerbebetrieb

3.2.4.2.1 Merkmale eines Gewerbebetriebes

Einkünfte aus Gewerbebetrieb setzen voraus, daß ein **Gewerbebetrieb** vorliegt. Durch das SteuerentlG 1984 wurde durch Einfügung des § 15 Abs. 2 EStG erstmals eine Begriffsdefinition des Gewerbebetriebes in das Einkommensteuergesetz aufgenommen; bis dahin wurde die allgemeine steuerrechtliche Definition (*§ 7 Abs. 2 GemVO, § 2 Abs. 1 GewStG*) des Gewerbebetriebes auch der einkommensteuerrechtlichen Begriffsauslegung zugrunde gelegt.[47] Ein Gewerbebetrieb **setzt** regelmäßig eine **gewerbliche Tätigkeit** voraus, die an eine Anzahl unabdingbarer Merkmale geknüpft ist. Danach liegt ein Gewerbebetrieb kraft gewerblicher Betätigung gemäß § 15 Abs. 2 EStG vor, wenn

> eine **selbständige nachhaltige** Betätigung mit der **Absicht** unternommen wird, **Gewinn zu erzielen**, sich als **Teilnahme am allgemeinen wirtschaftlichen Verkehr** darstellt und weder der Land- und Forstwirtschaft noch der selbständigen Arbeit zuzuordnen ist.

Die Definition des Gewerbebetriebes des § 15 Abs. 2 EStG entspricht der Rechtsprechungspraxis des BFH und ist durch **positive und negative Merkmale** (Positiv- und Negativbedingungen) bestimmt:

- **Positive Merkmale (Positivbedingungen)**

   (1) **Selbständigkeit**

   Die Tätigkeit muß auf eigene Rechnung und Gefahr und auf eigene Verantwortung ausgeübt werden, d.h. der selbständig Tätige muß das Unternehmerrisiko tragen und Unternehmerinitiative entfalten.[48]

   (2) **Nachhaltigkeit**

   Nachhaltigkeit ist regelmäßig anzunehmen, wenn eine Tätigkeit nicht nur einmalig, sondern mit Wiederholungsabsicht ausgeübt wird und zur ständigen Einkunftsquelle gemacht werden soll.[49]

   (3) **Gewinnerzielungsabsicht**

   Dieses Merkmal ist regelmäßig erfüllt, wenn eine Betriebsvermögensmehrung im Sinne eines Totalgewinns angestrebt wird. Das Streben nach einem Totalgewinn ist während des gesamten Zeitraums von Gründung bis zu Ver-

---

[47] z.B. BFH vom 29.3.1993, BStBl II 1973, 661; BFH GrS vom 25.6.1984, BStBl II 1984, 751
[48] BFH vom 13.2.1980, BStBl II 1980, 303; R 134 Abs. 1 EStR 1993; vgl. dazu ausführlich 2.4.2.2
[49] BFH vom 12.7.1991, BStBl II 1992, 143; R 134 a EStR 1993

äußerung, Aufgabe oder Liquidation zu beurteilen.[50] Keine Gewinnerzielungsabsicht liegt vor, wenn die Einnahmen lediglich die Selbstkosten decken, das Erzielen von Steuerersparnissen angestrebt wird oder verlustbringende Tätigkeiten ausschließlich privat veranlaßt sind. Insbesondere das für Abschreibungs- und Verlustzuweisungsgesellschaften charakteristische Ziel der Steuerersparnis begründet keinen Gewerbebetrieb i.S.d. § 15 Abs. 2 EStG.

Die Gewinnerzielungsabsicht kann dabei grundsätzlich Haupt- oder Nebenzweck sein.

(4) **Beteiligung am allgemeinen wirtschaftlichen Verkehr**

Die Leistungen müssen gegen Entgelt am Markt erbracht werden und sich in einen allgemeinen Güteraustausch einfügen. Zwar ist grundsätzlich die Ausdehnung des Leistungsangebots auf einen unbestimmten Kreis an Marktpartnern zu fordern, doch schließt die Beschränkung auf einen bestimmten Kundenkreis nicht aus, daß das Merkmal erfüllt, wenn die Beschränkung durch Leistungsfähigkeit und Betriebsgröße des Unternehmers bedingt ist. Die Zahl der Kunden ist insoweit für die Beurteilung der Teilnahme am allgemeinen wirtschaftlichen Verkehr unerheblich, entscheidend ist, daß der Steuerpflichtige durch seine Tätigkeit nach außen in Erscheinung tritt.[51] Das genannte Merkmal „*... überschneidet sich zum Teil mit den Merkmalen der Nachhaltigkeit und der Gewinnabsicht ... (und) ... ist in erster Linie für die Abgrenzung der gewerblichen Tätigkeit von der Vermögensverwaltung bedeutsam*".[52]

Nach h.M. müssen **alle vier Merkmale erfüllt** sein, damit ein Gewerbebetrieb im Sinne des § 15 Abs. 2 EStG vorliegt.[53]

- **Negative Merkmale (Negativbedingungen)**

(1) Es darf **keine land- und forstwirtschaftliche Tätigkeit** vorliegen.[54]

(2) Es darf **keine Ausübung** eines **freien Berufs** oder einer **sonstigen selbständigen Tätigkeit** sein.

Die Abgrenzung kann im Einzelfall erhebliche Probleme bereiten, da gewerbliche Tätigkeit und selbständige Arbeit auf denselben positiven Merkmalen basieren, d.h. Selbständigkeit, Nachhaltigkeit, Gewinnerzielungsabsicht und Teilnahme am allgemeinen wirtschaftlichen Verkehr voraussetzen.

---

[50] BFH vom 25.6.1984, BStBl II 1984, 751
[51] z.B. BFH vom 2.9.1988, BStBl II 1989, 24
[52] Blümich/Stuhrmann, § 15 EStG, Rz. 38
[53] so auch Blümich/Stuhrmann, § 15 EStG, Rz. 6
[54] vgl. dazu 2.4.1, die in R 135 EStR 1993 dokumentierten Abgrenzungsgrundsätze sowie die ausführlichen Erläuterungen in Blümich / Stuhrmann, § 15 EStG, Rz 43 ff.

Die Abgrenzung wird sich insoweit vorrangig an der Art der Tätigkeitsausübung orientieren müssen. Danach liegt selbständige Arbeit i.d.R. vor, wenn

- die Tätigkeit durch den vorrangigen Einsatz der eigenen Arbeitskraft, das geistige Vermögen und die persönliche Verwertung von Kenntnissen des Steuerpflichtigen bestimmt wird,
- der Einsatz von Kapital im Rahmen der Leistungserbringung in den Hintergrund tritt und
- die Grenzen der persönlichen Leistungsfähigkeit durch die Art der Tätigkeit nicht überschritten werden. Letzteres schließt jedoch grundsätzlich nicht aus, daß auch bei freiberuflicher Tätigkeit Mitarbeiter beschäftigt werden.

(3) Die Tätigkeit muß **über** den Rahmen einer privaten **Vermögensverwaltung hinausgehen.**

Diese Negativbedingung ergibt sich zwar nicht aus § 15 Abs. 2 EStG, läßt sich aber aus der Definition des 'wirtschaftlichen Geschäftsbetriebes' nach § 14 AO ableiten. Der Gewerbebetrieb ist eine Unterform des wirtschaftlichen Geschäftsbetriebes, dessen Tätigkeit definitionsgemäß über die reine Vermögensverwaltung hinausgehen muß, so daß die Verwaltung des eigenen Vermögens keine gewerbliche Tätigkeit darstellt, auch wenn die Positivbedingungen vollständig erfüllt sind.[55] Private Vermögensverwaltung liegt vor, wenn die Tätigkeit eine 'Fruchtziehung aus zu erhaltenden Substanzwerten' darstellt (z.B. verzinsliche Anlage von Kapital, Vermietung/Verpachtung von Immobilienvermögen); demgegenüber liegt ein Gewerbebetrieb stets dann vor, wenn die 'Ausnutzung substantieller Vermögenswerte durch Umschichtung' eindeutig im Vordergrund steht, wie z.B. bei An- und Verkauf von unbebauten/bebauten Grundstücken. Dabei ist jedoch einschränkend zu berücksichtigen, daß die neuere Rechtsprechung des BFH einen gewerblichen Grundstückshandel verneint, wenn in einem Zeitraum von 5 Jahren nicht mehr als 4 Objekte gekauft oder errichtet und wieder verkauft werden; die Finanzverwaltung hat diese Objektzahlgrenze im Grundsatz akzeptiert.[56]

Wie bei der Abgrenzung des Gewerbebetriebes gegenüber selbständiger Arbeit wird auch bei der Abgrenzung zwischen Gewerbebetrieb und privater Vermögensverwaltung auf die Art der Tätigkeit abzustellen sein, die Höhe der Einkünfte und die Größenordnung des zu verwaltenden Vermögens sind demgegenüber unbeachtlich.[57]

---

[55] so auch BFH/GrS vom 25.6.1984, BStBl II 1984, 751
[56] vgl. BFH vom 23.10.87, BStBl II 1988, 293, BFH vom 1.12.1989, BStBl II 1990, 1054; BdF vom 20.12.1990, BStBl I 1990, 884
[57] zur Abgrenzung zwischen Gewerbebetrieb und Vermögensverwaltung vgl. im einzelnen R 137 EStR 1993

Ein Gewerbebetrieb i.S.d. § 15 Abs. 2 EStG liegt nur vor, wenn neben den vier positiven auch die drei negativen Merkmale erfüllt sind.

Eine **gewerblich tätige Personengesellschaft** gilt gemäß § 15 Abs. 3 Nr. 1 EStG stets in **vollem Umfang als Gewerbebetrieb**, auch wenn einzelne Einkünfte aus Tätigkeiten erwirtschaftet werden, die die Merkmale eines Gewerbebetriebes kraft gewerblicher Betätigung nicht erfüllen (sog. gemischt tätige Personengesellschaft). Die einheitliche Zuordnung zu den Einkünften aus Gewerbebetrieb erfolgt in solchen Fällen losgelöst von Wertigkeit und Bedeutung der einzelnen Einkunftsarten der Personengesellschaft. M.a.W.: Auch wenn die gewerbliche Tätigkeit gegenüber den nichtgewerblichen Tätigkeiten von untergeordneter Bedeutung ist, werden die Einkünfte der Personengesellschaft nach der sog. '**Infektionstheorie**' stets als gewerbliche Einkünfte erfaßt.

Über die vorgenannten Fälle der gewerblichen Betätigung hinaus liegt unter bestimmten Voraussetzungen ein **Gewerbebetrieb kraft gewerblicher Prägung** immer dann vor, wenn an einer nicht gewerblich tätigen Personengesellschaft ausschließlich eine oder mehrere **Kapitalgesellschaften als persönlich haftende Gesellschafter** beteiligt sind. Eine solch **gewerblich geprägte Personengesellschaft** gilt gemäß § 15 Abs. 3 Nr. 2 EStG stets in vollem Umfang als Gewerbebetrieb, soweit die Merkmale einer Gewerbebetriebes kraft gewerblicher Betätigung i.S.d. § 15 Abs. 2 EStG nicht erfüllt sind (z.B. nichtgewerbliche GmbH & Co KG). Die gewerblich geprägte Personengesellschaft i.S.d. § 15 Abs. 3 Nr. 2 EStG ist Ausfluß der - 1986 kodifizierten - **Gepägerechtsprechung** des **BFH**.

Zusammenfassend lassen sich damit hinsichtlich der **Qualifikation als Gewerbebetrieb** zwei Fallgruppen unterscheiden:

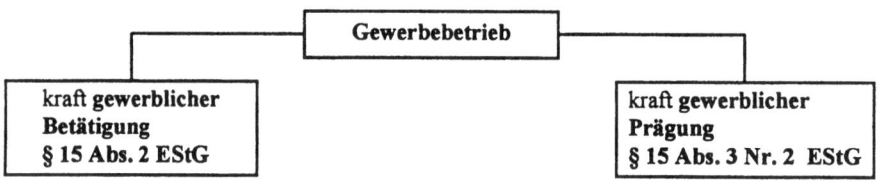

Abb. 16: Gewerbebetrieb - Fallgruppen

3.2.4.2.2 Unternehmen, Unternehmer, Mitunternehmer und Mitunternehmerschaft im Einkommensteuerrecht

Nach § 15 Abs. 1 Nr. 1 EStG sind Einkünfte aus Gewerbebetrieb Einkünfte aus gewerblichen **Unternehmen**, d.h. die Einkünfte sind demjenigen zuzurechnen, der Unternehmer eines gewerblichen Betriebes ist. Die Begriffe 'Unternehmen' und 'Unternehmer' werden im Steuerrecht nicht einheitlich definiert und verwendet: So ist z.B. das Unternehmen i.S.d. § 2 UStG die Zusammenfassung aller gewerblichen Tätigkeiten des Steuerpflichtigen zu einer steuerlichen Einheit, während Unternehmen i.S.d. § 15 EStG jeder selbständige Betrieb des Steuerpflichtigen ist. Daraus folgt zwingend, daß ein Unternehmer mehrere 'Unternehmen' i.S.d. EStG haben kann.

Unternehmer im Sinne von § 15 EStG ist derjenige, auf dessen Rechnung und Gefahr ein Gewerbebetrieb geführt und somit eine gewerbliche Tätigkeit veranlaßt wird. Da der Begriff 'Unternehmer' wirtschaftlich zu interpretieren ist, setzt die Unternehmereigenschaft die Entfaltung von **Unternehmerinitiative** ebenso voraus wie die Übernahme des damit verbundenen **Unternehmerrisikos**, so daß sich das Ergebnis der unternehmerischen Betätigung unmittelbar in einer Veränderung des Reinvermögens/Eigenkapitals des Unternehmers dokumentiert.[58] Unternehmer ist der *wirtschaftliche* Eigentümer des Betriebes (ggf. Pächter oder Nießbraucher); unerheblich ist demnach, wer bügerlich-rechtlicher Eigentümer des Betriebsvermögens ist: Auch die Eintragung im Handelsregister begründet allenfalls die widerlegbare Vermutung, daß ein Handelsgewerbe vorliegt. Entfaltet somit der wirtschaftliche Eigentümer eines gewerblichen Betriebs Unternehmerinitiative und trägt das Unternehmerrisiko, werden ihm als Unternehmer im Sinne des EStG die gewerblichen Einkünfte zugerechnet, da er als **Träger** des gewerblichen Betriebes die wirtschaftliche Leistungsfähigkeit besitzt, an die die Besteuerung knüpft.[59] Der nicht gesetzliche definierte Begriff des Unternehmers ist damit im wesentlichen durch die Positivbedingungen 'Unternehmerinitiative' und 'Unternehmerrisiko' determiniert. **Unerheblich** für die Beurteilung der Unternehmereigenschaft ist, wer das Unternehmen leitet (der Unternehmer oder ein von ihm beauftragter Dritter) und i.d.R. auch, wer das Unternehmen nach außen vertritt; ebenfalls keine Rolle spielt, ob der Unternehmer voll geschäftsfähig ist und ob der Unternehmer bürgerlich-rechtlicher Eigentümer des Betriebsvermögens ist.

Die vorrangig an die Merkmale 'Unternehmerinitiative' und 'Unternehmerrisiko' anknüpfende steuerliche Begriffsbestimmung des Unternehmers und die der Begriffsabgrenzung immanente wirtschaftliche Betrachtungsweise wurde auch vom Bundesverfassungsgericht anerkannt: „... *wer Unternehmer ist, bestimmt sich im Einzelfall nach wirtschaftlichen Grundsätzen*".[60] Der Begriff des Unternehmers ist insoweit ein offener, wirtschaftlich bestimmter **Typusbegriff** des Steuerrechts.

Die vorgenannten Abgrenzungsgrundsätze lassen sich im wesentlichen auf die **Mitunternehmerschaft** übertragen. Da die Einkommensteuer eine Personensteuer ist, sind Personengesellschaften oder vergleichbare Personenvereinigungen als solche nicht einkommensteuerpflichtig, vielmehr wird der Erfolg den dahinterstehenden natürlichen oder juristischen Personen zugerechnet und bei diesen der Einkommensteuer (bei beteiligten natürlichen Personen) oder der Körperschaftsteuer (bei betei-

---

[58] BFH vom 24.2.1971, BStBl II 1971, 339; BFH/GrS vom 25.6.1984, BStBl II 1984, 751
[59] BFH vom 2.9.1985, BStBl II 1986, 10
[60] BVerfG vom 24.2.1962, BStBl I 1962, 492, 497

ligten juristischen Personen) unterworfen. Nach § 15 Abs. 1 Nr. 2 EStG ist somit der Erfolg anteilig den einzelnen Beteiligten, den **Mitunternehmern**, zuzurechnen, damit die Einkünfte des einzelnen Mitunternehmers bei gemeinschaftlichem Bezug von Einkünften aus einem gewerblichen Unternehmen ermittelt werden können.[61] Eine Mitunternehmerschaft i.S.v. § 15 Abs. 1 Nr. 2 EStG läßt sich damit als *"... Vereinigung mehrerer Personen zum gemeinsamen Betrieb eines gewerblichen Unterehmens"*[62] definieren. 'Mitunternehmer' wie 'Mitunternehmerschaft' sind wie der Begriff 'Unternehmer' offene steuerrechtliche Typusbegriffe und mit den bürgerlich-rechtlichen und handelsrechtlichen Begriffen 'Gesellschafter' und 'Gesellschaft' nicht identisch. Entscheidend ist auch hier, ob der Beteiligte Unternehmerinitiative bzw. **Mitunternehmerinitiative** entfalten kann und das Unternehmerrisiko bzw. **Mitunternehmerrisiko** trägt. Mitunternehmer i.S.d. § 15 Abs. 1 Nr. 2 EStG ist damit der Gesellschafter einer Personengesellschaft nur dann, wenn die genannten Merkmale erfüllt sind; im Umkehrschluß gilt gleichermaßen, daß die Qualifikation als Mitunternehmer nicht notwendigerweise voraussetzt, daß der Mitunternehmer Gesellschafter der Personengesellschaft ist, vielmehr reicht in Ausnahmefällen eine wirtschaftlich vergleichbare Stellung aus (z.B. als Beteiligter an einer Erbengemeinschaft, vgl. *R 138 Abs. 1 S. 2 EStR 1993*). Daraus folgt zwingend, daß die Mitunternehmerschaft wirtschaftlich auf dem Hintergrund des Gesamtbildes der Verhältnisse zu beurteilen ist, die formalrechtliche Qualifikation tritt demgegenüber in den Hintergrund. Da nach der Rechtsprechung des BFH eine Mitunternehmerschaft i.d.R. voraussetzt, daß ein **bürgerlich-rechtliches Gesellschaftsverhältnis** oder ein den Personengesellschaften vergleichbares rechtliches Gemeinschaftsverhältnis vorliegt, ist die Mitunternehmereigenschaft letztlich von der Erfüllung zweier Voraussetzungen abhängig:

Voraussetzung 1:	Gesellschaftsverhältnis oder vergleichbares **Gemeinschaftsverhältnis** (z.B. OHG, KG, Bruchteilgemeinschaft usw., an der die Mitunternehmer mittelbar oder unmittelbar beteiligt sind).
+	
Voraussetzung 2:	**Mitunternehmerinitiative** muß entfaltet und **Mitunternehmerrisiko** getragen werden.

Eine 'faktische Mitunternehmerschaft', die nicht durch ein unmittelbares oder mittelbares Beteiligungsverhältnis an der Gesellschaft, sondern allein durch die tatsächlichen Einflußmöglichkeiten z.B. eines Darlehensgebers oder Verpächters begründet wird, ist nach h.M. weder möglich noch argumentativ haltbar. Die Rechtsprechung des BFH hierzu ist allerdings durchaus uneinheitlich: Nach dem Be-

---
[61] BFH/GrS vom 25.6.1984, BStBl II 1984, 751
[62] Blümich/Stuhrmann, § 15, Rz. 159a

schluß des Großen Senats vom 25.6.1984 kann nur derjenige Mitunternehmer sein, der zivilrechtlich Gesellschafter einer Personengesellschaft ist oder - in Ausnahmefällen - einem diesem wirtschaftlich vergleichbare Stellung z.B. als Beteiligter einer Bruchteilgemeinschaft innehat; die Folgerechtsprechung orientiert sich z.T. an dieser grundsätzlichen Abkehr von der bis zum Beschluß des Großen Senats für zulässig erachteten faktischen Mitunternehmerschaft, konterkarriert auf der anderen Seite den Beschluß jedoch wieder insoweit, als z. T. der Standpunkt vertreten wird, Mitunternehmerinitiative und Mitunternehmerrisiko begründe die Vermutung, daß ein Gesellschaftsverhältnis vorliege.[63]

Losgelöst von dieser in der Rechtsprechung wohl noch nicht abschließend behandelten Problematik ist auf der Grundlage des BFH-Beschlusses vom 25.6.1994 begründet zu folgern, daß Mitunternehmereigenschaft nur dann bejaht werden kann, wenn Mitunternehmerinitiative und Mitunternehmerrisiko zu der unabdingbaren Voraussetzung 'zivilrechtliches Gesellschaftsverhältnis' hinzutreten. Zu den Merkmalen Mitunternehmerinitiative und Mitunternehmerrisiko wurden durch die Rechtsprechung im wesentlichen folgende Abgrenzungsgrundsätze entwickelt:

Mitunternehmerinitiative setzt die Teilhabe an unternehmerischen Entscheidungen voraus, wie sie i.d.R. Gesellschaftern oder diesen vergleichbaren Personen als Geschäftsführer und Prokuristen obliegen, wobei es für die Erfüllung dieses Merkmals bereits als ausreichend angesehen wird, wenn Gesellschafterrechte ausgeübt werden können, die wenigstens in etwa den Stimm-, Kontroll- und Widerspruchsrechten entsprechen, die einem Kommanditisten nach dem HGB zustehen oder die den gesellschaftsrechtlichen Kontrollrechten nach § 716 Abs. 1 BGB entsprechen.[64] Soweit die vorgenannten Rechte nicht ausgeübt werden können, muß die Mitunternehmereigenschaft aufgrund fehlender Mitunternehmerinitiative verneint werden, obwohl ein Gesellschafts- oder Gemeinschaftsverhältnis gegeben ist.[65]

Beispiel:
Durch Gesellschaftsvertrag wird sowohl das Stimm- wie auch das Widerspruchsrecht der Kommanditisten einer KG ausgeschlossen. Die Kommanditisten sind zwar Gesellschafter im handelsrechtlichen, jedoch nicht Mitunternehmer im steuerrechtlichen Sinne, da das Merkmal 'Mitunternehmerinitiative' nicht erfüllt ist (*vgl. BFH vom 11.10.1988, BStBl 1989, 762*).

---

[63] BFH vom 2.9.1985, BStBl II 1986, 10
[64] BFH vom 25.6.1984, BStBl II 1984, 751, 769
[65] vgl. dazu kritisch z.B. Knobbe-Keuk 1993, S. 382 f., die zurecht darauf hinweist, daß z.B. „... das Widerspruchsrecht des Kommanditisten nach § 164 HGB ... weniger ein Instrument für die Entfaltung von Unternehmerinitiative des Kommanditisten als vielmehr ein solches für die Behinderung der Unternehmerinitiative der Geschäftsführung" sei.

Mitunternehmerrisiko trägt im Regelfall, wer am Erfolg des Unternehmens und an den stillen Rücklagen/Reserven einschließlich eines etwaigen Geschäfts- oder Firmenwertes beteiligt ist. Eine Vereinbarung über eine Beteiligung an den stillen Rücklagen wird allerdings dann i.d.R. für die Erfüllung dieses Merkmals nicht ausreichen, wenn diese für den Gesellschafter keine wesentliche wirtschaftliche Bedeutung aufweisen.

Die **Mitunternehmerschaft ist steuerrechtlich anders zu qualifizieren** als dies z.B. **handelsrechtlich** bei **Personengesellschaften** geboten ist:

(1) **Handelsrechtlich** sind z.B. Personenhandelsgesellschaften wie OHG, KG durch die 'Einheit der Gesellschaft' charakterisiert, d.h. sie können nach § 124 HGB unter ihrer Firma Rechte erwerben und Verpflichtungen eingehen, klagen und verklagt werden. Diese aus den Gemeinschaftsrechten abzuleitende relative Selbständigkeit der Personenhandelsgesellschaften stellt diese nach h.M. jedoch nicht mit juristischen Personen gleich, so daß die *'Einheit der Gesellschaft'* für die Zuordnung des Betriebsvermögens einer Mitunternehmerschaft wie auch für die Zuordnung des von ihr erzielten Gewinns unerheblich ist.

(2) **Einkommensteuerrechtlich** ist die Mitunternehmerschaft demgegenüber kein selbständiges Steuerrechtssubjekt, ihr kommt lediglich partielle Steuerrechtssubjektivität zu;[66] daraus folgt, daß den einzelnen **Mitunternehmern** als Steuersubjekten das Betriebsvermögen und der Erfolg der Mitunternehmerschaft unmittelbar anteilig zuzurechnen sind. Die Einkommenbesteuerung findet somit bei jedem einzelnen Mitunternehmer statt, die Mitunternehmerschaft ist durch die 'Vielheit der Mitunternehmer' gekennzeichnet, auch wenn diese letztlich nur in der **Einheit der Mitunternehmerschaft** Merkmale eines Besteuerungstatbestandes verwirklichen können (= **partielle Steuerrechtssubjektivität** der Mitunternehmerschaft).

Die Mitunternehmerschaft ist einkommensteuerrechtlich insoweit sowohl durch die Vielheit der Mitunternehmer wie auch die Einheit der Mitunternehmerschaft charakterisiert mit der Folge, daß die Mitunternehmerschaft durch

- einen **gesamthänderischen Betriebskern**, in dem die Einheit der Gesellschafter zusammenwirkt (= Betriebsvermögen zur 'gesamten Hand' der Gesellschaft)

und

- die **Sonderbetriebe der einzelnen Gesellschafter** (= Sonderbetriebsvermögen der Gesellschafter)

gebildet wird.

---

[66] BFH/GrS vom 25.6.1984, BStBl II 1984, 751

Der gesamthänderische Betriebskern der Gesellschaft und die Sonderbetriebe ihrer Gesellschafter bilden „... *eine Einheit in der Hand der Gesellschaft*",[67] sie bilden die Mitunternehmerschaft. Das Betriebsvermögen der Mitunternehmerschaft umfaßt damit sowohl das Gesamthandsvermögen der Gesellschaft wie auch Wirtschaftsgüter, die dem jeweiligen Mitunternehmer gehören, jedoch der Gesellschaft zur betrieblichen Nutzung überlassen wurden (= Sonderbetriebsvermögen). Daraus folgt, daß sich die Steuerbilanz einer Mitunternehmerschaft als **Gesamtbilanz** darstellt, in der das gesamthänderische Gesellschaftsvermögen der Personengesellschaft und die Sonderbetriebsvermögen der Mitunternehmer auszuweisen sind.

Rechtsgeschäfte zwischen Gesellschaft und Gesellschaftern (bzw. zwischen Mitunternehmern und Mitunternehmerschaft) wie z.B. die Veräußerung von Wirtschaftsgütern aus dem Sonderbetriebsvermögen in das Gesamthandsvermögen sind grundsätzlich möglich und steuerlich anerkannt, soweit sie so abgewickelt werden, wie dies bei Rechtsgeschäften zwischen oder mit außenstehenden Dritten üblicherweise der Fall gewesen wäre. Dies gilt für **Sondervergütungen** der Gesellschaft an die Gesellschafter entsprechend; unter Sondervergütungen fallen Tätigkeitsvergütungen (z.B. aus Arbeits-, oder Beratungsverträgen des Gesellschafters mit der Gesellschaft), Darlehenszinsen, Einnahmen des Gesellschafters aus der miet- oder pachtweisen Überlassung von Wirtschaftsgütern an die Gesellschaft.

Da sich das Betriebsvermögen der Mitunternehmerschaft aus dem Gesamthandsvermögen der Gesellschaft und den Sonderbetriebsvermögen der Mitunternehmen zusammensetzt, wird der anteilige, auf den Mitunternehmer entfallende Gewinn in einem **zweistufigen Verfahren** ermittelt:

Erste Gewinnermittlungsstufe	Ermittlung des Gewinns der Gesellschaft
(Steuerbilanz der Gesellschaft)	Basis für die Ermittlung des Gewinns der Gesellschaft ist die Handelsbilanz, die ggf. nach Maßgabe des § 5 Abs. 6 EStG durch steuerlich notwendige Korrekturen modifiziert wird.
	In der Bilanz ausgewiesen wird ausschließlich das Gesamthandsvermögen der Personengesellschaft, die Sonderbetriebsvermögen der Mitunternehmer bleiben in Stufe 1 unberücksichtigt.
	Soweit Tätigkeitsvergütungen der Gesellschaft an die Gesellschafter / Mitunter-

---

[67] Döllerer 1976, in: DStZ/A 1976, S. 435 ff.

	nehmer geleistet wurden, die als Aufwand den handelsrechtlichen Gewinn gemindert haben, werden diese Vergütungen auch in Stufe 1 als Betriebsausgaben gewinnmindernd berücksichtigt, so daß eine entsprechende Gewinnkorrektur nicht erforderlich wird. Der nach diesen - vereinfacht dargestellten - Grundsätzen ermittelte Gewinn der Gesellschaft wird entsprechend den gesellschaftsvertraglichen Vereinbarungen oder gesetzlicher Regelungen auf die Mitunternehmer aufgeteilt (bei Verlusten wird analog verfahren) und beinhaltet den 'Steuerbilanzgewinn erster Stufe' der Gesellschaft.
⇓	⇓
Zweite Gewinnermittlungsstufe (Steuerliche Sonderbilanzen der Mitunternehmer)	**Ermittlung des Gewinns der 'Sonderbetriebe der Mitunternehmer'** Für das jeweilige Sonderbetriebsvermögen der Mitunternehmer wird in der 2. Stufe anhand von Sonderbilanzen eine besondere Gewinnermittlung durchgeführt, in die die Sondervergütungen und Sonderbetriebsausgaben der Mitunternehmer eingehen Auf der Basis der Sonderbilanzen der Mitunternehmer wird folglich gesondert der Steuerbilanzgewinn „zweiter Stufe" der Gesellschafter/Mitunternehmer ermittelt.

Abb. 17: Gewinnermittlungsstufen bei Mitunternehmerschaften

Der **steuerliche Gesamtgewinn der Personengesellschaft** / Mitunternehmerschaft beinhaltet damit zwei Komponenten: Vermögensmehrungen oder -minderungen (Gewinne/Verluste) des Gesamthandsvermögens der Gesellschaft sowie Vermögensmehrungen oder -minderungen (Gewinne/ Verluste) des Sonderbetriebsvermögens der Mitunternehmer. Die Überführung der Ergebnisse der steuerlichen Gesellschaftsbilanz gemäß Gewinnermittlungsstufe 1 und der Ergebnisse der Sonderbilanzen gemäß Gewinnermittlungsstufe 2 in eine **Gesamtsteuerbilanz der Gesellschaft** ist mit erheblichen Problemen verbunden, da das Sonderbetriebsvermögen der Mitunternehmer in der Handelsbilanz nicht ausgewiesen wird und die zum Gesamthandsvermögen gehörenden Wirtschaftsgüter gemäß § 39 Abs. 2 Nr. 2 AO den einzelnen Gesellschaftern quotal entsprechend ihrer Beteiligung an der Gesellschaft zugerechnet werden, während zum Sonderbetriebsvermögen gehörende Wirtschaftsgüter dem jeweiligen Mitunternehmer unmittelbar zugerechnet werden. Zur Lösung dieses Problems wurde von Döllerer[68] die **„Lehre von der konsolidierten Bilanz"** entwickelt: Durch Konsolidierung sind demnach die Sonderbilanzen der Mitunternehmer mit der Steuerbilanz der Gesellschaft zu einer 'wirtschaftlichen Einheit', der steuerlichen Gesamtbilanz der Gesellschaft, zusammenzufassen. Das dort ausgewiesene Ergebnis dokumentiert nach Döllerer den 'Steuerbilanzgewinn zweiter Stufe der Gesellschaft'. Die von Döllerer für notwendig erachtete Konsolidierung ist durchaus als Konsolidierung im Sinne der Konzernrechnungslegung zu interpretieren, d.h. es sind z.B. Gewinne und Verluste aus Lieferungen und Leistungen zwischen dem Betrieb der Mitunternehmerschaft und den Sonderbetrieben der Mitunternehmer zu eliminieren.

Fraglich erscheint in diesem Zusammenhang, inwieweit die Erstellung einer konsolidierten Gesamtsteuerbilanz der Gesellschaft überhaupt notwendig ist, da letztlich i.S.d. § 15 Abs. 1 Nr. 2 EStG die Einkünfte aus Gewerbebetrieb des einzelnen Gesellschafters / Mitunternehmers ermittelt werden sollen und hierfür die Erstellung einer konsolidierten Gesamtbilanz nicht erforderlich ist und sich auch nicht mit Verweis auf die 'wirtschaftliche Einheit' hinreichend begründen läßt. Insoweit schlägt z.B. Knobbe-Keuk[69] schlüssig vor, auf die Erstellung einer Gesamtbilanz zu verzichten, und - da „... *die Figur einer Gesamtbilanz der gesetzlichen Grundlage entbehrt"* -, das steuerliche Ergebnis des einzelnen Mitunternehmers durch Addition wie folgt zu ermitteln:

	Gewinn- od. Verlustanteil des Mitunternehmers gemäß Gewinnermittlungsstufe 1
+	Gewinn oder Verlust des Mitunternehmers gemäß Gewinnermittlungsstufe 2
=	Einkünfte aus Gewerbebetrieb des Mitunternehmers gemäß § 15 Abs. 1 Nr. 2 EStG

Die **additive Gewinnermittlung** unter Verzicht auf die Erstellung einer Gesamtbilanz wird m.E. zurecht überwiegend für zulässig erachtet, soweit dem Erfordernis einer korespondierenden Bilanzierung entsprochen wird.[70] Die korespondierende

---

[68] vgl. Döllerer in: DStZ/A 1974, S. 211 f.; DStZ/A 1976, S. 435 ff.; DStZ/A 1980, S. 259 ff.; DStZ/A 1983, S. 179 f.
[69] vgl. Knobbe-Keuk 1980, S. 423 f.; Knobbe-Keuk 1993, S. 479 ff.
[70] vgl. Schmidt, § 15 Anm. 66c; Littmann § 15 Rz. 95; Blümich/Stuhrmann § 15 EStG, Rz. 322

Bilanzierung (z.B. von Darlehensforderungen der Mitunternehmer gegenüber der Gesellschaft) erscheint jedoch zwingend geboten, da nur dadurch die gewollte steuerliche Gleichstellung von Mitunternehmern und Einzelunternehmern sichergestellt werden kann.

Durch die differenzierte, auf den Beschluß des Großen Senats des BFH vom 25.6.1984 zurückführende Interpretation der Mitunternehmerschaft wurde die bisherige Rechtsprechung von RFH und BFH vollständig aufgegeben und die bis dahin konzeptionell zugrunde gelegte **Bilanzbündeltheorie** durch die **Beitragstheorie** ersetzt. Bis zu diesem Zeitpunkt war die Rechtsprechung im wesentlichen durch folgende Entwicklungsstadien gekennzeichnet:

Bis etwa 1970:	Sog. '**Bilanzbündeltheorie**', d.h. die Mitunternehmerschaft wurde nicht als eigenständiges Steuersubjekt gesehen, sondern als Zusammenschluß selbständiger Gewerbebetriebe ihrer Mitunternehmer interpretiert. Die Bilanz der Mitunternehmerschaft war somit die Bündelung der Einzelbilanzen der Mitunternehmer, die einkommensteuerlich insoweit wie Einzelunternehmer behandelt wurden (= allgemeines Prinzip: 'Vielheit der Mitunternehmer').[71]
Ab 1970 bis ca. 1974:	**Modifizierte Bilanzbündeltheorie**, d.h. die Bilanzbündeltheorie und das zugrunde liegende Prinzip der Vielheit der Gesellschafter wurde zwar grundsätzlich beibehalten jedoch insoweit eingeschränkt, als betont wurde, die Bilanzbündeltheorie dürfe nicht zu einer vollständigen Auflösung der Einheit der Gesellschafter / Mitunternehmerschaft und einer Überbetonung der Sonderbetriebe der Mitunternehmer führen. Auch danach wurde zwar der Mitunternehmer dem Einzelunternehmer gleichgestellt, ohne daß damit aber eine vollständige Aufspaltung einer Personengesellschaft in Einzelunternehmen verbunden war; insoweit wurde durch die Modifizierung der Bilanzbündeltheorie die Abkehr von dieser Konzeption durch die Rechtsprechung vorbereitet.[72]

---

[71] so z.B. BFH vom 14.7.1937, RStBl 1937, 937; BFH vom 14.1.1958, BStBl III 75
[72] z.B. BFH/GrS vom 19.10.1970, BStBl 1971, 177

1975 - 1983	**Abkehr von der Bilanzbündeltheorie,** d.h.
	der Grundsatz der Vielheit der Mitunternehmer wurde gegenüber dem Grundsatz der Einheit der Gesellschaft hintangestellt, die Personenhandelsgesellschaft als Subjekt der Gewinnermittlung verstanden.[73]

Ab 1984	**Aufgabe der Bilanzbündeltheorie**
	an deren Stelle trat die auf den Gedanken Worners[74] und Döllerers[75]. basierende **Beitragstheorie**, die im Beschluß des Großen Senats des BFH vom 25.6.1984 ihren Niederschlag fand.

Abb. 18: Entwicklungsstadien der BFH-Rechtsprechung zur Mitunternehmerschaft

3.2.4.2.3 Arten gewerblicher Einkünfte

Einkünfte aus Gewerbebetrieb i.S.d. § 2 Abs. 1 Nr. 2 EStG beinhalten die laufenden Gewinne aus gewerblichen Unternehmen (*§ 15 EStG*) sowie die Gewinne aus der Veräußerung eines Gewerbebetriebes und der Veräußerung einer wesentlichen Beteiligung an einer Kapitalgesellschaft (*§§ 16, 17 EStG*). Einkünfte aus Gewerbebetrieb umfassen damit drei **Komponenten**:

---

[73] z.B. BFH vom 10.7.1980, BStBl II 1981, 84; BFH/GrS vom 10.11.1980, BStBl II 1981, 164
[74] in: BB 1975, S. 645 f.
[75] in: DStZ/A 1974, S. 211 ff.; DStZ/A 1976, S. 435 ff

Persönliche und sachliche Steuerpflicht

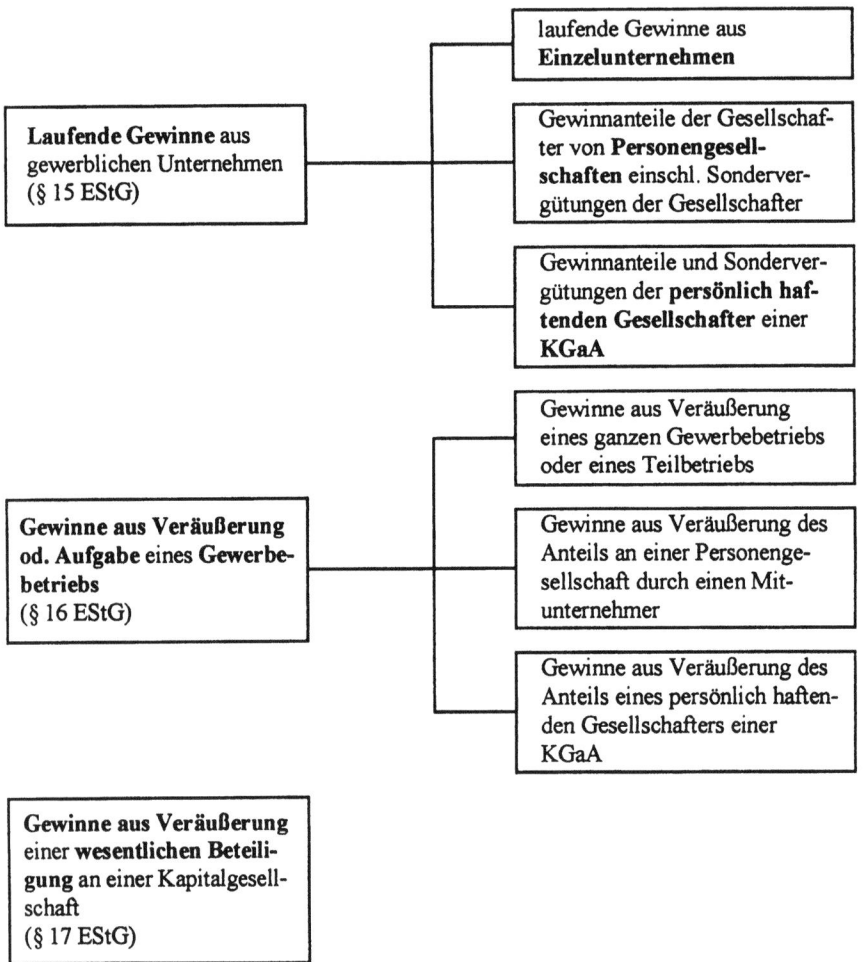

Abb. 19: Arten der Einkünfte aus Gewerbebetrieb

(1) **Laufende Gewinne aus gewerblichen Einzelunternehmen**

Gemäß § 15 Abs. 1 Nr. 1 EStG sind sämtliche Einkünfte aus einem Einzelunternehmen als Einkünfte aus Gewerbebetrieb zu erfassen und zu versteuern, soweit die genannten Merkmale eines 'Gewerbebetriebs' erfüllt sind und Unternehmenseigenschaft bejaht werden kann.

(2) **Laufende Gewinne aus einer gewerblichen Personengesellschaft**

Gemäß § 15 Abs. 1 Nr. 2 EStG sind die **anteiligen Gewinne der Mitunternehmer** als Einkünfte aus Gewerbebetrieb zu erfassen und zu versteuern; vorausgesetzt wird, daß der Gesellschafter Mitunternehmer ist und die Personengesellschaft kraft Betätigung oder kraft gewerblicher Prägung einen Gewerbebetrieb bildet. Unter die Einkünfte aus Gewerbebetrieb des Mitunternehmers fallen auch die **Sondervergütungen** der Gesellschaft an den Gesellschafter / Mitunternehmer.

Beispiel für die Gewinnermittlung einer Mitunternehmerschaft:

An einer OHG sind die natürlichen Personen A und B als Gesellschafter beteiligt. Der Gewinn ist gemäß Gesellschaftsvertrag jeweils zu 50 % auf A und B zu verteilen. Gesellschafter A erhält als Geschäftsführer eine Tätigkeitsvergütung von 100.000 DM p.a. Gesellschafter B bezieht aus der Vermietung eines bebauten Grundstücks an die OHG 50.000 DM p.a. Der Gewinn der Rechnungsperiode beläuft sich auf 200.000 DM.

Auf dieser Basis werden die Gewinnanteile der Gesellschafter A und B wie folgt ermittelt:

Gesellschafter A (50 % aus 20.000 DM)	= 100.000 DM
Gesellschafter B (50 % aus 200.000 DM)	= 100.000 DM

Die Sondervergütungen der Gesellschafter belaufen sich auf:

Gesellschafter A (Tätigkeitsvergütung)	= 100.000 DM
Gesellschafter B (Mietentgelt)	= 50.000 DM

Gewerbliche Einkünfte der Gesellschafter:

Gesellschafter A

Gewinnanteil + Sondervergütung	= 200.000 DM

Gesellschafter B

Gewinnanteil + Sondervergütung	= 150.000 DM

§ 15 Abs. 1 Nr. 2 EStG verbindet den Mitunternehmerbegriff mit OHG, KG und 'anderen Gesellschaften', bei denen die Gesellschafter als Mitunternehmer anzusehen sind, so daß im weiteren Sinne alle gewerblichen Personengesellschaften als Mitunternehmerschaften in Betracht kommen (OHG, KG, BGB-Gesellschaft, Partenreederei und EWIV). Die stille Gesellschaft i.S.d. §§ 230 ff. HGB ist nur dann eine Mitunternehmerschaft, wenn es sich um eine atypische stille Gesellschaft handelt, d.h. dem stillen Gesellschafter im Innenverhältnis durch Gesellschaftsvertrag Rechte und Befugnisse eingeräumt werden, die ihn zum Mitunternehmer werden lassen (z.B. Beteiligung an der Geschäftsführung, Teilhabe an den stillen Rücklagen / Reserven). Im Gegensatz dazu wird die echte stille Gesellschaft keine Mitunternehmerschaft sein können, da dem stillen Gesellschafter lediglich die vereinbarte Gewinnbeteiligung sowie im Falle des Ausscheidens Gläubigerrechte zustehen. Der echte stille Gesellschafter erzielt insoweit keine Einkünfte aus Gewerbebetrieb .i.S.d. § 15 Abs. 1 Nr. 2 HGB.

(3) **Laufende Gewinne des Komplementärs einer KGaA**

Die Kommanditgesellschaft auf Aktien (KGaA) ist eine gesellschaftsrechtliche Mischform, die durch die Verbindung von Elementen einer AG und einer KG gekennzeichnet ist, gemäß § 278 Abs. 1 AktG eigene Rechtspersönlichkeit besitzt und als Kapitalgesellschaft konstituiert ist, bei der mindestens ein Gesellschafter (Komplementär) den Gesellschaftsgläubigern gegenüber unbeschränkt haftet. Persönlich haftender Gesellschafter kann eine natürliche Person oder eine Kapitalgesellschaft sein; die Kommanditaktionäre sind ihrer Stellung nach mit den Aktionären einer AG vergleichbar. In der Praxis weist die KGaA nur untergeordnete Bedeutung auf.[76]

In steuerlich Hinsicht wird zwischen dem Komplementär und den Kommanditaktionären **keine Mitunternehmerschaft** begründet und im übrigen auch gemäß § 15 Abs. 1 Nr. 3 EStG nicht gefordert, so daß die ihm als Komplementär zustehenden Gewinnanteile aus der KGaA nach dem Zuflußprinzip i.S.d. § 11 EStG zu versteuern sind: Der Gewinnanteil des Komplementärs der KGaA ist in dem Jahr als Einkünfte aus Gewerbebetrieb zu erfassen und zu versteuern, in dem die Hauptversammlung der KGaA den Jahresabschluß festgestellt und die Ausschüttung des Gewinnanteils beschlossen hat. Ebenfalls als Einkünfte aus Gewerbebetrieb des Komplementärs zu erfassen und zu versteuern sind **Sondervergütungen**, die ihm seitens der KGaA zugeflossen sind. Soweit der Komplementär auch am Gezeichneten Kapital der KGaA beteiligt ist, sind die auf seine Beteiligung am Grundkapital entfallenden Gewinnanteile als Einkünfte aus Kapitalvermögen zu erfassen und zu versteuern; in dieser Hinsicht wird demnach so verfahren, wie dies bei Kommanditaktionären der Fall ist.[77]

Die KGaA unterliegt als Kapitalgesellschaft der **Körperschaftsteuer**; der Gewinnanteil des Komplementäres sowie ihm gewährte Geschäftsführerbezüge sind bei Ermittlung des köperschaftsteuerpflichtigen Gewinns der KGaA gemäß § 9 Nr. 2 KStG abzugsfähig.

(4) **Aperiodische oder einmalige Gewinne aus der Veräußerung und Aufgabe eines Gewerbebetriebes**

Ebenfalls zu den Einkünften aus Gewerbebetrieb rechnen gemäß § 16 Abs. 1 EStG Gewinne, die erzielt werden bei der **Veräußerung**

- eines **ganzen Gewerbebetriebs** oder eines **Teilbetriebs**. Als Veräußerung eines Teilbetriebs gilt auch, wenn eine 100 %ige **Beteiligung** an einer Kapitalgesellschaft veräußert wird, sofern diese Beteiligung bislang zum Betriebsvermögen gehörte (*§ 16 Abs. 1 Nr. 1 EStG*);

- des **Anteils eines Mitunternehmer-Gesellschafters** einer Personengesellschaft (*§ 16 Abs. 1 Nr. 2 EStG*);

---

[76] vgl. Binz/Sorg in: BB 1988, S. 2041 ff.
[77] a.A. Schmidt § 15 Rz. 161

- des **Anteils eines Komplementärs einer KGaA** (*§ 16 Abs. 1 Nr. 3 EStG*).

Die Aufgabe eines Gewerbebetriebs wird gemäß § 16 Abs. 3 der Veräußerung gleichgestellt, so daß sowohl Veräußerungs- wie auch Aufgabegewinne als aperiodische Einkünfte aus Gewerbebetrieb zu erfassen sind.

Da der Veräußerungsgewinn gemäß § 16 Abs. 4 EStG **steuerbegünstigt** ist, muß z.B. bei Veräußerung eines Mitunternehmeranteils zwischen dem Anteil des Gesellschafters am laufenden Gewinn der Gesellschaft und dem Veräußerungsgewinn abgegrenzt werden, um eine unzulässige Gewinnverlagerung in den steuerbegünstigten Gewinnbereich zu verhindern. Soweit auf der Seite des Veräußerers und des Erwerbers dieselben Personen als Unternehmer oder Mitunternehmer beteiligt sind, gilt der gesamte Veräußerungsgewinn gemäß § 16 Abs. 2 S. 3 EStG als laufender, nicht steuerbegünstigter Gewinn. Der Umfang der 'Umwidmung' eines steuerbegünstigten Veräußerungs- in einen nicht steuerbegünstigten laufenden Gewinn bestimmt sich nach der quotalen Beteiligung:

Beispiel:

A und B sind als Mitunternehmer-Gesellschafter zu jeweils 50 % an der X-OHG beteiligt, A ist gleichzeitig mit 30 % an der Z-OHG beteiligt. Die X-OHG überträgt ihr Betriebsvermögen vollständig auf die Z-OHG, der Veräußerungsgewinn beläuft sich auf DM 100.000. Als laufender, nicht steuerbegünstigter Gewinn sind in diesem Fall 30 % aus 60.000 (= DM 20.000 = 30/50 des Veräußerungsgewinns) durch A im Rahmen seiner Einkünfte aus Gewerbebetrieb zu versteuern.

Steuervergünstigungen des Veräußerungsgewinns werden in unterschiedlicher Form gewährt:

- Bei Veräußerung eines **ganzen Betriebs** ist der Gewinn nur insoweit steuerpflichtig, als der **Freibetrag** gemäß § 16 Abs. 4 EStG in Höhe von DM 30.000 (bzw. DM 120.000 unter den dort genannten Voraussetzungen) überschritten wird. Der Freibetrag verringert sich um den Betrag, um den der Gewinn DM 100.000 (bzw. DM 300.000) übersteigt..

- Bei Veräußerung eines **Teilbetriebs** oder eines **Gesellschafteranteils** wird ein quotal entsprechender Teil aus DM 30.000 (bzw. DM 120.000) als **Freibetrag** gewährt. Die Freibetragsverringerung wird ebenfalls quotal entsprechend ermittelt.

- Der steuerpflichtige Teil des Veräußerungsgewinns wird bis zu einer Höhe von DM 30 Mio. gemäß § 34 EStG mit dem **ermäßigten halben Steuersatz** besteuert.

- Der Veräußerungsgewinn **unterliegt** zudem **nicht der Gewerbeertragsteuer** (*Abschn. 39 Abs. 3 GewStR*).

(5) Gewinne aus Veräußerung von Anteilen an Kapitalgesellschaften bei wesentlicher Beteiligung

Ebenfalls zu den Einkünften aus Gewerbebetrieb rechnen gemäß § 17 EStG Gewinne aus **Veräußerung einer wesentlichen** (> 25 % der Anteile) **Beteiligung**, sofern

- die Anteile ertragsteuerlich zum **Privatvermögen** des Veräußerers gehört haben und
- die Kapitalgesellschaft ihre **Geschäftsleitung** oder ihren Sitz **im Inland** hat oder
- die Veräußerung der wesentlichen Beteiligung ein **Spekulationsgeschäft** i.S.d. § 23 EStG darstellt (*§ 49 Abs. 1 Nr. 8 EStG*).

Die Besteuerung setzt in solchen Fällen zweifach ein, da die auf die Beteiligung entfallenden Gewinnausschüttungen als Einkünfte aus Kapitalvermögen erfaßt und besteuert werden, während Veräußerungsgewinne, die aus Wertänderungen der Beteiligung resultieren, als **Einkünfte aus Gewerbebetrieb** erfaßt und besteuert werden.

Durch § 17 erfaßt werden ausschließlich Veräußerungsgewinne bei Anteilen, die sich im Privatbesitz befinden, soweit der Veräußerer **innerhalb der letzten fünf Jahre** vor Veräußerung an der betreffenden Kapitalgesellschaft wesentlich beteiligt war. Veräußerungsgewinn ist gemäß § 17 Abs. 2 EStG der Betrag, um den der Veräußerungspreis nach Abzug der Veräußerungskosten die Anschaffungskosten übersteigt; grundsätzlich ist auch ein Veräußerungsverlust denkbar, der in vollem Umfang abzugs- und ausgleichsfähig ist. Maßgebend für die Erfassung des Veräußerungsgewinns als Einkünfte aus Gewerbebetrieb ist der Zeitpunkt der Gewinn- (oder Verlust-) realisierung, d.h. der Zeitpunkt, zu dem das bürgerlich-rechtliche oder wirtschaftliche Eigentum auf den Erwerber übergangen ist.[78]

Bei der Besteuerung des Veräußerungsgewinns wird ein **Freibetrag** in Höhe von DM 20.000 gewährt, soweit der Veräußerungsgewinn insgesamt DM 80.000 nicht übersteigt; beträgt der Veräußerungsgewinn > DM 80.000 und wurde eine 100%ige Beteiligung veräußert, ermäßigt sich der Freibetrag (= DM 20.000) um den die DM 80.000-Grenze übersteigenden Teil des Veräußerungsgewinns. Insgesamt kann somit ein Freibetrag von maximal DM 100.000 in Anspruch genommen werden.

Beispiele:

a) Veräußerungsgewinn bei Veräußerung einer 100 %igen Beteiligung = DM 85.000. Freibetrag: DM 20.000 - 15.000 (= DM 80.000 übersteigender Betrag) = 5.000.

---

[78] BFH vom 7.11.1990, BStBl II 1991, 162, 432

b) Veräußerungsgewinn bei Veräußerung einer 100 %igen Beteiligung = DM 110.000. Freibetrag: 0

Freibetrag und Höchstgrenze vermindern sich quotal entsprechend, sofern nicht die gesamten Anteile an einer Kapitalgesellschaft veräußert werden.

Der Steuerpflichtige Teil des Veräußerungsgewinns wird gemäß § 34 Abs. 1, Abs. 2 Nr. 1 EStG mit dem **ermäßigten halben Steuersatz** besteuert, soweit die Veräußerungsgewinne insgesamt DM 30 Mio. je VZ nicht übersteigt.

Der Veräußerung von Anteilen wird gemäß § 17 Abs. 4 EStG gleichgestellt, wenn die Kapitalgesellschaft liquidiert oder das Kapital herabgesetzt und zurückgezahlt wird.

3.2.4.3 Einkünfte aus selbständiger Arbeit

Was unter 'Einkünften aus selbständiger Arbeit' zu verstehen ist wird im EStG nicht definiert, vielmehr wird die fehlende Legaldefinition durch eine beispielhafte Aufzählung bestimmter Tätigkeitsformen sowie eine nicht abschließende Auflistung sog. '**Katalogberufe**' in § 18 Abs. 1 Nr. 1 EStG ersetzt. Aus § 18 EStG, der Rechtsprechung und der Praxis der Finanzverwaltung lassen sich im wesentlichen folgende allgemeine **Merkmale** für Tätigkeiten ableiten, deren Ergebnisse als Einkünfte aus selbständiger Arbeit einzuordnen sind:

- Selbständigkeit, Nachhaltigkeit, Gewinnerzielungsabsicht und Teilnahme am allgemeinen wirtschaftlichen Verkehr; insoweit gelten die für einen **Gewerbebetrieb** zutreffenden positiven Voraussetzungen auch für die selbständige Arbeit.[79] An das Kriterium der **Nachhaltigkeit** sind dabei keine zu strengen Anforderungen zu richten: Gemäß § 18 Abs. 2 EStG reicht es aus, daß die Tätigkeit nur vorübergehend ausgeübt.

- Der Einsatz der **eigenen Arbeitskraft** dominiert gegenüber dem Kapitalengagement des Steuerpflichtigen, der seine Tätigkeit vorwiegend unter Nutzung seiner erworbenen **Fachkenntnisse** ausübt; soweit die Ausübung einer solchen Tätigkeit an bestimmte gesetzlich geregelte Voraussetzungen geknüpft wird (z.B. Wirtschaftsprüfer, Rechtsanwalt) übt nur derjenige, der berechtigt ist, die betreffende Berufsbezeichnung zu führen, diesen freien Beruf aus und erzielt Einkünfte aus selbständiger Arbeit.[80]

---

[79] H 136 EStR 1993; zum Gewerbebetrieb und zur Abgrenzung gegenüber der selbständigen Arbeit vgl. ergänzend 2.4.2
[80] BFH vom 1.10.1986, BStBl II 1987, 116

Zu den Einkünften aus selbständiger Arbeit sind im einzelnen zu rechnen:

- Einkünfte aus **freiberuflicher** wissenschaftlicher, künstlerischer, schriftstellerischer, unterrichtender oder erziehender **Tätigkeit** z.B. als Modeschöpfer, Designer, Schriftsteller, Gutachter gemäß § 18 Abs. 1 Nr. 1 EStG.

- Einkünfte im Rahmen eines der **Katalogberufe** gemäß § 18 Abs. 1 Nr. 1 wie z.B. Ärzte, Rechtsanwälte, Architekten, Heilpraktiker, Dolmetscher, Wirtschaftsprüfer, Steuerberater und ähnliche Berufe (z.B. Unternehmensberater, Fahrlehrer).

- Einkünfte der **Einnehmer einer staatlichen Lotterie**, soweit hierfür nicht die Einrichtung eines kaufmännisch geführten Gewerbebetriebs erforderlich ist, gemäß § 18 Abs. 1 Nr. 2 EStG.

- Einkünfte aus **sonstiger selbständiger Arbeit** gemäß § 18 Abs. 1 Nr. 3 EStG; hierzu rechnen z.B. Einkünfte aus einer Tätigkeit als Treuhänder, Sequester, Testamentsvollstrecker, Aufsichtsrats- oder Beiratsmitglied.

- **Gewinne aus der Veräußerung des Vermögens**, eines selbständigen Teils des Vermögens oder eines Anteils am Vermögen, soweit das Vermögen der selbständigen Arbeit dient (z.B. Büroausstattung, Kfz eines Fahrlehrers usw.) gemäß § 18 Abs. 3 EStG. Veräußerungs- oder Aufgabegewinne, die bei Beendigung der selbständigen Tätigkeit erzielt werden, werden um einen Freibetrag vermindert und mit dem ermäßigten halben Steuersatz besteuert (*§ 18 Abs. 3 S. 2 i.V.m. §§ 16, 34 EStG*).

3.2.5 Methoden der Gewinnermittlung

Im Rahmen der Gewinneinkunftsarten errechnen sich die Einkünfte als Gewinn; der Gewinn ist die bei weitem wichtigste Größe für die laufende Besteuerung von Unternehmen, da dieser Ausgangsgröße für die Ermittlung des zu besteuernden Einkommens sowohl von Einzelunternehmen wie auch von Personen- und Kapitalgesellschaften darstellt und darüber hinaus die Gewerbeertragsteuer unmittelbar an den einkommensteuerlichen Gewinn anknüpft. Insoweit gilt für Unternehmen in vereinfachter Betrachtung:

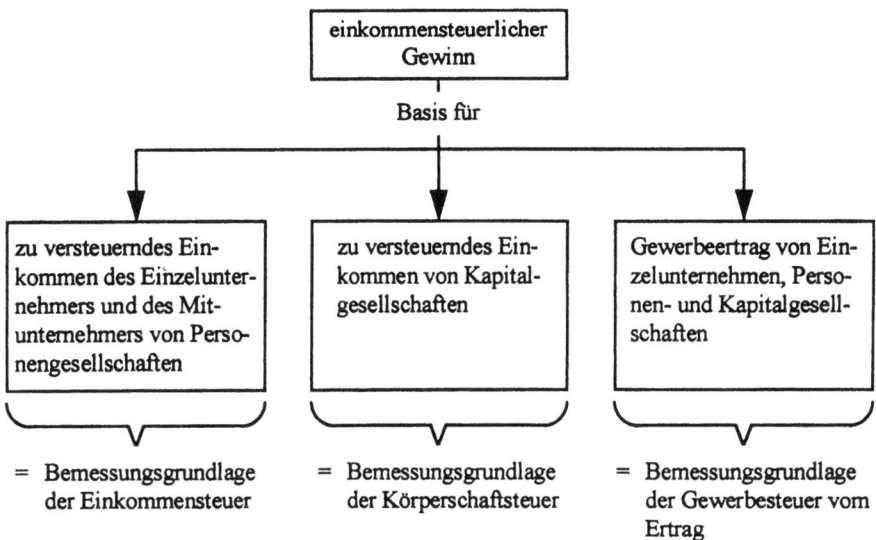

Abb. 20: Einkommensteuerlicherlicher Gewinn, Einkommen-, Körperschaft- und Gewerbeertragsteuer

Im EStG sind **vier eigenständige Gewinnermittlungsmethoden** geregelt, die durch die **Richtsatzschätzung** gemäß § 162 AO ergänzt werden:

- Überschußrechnung (§ 4 Abs. 3 EStG)
- Betriebsvermögensvergleich (§ 4 Abs. 1 EStG)
- Betriebsvermögensvergleich (§ 5 EStG)
- Durchschnittssatzrechnung (§ 13a EStG).

Die Bezeichnung 'Gewinnermittlungsmethode' ist sachlich nur bedingt zutreffend, da die Einkünfte aus Land- und Forstwirtschaft, Gewerbebetrieb und selbständiger Arbeit auch negativ (= Verlust) sein können; insoweit erscheint es m.E. eher gerechtfertigt, in neutraler Form von 'Einkunftsermittlungsmethoden' oder 'Erfolgsermittlungsmethoden' zu sprechen.

3.2.5.1 Überschußrechnung gemäß § 4 Abs. 3 EStG

Steuerpflichtige, die nicht aufgrund gesetzlicher Vorschriften zu Buchführung und Jahresabschlußerstellung verpflichtet sind und dies auch nicht freiwillig tun,[81] können den **Gewinn** als Überschuß der Betriebseinnahmen über die Betriebsausgaben

---

[81] vgl. §§ 140, 141 AO sowie §§ 238 ff. HGB

ansetzen. Gewinnermittlungszeitraum ist das Kalenderjahr; die Zuordnung von Betriebseinnahmen und Betriebsausgaben erfolgt nach dem in § 11 Abs. 1 und 2 EStG geregelten **Zu- und Abflußprinzip**, d.h. Betriebseinnahmen und Betriebsausgaben sind in der Periode zu berücksichtigen, in der die Veränderung des Geldvermögens stattgefunden hat. Dem Grundsatz nach ist die Überschußrechnung eine reine **Geldrechnung** da sie unmittelbar an Zahlungsvorgänge anknüpft, wobei allerdings die direkte Erfolgswirksamkeit von Zahlungsvorgängen teilweise durchbrochen wird. Dies gilt primär für die Abschreibungsverrechnung (periodisierte Ausgaben in Form von Aufwand) sowie Kreditaufnahme und Kreditrückzahlung, die auch bei Gewinnermittlung nach der Überschußrechnung wie bei der Gewinnermittlung im Rahmen eines Betriebsvermögensvergleichs behandelt werden. Insoweit stellt die Überschußrechnung zwar vorrangig eine Geldrechnung dar (auch wenn der BFH fälschlicherweise eine „reine Geldrechnung" als gegeben unterstellt),[82] jedoch werden zahlungsunwirksame Wertänderungen am Vermögen durchaus berücksichtigt. Hinzu kommt, daß bei Betriebsveräußerung oder Betriebsaufgabe auch bei Gewinnermittlung nach der Überschußrechnung eine **Schlußbilanz** zu erstellen und der Steuerpflichtige so zu behandeln ist, als wäre er auf die Gewinnermittlung durch Betriebsvermögensvergleich übergegangen.[83] Zusammenfassend läßt sich die Gewinnermittlungsmethode damit folgendermaßen charakterisieren:

(1) Die Überschußrechnung ist eine **vereinfachte Methode** der Gewinnermittlung, bei der durch Gegenüberstellung von Betriebseinnahmen und -ausgaben der periodische Erfolg (Gewinn/Verlust) ermittelt wird.

(2) Die Überschußrechnung ist **vorrangig** eine **Geldrechnung**, bei der jedoch auch Wertänderungen des Betriebsvermögens berücksichtigt werden und insoweit zahlreiche Korrekturen notwendig werden (z.B. Verrechnung von Abschreibungen, betrieblich veranlaßter Wegfall von Schulden, Ansatz geldwerter Güter als Betriebseinnahmen/-ausgaben usw.).

(3) Der **Totalgewinn** nach der Überschußrechnung entspricht dem bei Gewinnermittlung durch Betriebsvermögensvergleich, d.h. es gilt der Grundsatz der Gesamtgewinngleichheit;[84] Unterschiede sind lediglich hinsichtlich des Zeitpunktes der Berücksichtigung von Betriebseinnahmen und Betriebsausgaben gegeben, so daß innerhalb der Totalperiode die Höhe des jeweiligen Erfolges in Abhängigkeit von der angewandten Methode variieren kann.

Die Überschußrechnung kommt als Gewinnermittlungsmethode zwar grundsätzlich unter bestimmten Voraussetzungen bei allen Gewinneinkunftsarten in Betracht, hat ihre besondere Bedeutung aber für **Freiberufler**, die Einkünfte aus selbständiger Arbeit erzielen, da sie nicht buchführungspflichtig sind und i.d.R. auch nicht freiwillig Bücher führen und Abschlüsse erstellen.

---

[82] vgl. BFH vom 19.2.1975, BStBl II 1975, 441
[83] BFH vom 23.11.1961, BStBl II 1962, 199
[84] BFH vom 4.7.1990, BStBl II 1990, 830

3.2.5.2 Betriebsvermögensvergleich gemäß § 4 Abs. 1 EStG

Gemäß der **Legaldefinition** des § 4 Abs. 1 EStG ist **Gewinn** der Unterschiedsbetrag zwischen dem Betriebsvermögen am Schluß des Wirtschaftsjahres und dem Betriebsvermögen am Schluß des vorangegangenen Wirtschaftsjahres, vermehrt um den Wert der Entnahmen und vermindert um den Wert der Einlagen. Schematisch ist der Gewinn damit wie folgt zu ermitteln:

	Betriebsvermögen am Schluß des Wirtschaftsjahres
-	Betriebsvermögens am Schluß des vorangegangenen Wirtschaftsjahres
=	Zwischensumme
+	Wert der Entnahmen
-	Wert der Einlagen
=	Gewinn (oder Verlust) des Wirtschaftsjahres

Da als steuerpflichtiger Gewinn die betrieblich veranlaßte Vermehrung des **Betriebsreinvermögens** gilt, ist zur Ermittlung dieser Größe beispielhaft wie folgt zu verfahren:

	Betriebsreinvermögen am Schluß des Wirtschaftsjahres (z.B. zum 31.12.1995)
-	Betriebsreinvermögen am Schluß des Vorjahres (z.B. 31.12.1994)
=	Veränderung des Betriebsreinvermögens (= ... des Eigenkapitals 1995)
+	Wert der Entnahmen (1995)
-	Wert der Einlagen (1995)
=	Gewinn /Verlust des Wirtschaftsjahres (1995)
-	steuerfreie Einnahmen (1995)
+	nichtabzugsfähige Betriebsausgaben (1995)
=	steuerpflichtiger Gewinn oder ausgleichsfähiger Verlust (1995)

Abb. 21: Betriebsvermögensvergleich: Ermittlung des steuerpflichtigen Gewinns / ausgleichsfähigen Verlusts

Da § 4 Abs. 1 EStG '**Betriebsvermögen**' nicht definiert, muß der Begriff für steuerliche Zwecke durch Auslegung bestimmt werden; grundsätzlich sind dem Betriebsvermögen alle positiven und negativen Wirtschaftsgüter im weitesten Sinne zuzuordnen, soweit diese im wirtschaftlichen Eigentum des Steuerpflichtigen stehen, unmittelbar dem Betriebszweck dienen, entgeltlich oder unentgeltlich angeschafft, hergestellt oder in den Betrieb eingelegt wurden.[85] Die Korrektur der Eigenkapitaländerung durch **Entnahmen** und **Einlagen** dient dazu, den privaten und den betrieblichen Bereich des Steuerpflichtigen abzugrenzen und im Rahmen der Gewinnermittlung Transaktionen zwischen Betriebs- und Privatsphäre entsprechend zu berücksichtigen.

Bei Betriebsvermögensvergleich nach § 4 Abs. 1 EStG ist eine **originäre Steuerbilanz** zu erstellen, d.h. eine Steuerbilanz, die nicht aus der Handelsbilanz abgeleitet, sondern losgelöst von ihr erstellt wird. Bei Erstellung der originären Steuerbilanz sind gemäß § 141 Abs. 1 S. 2 AO die allgemeinen Vorschriften des HGB (*§§ 238, 240 bis 242 Abs. 1, 243 bis 256 HGB*) zu beachten, sofern sich aus den Steuergesetzen nichts anderes ergibt.

Der Gewinn wird auf der Grundlage der Buchführung des Steuerpflichtigen ermittelt, wobei positive und negative Änderungen des Vermögens ebenso berücksichtigt werden wie der Erfolgswirksamkeit von Geschäftsvorfällen durch Abgrenzung der Sache und der Zeit nach Rechnung getragen wird.

Der Betriebsvermögensvergleich nach § 4 Abs. 1 EStG kommt regelmäßig für die Gewinnermittlung bei Einkünften aus Gewerbebetrieb nicht in Betracht und beschränkt sich vorrangig auf

- **Land- und Forstwirte**, die gemäß § 141 Abs. 1 AO zur Buchführung verpflichtet sind oder freiwillig Bücher führen und Abschlüsse erstellen sowie
- **selbständig Tätige** (Freiberufler), die freiwillig Bücher führen und regelmäßig Abschlüsse erstellen.

Zusammenfassend läßt sich somit für den Betriebsvermögensvergleich nach § 4 Abs. 1 EStG feststellen:

- Der Betriebsvermögensvergleich gemäß § 4 Abs. 1 EStG kommt vorrangig für buchführungspflichtige oder freiwillig buchführende **Land- und Forstwirte** sowie **selbständig Tätige** in Betracht. Für Einzelunternehmen, Personen- und Kapitalgesellschaften ist diese Gewinnermittlungsmethode regelmäßig nicht relevant.
- Im Rahmen des Betriebsvermögensvergleichs nach § 4 Abs. 1 EStG ist eine **originäre Steuerbilanz** zu erstellen, das Maßgeblichkeitsprinzip ist unbeachtlich.

---

[85] vgl. dazu auch ausführlich 4.4.3

3.2.5.3 Betriebsvermögensvergleich gemäß § 5 EStG

§ 5 EStG regelt die Gewinnermittlung durch Betriebsvermögensvergleich nach den handelsrechtlichen Grundsätzen ordnungsmäßiger Buchführung und gilt unmittelbar und ausschließlich für **Gewerbetreibende**, die

- aufgrund inländischer gesetzlicher Vorschriften verpflichtet sind, Bücher zu führen und regelmäßig Abschlüsse zu erstellen oder
- freiwillig Bücher führen und Abschlüsse erstellen.

Gemäß § 5 Abs. 1 EStG haben buchführungspflichtige oder freiwillig buchführende Gewerbetreibende für Zwecke der Gewinnermittlung das Betriebsvermögen anzusetzen, das nach den handelsrechtlichen Grundsätzen ordnungsmäßiger Buchführung auszuweisen ist. Der Betriebsvermögensvergleich nach § 5 EStG ist damit die zentrale Gewinnermittlungsmethode und -konzeption für alle Kaufleute, die nach den handelsrechtlichen Vorschriften zur Erstellung eines Jahresabschlusses verpflichtet sind. Die Steuerbilanz wird bei dieser Gewinnermittlungskonzeption aus dem handelsrechtlichen Jahresabschluß abgeleitet (**Maßgeblichkeitsgrundsatz**) und stellt sich nicht als originäre, eigenständige, sondern als abgeleitete, **derivative Steuerbilanz** dar:

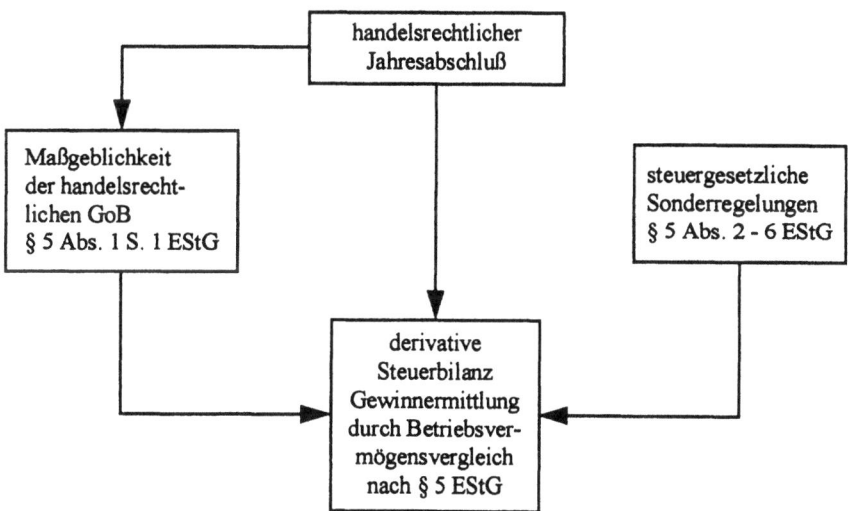

Abb. 22: Handelsrechtlicher Jahresabschluß, Maßgeblichkeitsprinzip und Steuerbilanz

Während beim Betriebsvermögensvergleich nach § 4 Abs. 1 EStG für die Gewinnermittlung (und damit für die Erstellung der Steuerbilanz) ausschließlich die steuerlichen Bilanzierungs- und Bewertungsvorschriften maßgebend sind, führt das Maßgeblichkeitsprinzip bei der Gewinnermittlung durch Betriebsvermögensvergleich nach § 5 EStG dazu, daß die handelsrechtlichen Bilanzierungs- und Bewertungsvorschriften der steuerlichen Gewinnermittlung zugrunde zu legen sind, soweit steuerliche Bestimmungen nicht entgegenstehen. Die wesentlichen Unterschiede zwischen den Betriebsvermögensvergleichen nach § 4 Abs. 1 und § 5 EStG lassen sich damit in verkürzter Form wie folgt zusammenfassen:

Betriebsvermögensvergleich § 4 Abs. 1 EStG	Betriebsvermögensvergleich § 5 EStG
Methodik: Betriebsvermögensvergleich auf der Grundlage einer ordnungsmäßigen Buchführung (§§ 145, 146 AO)	Methodik: Betriebsvermögensvergleich auf der Grundlage einer ordnungsmäßigen Buchführung (§§ 145, 146 AO)
Allgemeine Gewinndefinition für buchführende Land- und Forstwirte, Freiberufler, nicht buchführende Gewerbetreibende (z.B. ausländische Personengesellschaft mit unbeschränkt steuerpflichtigen inländischen Gesellschaftern)	Spezielle Gewinndefinition für buchführende Gewerbetreibende (z.B. Personen- und Kapitalgesellschaften)
Originäre Steuerbilanz, d.h. Buchführung auf Basis allgemeiner GoB, kein Maßgeblichkeitsgrundsatz, steuerrechtliche Bilanzierungs- und Bewertungsvorschriften maßgebend. Handelsrechtliche Grundsätze nur insoweit beachtlich, als mit steuerrechtlichen Vorschriften deckungsgleich.	Derivative Steuerbilanz, d.h. Buchführung auf Basis handelsrechtlicher GoB, Maßgeblichkeitsgrundsatz unter Beachtung steuerlicher Sonderregelungen

Abb. 23: Gemeinsamkeiten und Unterschiede der Betriebsvermögensvergleiche nach § 4 Abs. 1 und § 5 EStG

In rechtssystematischer Sicht läßt sich dem § 5 EStG das sog. **Bilanzsteuerrecht** (vielfach auch 'Steuerbilanzrecht') zuordnen, das als eigenständiger Komplex neben dem Handelsbilanzrecht steht. Durch den in § 5 Abs. 1 EStG verankerten Maßgeblichkeitsgrundsatz wird ein Teil des Handelsbilanzrechts in Form der handelsrechtlichen GoB in materielles Bilanzsteuerrecht transformiert, soweit dieser

Transformation steuerrechtliche Vorschriften nicht entgegenstehen. Insoweit läßt sich nach Beisse ein **dreischichtiger Aufbau des Bilanzrechts** differenzieren:[86]

Schicht 1: **Reines Handelsbilanzrecht,**
unbeachtlich für die steuerliche Gewinnermittlung nach § 5 EStG
(z.B. Gliederungsvorschriften der §§ 266, 275 HGB; Bilanzierungshilfen i.S.d. § 269 HGB; Passivierungswahlrechte)

Schicht 2: **Deckungsgleiches Handels- u. Bilanzsteuerrecht,**
das der steuerlichen Gewinnermittlung nach § 5 EStG zugrunde zu legen ist
(Handelsrechtliche GoB, die durch den Maßgeblichkeitsgrundsatz in materielles Bilanzsteuerrecht transformiert werden sowie deckungsgleiche handels- und steuerrechtliche Vorschriften wie z.B. § 5 Abs. 4 S. 1 Nrn. 1, 2 EStG → § 250 Abs. 1 S. 1, Abs. 2 HGB)

Schicht 3: **Reines Bilanzsteuerrecht,.**
das der steuerlichen Gewinnermittlung nach § 5 EStG zugrunde zu legen ist
(Steuerrechtliche Vorschriften, die von den handelsrechtlichen Vorschriften abweichen wie z.B. § 5 Abs. 6 EStG)

Abb. 24: Aufbau des Bilanzrechts (*Beisse 1984*)

Durch die Verknüpfung der einkommensteuerlichen Gewinnermittlung mit dem handelsrechtlichen Jahresabschluß soll nach der Intention des Gesetzgebers bei buchführenden Gewerbetreibenden eine gesicherte Grundlage für die Ermittlung des steuerlichen Gewinns geschaffen und der Finanzverwaltung zur Verfügung gestellt werden, da durch Verweis auf die Beachtung der handelsrechtlichen GoB letztlich auch für steuerliche Zwecke auf ein bewährtes Informations- und Dokumentationssystem, das Rechnungswesen, zurückgegriffen werden kann. Der Verzicht auf eine vom handelsrechtlichen Jahresabschluß losgelöste, eigenständige steuerliche Gewinnermittlung stellt darüber hinaus aus der Sicht des Gesetzgebers eine Vereinfachung dar, die gleichermaßen der Finanzverwaltung wie auch dem Steuerpflichtigen zugute kommt. Inwieweit die Verknüpfung der handelsrechtlichen Rechnungslegung und der steuerlichen Gewinnermittlung (noch) als sachgerecht eingestuft werden kann, sei hier dahingestellt; zahlreiche kritische Veröffentlichun-

---

[86] Beisse 1980, in: BB 80, S. 637; Beisse 1984, in: StuW 84, S. 1, 5

gen wie auch eine Gesetzesinitiative mit dem Ziel, den Maßgeblichkeitsgrundsatz abzuschaffen bzw. einzuschränken und die Steuerbilanz auf eine eigenständige Grundlage zu stellen, haben keine Änderung des Rechtszustandes bewirkt: Der Gesetzgeber hält es „... *aus Gründen der Einheitlichkeit der Rechtsordnung und der Vereinfachung der Rechtsanwendung*" nach wie vor für zwingend erforderlich, „... *die Abweichung zwischen Handelsrecht und Steuerrecht möglichst eng zu halten und die Handelsbilanzen auch für die Besteuerung nutzbar zu machen*".[87]

Zusammenfassend läßt sich für den Betriebsvermögensvergleich nach § 5 EStG somit feststellen:

- Der Betriebsvermögensvergleich nach § 5 EStG ist für die Gewinnermittlung buchführungspflichtiger oder freiwillig buchführender **Gewerbetreibender** zugrunde zu legen.

- Im Rahmen des Betriebsvermögensvergleichs nach § 5 EStG ist eine **derivative Steuerbilanz** zu erstellen, durch das **Maßgeblichkeitsprinzip** werden die handelsrechtlichen GoB in materielles Bilanzsteuerrecht transformiert, soweit steuerrechtliche Vorschriften nicht entgegenstehen.

- Als Tatbestandsvoraussetzungen legt der Gesetzgeber in § 5 EStG fest, daß es sich um **Gewerbetreibende** handeln muß, die zu **Buchführung** und Abschlußerstellung entweder **verpflichtet** sind **oder freiwillig** Bücher führen und Abschlüsse erstellen. Beide Tatbestandsmerkmale müssen gleichzeitig erfüllt sein.

3.2.5.3.1 Gewerbetreibende i.S.d. § 5 Abs. 1 S. 1 EStG

Gewerbetreibender i.S.d. § 5 Abs. 1 EStG ist, wer ein **gewerbliches Unternehmen** i.S.v. § 15 Abs. 1 Nr. 1 i.V.m. Abs. 2 oder 3 EStG betreibt (vgl. dazu 3.2.4.2.1). Daraus folgt, daß der **Rechtsform** nach Gewerbetreibende i.S.v. § 5 Abs. 1 EStG sein können:

- **Einzelunternehmer**

- **Mitunternehmerschaften** i.S.d. § 15 Abs. 1 Nr. 2 EStG

  (z.B. OHG, KG, GbR)

- **Kapitalgesellschaften**

  (AG, GmbH, KGaA)

- **Sonstige** in § 1 KStG genannte **Rechtssubjekte**

  (z.B. Versicherungsvereine auf Gegenseitigkeit, Genossenschaften).

---

[87] BT-Drucks. 7/1470, S. 223

3.2.5.3.2 Gesetzliche Buchführungs- und Abschlußpflichten

§ 140 AO legt fest, daß diejenigen, die nach handelsrechtlichen Vorschriften zur Buchführung verpflichtet sind, die Bücher und Aufzeichnungen auch für Zwecke der Besteuerung zu führen haben. Soweit handelsrechtlich Bücher geführt und Abschlüsse erstellt werden müssen, leitet sich somit die steuerliche Buchführungspflicht aus der handelsrechtlichen Buchführungspflicht ab (sog. '**abgeleitete Buchführungspflicht**'). Die abgeleitete steuerrechtliche Buchführungspflicht folgt dabei zeitlich hinsichtlich Beginn und Beendigung der handelsrechtlichen Buchführungspflicht.

Gewerbetreibende, die nicht bereits aufgrund handelsrechtlicher Vorschriften zu Buchführung und Abschlußerstellung verpflichtet sind, unterliegen der **originären steuerrechtlichen Buchführungspflicht**, wenn sie nach den Feststellungen der Finanzbehörde für einen einzelnen Betrieb die Voraussetzungen des § 141 Abs. 1 Nrn. 1, 2 und 4 AO erfüllen. Dies ist regelmäßig der Fall, wenn eine oder mehrere der folgenden Grenzen überschritten werden:

MERKMAL	GRÖSSENORDNUNG
Gesamtumsatz (= Umsätze einschließlich steuerfreier Umsätze, ausgenommen steuerfreie Umsätze nach § 4 Nr. 8 bis 10 UStG)	> 500.000 DM im Kalenderjahr
Betriebsvermögen	> 125.000 DM
Gewinn aus Gewerbebetrieb	> 48.000 DM

Abb. 25: Grenzen gemäß § 141 Abs. 1 AO: Originäre steuerrechtliche Buchführungspflicht

Die originäre steuerrechtliche Buchführungspflicht greift damit stets dann, wenn nicht bereits aufgrund handelsrechtlicher Vorschriften die abgeleitete steuerrechtliche Verpflichtung zur Führung von Büchern und Erstellung von Abschlüssen begründet wird. Die originäre steuerrechtliche Buchführungspflicht wird insbesondere für Minderkaufleute, BGB-Gesellschaften (GbR), Soll- und Kann-Kaufleute, denen die Kaufmannseigenschaft fehlt sowie für selbständig Tätige (Freiberufler), die den Gewinn durch Betriebsvermögensvergleich nach § 4 Abs. 1 EStG ermitteln, in Betracht kommen. In allen übrigen Fällen leitet sich auch die steuerrechtliche Buchführungspflicht aus der handelsrechtlichen Buchführungspflicht ab.

Die **originäre** steuerrechtliche Buchführungspflicht **beginnt** mit dem Wirtschaftsjahr, das auf die Bekanntgabe der Mitteilung folgt, durch die das zuständige Finanzamt auf den Beginn dieser Verpflichtung durch Steuerbescheid oder gesonderte Verfügung hingewiesen hat; die Verpflichtung **endet** mit dem Schluß des Wirtschaftsjahres, das auf das Wirtschaftsjahr folgt, in dem das zuständige Finanzamt feststellt, daß die Voraussetzungen für die originäre Buchführungspflicht nicht mehr gegeben sind (*§ 141 Abs. 2 AO*).

Gemäß § 148 AO können die Finanzbehörden im Rahmen ihres pflichtgemäßen Ermessens **Erleichterungen** bewilligen und vorübergehend gänzlich von der Buchführungs- und Abschlußpflicht befreien;[88] die Einräumung von Erleichterungen kann sich jedoch ausschließlich auf die steuerrechtlich begründete originäre Buchführungspflicht beziehen, nicht jedoch auf Buchführungs- und Abschlußverpflichtungen, die durch handelsrechtliche Vorschriften begründet und durch § 140 AO lediglich in das Steuerrecht transformiert werden.[89]

Persönlich zur Buchführung **verpflichtet** sind bspw.

- der Einzelunternehmer,
- die Gesellschafter einer OHG oder GbR,
- der oder die Komplementäre einer KG oder KGaA,
- die Vorstandsmitglieder einer AG,
- der oder die Geschäftsführer einer GmbH,
- die Vorstandsmitglieder einer Genossenschaft,

obwohl die Aufzeichnungs- und Buchführungspflichten die **Gesellschaft als solche** treffen. Dies gilt für das Sonderbetriebsvermögen einer Mitunternehmerschaft entsprechend: Die Buchführungspflicht obliegt der Gesellschaft, nicht jedoch den Gesellschaftern, denen das Sonderbetriebsvermögen jeweils zuzurechnen ist.[90]

3.2.5.4 Gewinnermittlung nach Durchschnittssätzen gemäß § 13a EStG

Die Durchschnittsatzrechnung als Gewinnermittlungsmethode ist derzeit lediglich bei kleinen Land- und Forstwirten, die nicht zu Buchführung und Abschlußerstel-

---

[88] so auch BFH vom 17.9.1987, BStBl II 1988, 20
[89] vgl. dazu auch Blümich/Schreiber § 15 EStG, Rz. 136 mit weiteren Verweisen
[90] BFH vom 23.10.1990, BStBl II 1991, 401

lung verpflichtet sind, zulässig. Insoweit wird die Methode nur der Vollständigkeit halber erwähnt und auf eine detaillierte Darlegung verzichtet.

3.2.5.5 Schätzung nach § 162 AO

Die Schätzung stellt keine eigenständige Gewinnermittlungsmethode dar und kommt dann zur Anwendung, wenn Buchführung und Aufzeichnungen des Steuerpflichtigen formell und/oder materiell nicht korrekt geführt werden[91] oder die vorgeschriebenen Unterlagen nicht erstellt werden; in solchen Fällen sind die Besteuerungsgrundlagen im Wege der Schätzung zu ermitteln. Da es sich um keine eigenständige Gewinnermittlungsmethode handelt, ist die Schätzung nach den Grundsätzen der Gewinnermittlungsmethode durchzuführen, die bei Ordnungsmäßigkeit der Buchführung anzuwenden wäre. Im Rahmen der Schätzung kommen unterschiedliche Verfahren (z.B. Teil- oder Vollschätzung) und unterschiedliche Methoden (z.B. interner Betriebsvergleich, Vermögenszuwachsrechnung) in Betracht.[92]

Eine in der Praxis der Finanzverwaltung wichtige Form der Schätzung stellt die sog. 'Richtsatzschätzung' dar, bei der auf von den Finanzbehörden ermittelte Richtwerte zurückgegriffen wird.

3.2.5.6 Anwendungsbereich der Gewinnermittlungsmethoden

In vereinfachter Form läßt sich der Anwendungsbereich der Gewinnermittlungsmethoden wie folgt zusammenfassen:

---

[91] vgl. dazu R 29 EStR 1993
[92] vgl. dazu ausführlich Blümich/Wacker § 4 EStG, Rz. 81 ff.

Persönliche und sachliche Steuerpflicht

	Betriebsvermögensvergleich § 4 Abs. 1	Betriebsvermögensvergleich § 5	Überschußrechnung § 4 Abs. 3	Durchschnittssatzrechnung § 13a
Land- und Forstwirte	X		X	X
Gewerbetreibende		X (Regelfall)	X	
Selbständig Tätige	X		X (Regelfall)	

Abb. 26: Anwendungsbereich der Gewinnermittlungsmethoden

Ein **Wechsel der Gewinnermittlungsmethode** - z.B. ein Übergang vom Betriebsvermögensvergleich auf die Überschußrechnung und umgekehrt - erfordert regelmäßig die Berücksichtigung der zwischen den Gewinnermittlungsmethoden bestehenden zeitlichen Differenzen in der Erfassung steuerpflichtiger Vorgänge um sicherzustellen, daß sowohl Doppelbelastungen wie auch Nichtbesteuerungen vermieden werden. Hierzu werden entsprechende Korrekturen notwendig, durch die letztlich zumindest erreicht wird, daß der Totalgewinn aus unternehmerischer Betätigung durch den Wechsel der Gewinnermittlungsmethode nicht beeinflußt wird.[93]

3.3 Betriebseinnahmen und Betriebsausgaben

Der Gerwinnermittlung durch Betriebsvermögensvergleich (*§ 4 Abs. 1 bzw. § 5 EStG*) wie auch der Überschußrechnung liegt jeweils ein **Einkommensbegriff** zugrunde, bei dem der Umfang der zu berücksichtigenden Einkünfte letztlich vorrangig durch die **Reinvermögenszugangstheorie** bestimmt wird. Einkommensteuerlich sind demnach

- sowohl die **laufenden Geschäftsvorfälle**, soweit sie betrieblich veranlaßt sind
- wie auch **positive oder negative Wertänderungen** des Vermögens

relevant.

---

[93] vgl. dazu R 17 EStR 1993

Die **sachliche Abgrenzung** der unmittelbar gewinnbeeinflussenden Betriebseinnahmen und Betriebsausgaben folgt dabei unabhängig von der Gewinnermittlungsmethode denselben Abgrenzungsregeln, lediglich hinsichtlich der **zeitlichen Erfassung** (und Abgrenzung) der Betriebseinnahmen und Betriebsausgaben sind Unterschiede gegeben, die sich unmittelbar steuerlich auswirken:

- Bei der Gewinnermittlung durch **Betriebsvermögensvergleich** sind als allgemeine GoB das Realisations- und Imparitätsprinzip zu beachten die ggf. um weitere handelsrechtliche GoB sowie steuerliche Sondervorschriften ergänzt werden, soweit der Betriebsvermögensvergleich gemäß § 5 EStG durchzuführen ist.

Beispiele:

- Gewinnermittlung gemäß § 4 Abs. 1 EStG: Beachtung des Realisations- und Imparitätsprinzips
- Gewinnermittlung gemäß § 5 EStG: Beachtung handelsrechtlichen GoB einschl. Realisations- und Imparitätsprinzip
- Bei der Gewinnermittlung durch **Überschußrechnung** ist demgegenüber grundsätzlich das Zu- und Abflußprinzip zugrunde zu legen, das vorrangig - wenn auch nicht vollständig - zahlungsstromorientiert ist.

Die **Höhe** des **steuerpflichtigen Gewinns** wird damit letztlich durch zwei Komponenten beeinflußt: die **sachliche Abgrenzung** und die **zeitliche Erfassung** von Betriebseinnahmen und Betriebsausgaben. Dabei gilt für beide Größen gleichermaßen, daß die vom Steuergesetzgeber gewählten Begriffe irreführend sind und weder mit den korrespondierenden betriebswirtschaftlichen Begriffen übereinstimmen noch mit der Konzeption eines Betriebsvermögensvergleichs in Einklang zu bringen sind: Da der Betriebsvermögensvergleich (ähnliches gilt eingeschränkt auch für die Überschußrechnung) keine Geldflußrechnung darstellt, sind Betriebseinnahmen nicht als 'Einnahmen' und Betriebsausgaben nicht als 'Ausgaben', sondern als Erträge und Aufwendungen zu interpretieren.

Erträge und Aufwendungen, die durch das Sonderbetriebsvermögen der Mitunternehmer einer Personengesellschaft verursacht sind, werden als **Sonderbetriebseinnahmen oder Sonderbetriebsausgaben** im Rahmen der Ermittlung des Gewinns aus dem Sonderbetriebsvermögen der Mitunternehmer berücksichtigt.

3.3.1 Betriebseinnahmen

Der Begriff 'Betriebseinnahme' wird gesetzlich nicht definiert. In allgemeiner Form lassen sich unter Betriebseinnahmen alle **betrieblich veranlaßten positiven Werländerungen des Betriebsvermögens** (= Betriebsvermögensmehrungen) verstehen; in ähnlicher Weise definiert der BFH in seiner ständigen Rechtsprechung Betriebseinnahmen als betrieblich veranlaßten Wertzugang in Geld oder Geldeswert.[94] Insoweit stimmen Betriebseinnahmen bei Gewerbetreibenden mit den Erträgen im handelsrechtlichen Sinne weitgehend, wenn auch nicht vollständig, überein.

Beispiele:

1. Die Auflösung einer nicht mehr benötigten Aufwandsrückstellung ist Ertrag im handelsrechtlichen Sinne, nicht jedoch Betriebseinnahme, da Aufwandsrückstellungen steuerrechtlich i.d.R. nicht gebildet werden dürfen.

2. Der Verkauf eines ausgesonderten Vermögensgegenstandes über Buchwert ist sowohl Ertrag im handelsrechtlichen wie auch Betriebseinnahme im steuerrechtlichen Sinne; für Umsatzerlöse gilt dies entsprechend.

Betriebseinnahmen sind regelmäßig **kausal definiert**, d.h. Abgrenzungskriterium gegenüber privat veranlaßten Vorgängen ist die betriebliche Veranlassung: Soweit Vermögensmehrungen betrieblich veranlaßt sind, liegen Betriebseinnahmen vor, beruhen Vermögensmehrungen jedoch auf privat veranlaßten Zuwendungen des Einzelunternehmers oder Mitunternehmers, handelt es sich um Einlagen aus dem privaten in den betrieblichen Bereich.

Beispiel:

Die Eigentumsübertragung an einem privat gehaltenen Wertpapierdepot des Einzelunternehmers auf sein gewerbliches Einzelunternehmen erhöht das Betriebsvermögen ist aber keine Betriebseinnahme, sondern eine Einlage, da die Transaktion nicht betrieblich veranlaßt ist.

Betriebseinnahmen sind damit vorrangig

- **Entgelte** in Form liquider Mittel oder erworbener Forderungen für die dem zum eigentlichen Betriebszweck gehörenden Lieferungen oder Leistungen (= Umsatzerlöse).

- Einnahmen aus der **Veräußerung** von dem Betriebsvermögen zugehörigen **Wirtschaftsgütern.**

- Einnahmen aus **sonstigen betrieblichen Leistungen**, die in mittelbarem Zusammenhang mit dem Betriebszweck stehen.

- **Zuwendungen Dritter** in Form von Wirtschaftsgütern (z.B. Schenkung, Erlaß einer Verbindlichkeit).

Nicht als **Betriebseinnahmen** berücksichtigt werden ersparte Aufwendungen, die unentgeltliche oder verbilligte Nutzungsüberlassung von Wirtschaftsgütern oder der Verzicht des Steuerpflichtigen darauf, Einnahmen zu erzielen, da nach der ständi-

---

[94] vgl. BFH, zuletzt BFH vom 18.5.1994, BStBl II 1995, 54

gen Rechtsprechung des BFH der Berücksichtigung solcher Sachverhalte grundsätzlich das Verbot der Besteuerung fiktiver Sachverhalte entgegensteht.[95]

Beispiele:

1. Die Gewährung eines zinslosen Darlehens führt nicht zur Berücksichtigung von Betriebseinnahmen in Höhe des erlangten Vorteils (= angemessenes Entgelt) beim Darlehensnehmer; der Darlehensgeber kann gleichermaßen keine korrespondierenden fiktiven Betriebsausgaben ansetzen.
2. Die unentgeltliche Beratung von Freunden durch einen Rechtsanwalt führt zu keinen Betriebseinnahmen in Höhe des fiktiven BRAGO-Honorars; gleichwohl sind in diesem Falle die betrieblich veranlaßten Aufwendungen (z.B. Fahrtkosten) als Entnahme dem Gewinn hinzuzurechnen (*BFH/GrS vom 26.10.1987, BStBl II 1988, 348*).

Betriebseinnahmen sind regelmäßig nur dann gewinnerhöhend zu berücksichtigen, wenn sie nicht steuerbefreit sind. **Steuerfreie Betriebseinnahmen** erfüllen zwar sachlich die Merkmale einer Betriebseinnahme und sind damit steuerbar, werden jedoch durch Gesetz oder Rechtsverordnung von der Besteuerung ausgenommen und sind damit nicht steuerpflichtig. Von den in § 3 EStG aufgeführten steuerfreien Einnahmen kommen für den betrieblichen Bereich insbesondere Gewinne aus dem Schuldenerlaß mit dem Ziel der Sanierung gemäß § 3 Nr. 66 EStG in Betracht: Durch den Schuldenerlaß wird das Betriebsreinvermögen erhöht, sachlich liegt eine Betriebseinnahme vor, diese wird jedoch durch Gesetz steuerbefreit.

3.3.2 Betriebsausgaben

Betriebsausgaben sind gemäß § 4 Abs. 4 EStG Aufwendungen, die durch den Betrieb veranlaßt sind und grundsätzlich zu einer Verminderung des Betriebsreinvermögens und damit des Gewinns führen. Wie bei Betriebseinnahmen ist auch für die **sachliche Abgrenzung** der Betriebsausgaben die betriebliche Veranlassung maßgebend: Betriebsausgaben müssen **objektiv** mit dem Betrieb zusammenhängen und **subjektiv** dem Betrieb zu dienen bestimmt sein.[96] Durch die so spezifizierte Auslegung des Merkmals 'betriebliche Veranlassung' soll eine eindeutige Abgrenzung gegenüber den nicht abziehbaren Aufwendungen der privaten Lebensführung sichergestellt werden. Mit dem sog. '**Kontokorrentzinsen-Beschluß**'[97] hat der BFH das Prinzip der betrieblichen Veranlassung insoweit präzisiert, als eine zweistufige Prüfung für notwendig erachtet wird:

---

[95] BFH/GrS vom 26.10.1987, BStBl II 1988, 348
[96] BFH/GrS vom 21.11.1983, BStBl II 1984, 160
[97] BFH/GrS vom 4.7.1990, BStBl II 1990, 817

- Prüfung des die Aufwendung '**auslösenden Moments**' in Form einer wertenden (normativen) Bestimmung und

- **Zuordnung** des maßgeblichen Bestimmungsgrundes zur einkommensteuerrechtlichen relevanten **Erwerbs-/Betriebssphäre**.

Der BFH vertritt in seiner ständigen Rechtsprechung bislang die Auffassung, daß bei Bestimmung der betrieblichen Veranlassung stets ein **objektiver Zusammenhang** mit dem Betrieb vorausgesetzt werden muß, die subjektive Absicht, den Betrieb zu fördern jedoch kein zwingendes Erfordernis darstelle, so daß auch Aufwendungen, die nicht notwendig, unüblich oder unzweckmäßig bzw. nach Art und Höhe unangemessen sind Betriebsausgaben sind, sofern der objektive Betriebszusammenhang gegeben ist.[98] Unerheblich ist auch, ob die Aufwendung vor Aufnahme der betrieblichen Tätigkeit (= vorweggenommene Betriebsausgabe) oder nach Einstellung des Geschäftsbetriebes (= nachträgliche Betriebsausgabe) angefallen ist.

Betriebsausgaben sind über das Veranlassungsprinzip gegenüber **Aufwendungen für die private Lebensführung** abzugrenzen: Gemäß § 12 Abs. 1 Nr. 1 EStG sind Aufwendungen für die private Lebensführung weder bei den einzelnen Einkunftsarten noch bei der Ermittlung des Gesamtbetrags der Einkünfte abzugsfähig. Zu den nicht abzugsfähigen Aufwendungen der privaten Lebensführung sind Aufwendungen zu rechnen, die

- für den Haushalt des Steuerpflichtigen und den Unterhalt seiner Familienangehörigen anfallen sowie

- für die Lebensführung des Steuerpflichtigen, die seine wirtschaftliche und gesellschaftliche Stellung mit sich bringt, auch wenn sie zur Förderung des Berufs oder der Tätigkeit des Steuerpflichtigen erfolgen.

Im Einzelfall kann die Zurechnung der Aufwendungen zu den nicht abzugsfähigen Aufwendungen der privaten Lebensführung bzw. den Betriebsausgaben durchaus problematisch sein, da private und betriebliche Umstände vielfach nebeneinander stehen oder sich überschneiden. Durch die Rechtsprechung des BFH wurden hierzu folgende **Abgrenzungsgrundsätze** entwickelt:

- Aufwendungen, die aufgrund des objektiven Betriebszusammenhanges **ausschließlich betrieblich veranlaßt** sind, sind **Betriebsausgaben**, auch wenn sie teilweise persönlichen Charakter aufweisen.

  Beispiele: Geschäfts- oder Dienstreisekosten, Bewirtungskosten.

- **Gemischte Aufwendungen**, die teils betrieblich teils privat veranlaßt sind, unterliegen einem grundsätzlichen in § 12 Abs. 1 Nr. 1 S. 2 EStG verankerten Aufteilungs- und Abzugsverbot,[99] es sei denn, daß aufgrund objektiver Merkma-

---

[98] BFH vom 8.10.1987, BStBl II 1987, 853; BFH vom 20.8.1986, BStBl II 1986, 904
[99] BFH/GrS vom 19.10.1970, BStBl II 1971, 17

le und Unterlagen eine zutreffende und leicht nachprüfbare **Trennung möglich** ist und der betrieblich veranlaßte Teil nicht von untergeordneter Bedeutung ist. Losgelöst hiervon kommt unter bestimmten Voraussetzungen im Ausnahmefall eine Aufteilung im Wege der Schätzung in Betracht. Hieraus folgt gleichzeitig, daß das grundsätzliche Aufteilung- und Abzugsverbot immer dann greift, wenn die Trennung in einen betrieblich und einen privat veranlaßten Teil nicht leicht und zutreffend möglich ist; in solche Fällen gehört der Gesamtbetrag zu den nicht abzugsfähigen Aufwendungen der privaten Lebensführung.[100]

Beispiele:

– Aufteilung der Kosten eines teils betrieblich, teils privat benutzten Kfz in Betriebsausgaben und Aufwendungen der privaten Lebensführung.

– Aufteilung von Telefonkosten in Betriebsausgaben und Aufwendungen der privaten Lebensführung.

– Aufwendungen für Kleidung (z.B. Frack eines Orchestermusikers): Eine Aufteilung ist nicht leicht und zutreffend möglich, die Aufwendungen sind in voller Höhe dem Bereich der privaten Lebensführung zuzurechnen und damit nicht abzugsfähig, selbst wenn die Kleidung ausschließlich bei der Berufsausübung getragen wird (*(BFH vom 18.4.1991, BStBl II 1991, 751)*.

3.3.3 Beschränkt abzugsfähige und nichtabzugsfähige Betriebsausgaben

Betriebsausgaben mindern grundsätzlich den Gewinn, es sei denn, daß durch gesetzliche Regelungen der Abzug von Betriebsausgaben eingeschränkt oder ausgeschlossen wird. Durch die Beschränkung oder den Ausschluß der Abzugsfähigkeit wird die sachliche Qualifizierung der Aufwendungen als Betriebsausgaben nicht tangiert, vielmehr wird der Abzug dieser de facto betrieblich veranlaßten Aufwendungen aus unterschiedlichen Gründen beschränkt oder untersagt:

• Betriebsausgaben, die mit steuerfreien Betriebseinnahmen in unmittelbarem wirtschaftlichen Zusammenhang stehen, dürfen gemäß § 3c EStG den Gewinn nicht mindern.

Grund: Systematik des EStG, insbesondere Beachtung des **Nettoprinzips**.

• Durch § 4 Abs. 3 Nrn. 1 bis 7 EStG wird die Abziehbarkeit solcher Betriebsausgaben (z.B. Repräsentations-, Bewirtungs-, Reise-, Kfz-Aufwendungen) eingeschränkt oder ausgeschlossen, bei denen die Abgrenzung zu den Aufwendungen der privaten Lebensführung besondere Probleme bereitet.

---

[100] vgl. dazu R 117 EStR 1993

Gründe: Gleichmäßigkeit der Besteuerung und **Verhinderung von Mißbräuchen** durch Verlagerung von Aufwendungen der privaten Lebensführung in den betrieblichen Bereich.

Beispiele:

1. Geschenke an Nichtarbeitnehmer (z.B. Kunden) sind nur dann als Betriebsausgaben abzugsfähig, wenn die Anschaffungs- oder Herstellungskosten pro Wirtschaftsjahr und Empfänger DM 75,00 nicht übersteigen (= beschränkt abzugsfähige Betriebsausgabe). Wird die Wertgrenze überschritten, ist die Betriebsausgabe in voller Höhe nicht abzugsfähig (*§ 4 Abs. 5 Nr. 1 EStG*).

2. Der Betriebsausgabenabzug von betrieblich veranlaßten Bewirtungskosten wird auf 80 % der angemessenen und nachgewiesenen Aufwendungen begrenzt (= beschränkt abzugsfähige Betriebsausgabe). Der darüber hinausgehende Teil der angemessenen Aufwendungen ist vom Betriebsausgaben-Abzug ausgeschlossen. Unangemessen hohe Bewirtungsaufwendungen sind - auch wenn betrieblich veranlaßt und damit Betriebsausgaben - in voller Höhe nicht abzugsfähig.

Die nur beschränkt abzugsfähigen Betriebsausgaben (*§ 4 Abs. 5 Nrn. 1 - 5 und 7 EStG*) sind gemäß § 4 Abs. 7 EStG einzeln und getrennt von den übrigen Betriebsausgaben aufzuzeichnen; soweit dieser **Aufzeichnungsverpflichtung** nicht entsprochen wird, begründet dies die Vermutung einer fehlenden betrieblichen Veranlassung und führt zum Ausschluß vom Betriebsausgaben-Abzug.[101]

Durch die Einschränkung oder den Ausschluß des Betriebsausgabenabzugs gemäß § 4 Abs. 5 EStG erfolgt zweifellos ein erheblicher Eingriff in die unternehmerische Dispositionsfreiheit, da Aufwendungen, die dem Veranlassungsprinzip zufolge eindeutig betrieblichen Bezug aufweisen den Gewinn nicht mindern dürfen, obwohl sie letztlich getätigt werden, um Betriebseinnahmen zu erzielen oder deren Erzielung nachhaltig sicherzustellen. Die eingeschränkte oder ausgeschlossene Abzugsfähigkeit dieser Betriebsausgaben stellt damit in steuersystematischer Sicht einen Verstoß gegen das Nettoprinzip dar, der sich nur aus dem Fundamentalprinzip der Gleichmäßigkeit der Besteuerung hinreichend, wenn auch nicht überzeugend, legitimieren läßt: Da bei den Überschußeinkunftsarten ein Betriebsausgabenabzug konzeptionsbedingt ohnehin nicht in Betracht kommt, könnte durch Verlagerung von privat veranlaßten Aufwendungen in den betrieblichen Bereich eine mißbräuchliche Gewinnminderung realisiert und damit die Gewinneinkunftsarten gegenüber den Überschußeinkunftsarten begünstigt werden.

Nicht oder nur beschränkt abzugsfähige Betriebsausgaben werden regelmäßig im **handelsrechtlichen Jahresabschluß** in voller Höhe als Aufwand gewinnmindernd berücksichtigt, so daß sich zwangsläufig Abweichungen gegenüber dem einkom-

---

[101] vgl. R 22 EStR 1993

mensteuerlichen Gewinn ergeben. Im Rahmen der steuerlichen Gewinnermittlung werden daher die nicht oder nur beschränkt abzugsfähigen Betriebsausgaben dem Steuerbilanzgewinn außerhalb der Bilanz wieder hinzugerechnet.

3.4 Einlagen und Entnahmen

Gemäß § 4 Abs. 1 S. 1 EStG ist der Gewinn als Saldo aus der Gegenüberstellung des Betriebsreinvermögens am Ende und am Beginn der Rechnungsperiode zu ermitteln, **vermehrt** um den Wert der **Entnahmen, vermindert** um den Wert der **Einlagen**. Daraus folgt zwingend, daß der steuerlich zu erfassende Gewinn nicht allein durch einen Betriebsvermögensvergleich ermittelt werden kann, sondern Korrekturen um dem Betrieb entnommene und dem Betrieb zugeführte Wirtschaftsgüter notwendig werden. Die Korrektur um Einlagen und Entnahmen weist im wesentlichen drei **funktionale Komponenten** auf:[102]

- Soweit Gewinn / Verlust einer Rechnungsperiode zunächst als Saldo aus steuerpflichtigen Betriebseinnahmen und abzugsfähigen Betriebsausgaben interpretiert wird, kann eine wertmäßig identische Erfolgsermittlung durch Betriebsvermögensvergleich nur dadurch erreicht werden, daß bei Ermittlung der Wertänderung des Betriebsvermögens eine Korrektur um alle nicht betrieblich veranlaßten Wertänderungen (= Einlagen / Entnahmen) durchgeführt wird. Insoweit stellt die Berücksichtigung von Einlagen und Entnahmen eine notwendige **interne Korrektur** ('Binnenkorrektur') im Rahmen des Betriebsvermögensvergleichs dar, durch die letztlich ein wertmäßig identischer Gewinn ermittelt wird, wie dies bei Gegenüberstellung von steuerpflichtigen Betriebseinnahmen und abzugsfähigen Betriebsausgaben der Fall wäre.

- Einlagen und Entnahmen ist zudem eine **Korrespondenzfunktion** zuzuweisen, d.h. sie „... *inkorporieren den Begriff der Betriebsausgabe im Zusammenhang mit der Nutzung von Vermögensgegenständen in den Bestandsvergleich des § 4 Abs. 1*".[103] M.a.W.: Einlagen ermöglichen die Einbeziehung solcher Aufwendungen in die Gewinnermittlung durch Betriebsvermögensvergleich, die aus der betrieblichen Nutzung betriebsfremder Wirtschaftsgüter resultieren.[104] Für Entnahmen gilt dies entsprechend: Durch die Berücksichtigung von Nutzungsentnahmen (z.B. private Nutzung eines Betriebs-Kfz) werden solche Aufwendungen bei der Gewinnermittlung neutralisiert, die nicht betrieblich veranlaßt sind. Damit wird gleichzeitig auch sichergestellt, daß

---

[102] vgl. Blümich/Wacker § 4 EStG, Rz. 171 ff.
[103] Blümich/Wacker § 4 EStG, Rz. 171
[104] BFH/GrS vom 26.10.87, BStBl II 1988, 348

- eine sachgerechte **Trennung** zwischen dem **betrieblichen** und dem **privaten Bereich** des Steuerpflichtigen vollzogen und dem Veranlassungsprinzip entsprochen wird.

Soweit das Betriebsvermögen durch Entnahmen gemindert bzw. durch Einlagen erhöht wird, werden diese Vermögensänderungen durch Hinzu- und Abrechnungen neutralisiert und sind insoweit für die steuerliche Gewinnermittlung durch Betriebsvermögensvergleich irrelevant.

Gemäß § 4 Abs. 1 S. 5 EStG sind **Einlagen** alle Wirtschaftsgüter (Bareinzahlungen und sonstige Wirtschaftsgüter), die der Steuerpflichtige dem Betrieb im Laufe des Wirtschaftsjahr (= Rechnungsperiode) zugeführt hat. Durch die Einlage wird folglich eine Betriebsvermögensmehrung bewirkt, die nicht im und durch das Unternehmen erwirtschaftet wurde und somit bei der Gewinnermittlung auch nicht berücksichtigt werden kann, da die geleistete Einlage letztlich eine Kapitalzufuhr von außen darstellt. Grundsätzlich können nur bilanzierungsfähige Wirtschaftsgüter Gegenstand einer Einlage sein; nach der Auffassung des BFH können jedoch hiervon abweichend auch selbstgeschaffene oder unentgeltlich erworbene immaterielle Wirtschaftsgüter trotz des Aktivierungsverbotes des § 5 Abs. 2 EStG als Einlage zu aktivieren und mit dem Teilwert zu bewerten sein, wenn diese aus dem Privat- in das Betriebsvermögen überführt wurden.[105] Die Übertragung obligatorischer oder dinglicher Nutzungsrechte aus dem Privat- in das Betriebsvermögen (z.B. Nießbrauch) kann ebenfalls Gegenstand einer Einlage sein, soweit die Rechtsposition des Nutzungsberechtigten so beschaffen ist, daß sie als gesichert, übertragbar und bewertbar eingestuft werden kann. Ein sog. **Aufwandseinlage**[106]. ist stets dann zu berücksichtigen, wenn im Zusammenhang mit der betrieblichen Nutzung betriebsfernden Vermögens Aufwendungen anfallen, die aus der Sicht des Steuerpflichtigen Betriebsausgaben darstellen.[107] In solchen Fällen ist die Einlage entgegen § 6 Abs. 1 Nr. 5 EStG nicht mit dem Teilwert, sondern mit den entstandenen Aufwendungen anzusetzen.

Entnahmen sind nach § 4 Abs. 1 S. 2 EStG alle Wirtschaftsgüter (Barentnahmen, Waren, Erzeugnisse, Nutzungen und Leistungen), die der Steuerpflichtige dem Betrieb für sich, seinen Haushalt oder für andere betriebsfremde Zwecke im Laufe des Wirtschaftsjahres (= Rechnungsperiode) entnommen hat. Unter Entnahmen sind damit Geldentnahmen, Sachentnahmen aber auch Nutzungs- und Leistungsentnahmen zu subsumieren, die als Wertabgaben des Betriebs an den privaten Bereich des Steuerpflichtigen den steuerlichen Gewinn nicht mindern dürfen. Eine Entnahme setzt regelmäßig voraus, daß der Umwidmungswille durch eine konkrete **Entnahmehandlung** dokumentiert wird (z.B. privater Verbrauch von Waren, Bebauung

---

[105] BFH vom 26.10.1987, BStBl II 1988, 348; a.A. Knobbe-Keuk 1993, S. 288, die eine Aktivierung angesichts gegebener Wertunsicherheit für nicht sachgerecht erachtet
[106] vgl. Groh 1988 in: DB 1988, S. 514 ff.
[107] z.B. teilweise betriebliche Nutzung des Privat-Kfz, vgl. R 18 Abs. 1 S. 2, Abs. 2 S. 4 i.V.m. R 16 Abs. 6 S. 2 EStR 1993

eines Betriebsgrundstückes mit einem Gebäude, das dauerhaft zu eigenen Wohnzwecken genutzt wird usw.).

4 Gewinnermittlung und Ertragsteuerbilanz

Die Gewinnermittlung im Rahmen der Steuerbilanz (Ertragsteuerbilanz) verfolgt eine von den handelsrechtlichen Aufgaben losgelöste, originäre Zielsetzung, dennoch wird der Gewinn bei buchführenden Gewerbetreibenden auf der Basis der handelsrechtlichen Rechnungslegungsvorschriften ermittelt. Die nachstehende Abbildung zeigt in vereinfachter Form die Systematik der einkommensteuerlichen Gewinnermittlung bei buchführenden Gewerbetreibenden:

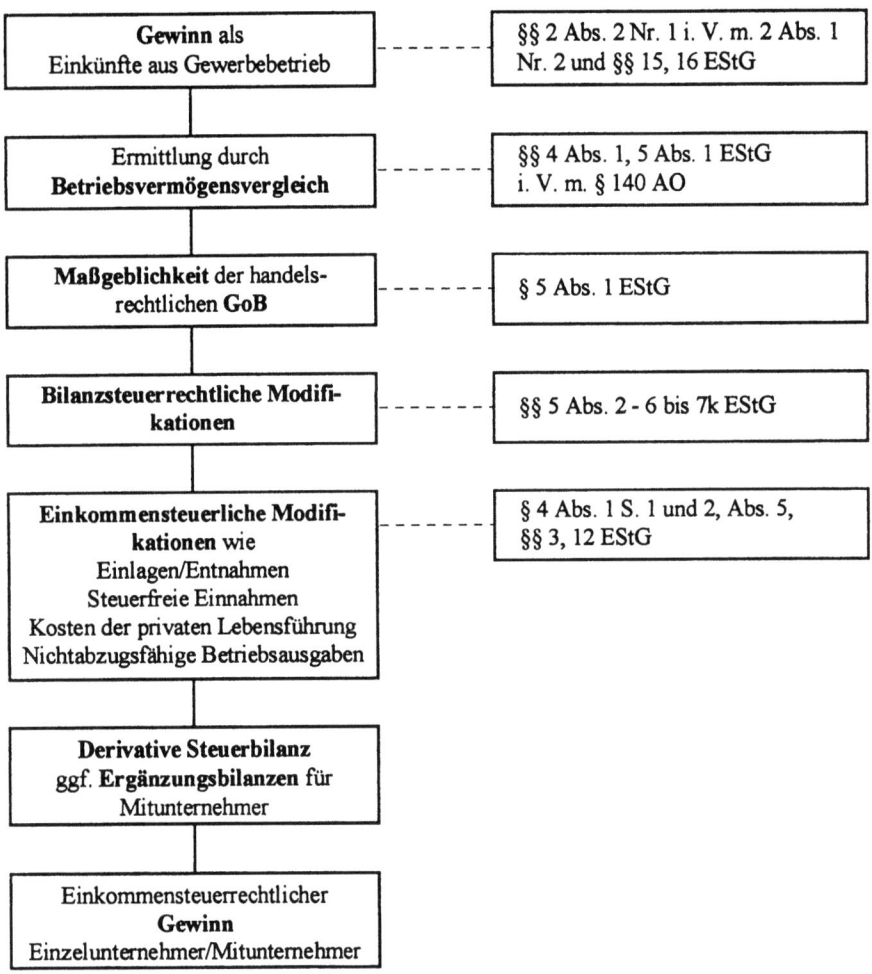

GoB = Grundsätze ordnungsmäßiger Buchführung

Abb. 27: Systematik der einkommensteuerrechtlichen Gewinnermittlung

4.1 Der Grundsatz der Maßgeblichkeit der Handels- für die Steuerbilanz

§ 5 Abs. 1 EStG schreibt für buchführende Kaufleute vor, daß zum Schluß eines Geschäftsjahres das Betriebsvermögen anzusetzen ist, das „*nach den handelsrechtlichen Grundsätzen ordnungsmäßiger Buchführung auszuweisen ist*" (*§ 5 Abs. 1 S. 1, 2. Halbsatz EStG*). Diese im EStG verankerte Rechtsfolge, das Betriebsvermögen für die steuerliche Gewinnermittlung - vorbehaltlich abweichender steuerrechtlicher Spezialnormen - nach den handelsrechtlichen GoB anzusetzen, wird allgemein als **Maßgeblichkeitsprinzip** oder Maßgeblichkeitsgrundsatz bezeichnet. Die handelsrechtlichen GoB werden damit integraler Bestandteil des Bilanzsteuerrechts und der steuerlichen Gewinnermittlung. Soweit aus der Sicht des Gesetzgebers notwendig, schränken jedoch steuerrechtliche Vorbehalte die Maßgeblichkeit handelsrechtlicher GoB in Hinblick auf das verfassungsmäßige Gebot der Gleichmäßigkeit der Besteuerung ein: Das Gebot der Gleichmäßigkeit der Besteuerung wie auch die Besteuerung nach der objektiven Leistungsfähigkeit des Steuerpflichtigen gehen der Beachtung der GoB vor. „*Soweit das Handelsrecht ... bei der Bilanzierung dem Grunde oder der Höhe nach Gestaltungsspielraum zubilligt, der von Einfluß auf Entstehung oder Höhe der Steuer sein kann, ist stets zu prüfen, ob nicht statt dessen am Gleichheitsgebot orientierte steuerrechtliche Objektivierungskriterien gelten*".[108] Diesem Erfordernis Rechnung tragende, abweichende steuerrechtliche Spezialnormen beinhalten insbesondere die Absätze 2 bis 6 des § 5 EStG sowie § 6 EStG.

'Die' Maßgeblichkeit schlechthin gibt es nicht, vielmehr ist aufgrund der Rechtsentwicklung sowie der mit diesem Grundsatz verbundenen, unterschiedlichen Wirkungsmechanismen zwischen materieller, formeller und umgekehrter Maßgeblichkeit zu unterscheiden.

4.1.1 Materielle Maßgeblichkeit

Die materielle Maßgeblichkeit der Handels- für die Steuerbilanz überträgt die abstrakten handelsrechtlichen GoB, denen der Jahresabschluß formell und materiell entsprechen muß, auf die steuerliche Gewinnermittlung (Steuerbilanz). Aus dieser Übertragung ist zunächst lediglich abzuleiten, daß die handelsrechtlichen Rechnungslegungsvorschriften auch für die Steuerbilanz maßgeblich sind, soweit ihrem Transfer zwingende steuerrechtliche Vorschriften oder Prinzipien nicht entgegenstehen. Wie unter 3.2.5.3 dargestellt, führt die materielle Maßgeblichkeit insoweit zu deckungsgleichem Handels- und Bilanzsteuerrecht (= Schicht 2 des dreischichtig aufgebauten Bilanzrechts). Abweichende, der Übertragung der handelsrechtliche

---
[108] Blümich/Schreiber, § 5 EStG, Rz. 32

GoB auf die steuerliche Gewinnermittlung entgegenstehende steuerrechtliche Vorschriften begründen demgegenüber eine eigenständige 'dritte Schicht', die als reines Bilanzsteuerrecht zu qualifizieren und der Intention nach ausschließlich der steuerlichen Gewinnermittlung nach § 5 EStG zugrunde zu legen ist.

4.1.2 Formelle Maßgeblichkeit

Die formelle Maßgeblichkeit stellt auf die **rechtliche Abhängigkeit** der Steuerbilanz von der Handelsbilanz ab und leitet sich unmittelbar aus § 5 Abs. 1 S. 1 EStG ab : Vorbehaltlich abweichender steuerrechtlicher Vorschriften ist nach h.M. und ständiger Rechtsprechung des BFH die vom Steuerpflichtigen erstellte Handelsbilanz einschließlich ihrer Wertansätze grundsätzlich für die Steuerbilanz maßgeblich, soweit die Wertansätze der Handelsbilanz ihrerseits den abstrakten handelsrechtlichen GoB entsprechen. Durch diese formalrechtliche Verknüpfung wird die Ausübung von Bilanzierungs- und Bewertungswahlrechten in der Steuerbilanz daran gekoppelt, daß in der Handelsbilanz ein korrespondierender, handelsrechtlich zulässiger Bilanz(wert)ansatz gewählt wird, so daß Bilanzierungs- und Bewertungswahlrechte grundsätzlich nicht unterschiedlich ausgeübt werden können. Ein steuerrechtlich zulässiger niedriger Wertansatz setzt insoweit einen ebenfalls niedrigeren, zulässigen Wertansatz in der Handelsbilanz voraus. Aus dieser formalrechtlichen Verknüpfung beider Instrumente leitet sich die umgekehrte Maßgeblichkeit ab, d.h. die steuerliche Gewinnermittlung wirkt unmittelbar in den handelsrechtlichen Jahresabschluß hinein.

4.1.3 Umgekehrte Maßgeblichkeit

Die umgekehrte Maßgeblichkeit (Umkehrmaßgeblichkeit) stellt quasi Umkehr oder Reflex der formellen Maßgeblichkeit dar: *„... sie steht als ... Kurzbezeichnung dafür, daß der Steuerpflichtige die einzelnen Posten seiner Handelsbilanz bei kodifizierter ... oder allgemeingültiger und nicht durch Spezialvorschriften ausgeschlossener formeller Maßgeblichkeit grundsätzlich faktisch am Bilanzsteuerrecht ausrichten muß"*.[109] Für Rechnungsperioden bzw. Veranlagungszeiträume, die nach dem 31.12.1989 enden wurde der Kern der Umkehrmaßgeblichkeit in § 5 Abs. 1 S. 2 EStG verankert: Steuerrechtliche Wahlrechte bei der Gewinnermittlung sind in Übereinstimmung mit der Handelsbilanz auszuüben.

Beispiel:

Die Vornahme einer Sonderabschreibung auf neu angeschaffte bewegliche Wirtschaftsgüter eines mittelständischen Unternehmens gemäß § 7g EStG setzt vor-

---

[109] Blümich/Schreiber, § 5 EStG, Rz. 182

aus, daß auch in der Handelsbilanz eine entsprechende außerplanmäßige Abschreibung gemäß §§ 254 bzw. 254 i.V.m. 279 Abs. 2 HGB auf den niedrigeren steuerlich zulässigen Wert durchgeführt wird. Nur durch Bewertungsparallelität in Handels- und Steuerbilanz ist sichergestellt, daß der niedrigere Wert aus der Handels- in die Steuerbilanz übernommen und der formellen Maßgeblichkeit entsprochen werden kann. Dadurch wirkt aber gleichzeitig eine die steuerliche Gewinnermittlung betreffende Steuervergünstigung in die Handelsbilanz hinein (= Umkehrmaßgeblichkeit).

4.2 Maßgeblichkeit, handelsrechtliche Rechnungslegung und steuerliche Gewinnermittlung

Die Maßgeblichkeit der Handels- für die Steuerbilanz wirkt unmittelbar auf die Ausgestaltung der handelsrechtlichen Rechnungslegung ein, da nicht publizitätspflichtige Unternehmen vielfach aus Gründen der Arbeitsvereinfachung lediglich eine Einheitsbilanz erstellen, die gleichermaßen als Steuer- und Handelsbilanz fungiert, aufgrund der Umkehrmaßgeblichkeit aber zumindest teilweise an bilanzsteuerrechtlichen Vorschriften ausgerichtet ist. Dies, obwohl der Gesetzgeber zweckmäßigerweise ausdrücklich zuläßt, anstelle einer für steuerlichen Zwecke korrigierten Handelsbilanz eine eigenständige, ausschließlich für steuerliche Zwecke erstellte Steuerbilanz zu erstellen und der Einkommen- oder Körperschaftsteuererklärung beizufügen.[110] Eine derartige **Einheitsbilanz** wie auch eine durch Beachtung steuerlicher Vorschriften verfälschte Handelsbilanz aber vermag den grundsätzlich unterschiedlichen Zwecksetzungen beider Instrumente nicht mehr uneingeschränkt zu entsprechen: Möglichkeiten der Gewinn- und damit Steuergestaltung, die aus wirtschafts-, konjunktur-, struktur-, arbeitsmarktpolitischen oder sonstigen übergeordneten Gründen vom Gesetzgeber als steuerliche Nebenziele formuliert wurden, werden in einen Jahresabschluß transferiert, der eigentlich hiervon losgelöst die primäre Aufgabe zu erfüllen hat, die Vermögens-, Finanz- und Ertragslage einer Kapitalgesellschaft darzustellen bzw. bei Einzelunternehmen und Personengesellschaften einen Überblick über Vermögen und Schulden zu vermitteln. Die steuerlich z.B. mittelbar erzwungene Unterbewertung von Vermögen beeinträchtigt den Informationsgehalt des handelsrechtlichen Jahresabschluß in nicht unerheblichem Maße, so daß die Maßgeblichkeit zwar letztlich steuerlichen Zwecken dienlich ist, eigenständige und originäre Rechnungslegungszwecke des Handelsrechts jedoch zwangsläufig denaturiert werden.

Für die - immer wieder kritisch diskutierte - Beibehaltung der Maßgeblichkeit spricht m.E. zweifellos, daß durch die Verknüpfung von Handels- und Steuerbilanz eines gesicherte Grundlage für die Ermittlung des steuerlichen Gewinns geschaffen wird, da durch Verweis auf die Beachtung handelsrechtlicher GoB auf ein bewähr-

---

[110] § 60 Abs. 2 EStDV

tes Informations- und Dokumentationssystem zurückgegriffen werden kann und dieses auch für steuerliche Zwecke 'nutzbar' gemacht wird. Eine andere, der steuerlichen Gewinnermittlung letztlich 'ideal' entsprechende Gewinnermittlungskonzention ist zudem derzeit nicht verfügbar[111] und wird in der Literatur teilweise auch nicht für notwendig erachtet, da die handelsrechtliche Gewinnermittlung als auch für steuerliche Zwecke durchaus brauchbar eingestuft wird.[112]

Gegen die Beibehaltung des Maßgeblichkeitsprinzips in seiner derzeitigen Ausgestaltung sprechen eine Vielzahl z.T. gewichtige Gründe, die nachfolgend in vereinfachter Form systematisch zusammengefaßt werden:

- Durch die Umkehrmaßgeblichkeit wird die Verfolgung originärer Zwecke des handelsrechtlichen Jahresabschlusses beeinträchtigt, die Informationsfunktion eingeschränkt und, zumindest teilweise, dem Jahresabschluß eine formalrechtlich ausgerichtete (steuerliche) Gewinnermittlungskonzeption aufgezwängt, die betriebswirtschaftlich als nicht sinnvoll einzustufen ist. Ein durch die Umkehrmaßgeblichkeit beeinträchtigter Jahresabschluß vermag bei Einzelunternehmern und geschäftsführenden Gesellschaftern von Personengesellschaften zwar durchaus noch hinreichend gegebene Informationsbedürfnisse decken, für außenstehende Gesellschafter (z.B. Kommanditisten, stille Gesellschafter) oder Aktionäre einer Publikumsaktiengesellschaft jedoch wird der Informationswert in nicht vertretbarem Maße geschmälert. Das vielfach vorgetragene Argument, die Subventionierung eines Unternehmens durch steuerliche Vergünstigungen sei nur sinnvoll, wenn gleichzeitig die Finanzkraft durch Verminderung des ausschüttungsfähigen Handelsbilanzgewinns gestärkt werde,[113] überzeugt nicht, da handelsrechtlich Nominalwertprinzip, Realisations- und Vorsichtsprinzip ohnehin den ausschüttungsfähigen Gewinn begrenzen und bei Nichtkapitalgesellschaften durch Ansatz eines 'vernünftigen kaufmännischen Werts' gemäß § 253 Abs. 4 HGB das Vermögen nahezu beliebig unterbewertet werden kann.

- Da die Ermittlung des körperschaftsteuerpflichtigen Gewinns von Kapitalgesellschaften auf den Vorschriften des Einkommensteuerrechts basiert, wird das Maßgeblichkeitsprinzip auf die steuerliche Gewinnermittlung von Kapitalgesellschaften übertragen. Angesichts der Tendenz, die deutschen (handelsrechtlichen) Rechnungslegungsvorschriften durch Übernahme der US-amerikanischen Generally Accepted Accounting Prinziples (GAAP) oder Entwicklung von International Accounting Standars (IAS) durch das IASC zu ersetzen, erscheint das Maßgeblichkeitsprinzip in seiner jetzigen Ausgestaltung nicht mehr haltbar. Große Publikumskapitalgesellschaften, die wie z.B. Daimler Benz AG, Telekom AG, Bayer AG usw. das Potential internationaler Kapitalmärkte verstärkt nutzen wollen, sind regelmäßig veranlaßt, den nicht anerkannten deutschen Jahresabschluß durch einen Abschluß zu ersetzen bzw. zu ergänzen, der internationalen

---

[111] vgl. Kraft 1991, S. 206 f.
[112] z.B. Ballwieser 1990, S. 494; Pezzer 1991, S. 25 ff.
[113] vgl. Hermann/Heuer/Raupach 1993, Rn. 49 zu § 5 EStG

'Standards' entspricht. Internationale Standards aber können weitgehend mit den GAAP gleichgesetzt werden, die investor- und damit kapitalmarkt- und entscheidungsorientiert konzipiert sind. Die nach deutschem Recht zulässige und geforderte Bildung stiller Reserven, die durch die Umkehrmaßgeblichkeit noch verstärkt wird, ist mit internationalen Rechnungslegungsstandards nicht vereinbar und wirkt sich bei großen Kapitalgesellschaften angesichts globalisierter Märkte und hoher Wettbewerbsintensität eher hinderlich aus.

Das US-amerikanische Recht, das zweifellos die Richtung der Internationalisierung der Rechnungslegungsvorschriften nachhaltig dominiert, kennt keine mit der deutschen Maßgeblichkeit vergleichbare enge Koppelung zwischen Periodenerfolgsermittlung und steuerlicher Gewinnermittlung. Die strikte Trennung zwischen investorbezogener, entscheidungsorientierter Rechnungslegung wird vielmehr zu Recht und konsequent mit der unterschiedlichen Zielsetzung des 'Annual Report' und der steuerlichen Gewinnermittlung begründet. Der steuerlichen Gewinnermittlung liegt in den USA der 'Internal Revenue Code' (IRC) zugrunde, der durch 'Regulations' der IRS, der US-amerikanischen Steuerbehörde, ergänzt wird (Die IRS lassen sich in etwa mit den deutschen Steuerrichtlinien vergleichen). Der IRC regelt sämtliche Bundessteuern, insbesondere die Einkommensteuer; daneben sind ggf. noch Steuern des jeweiligen Bundesstaates relevant. Die in Deutschland vollzogene Trennung zwischen Einkommen- und Körperschaftsteuer kennt das US-amerikanische Recht nicht, vielmehr unterliegen sowohl natürliche Personen wie auch Kapitalgesellschaften der Einkommensteuer, wobei das zu versteuernde Einkommen größenabhängig mit gestuften Steuersätzen besteuert wird. Trotz der strikten Trennung von Rechnungslegung und steuerlicher Gewinnermittlung ist die steuerliche Gewinnermittlung jedoch nicht völlig von der Rechnungslegung losgelöst, da steuerliche Regelungen z.T. auf die GAAP Bezug nehmen. Soweit jedoch die GAAP zu einem mit dem Besteuerungsziel nicht zu vereinbarenden Ergebnis führen, sind sie der steuerlichen Gewinnermittlung aber nicht zugrunde zu legen. Zumindest insoweit kennt auch das US-amerikanische Recht eine Maßgeblichkeit ('conformity'), wenngleich sich diese „... *jedoch zumeist zufällig und zwangsläufig ergibt, nämlich dann, wenn die „financial accounting"-Zielsetzung und die steuerpolitische Zielsetzung des Staates die gleichen Rechnungslegungsverfahren bedingen"*.[114] Eine den Informationsgehalt in besonderem Maße tangierende Umkehrmaßgeblichkeit kennt das US-amerikanische Recht aber nicht und ist auch mit künftig zu erwartenden internationalen Rechnungslegungsstandards nicht vereinbar.

---

[114] Haller 1994, S. 249

4.3 Handelsrechtliche Grundsätze ordnungsmäßiger Buchführung

Nach h.M. werden die GoB überwiegend als **unbestimmte Rechtsbegriffe** charakterisiert, die auf unterschiedlichen Quellen basieren, die zur Entwicklung solcher Grundsätze ordnungsmäßiger Buchführung beitragen. Als Quellen kommen insbesondere in Betracht:

- **Handelsbräuche** und die **Verkehrsanschauung** der Wirtschaftspraxis, soweit sie den Gepflogenheiten 'ordentlicher und ehrenwerter Kaufleute' entsprechen,
- **Gewohnheitsrecht, kodifiziertes Recht und Richterrecht**, insbesondere Vorschriften des HGB, Rechtsprechung oberster Bundesgerichte,
- **wissenschaftliche Weiterentwicklung** sowie gutachterliche Tätigkeit anerkannter Fachinstitutionen, wie z.B. Erkenntnisse der Betriebswirtschaftslehre, Gutachten und Stellungnahmen des Instituts der Wirtschaftsprüfer usw.

Hinsichtlich der Ableitung von GoB läßt sich grundsätzlich zwischen induktiver und deduktiver Ermittlung unterscheiden. Bei **induktiver Ermittlung** werden aus Handelsbräuchen und der Verkehrsanschauung der Praxis solche Grundsätze abgeleitet, bei **deduktiver Ermittlung** werden GoB aus Zwecken und Zielen der handelsrechtlichen Rechnungslegung heraus entwickelt. Obwohl die induktive Ermittlung von GoB in hohem Maße problembehaftet ist, hat die Rechtsprechung eine induktive GoB-Ableitung immer wieder bestätigt und grundsätzlich für möglich und zulässig erachtet.[115] Regelfall ist aber unabhängig hiervon, daß GoB deduktiv ermittelt werden; der deduktiven Methode sind allerdings dann Grenzen gesetzt, wenn ein allgemein anerkanntes und in sich geschlossenes Zwecksystem der Rechnungslegung fehlt.

Ein einheitliches, in sich geschlossenes und schlüssig gegliedertes **System an GoB** findet sich in der Literatur nicht, vielmehr wurden eine Vielzahl von Systematisierungsversuchen unternommen, die z.T. hierarchisch, z.T. nach funktionalen Kriterien oder Regelungsbereichen gegliedert, auf unterschiedlichen Ansätzen basieren. Die folgenden Ausführungen beschränken sich - ohne daß ein weiterer Systematisierungsversuch unternommen werden soll - auf die Darstellung zentraler, auch für die steuerliche Gewinnermittlung relevanter Grundsätze ordnungsmäßiger Buchführung.

---

[115] z.B. BFH vom 25.3.1986, BStBl II 1986, 788

4.3.1 Grundsatz der Bilanzwahrheit

Aus dem Grundsatz der Bilanzwahrheit ist abzuleiten, daß die Lage des Unternehmens entsprechend den maßgeblichen handelsrechtlichen Vorschriften zutreffend, d.h. richtig abgebildet wird. Bilanzwahrheit ist damit im Sinne von Richtigkeit und subjektiver Willkürfreiheit zu interpretieren.[116] Eine inhaltliche Konkretisierung erfährt dieses allgemeine Postulat durch andere Grundsätze ordnungsmäßiger Buchführung, deren Beachtung letztlich dazu führt, daß dem Grundsatz der Richtigkeit entsprochen wird.

4.3.2 Grundsatz der Vollständigkeit

Das Vollständigkeitsgebot des § 246 Abs. 1 HGB fordert den Ausweis sämtlicher Vermögensgegenstände, Schulden und Rechnungsabgrenzungsposten in der Bilanz sowie sämtlicher Aufwendungen und Erträge in der Gewinn- und Verlustrechnung. Darüber hinaus sind Vermerkposten, deren Ausweis handelsrechtlich vorgeschrieben ist, nach dem Vollständigkeitsgrundsatz ebenfalls in der Bilanz zwingend auszuweisen.[117] Daraus folgt u.a. zwingend, daß bilanzierungsfähige Wirtschaftsgüter in der Bilanz auszuweisen sind, es sei denn, daß ihr Ausweis aufgrund eines Bilanzierungsverbotes nicht zulässig ist oder der Ausweis aufgrund eines Bilanzierungswahlrechts in das Ermessen des bilanzierenden Unternehmens gestellt wird.

4.3.3 Grundsatz der Einzelbewertung

Der Grundsatz der Einzelbewertung ist ansatzweise in § 240 Abs. 1 HGB, insbesondere jedoch im § 252 Abs. 1 Nr. 3 HGB verankert. Danach sind Vermögensgegenstände und Schulden 'einzeln' zu erfassen und zu bewerten. Durch die Einzelbewertung soll sichergestellt werden, daß Vermögensgegenstände und Schulden nicht zu größeren Bewertungseinheiten zusammengefaßt werden mit der möglichen Konsequenz, daß Wertsteigerungen eines Objektes mit Wertminderungen eines anderen Objektes verrechnet werden. Eine derartige Zusammenfassung und Verrechnung könnte insbesondere dazu führen, daß einzelne Einheiten eines solchen Bewertungsverbundes mit über den Anschaffungs- oder Herstellungskosten liegenden Werten berücksichtigt werden und damit gegen das Anschaffungswertprinzip verstoßen wird. Aus dem Grundsatz der Einzelbewertung folgt demnach beispielsweise, daß eine Beteiligung für sich als selbständiger Vermögensgegenstände (= positives Wirtschaftsgut) zu bewerten ist und eine Zerlegung der Beteiligung für Zwecke

---

[116] vgl. Leffson 1987, S. 193 ff.
[117] a.A.: BFH GrS vom 26.10.1987, BStBl II 1988, 348

der Bewertung in einzelne, in der Beteiligung enthaltene Aktienpositionen oder Aktiengattungen nicht zulässig ist.[118] Die Einzelbewertung verhindert nicht nur einen **Bewertungsausgleich** zwischen einzelnen Wirtschaftsgütern, sie trägt auch zu höherer Genauigkeit der Wertermittlung, besserer Transparenz und gesteigertem Informationswert der Daten bei und sichert die belegorientierte Überprüfbarkeit der Wertansätze.

Beispiel für einen möglichen Bewertungsausgleich:

Als 'Wertpapiere des Umlaufvermögens' werden folgende Aktien ausgewiesen:

Aktie	Anschaffungskosten am Abschlußstichtag	Börsenwert am Abschlußstichtag
A-Aktien	100.000,00 DM	120.000,00 DM
B-Aktien	90.000,00 DM	30.000,00 DM
C-Aktien	200.000,00 DM	270.000,00 DM

Da ein Bewertungsausgleich nach deutschem Recht weder handels- noch steuerrechtlich zulässig ist, werden die Papiere gesondert, d.h. einzeln bewertet und dem Niederstwertprinzip entsprechend wie folgt ausgewiesen:

Aktie	Bilanzansatz
A-Aktien	100.000,00 DM
B-Aktien	30.000,00 DM
C-Aktien	200.000,00 DM
Gesamtbestandswert	330.000,00 DM

Wäre, wie z.B. nach US-Bilanzrecht, eine Bewertung des Gesamt-Portfolios zulässig, könnte der Gesamtbestand mit 390.000,00 DM (= Anschaffungskosten des Portfolios, Niederstwert im Vergleich mit dem Börsenwert des Portfolios von 420.000,00 DM) angesetzt werden. Dadurch gleichen sich Wertsteigerungen und Wertminderungen der zu einem Portfolio zusammengefaßten Papiere aus, mit der Konsequenz, daß teilweise entgegen dem Realisationsprinzip unrealisierte Gewinne bilanziert werden.

Gemäß § 252 Abs. 2 HGB darf vom Grundsatz der Einzelbewertung in **begründeten Ausnahmefällen abgewichen** werden. Dies ist insbesondere dann möglich, wenn der Identitätsnachweis nicht geführt werden kann (z.B. bei Silolagerung chemischer Grundstoffe mit zeitlich unterschiedlichen Zu- und Abgängen) oder die

---

[118] BFH vom 14.2.1973, BStBl 1973, 307

Einzelbewertung wirtschaftlich unzumutbar ist, weil keine angemessene Aufwand-Nutzen-Relation gegeben wäre. In solchen Fällen können z.B. Verfahren der Gruppen- oder Festbewertung (*§ 240 Abs. 3 und 4 HGB*) oder der Sammelbewertung (*§ 256 HGB*) an die Stelle der Einzelbewertung treten, soweit die entsprechenden Voraussetzungen erfüllt sind. Unabhängig hiervon ist aber auch dann von einer Einzelbewertung abzusehen, wenn diese offensichtlich erkennbar zu einer unrichtigen Darstellung der Vermögens-, Finanz- und Ertragslage führen würde. So kann es z.B. entgegen dem Grundsatz der Einzelbewertung durchaus geboten sein, Pauschalwertberichtigungen auf Forderungen vorzunehmen oder pauschale Garantierückstellungen zu bilden.[119]

4.3.4 Grundsatz der Bilanzklarheit

Der Grundsatz der Bilanzklarheit ist insbesondere in den §§ 243 Abs. 2, 247 Abs. 1 und 238 Abs. 1 S. 2 HGB verankert. Danach ist der Jahresabschluß klar und übersichtlich aufzustellen. Diesem Erfordernisse wird vor allem durch eine eindeutige und zutreffende Postenbezeichnung, die Beachtung des Bruttoprinzips, Erfolgsspaltung und Angaben über die angewandten Bewertungsmethoden entsprochen. Besondere Bedeutung kommt dabei vor allem dem aus dem Bruttoprinzip folgenden Saldierungsverbot zu (*§ 246 Abs. 2 HGB*): Posten der Aktiv- und Passivseite dürfen ebensowenig miteinander verrechnet werden wie Erträge und Aufwendungen, Grundstücksrechte dürfen nicht mit Grundstückslasten saldiert werden. Das Saldierungsverbot trägt sowohl dem Grundsatz der Bilanzklarheit wie auch dem Grundsatz der Einzelbewertung Rechnung und stellt gleichermaßen Ausfluß des Vollständigkeitsgebots dar. Abweichungen vom Saldierungsverbot sind nur in Ausnahmefällen zulässig; so können z.B. Forderungen und Verbindlichkeiten miteinander verrechnet werden, wenn sie zwischen denselben Personen begründet wurden und sich Laufzeiten und Fälligkeitszeitpunkte decken.[120]

4.3.5 Grundsatz der Bilanzkontinuität

Das Kontinuitätsgebot bezweckt, die formelle und materielle Vergleichbarkeit der Jahresabschlußinformationen im Zeitablauf wie auch zwischen Unternehmen sicherzustellen und berücksichtigt, daß die Rechnungslegung für eine in sich fiktiv abgeschlossene Rechnungsperiode lediglich einen Ausschnitt aus dem zeitlichen Gesamt der wirtschaftlichen Existenz eines Unternehmens zum Gegenstand hat. Eine sachlich zutreffende Darstellung der Vermögens-, Finanz- und Ertragslage erfordert jedoch, daß die zeitliche und sachliche Verknüpfung aufeinanderfolgender

---

[119] BFH vom 22.11.1988, BStBl 1989, 359, 362
[120] BFH vom 12.12.1990 BStBl II 1991, 479, 481

Rechnungsperioden sichergestellt und nicht durch willkürlichen Methodenwechsel unterbrochen wird. Dieser durch den Grundsatz der Kontinuität geforderten Verknüpfung wird insbesondere durch Bilanzidentität sowie die formelle und materielle Bilanzkontinuität entsprochen.

Der Grundsatz der **Bilanzidentität** (*§ 252 Abs. 1 Nr. 1 HGB*) schreibt vor, daß die Wertansätze in der Eröffnungsbilanz einer Rechnungsperiode mit den Wertansätzen in der Schlußbilanz der der vorhergehenden Rechnungsperiode übereinstimmen müssen. Nach h.M. umfaßt die Bilanzidentität dabei nicht nur die Wertidentität, vielmehr bezieht sich die Übereinstimmung auch auf die Bilanzierung dem Grunde nach sowie die Zusammensetzung der einzelnen Bilanzpositionen. Die **formelle Bilanzkontinuität** fordert demgegenüber Ausweisstetigkeit, d.h. Gliederungsschemata sind im Zeitablauf beizubehalten und ebenso wie Posteninhalte nur aus zwingenden wirtschaftlichen Gründen zu ändern. Die Ausweisstetigkeit ist für Kapitalgesellschaften in § 265 Abs. 1 HGB zwingend vorgeschrieben. Durch die **materielle Bilanzkontinuität** wird vorgegeben, daß im Rahmen der Bewertung von Vermögensgegenständen und Schulden die in der Vorperiode angewandten Bewertungsmethoden beizubehalten sind und nicht willkürlich gewechselt werden dürfen (= Bewertungsstetigkeit). Dies schließt nicht aus, daß bei wesentlichen wirtschaftlichen Veränderungen zulässigerweise durchbrochen wird; ebenso ist es zulässig, steuerliche Bewertungswahlrechte im Zeitablauf unterschiedlich auszuüben. Darüber hinaus läßt sich aus der materiellen Bilanzkontinuität die Wertstetigkeit, d.h. die - ceteris paribus - Beibehaltung oder gleichartige Fortführung der Wertansätze im Zeitablauf ableiten.

Der handelsrechtlichen Bilanzidentität sowie der formellen und materiellen Bilanzkontinuität entspricht im Rahmen der steuerlichen Gewinnermittlung der Grundsatz des **Bilanzenzusammenhangs**; durch den Bilanzenzusammenhang soll einerseits der während der gesamten Existenz eines Unternehmens erwirtschaftete Totalgewinn zutreffend erfaßt werden,[121] andererseits soll die Vergleichbarkeit im Zeitablauf sichergestellt werden.

Die zwingende Beachtung des Grundsatzes des Bilanzenzusammenhangs ergibt sich zwangsläufig aus der Gewinndefinition des § 4 Abs. 1 EStG; Gewinnermittlung im Rahmen eines Betriebsvermögensvergleichs stellt das Betriebsvermögen am Schluß eines Wirtschaftsjahres dem Betriebsvermögen am Schluß des vorangegangenen Wirtschaftsjahres gegenüber. Eine zutreffende Gewinnermittlung setzt dabei voraus, daß das am Ende des Vorjahres bilanzierte Betriebsvermögen mit dem zu Beginn der Folgeperiode bilanzierten Betriebsvermögen übereinstimmt, d.h. der Bilanzenzusammenhang zwischen aufeinanderfolgenden Perioden gewahrt wird. Vielfach wird in diesem Zusammenhang zwischen einem äußeren Bilanzenzusammenhang und einem inneren Bilanzenzusammenhang unterschieden:[122]

---

[121] Knobbe-Keuk 1993, S. 46
[122] Blümich/Wacker, § 4 EStG, Rz. 331

– der **äußere Bilanzenzusammenhang** umfaßt die Bilanzidentität, die Ausweisstetigkeit sowie die Wertstetigkeit,

– der **innere Bilanzenzusammenhang** die Bewertungsstetigkeit.

Das dem Bilanzenzusammenhang unterliegende Betriebsvermögen ist regelmäßig das **tatsächlich angesetzte** Betriebsvermögen, unabhängig davon ob dieses auf sachlich zutreffend angewandten steuerlichen Bilanzierungs- und Bewertungsvorschriften basiert oder nicht.[123] Daraus folgt, daß jeder im Betriebsvermögen berücksichtigte Bilanzposten aufgrund dieses **formellen Bilanzenzusammenhangs**, unabhängig ob korrekt ermittelt oder nicht, für zwei aufeinanderfolgende Perioden von Bedeutung ist: Wird ein Bilanzposten im Rahmen des Betriebsvermögens zu hoch angesetzt, erhöht dies den Gewinn der laufenden Periode und umgekehrt. I.d.R. gleichen sich Gewinnerhöhungen und Gewinnminderungen im Zeitablauf aus, da bei abnutzbaren Anlagegütern die Abschreibung der Folgejahre entsprechend korrigiert und bei nichtabnutzbaren Gütern spätestens bei Veräußerung oder Entnahme der Ausgleich bewirkt wird. Diese durch den formellen Bilanzenzusammenhang bewirkte sog. '**Fehlertransportfunktion**' führt somit zwar zu periodischen Erfolgsverschiebungen, wird im Endeffekt aber durch einen automatischen Fehlerausgleich korrigiert: Periodengewinne werden zwar möglicherweise fehlerhaft ermittelt, der Totalgewinn wird aber korrekt festgestellt und besteuert. Obwohl die zeitlichen Verwerfungen m.E. durchaus kritisch zu werten sind, werden die aus der Beachtung des formellen Bilanzenzusammenhangs resultierenden Konsequenzen nach h.M. für unbedenklich erachtet,[124] da die insgesamt zutreffende Besteuerung der korrekten Periodenerfolgsermittlung vorgehe. Dies wird zurecht sehr kontrovers diskutiert, da die Fehlertransportfunktion sowohl gegen das Prinzip der Tatbestandsmäßigkeit der Besteuerung wie auch gegen das Prinzip der Abschnittsbesteuerung und grundlegende verfahrensrechtliche Vorgaben der AO verstößt. Unabhängig hiervon hat der BFH bislang an seiner Rechtsprechung uneingeschränkt festgehalten.[125]

Beispiel:

Unterstellt wird, daß die Herstellungskosten einer selbsterstellten Anlage fälschlicherweise mit 500 TDM anstelle korrekter 600 TDM ermittelt wurden. Die Nutzungsdauer wird mit 5 Jahren angenommen, die Abschreibung erfolgt linear. Die Aufwandsverrechnung wie die damit verbundene Gewinnminderung stellt sich im Vergleich auf die Nutzungsdauer bezogen wie folgt dar:

---

[123] z.B. BFH vom 13.1.1977, BStBl II 1977, 472
[124] so auch BFH vom 25.8.1960, BStBl III 1960, 444
[125] zur Kritik vgl. z.B. Blümich/Wacker, Rz. 336 zu § 4 EStG mit weiteren Literaturhinweisen

Fehlerhafte Aufwandsverrechnung	Korrekte Aufwandsverrechnung
1. Jahr: 200 TDM	120 TDM
2. Jahr: 100 TDM	120 TDM
3. Jahr: 100 TDM	120 TDM
4. Jahr: 100 TDM	120 TDM
5. Jahr: 100 TDM	120 TDM
Summe: 600 TDM	600 TDM

4.3.6 Grundsatz der Vorsicht

Der Grundsatz der Vorsicht fordert eine vorsichtige Bilanzierung und Bewertung, die tendenziell eher zu einem zu geringen als zu hohen Erfolgsausweis führt. Dieses Prinzip sowie die daraus ableitbaren Konsequenzen für Bilanzierung und Bewertung (z.B. § 252 Abs. 1 Nr. 4 HGB) sollen uneingeschränkt der nominalen Kapitalerhaltung sowie der Sicherung des Unternehmens durch Begrenzung des ausschüttungsfähigen Gewinns dienen. Der Grundsatz der Vorsicht wird insoweit vielfach zutreffend als „... Oberbegriff für verschiedene Bewertungsgrundsätze (verstanden), die im Bilanzrecht eine lange Tradition haben".[126] Der Grundsatz vorsichtiger Bilanzierung und Bewertung ist insoweit zunächst als allgemeine Bilanzierungs- und Bewertungsregel zu verstehen, die insbesondere durch Beachtung des Realisations- und Imparitätsprinzips inhaltlich ausgestaltet und konkretisiert wird. Darüber hinaus trägt das Anschaffungswertprinzip der 'vorsichtigen' Gewinnermittlung Rechnung.

4.3.6.1 Realisationsprinzip

Das Realisationsprinzip ist in § 252 Abs. 1 Nr. 4, 2. Halbsatz HGB verankert; entgegen dem Gesetzeswortlaut bezieht sich das Realisationsprinzip nicht allein auf die Bewertung, sondern schließt die Bilanzierung dem Grunde nach ein. Das Prinzip besagt, daß Gewinne erst dann berücksichtigt werden dürfen, wenn sie am Markt durch einen konkreten Umsatzakt erwirtschaftet, d.h. 'realisiert' wurden. Das Realisationsprinzip regelt insofern sowohl die Berücksichtigung von Gewinnen aus Produktion und marktlicher Verwertung der eigentlichen Unternehmensleistung wie auch von Gewinnen, die z.B. aus der marktlichen Verwertung nicht mehr benötigter Anlagegüter erwirtschaftet werden. Durch das Realisationsprinzip wird somit abgegrenzt, bis zu welchem Zeitpunkt die Unternehmensleistung erfolgsneu-

---
[126] Adler/Düring/Schmaltz 1992, Rn. 62 zu § 252 HGB

tral zu behandeln ist und ab welchem Zeitpunkt Gewinne als tatsächlich erwirtschaftet berücksichtigt werden können. I.d.R. wird dabei der Zeitpunkt der Lieferung oder Leistung als Zeitpunkt der Gewinnrealisierung zu betrachten sein. Bis zu diesem Zeitpunkt sind z.B. Fertigerzeugnisse oder Handelswaren mit ihren Anschaffungs- oder Herstellungskosten anzusetzen, ein möglicher, erzielbarer Veräußerungsgewinn bleibt unberücksichtigt und fließt in die Gewinnermittlung dieser Periode nicht ein.[127]

Soweit nicht gegenseitige Rechtsgeschäfte vorliegen, ist der Gewinn regelmäßig dann realisiert, wenn er dem Grunde und der Höhe nach hinreichend gesichert festgestellt werden kann.[128]

Eng mit dem Realisationsprinzip verbunden ist der **Grundsatz der Periodenabgrenzung**. Da im Rechnungswesen Aufwendungen und Erträge weitgehend losgelöst von tatsächlichen Zahlungsvorgängen berücksichtigt werden, muß geregelt werden, welcher Rechnungsperiode Aufwendungen und Erträge jeweils zuzuordnen sind. Die Periodenabgrenzung ist in § 252 Abs. 1 Nr. 5 HGB verankert und bezieht sich „... *auf Aufwendungen und Erträge, die früher oder später zu Zahlungsvorgängen führen*".[129] Für die **zeitliche** Zurechnung von Aufwendungen und Erträge zu einer bestimmten Rechnungsperiode ist letztlich das Verursachungsprinzip maßgebend, d.h. Aufwendungen und Erträge sind regelmäßig in der Periode zu erfassen, in der sie verursacht wurden. Daraus folgt, daß Aufwendungen im Zweifelsfalle der laufenden bzw. zurückliegenden Periode zuzurechnen sind. In Verbindung mit dem Realisationsprinzip gilt demgegenüber für Erträge, daß diese erst in der Rechnungsperiode berücksichtigt werden dürfen, in der sie tatsächlich realisiert werden. Neben der zeitlichen Abgrenzung von Aufwendungen und Erträgen ist eine **sachliche** Abgrenzung erforderlich; dabei ist zu berücksichtigen, daß zwischen bestimmten Aufwendungen und Erträgen eine kausale Verknüpfung gegeben ist: Aufwendungen werden getätigt, um bestimmte Erträge zu erzielen oder erzielen zu können. So können z.B. den Umsatzerlösen unmittelbar all die Aufwendungen zugeordnet werden, die zur Erzielung der Umsatzerlöse beigetragen haben (z.B. Materialaufwand, Personalaufwand, Abschreibungsaufwand usw.). Aus der Notwendigkeit zur sachlichen Abgrenzung von Aufwendungen und Erträgen folgt somit, daß die Periodenleistung und die durch sie verursachten Aufwendungen jeweils korrekt abgegrenzt und der entsprechenden Rechnungsperiode zugewiesen werden müssen.

---

[127] so auch BFH vom 14.12.1988, BStBl II 1989, 323
[128] z.B. ein rechtlich noch nicht entstandener aber gesicherter Dividendenanspruch, der ggf. zu aktivieren ist; vgl. BFH vom 8.3.1989, BStBl II 1989, 714, 717
[129] Adler/Düring/Schmaltz 1992, Rn. 91 zu § 252 HGB

4.3.6.2 Imparitätsprinzip

Nach dem Imparitätsprinzip sind alle vorhersehbaren Risiken und Verluste, die bis zum Abschlußstichtag entstanden sind, zu berücksichtigen (§ 252 Abs. 1 Nr. 4, 1. Halbsatz HGB). Dies hat zur Folge, daß drohende, aber noch nicht durch entsprechende Umsatzakte realisierte Vermögensminderungen bzw. Aufwendungen 'antizipiert', d.h. in Bilanz und Gewinn- und Verlustrechnung vorweggenommen werden müssen. Soweit die Verlustursache bis zum Bilanzstichtag eingetreten ist, erfolgt die Verlustantizipation insbesondere durch

- Bildung von **Verlustrückstellungen,**
- den Wertausweis von Vermögen entsprechend dem **Niederstwertprinzip** in seiner strengen und gemilderten Variante sowie
- das **Höchstwertprinzip** für Verbindlichkeiten.

Das strenge Niederstwertprinzip gilt uneingeschränkt für Gegenstände des Umlaufvermögens; für Gegenstände des Anlagevermögens ist die Abwertungspflicht auf den niedrigeren Zeitwert (Markt- oder Börsenpreis bzw. beizulegender Wert) auf die Fälle beschränkt, in denen eine voraussichtlich dauernde Wertminderung vorliegt. Bei voraussichtlich vorübergehender Wertminderung besteht demgegenüber ein Abwertungswahlrecht. Dieses gemilderte Niederstwertprinzip ist allerdings bei Kapitalgesellschaften auf den Wertausweis von Finanzanlagen beschränkt.

Abb. 28 vermittelt einen zusammenfassenden Überblick über die sich aus dem Niederstwertprinzip ergebenden Konsequenzen für den Wertausweis der Vermögensgegenstände in der Handelsbilanz, differenziert nach Kapitalgesellschaften und Nichtkapitalgesellschaften:

Dauer der Wertminderung, Rechtsform \ Art des Vermögens		Anlagevermögen		Umlaufvermögen
		Immaterielle Anlagen, Sachanlagen	Finanzanlagen	
Voraussichtlich dauernde Wertminderung	Kapitalgesellschaften	**strenges NWP** Abwertungspflicht (§ 253 Abs. 2 S. 3)	**strenges NWP** Abwertungspflicht (§ 253 Abs. 2 S. 3)	**strenges NWP** Abwertungspflicht (§ 253 Abs. 3)
	Nicht-Kapitalgesellschaften	**strenges NWP** Abwertungspflicht (§ 253 Abs. 2 S. 3)	**strenges NWP** Abwertungspflicht (§ 253 Abs. 2 S. 3)	**strenges NWP** Abwertungspflicht (§ 253 Abs. 3)
Voraussichtlich vorübergehende Wertminderung	Kapitalgesellschaften	Abschreibungsverbot (§ 279 Abs. 1 S. 2) **Ausnahme**: Abschreibung auf niedrigere steuerlich zulässige Werte (254 i. V. m. § 279 Abs. 2)	**gemildertes NWP** Abwertungswahlrecht (§ 279 Abs. 1 S. 2 i. V. m. § 253 Abs. 2)	**strenges NWP** Abwertungspflicht (§ 253 Abs. 3)
	Nicht-Kapitalgesellschaften	**gemildertes NWP** Abwertungswahlrecht (§ 253 Abs. 2 S. 3)	**gemildertes NWP** Abwertungswahlrecht (§ 253 Abs. 2 S. 3)	**strenges NWP** Abwertungspflicht (§ 253 Abs. 3)

NWP = Niederswertprinziep

Abb. 28: Ausprägungsformen des Niederswertprinzips

4.3.6.3 Anschaffungswertprinzip

Das Anschaffungswertprinzip (vielfach auch: Anschaffungskostenprinzip) ist Ausfluß des **Nominalwertprinzips** und besagt, daß

- **Vermögensgegenstände** höchstens mit ihren (historischen) **Anschaffungs- oder Herstellungskosten**,
- **Schulden** mit ihrem **Rückzahlungsbetrag** und
- **Rentenverpflichtungen**, für die eine Gegenleistung nicht mehr zu erwarten ist, mit ihrem **Barwert**

anzusetzen sind (§ 253 Abs. 1 HGB).

Damit wird hinsichtlich des Wertansatzes von Vermögen und Schulden auf objektiv ermittelbare, wenngleich historische Werte zurückgegriffen und sichergestellt, daß am Markt noch nicht realisierte Wertsteigerungen bei der Gewinnermittlung unberücksichtigt bleiben. Insoweit trägt das Anschaffungswertprinzip wie das Realisationsprinzip dazu bei, daß der Ausweis noch nicht realisierter Gewinne verhindert und der - zumindest nominalen - Kapitalerhaltung Rechnung getragen wird. Da der Wertausweis in Bilanz und GuV-Rechnung grundsätzlich in DM erfolgen muß, bleiben inflationäre oder deflationäre Entwicklungen bei Wertausweis und Gewinnermittlung unberücksichtigt, auch wenn dies potentiell zur Ausschüttung und Besteuerung von Scheingewinnen führen kann; dieses Nominalwertprinzip entspricht der ständigen Rechtsprechung des BFH[130] und ist integraler und substantieller Teil der Rechtsordnung in Deutschland.

4.3.7 Grundsatz der Stichtagsbezogenheit

Gemäß § 252 Abs. 1 Nr. 3 HGB sind Vermögensgegenstände und Schulden jeweils zum Abschlußstichtag zu bewerten und in der Bilanz auszuweisen, d.h. bei der Wertermittlung maßgeblich sind die Wertverhältnisse des letzten Tages einer Rechnungsperiode. Dies erscheint a priori insoweit gerechtfertigt, als die Bilanz eine reine Zeitpunkt- und Rückschaurechnung darstellt und durch das Stichtagsprinzip auf die jeweils letzte und damit aktuellste Information der Rechnungsperiode abgestellt wird. Für die Bilanzerstellung sind damit alle objektiv gegebenen (Wert-) Verhältnisse am Abschlußstichtag maßgebend, wie sie sich bei zutreffender Anwendung kaufmännischer Sorgfalt ergeben. Die kaufmännische Sorgfalt gilt dabei nach h.M. als gewahrt, wenn die tatsächlichen Verhältnisse aus einem Kenntnisstand heraus beurteilt werden, der auf einer fristgerechten Bilanzerstellung basiert.[131] Da der Jahresabschluß innerhalb der ersten Monate der Folgeperiode für die zurückliegende Rechnungsperiode erstellt wird, ist regelmäßig ein 'time-lag' zwischen Abschlußstichtag und Zeitpunkt der Abschlußerstellung gegeben. Ereignisse oder Umstände, die erst nach dem Abschlußstichtag bekannt werden, sich jedoch auf Gegebenheiten der zurückliegenden Rechnungsperiode beziehen, sind als sog. **werterhellende Umstände oder Ereignisse** bei der Beurteilung der tatsächlichen (Wert-) Verhältnisse am Abschlußstichtag zwingend zu berücksichtigen.[132] Nach der neueren Rechtsprechung des BFH erfolgt insoweit eine zeitliche Limitierung, als wertaufhellende Umstände oder Ereignisse nur bis zum letzten Tag der Abschlußerstellungsfrist (24 h) zu berücksichtigen sind bzw. berücksichtigt werden dürfen. Bei verspäteter oder nicht erfolgter Abschlußerstellung können nach diesem Zeitpunkt bekanntgewordene Umstände oder Ereignisse nicht mehr berücksichtigt werden, auch wenn sie prinzipiell geeignet sind, die tatsächlichen Verhältnisse am Abschlußstichtag 'aufzuhellen':[133]

---

[130] z.B. BFH vom 17.1.1980, BStBl II 1980, 434
[131] vgl. Adler/Düring/Schmaltz 1992, Rn. 34 zu § 252 HGB
[132] so auch BFH vom 2.10.1992, BStBl II 1993, 153, 155
[133] so z.B. BFH vom 8.3.1989, BStBl II 1989, 714, 718; BFH vom 3.7.1991, BStBl II 1991, 802, 805

Beispiel:

Nach dem Abschlußstichtag aber noch vor Ablauf der Aufstellungsfrist wird bekannt, daß ein Großkunde Antrag auf Eröffnung des Konkursverfahrens gestellt hat. Bei der Wertermittlung der ihm gegenüber bestehenden Forderung ist zu vermuten, daß die Forderung bereits am Abschlußstichtag 'gefährdet' war, die Gefährdung als tatsächlicher und objektiver Umstand demnach bereits am Abschlußstichtag vorlag und durch ein Ereignis danach bekannt und 'aufgehellt' wurde. Wäre der Konkursantrag nach Ablauf der Aufstellungsfrist erfolgt, hätte dieses Ereignis nicht mehr als 'werterhellend' berücksichtigt werden können mit der Konsequenz, daß der ursprüngliche und objektiv fehlerhafte Forderungsansatz hätte beibehalten werden müssen.

Inwieweit es haltbar und mit dem Grundsatz der Willkürfreiheit vereinbar sein kann, einen Bilanzansatz letztlich wider besseres Wissen zu wählen oder beizubehalten, nur weil ein Umstand/Ereignis nach Ablauf der Abschlußerstellungsfrist aber vor Abschlußerstellung bekannt wurde oder eintrat, mag bezweifelt werden.[134]
Grundsätzlich unberücksichtigt bleiben demgegenüber sog. **wertbegründende Ereignisse**, die erst nach dem Abschlußstichtag eingetreten sind. Derartigen Ereignissen ist ggf. durch vorsichtige Bewertung Rechnung zu tragen, zudem ist für Kapitalgesellschaften die Berichterstattung über wertbegründende Ereignisse zwingend vorgeschrieben (*§ 289 Abs. 2 Nr. 1 HGB*).

Beispiel:

Nach dem Abschlußstichtag reicht die Gegenseite einen schriftlichen Vergleichsvorschlag zu einem beiderseits strittigen Schadensersatzanspruch ein. In diesem Falle stellt der Vergleichsvorschlag ein ansatz- oder wertbegründendes Ereignis dar (*BFH vom 11.10.1973, BStBl II 1974, 90*).

Eine **zulässige Durchbrechung** des Stichtagsprinzips liegt bei Anwendung des gemilderten Niederstwertprinzips vor, soweit auf die Abwertung verzichtet wird; dies gilt analog, soweit im handelsrechtlichen Jahresabschluß ein Wert gemäß § 253 Abs. 3 S. 3 HGB gewählt wird (Zukunftswert od. Schwankungsreservewert). Letzterer ist allerdings steuerrechtlich nicht zulässig (*§ 6 EStG*).

Beispiel:

Eine Kaffeerösterei weist zum Abschlußstichtag gemäß Inventur einen Lagerbestand an noch nicht verarbeiteten Kaffeebohnen von 50.000 kg auf, die zu 1,00 DM je kg bezogen wurden. Am Abschlußstichtag liegt der amtlich notierte Preis bei 1,20 DM je kg. Der Bestand müßte gemäß § 253 Abs. 1 HGB zu Anschaffungskosten in Höhe von 50.000,00 DM ausgewiesen werden. Ist bei vernünfti-

---

[134] vgl. dazu z.B. kritisch Blümich/Schreiber, Rz. 280 zu § 5 EStG

ger kaufmännischer Beurteilung damit zu rechnen, daß der Weltmarktpreis in der kommenden Rechnungsperiode auf 0,80 DM je kg fallen wird, kann der Bestand handelsrechtlich mit 40.000,00 DM in der Bilanz angesetzt werden, die künftige Wertminderung wird antizipiert.

4.3.8 Grundsatz der Unternehmensfortführung

Bei Ermittlung der Bilanz-Wertansätze ist gemäß § 252 Abs. 1 Nr. 2 HGB von der Fortführung der Unternehmenstätigkeit auszugehen, soweit dem keine tatsächlichen (z.B. beabsichtigte Liquidation) oder rechtlichen (z.B. Eröffnung des Konkursverfahrens) Gegebenheiten entgegenstehen. Aus diesem vielfach auch als 'Going-Concern-Prinzip' bezeichneten Grundsatz folgt konsequenterweise, daß ein Ansatz von Liquidationswerten grundsätzlich nicht zulässig ist, das Vermögen aus statischer Sicht vielmehr als Fortführungs- und nicht als Zerschlagungsvermögen auszuweisen ist. Fortführung der Unternehmenstätigkeit ist regelmäßig so zu interpretieren, *"... daß das Unternehmen bei vernünftiger kaufmännischer Beurteilung seine Tätigkeit als werbendes Unternehmen für einen **übersehbaren Zeitraum** wird fortsetzen können".*[135] Eine exakte Abgrenzung dessen, was unter 'übersehbarem Zeitraum' zu verstehen ist, wird i.a.R. nicht möglich sein, die Beurteilung wird vielmehr einzelfallbezogen und damit differenziert erfolgen müssen (*die UEC-Empfehlung Nr. 4, Tz. 2.1 b von 1978 unterstellt einen Zeitraum von 12 Monaten; diese wird jedoch von der h.M. zurecht abgelehnt*).

4.3.9 Grundsatz der Wesentlichkeit

Das Wesentlichkeitsprinzip, dem als 'Materiality-Grundsatz' in der angelsächsischen Rechnungslegung herausragende Bedeutung zukommt, fordert allgemein, daß im Rahmen der Jahresabschlußerstellung alle Tatbestände berücksichtigt werden müssen, die gemessen an den Rechnungslegungszwecken als 'wesentlich' einzustufen sind. Die Beurteilung dessen, was handelsrechtlich als 'bedeutsam', 'wesentlich' oder 'von nicht untergeordneter Bedeutung' einzustufen ist, hat demnach im Lichte einer ordnungsmäßigen Darstellung der Lage des Unternehmens zu erfolgen. Das HGB trägt dem Wesentlichkeitsgrundsatz insbesondere dadurch Rechnung, daß Kapitalgesellschaften zur Berichterstattung verpflichtet sind, wenn sich die „... *Rahmenbedingungen für die Geschäftstätigkeit wesentlich verändert haben*".[136] Im Umkehrschluß folgt aus dem Grundsatz der Wesentlichkeit, daß Tatbestände, die für die Darstellung der Lage des Unternehmens unwesentlich sind

---

[135] Adler/Düring/Schmaltz 1992, Rn. 19 zu § 252 HGB
[136] Adler/Düring/Schmaltz 1992, Rn. 111 zu § 285 HGB

oder deren Berücksichtigung offensichtlich in keinem angemessenen Nutzen-Kosten-Verhältnis steht, unberücksichtigt bleiben.

4.4 Bilanzierungskonzeption des Einkommensteuerrechts

Nach § 242 Abs. 1 HGB haben buchführende Kaufleute einen das 'Verhältnis ihres Vermögens und ihrer Schulden' darstellenden Jahresabschluß zu erstellen. Aus dem (unvollständigen) Grundgliederungsschema der Bilanz von Kapitalgesellschaften folgt, daß auf der Aktivseite Gegenstände des Anlage- und Umlaufvermögens sowie Rechnungsabgrenzungsposten, auf der Passivseite Schulden, Rückstellungen und Rechnungsabgrenzungsposten auszuweisen sind. Das Reinvermögen (= Eigenkapital) wird als Saldo aus Bruttovermögen abzüglich Schulden und Rückstellungen der Höhe nach festgestellt und gesondert auf der Passivseite dokumentiert. Im Jahresabschluß werden darüber hinaus ggf. noch Bilanzierungshilfen auf der Aktivseite und Wertberichtigungen auf der Passivseite ausgewiesen, letztere, soweit sie ausdrücklich in Hinblick auf einen zutreffenden Vermögensausweis für zulässig erklärt werden (*z.B. § 281 HGB*).

Bilanzsteuerrechtlich müssen demgegenüber alle dem Betriebsvermögen des Bilanzierenden zuzurechnenden aktiven und passiven Wirtschaftsgüter ausgewiesen werden. Jede Aktivierung in Form einer Aktivmehrung erhöht, jede Passivierung in Form einer Passivminderung mindert damit den 'Gewinn' der Rechnungsperiode, so daß die Abgrenzung dessen, was als Wirtschaftsgut dem Betriebsvermögen zuzurechnen ist, zwangsläufig elementare Bedeutung für die steuerliche Gewinnermittlung aufweisen muß. Grundsätzlich ist dabei vorauszusetzen, daß **abstrakte** und **konkrete Bilanzierungsfähigkeit** gegeben sind und eine **persönliche** und **sachliche Zurechnung** zum Betriebsvermögen des steuerpflichtigen Unternehmers erfolgt.

Schematisch stellt sich der Ablauf damit wie folgt dar:

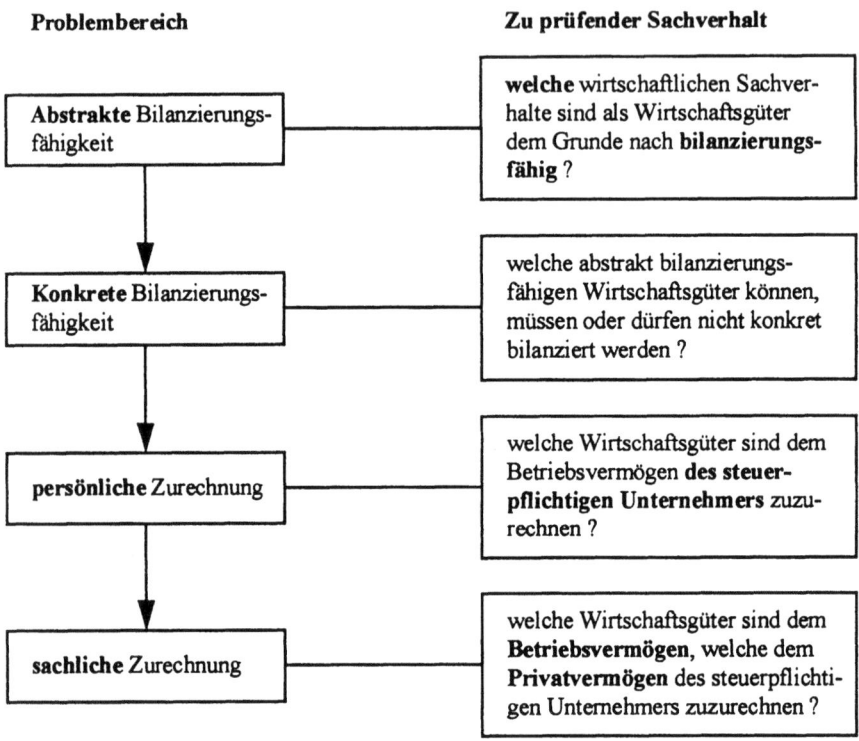

Abb. 29: Allgemeine Bilanzierungskonzeption des Einkommensteuerrechts

Das Betriebsvermögen wird dabei im Rahmen der Vorgaben der §§ 5 Abs. 1, 4 Abs. 1 S. 1 EStG als Betriebsreinvermögen ermittelt, das durch Ansatz einzelner Wirtschaftsgüter zu ermitteln ist. Dabei entspricht der Begriff 'Wirtschaftsgut' an sich nach der ständigen Rechtsprechung des BFH dem handelsrechtlichen Begriff 'Vermögensgegenstand',[137] während Schulden/Verbindlichkeiten im handelsrechtlichen Sinne steuerrechtlich als 'negative Wirtschaftsgüter' qualifiziert werden. Vielfach hat es sich als gängige begriffliche Praxis eingebürgert, anstelle der vorgenannten Unterscheidung zwischen

- **aktiven oder positiven** Wirtschaftsgütern einerseits und
- **passiven oder negativen** Wirtschaftsgütern andererseits

zu differenzieren. Insbesondere die Unterscheidung in aktive bzw. passive Wirtschaftsgüter erweist sich aus betriebswirtschaftlicher Sicht als durchaus zweckentsprechende Kategorienabgrenzung.

---

[137] vgl. z.B. BFH/GrS vom 26.10.1987, BStBl II 1988, 348

4.4.1 Wirtschaftsgüter und Bilanzierung

Wie eingangs erwähnt, ist die Beantwortung der Frage, welche wirtschaftlichen Sachverhalte im Rahmen der steuerlichen Gewinnermittlung zu berücksichtigen sind, in entscheidendem Maße von der Extension des Begriffes 'Wirtschaftsgut' und damit von den diesen Begriff bestimmenden Merkmalen abhängig. Da der Steuergesetzgeber auf eine Legaldefinition verzichtet hat und in § 5 Abs. 1 EStG auf die Maßgeblichkeit der handelsrechtlichen Grundsätze ordnungsmäßiger Buchführung verweist folgt hieraus grundsätzlich, daß sich die Bilanzierungsfähigkeit nach handelsrechtlichen Vorschriften bestimmt.

4.4.1.1 Aktive Wirtschaftsgüter: Wirtschaftsgutbegriff und abstrakte Bilanzierungsfähigkeit

Nach h.M. sind, bedingt durch den Verzicht des Steuergesetzgebers auf eine Legaldefinition und den Verweis auf die Maßgeblichkeit der handelsrechtlichen GoB, die Begriffe 'Vermögensgegenstand' und 'aktives Wirtschaftsgut' identisch.[138] Dies schließt jedoch nicht aus, daß

- **Unterschiede in der Begriffsextension** gegeben sein können (die der BFH durch eine sukzessive Annäherung der Bestimmungskriterien zu kompensieren versucht) und

- abstrakt und konkret bilanzierungsfähige Vermögensgegenstände **steuerrechtlich nicht bilanziert** werden dürfen.

Nach der ständigen (und umfangreichen) Rechtsprechung des BFH sind aktive Wirtschaftsgüter nicht nur **Sachen und Rechte** im bürgerlich-rechtlichen Sinne, sondern zudem auch **vermögenswerte Vorteile** einschließlich '**tatsächlicher Zustände**' und '**konkreter Möglichkeiten**', soweit diese

- durch getätigte **Aufwendungen** erworben wurden,

- nach der Verkehrsauffassung **selbständig bewertet** werden können,

- i.d.R. einen **über die Rechnungsperiode hinausreichenden Nutzen** erwarten lassen und

- einzeln oder zusammen mit dem Betrieb **übertragbar** sind.

Soweit die vorgenannten Begriffsmerkmale erfüllt sind, ist ein aktives Wirtschaftsgut gegeben und der Tatbestand der **abstrakten Bilanzierungsfähigkeit** erfüllt. Dabei ist unstritten, daß der Begriffsabgrenzung auf der Basis der genannten Krite-

---

[138] so z.B. Schmidt 1993, Anm. 16 a) zu § 5 EStG; BFH/GrS vom 26.10.1987, BStBl II·1988, 348

rien eine wirtschaftliche und vorsichtig dynamisch ausgerichtete Betrachtungsweise zugrunde liegt, da neben konkreten Gegenständen bzw. Sachen im bürgerlich-rechtlichen Sinne auch betriebliche Vorteile unter den Wirtschaftsgutbegriff subsumiert werden.

Ein Wirtschaftsgut setzt grundsätzlich voraus, daß zur Erlangung eines Gegenstandes oder eines betrieblichen Vorteils **Aufwendungen** getätigt werden, die sich zweifelsfrei und eindeutig von anderen Aufwendungen abgrenzen lassen. Der Begriff 'Aufwendungen' ist weit zu interpretieren und umfaßt

- **tatsächliche Ausgaben** (z.B. Anschaffungsausgaben einer Maschine),
- **betriebliche Aufwendungen** (z.B. Aufwendungen im Rahmen der Herstellung von Wirtschaftsgütern) sowie ggf.
- **nichtrealisierte Erträge** (z.B. Verzicht auf Zinserträge).

Unerheblich ist dabei letztlich, ob Aufwendungen tatsächlich angefallen sind; es reicht insoweit aus, daß ein 'ordentlicher Kaufmann' für die Erlangung eines Gegenstandes oder betrieblichen Vorteils etwas aufwenden würde. Ebenfalls nicht erforderlich ist, daß der Kaufmann die Aufwendungen selbst bewirkt: Gemäß § 7 Abs. 2 EStDV wird z.B. bei einer betrieblich veranlaßten Schenkung anstelle tatsächlicher Anschaffungsausgaben der Betrag zugrunde gelegt, den der Erwerber im Zeitpunkt des unentgeltlichen Erwerbs hätte aufwenden müssen. Eine unentgeltliche Übertragung tangiert damit über die Konstruktion fiktiver Aufwendungen die Qualifikation eines wirtschaftlichen Sachverhalts als 'Wirtschaftsgut' nicht.

Der durch Aufwendungen erlangte Gegenstand oder betriebliche Vorteil muß einer **selbständigen Bewertung** zugänglich sein. Dies ist nach der Rechtsprechung des BFH regelmäßig der Fall, wenn durch die Aufwendungen ein betrieblicher Vorteil geschaffen wurde, der sich zu einem „greifbaren" werthaltigen Einzelobjekt konkretisieren läßt, für das der Erwerber eines Betriebes oder Teilbetriebes im Rahmen des Gesamtkaufpreises ein ins Gewicht fallendes besonderes Entgelt ansetzen würde.[139] Mit anderen Worten: Die Aufwendungen müssen zu einem konkretisierbaren, werthaltigen Einzelobjekt geführt haben, dessen Wert von nicht untergeordneter Bedeutung ist. Die selbständige Bewertungsfähigkeit bezieht sich damit auf die Prüfung der Frage, ob für den betrieblichen Vorteil ein Wert 'an sich' festgestellt werden kann; unbedeutend ist, ob dem betrieblichen Vorteil ein bestimmter Wert unmittelbar zurechenbar ist.[140]

Beispiel:

Eine entgeltlich erworbene Güterfernverkehrsgenehmigung ist ein selbständig bewertungsfähiges aktives immaterielles Wirtschaftsgut, da im Falle einer Betriebsveräußerung die Höhe des Kaufpreises maßgeblich vom Vorhandensein einer (oder mehrerer) Güterfernverkehrsgenehmigungen abhängig ist (*BFH vom*

---

[139] BFH vom 6.12.1978 BStBl II 1979, 259, 260; BFH vom 8.4.1992, BStBl II 1992, 893
[140] BFH vom 10.8.1989, BStBl II 1990, 15

10.8.1989, BStBl II 1990, 15). Auch wenn der Güterfernverkehrsgenehmigung kein exakt bestimmter Wert zugerechnet werden kann, weist sie einen Wert 'an sich' auf, da sie sich unmittelbar in einer Erhöhung des Kaufpreises niederschlägt bzw. niederschlagen würde.

Die Abgrenzung der selbständigen Bewertungsfähigkeit erweist sich insbesondere bei immateriellen Gütern als nicht unproblematisch, da die 'Greifbarkeit' eines betrieblichen Vorteils als konkretisierbares Einzelobjekt und damit als Wirtschaftsgut voraussetzt, daß der Wert gegenüber dem Geschäfts- oder Firmenwert abgrenzbar ist und 'sich nicht ins Allgemeine verflüchtigt', d.h. nicht mehr abgrenzbar im Geschäftswert aufgeht.

Beispiel:
Soweit ein Unternehmen gegenüber der Gemeinde einen Zuschuß leistet, damit eine von seinen Fahrzeugen benutzte Straße so ausgebaut wird, daß sie den damit verbundenen zusätzlichen Belastungen stand hält, liegt kein selbständig bewertungsfähiger betrieblicher Vorteil vor, da dem Zuschußgeber wie allen anderen Verkehrsteilnehmern lediglich der Gemeingebrauch zusteht. Der betriebliche Vorteil verflüchtigt sich insoweit 'ins Allgemeine', es handelt sich nach Auffassung des BFH um einen lediglich geschäftswertbildenden Faktor, der gegenüber diesem aber nicht 'an sich' abgrenzbar sei (*BFH vom 28.3.1990, BStBl II 1990, 569*).

Vorausgesetzt wird darüber hinaus, daß der auf Aufwendungen basierende, selbständig bewertungsfähige Gegenstand oder betriebliche Vorteil einen **über die Rechnungsperiode hinausreichenden Nutzen** erwarten läßt. Die Abgrenzung dieses Merkmals erweist sich regelmäßig als schwierig und problematisch, da auf die objektivierte Beurteilung künftiger Erwartungen abgestellt wird und eine hinreichend allgemeingültige und praktikable Problemlösung bislang durch die Rechtsprechung nicht entwickelt wurde. Insoweit wird jeweils einzelfallbezogen zu beurteilen (und ggf. durch die Rechtsprechung zu entscheiden) sein, ob das Merkmal tatsächlich erfüllt ist. Anhaltspunkte hierfür können z.B. Erfahrungswerte der Praxis sein. Unabhängig hiervon wird m.E. zurecht moniert, daß ein so wenig konkretisiertes Merkmal dem Grundsatz der Tatbestandsbestimmtheit nicht entspricht und damit die Rechtssicherheit erheblich beeinträchtigt wird, da der Steuerpflichtige im Zweifelsfall nicht in der Lage ist, die Wirtschaftsguteigenschaft eines wirtschaftlichen Tatbestandes hinreichend gesichert zu beurteilen.

Die handelsrechtlich bei der Abgrenzung von Vermögensgegenständen geforderte Einzelveräußerbarkeit ist steuerrechtlich unbeachtlich, es reicht vielmehr aus, daß der Gegenstand oder betriebliche Vorteil **einzeln oder zusammen mit dem Betrieb** rechtlich oder wirtschaftlich **übertragbar** ist. Die wirtschaftliche Übertragbarkeit reicht dabei aus, eine Übertragbarkeit im Rechtssinne ist nicht zwingend erforderlich, wird jedoch Regelfall darstellen.[141]

Beispiel:

Der durch Bezuschussung des Straßenbaus geschaffene Vorteil, die ausgebaute Straße künftig für den betrieblichen Lastverkehr nutzen zu können (siehe obiges Beispiel) ist zwar nicht einzeln und rechtlich, wohl aber wirtschaftlich bei einer Betriebsveräußerung auf den Erwerber übertragbar.

Soweit die vorgenannten Merkmale erfüllt sind und damit ein wirtschaftlicher Sachverhalt als Wirtschaftsgut qualifiziert wird, kann es sich um ein materielles oder immaterielles, bewegliches oder unbewegliches, abnutzbares oder nichtabnutzbares Wirtschaftsgut handeln, das abstrakt bilanzierungsfähig ist. Die vorgenannte Unterscheidung ist insbesondere für die Verrechnung von Abschreibungen, die Vornahme erhöhter Abschreibungen oder Sonderabschreibungen, die Inanspruchnahme von Investitionszulagen, die Bildung steuerfreier Rücklagen sowie die Bewertung von Bedeutung.

(1) **Materielle und immaterielle aktive Wirtschaftsgüter**

Unter die **materiellen Wirtschaftsgüter** fallen Sachen i.S.v. § 90 BGB, miteinander verbundene Sachen sowie Wirtschaftsgüter, die Teile von Sachen sind, d.h. Maschinen und andere Betriebsvorrichtungen, Fahrzeuge, Ladeneinbauten, Grund und Boden, Gebäude, Rohstoffe, Fertigerzeugnisse, Handelswaren usw. Dabei gilt grundsätzlich, daß jede Sache im bürgerlich-rechtlichen Sinne ein selbständiges Wirtschaftsgut ist. Hiervon abweichend gilt jedoch gleichzeitig, daß steuerrechtlich

- ein materielles Wirtschaftsgut aus mehreren Sachen im bürgerlich-rechtlichen Sinne zusammengesetzt sein kann

  Beispiel:

  Soweit mehrere bügerlich-rechtlich selbständige Grundstücke (= Sachen) in einem einheitlichen Nutzungs- und Funktionszusammenhang stehen, bilden sie ein Wirtschaftsgut (*BFH vom 6.12.1978, BStBl II 1979, 259*)

- oder eine Sache mehrere materielle Wirtschaftsgüter verkörpern kann.

  Beispiel:

  So stellt z.B. ein bebautes Grundstück (= Sache) mindestens zwei Wirtschaftsgüter dar, d.h. die zivilrechtliche Einheit 'bebautes Grundstück' wird steuerrechtlich in die selbständigen Wirtschaftsgüter 'Grund und Boden' und 'Gebäude' aufgelöst (*BFH vom 24.8.1989, BStBl 1989, 1016*). Grundstücksgleiche Rechte sind darüber hinaus ebenfalls als eigenständiges Wirtschaftsgut abzugrenzen.

---

[141] vgl. z.B. Blümich/Schreiber, Rz. 306 zu § 5 EStG; BFH vom 26.5.1982, BStBl II 1982, 695, 696

Dies gilt entsprechend für Gebäudeteile, die nicht der Nutzung des Gebäudes als solches dienen, sondern unmittelbar dem in diesem Gebäude betriebenen Betrieb eines Unternehmens zu dienen bestimmt sind, d.h. diese werden steuerrechtlich als selbständige Wirtschaftsgüter abgegrenzt, auch wenn sie fest eingebaut und damit wesentlicher Bestandteil des Gebäudes sind.

Beispiel:

Ladeneinbauten, Aufzüge, Abladevorrichtungen usw. sind selbständige materielle (und bewegliche) Wirtschaftsgüter, auch wenn sie wesentlicher Bestandteil des bebauten Grundstücks sind. Sie stehen in keinem einheitlichen Nutzungs- und Funktionszusammenhang mit dem bebauten Grundstück, sondern dienen einem eigenständigen, besonderen Zweck (*vgl. dazu auch R 42/H42 EStR 1993*).

Unter die **immateriellen Wirtschaftsgüter** fallen sog. bürgerlich-rechtliche 'Immaterialgüterrechte' wie Know How, ungeschützte Erfindungen, Urheberrechte, Verlagsrechte, Patente, Lizenzen, Geschmacks- und Gebrauchsmusterrechte, Nutzungsrechte, Belieferungsrechte, Wettbewerbsverbote usw. Die abstrakte Bilanzierungsfähigkeit setzt jedoch regelmäßig voraus, daß eine Abgrenzung gegenüber dem Geschäfts- oder Firmenwert möglich ist und der Vorteil sich nicht 'ins Allgemeine' verflüchtigt und damit lediglich als geschäftswertbildender Faktor in Erscheinung tritt. Der immaterielle Wert muß somit gegenüber dem Geschäfts- oder Firmenwert eigenständig als werthaltig greifbare Einheit vorhanden sein.[142]

Die **Abgrenzung** zwischen materiellen und immateriellen Wirtschaftsgütern kann zu erheblichen Problemen führen, da in zahlreichen Fällen Wirtschaftsgüter materielle wie auch immaterielle Komponenten in sich vereinigen (z.B. DV-Programme, Disketten Prozeßsteuerungssoftware einer CNC-Werkzeugmaschine usw.). Die Zuordnung zu den materiellen oder immateriellen Wirtschaftsgütern wird regelmäßig durch Prüfung der Frage erfolgen, ob der materiellen Komponente des Wirtschaftsgutes eine eigenständige Bedeutung beigemessen werden kann, die sich z.B. in einem entsprechenden Wertverhältnis zwischen Materialwert einerseits und dem immateriell-geistigen Wert andererseits dokumentiert.[143] Grundsätzlich gilt dabei, daß **DV-Anwendersoftware** (Programm, Programmträger und Handbücher) immaterielle Wirtschaftsgüter sind, da der Bedeutung nach unzweifelhaft der geistig-immaterielle Programminhalt dominiert; dies gilt im übrigen für Individual- wie Standard-Software entsprechend.[144] Sog. 'Firmware' die als Systemsoftware mit der Hardware fest

---

[142] BFH vom 28.3.1990, BStBl II 1990, 569; vgl. dazu auch die Ausführungen zur Abgrenzung des Merkmals 'selbständige Bewertungsfähigkeit
[143] so z.B. BFH vom 25.5.1979, BStBl II 1979, 734
[144] so z.B. BFH vom 3.7.1987, BStBl II 1987, 728

verbunden ist, stellt demgegenüber unselbständiges Teil der Hardware dar und kann nicht als eigenständiges immaterielles Wirtschaftsgut qualifiziert werden. Demgegenüber werden aber sog. 'Trivialprogramme' sowie Programme mit Anschaffungskosten bis zu 800 DM stets als abnutzbare bewegliche Wirtschaftsgüter eingestuft (*R 31 a Abs. 1 EStR 1993*).

Beispiel:

Eine Personengesellschaft erwirbt eine Workstation zu einem Kaufpreis von 30.000,00 DM zuzügl. MWSt. Aufgrund vertraglich ausgehandelter Konditionen beinhaltet die Lieferung umfangreiche Anwendersoftware, die dem Käufer branchenüblich nicht gesondert in Rechnung gestellt wird. Die Software ist auf die spezifischen Bedürfnisse des Käufers abgestellt. Da es in diesem Falle an der selbständigen Bewertbarkeit fehlt, wird sie, obwohl sie eine nicht unbedeutende immaterielle Nutzenkomponente darstellt, als unselbständiger Teil der Hardware behandelt (*BFH vom 16.2.1990, BStBl II 1990, 794, 795*).

Den immateriellen Wirtschaftsgütern im weiteren Sinne ist auch der **Geschäfts- oder Firmenwert** zuzurechnen.[145] Geschäfts- oder Firmenwert ist die Wertdifferenz aus Gesamtwert des Unternehmens und den Zeitwerten des bilanzierten Reinvermögens des Unternehmens. Der Geschäfts- oder Firmenwert wird maßgeblich durch künftige Ertragserwartungen und -chancen bestimmt, die ihrerseits von marktlichen Faktoren, Know How, Produktprogramm, Organisationstruktur, Image und Ruf des Unternehmens usw. determiniert werden. Obwohl die Ermittlung des Firmenwertes maßgeblich von der Methodik der Unternehmensbewertung abhängig ist, handelt es sich um ein immaterielles aktives Wirtschaftsgut in steuerrechtlichen Sinne, soweit im Zuge eines Unternehmenserwerbs Aufwendungen in Form eines Entgelts getätigt wurden.

Nicht den immateriellen Wirtschaftsgütern zugerechnet werden i.d.R. die sog. **'Finanz-Wirtschaftsgüter'** wie Beteiligungen, Wertpapiere, Ausleihungen und Forderungen, obwohl sie unkörperlich und damit immaterieller Art sind; nach h.M. sind diese als eigenständige Gruppe abzugrenzen.

(2) **Bewegliche und unbewegliche aktive Wirtschaftsgüter**

Nach der ständigen Rechtsprechung des BFH sind der Abgrenzung zwischen beweglichen und unbeweglichen Wirtschaftsgütern die allgemeinen bewertungsrechtlichen Grundsätze zugrunde zu legen.[146]

Zu den **unbeweglichen Wirtschaftsgütern** zählen insbesondere Grund und Boden, Gebäude und Gebäudeteile, Bodenschätze, Tennis- und Sportanlagen, Gartenanlagen, Bodenschätze usw. **Bewegliche Wirtschaftsgüter** sind i.d.R. bewegliche Sachen oder wirtschaftliche Einheiten, die aus mehreren bewegli-

---

[145] z.B. BFH vom 3.7.1987, BStBl II 1987, 705
[146] BFH vom 21.1.1988, BStBl II 1988, 628

chen Sachen zusammengesetzt sind; vorstellbar ist darüber hinaus im Ausnahmefall, daß auch Teile einer beweglichen Sache ein selbständiges Wirtschaftsgut darstellen (z.B. ein ausrangiertes Schiff, das teils als Lokal und teils zu Wohnzwecken genutzt wird).[147] Als bewegliche Wirtschaftsgüter kommen somit Maschinen, Transportanlagen, Klimaanlagen, Aufzüge, Fahrzeuge, Schiffe und Flugzeuge, DV- und Bürokommunikationsanlagen, Formen, Werkzeuge usw. in Betracht.

Immaterielle Wirtschaftsgüter sowie '**Finanz-Wirtschaftsgüter**' sind nach der ständigen Rechtsprechung des BFH zurecht weder als beweglich noch unbeweglich einzustufen.[148]

(3) **Abnutzbare und nichtabnutzbare aktive Wirtschaftsgüter**

Abnutzbare Wirtschaftsgüter sind regelmäßig dadurch charakterisiert, daß sie aufgrund eines technisch oder wirtschaftlich bedingten Werteverzehrs nur für einen begrenzten Zeitraum betrieblich genutzt werden können.[149] Außerordentliche Wertminderungen bleiben dabei unberücksichtigt, so daß der Werteverzehr aus der bestimmungsgemäßen und geplanten betrieblichen Nutzung des Wirtschaftsgutes resultiert (z.B. Maschinen, Transporteinrichtungen, Fahrzeuge, Gebäude, Lizenzen usw.). Soweit der Nutzungsdauerzeitraum nicht begrenzt ist und somit weder ein technischer noch ein wirtschaftlicher Werteverzehr mit dem bestimmungsgemäßen Gebrauch des Wirtschaftsgutes verbunden ist, handelt es sich um **nichtabnutzbare Wirtschaftsgüter**.

Zusammenfassend läßt sich für die abstrakt bilanzierungsfähigen aktiven Wirtschaftsgüter somit folgende Gruppierung vornehmen:

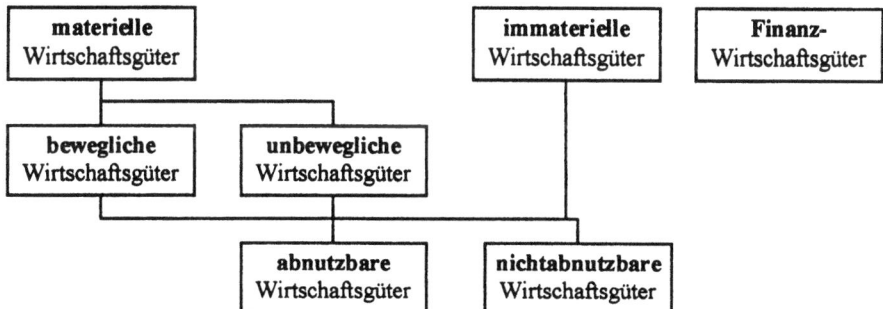

Abb. 30: Gruppierung aktiver Wirtschaftsgüter

---

[147] vgl. Blümich/Schreiber, Rz. 337 zu § 5 EStG
[148] vgl. z.B. BFH vom 24.8.1988, BStBl II 1989, 1016, 1017
[149] BFH vom 31.3.1992, BStBl II 1992, 805, 807

Die durch Abbildung 30 dokumentierte Gruppierung aktiver Wirtschaftsgüter ist eine steuerrechtlich notwendige, jedoch keineswegs hinreichende Klassifizierung; über die vorgenommene Gruppierung hinaus ist es sowohl für die Gliederungsanordnung der Posten in der Bilanz wie auch insbesondere in Hinblick auf die Bewertung notwendig, eine Zuordnung zum **Anlage- oder Umlaufvermögen** vorzunehmen.

(4) **Anlage- und Umlaufvermögen**

Dem **Anlagevermögen** sind handels- und steuerrechtlich alle Wirtschaftsgüter zuzuordnen, die dazu bestimmt sind, auf Dauer dem Betrieb zu dienen.[150] In Negativabgrenzung folgt hieraus, daß alle Wirtschaftsgüter, die weder dem Anlagevermögen zuzuordnen noch als Rechnungsabgrenzungsposten auszuweisen sind, dem **Umlaufvermögen** zuzurechnen sind.

Maßgebend für die Zuordnung ist die jeweilige **Zweckbestimmung** sowie die Dauer der zweckbestimmten Zugehörigkeit, die allein zeitlich bemessene Zugehörigkeit zum Betriebsvermögen ist hingegen unbeachtlich.

Beispiel:

Eine Maschine, die gebraucht erworben wird und lediglich zum Ausgleich eines vorübergehenden betrieblichen Engpasses für 4 Monate eingesetzt und danach veräußert werden soll, ist aufgrund ihrer Zweckbestimmung dem Anlagevermögen zuzuordnen. Sie dient während der gesamten Dauer ihrer Zugehörigkeit dem Betrieb.

Die Zweckbestimmung eines Wirtschaftsgutes ergibt sich somit aus seiner tatsächlichen Verwendung im Rahmen des Unternehmenszwecks (= objektive Funktion des Wirtschaftsgutes) oder der subjektiven Zweckbestimmung, d.h. dem objektiv erkennbaren Willen des Steuerpflichtigen.[151] Die beispielhafte Auflistung typischer Gegenstände des Anlagevermögens im Grundgliederungsschema der Bilanz von Kapitalgesellschaften gemäß § 266 Abs. 2 HGB vermittelt hierbei Anhaltspunkte im Sinne einer widerlegbaren Vermutung. Da die Zweckbestimmung durch eine Umwidmungsentscheidung des Steuerpflichtigen jederzeit geändert werden kann, ist für die Zuordnung zum Anlage- oder Umlaufvermögen die jeweilige Zweckbestimmung am Abschlußstichtag maßgebend.

Dem **Umlaufvermögen** sind insbesondere Wirtschaftsgüter zugehörig, die wie z.B. sog. Verbrauchsgüter dazu bestimmt sind, in einem einmaligen Akt veräußert oder verbraucht zu werden (z.B. Rohstoffe, Fertigerzeugnisse, Handelswaren). Auch hier gilt, daß Wirtschaftsgüter die im Grundgliederungsschema des

---

[150] so auch die ständige Rechtsprechung des BFH, z.B. BFH vom 2.2.1990, BStBl II 1990, 706
[151] BFH vom 2.2.1990, BStBl II 1990, 706

§ 266 Abs. 2 HGB unter der Postengruppe B aufgeführt sind, die Vermutung einer Zugehörigkeit zum Umlaufvermögen begründen.[152]

Abbildung 31 verdeutlicht beispielhaft das Grundgliederungsschema der Bilanz großer Kapitalgesellschaften gemäß § 266 Abs. 2 HGB; Einzelunternehmer und Personengesellschaften sind zwar nicht an die dortige Postenbezeichnung, -gruppierung und -abfolge gebunden, die Zuordnungsvermutung kann aber auch bei Nichtkapitalgesellschaften auf § 266 Abs. 2 HGB gestützt werden.

Für wirtschaftliche Sachverhalte, die als Wirtschaftsgüter des Anlagevermögens oder Umlaufvermögens abstrakt bilanzierungsfähig sind, muß im gedanklich folgenden Schritt geprüft werden, ob sie **konkret bilanzierungsfähig** sind, d.h. in der Bilanz ausgewiesen werden müssen oder dürfen bzw. ob ihr Ansatz untersagt ist.

---

[152] BFH vom 2.2.1990, BStBl II 1990, 706, 708

Aktivseite	Bilanz	Passivseite

A. Anlagevermögen:
   I. Immaterielle Vermögensgegenstände:
     1. Konzessionen, gewerbliche Schutzrechte und ähnliche Rechte und Werte sowie Lizenzen an solchen Rechten und Werten;
     2. Geschäfts- oder Firmenwert;
     3. geleistete Anzahlungen;
   II. Sachanlagen:
     1. Grundstücke, grundstücksgleiche Rechte und Bauten einschließlich der Bauten auf fremden Grundstücken;
     2. technische Anlagen und Maschinen;
     3. andere Anlagen, Betriebs- und Geschäftsausstattung;
     4. geleistete Anzahlungen und Anlagen im Bau;
   III. Finanzanlagen:
     1. Anlagen an verbundenen Unternehmen;
     2. Ausleihungen an verbundene Unternehmen;
     3. Beteiligungen;
     4. Ausleihungen an Unternehmen, mit denen ein Beteiligungsverhältnis besteht;
     5. Wertpapiere des Anlagevermögens;
     6. sonstige Ausleihungen.
 B. Umlaufvermögen:
   I. Vorräte:
     1. Roh-, Hilfs- und Betriebsstoffe;
     2. unfertige Erzeugnisse, unfertige Leistungen;
     3. fertige Erzeugnisse, Waren;
     4. geleistete Anzahlungen;
   II. Forderungen und sonstige Vermögensgegenstände:
     1. Forderungen aus Lieferungen und Leistungen;
     2. Forderungen gegen verbundene Unternehmen;
     3. Forderungen gegen Unternehmen, mit dem ein Beteiligungsverhältnis besteht;
     4. sonstige Vermögensgegenstände;
   III. Wertpapiere:
     1. Anteile an verbundenen Unternehmen;
     2. eigene Anteile;
     3. sonstige Wertpapiere;
   IV. Schecks, Kassenbestand, Bundesbank- und Postgiroguthaben, Guthaben bei Kreditinstituten.
 C. Rechnungsabgrenzungsposten.
		A. Eigenkapital:
		   I. Gezeichnetes Kapital;
		   II. Kapitalrücklage;
		   III. Gewinnrücklage;
		     1. Gesetzliche Rücklage;
		     2. Rücklage für eigene Anteile;
		     3. satzungsmäßige Rücklagen;
		     4. andere Gewinnrücklagen;
		   IV. Gewinnvortrag / Verlustvortrag;
		   V. Jahresüberschuß / Jahresfehlbetrag.
		 B. Rückstellungen:
		   1. Rückstellungen für Pensionen und ähnliche Verpflichtungen;
		   2. Steuerrückstellungen;
		   3. sonstige Rückstellungen.
		 C. Verbindlichkeiten:
		   1. Anleihen, davon konvertibel;
		   2. Verbindlichkeiten gegenüber Kreditinstituten;
		   3. erhaltene Anzahlungen auf Bestellungen;
		   4. Verbindlichkeiten aus Lieferungen und Leistungen;
		   5. Verbindlichkeiten aus der Annahme gezogener Wechsel und der Ausstellung eigener Wechsel;
		   6. Verbindlichkeiten gegenüber verbundenen Unternehmen;
		   7. Verbindlichkeiten gegenüber Unternehmen, mit denen ein Beteiligungsverhältnis besteht;
		   8. sonstige Verbindlichkeiten, davon aus Steuern, davon im Rahmen der sozialen Sicherheit.
		 D. Rechnungsabgrenzungsposten.

Abb. 31: Bilanzgliederung gemäß § 226 Abs. 2 und 3 HGB

4.4.1.2 Konkrete Bilanzierungsfähigkeit: Aktivierungspflicht, Aktivierungswahlrechte und Aktivierungsverbote

Abstrakt bilanzierungsfähige wirtschaftliche Sachverhalte, die als aktive Wirtschaftsgüter zu qualifizieren sind und dem Betriebsvermögen sachlich zugerechnet werden, sind aufgrund des Vollständigkeitsprinzips grundsätzlich aktivierungspflichtig, es sei denn, dem Bilanzansatz steht ein Aktivierungsverbot entgegen. Damit gilt damit folgende Verknüpfung:

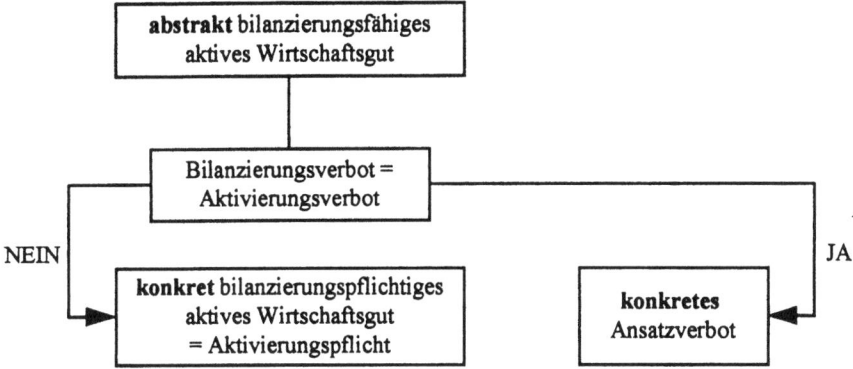

Abb. 32: Aktivierungsfähigkeit, Aktivierungspflicht und Aktivierungsverbot

Materielle aktive Wirtschaftsgüter sind insoweit uneingeschränkt **aktivierungspflichtig**; für **immaterielle aktive Wirtschaftsgüter** gilt dies gemäß § 5 Abs. 2 EStG nur, wenn sie entgeltlich erworben wurden. Daraus folgt im Umkehrschluß, daß nicht entgeltlich erworbene, also selbst geschaffene 'originäre' immaterielle Wirtschaftsgüter nicht aktiviert werden dürfen (Aktivierungsverbot). Das steuerrechtliche Aktivierungsverbot für nicht entgeltlich erworbene immaterielle Wirtschaftsgüter läßt sich im übrigen auch auf § 5 Abs. 1 S. 1 HGB stützen: Durch das Maßgeblichkeitsprinzip wird das handelsrechtliche Aktivierungsverbot gemäß § 248 Abs. 2 HGB als handelsrechtlicher Grundsatz ordnungsmäßiger Buchführung in die steuerliche Gewinnermittlung buchführender Kaufleute transportiert.

Das Aktivierungsverbot gilt handels- und steuerrechtlich auch für den originären Geschäfts- oder Firmenwert; soweit ein **Geschäfts- oder Firmenwert** im Zuge einer Unternehmensübernahme entgeltlich erworben wurde, besteht steuerrechtlich grundsätzlich **Aktivierungspflicht**.

Für immaterielle Wirtschaftsgüter sowie den Geschäfts- oder Firmenwert gilt somit:

Immaterielle Wirtschaftsgüter	Handelsrecht	Steuerrecht
entgeltlich erworben	Aktivierungspflicht	Aktivierungspflicht
nicht entgeltlich erworben	Aktivierungsverbot	Aktivierungsverbot

Geschäfts- oder Firmenwert	Handelsrecht	Steuerrecht
entgeltlich erworben	Aktivierungswahlrecht	Aktivierungspflicht
nicht entgeltlich erworben	Aktivierungsverbot	Aktivierungsverbot

Abb. 33: Handels- und steuerrechtliche Behandlung immaterieller Wirtschaftsgüter

Durch das Aktivierungsverbot für originäre immaterielle Wirtschaftsgüter (z.B. selbstentwickelte und im Unternehmen eingesetzte Anwendersoftware, selbstentwickelte Patente) soll verhindert werden, daß die Vermögenslage durch Ansatz wertunsicherer, ihrer Natur nach als werthaltige Einzelobjekte schwer 'greifbare' Wirtschaftsgüter zu günstig dargestellt wird. Im übrigen gebietet nach der ständigen Rechtsprechung des BFH das Vorsichtsprinzip, daß eine objektiv feststellbare Gegenleistung in Form von Anschaffungskosten vorliegt, die den Wert des immateriellen Wirtschaftsguts am Markt quasi 'bestätigt'.[153] Durch das Aktivierungsverbot wird zweifellos dem Grundsatz der Vorsicht uneingeschränkt Rechnung getragen; daß originäre immaterielle Wirtschaftsgüter jedoch in ihrer Werthaltigkeit schwer 'greifbar' sein sollen, überzeugt m.E. nicht, da z.B. bei der Wertermittlung auf Hilfswerte zurückgegriffen werden könnte (in Betracht könnten z.B. fiktive Anschaffungskosten vergleichbaren DV-Anwendersoftware kommen).

Der **entgeltliche Erwerb** eines immateriellen aktiven Wirtschaftsgutes setzt regelmäßig voraus, daß das Wirtschaftsgut entweder durch einen Hoheitsakt (z.B. Kon-

---

[153] vgl. z.B. BFH vom 3.8.1993, BStBl II 1994, 444

zession) oder auf der Basis eines Rechtsgeschäfts im Austausch für eine näher bestimmte Gegenleistung übertragen wird. Durch das Kriterium 'Entgeltlichkeit' soll sichergestellt werden, daß für immaterielle Anlagen getätigte Aufwendungen nur dann aktiviert werden, wenn der Markt diese in Form von Anschaffungskosten 'bestätigt' hat.[154]

Beispiel:
Transferentschädigungen eines Fußballclubs, die im Rahmen der Anstellung eines Lizenzfußballers gezahlt werden, stellen Anschaffungskosten eines immateriellen Wirtschaftsgutes, da die dadurch erlangte Spielerlaubnis des DFB als immaterielle Gegenleistung zu behandeln ist (*BFH vom 26.8.1992, BStBl II 1992, 977*). Das immaterielle Wirtschaftsgut 'Spielerlaubnis' ist zu aktivieren und auf die Nutzungsdauer bezogen planmäßig abzuschreiben; die Nutzungsdauer entspricht der Laufzeit des mit dem Spieler geschlossenen Arbeitsvertrages. Nach dem Bosman-Urteil des EuGH vom 15.12.1995 sind innerhalb der EU-Mitgliedstaaten Transferzahlungen nicht mehr zulässig. Damit entfällt das unabdingbare Merkmale des 'entgeltlichen Erwerbs', so daß nur noch Transferzahlungen für Spieler aus Staaten außerhalb der EU als immaterielle Wirtschaftsgüter aktiviert werden können.

Grundsätzlich nicht erforderlich ist es, daß das immaterielle Wirtschaftsgut vor Abschluß des Erwerbsgeschäftes bereits bestanden hat, es reicht vielmehr aus, daß das Wirtschaftsgut durch Vertragsabschluß begründet wird.[155]

Damit läßt sich für den Steuerbilanzansatz aktiver materieller und immaterieller Wirtschaftsgüter zusammenfassend feststellen:

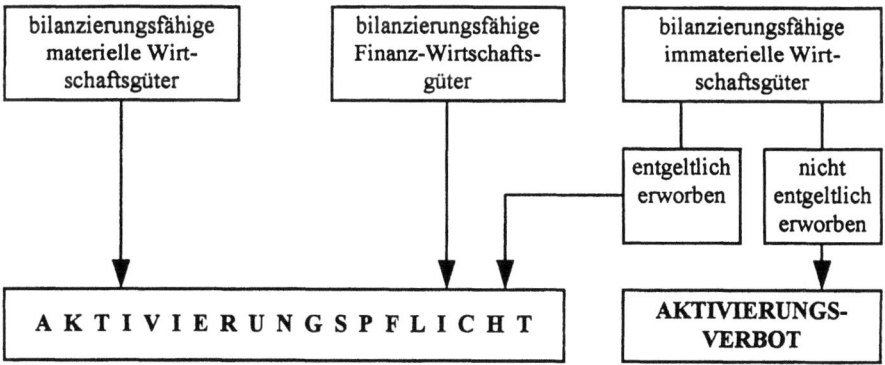

Abb. 34: Zusammenfassende Darstellung der Aktivierung aktiver Wirtschaftsgüter

---

[154] so z.B. BFH vom 20.8.1986, BStBl II 1987, 455
[155] so z.B. BFH vom 3.8.1993, BStBl II 1994, 444

4.4.1.3 Bilanzierungshilfen

Bilanzierungshilfen sind weder Vermögensgegenstände noch Rechnungsabgrenzungsposten im handelsrechtlichen, noch Wirtschaftsgüter oder Rechnungsabgrenzungposten im steuerrechtlichen Sinne; sie lassen sich als Bilanzposten verstehen, die der (handelsrechtlichen) Erfolgsabgrenzung aufeinanderfolgender Rechnungsperioden dienen. Durch das an sich systemwidrige handelsrechtliche Aktivierungswahlrecht für Bilanzierungshilfen wird in der Handelsbilanz ein überhöhter, den GoB nicht entsprechender Wertausweis des Vermögens erlaubt. Als Bilanzierungshilfen können im handelsrechtlichen Jahresabschluß von Kapitalgesellschaften angesetzt werden:

(1) **Aufwendungen für die Ingangsetzung des Geschäftsbetriebes und dessen Erweiterung**, soweit sie nicht bilanzierungsfähig sind (*§ 269 HGB*)

Dieses Aktivierungswahlrecht bezweckt eine Verteilung einmalig hoher Aufwendungen im Zuge der Schaffung einer Aufbau- und Ablauforganisation auf mehrere Rechnungsperioden durch Aktivierung und anschließende Abschreibungsverrechnung. Dabei ist allerdings das Ausschüttungssperrgebot gemäß § 269 S. 2 HGB zu beachten.

(2) **Abgrenzungsposten für sog. 'latente' Steuern gemäß § 274 Abs. 2 HGB**

Das Aktivierungswahlrecht für diesen Bilanzposten dient der Periodenabgrenzung sowie einer zutreffenden Darstellung der Vermögenslage. Ursächlich für die Steuerabgrenzung sind „... *temporäre Abweichungen zwischen handelsrechtlichem Ergebnis vor Ertragsteuern und steuerpflichtigem Einkommen vor Ertragsteuern aufgrund unterschiedlicher Bilanzierungs- und Bewertungsvorschriften im Handels- und Steuerrecht*".[156] Auch in diesem Falle ist ein entsprechendes Ausschüttungssperrgebot zu beachten (*§ 274 Abs. 2 S. 3 HGB*).

In der **Steuerbilanz** ist der Ansatz von Bilanzierungshilfen grundsätzlich **nicht zulässig**, da regelmäßig nur Wirtschaftsgüter und Rechnungsabgrenzungsposten aktivierungsfähig sind (= **Aktivierungsverbot** für handelsrechtliche Bilanzierungshilfen). Abweichend hiervon sind jedoch sog. **Bilanzierungshilfen sui generis** auch in der Steuerbilanz anzusetzen; dazu zählen

- Das **aktive Sonderverlustkonto** aus Rückstellungsbildung i.S.d. § 17 Abs. 4 DMBilG, das in die steuerliche Eröffnungsbilanz übernommen und in die nachfolgenden Steuerbilanzen zu übertragen ist (Bilanzenzusammenhang) sowie

- das **Beteiligungsentwertungskonto** gemäß § 24 Abs. 5 DMBilG, das vom ausgleichspflichtigen Mutterunternehmen in der steuerlichen Eröffnungsbilanz aktiviert werden muß und in die nachfolgenden Steuerbilanzen zu übertragen ist (Bilanzenzusammenhang).

---

[156] Adler/Düring/Schmaltz 1992, Rn. 2 zu § 274 HGB; vgl. auch Bossert/Manz 1996, S. 180 ff.

4.4.1.4 Passive Wirtschaftsgüter: Wirtschaftsgutbegriff, abstrakte und konkrete Bilanzierungsfähigkeit

Nach § 242 Abs. 1 S. 1 HGB ist handelsrechtlich ein das Verhältnis von 'Vermögen und Schulden' darstellender Abschluß zu erstellen. Dies gilt für den Betriebsvermögensvergleich entsprechend: Den aktiven Wirtschaftsgütern werden passive Wirtschaftsgüter in Form von Verbindlichkeiten gegenübergestellt. Die Verbindlichkeiten werden dabei i.d.R. sowohl handels- wie auch steuerrechtlich als Oberbegriff für dem Grunde und der Höhe nach gewisse und ungewisse Schulden verstanden:

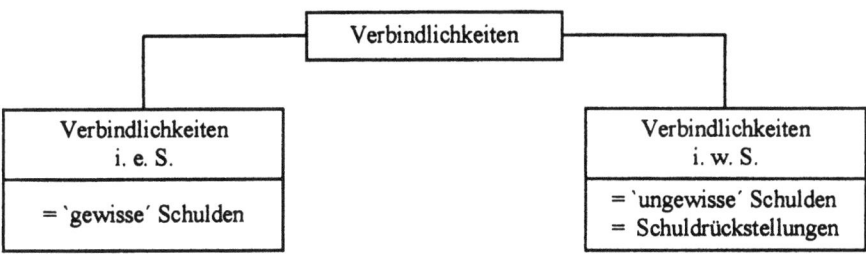

Abb. 35: Systematik der Verbindlichkeiten

Während in der Rechtsprechung des BFH detaillierte Merkmale zur Abgrenzung aktiver Wirtschaftsgüter entwickelt und fortentwickelt wurden, trifft dies für die passiven Wirtschaftsgüter nicht zu; in seiner neueren Rechtsprechung verwendet der BFH den Begriff des passiven (oder negativen) Wirtschaftsgutes vielmehr überhaupt nicht mehr. Unabhängig hiervon gilt jedoch, daß passive Wirtschaftsgüter im wesentlichen durch dieselben, wenn auch quasi spiegelbildlich verkehrten Merkmale bestimmt sind, wie sie für die Abgrenzung aktiver Wirtschaftsgüter zugrunde gelegt wurden. Passive Wirtschaftsgüter lassen sich damit im wesentlichen durch folgende Begriffsmerkmale charakterisieren:

- Bestehende **rechtliche oder wirtschaftliche Verpflichtung** gegenüber Dritten, denen sich das Unternehmen aus rechtlichen, wirtschaftlichen oder sittlichen Gründen nicht entziehen kann,
- die in einer **späteren Periode** mit hinreichender Sicherheit zu **Ausgaben** führt und
- als **selbständig bewertungsfähige wirtschaftliche Last** abgegrenzt werden kann.

Während sich dabei die Abgrenzung der Verbindlichkeiten i.e.S. als vergleichsweise unproblematisch darstellt, können bei der Abgrenzung von Verbindlichkeiten i.w.S. durchaus Probleme auftreten, mit denen sich die Rechtsprechung intensiv auseinander gesetzt hat.

Eine als 'Schuld' bilanzierungsfähige Verpflichtung kann rechtlich oder wirtschaftlich begründet sein. Rechtlich begründete Verpflichtungen wie Lieferantenverbindlichkeiten, Verbindlichkeiten gegenüber Kreditinstituten, Wechselverbindlichkeiten, Anleihen usw. lassen sich als dem Grunde nach feststehende und der Höhe nach eindeutig quantifizierbare gesetzliche oder vertragliche Verpflichtungen eines Unternehmens gegenüber Dritten definieren.[157] Die eindeutige Quantifizierbarkeit läßt i.d.R. mit hinreichender Sicherheit erwarten, daß aufgrund z.B. vertraglicher Verpflichtungen Ausgaben zu leisten sind und sich die Verpflichtung zu einer selbständig bewertungsfähigen wirtschaftlichen Last konkretisieren läßt. Soweit die genannten Merkmale erfüllt sind, ist abstrakte Bilanzierungsfähigkeit gegeben. Rechtlich begründete Verpflichtungen müssen nicht notwendigerweise zivilrechtlicher Art sein, sie können auch auf Normen des öffentlichen Rechts basieren (z.B. Gebührenverpflichtung) oder auf einer **faktischen Leistungsverpflichtung** beruhen. Auch in diesem Falle muß natürlich vorausgesetzt werden, daß sich die faktische Leistungsverpflichtung gegenüber Dritten so konkretisieren läßt, daß sie als selbständig bewertungsfähige wirtschaftliche Last abgegrenzt werden kann. Im wesentlichen werden im Rahmen faktischer Leistungsverpflichtungen zwei Fallgruppen zu unterscheiden sein:

- **Leistungsverpflichtungen**, die in der zurückliegenden Rechnungsperiode wirtschaftlich verursacht wurden und bei denen aus der Sicht eines ordentlichen Kaufmanns mit Sicherheit angenommen werden muß, daß sie **künftig rechtlich begründet** werden; derartige Leistungsverpflichtungen sind somit bereits vor ihrer rechtlichen Entstehung bilanzierungsfähig.

Beispiel:

TÜV-Abnahme eines im letzten Monat der zurückliegenden Rechnungsperiode erstellten vollautomatisierten Hochreallagers. Der TÜV-Gebührenbescheid steht noch aus. In diesem Falle wird die faktische Leistungsverpflichtung in der zurückliegenden Rechnungsperiode wirtschaftlich verursacht und erst in der kommenden Periode durch eine Eingangsrechnung rechtlich begründet. Der faktischen Leistungsverpflichtung wird durch Rückstellungsbildung (= Verbindlichkeit i.w.S.) entsprochen.

- **Leistungsverpflichtungen**, denen sich das Unternehmen aus **wirtschaftlichen oder sittlichen Gründen** nicht entziehen kann, obwohl sie weder rechtlich begründet sind noch künftig rechtlich begründet werden.[158]

---

[157] so auch BFH vom 20.1.1993, BStBl II 1993, 373
[158] vgl. z.B. BFH vom 31.5.1954, BStBl III 1954, 222; BFH vom 20.11.1962, BStBl III 1963, 113

Beispiel:

Die Automobil-AG ist auch künftig bereit, Mängel, die nach Ablauf des Gewährleistungszeitraums auftreten, unentgeltlich zu beheben, soweit vom Hersteller 'Automobil-AG' definierte Kriterien (km-Stand, Kulanzzeitraum usw.) erfüllt sind. Die Bereitschaft zur Erbringung solcher Kulanzleistungen ist ausschließlich wirtschaftlich begründet, da hierdurch der gute Ruf des Herstellers gesichert und marktüblichen Gepflogenheiten der Wettbewerber entsprochen werden soll. Auch in diesem Falle wird der faktischen Leistungsverpflichtung durch Rückstellungsbildung Rechnung getragen (= Verbindlichkeit i.w.S.).

Öffentlich-rechtliche Verpflichtungen sind nur dann als Verbindlichkeiten abstrakt bilanzierungsfähig, wenn die Verpflichtung nach Inhalt und Entstehungszeitpunkt hinreichend konkretisiert ist, d.h. durch Gesetz (z.B. Steuergesetze) oder behördliche Verfügungen (z.B. Verwaltungsakt) ein inhaltlich bestimmtes Handeln innerhalb eines bestimmten Zeitraums vorgeschrieben wird und ein Verstoß hiergegen Sanktionen nach sich zieht. Durch diese vergleichsweise strengen Anforderungen soll insbesondere sichergestellt werden, daß eine Passivierung nicht passivierungsfähiger Aufwandsrückstellungen unterbleibt.

Beispiele:

Die öffentlich-rechtliche Verpflichtung zur Buchung der laufenden Geschäftsvorfälle des Vorjahres ist nach Inhalt und Entstehungszeitpunkt soweit konkretisiert, daß eine passivierungsfähige Verbindlichkeit begründet wird (*BFH vom 25.3.1992, BStBl II 1992, 1010; H 31 c (3) EStR 1993*).

Soweit eine Betriebsprüfungsanordnung ergangen ist, liegt eine hinreichend konkretisierte öffentlich-rechtliche Verpflichtung vor; die damit verbundenen Aufwendungen begründen eine passivierungsfähige Verbindlichkeit. Solange die Prüfungsanordnung fehlt, ist mangels Konkretisierung die Passivierungsfähigkeit zu verneinen (*BFH vom 24.8.1972, BStBl II 1973, 55; H 31 c (3) EStR 1993*).

Soweit die Begriffsmerkmale erfüllt sind, läßt sich somit zusammenfassend feststellen:

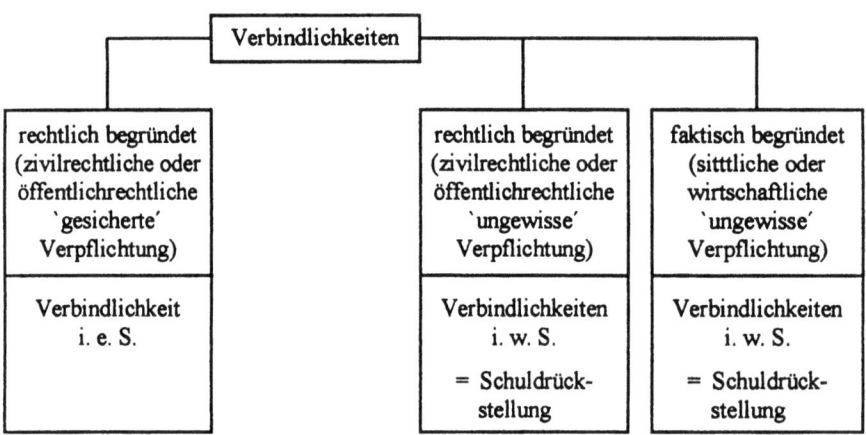

Abb. 36: Verbindlichkeiten

Da nur bestehende rechtliche oder faktische Verpflichtungen bilanzierungsfähig sind, soweit sie sich als Last hinreichend konkretisieren lassen, muß ferner vorausgesetzt werden, daß die Verpflichtungen in der **zurückliegenden Rechnungsperiode wirtschaftlich verursacht** wurden. Die wirtschaftliche Verursachung ist nach der ständigen Rechtsprechung des BFH stets gegeben, wenn die Ursache für eine Verpflichtung kausal mit den betrieblichen Leistungserstellungs- und -verwertungsprozessen der zurückliegenden Rechnungsperiode verbunden ist und sich diesen unmittelbar zuordnen läßt. Dies ist regelmäßig der Fall, wenn die künftig zu erwartenden Ausgaben einen unmittelbaren Bezug zu Erträgen der zurückliegenden Rechnungsperiode aufweisen und eine periodengerechte Aufwandsverrechnung die Berücksichtigung der Verpflichtung sachlich rechtfertigt.[159]

Beispiele:

Die Bildung einer Gewährleistungsrückstellung in der Periode t1 ist unmittelbarer Ausfluß der in dieser Periode getätigten Verkäufe (= Umsatzerlöse), so daß die Verpflichtung in t1 wirtschaftlich verursacht ist. Die Rückstellungsbildung dient insoweit auch einer korrekten Periodisierung von Aufwendungen.

Die wirtschaftliche 'Verpflichtung', eine Maschine nach einer bestimmten Anzahl von Betriebsstunden einer Regelwartung zu unterziehen, ist zwar durch die betriebsbedingte Nutzung der Maschine verursacht, stellt aber keine Maßnahme dar, die durch Bildung einer Rückstellung für künftig zu erwartende Regelwartungs- Aufwendungen als bilanzierungsfähige Schuld erfaßt werden kann, so daß die abstrakte Bilanzierungsfähigkeit fehlt. Die künftige Regelwartung ist nicht Ausfluß der bisherigen Nutzung der Maschine, sie dient vielmehr der Aufrechterhaltung der künftigen Einsatzbereitschaft.

---

[159] vgl. z.B. Moxter 1985, S. 59; BFH vom 25.8.1989, BStBl II 1989, 893

Somit gilt hinsichtlich der abstrakten Bilanzierungsfähigkeit von Verbindlichkeiten grundsätzlich:

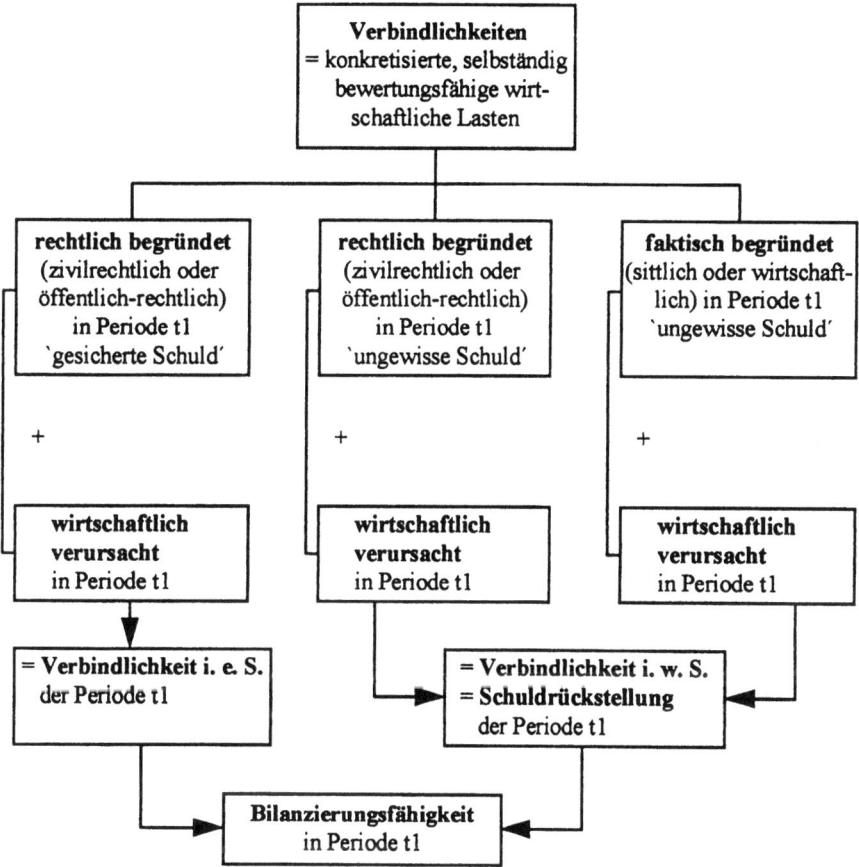

Abb. 37: Abstrakte Bilanzierungsfähigkeit von Verbindlichkeiten

Beispiele:

Rechtlich begründete, 'gesicherte' Verbindlichkeiten i.e.S.:

Lieferantenschulden, Bankschulden, Anleihen

Rechtlich begründete 'ungewisse' Verbindlichkeiten i.w.S.:

Garantierückstellung, Steuerrückstellung

Faktisch begründete 'ungewisse Verbindlichkeiten i.w.S.:

Kulanzrückstellung

Abstrakt bilanzierungsfähige Verbindlichkeiten sind aus dem Vollständigkeitsgebot heraus grundsätzlich **passivierungspflichtig**, es sei denn der konkrete Bilanzansatz wird durch ein **Passivierungsverbot** verhindert oder in Form eines Passivierungswahlrechtes in das Ermessen des Bilanzierenden gestellt.

4.4.1.5 Passivierungspflichten, Passivierungswahlrechte und Passivierungsverbote

In schematisch vereinfachter Form lassen sich Passivierungspflichten, -wahlrechte und -verbote für die Steuerbilanz wie folgt zusammenfassen:

Passivierungspflicht:

(1) Verbindlichkeiten i.e.S.
(2) Rückstellungen für ungewisse Verbindlichkeiten
(3) Rückstellungen für drohende Verluste aus schwebenden Geschäften
(4) Garantierückstellungen
(5) Kulanzrückstellungen
(6) Rückstellungen für unterlassene Instandhaltung, die innerhalb von drei Monaten nach dem Abschlußstichtag nachgeholt wird
Rückstellungen für Abraumbeseitigung, die im folgenden Geschäftsjahr nachgeholt wird

Passivierungswahlrechte:

(1) Pensionsrückstellungen, soweit die laufenden Pensionen oder Anwartschaften vor dem 1.1.1987 rechtsverbindlich zugesagt wurden
(2) Jubiläumsrückstellungen, die für Wirtschaftsjahre gebildet wurden, die vor dem 31.12.1988 enden

Passivierungsverbote:

(1) Rückstellungen für mittelbare Pensionszusagen und ähnliche Verpflichtungen
Aufwandsrückstellungen mit Ausnahme von (6) und (7)

Abb. 38: Passivierungspflichten, Passivierungswahlrechte und Passivierungsverbote

(1) Rückstellungen für ungewisse Verbindlichkeiten

Ungewisse Verbindlichkeiten sind Verbindlichkeiten gegenüber Dritten, die dem Grunde nach wahrscheinlich bestehen oder entstehen werden und/oder nach Höhe und/oder nach dem Zeitpunkt der Inanspruchnahme unsicher sind. Vorausgesetzt wird aber stets, daß eine Inanspruchnahme wahrscheinlich ist, d.h. der Steuerpflichtige ernsthaft damit rechnen muß, in Anspruch genommen zu werden. Die Wahrscheinlichkeit der Inanspruchnahme ist nach der ständigen Rechtsprechung des BFH aufgrund objektiver am Abschlußstichtag vorliegender Umstände zu beurteilen, wobei 'mehr Gründe für als gegen die Inanspruchnahme sprechen' müssen.[160] Ungewisse Verbindlichkeiten können sowohl zivilrechtlicher als auch öffentlich-rechtlicher (z.B. Geldleistungs- und Sachleistungsverpflichtungen gegenüber einer Gemeinde) Natur sein; nicht erforderlich ist, daß der Gläubiger dem bilanzierenden Unternehmen bekannt ist.

Zu den grundsätzlich **passivierungspflichtigen** Rückstellungen für ungewisse Verbindlichkeit zählen auch **Pensionsrückstellungen**, für die in der Steuerbilanz jedoch gemäß § 6a Abs. 1 EStG ein Passivierungswahlrecht eingeräumt wurde. Das gesetzliche Passivierungswahlrecht gemäß § 6a Abs. 1 EStG ist allerdings nur theoretischer Natur, da das Maßgeblichkeitsprinzip die handelsrechtliche Passivierungspflicht für Pensionszusagen, die nach dem 31.12.1986 erteilt wurden,[161] auf die Steuerbilanz überträgt, soweit die in § 6a Abs. 1 Nrn. 1 - 3 EStG genannten Voraussetzungen erfüllt sind, d.h.

- ein **Rechtsanspruch** des Pensionsberechtigten gegeben ist,
- die **Pensionszusage keinen** oder nur einen unschädlichen **Vorbehalt** enthält und
- die **Pensionszusage schriftlich** erteilt wurde.

Während demnach für Pensions**neuzusagen**, die nach dem 31.12.1986 erteilt wurden, entgegen § 6a EStG auch in der Steuerbilanz **Passivierungspflicht** besteht, gilt das handels- und steuerrechtliche **Passivierungswahlrecht** für sogenannte **Altzusagen**, die vor dem 1.1.1987 rechtsverbindlich erteilt wurden, weiter.[162] Maßgeblich für die zeitliche Zuordnung ist der Zeitpunkt der arbeitsrechtlichen Verpflichtungserklärung.

Ebenfalls unter Rückstellungen für ungewisse Verbindlichkeiten fallen **Rückstellungen wegen Verletzung fremder Patent-, Urheber- oder ähnlicher Schutzrechte** i.S.d. § 5 Abs. 3 EStG. Derartige Rückstellungen dürfen aber nur gebildet werden, wenn der Rechtsinhaber tatsächlich Ansprüche wegen der Rechtsverletzung geltend gemacht hat oder mit einer Inanspruchnahme ernsthaft zu rechnen ist (*§ 5 Abs. 3 S. 1 Nrn. 1, 2 EStG*). Auch hier gilt, daß mit der Inanspruchnahme ernsthaft zu rechnen ist, wenn bei objektiver Würdigung mehr

---

[160] BFH vom 8.7.1992; R 31 c (5) EStR 1993
[161] Art. 28 EGHGB
[162] Art. 28 EGHGB

Gründe dafür als dagegen sprechen. Soweit der Rechtsinhaber keine Ansprüche geltend gemacht hat, ist die Rückstellung spätestens in der Bilanz des dritten auf die erstmalige Bildung folgenden Wirtschaftsjahres gewinnerhöhend aufzulösen (*§ 5 Abs. 3 S. 2 EStG*).

Rückstellungen für die Verpflichtung zu einer Jubiläumszuwendung stellen gleichfalls Rückstellungen für ungewisse Verbindlichkeiten dar, da sie auf Erfüllungsrückstände aus einem Arbeits- oder Dienstverhältnis abstellen. Solche Rückstellungen dürfen nur gebildet werden, wenn die in § 5 Abs. 4 EStG genannten Voraussetzungen erfüllt sind, d.h. das Dienstverhältnis mindestens 10 Jahre bestanden hat, das Dienstjubiläum das Bestehen eines Dienstverhältnisses von mindestens 15 Jahren voraussetzt und die Zusage schriftlich erteilt wurde. Nach h.M. ist die Rückstellung für Jubiläumszuwendungen handels- und steuerrechtlich **passivierungspflichtig**, steuerrechtlich allerdings nur insoweit, als die genannten Voraussetzungen erfüllt sind. Hiervon abweichend räumt die Finanzverwaltung für Wirtschaftsjahre, die vor dem 31.12.1988 enden, ein **Passivierungswahlrecht** ein. Soweit von dem Wahlrecht Gebrauch gemacht wurde, ist die Rückstellung für Jubiläumszuwendungen gemäß § 52 Abs. 6 EStG in den Bilanzen des nach dem 30.12.1988 endenden Wirtschaftsjahres und den beiden folgenden Wirtschaftsjahren mit mindestens je einem Drittel gewinnerhöhend aufzulösen. Die Passierungspflicht greift insoweit erst ab Wirtschaftsjahr 1993 und auch nur dann, wenn die Voraussetzungen nach § 5 Abs. 4 EStG gegeben sind.

(2) **Rückstellungen für drohende Verluste aus schwebenden Geschäften**

Handels- und steuerrechtlich gilt im Regelfall, daß schwebende Geschäfte bilanziell nicht berücksichtigungsfähig sind, d.h. Forderungen und Verbindlichkeiten aus schwebenden Geschäften bleiben unberücksichtigt, solange sie sich wertidentisch gegenüberstehen und ausgleichen. Die Nichtbilanzierung **schwebender Geschäfte** ist Ausfluß von Vorsichts-, Realisations- und Imparitätsprinzip, wobei das grundsätzliche Bilanzierungsverbot schwebender Geschäfte lediglich in Ausnahmefällen durchbrochen wird. Beispielhaft hierfür seien genannt:

- **Vorleistungen** von Kunden auf zu erbringende eigene Lieferungen oder Leistungen in Form **erhaltener Anzahlungen** bzw. von **Rechnungsabgrenzungsposten,**
- **Vorleistungen** gegenüber Lieferanten auf von diesen noch zu erbringende Lieferungen oder Leistungen in Form **geleisteter Anzahlungen** bzw. von **Rechnungsabgrenzungsposten** sowie
- **Rückstellungen für drohende Verluste aus schwebenden Geschäften**.

Drohverlustrückstellungen sind gemäß § 249 Abs. 1 S. 1 HGB i.V.m. § 5 Abs. 1 EStG **passivierungspflichtig**.[163] Vorausgesetzt wird regelmäßig, daß ein schwebendes Absatz- oder Beschaffungsgeschäft vorliegt, das mit einem konkreten Verlustrisiko behaftet ist. Ein drohender Verlust ist nach der ständigen Rechtsprechung des BFH immer dann anzunehmen, wenn aufgrund konkreter Anzeichen die Wahrscheinlichkeit gegeben ist, daß voraussichtlich ein 'Verpflichtungsüberschuß' entstehen wird, d.h. Wert der eigenen Verpflichtungen aus dem schwebenden Rechtsgeschäft den Wert der Ansprüche auf Gegenleistungen übersteigt. Die Wahrscheinlichkeit, daß ein **Verpflichtungsüberschuß** gegeben sein wird, ist auch in diesem Falle immer dann zu bejahen, wenn mehr Gründe dafür als dagegen sprechen.

Die Drohverlustrückstellung wird zwar vielfach als Unterfall einer Rückstellung für ungewisse Verbindlichkeiten eingestuft, im Gegensatz zu dieser ist sie jedoch nicht vergangenheits- sondern zukunftsgerichtet: Der Verpflichtungsüberschuß wird als Saldo künftiger Verpflichtungen (= Aufwendungen) und künftiger Ansprüche (= Erträge) ermittelt und ist auch dann zu bilden, wenn Grund und Höhe des Verpflichtungsüberschusses gewiß sind oder ein Verpflichtungsüberschuß bewußt in Kauf genommen wird.[164]

Damit ist z.B. bei einem **Beschaffungsgeschäft** eine Drohverlustrückstellung zu bilden, wenn der Wert der Kaufpreisschuld gegenüber dem Lieferanten über dem Teilwert des noch nicht gelieferten Wirtschaftsgutes liegt; der Teilwert wird dabei fiktiv zum Bilanzstichtag festgestellt, d.h. es wird so verfahren, als ob das Wirtschaftsgut bereits geliefert worden wäre. Im Falle eines **Absatzgeschäftes** ist eine Drohverlustrückstellung zu bilden, wenn die eigenen Lieferungs- oder Leistungsverpflichtungen den Wert des mit dem Absatzmarktpartner vereinbarten Kaufpreis übersteigen.[165]

Beispiel:

Die Anlagen AG schließt mit einem Kunden in der zweiten Hälfte der Periode t1 einen Vertrag, der die Fertigung und Lieferung einer Spezialwerkzeugmaschine zum Gegenstand hat. Mit dem Kunden wird ein Verkaufspreis in Höhe von 500 TDM vereinbart, die Lieferung soll Mitte der Periode t2 erfolgen. Am Bilanzstichtag der Periode t1 ist absehbar, daß aufgrund einer erheblichen Verteuerung auf dem Rohstoffmarkt sowie unerwarteter konstruktiver Probleme für Herstellung und Lieferung der Spezialwerkzeugmaschine voraussichtlich 580 TDM aufgewendet werden müssen. Das Vorsichtsprinzip wie auch der Grundsatz der Vollständigkeit erzwingen die Bildung einer Drohverlustrückstellung in Höhe von 80 TDM.

---

[163] BFH vom 3.2.1993, BStBl II 1993, 441
[164] vgl. z.B. Moxter in: BB 1993, S. 2482 ff.; BFH vom 26.5.1993, BStBl II 1993, 855
[165] BFH-Urteile vom 17.11.1987, BStBl II 1988, 430; vom 19.7.1983, BStBl II 1984, 56

Drohverlustrückstellungen sind nicht nur bei schwebenden Absatz- und Beschaffungsgeschäften zu bilden, sie können auch bei schwebenden **Dauerrechtsverhältnissen** gebildet werden müssen (so z.B. bei Arbeits-, Pacht-, Darlehens-, Lizenz- oder Mietverträgen), sofern sie mit einem Verlust verbunden sind. Dies ist nach der sog. Restwert- oder Stichtagsbetrachtung regelmäßig der Fall, wenn der Wert der noch zu erbringenden Leistung den Wert der entsprechenden künftigen Gegenleistung übersteigt (z.B. im Verhältnis Mietwert des Objektes - Mietertrag des Objektes).

(3) **Aufwandsrückstellungen**

Die Bildung von Aufwandsrückstellungen läßt sich handelsrechtlich zumindest ansatzweise mit einer dynamischen Bilanzinterpretation begründen, da künftig anfallende Ausgaben bzw. Auszahlungen aufwandsmäßig antizipiert und einer Periode zugerechnet werden, in der diese künftigen Zahlungsbewegungen wirtschaftlich veranlaßt wurden. Insoweit trägt die Bildung von Aufwandsrückstellungen zu einer aus dynamischer Sicht periodengerechten Aufwandsverrechnung und damit Gewinnermittlung bei. Da ihnen jedoch im Gegensatz zu Schuldrückstellungen keine Außenverbindlichkeiten gegenüber Dritten zugrunde liegen, trägt ihre Bildung ausschließlich intern veranlaßten 'Innenverpflichtungen' Rechnung, so daß sie aus statischer Sicht **nicht** als Schulden **passivierungsfähig** sind.

Im Rahmen der steuerlichen Gewinnermittlung ist eine Passivierung von Aufwandsrückstellungen grundsätzlich nur dann zulässig, wenn nach Maßgabe der handelsrechtlichen GoB Passivierungspflicht gegeben ist, d.h. das Maßgeblichkeitsprinzip eine handelsrechtliche Passivierungspflicht für Aufwandsrückstellungen in die Steuerbilanz 'transportiert'. Dies ist nach h.M. derzeit ausschließlich für

- **Rückstellungen für unterlassene Instandhaltung**, die in der Folgeperiode **innerhalb von drei Monaten nachgeholt** wird sowie
- **Rückstellungen für unterlassene Abraumbeseitigung**, die **im Folgejahr nachgeholt** wird

der Fall. Für diese beiden Aufwandsrückstellungsarten bejaht die h.M. die steuerrechtliche **Passivierungspflicht** ebenso wie die Finanzverwaltung, obwohl sich z.B. der **BFH** zurecht kritisch damit auseinander gesetzt hat und ein **Passivierungsverbot** für gerechtfertigt erachtet. Der BFH moniert begründet, daß Aufwandsrückstellungen aufgrund fehlender Außenverpflichtung keine Schulden sind, ihre Bildung aus einer sachgerechten Anwendung der GoB nicht abgeleitet werden kann und sie letztlich allenfalls als Bilanzierungshilfen eingestuft werden können; Bilanzierungshilfen sind aber nicht Bestandteil des Betriebsvermögens, so daß in diesem Falle eine 'Transportfunktion' über das Maßgeblichkeitsprinzip in die Steuerbilanz nicht in Betracht kommen kann.[166] Unab-

---
[166] BFH vom 23.11.1983, BStBl II 1984, 277

hängig von dieser zutreffenden Einstufung der Rückstellungen i.S.d. § 249 Abs. 1 S. 2 Nr. 1 HGB durch den BFH halten Finanzverwaltung und h.M. nach wie vor an einer Passivierungspflicht fest.[167]

Alle übrigen Aufwandsrückstellungen unterliegen steuerrechtlich jedoch einem unstrittigen **Passivierungsverbot**. Zusammenfassend läßt sich damit für die Aufwandsrückstellungen feststellen:

Rückstellungsart	Handelsrecht	Steuerrecht
Rückstellung für unterlassene Instandhaltung mit Nachholung innerhalb von drei Monaten	Passivierungs-**pflicht**	h.M.: Passivierungs-**pflicht** BFH: Passivierungs-**verbot**
Rückstellung für unterlassene Abraumbeseitigung mit Nachholung im Folgejahr	Passivierungs-**pflicht**	h.M.: Passivierungs-**pflicht** BFH: Passivierungs-**verbot**
Rückstellung für unterlassene Instandhaltung mit Nachholung nach Ablauf von drei Monaten	Passiverungs-**wahlrecht**	Passivierungs-**verbot**
Rückstellung für unterlassene Abraumbeseitigung und Nachholung nach Ablauf Folgejahr	Passivierungs-**wahlrecht**	Passivierungs-**verbot**
Aufwandsrückstellungen nach § 249 Abs. 2 HGB	Passivierungs-**wahlrecht**	Passivierungs-**verbot**

Abb. 39: Passivierung von Aufwandsrückstellungen nach Handels- und Steuerrecht

---

[167] vgl. R 31 a (12) EStR 1993

4.4.2 Rechnungsabgrenzungsposten

Der Ausweis von Rechnungsabgrenzungsposten setzt die Gewinnermittlung nach § 4 Abs. 1 oder § 5 EStG voraus, so daß bei Gewinnermittlung durch Überschußrechnung gemäß § 4 Abs. 3 EStG ein Ansatz von Rechnungsabgrenzungsposten nicht in Betracht kommt, da das Zu- und Abflußprinzip eine Periodenabgrenzung ausschließt.

Im Rahmen der Rechnungsabgrenzung aufeinanderfolgender Perioden ist grundsätzlich zwischen **antizipativer** Rechnungsabgrenzung, **transitorischer** Rechnungsabgrenzung **i.e.S.** und **transitorischer** Rechnungsabgrenzung **i.w.S.** zu unterscheiden. **Bilanzierungsfähig und bilanzierungspflichtig** sind steuerrechtlich grundsätzlich nur **transitorische Rechnungsabgrenzungsposten i.e.S.**, in den übrigen Fällen besteht ein Bilanzierungsverbot:

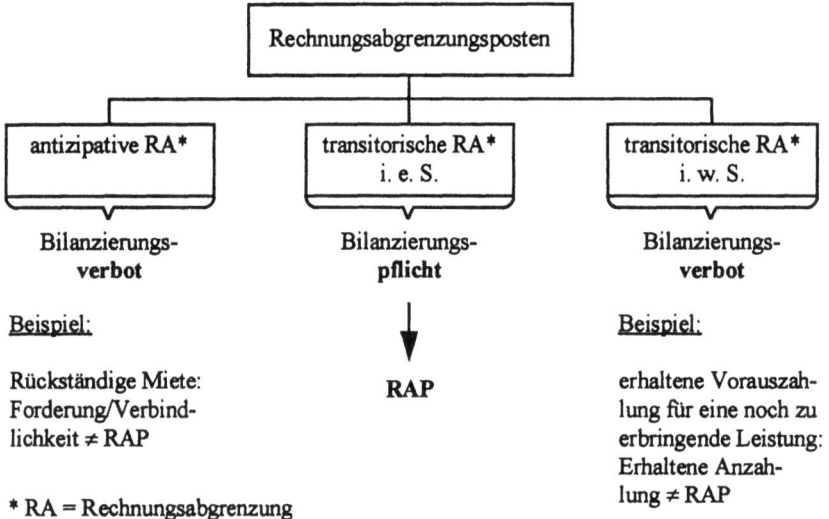

Abb. 40: Systematik der Rechnungsabgrenzung und Bilanzierung von Rechnungsabgrenzungsposten (RAP)

4.4.2.1 Aktive Rechnungsabgrenzungsposten

Gemäß § 5 Abs. 5 S. 1 Nr. 1 und S. 2 EStG sind **aktive Rechnungsabgrenzungsposten** nur anzusetzen für

- **Ausgaben vor dem Abschlußstichtag**, soweit sie **Aufwand** für eine bestimmte Zeit **nach diesem Tag** darstellen,
- **als Aufwand berücksichtigte Zölle und Verbrauchsteuern**, soweit sie auf am Abschlußstichtag auszuweisende Wirtschaftsgüter des Vorratsvermögens entfallen sowie
- **als Aufwand berücksichtigte Umsatzsteuer** auf am Abschlußstichtag auszuweisende Anzahlungen.

Durch die Bildung aktiver Rechnungsabgrenzungsposten soll sichergestellt werden, daß Aufwendungen jeweils der Periode zugeordnet werden können, in der sie wirtschaftlich verursacht wurden.[168] Da durch eine in der laufenden Rechnungsperiode getätigte Ausgabe bzw. Auszahlung der Bestand an flüssigen Mitteln und damit das Betriebsvermögen vermindert wird, erfolgt durch Bildung eines aktiven Rechnungsabgrenzungsposten eine tatsächliche und buchungstechnische Kompensation, d.h. der Aufwand wird um den der kommenden Periode zuzuweisenden Teil korrigiert. Durch Auflösung des Rechnungsabgrenzungspostens in der Folgeperiode und entsprechende Aufwandserfassung wird der Gewinn der Folgeperiode um den in diesem Jahr wirtschaftlich verursachten und zugewiesenen Aufwand korrigiert, d.h. vermindert. Die Bildung aktiver (wie auch passiver) Rechnungsabgrenzungsposten ist Ausfluß der dynamischen Bilanzinterpretation und soll eine periodengerechte Gewinnermittlung sicherstellen.

Als **Ausgaben vor dem Abschlußstichtag** sind grundsätzlich im Rahmen der Bildung aktiver Rechnungsabgrenzungsposten berücksichtigungsfähig:

- **Auszahlungen** im betriebswirtschaftlichen Sinne, d.h. Abgänge an Bar- und Buchgeld (= Regelfall),[169]
- **Ausgaben** im betriebswirtschaftlichen Sinne, d.h. Forderungsabgänge und Verbindlichkeitszugänge.[170]

Strittig ist, ob auch die Übertragung geldwerter Sach- und Dienstleistungen auf einen Dritten unter den Ausgabenbegriff zu subsumieren ist;[171] i.d.R. wird jedoch in einem solchen Falle keine transitorische Rechnungsabgrenzung i.e.S. vorliegen, sondern von einer geleisteten Anzahlung auszugehen sein.

Die vor dem Abschlußstichtag geleistete Ausgabe muß **Aufwand für eine bestimmte Zeit nach diesem Tag** darstellen. 'Aufwand' ist nach allgemeinen betriebswirtschaftlichen Regeln abzugrenzen und beinhaltet jeglichen mit einer Minderung des Reinvermögens verbundenen Werteverzehr wie z.B. Miet-, Leasing-, Versicherungsprämien-, Zins- oder Kraftfahrzeugsteuerzahlungen des Unterneh-

---

[168] BFH vom 29.11.1990, BStBl II 1991, 715
[169] vgl. BFH vom 17.7.1980, BStBl II 1981, 669
[170] vgl. z.B. BFH vom 31.5.1967, BStBl II 1967, 607
[171] vgl. Blümich/Schreiber, Rz. 673 zu § 5 EStG

mens. Als '**bestimmte Zeit**' ist grundsätzlich ein rechnerisch ermittel- und abgrenzbarer Zeitraum definiert, der sich i.d.R. kalendermäßig festlegen läßt.[172]

Beispiel:

Ein buchführungspflichtiger Einzelunternehmer nimmt ein betrieblich veranlaßtes Darlehen auf. Im Zuge der Darlehensauszahlung durch die darlehensgebende Bank wird eine einmalige Bearbeitungsgebühr in Höhe von 1 % fällig, die unmittelbar mit dem Auszahlungsbetrag verrechnet wird. Die Bearbeitungsgebühr ist - bezogen auf die Kreditlaufzeit - aktiv abzugrenzen. Ein berechenbarer Zeitraum liegt vor, da sich die Darlehenslaufzeit anhand der vereinbarten Tilgungsbeträge und -modalitäten errechnen läßt. Eine mögliche vorzeitige Ablösung des Darlehens ist nach der BFH-Rechtsprechung unbeachtlich (*vgl. BFH vom 19.1.1978, a.a.O.*).

Soweit der Zeitraum nur im Wege der **Schätzung** ermittelt werden kann, ist das Kriterium der 'Berechenbarkeit' nicht erfüllt, so daß an den Zeitbezug zurecht vergleichsweise strenge Anforderungen zu stellen sind; dies erscheint auch insoweit geboten, als nur durch eine vergleichsweise enge Auslegung eine willkürliche Aufwandsverlagerung auf spätere Perioden verhindert werden kann. Dabei ist allerdings einschränkend zu berücksichtigen, daß der BFH, abweichend von der bisherigen ständigen Rechtsprechung, die Schätzung im Einzelfall durchaus für zulässig erachtet[173] bzw. eine unbegrenzte Zeit als 'bestimmte Zeit' interpretiert hat.[174]

Wie '**geleistete Anzahlungen**' stellen aktive Rechnungsabgrenzungsposten Vorleistungen gegenüber Dritten dar. Im Gegensatz zu geleisteten Anzahlungen setzen jedoch aktive Rechnungsabgrenzungsposten eine zeitraumbezogene Gegenleistung voraus, während geleistete Anzahlungen Vorleistungen für einmalig zu erbringende Gegenleistungen darstellen, denen der Zeitraumbezug fehlt. Insoweit stellt sich die Abgrenzung i.d.R. als vergleichsweise unproblematisch dar. Sehr viel problematischer ist demgegenüber die Abgrenzung zwischen aktiven Rechnungsabgrenzungsposten auf der einen Seite und **immateriellen Wirtschaftsgütern** auf der anderen Seite, soweit letztere durch den Erwerb begründet werden.

Beispiel:

Der durch Mietvorauszahlungen erworbene Vorteil erfüllt einerseits alle Tatbestandsmerkmale eines aktiven Wirtschaftsgutes, gleichzeitig sind die Voraussetzungen für die Bildung eines aktiven Rechnungsabgrenzungspostens erfüllt. Ein aktives immaterielles Wirtschaftsgut liegt vor, da ein fiktiver Erwerber des mietvorauszahlenden Unternehmens den Vorteil der auf Zeit unentgeltlichen Nutzungsüberlassung im Rahmen des Kaufpreisbemessung berücksichtigen würde.

---

[172] so z.B. BFH vom 19.1.1978, BStBl II 1978, 262, 264
[173] z.B. BFH vom 23.2.1977, BStBl II 1977, 392
[174] z.B. BFH vom 17.10.1968, BStBl II 1969, 180

Gleichzeitig liegt eine zeitraumbezogene Vorleistung vor, die zur Bildung eines aktiven Rechnungsabgrenzungspostens führen muß.

Nach h.M. geht in solchen Fällen die Bildung eines aktiven Rechnungsabgrenzungspostens der Aktivierung eines aktiven immateriellen Wirtschaftsgutes vor.[175] Hinsichtlich der verfolgten Zwecksetzung einer 'zutreffenden Periodenabgrenzung' ist es allerdings wohl letztlich unbeachtlich, ob ein immaterielles Wirtschaftsgut aktiviert oder ein aktiver Rechnungsabgrenzungsposten gebildet wird, da sich die Periodenabgrenzung identisch darstellt. Die Fortführung des vorstehenden Beispiels verdeutlicht dies:

Beispiel:

Die im vorgenannten Beispiel geleistete Mietvorauszahlung für einen dreijährigen Nutzungsdauerzeitraum wird mit 90 TDM angenommen.

a) Bei Aktivierung eines immateriellen Wirtschaftsgutes zu Anschaffungskosten von 90 TDM müssen diese planmäßig, auf die Nutzungsdauer von drei Jahren bezogen, abgeschrieben werden, so daß p.a. Abschreibungsaufwendungen von 30 TDM verrechnet werden.

b) Bei Aktivierung eines Rechnungsabgrenzungspostens wird die Vorleistung von 90 TDM gleichfalls auf den Nutzungsdauerzeitraum von 3 Jahren verteilt, so daß auch in diesem Falle eine Aufwandsverrechnung von 30 TDM p.a. sichergestellt ist.

Sind die genannten Bestimmungsmerkmale erfüllt, liegt ein **aktivierungspflichtiger aktiver Rechnungsabgrenzungsposten** vor. Der Rechnungsabgrenzungsposten ist planmäßig in den Rechnungsperioden **aufzulösen**, in denen die Ausgaben anteilig als Aufwand zu erfassen sind. Soweit die Voraussetzungen für ihre Bildung nachträglich weggefallen sind, ist eine außerplanmäßige Auflösung erforderlich;[176] dies gilt bei einer Laufzeitverkürzung oder einer evtl. Betriebsveräußerung entsprechend.

Beispiel:

Im Rahmen einer Darlehensaufnahme vereinbart das kreditnehmende Unternehmen mit der kreditvergebenden Bank ein Disagio. Das Disagio in Höhe von 50 TDM wird als aktiver Rechnungsabgrenzungsposten aktiviert und planmäßig auf die Kreditlaufzeit verteilt. Erfolgt nach Ablauf des 5. Jahres eine vorzeitige Darlehensablösung, ist der Restbetrag außerplanmäßig aufzulösen.

---

[175] Blümich/Schreiber, Rz. 695 zu § 5 EStG
[176] BFH vom 17.4.1985, BStBl II 1985, 617

Das handelsrechtliche Aktivierungswahlrecht für das **Disagio** oder **Damnum** gemäß § 250 Abs. 3 HGB greift nicht, da nach der ständigen Rechtsprechung des BFH handelsrechtliche Aktivierungswahlrechte steuerrechtlich zur **Aktivierungspflicht** führen.[177]

Gemäß § 5 Abs. 5 S. 2 Nrn. 1 und 2 EStG sind ferner als Aufwand berücksichtigte **Zölle** und **Verbrauchsteuern**, soweit sie auf am Abschlußstichtag auszuweisende Wirtschaftsgüter des Vorratsvermögens entfallen, sowie die als Aufwand berücksichtigte **Umsatzsteuer** auf am Abschlußstichtag auszuweisende Anzahlungen zu aktivieren. Durch die Aktivierung soll sichergestellt werden, daß die Abgaben erst in der Rechnungsperiode als Aufwand gewinnmindernd verrechnet werden, in der die Produkte am Markt veräußert werden (Zölle und Verbrauchsteuern) bzw. eine gewinnmindernde Wirkung einer mit dem Bruttobetrag passivierten erhaltenen Anzahlung ausgeschlossen wird. Zölle, Verbrauchsteuern und Umsatzsteuer werden somit, soweit die Voraussetzungen nach § 5 Abs. 5 S. 2 Nrn. 1 und 2 EStG erfüllt sind, erfolgsneutral behandelt.

Nachfolgend werden **beispielhaft** Sachverhalte aufgelistet, bei denen die Rechtsprechung die **Bildung aktiver Rechnungsabgrenzungsposten** bejaht hat:[178]

- Miet- und Pachtvorauszahlungen; dies auch dann, wenn sie z.B. in Form von Einbauten als Sachleistungen erbracht wurden
- Prämienvorauszahlungen für Betriebsversicherungen
- Vormieten bei Abschluß von Finanzierungsleasingverträgen
- Vorausbezahlte Erbbauzinsen
- degressive Leasingratenzahlungen eines Leasingnehmers.

4.4.2.2 Passive Rechnungsabgrenzungsposten

Passive Rechnungsabgrenzungsposten dürfen gemäß § 5 Abs. 5 S. 1 Nr. 2 EStG nur gebildet werden für

- **Einnahmen vor dem Abschlußstichtag**, soweit sie **Ertrag** für eine bestimmte Zeit **nach diesem Tag** darstellen.

Für die passiven Rechnungsabgrenzungsposten gelten die allgemeinen, bei der aktiven Rechnungsabgrenzung dargestellten Zwecksetzungen entsprechend: Sie sind ebenfalls Ausfluß einer dynamischen Bilanzinterpretation und dienen der periodengerechten Erfolgsermittlung des Unternehmens.

---

[177] so auch im Ergebnis BFH 21.4.1988, BStBl II 1989, 722; Ballwieser 1990, S. 485 f.
[178] Blümich/Schreiber, Rz. 696 ff. zu § 5 EStG; H 31 b EStR 1993

Als **Einnahmen vor dem Abschlußstichtag** sind grundsätzlich im Rahmen der Bildung passiver Rechnungsabgrenzungsposten berücksichtigungsfähig:

- **Einzahlungen** im betriebswirtschaftlichen Sinne, d.h. Zugänge an Bar- und Buchgeld sowie

- **Einnahmen** im betriebswirtschaftlichen Sinne, d.h. Forderungszugänge und Verbindlichkeitsabgänge.[179]

Hinsichtlich der Abgrenzung des Kriteriums '**bestimmte Zeit**' sowie der Auflösung passiver Rechnungsabgrenzungsposten lassen sich die Ausführungen zur aktiven Rechnungsabgrenzung analog übertragen. Dies gilt für die Abgrenzung gegenüber 'erhaltenen Anzahlungen' entsprechend: **Erhaltene Anzahlungen** sind Vorleistungen auf einmalige, passive Rechnungsabgrenzungsposten Vorleistungen auf zeitraumbezogene Gegenleistungen Dritter.

Sind die Tatbestandsmerkmale passiver Rechnungsabgrenzungsposten erfüllt, wird dadurch zwingend **Passivierungspflicht** begründet.

Als **Beispiele** für Sachverhalte, die zur gebotenen Bildung passiver Rechnungsabgrenzjngsposten führen, lassen sich nennen:[180]

- Entgelt für ein zeitlich befristetes Wettbewerbsverbot
- Abfindungen nach dem Mühlenstrukturgesetz
- Nichtvermarktungsprämien eines Landwirts
- Baukostenzuschüsse, die ein Gasversorgungsunternehmen von seinen Abnehmern erhält
- Ausbildungsplatzzuschüsse
- vereinnahmte degressive Leasingraten einer Leasinggesellschaft.

4.4.3 Persönliche und sachliche Zurechnung der Wirtschaftsgüter

Der Ausweis aktiver und passiver Wirtschaftsgüter wie auch der Rechnungsabgrenzungsposten in der Steuerbilanz setzt voraus, daß sie dem Unternehmen **persönlich** und **sachlich zugerechnet** werden und damit als **Betriebsvermögen** in den Betriebsvermögensvergleich einzubeziehen sind.

---

[179] BFH vom 17.9.1987, BStBl II 1988, 327
[180] Blümich/Schreiber, Rz. 909 zu § 5 EStG; H 31 b EStR 1993

4.4.3.1 Betriebsvermögen und Privatvermögen

Bei Einzelunternehmern und Mitunternehmerschaften ist im Rahmen des Gewinnbegriffs des § 4 Abs. 1 EStG und der Gewinnermittlung durch Betriebsvermögensvergleich das Betriebsvermögen zugrunde zu legen, das zur notwendigen Trennung zwischen betrieblichem und privaten Bereich gegenüber dem Privatvermögen des Steuerpflichtigen abgegrenzt werden muß. Während demnach Einzelunternehmer und Mitunternehmer von Personengesellschaften über Betriebsvermögen und Privatvermögen verfügen, stellt das gesamte Vermögen einer Kapitalgesellschaft stets Betriebsvermögen dar. Letztere verfügen als juristische Personen des privaten oder öffentlichen Rechts über keine Privatvermögen begründende 'Privatsphäre'.

Der **Begriff** 'Betriebsvermögen' wird im EStG **nicht definiert** und muß dem Veranlassungsprinzip entsprechend durch Auslegung definiert werden: Danach rechnen zum Betriebsvermögen alle Wirtschaftsgüter, die **betrieblich veranlaßt**

- **angeschafft,**
- **hergestellt** oder
- **eingelegt**

wurden.[181] Das Zurechnungskriterium der 'betrieblichen Veranlassung' wird vom BFH dadurch weiter konkretisiert, daß innerhalb des Betriebsvermögens zwischen **notwendigem und gewillkürtem Betriebsvermögen** unterschieden und diesen Gruppen das **notwendige Privatvermögen** gegenübergestellt wird:

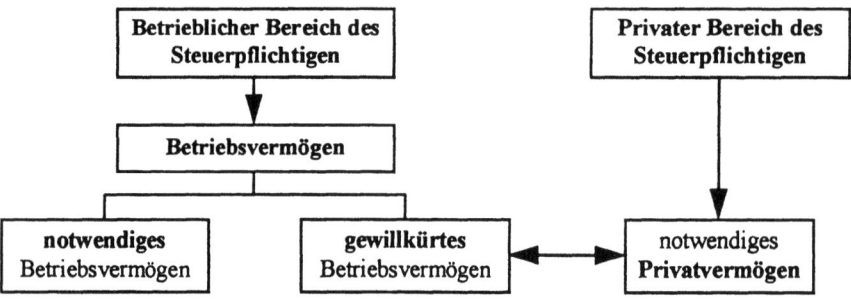

Abb. 41: Betriebsvermögenskategorien und Privatvermögen

---

[181] vgl. BFH vom 11.11.1987, BStBl II 1988, 424

4.4.3.1.1 Notwendiges Betriebsvermögen

Der ständigen Rechtsprechung des BFH zufolge gehören zum notwendigen Betriebsvermögen alle Wirtschaftsgüter, die objektiv erkennbar zum ausschließlichen und unmittelbaren Einsatz im Betrieb selbst bestimmt sind; unerheblich ist demgegenüber die tatsächliche Nutzung des Wirtschaftsgutes, so daß die Zugehörigkeit zum notwendigen Betriebsvermögen allein durch die funktionale Ausrichtung des Wirtschaftsgutes auf den unmittelbaren und ausschließlichen betrieblichen Einsatz bestimmt wird.

Beispiel:

Ein Reserveaggregat, das bislang betrieblich nicht genutzt und ausschließlich zur Überbrückung möglicher, bislang noch nicht eingetretener Kapazitätsengpässe vorgehalten wird, ist Teil des notwendigen Betriebsvermögens, da die Reservehaltung objektiv erkennbar betrieblich veranlaßt ist.

Für die Qualifizierung eines Wirtschaftsgutes als notwendiges Betriebsvermögen wird nicht vorausgesetzt, daß das Wirtschaftsgut für den Betrieb notwendig, wesentlich oder unentbehrlich ist.[182] Hieraus kann jedoch nicht abgeleitet werden, daß betriebsnotwendige Wirtschaftsgüter etwa nicht zum notwendigen Betriebsvermögen gehören, vielmehr wird im Einzelfall anhand der **konkreten Funktion** eines Wirtschaftsgutes geprüft werden müssen, ob es dem (notwendigen) Betriebsvermögen oder dem Privatvermögen des Steuerpflichtigen zuzuordnen ist.

Beispiel:

Eine in der Wartungsabteilung eingesetzte Drehbank ist funktional auf den Betrieb ausgerichtet und Teil des notwendigen Betriebsvermögens; steht dieselbe Drehbank im Hobbyraum des Steuerpflichtigen, ist sie funktional auf die Privatsphäre ausgerichtet und damit Teil des Privatvermögens. Insoweit kann die Zuordnung entgegen der früheren Rechtsprechung des BFH nicht anhand von Art und Wesentlichkeit eines Wirtschaftsgutes, sondern allein nach der funktionalen Ausrichtung bestimmt werden.

Soweit ein Wirtschaftsgut als Teil des notwendigen Betriebsvermögens qualifiziert wird, muß es in der Bilanz ausgewiesen werden; dies gilt für bewegliche wie unbewegliche Wirtschaftsgüter gleichermaßen. Soweit Wirtschaftsgüter anteilig betrieblich und privat genutzt werden (**gemischt genutzte Wirtschaftsgüter**) sind unterschiedliche Zurechnungsregeln zu beachten, je nachdem, ob es sich um bewegliche oder unbewegliche Wirtschaftsgüter handelt. Für **bewegliche Wirtschaftsgüter** gilt regelmäßig: Eine private Mitnutzung durch den Einzel- oder Mitunternehmer ändert

---
[182] BFH vom 6.3.1991, BStBl II 1991, 829

nichts an der Zuordnung des Wirtschaftsgutes zum notwendigen Betriebsvermögen. Die Finanzverwaltung unterstellt bei allen Wirtschaftsgütern, die nicht zum Grundvermögen gehören, daß bei einer eigenbetrieblichen Nutzung > 50 % notwendiges Betriebsvermögen vorliegt, soweit die funktionalen Voraussetzungen erfüllt sind (*R 13 S. 5 EStR 1993*). Die anteilige private Nutzung ändert zwar nichts an der Zuordnung zum notwendigen Betriebsvermögen führt aber gleichzeitig dazu, daß die auf die private Mitnutzung entfallenden, anteiligen Aufwendungen im Rahmen der Gewinnermittlung durch Betriebsvermögensvergleich als Leistungsentnahme zu berücksichtigen sind; bei Gewinnermittlung durch Überschußrechnung sind die anteiligen, auf die private Mitnutzung entfallenden Aufwendungen als Kosten der privaten Lebensführung nicht abzugsfähig. Gleichwohl ist auch bei privater Mitnutzung eines zum notwendigen Betriebsvermögen gehörigen Wirtschaftsgutes ein etwaiger Veräußerungsgewinn in voller Höhe einkommensteuerpflichtig. Unabhängig hiervon gilt, daß bewegliche Wirtschaftsgüter stets in vollem Umfang Betriebs- oder Privatvermögen sind, eine Zerlegung für Zwecke der Zurechnung ist nicht möglich (= **Grundsatz der einheitlichen Zuordnung** eines Wirtschaftsgutes zum Betriebs- oder Privatvermögen).

Eine gemischte Nutzung im steuerlichen Sinne ist nur bei beweglichen Wirtschaftsgütern möglich, da unbewegliche Wirtschaftsgüter, die sowohl privat wie auch betrieblich genutzt werden, in mehrere selbständige Wirtschaftsgüter zerlegt und ebenfalls nach dem Grundsatz der einheitlichen Zuordnung jeweils gesondert dem Betriebs- oder Privatvermögen zugerechnet werden:

- Bei **Grundstücke und Gebäuden**, die anteilig betrieblich und privat genutzt werden, ist eine Aufteilung in mehrere Wirtschaftsgüter mit entsprechender Zuordnung zum Betriebs- bzw. Privatvermögen erforderlich.[183] Wird ein Gebäude teils eigenbetrieblich, teils fremdbetrieblich, teils zu eigenen, teils zu fremden Wohnzwecken genutzt, ist jeder der vier unterschiedlich genutzten Gebäudeteile ein besonderes Wirtschaftsgut. Gehören Gebäudeteile verschiedenen Personen, sind sie in so viele Wirtschaftsgüter aufzuteilen, wie Eigentümer vorhanden sind.[184] Ein nicht nur vorübergehend zu eigenen (privaten) Wohnzwecken genutzter und ein unentgeltlich Dritten zu Wohnzwecken überlassener Gebäudeteil gehört zum notwendigen Privatvermögen, kann also nicht als Betriebsvermögen ausgewiesen werden.

- **Eigenbetrieblich** genutzte **Gebäudeteile**, die von **untergeordneter Bedeutung** sind, müssen nach R 13 Abs. 8 EStR 1993 nicht als (notwendiges) Betriebsvermögen bilanziert werden; untergeordnete Bedeutung wird regelmäßig angenommen, wenn der Wert des Gebäudeteils weder > als 1/3 des Grundstückswertes ist noch DM 20.000 überschritten werden.

---

[183] vgl. R 13 Abs. 7 - 9 EStR 1993
[184] R 13 Abs. 4 S. 1 und 2 EStR 1993

4.4.3.1.2 Gewillkürtes Betriebsvermögen

Nach der Rechtsprechung des BFH kommen Wirtschaftsgüter, die bestimmt und geeignet sind, **den Betrieb zu fördern**, als gewillkürtes Betriebsvermögen in Betracht, soweit sie weder notwendiges Betriebsvermögen noch notwendiges Privatvermögen sind.[185] Voraussetzungen für die Zuordnung eines Wirtschaftsgutes zum gewillkürten Betriebsvermögen sind damit

- daß das Wirtschaftsgut einen objektiven betrieblichen **Förderungszusammenhang** und damit einen, allerdings im Vergleich zum notwendigen Betriebsvermögen schwächer ausgeprägten, funktionalen Bezug zum Betrieb aufweist und
- das Wirtschaftsgut **weder** zum **notwendigen Betriebs-** noch zum **notwendigen Privatvermögen** gehört.

Im Gegensatz zum notwendigen Betriebsvermögen mit eindeutigem betrieblichen Funktionsbezug ist bei Wirtschaftsgütern des gewillkürten Betriebsvermögens eine betriebliche Verwendung möglich; die Zuordnung zum Betriebsvermögen setzt jedoch eine entsprechende betriebliche Widmungsentscheidung des Steuerpflichtigen voraus, die regelmäßig durch Aufnahme des Wirtschaftsgutes in der Buchhaltung dokumentiert wird: „*... Die Zuordnung muß in der Weise kundgemacht werden, daß ein sachverständiger Dritter ohne weitere Erklärung des Steuerpflichtigen die Zugehörigkeit zum Betriebsvermögen erkennen kann*".[186] Die buchhalterische Dokumentation ist insoweit als wesentliches Beweisanzeichen der betrieblichen Widmung eines Wirtschaftsgutes zu werten.

Die Finanzverwaltung geht bei einer betrieblichen Nutzung von > 10 % bis < 50 % davon aus, daß **bewegliche Wirtschaftsgüter** in vollem Umfang als gewillkürtes Betriebsvermögen ausgewiesen werden können.[187] Für **unbewegliche Wirtschaftsgüter** gilt gemäß R 13 Abs. 1 S. 4, Abs. 9 S. 6 und Abs. 10 EStR 1993:

- Stehen an Dritte zu betrieblichen Zwecken oder zu Wohnzwecken vermietete Gebäudeteile in einem gewissen objektiven Zusammenhang mit dem Betrieb und sind sie bestimmt und geeignet, ihn zu fördern, können sie zum Betriebsvermögen gewillkürt werden. Gewerbetreibende können i.d.R. Grundstücke, die nicht zum notwendigen Privatvermögen gehören, als Betriebsgrundstücke behandeln, es sei denn, daß dadurch das Gesamtbild der gewerblichen Tätigkeit so verändert wird, daß es den Charakter einer Vermögensnutzung im nicht gewerblichen Bereich erhält.
- Fehlt dieser Zusammenhang zum Betrieb und/oder die Bestimmung und Eignung zur Förderung, erfüllt aber das Grundstück, zu dem dieser Grundstück- oder Gebäudeteil gehört, zu mehr als der Hälfte die Voraussetzungen für die Behandlung

---

[185] BFH, zuletzt vom 7.4.1992, BStBl II 1993, 21
[186] BFH vom 22.9.1993, BStBl II 1994, 172
[187] vgl. R 13 S. 7 EStR 1993

als Betriebsvermögen, kann auch dieser Grundstück- oder Gebäudeteil zum Betriebsvermögen gewillkürt werden.

Beispiel für die Zurechnung zum notwendigen/gewillkürten Betriebsvermögen:

Ein Gebäude weist drei flächenidentische Stockwerke auf, die unterschiedlich genutzt werden: Erdgeschoß eigenbetrieblich, 1. Etage ist an einen anderen Unternehmer für dessen (betriebliche) Zwecke vermietet, 2. Etage wird zu 70 % für eigene (private) Wohnzwecke genutzt, 30 % sind für fremde Wohnzwecke vermietet. In diesem beispielhaften Fall sind die vier besonderen Wirtschaftsgüter wie folgt zu behandeln:

Eigenbetrieblich genutzter Grundstücksteil:	notwendiges Betriebsvermögen
Gebäudeteil 1. Etage:	gewillkürtes Betriebsvermögen
Gebäudeteil 2. Etage:	gewillkürtes Betriebsvermögen; da das Grundstück zu mehr als der Hälfte Betriebsvermögen ist, kann auch der zu fremden Wohnzwecken vermietete Gebäudeteil als gewillkürtes Betriebsvermögen ausgewiesen werden.

Nach der bisherigen Rechtsprechung des BFH beschränkt sich die Möglichkeit, durch eine entsprechende Widmungsentscheidung gewillkürtes Betriebsvermögen bilden zu können, auf diejenigen Steuerpflichtigen, die den Gewinn durch Betriebsvermögensvergleich ermitteln, so daß gewillkürtes Betriebsvermögen bei Gewinnermittlung durch Überschußrechnung danach ausdrücklich nicht in Betracht kommt. Mit der Entscheidung vom 22.9.1993 wird die bisherige Rechtsprechungspraxis jedoch zurecht in Frage gestellt, da eine unterschiedliche Behandlung der Frage der Bildung gewillkürten Betriebsvermögens gegen das Prinzip der Gesamtgewinnidentität beider Gewinnermittlungsarten verstößt. Zudem mag die bislang vorgetragene Begründung, nur bei Gewinnermittlung durch Betriebsvermögensverlgeich könne buchhalterisch die Widmungsentscheidung des Steuerpflichtigen nachgewiesen werden, nicht zu überzeugen: Auch bei Gewinnermittlung durch Überschußrechnung kann durch ein freiwillig geführtes Anlagenverzeichnis ein entsprechender Nachweis geführt werden.[188]

---

[188] vgl. dazu ausführlich Blümich/Wacker, Rz. 162 zu § 4 EStG

4.4.3.1.3 Notwendiges Privatvermögen

Der Begriff 'Privatvermögen' wird im EStG nicht aufgeführt und leitet sich demnach im Umkehrschluß aus der Abgrenzung des Betriebsvermögens ab: Zum Privatvermögen gehören alle Wirtschaftsgüter, die kein Betriebsvermögen sind. Spiegelbildlich zu den Kategorien des Betriebsvermögens kann auch hierbei zwischen notwendigen und nicht notwendigen (= gewillkürten) Privatvermögen unterschieden werden. Zum notwendigen Privatvermögen gehören alle Wirtschaftsgüter, die keinen funktionalen Bezug zum Betrieb aufweisen und ausschließlich oder nahezu ausschließlich der eigenen privaten Lebensführung des Steuerpflichtigen dienen. Zum notwendigen Privatvermögen zählen z.B. Kleidung, Einrichtungsgegenstände der Privatwohnung, das Einfamilienhaus, das der Steuerpflichtige mit seiner Familie bewohnt und die zu eigenen Wohnzwecken genutzte Wohnung des Unternehmers. Ebenfalls dem notwendigen Privatvermögen zugehörig sind Wirtschaftsgüter, bei deren Erwerb bereits absehbar ist, daß sie dem Betrieb keinen Nutzen, sondern ausschließlich Verluste bringen werden.[189]

Bewegliche Wirtschaftsgüter, die < 10 % betrieblich genutzt werden, sind grundsätzlich dem notwendigen Privatvermögen zuzurechnen.

4.4.3.2 Besonderheiten des steuerlichen Betriebsvermögens von Personengesellschaften

Bei gewerblichen Personengesellschaften (= Mitunternehmerschaften) ist regelmäßig zwischen dem Gesellschaftsvermögen der Personengesellschaft (= Gesamthandsvermögen) und den Sonderbetriebsvermögen der Mitunternehmer zu unterscheiden. Das **Gesellschaftsvermögen** ergibt sich unmittelbar aus der Handelsbilanz, umfaßt alle Wirtschaftsgüter, die den Gesellschaftern rechtlich oder wirtschaftlich zur gesamten Hand gehören und wird durch die Beiträge der Gesellschafter und die Wirtschaftsgüter gebildet, die für die Personengesellschaft durch Vertretungsberechtigte (z.B. Geschäftsführer) erworben wurden. Das Gesamthands- oder Gesellschaftsvermögen einer Personengesellschaft ist stets als notwendiges Betriebsvermögen zu behandeln, soweit nicht einzelne Wirtschaftsgüter entsprechend den bereits genannten Zurechnungsgrundsätzen als notwendiges Privatvermögen einzuordnen sind. Dies ist z.B. der Fall wenn das Wirtschaftsgut ausschließlich oder nahezu ausschließlich der privaten Lebensführung, eines, mehrerer oder aller Mitunternehmer der Personengesellschaft dient. In solchen Fällen wird das Wirtschaftsgut in der Handelsbilanz zwar als Gesellschaftsvermögen ausgewiesen, für die Steuerbilanz werden aber Korrekturen gemäß § 5 Abs. 6 EStG notwendig, da das Wirtschaftsgut nicht als Betriebsvermögen bilanziert werden darf.

---

[189] sog. 'betriebsschädliche Wirtschaftsgüter' vgl. BFH vom 11.10.1988, BStBl II 1989, 305

In der Steuerbilanz dürfen nur solche Wirtschaftsgüter ausgewiesen werden, die zum Gesamthandsvermögen der Mitunternehmer der Personengesellschaft gehören. Wirtschaftsgüter, die nur einem oder einigen Gesellschaftern rechtlich oder wirtschaftlich gehören, werden dagegen nicht ausgewiesen und bilden steuerlich das **Sonderbetriebsvermögen** der Mitunternehmer. Da die Mitunternehmer einkommensteuerlich wie Einzelunternehmer behandelt werden, rechnen Wirtschaftsgüter immer dann zum Sonderbetriebsvermögen der Mitunternehmer, wenn sie auch beim Einzelunternehmer zum Betriebsvermögen gehören würden.

Soweit diese Wirtschaftsgüter durch den Mitunternehmer der Gesellschaft entgeltlich oder unentgeltlich zur unmittelbaren Nutzung für den Betrieb überlassen werden, gehören sie zum sog. **Sonderbetriebsvermögen I**.

Beispiel:

Der Mitunternehmer A verpachtet ein in seinem Eigentum stehendes Grundstück an die OHG, an der er als Gesellschafter beteiligt ist. In der Handelsbilanz der OHG wird das Grundstück nicht ausgewiesen, die Gesellschaft erfaßt die laufenden Pachtzahlungen an A als sonstigen betrieblichen Aufwand. Einkommensteuerlich wird das Grundstück in einer Ergänzungsbilanz als Sonderbetriebsvermögen I ausgewiesen, die Pachtzahlungen werden als Entnahmen des Mitunternehmers A behandelt und A als Vorabvergütung gemäß § 15 Abs. 1 Nr. 2 EStG im Rahmen der einheitlichen und gesonderten Gewinnfeststellung zugerechnet.

Rechtsgrundlage für die Qualifizierung des Sonderbetriebsvermögens I ist § 15 Abs. 1 Nr. 2 EStG: Danach werden Erträge aus dem Sonderbetriebsvermögen I zuzurechnenden Wirtschaftsgütern als gewerbliche Einkünfte bestimmt, so daß die Substanz (= Wirtschaftsgüter) aus der diese Erträge erwirtschaftet werden, als Betriebsvermögen zu qualifizieren ist.

Wirtschaftsgüter, die im Eigentum eines oder mehrerer Mitunternehmer stehen aber nicht unmittelbar der Gesellschaft/Mitunternehmerschaft dienen, sondern dazu bestimmt sind, die Beteiligung des Gesellschafters an der Gesellschaft zu begründen oder zu stärken, gehören zum **Sonderbetriebsvermögen II**.[190] Das Sonderbetriebsvermögen II umfaßt demnach all die Wirtschaftsgüter, die der Mitunternehmerstellung dienen; Rechtsgrundlage für die Qualifizierung als Betriebsvermögen sind die §§ 15 Abs. 1 S. 1 Nr. 1, 16 Abs. 1 Nr. 2 und Abs. 2 EStG.

Auch beim Sonderbetriebsvermögen ist eine Differenzierung in notwendiges Sonderbetriebsvermögen und gewillkürtes Sonderbetriebsvermögen möglich bzw. geboten.

---

[190] vgl. BFH vom 13.9.1988, BStBl II 1989, 37; zur Abgrenzung von Sonderbetriebsvermögen I und II vgl. auch Kurth 1978, in: StuW 1978, S. 1 ff.

4.4.3.3 Betriebsvermögen und Sonderbetriebsvermögen: Ermittlung der Einkünfte aus Gewerbebetrieb bei Mitunternehmern einer Personengesellschaft - Beispiel -

An der im VZ 1 neugegründeten B&M OHG sind die Gesellschafter Erika B. und Markus M. zu gleichen Teilen beteiligt. Beide Gesellschafter leisten im Zeitpunkt der Gründung vertragskonform eine Kapitaleinlage in Höhe von jeweils 100.000 DM. Das Geschäftsjahr der Gesellschaft stimmt mit dem Kalenderjahr überein. Im VZ 1 wurde laut Handelsbilanz ein Jahresüberschuß von 200.000 DM erwirtschaftet, der gemäß gesellschaftsvertraglicher Vereinbarung beiden Gesellschaftern zu gleichen Teilen zusteht. Die Handelsbilanz weist per 31.12. des VZ 1 folgende komprimierte Daten aus (der Jahresüberschuß wird aus Gründen der Transparenz - zulässigerweise - als gesonderter Bilanzposten ausgewiesen):

Handelsbilanz in TDM)

Anlagevermögen:		Eigenkapital:	
Sachanlagen	100	Kapital E.B.	100
		Kapital M.M.	100
		Jahresüberschuß	200
Umlaufvermögen:		Schulden:	
Vorräte	10	Bankschulden	600
Forderungen	1.100	Lieferantenschulden	500
Flüssige Mittel	290		
Summe	1.500	Summe	1.500

Für die Ableitung der Steuerbilanz und die Ermittlung der Einkünfte aus Gewerbebetrieb der Gesellschafter stehen folgende, vereinfachte Zusatzinformationen zur Verfügung.

- Information 1:

    In der Handelsbilanz wurde auf die Aktivierung eines von der OHG zu Anschaffungskosten von 300 TDM erworbenen Firmenwertes verzichtet.

- Information 2:

  Die Gesellschafterin Erika B. hat zur Finanzierung ihrer Kapitaleinlage einen Bankkredit über 50 TDM aufgenommen. Die anteiligen, auf VZ 1 entfallenden Kreditzinsen belaufen sich auf 6 TDM; Tilgungsleistungen wurden in VZ 1 nicht erbracht.

Die Ermittlung der Einkünfte aus Gewerbebetrieb stellt sich, schematisch vereinfacht, wie folgt dar:

(1) Die OHG ist eine Mitunternehmerschaft im Sinne des EStG und nach HGB originär buchführungspflichtig. Der Gewinnermittlung ist ein Betriebsvermögensvergleich nach § 5 EStG zugrunde zu legen, d.h. das Maßgeblichkeitsprinzip ist zu beachten.

(2) Die steuerlichen Wertansätze und der steuerliche Gewinn können entweder durch steuerlich notwendige Korrekturen der Handelsbilanz oder durch Erstellung einer eigenständigen Steuerbilanz ermittelt werden. Im letztgenannten Fall wird aus der Handelsbilanz durch Zwischenschaltung einer Mehr- oder Weniger-Rechnung die Steuerbilanz abgeleitet. Die Steuerbilanz fungiert in jedem Falle als derivative Bilanz, da sie auf der Handelsbilanz basiert.

(3) Die Zusatzinformationen werden bei Ermittlung der Einkünfte aus Gewerbebetrieb wie folgt berücksichtigt:

Zusatzinformation 1:

Dem Aktivierungswahlrecht für den entgeltlich erworbenen Firmenwert entspricht ein steuerliches Aktivierungsgebot (vgl. 4.4.1.2). Steuerlich ist der Firmenwert zu aktivieren und planmäßig linear auf eine Nutzungsdauer von 15 Jahren abzuschreiben. Die Aktivierung führt zu einer Mehrung des Betriebsreinvermögens des VZ 1 in Höhe von 280 TDM (Anschaffungskosten 300 TDM - Abschreibungen 20 TDM). Aktivierung und Betriebsausgabenverrechnung in Form von Abschreibungen betreffen den gesamthänderischen Betriebskern der Mitunternehmerschaft und werden in der Steuerbilanz der Gesellschaft berücksichtigt.

Zusatzinformation 2:

Durch die Kreditaufnahme mit dem Zweck, der Einlageverpflichtung gemäß Gesellschaftervertrag nachkommen zu können, wird Sonderbetriebsvermögen der Gesellschafterin Erika B. begründet (= Sonderbetriebsvermögen II). Daraus resultierende Gewinne / Verluste werden in einer Ergänzungs- oder Sonderbilanz der Gesellschafterin ermittelt und ausschließlich ihren Einkünften aus Gewerbebetrieb zugerechnet. Die Ergänzungsbilanz dokumentiert insoweit den Sonderbetrieb der Mitunternehmerin Erika B. und weist gemäß Sachverhalt aus:

  * Schulden des Sonderbetriebs in Höhe von 50 TDM, den

* aus der Kreditaufnahme resultierenden Mittelzufluß des Sonderbetriebs, vermindert um
* Kreditzinsen (= Sonderbetriebsausgaben) sowie den
* Gewinn/Verlust des Sonderbetriebs.

In vereinfachter Abfolge ist somit wie folgt zu verfahren:

1. Schritt: Ableitung der Steuerbilanz der Mitunternehmerschaft aus der Handelsbilanz

Handelsbilanzansätze		Mehr- oder Weniger rechnung	Steuerbilanzansätze	
Firmenwert	0	+ 280	Firmenwert	280
Sachanlagen	100		Sachanlagen	100
Vorräte	10		Vorräte	10
Forderungen	1.100		Forderungen	1.100
Flüssige Mittel	290		Flüssige Mittel	290
Kapital E.B.	100		Kapital E.B.	100
Kapital M.M.	100		Kapital M.M.	100
Jahresüberschuß	200	+ 280	Jahresüberschuß	480
Bankschulden	600		Bankschulden	600
Lieferantenschulden	500		Lieferantenschulden	500

Nach Vornahme steuerlicher Korrekturen wird für den gesamthänderischen Betriebskern der Mitunternehmerschaft ein steuerlicher Gewinn in Höhe von 480 TDM ermittelt (= Gewinnermittlungsstufe I). Dieser entfällt entsprechend gesellschaftsvertraglichen Regelungen jeweils hälftig auf die beiden Gesellschafter.

2. Schritt: Ermittlung von Sonderbetriebsgewinn oder -verlust der Mitunternehmerin durch eine Ergänzungsbilanz

Aktiva		Ergänzungsbilanz E.B.	Passiva	
Flüssige Mittel	44		Bankschulden	50
Verlust	6			
Summe	50		Summe	50

Im folgenden dritten Schritt werden die Einkünfte aus Gewerbebetrieb aus der Steuerbilanz bzw. der/den Ergängzungsbilanz/en ermittelt:

3. Schritt: Ermittlung der Einkünfte aus Gewerbebetrieb:

Gesellschafter M.M.:

Anteiliger Gewinn laut Steuerbilanz der Mitunternehmerschaft	240 TDM
= Einkünfte aus Gewerbebetrieb M.M.	240 TDM

Gesellschafterin E.B.:

Anteiliger Gewinn laut Steuerbilanz der Mitunternehmerschaft	240 TDM
- Sonderbetriebsverlust laut Ergänzungsbilanz der Mitunternehmerin	6 TDM
= Einkünfte aus Gewerbebetrieb E.B.	234 TDM

4.4.4 Exkurs: Bilanzierung geleaster Wirtschaftsgüter

Die Zurechnung beweglicher Wirtschaftsgüter, die im Rahmen von Finanzierungsleasingverträgen genutzt werden, läßt sich für Vollamortisationsverträge und Teilamortisationsverträge beispielhaft durch die folgenden Abbildungen verdeutlichen. Dabei gilt grundsätzlich: Soweit bürgerlich-rechtliches und wirtschaftliches Eigentum auseinanderfallen, ist der Leasinggegenstand regelmäßig dem Betriebsvermögen des wirtschaftlichen Eigentümers zuzurechnen.

Zurechnung bei ..	Leasinggeber	Leasingnehmer
Vollamortisation ohne Kauf- oder Verlängerungsoption	unkündbare Grundmietzeit 40 - 90% der Nutzungsdauer	unkündbare Grundmietzeit < 40 oder > 90% der Nutzungsdauer
Vollamortisation mit Kaufoption	unkündbare Grundmietzeit 40 - 90% der Nutzungsdauer + Kaufpreis bei Optionsausübung ≥ Restbuchwert	unkündbare Grundmietzeit < 40 oder > 90% der Nutzungsdauer + Kaufpreis bei Optionsausübung < Restbuchwert
Vollamortisation mit Verlängerungsoption	unkündbare Grundmietzeit 40 - 90% der Nutzungsdauer + Summe der Anschlußmieten ≥ Werteverzehr	unkündbare Grundmietzeit < 40 oder > 90% der Nutzungsdauer + Summe der Anschlußmieten < Werteverzehr

Abb. 42: Zurechnung geleaster beweglicher Wirtschaftsgüter bei Vollamortisationsverträgen

Bei **Spezialleasing-Verträgen** ist das geleaste Wirtschaftsgut unabhängig von der Ausgestaltung des Leasingvertrages dem Betriebsvermögen des Leasingnehmers zuzurechnen, das Verhältnis von Grundmietzeit zu Nutzungsdauer ist ebenso unbeachtlich wie evtl. vereinbarte Optionsklauseln. Spezialleasing ist regelmäßig dann gegeben, wenn das geleaste Wirtschaftsgut auf die speziellen investiven Verhältnisse des Leasingnehmers abgestellt ist und nach Ablauf der vereinbarten Grundmietzeit nur noch bei diesem sinnvoll weiterverwendet werden kann.[191]

Soweit Vertragmodelle gewählt werden, bei denen zwar ebenfalls eine unkündbare Grundmietzeit zwischen 40 und 90 % der betriebsgewöhnlichen Nutzungsdauer vereinbart wird, in diesem Zeitraum aber die Anschaffungs- oder Herstellungskosten des Wirtschaftsguts einschließlich aller Nebenkosten des Leasinggebers nur zum Teil gedeckt werden (= Non-full-pay-out-Verträge / **Teilamortisation**), ist bei Zurechnung des geleasten Wirtschaftsgutes wie folgt zu verfahren:[192]

---

[191] vgl. BdF-Schreiben vom 19.4.1971, IV B 2
[192] BdF-Schreiben vom 22.12.1975, IV B 2

Zurechnung bei.. / Vertragsart	Leasinggeber	Leasingnehmer
Teilamortisation mit Andienungsrecht des Leasinggebers und ohne Optionsrecht des Leasingnehmers	unkündbare Grundmietzeit 40 - 90% der Nutzungsdauer + vereinbarter Andienungspreis > Wiederbeschaffungszeitwert	unkündbare Grundmietzeit < 40 oder > 90% der Nutzungsdauer und/oder vereinbarter Andienungspreis < Wiederbeschaffungszeitwert
Teilamortisation mit Aufteilung des Mehrerlöses	unkündbare Grundmietzeit 40 - 90% der Nutzungsdauer + ≤ 75% des Mehrerlöses für Leasingnehmer	unkündbare Grundmietzeit < 40 oder >90% der Nutzungsdauer und/oder > 75% des Mehrerlöses für Leasingnehmer
Kündbarer Mietvertrag mit Anrechnung des Veräußerungserlöses auf die vom Leasingnehmer zu leistende Schlußzahlung	Erstmalige Kündigung nach Ablauf von 40% der Nutzungsdauer + Anrechnung von 90%	Erstmalige Kündigung vor Ablauf von 40% der Nutzungsdauer und/oder Anrechnung > 90%

Abb. 43: Zurechnung geleaster beweglicher Wirtschaftsgüter bei Abschluß von Teilamortisationsverträgen

Ist aufgrund der gewählten Vertragskonstruktion ausnahmsweise der Leasingnehmer als wirtschaftlicher Eigentümer aktivierungspflichtig, muß die Leasingrate in einen Zins- und Kostenanteil einerseits und einen Tilgungsanteil andererseits aufgeteilt werden. Dabei können der Ermittlung des Zins- und Kostenanteils alternativ die Barwertvergleichsmethode oder die Zinsstaffelmethode zugrunde gelegt werden.[193]

Beispiel:

Die Anschaffungskosten des geleasten Wirtschaftsguts, die der Ermittlung der Leasingrate zugrunde gelegt wurden, betragen 95.000,00 DM. Die unkündbare Grundmietzeit beträgt 5 Jahre, die jährlich zu entrichtenden Leasingraten belaufen sich auf 25.000,00 DM. Vor Beginn des Leasing-Verhältnisses hat der Leasingnehmer eine einmalige Zahlung in Höhe von 6.000,00 DM zu leisten.

Die Summe der Zahlenreihe aller Leasingraten wird nach der Summenformel für eine endliche arithmetische Reihe ermittelt:

$5/2 \times (1 + 5) = 15$

---

[193] vgl. BdF vom 13..12.1973, IV B 2

Die Summe der Zins- und Kostenanteile aller Leasingraten beläuft sich auf:

5 Leasingraten zu jeweils 25.000,00 DM =	125.000,00 DM
- Anschaffungskosten des Wirtschaftsgutes	95.000,00 DM
= Summe der Zins- und Kostenanteile	30.000,00 DM

Für die erste Leasingrate ergibt sich somit ein Zins- und Kostenanteil von:

30.000/15 x (1 + 4) = 10.000,00 DM

Für die weiteren Leasingraten der Jahre 2 - 5 errechnen sich folgende Zins- und Kostenanteile:

Jahr 2: 30.000/15 x (1 + 3) = 8.000,00 DM

Jahr 3: 30.000/15 x (1 + 2) = 6.000,00 DM

Jahr 4: 30.000/15 x (1 + 1) = 4.000,00 DM

Jahr 5: 30.000/15 x 1 = 2.000,00 DM

Die Einmalzahlung vor Beginn des Leasingverhältnisses ist als Disagio beim Leasingnehmer zu aktivieren und auf die vereinbarte Grundmietzeit zu verteilen. Da sich das Verhältnis zwischen Disagio und der Summe der Zins- und Kostenanteile im gewählten Beispiel auf 1 : 5 beläuft, ist das Disagio bei Fälligkeit der ersten Leasingrate um 1/5 aus 10.000,00 DM gewinnmindernd aufzulösen. Für die Folgejahre ist auf der Basis der jeweiligen Zins- und Kostenanteile entsprechend zu verfahren.

4.5 Bewertungskonzeption und Bewertungsmaßstäbe des Einkommensteuerrechts

4.5.1 Bewertungsprozeß

Während die Abklärung der abstrakten und konkreten Bilanzierungsfähigkeit sowie der sachlichen und persönlichen Zurechnung von Wirtschaftsgütern auf die **Bilanzierung dem Grunde nach** abstellt, zielt die **Bilanzierung der Höhe nach** (= Bewertung) auf den Wertausweis der dem Betriebsvermögen zugehörigen Wirtschaftsgüter. Beide Fragestellungen sind naturgemäß eng miteinander verknüpft und können lediglich gedanklich-analytisch losgelöst voneinander behandelt werden: Der Ansatz eines Wirtschaftsgutes in der Steuerbilanz ist ohne Wertausweis ebensowenig denkbar, wie ein Wertausweis ohne konkreten Bezug zu einem eindeutig definiertes Wirtschaftsgut.

Die **Bewertung** unterscheidet sich dabei von einer reinen Wertfeststellung dadurch, daß Bewertung stets als bilanzieller, ökonomisch fundierter **Entscheidungsprozeß** zu verstehen ist, da

- vielfach **unterschiedliche Wertansätze** für den Wertausweis von Wirtschaftsgütern des Betriebsvermögens in Betracht kommen,

- vielfach **unterschiedliche Methoden** zur Ermittlung eines Wertansatzes zur Verfügung stehen,

- teilweise **Bilanzierungswahlrechte** eingeräumt werden, durch die der Wertausweis des Betriebsvermögens insgesamt wie auch einzelner Wirtschaftsgüter oder Wirtschaftsgütergruppen gestaltet werden kann,

- teilweise im Rahmen von Wirtschaftszwecknormen **steuerliche Bewertungsfreiheiten** eingeräumt werden, deren Inanspruchnahme oder Nichtinanspruchnahme den Wertausweis einzelner Wirtschaftsgüter und damit des Betriebsvermögens determiniert,

- die Bewertung in der Steuerbilanz nicht losgelöst vom handelsrechtlichen Jahresabschluß gesehen werden kann, da durch die **Umkehrmaßgeblichkeit** steuerliche Bilanzierungs- und Bewertungsentscheidungen auf den handelsrechtlichen Jahresabschluß durchschlagen und sowohl die Darstellung der Vermögens-, Finanz- und Ertragslage wie auch die Ermittlung des ausschüttungsfähigen Gewinns beeinflussen können,

- die Bewertung in der Steuerbilanz i.d.R. nicht isoliert auf ein einzelnes Wirtschaftsgut bezogen ist, sondern die Bewertung im **Gesamtkontext der Ermittlung des steuerlichen Gewinns** eines Unternehmens zu sehen ist und

- die Bewertung zwar periodisch jeweils zum Abschlußstichtag durchgeführt wird, die Bewertung des Betriebsvermögens zum Abschlußstichtag wie auch die periodische Gewinnermittlung aber in der **zeitlichen Verknüpfung** aufeinander folgender Rechnungsperioden zu sehen sind; Bilanzierungs- und Bewertungsentscheidungen der Periode t-1 können sich ebenso auf die steuerliche Gewinnermittlung der Periode t auswirken, wie Bilanzierungs- und Bewertungsentscheidungen der Periode t die steuerliche Gewinnermittlung der Periode t+n beeinflussen können.

Ergebnis der Bewertung ist die **Wertfeststellung**, da der steuerliche Gewinn einer Rechnungsperiode als Saldo des Betriebsvermögens zweier aufeinander folgender Perioden, vermehrt um Entnahmen und nichtabziehbare Betriebsausgaben und vermindert um Einlagen und steuerfreie Einnahmen definiert ist und damit letztlich den Zuwachs des Eigenkapitals erfaßt. Das Eigenkapital (= Betriebsreinvermögen) wie auch der Zuwachs des Eigenkapitals werden somit nicht bewertet, sondern sind Ergebnis der Bilanzierungs- und Bewertungsentscheidungen und damit lediglich einer wertmäßigen Feststellung zugänglich. Dies gilt für die Ermittlung des ausschüttungsfähigen Gewinns im Rahmen der handelsrechtlichen Rechnungslegung entsprechend: Der handelsrechtliche Gewinn ist gleichfalls als Eigenkapitalzuwachs definiert und damit Ergebnis handelsrechtlicher Bilanzierungs- und Bewertungsentscheidungen sowie möglicher Rückwirkungen der Umkehrmaßgeblichkeit. Die folgende Abbildung verdeutlicht dies:

Abb. 44: Bewertung, Wertfeststellung und Gewinnermittlung
(steuerrechtlich und handelsrechtlich)

Bewertung ist insoweit als untrennbar mit der Bilanzierung verbundener **integrierter Entscheidungsprozeß** angelegt, der im Spannungsfeld unterschiedlicher Einflußfaktoren vollzogen wird. Die nachfolgende Abbildung faßt dies systematisch vereinfacht zusammen:

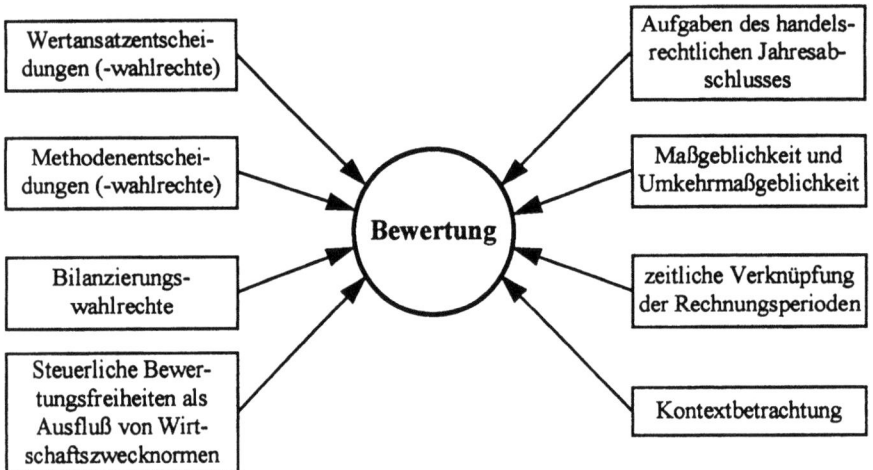

Abb. 45: Bewertung im Spannungsfeld unterschiedlicher Einflußfaktoren

Damit wird gleichzeitig deutlich, daß die Bewertung des Betriebsvermögens und die daraus resultierende Gewinnermittlung nicht nur in einem vorrangig bilanziellen Spannungsfeld angesiedelt ist, sondern im Rahmen von Bilanzierung, Bewertung und steuerlicher Gewinnermittlung ein vielfach problematischer Versuch unternommen werden muß, seitens des Gesetzgebers den Grundsätzen der Gleichmäßigkeit und Rechtssicherheit der Besteuerung angemessen Rechnung zu tragen.

Die Verbindung von Bilanzierung, Bewertung und steuerlicher Gewinnermittlung durch Betriebsvermögensvergleich läßt sich schematisch wie folgt zusammenfassen:

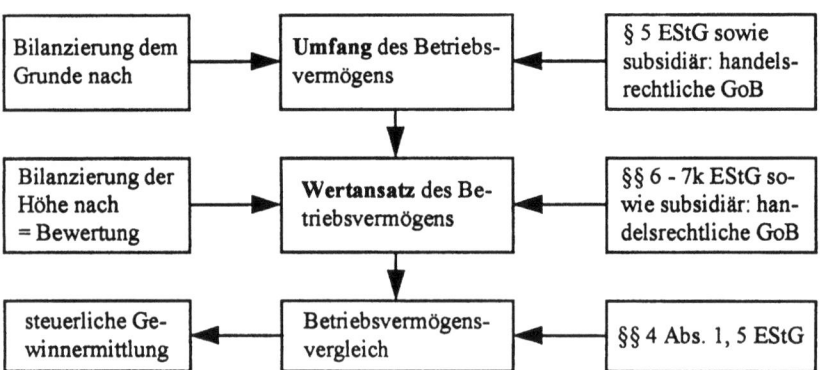

Abb. 46: Bilanzierung, Bewertung und steuerliche Gewinnermittlung

Besondere Bedeutung kommt im Rahmen der Bewertung § 6 Abs. 1 EStG zu: Diese Norm läßt sich als zentrale einkommensteuerrechtliche Bewertungsvorschrift verstehen, die nicht nur die einkommensteuerliche Gewinnermittlung determiniert, sondern durch Rechtsverweisung auch unmittelbar der Ermittlung des Gewerbeertrages sowie des körperschaftsteuerpflichtigen Einkommens zugrunde zu legen ist. § 6 Abs. 1 EStG gilt grundsätzlich „*für die Bewertung der einzelnen Wirtschaftsgüter, die ... als Betriebsvermögen anzusetzen sind*"; für andere Bilanzposten, die wie Rechnungsabgrenzungsposten und Bilanzierungshilfen nach dem DMBilG keine Wirtschaftsgüter sind, ist § 6 EStG dagegen nicht anwendbar. Durch direkte Bezugnahme auf die Bewertung einzelner Wirtschaftsgüter ist der Grundsatz der Einzelbewertung als eigenständiger und originärer Bewertungsgrundsatz unmittelbar aus § 6 EStG ableitbar; im übrigen werden die handelsrechtlichen Bewertungsgrundsätze durch das Maßgeblichkeitsprinzip unmittelbar auf die Steuerbilanz übertragen und sind im Rahmen der Bewertung subsidär zugrunde zu legen.

4.5.2 Bewertungsmaßstäbe

Das Steuerrecht sieht für den Steuerbilanzansatz einzelner Wirtschaftsgüter unterschiedliche Bewertungsmaßstäbe vor. Grundsätzlich gilt dabei, daß Wirtschaftsgüter des Anlage- und Umlaufvermögens höchstens mit den **Anschaffungs- oder Herstellungskosten** anzusetzen sind. Die Anschaffungs- oder Herstellungskosten sind zugleich als **Höchstwert** (= Wertobergrenze) und **Mindestwert** (= Wertuntergrenze) definiert; eine Unterschreitung der Wertuntergrenze kann allenfalls durch Ansatz eines niedrigeren Teilwerts zulässig oder geboten sein. Weitergehende Bewertungsfreiheiten, wie sie das Handelsrecht z.B. in Form des Ansatzes eines vernünftigen kaufmännischen Wertes oder eines Zukunftswertes kennt, sind steuerrechtlich aus der gegenüber der handelsrechtlichen Rechnungslegung unterschiedlichen Zwecksetzung heraus nicht zulässig: Der Grundsatz der Gleichmäßigkeit der Besteuerung nach der wirtschaftlichen Leistungsfähigkeit läßt eine letztlich nahezu willkürliche Unterbewertung nicht zu, während dies mit dem handelsrechtlichen Zweck des Gläubigerschutzes durchaus vereinbar sein kann. Die steuerrechtlichen Wertgrenzen für das Anlage- und Umlaufvermögen lassen sich entsprechend auf die Bewertung von Verbindlichkeiten übertragen: Mindest- und Höchstwert ist der Erfüllungsbetrag, der lediglich durch Ansatz eines höheren Teilwertes überschritten werden kann.

Die Anschaffungs- oder Herstellungskosten lassen sich begrifflich als 'Kostenwerte' abgrenzen; soweit, wie z.B. bei abnutzbaren aktiven Wirtschaftsgütern, die Ausgangswerte Anschaffungs- oder Herstellungskosten um planmäßige Abschreibungen vermindert werden müssen, führt die Wertkorrektur durch Abschreibungsverrechnung zu im Zeitablauf 'fortgeführten Kostenwerten'.

4.5.2.1 Anschaffungskosten

Von außenstehenden Dritten bezogene, 'angeschaffte' Wirtschaftsgüter sind mit ihren Anschaffungskosten anzusetzen, d.h. zu bewerten. Eine steuerrechtliche Legaldefinition dessen, was unter Anschaffungskosten zu verstehen ist, existiert nicht, vielmehr ist nach der ständigen höchstrichterlichen Rechtsprechung des BFH der handelsrechtliche Anschaffungskostenbegriff (*§ 255 Abs. 1 HGB*) in das Einkommensteuerrecht zu übernehmen. Damit stimmen die handelsrechtlichen und die einkommensteuerrechtlichen Anschaffungskosten dem Umfang nach überein und beinhalten alle Aufwendungen, die geleistet werden, um ein bestehendes Wirtschaftsgut zu erwerben und in einen betriebsbereiten Zustand zu versetzen;[194] zu den Anschaffungskosten gehören der Anschaffungspreis abzüglich Anschaffungspreisminderungen, Nebenkosten der Anschaffung und nachträgliche Anschaffungskosten, soweit sie dem Wirtschaftsgut einzeln zugerechnet werden können.[195] Die Anschaffungskosten setzen sich somit aus folgenden Komponenten zusammen:

Anschaffungskosten i.e.S.:		
Aufwendungen die getätigt werden, um ein Wirtschaftsgut zu erwerben	=	Anschaffungspreis abzüglich Preisminderungen
± **Anschaffungskosten i.w.S.:**		
Aufwendungen, die sachlich mit dem Erwerb zusammenhängen, jedoch zeitlich vorgelagert anfallen	=	vorweggenommene AK (+)
Aufwendungen, die getätigt werden, um ein Wirtschaftsgut in einen betriebsbereiten Zustand zu versetzen	= = =	Anschaffungsnebenkosten (+) nachträgliche AK (+) nachträgliche AK-Minderungen (-)
= **Anschaffungskosten**		

AK = Anschaffungskosten; (+) = AK-Erhöhung, (-) = AK-Minderung

Abb. 47: Komponenten der Anschaffungskosten

---

[194] vgl. BFH vom 12.2.1985, BStBl II 1985, 690; BFH vom 14.11.1985, BStBl II 1986, 60
[195] BFH vom 13.10.1983, BStBl II 1984, 101

Zu den Anschaffungskosten gehören grundsätzlich nur die **Aufwendungen**, die **unmittelbar** durch den Erwerb und die Herstellung eines betriebsbereiten Zustands verursacht wurden.[196] Der geforderte unmittelbare Zusammenhang zwischen Erwerb und Herstellung der Betriebsbereitschaft einerseits und den getätigten Aufwendungen andererseits kann zeitlicher, sachlicher, persönlicher oder finaler Art sein.[197]

(1) **Vorweggenommene Anschaffungskosten, nachträgliche Anschaffungskosten und Nebenkosten der Anschaffung**

Ein **zeitlicher** (oder ggf. räumlicher) Zusammenhang reicht i.d.R. nicht aus, um den geforderten unmittelbaren Zusammenhang zwischen getätigten Aufwendungen und dem Erwerb eines Wirtschaftsgutes zu begründen.[198] Insoweit ist der zeitliche Zusammenhang nicht notwendige Voraussetzung dafür, Aufwendungen als Anschaffungskosten eines Wirtschaftsgutes aktivieren zu müssen; im Umkehrschluß folgt hieraus, daß auch Aufwendungen, die dem Erwerbsvorgang zeitlich vorgelagert sind, als **vorweggenommene Anschaffungskosten** im Rahmen der Anschaffungskostenermittlung zu berücksichtigen sind, soweit sie in einem unmittelbaren sachlichen Zusammenhang mit dem Erwerb des Wirtschaftsgutes stehen. Zu den vorweggenommenen Anschaffungskosten sind insbesondere zu rechnen

- **Reisekosten**, z.B. anläßlich der Besichtigung eines erworbenen Gebäudes,[199] anläßlich der Besichtigung eines Betriebes, an dem eine Beteiligung erworben werden soll, anläßlich der Qualitätsprüfung von Waren, die erworben oder der Laufprüfung einer Maschine, die gekauft werden soll.

  Die Reisekosten stellen allerdings nur dann vorweggenommene Anschaffungskosten dar, wenn das Wirtschaftsgut tatsächlich zu einem späteren Zeitpunkt erworben wurde; ist dies nicht der Fall, sind sie als Betriebsausgaben abzuziehen.[200]

- **Kosten der Begutachtung oder Beratung**, z.B. Kosten der Begutachtung eines später erworbenen Gebäudes, der Vorab-Qualitätsprüfung von Handelswaren, der Beratung vor Erwerb einer Beteiligung usw.

Darüber hinaus ist es auch denkbar, daß Aufwendungen erst nach vollzogenem Erwerb anfallen, zu diesem jedoch einen unmittelbaren sachlichen Bezug aufweisen und damit als **nachträgliche Anschaffungskosten** zu erfassen sind.[201] Dazu gehören beispielsweise **Erschließungsbeiträge** eines erworbenen Grundstücks, soweit dadurch der Grundstückswert erhöht wird.

---

[196] BFH vom 6.7.1989, BStBl II 1990, 126
[197] vgl. Blümich/Ehmcke, Rz. 255 ff. zu § 6 EStG
[198] BFH vom 12.11.1975, BStBl II 1976, 297
[199] BFH vom 10.3.1981, BStBl II 1981, 470
[200] BFH vom 15.4.1992, BStBl II 1992, 819
[201] BFH vom 6.7.1989, BStBl II 1990, 126

Ein **sachlicher**, objektiver Zusammenhang zwischen den getätigten Aufwendungen und dem Erwerb eines Wirtschaftsguts ist gleichermaßen notwendig und hinreichend, um den geforderten unmittelbaren Zusammenhang zu begründen. Insoweit ist es konsequent, wenn neben der tatsächlich an den Veräußerer geleisteten Kaufpreiszahlung auch Aufwendungen in die Anschaffungskosten einbezogen werden, die anläßlich des Erwerbs oder der Herstellung der Betriebsbereitschaft angefallen sind und an Dritte geleistet wurden. Dazu gehören insbesondere die **Nebenkosten der Anschaffung**.[202]

Als Nebenkosten der Anschaffung kommen beispielsweise in Betracht:

- Gebühren für Vertragsbeurkundungen, Kosten der Eintragung des Eigentumerwerbs (z.B. Grundbuch), Kosten der Rechtsberatung und Vertretung, Grunderwerbsteuer.

- Vermittlungsprovision, Zölle, Transport- und Frachtkosten, Montagekosten (z.B. einer Maschine), Rollgelder, Kosten der Überführung und Zulassung von Kraftfahrzeugen.

Nicht zu den Anschaffungskosten rechnen grundsätzlich **Finanzierungskosten**; dies gilt auch dann, wenn der Anschaffungsvorgang kreditfinanziert wurde. Kreditzinsen und Gebühren im Rahmen der Kreditaufnahme fallen in unmittelbarem Zusammenhang mit der Kapitalbereitstellung an und sind somit dem aufgenommenen Kredit zuzurechnen.[203] Hiervon abweichend stellen allerdings sog. **Bauzeitzinsen**, die der Erwerber dem Veräußerer erstattet, Anschaffungskosten des Erwerbers dar.[204]

Beispiel:

Die Z-OHG erwirbt mit notariellem Kaufvertrag ein bebautes Grundstück. Der vertraglich vereinbarte Kaufpreis beläuft sich auf 1.000.000,00 DM. Im Zuge des Anschaffungsvorgangs sind angefallen:

Maklerprovision	35.000,00 DM zuzügl. 15 % MwSt.
Grunderwerbsteuer	20.000,00 DM
Notarkosten	40.000,00 DM
Grundbuchgebühren	10.000,00 DM

Die Anschaffungskosten belaufen sich auf 1.105.000,00 DM, die Mehrwertsteuer bleibt unberücksichtigt.

(2) **Preisnachlässe**

Da nur die tatsächlich angefallenen Aufwendungen berücksichtigt werden dürfen, sind **Anschaffungspreisminderungen** abzuziehen. Preisnachlässe in Form

---

[202] vgl. z.B. BFH vom 27.6.1989, BStBl II 1989, 934; BFH vom 26.8.1992, BStBl II 1992, 977
[203] BFH vom 24.5.1968, BStBl II 1968, 574
[204] BFH vom 17.2.1981, BStBl II 1981, 466

von Skonti, Rabatten und Boni mindern die Anschaffungskosten des Wirtschaftsgutes dabei in dem Zeitpunkt, in dem sie tatsächlich eingetreten sind und vom Erwerber in Anspruch genommen werden.[205] Maßgebend für die anschaffungskostenmindernde Berücksichtigung von **Skonti** ist somit nicht der Anschaffungszeitpunkt, sondern der Zeitpunkt, zu dem die um Skonti verminderte Zahlung des Erwerbers erfolgt. Ist zum Abschlußstichtag die Zahlung noch nicht erfolgt, ist das Wirtschaftsgut zu unkorrigierten Anschaffungskosten auszuweisen. Dies gilt für nachträglich gewährte **Mengen- oder Treuerabatte** entsprechend, d.h. auch in diesen Fällen ist die Anschaffungskostenminderung zu dem Zeitpunkt vorzunehmen, in dem der Rabatt tatsächlich in Anspruch genommen wird. Soweit sog. **Sofortrabatte** gewährt werden, ist eine Minderung der Anschaffungskosten nicht erforderlich; diese stimmen mit dem um den Sofortrabatt verminderten Kaufpreis überein.

Auch **Boni, Treueprämien** und **Umsatzprämien** sind als Anschaffungskostenminderung zu berücksichtigen, da sie Rückvergütungen auf die Anschaffungskosten darstellen. Wird z.B. ein Bonus nachträglich bei Erreichung eines bestimmten Jahresumsatzvolumens gewährt, ist vielfach eine direkte Zuordnung zu den Anschaffungskosten einzelner Wirtschaftsgüter wirtschaftlich nicht zumutbar oder nicht mehr möglich, da die entsprechenden Bestände bereits weiterveräußert wurden. In solchen Fällen erscheint es zulässig, pauschaliert zu verrechnen, die Boni auf den Bestand am Abschlußstichtag zu beziehen oder - falls keine Bestände mehr vorhanden sind - den Bonus als Ertrag bzw. Betriebseinnahme zu berücksichtigen.

Beispiel:

Einem Kfz-Vertragshändler wird ein Bonus gewährt, sofern sein Jahresumsatz ein bestimmtes Zielvolumen übersteigt. Der Bonus kann natürlich erst festgestellt und eingeräumt werden, wenn für die zurückliegende Rechnungsperiode die Umsatzhöhe nach Wert und festgelegtem Mengenvolumen ermittelt werden kann, so daß der Erwerbsvorgänge der Periode t betreffende Bonus in Periode t+1 ausgezahlt wird. Zum Zeitpunkt der Bonusgewährung sind möglicherweise alle in t erworbene Fahrzeuge bereits weiterveräußert, so daß eine Anschaffungskostenminderung nicht mehr in Betracht kommt.

(3) **Zuschüsse**

Werden im Zusammenhang mit der Anschaffung eines Wirtschaftsgutes Zuschüsse aus öffentlichen Kassen gewährt, mindern diese **zweckbestimmten Investitionszuschüsse** die Anschaffungskosten des Wirtschaftsgutes.[206] Durch die Anschaffungskostenminderung wird eine erfolgsneutrale Behandlung des Zuschusses sichergestellt und materiell der Anschaffungskostendefinition entsprochen. Durch den Ansatz von Wirtschaftsgütern zu Anschaffungskosten soll ja

---

[205] u.a. BFH vom 27.2.1991, BStBl II 1991, 456
[206] z.B. Kapitalzuschüsse zu Kohlekraftwerken, vgl. BFH vom 8.5.1981, BStBl II 1981, 702

gerade eine weitgehend erfolgsneutrale Behandlung von Anschaffungsvorgängen erreicht werden. Nach **h.M.** greift jedoch bei zweckbestimmten Investitionszuschüssen aus öffentlichen Kassen stets ein **Wahlrecht**, d.h. es wird in das Ermessen des Unternehmens gestellt, den Zuschuß als Anschaffungskostenminderung zu behandeln oder als Betriebseinnahme zu erfassen.

Laufende Zuschüsse (sog. Ertragszuschüsse) bleiben demgegenüber bei der Anschaffungskostenermittlung unberücksichtigt. Werden z.B. aus öffentlichen Kassen Finanzierungsbeihilfen zur Strukturverbesserung der Molkereiwirtschaft geleistet oder erfolgt eine Ausgleichszahlung an ein Transportunternehmen für Kostenunterdeckungen bei der Schülerbeförderung, werden diese allgemeinen, betriebsbezogenen Zuschüsse entweder als Betriebseinnahmen erfaßt oder mit entsprechenden Betriebsausgaben verrechnet.

(4) **Gemeinkosten**

Gemeinkosten, die in unmittelbarem Zusammenhang mit der Anschaffung eines Wirtschaftsgutes anfallen, bleiben nach der ständigen Rechtsprechung des BFH bei der Ermittlung der Anschaffungskosten unberücksichtigt,[207] so daß lediglich Einzelkosten eingerechnet werden müssen. Gemeinkosten, wie z.B. Beschaffungsgemeinkosten, entfallen auf eine Vielzahl von Kostenträgern bzw. Anschaffungsvorgängen und können nur geschlüsselt zugerechnet werden; trotz des vom BFH zugrunde gelegten finalen Anschaffungskostenbegriffs (Anschaffungskosten = tatsächliche, im Zusammenhang mit der Anschaffung entstandene Aufwendungen) hält es der BFH für ausreichend, daß Beschaffungsgemeinkosten aus Praktikabilitätsgründen nicht in die Anschaffungskosten eingerechnet, sondern als Verwaltungsgemeinkosten oder Fertigungsgemeinkosten in die Herstellungskosten anderer, selbsterstellter Wirtschaftsgüter eingerechnet werden.[208]

(5) **Unentgeltlicher Erwerb und fiktive Anschaffungskosten**

Bei unentgeltlichem Erwerb (z.B. Schenkung) fallen grundsätzlich keine Anschaffungskosten an. So sind z.B. gemäß § 7 Abs. 1 EStDV bei unentgeltlichem Erwerb eines **Betriebs** oder Teilbetriebs die nach § 6 Abs. 1 Nrn. 1 - 3 EStG anzusetzenden Buchwerte fortzuführen; die fortgeführten Buchwerte werden als fiktive Anschaffungskosten behandelt und der Abschreibungsverrechnung als Ausgangswerte zugrunde gelegt. Werden aus betrieblichem Anlaß **einzelne Wirtschaftsgüter** unentgeltlich aus einem Betriebsvermögen in ein anderes Betriebsvermögen übertragen, gilt für den Erwerber der Betrag als Anschaffungskosten, den er für das einzelne Wirtschaftsgut im Zeitpunkt des Erwerbs hätte aufwenden müssen (*fiktive Anschaffungskosten, § 7 Abs. 2 EStDV*). In beiden Fällen werden fiktive Anschaffungskosten zugrunde gelegt, die sich jedoch ermittlungstechnisch erheblich unterscheiden.

---

[207] vgl. z.B. BFH vom 11.2.1988, BStBl II 1988, 661
[208] vgl. BFH vom 31.7.1967, BStBl II 1968, 22

(6) Anschaffungskosten- und Gewinnrealisierung

Die auf eine erfolgsneutrale Behandlung von Anschaffungsvorgängen abstellende Anschaffungskostendefinition des Handels- und Steuerrechts wird immer dann wirtschaftlich begründet durchbrochen, wenn nicht der typische 'Erwerbsvorgang' (z.B. Kauf einer Maschine) bilanziert wird, sondern der noch nicht zahlungswirksame Lieferungs- und Leistungsaustausche eines Unternehmens bilanziell abgebildet wird. Grundsätzlich gilt dabei, daß Gewinne aus dem Lieferungs- und Leistungsaustausch erst dann berücksichtigt werden dürfen, wenn sie nach dem Realisationsprinzip als 'am Markt realisiert' betrachtet werden können. Für die Bestimmung des Zeitpunkts, zu dem der 'Wertsprung' eingetreten und der Gewinn als 'realisiert' zu betrachten ist, ist die wirtschaftliche Betrachtungsweise maßgebend, die im Bilanzrecht eine inzwischen gefestigte Tradition aufweist. Danach ist Gewinnrealisierung gegeben, wenn die Lieferung oder Leistung erbracht ist und damit dem Grunde und der Höhe nach hinreichend sicher festgestellt werden kann, daß ein solcher Gewinn erwirtschaftet wird.[209]

Beispiel:

Die Handels-OHG erwirbt im November der laufenden Periode Handelswaren zu Anschaffungskosten von 100.000,00 DM; Abschlußstichtag ist der 31.12. Die Handelswaren werden umgepackt und im Februar der Folgeperiode t2 zu 150.000,00 DM an einen Großabnehmer verkauft und geliefert. Dem Großabnehmer wird ein Zahlungsziel von 12 Monaten eingeräumt. Die tatsächlich angefallenen Aufwendungen der Handels-OHG werden mit 110.000,00 DM ermittelt, so daß ein Lieferungsgewinn von 40.000,00 DM erwirtschaftet werden kann.

In der **Periode t1** werden die Handelswaren zu Anschaffungskosten von 100.000,00 DM bilanziert, der Anschaffungsvorgang wird als reiner Aktivtausch erfolgsneutral behandelt.

In der **Periode t2** wird zum Abschlußstichtag eine Forderung in Höhe von 150.000,00 DM (ggf. Großabnehmer) aktiviert. Da es sich um eine Geldforderung handelt, tritt der Nennwert an die Stelle der - nicht gegebenen - 'Anschaffungskosten' i.e.S. Der im Nennwert enthaltene Transaktionsgewinn in Höhe von 40.000,00 DM wird, wirtschaftlich begründet, als realisiert betrachtet, obwohl der Vertrag seitens des Abnehmers zivilrechtlich noch nicht erfüllt ist und der Gewinn der Handels-OHG pagatorisch noch nicht zugeflossen ist. Die 'Anschaffungskosten' der Periode t2 beinhalten insoweit eine Erfolgskomponente und behandeln den Verkaufsvorgang erfolgswirksam.

---

[209] vgl. auch BFH vom 14.12.1988, BStBl II 1989, 323; BFH vom 8.3.1989, BStBl II 1989, 714, 717

Mit seinem 'Wechseldiskont-Urteil' vom 26.4.1995[210] hat nunmehr der BFH entschieden, daß bei einem banktypischen Aktivgeschäft in Form der Diskontierung eines Kundenwechsels der Nennbetrag des Wechsels abzüglich des Diskonts als Anschaffungskosten zu gelten habe. Der aus dem Aktivgeschäft erwirtschaftete Gewinn (= Diskontertrag) wird somit erst dann als realisiert betrachtet, wenn dieser dem Kreditinstitut pagatorisch zugeflossen ist. Dies wird vom BFH u.a. damit begründet, daß es sich beim Wechseldiskontgeschäft um einen „typischen Kaufvertrag" handele, der alleine noch zu keiner Gewinnrealisierung führe. Letzteres ist im Bilanzrecht zweifellos unbestritten. Der BFH übersieht jedoch daß durch Diskontierung und Überlassung der diskontierten Summe der Wertsprung eingetreten und damit der Gewinn wirtschaftlich gesehen als realisiert zu betrachten ist. Insoweit ist durchaus Vergleichbarkeit mit dem im vorstehenden Beispiel dokumentierten Lieferungsgeschäft gegeben. Der BFH übersieht ferner, daß durch das Wechseldiskontgeschäft eine Geldforderung begründet wurde, die grundsätzlich mit dem Nennwert und nicht wie der BFH meint, mit den 'tatsächlich geleisteten Aufwendungen' i.S.d. § 255 Abs. 1 HGB anzusetzen ist. Auf das Lieferungsgeschäft im obigen Beispiel übertragen, hätte dies nämlich zur Konsequenz, daß die Forderung mit 110.000,00 DM aktiviert werden müßte, obwohl der Gewinn nach dem Realisationsprinzip als 'erwirtschaftet' gilt. Soweit berechtigte Zweifel an der Gewinnrealisierung angezeigt erscheinen, ist eine Teilwertabschreibung geboten. Daraus kann aber nicht abgeleitet werden, daß die Gewinnrealisierung bis zu dem Zeitpunkt hinausgeschoben wird, bis der Gewinnzufluß tatsächlich erfolgt ist. Moxter weist deshalb völlig zurecht darauf hin, daß die vom BFH mißbrauchte Anschaffungskostendefinition des § 255 Abs. 1 HGB „*... mithin nur für sog. erfolgsneutrale Anschaffungen gelten (könne), nicht für erfolgswirksame; erfolgswirksame Zugänge werden nicht mit den geleisteten „Aufwendungen" aktiviert, sondern mit den aus erbrachten Leistungen erwarteten Nettoeinnahmen: bei gewinnrealisierenden Zugängen verdrängt das Realisationsprinzip das Anschaffungswertprinzip*".[211] Darüber hinaus ist zu berücksichtigen, daß nach der ständigen und gesicherten Rechtsprechung des BFH bislang Geldforderungen grundsätzlich mit ihrem Nennwert aktiviert werden.[212] Zwar hat der BFH auch bislang dahingehend entschieden, daß die Beantwortung der Frage, was bei Forderungen als 'Anschaffungskosten' zu gelten habe, von der Art der Forderung abhängt.[213] doch kann m.E. daraus nicht die unzulässige Schlußfolgerung gezogen werden, daß typische Lieferungs- und Leistungsgeschäfte, die durch den Unternehmenszweck gedeckt sind, je nach Branchenzugehörigkeit zu unterschiedlichen Anschaffungskosten führen können. Die Wechseldiskontierung gehört ebenso zu den typischen Aktivgeschäften eines Kreditinstituts wie das

---

[210] I R 92/94, BB 1995, 153
[211] Moxter 1995, S. 1999
[212] vgl. BFH vom 23.11.1967, BStBl II 1968, 176; BFH vom 9.7.1981, BStBl 1991, 734
[213] BFH vom 23.4.1975, BStBl II 1975, 875

Lieferungsgeschäft zu den typischen Geschäften der Handels-OHG zu rechnen ist. In beiden Fällen sind die aus dem Lieferungs- oder Leistungsgeschäft erwachsenden Zugänge zu Anschaffungskosten = Nennwert zu aktivieren, ein Transaktionsgewinn ist stets zu berücksichtigen, wenn der Wertsprung eingetreten ist. Bei absatzmarktbezogenen Lieferungs- und Leistungsgeschäften aber gebietet die wirtschaftliche Betrachtungsweise, Transaktionsgewinne stets zu berücksichtigen, soweit nach dem Realisationsprinzip der Wertsprung eingetreten ist. Diese wirtschaftliche Interpretation, die den zivilrechtlichen Hintergrund zwar nicht vernachlässigt, wohl aber aus Natur und Zweckausrichtung des handelsrechtlichen Jahresabschlusses und der Steuerbilanz hintanstellt, ist nicht nur im deutschen Bilanzrecht fest verankert. Auch das angelsächsische Recht stellt mit dem Grundsatz „substance over form" auf die wirtschaftliche Betrachtung ökonomischer Transaktionen ab. Auch in dieser Hinsicht ist Moxter uneingeschränkt zuzustimmen, wenn er moniert, das Wechseldiskont-Urteil des BFH vernachlässige die zweifellos zutreffende „Vorherigkeit des Schuldrechts" zugunsten eines Schuldrechtsvorganges und ersetze die bislang in der Rechtsprechung vertretene wirtschaftliche Erfüllung durch eine in diesem Falle für die Gewinnrealisierung geforderte 'rechtliche' Erfüllung.[214] Dies aber ist mit den Gewinnrealisierungsgrundsätzen nicht vereinbar; nach der zutreffenden h.M. wie auch der bislang gefestigten Rechtsprechung des BFH gilt vielmehr ein Gewinn als realisiert, wenn die Erfüllungshandlung 'wirtschaftlich' erfüllt wurde und der Anspruch auf die Gegenleistung somit so gut wie sicher ist.[215] Daraus resultiert folgerichtig, daß die Gewinnrealisierung nicht erst bei Fälligkeit der erlangten Forderung eintritt.[216]

Damit bleibt festzuhalten:

- Typische, beschaffungsmarktbezogene Anschaffungsvorgänge werden zu Anschaffungskosten bewertet und erfolgsneutral behandelt. Die Anschaffungskostendefinition trägt insoweit dem Anschaffungswertprinzip uneingeschränkt Rechnung, da gemäß § 255 Abs. 1 HGB nur die tatsächlich geleisteten Aufwendungen berücksichtigt werden. Die handels- und steuerrechtliche Anschaffungskostendefinition stimmt überein..

- Zugänge aus typischen absatzmarktbezogenen Veräußerungsgeschäften werden zum Nennwert der dadurch begründeten Geldforderung angesetzt. Der Nennwert der Geldforderung tritt an die Stelle der Anschaffungskosten und gilt als der Betrag, der als Anschaffungskosten zu gelten hat. Soweit der Wertsprung eingetreten ist, gilt der Gewinn als realisiert, so daß der Zugang der Geldforderung erfolgswirksam zu behandeln ist.

---

[214] Moxter 1995, a.a.O. S. 1989
[215] BFH vom 29.4.1987, BStBl II 1987, 797; BFH vom 12.5.1993, BStBl II 1993, 786
[216] so auch BFH vom 19.2.1991, BStBl II 1991, 569; BFH vom 20.5.1992, BStBl II 1992, 904, 906; BFH vom 12.5.1993, a.a.O.

4.5.2.2 Herstellungskosten

Herstellungskosten umfassen die Aufwendungen, die für die Herstellung eines neuen Wirtschaftsgutes oder die Erweiterung oder wesentliche Verbesserung eines bestehenden Wirtschaftsgutes angefallen sind. Unter den Herstellungsbegriff sind damit prozessual folgende Tatbestände zu subsumieren:

- **Herstellung** eines **neuen Wirtschaftsgutes**

  'Herstellung' ist dabei als betrieblicher Prozeß zu verstehen, durch den ein bislang nicht bestehendes Wirtschaftsgut erstmals geschaffen wird.[217] Der erstmaligen Herstellung wird die Wiederherstellung eines z.B. durch Brand zerstörten Wirschaftsgutes gleichgestellt. Auch eine Generalüberholung kann zu einer erstmaligen Wiederherstellung eines neuen Wirtschaftsgutes führen, wenn die Maßnahme substantiell von Bedeutung ist.[218]

- **Erweiterung** eines **bestehenden** Wirtschaftsgutes

  Eine Erweiterung liegt nach der Rechtsprechung des BFH stets dann vor, wenn das Wirtschaftsgut durch die betriebliche Maßnahme in seiner Substanz vermehrt, in seinem Wesen verändert oder über den bisherigen Zustand hinaus erheblich verbessert wird (*BFH vom 20.2.1975, BStBl II 1975, 510; BFH vom 29.8.1989, BStBl II 1990, 430*). **Nachträgliche Herstellungskosten** liegen demnach z.B. vor, wenn in ein bestehendes Betriebsgebäude ein weiterer Kaminzug eingebaut oder in der DV-Anlage nachträglich eine Festplatte installiert wird. Soweit die Maßnahme dagegen lediglich die Erneuerung einzelner Teile oder Aggregate bezweckt oder lediglich die Funktionsfähigkeit aufrecht erhalten soll, liegt Erhaltungsaufwand vor (*z.B. BFH vom 25.8.1989, BStBl II 1990, 79*).

- **Wesentliche Verbesserung** eines **bestehenden** Wirtschaftsgutes

  Auch Aufwendungen, die zu einer wesentlichen Verbesserung eines bestehenden Wirtschaftsgutes führen, stellen **nachträgliche Herstellungskosten** dar. Dies ist z.B. der Fall, wenn Handelswaren durch Umpacken eine verbesserte Marktfähigkeit erfahren oder eine Umbaumaßnahme bei einem Betriebsgebäude dazu führt, daß Nutzungspotential, Nutzungswert oder Nutzungsdauer erheblich verbessert werden.[219]

Die Abgrenzung dessen, was unter 'Erweiterung' bzw. 'wesentlicher Verbesserung' eines bestehenden Wirtschaftsgutes zu verstehen ist, kann durchaus Probleme aufwerfen; auch die Rechtsprechung der BFH-Senate hierzu ist keineswegs durchgängig und stringent. Dies ist jedoch insoweit unproblematisch, als unabhängig von der Zuordnung bei Vorliegen beider Tatbestände nachträgliche Herstellungskosten

---

[217] BFH vom 2.9.1988, BStBl II 1988, 1009
[218] vgl. dazu ausführlich Blümich/Ehmcke, Rz. 385 zu § 5 EStG
[219] BFH/GrS vom 22.8.1966, BStBl II 1966, 672; BFH vom 21.6.1990, BVH/NV 1991, 154

anfallen. Vereinfachend läßt sich somit feststellen, daß Maßnahmen, die zu einer wirtschaftlich erheblichen quantitativ-funktionalen und/oder qualitativ-funktionalen Erweiterung oder Verbesserung eines bestehenden Wirtschaftsgutes führen, die Tatbestandsmerkmale erfüllen, die die Berücksichtigung nachträglicher Herstellungskosten zwingend erfordert.

Zusammenfassend läßt sich damit folgende Abgrenzung vollziehen:

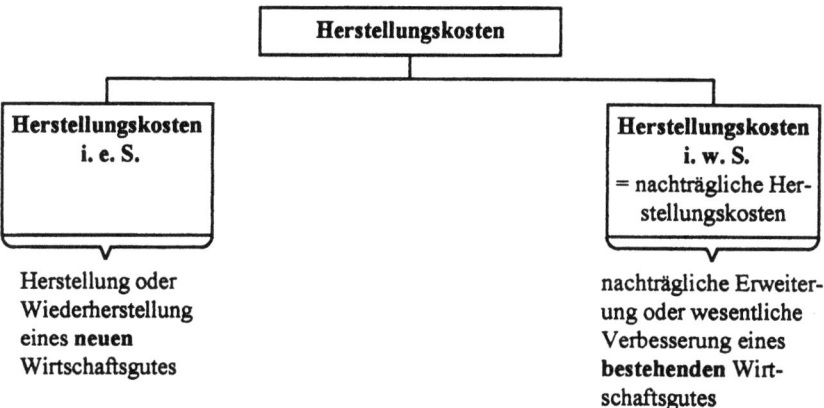

Abb. 48: Abgrenzung relevanter Herstellungsvorgänge

Die Herstellungskosten dienen insoweit der Bewertung selbsterstellter aktiver materieller Wirtschaftsgüter (z.B. Gebäude, maschinelle Anlagen, unfertiger oder fertiger Erzeugnisse) sowie noch nicht fertiggestellter oder abgerechneter Dienstleistungen, die gegenüber Dritten erbracht werden. Darüber hinaus sind die Herstellungskosten für die Ermittlung des Wertansatzes von Rückstellungen für sog. Sachleistungsverpflichtungen von Bedeutung. Wie bei der Bewertung fremdbezogener Wirtschaftsgüter zu Anschaffungskosten soll auch durch die Bewertung selbsterstellter aktiver materieller Wirtschaftsgüter zu Herstellungskosten sichergestellt werden, daß der betriebliche Herstellungsprozeß weitgehend **erfolgsneutral** behandelt werden kann, d.h. buchhalterisch als Aktivtausch oder Bilanzverlängerung berücksichtigt wird.

(1) **Herstellungskostenbegriff und Umfang der Herstellungskosten**

Eine steuerrechtliche **Legaldefinition** der Herstellungskosten existiert nicht. Über Jahre wurde strittig diskutiert, ob die formelle Komponente des Maßgeblichkeitsprinzips erzwingt, den handelsrechtlichen Herstellungskostenbegriff auch steuerrechtlich zugrunde zu legen, da der Übernahme in das Steuerrecht mit der Verwaltungsanweisung in R 33 EStR 1993 keine gleichrangige steuergesetzliche Norm entgegensteht.[220] Die handelsrechtliche Legaldefinition gemäß § 255 Abs. 2 und 3 HGB und die steuerliche Begriffsabgrenzung in R 33 EStR 1993 weisen eklatante und in Hinblick auf die Gewinnermittlung bedeutsame Unterschiede auf:

- **Handelsrechtlicher Herstellungskostenbegriff (§ 255 Abs. 2 HGB)**

  *„Herstellungskosten sind die Aufwendungen, die durch den Verbrauch von Gütern oder die Inanspruchnahme von Diensten für die Herstellung eines Vermögensgegenstandes, seine Erweiterung oder eine über seinen ursprünglichen Zustand hinausgehende wesentliche Verbesserung entstehen. Dazu gehören die Materialkosten, die Fertigungskosten und die Sonderkosten der Fertigung. Bei der Berechnung der Herstellungskosten **dürfen** auch angemessene Teile der notwendigen Materialgemeinkosten, der notwendigen Fertigungsgemeinkosten und des Werteverzehrs des Anlagevermögens ... **eingerechnet werden**. Kosten der allgemeinen Verwaltung sowie Aufwendungen für soziale Einrichtungen ..., für freiwillige soziale Leistungen und für betriebliche Altersversorgung **brauchen nicht eingerechnet** zu werden ... Vertriebskosten dürfen nicht in die Herstellungskosten einbezogen werden..."*

- **Steuerrechtliche Herstellungskostenabgrenzung (R 33 (1) EStR 1993) der Finanzverwaltung**

  *„Herstellungskosten eines Wirtschaftsgutes sind alle Aufwendungen, die durch den Verbrauch von Gütern und die Inanspruchnahme von Diensten für die Herstellung eines Wirtschaftsguts, seine Erweiterung oder für eine über seine ursprünglichen Zustand hinausgehende wesentliche Verbesserung entstehen. **Dazu gehören** die Materialkosten einschließlich der notwendigen Materialgemeinkosten, die Fertigungskosten, insbesondere Fertigungslöhne, einschließlich der notwendigen Fertigungsgemeinkosten, die Sonderkosten der Fertigung und der Werteverzehr des Anlagevermögens ... Kosten der allgemeinen Verwaltung sowie Aufwendungen für soziale Einrichtungen ..., für freiwillige soziale Leistungen und für betriebliche Altersversorgung **brauchen nicht ... eingerechnet zu werden** ... Vertriebskosten gehören nicht zu den Herstellungskosten ..."*

Die unterschiedlichen Sichtweisen zur steuerrechtlichen Relevanz des handelsrechtlichen Herstellungskostenbegriffs lassen sich wie folgt zusammenfassen:

- **Maßgeblichkeit der handelsrechtlichen Legaldefinition**

  Die Maßgeblichkeit der Legaldefinition des § 255 Abs. 2 und 3 HGB auch für die einkommensteuerrechtliche Gewinnermittlung wird vorrangig mit der formellen Maßgeblichkeit und dem Verzicht des Steuergesetzgebers auf eine einem Bewertungsvorbehalt entsprechende eigenständige Begriffsdefinition begründet.

---

[220] vgl. z.B. Steilen in: BB 1991, S. 1984 ff.; Wichmann in: BB 1991, S. 1835 ff.; Blümich / Ehmcke, Rz. 420 zu § 5 EStG

Die Verwaltungsanweisung in R 33 EStR 1993 mit abweichender Begriffsdefinition stehe, so die Vertreter dieser Auffassung, einer Übernahme einer handelsgesetzlichen Regelung auch in die Steuerbilanz nicht entgegen, so daß die konkrete Ausübung von Einbeziehungswahlrechten auch für die Steuerbilanz gelten müsse.[221]

- **Unmaßgeblichkeit der handelsrechtlichen Legaldefinition**
Vertreter dieser Auffassung lehnen die Übernahme der handelsrechtlichen Definition unter Verweis auf übergeordnete Grundsätze der Besteuerung ab (insbesondere: Gleichmäßigkeit der Besteuerung); dies hat, so die Auffassung, zur Folge, daß eine handelsrechtliche Norm, die vorrangig dem Gläubigerschutz diene, nicht auf eine andere Zwecke verfolgende Steuerbilanz übertragen werden könne. Im übrigen führen bei der Bilanzierung dem Grunde nach handelsrechtliche Aktivierungswahlrechte zur steuerlichen Aktivierungspflicht; dies sei analog auf die Frage der Einbeziehung von Gemeinkosten zu übertragen, so daß einkommensteuerrechtlich nur ein Ansatz von 'Vollkosten' in Betracht komme.[222]

Die h.M. vertritt demgegenüber m.E. begründet die Auffassung, daß Aktivierungspflicht grundsätzlich nur für solche Einzel- und Gemeinkosten gerechtfertigt ist, bei denen eine kausale Beziehung zu den hergestellten Wirtschaftsgütern gegeben ist. Dies trifft regelmäßig für alle Einzelkosten, aber auch für Material- und Fertigungsgemeinkosten zu. Damit werden die handelsrechtlichen Einbeziehungswahlrechte für Materialgemeinkosten, Fertigungsgemeinkosten sowie Verwaltungs- und Sozialkosten steuerrechtlich auf ein **Einbeziehungswahlrecht für Verwaltungs- und Sozialkosten** beschränkt, da diese den hergestellten Wirtschaftsgütern nicht kausal, sondern lediglich final zugeordnet werden können.[223] Der BFH hat mit Urteil vom 21.10.1993[224] diese Auffassung bestätigt und zurecht ausgeführt, daß der Herstellungsvorgang steuerrechtlich uneingeschränkt erfolgsneutral zu behandeln sei, die Material- und Fertigungsgemienkosten im selben Maße wie die Einzelkosten durch den Herstellungsvorgang veranlaßt sind und eine derartige Rechtsauslegung dem Sinn und Zweck der steuerlichen Gewinnermittlungsvorschriften entspricht. Das handelsrechtlich umfassende - wenn auch dort nicht unumstrittene - Einbeziehungswahlrecht für Gemeinkosten beschränkt sich somit steuerrechtlich auf ein Einbeziehungswahlrecht für Verwaltungs(gemein)kosten sowie Aufwendungen für freiwillige soziale Leistungen und Altersversorgung.

Damit lassen sich die Komponenten der handels- und steuerrechtlich relevanten Herstellungskosten in Form nachfolgender, vergleichender Gegenüberstellung zusammenfassen:

---

[221] vgl. z.B. Schneider 1983, S. 159 f.; Schneeloch 1985, S. 571; Küting/Haeger 1988, S. 159 ff.; Blümich/Ehmcke 1995, Rz. 420 zu § 5 EStG
[222] vgl. z.B. Beisse 1984, S. 7; Derselbe 1990, S. 500 f.; Schmidt/Glanegger 1993, Anm. 40b) zu § 6 EStG
[223] vgl. z.B. Moxter 1988, S. 937 f.
[224] BStBl II 1994, 176

Kostenart/ Aufwandsart	Handelsrecht	Steuerrecht
Materialkosten Materialeinzelkosten Materialgemeinkosten	Einbeziehungspflicht Einbeziehungs**wahlrecht**	Einbeziehungspflicht Einbeziehungspflicht
Fertigungskosten Fertigungslöhne Fertigungsgemeinkosten einschl. Abschreibungen Sondereinzelkosten der Fertigung Sondergemeinkosten der Fertigung	Einbeziehungspflicht Einbeziehungs**wahlrecht** Einbeziehungspflicht Einbeziehungs**wahlrecht**	Einbeziehungspflicht Einbeziehungspflicht Einbeziehungspflicht Einbeziehungspflicht
Verwaltungs- und Sozialkosten	Einbeziehungs**wahlrecht**	Einbeziehungs**wahlrecht**
Zinskosten Eigenkapitalzinsen Fremdkapitalzinsen, auf den Zeitraum der Herstellung entfallend Fremdkapitalzinsen, nicht auf den Zeitraum der Herstellung entfallend	Einbeziehungsverbot Einbeziehungs**wahlrecht** Einbeziehungsverbot	Einbeziehungsverbot Einbeziehungs**wahlrecht*** Einbeziehungsverbot
Vertriebskosten Vertriebseinzelkosten Vertriebsgemeinkosten	Einbeziehungsverbot Einbeziehungsverbot	Einbeziehungsverbot Einbeziehungsverbot

(* = strittig)

Abb. 49: Handels- und steuerrechtliche Herstellungskosten

Herstellungskosten setzten grundsätzlich **Aufwendungen** voraus, die durch Verbrauch von Sachgütern oder Inanspruchnahme von Dienstleistungen verursacht sind. Aufgrund des pagatorischen Bezugs auch der steuerlichen Gewinnermittlung können dabei **nur aufwandsgleiche Kosten** (Zweckaufwand = Grundkosten) in die Herstellungskosten einbezogen werden; aufwandsfremde Zusatzkosten bleiben unberücksichtigt. Eine Einbeziehung solcher nicht pagatorischer Größen würde gegen das Realisationsprinzip verstoßen und ist insoweit unzulässig. Herstellkosten im Sinne der Kostenrechnung und Herstellungskosten im bilanzrechtlichen Sinne stimmen damit nicht überein, so daß eine in der Kostenrechnung zulässige Berücksichtigung eines 'kalkulatorischen' Unternehmerlohns, 'kalkulatorischer' Eigenkapitalzinsen, 'kalkulatorischer' Mietkosten und 'kalkulatorischer' Wagniskosten bei Ermittlung der Herstellungskosten im bilanzrechtlichen Sinne nicht in Betracht kommt.

Die Einbeziehung von **Finanzierungskosten** ist steuerrechtlich umstritten. Während handelsrechtlich nach h.M. für Fremdkapital, das zur Finanzierung des Herstellungsvorganges aufgenommen wird, ein Einbeziehungswahlrecht gegeben ist, werden hinsichtlich der steuerrechtlichen Behandlung solcher Zinsaufwendungen in Literatur und Rechtsprechung unterschiedliche Auffassungen vertreten.[225] Die Finanzverwaltung unterstellt grundsätzlich, daß auch steuerrechtlich ein **Einbeziehungswahlrecht** besteht, soweit in der Handelsbilanz entsprechend verfahren wird.[226] Das Einbeziehungswahlrecht entbehrt m.E. jeglicher Grundlage: Herstellungskosten wie auch Anschaffungskosten sollen als Ausfluß des Nominal- und Anschaffungswertprinzips gleichermaßen eine weitgehend erfolgsneutrale Behandlung von Anschaffungs- und Herstellungsvorgängen sicherstellen. Wenn bei Anschaffungskosten eine Einbeziehung von Fremdkapitalzinsen mit der - berechtigten - Begründung abgelehnt wird, die Fremdkapitalzinsen seien unmittelbar durch die Kreditaufnahme und nicht durch die Anschaffung eines Wirtschaftsgutes veranlaßt und damit nicht einbeziehungsfähig, dann kann hinsichtlich der Behandlung von Fremdkapitalzinsen bei Ermittlung der Herstellungskosten nicht anders argumentiert werden. M.a.W.: Die Argumentation, die eine Einbeziehung von Fremdkapitalzinsen bei der Anschaffungskostenermittlung ausschließt, muß auch für die Herstellungskostenermittlung gelten.[227] Die Beantwortung der Frage, ob Fremdkapitalzinsen, die auf den Zeitraum der Herstellung entfallen, steuerlich eingezogen werden dürfen oder nicht einbezogen werden können, ist letztlich jedoch eher von theoretischer als von praktischer Relevanz, da in der Praxis i.d.R. auf eine Einbeziehung ohnehin verzichtet wird, um den steuerpflichtigen Gewinn zu mindern.

Vertriebskosten dürfen weder handels- noch steuerrechtlich in die Herstellungskosten einbezogen werden. Dieses Einbeziehungsverbot für Vertriebskosten ist zum

---

[225] bejahend z.B. BFH vom 7.11.1989, BStBl II 1990, 460; verneinend z.B. BFH vom 4.10.1989, BStBl II 1989, 962
[226] vgl. R 33 Abs. 7 EStR 1993
[227] vgl. dazu auch BFH vom 4.10.1989, a.a.O.

einen sachlich, zum anderen in zeitlicher Hinsicht begründet nachvollziehbar und gerechtfertigt: 'Vertriebskosten' fallen i.a.R. erst nach Beendigung des Herstellungsvorgangs an und - für das Einbeziehungsverbot entscheidend - weisen keinen sachlichen Bezug zur Herstellung des Wirtschaftsgutes auf (z.B. Versand, Kundendienst, Verkaufsvorbereitung, Auftragsabwicklung usw.). Nicht zu den Vertriebskosten zählen Aufwendungen, die durch Maßnahmen veranlaßt sind, die sich kausal dem Herstellungsvorgang zuordnen lassen: Wird z.B. nach Abschluß des Kernfertigungsprozesses eine Lagerhaltung notwendig, um Produkte marktreif zu machen und den Herstellungsvorgang abzuschließen, rechnen die Lagerhaltungsaufwendungen nicht zu den Vertriebs- sondern zu den einbeziehungspflichtigen Fertigungskosten (z.B. Trocknen von Holz, Reifelagerung von Champagner usw.).[228]

Beispiel:

Für eine selbsterstellte Anlage, die im Fertigungsbereich der Maschinen-KG eingesetzt werden soll, werden durch das Rechnungswesen folgende Daten zur Verfügung gestellt:

Auf die Herstellung der Anlage entfallen:

Materialverbrauch	100.000,00 DM
Fertigungslöhne	100.000,00 DM
Entwicklungs- und Konstruktionskosten	50.000,00 DM

Gemeinkostenzuschlagsätze (Basis: Einzelkosten):

Material	100 %
Fertigung	50 %

Gemeinkostenzuschlagsätze (Basis: volle Herstellkosten):

Verwaltung	10 %

Zur Finanzierung der Herstellung wurde ein Kredit aufgenommen; die anteiligen, auf den Zeitraum der Herstellung entfallenden Zinsaufwendungen belaufen sich auf 10.000,00 DM

Die **Wertuntergrenze** für die Ermittlung liegt demnach bei

Herstellungskosten	Handelsrecht	Steuerrecht
Materialeinzelkosten	100.000,00 DM	100.000,00 DM
+ Materialgemeinkosten	-,--	100.000,00 DM
Fertigungslöhne	10.000,00 DM	100.000,00 DM

---

[228] vgl. BFH vom 3.3.1978, BStBl II 1978, 412

+ Fertigungsgemeinkosten	-,--	50.000,00 DM
Entwicklungs-/Konstruktionskosten	50.000,00 DM	50.000,00 DM
= Herstellkosten	250.000,00 DM	400.000,00 DM
+ Verwaltungskosten	-,--	-,--
= Herstellungskosten	250.000,00 DM	400.000,00 DM

Die **Wertobergrenze** liegt handelsrechtlich bei 450.000,00 DM steuerrechtlich bei 440.000,00 DM, da steuerrechtlich die anteiligen Finanzierungskosten nicht einbezogen werden dürfen.

Nur der Ansatz zu Vollkosten stellt eine erfolgsneutrale Behandlung des Herstellungsvorgangs sicher. Insoweit wird dieses Ziel durch das steuerrechtliche Einbeziehungswahlrecht für Verwaltungs- und Sozialkosten auf eine *weitgehend erfolgsneutrale* Behandlung des Herstellungsvorganges eingeschränkt.

(2) Ermittlungsbasis der Herstellungskosten: Kostenrechnung

In der betrieblichen Praxis werden die Herstellungskosten i.d.R. aus den Daten der Kostenrechnung abgeleitet. Da die Finanzbuchführung und die Kostenrechnung jedoch unterschiedliche Aufgaben zu erfüllen haben und durch unterschiedliche Freiheitsgrade hinsichtlich ihrer formalen und materiellen Ausgestaltung gekennzeichnet sind, macht die Ableitung der Herstellungskosten aus der betrieblichen Kostenrechnung Korrekturen der übernommenen Daten unerläßlich. Durch derartige Korrekturen ist u.a. sicherzustellen, daß

- nur **aufwandsgleiche Kosten** übernommen und in die Herstellungskosten eingerechnet werden (Grundkosten) und
- diese einen **zeitlichen und sachlichen Bezug** zur Herstellung des Wirtschaftsgut aufweisen.

Da die Kostenrechnung organisatorisch in weitgehend freiem Ermessen des Unternehmens ausgestaltet werden kann, sind zumindest insoweit durchaus Spielräume gegeben, die den Genauigkeitsgrad der Herstellungskostenermittlung erheblich beeinflussen können. Vereinfacht lassen sich die wesentlichen Einflußfaktoren wie folgt zusammenfassen:

- **Kostenrechnungssysteme**

  Größere Unternehmen arbeiten i.d.R. mit einer Kombination unterschiedlicher Kostenrechnungssysteme (z.B. Kombinationen aus Ist-, Normal- und Plan-, Voll- und Teilkostenrechnungssystemen). Bei Normalkostenrechnungssystemen werden die Kosten als Durchschnittskosten mehrerer aufeinander folgender Perioden ermittelt und quasi künstlich 'geglättet', um atypische Einflüsse in der Kostenrechnung auszugleichen. Dies kann dazu führen, daß die Normalkosten der Periode t3 deutlich über oder unter den Ist-Kosten der Periode t3 liegen; die Abweichung zwischen Ist- und Normalkosten wirkt sich naturgemäß auf die Herstellungskostenermittlung aus.

Die Herstellungskostenermittlung setzt daher grundsätzlich voraus, daß das Unternehmen über eine Istvollkostenrechnung verfügt und damit sichergestellt wird, daß alle tatsächlich angefallenen Grundkosten in die Herstellungskosten einbezogen werden. Plankostenrechnungen sind in jedem Falle ungeeignet, da auf geplante Daten zurückgegriffen werden müßte und sich 'Fehlplanungen' zwangsläufig und ggf. bewußt manipulativ auf die Höhe der Herstellungskosten auswirken würden; Teilkostenrechnungssysteme sind ungeeignet, da die benötigten Daten entweder nicht oder nicht vollständig zur Verfügung gestellt werden.

- **Abgrenzung Einzelkosten - Gemeinkosten**

  Die Gemeinkosten werden i.d.R. einem Kostenträger (= Wirtschaftsgut) geschlüsselt zugerechnet. Der Genauigkeitsgrad der Gemeinkostenzuordnung ist insoweit von der organisatorischen Ausgestaltung der Betriebsabrechnung und der sachlich-inhaltlichen Abgrenzung von Einzel- und Gemeinkosten abhängig. Vielfach werden vergleichsweise unbedeutende Einzelkosten aus Gründen der Arbeitsvereinfachung über die Kostenstellenrechnung geführt und geschlüsselt (sog. 'unechte Gemeinkosten'), obwohl sie theoretisch und praktisch direkt zugerechnet werden könnten. Sowohl durch Schlüsselung wie auch Abgrenzung von Einzel- und Gemeinkosten kann die Höhe der Herstellungskosten beeinflußt werden.

- **Ausgestaltung der Kostenträgerrechnung**

  Die Kostenträgerstückrechnung (= Kalkulation) kann unterschiedlich ausgestaltet werden, d.h. in Abhängigkeit von Branchenzugehörigkeit, Produktionsprogramm und Unternehmensgröße werden in der Praxis unterschiedliche Verfahren eingesetzt, deren Genauigkeitsgrad erheblich divergiert (z.B. einstufige oder mehrstufige Zuschlagskalkulation, Divisionskalkulation, Äquivalenzziffernrechnung, retrograde Ermittlung usw.). Dies kann dazu führen, daß je nach gewähltem Verfahren bei einem definierten Wirtschaftsgut unterschiedliche hohe Herstellungskosten ermittelt werden. Hinzu kommt, daß die Herstellungskosten ggf. in der Finanzbuchhaltung nicht durch Einzelbewertung ermittelt werden, sondern - soweit die Voraussetzungen hierfür erfüllt sind - auf die Durchschnittsmethode oder ein zulässiges Verbrauchsfolgeverfahren zurückgegriffen wird.

Der Ermittlung der **Gemeinkostenzuschlagssätze** in der Kostenrechnung ist grundsätzlich der tatsächliche Beschäftigungsgrad (= Istbeschäftigung) zugrunde zu legen: Soweit die verfügbaren Kapazitäten z.B. aufgrund mangelnder Auftragslage nicht voll genutzt werden, sind die durch die Unterbeschäftigung verursachten Leerkosten nicht in die Herstellungskosten einzubeziehen.[229] Diese statische Ausrichtung der Herstellungskostenermittlung ist begründet und folgerichtig, da ansonsten insbesondere bei Fertigerzeugnissen die Gefahr gegeben sein könnte, daß bei z.B. nur 30 %iger Kapazitätsauslastung Herstellungskosten ermittelt werden, die erheblich über dem jeweiligen Marktwert der Güter liegen. Handelsrechtlich ist es demgegenüber zulässig, die Gemeinkostenzuschlagssätze auf der Basis der Ist-, Normal- oder Optimalbeschäftigung zu ermitteln oder ggf. auf den kostengünstigsten Betrieb eines Konzerns abzustellen.[230]

(3) **Herstellungsaufwand - Erhaltungsaufwand**

Aufwendungen, die nach den vorstehenden Grundsätzen weder als Anschaffungs- noch als Herstellungskosten oder nachträgliche Herstellungskosten zu behandeln sind, aber dazu dienen, ein Wirtschaftsgut instandzuhalten oder in einen nutzungsfähigen Zustand zu versetzen, stellen **Erhaltungsaufwand** dar und sind als Betriebsausgaben gewinnmindernd zu berücksichtigen. Die Wertigkeit einer Maßnahme ist dabei unbeachtlich, auch wenn es die Finanzverwaltung aus Vereinfachungsgründen zuläßt, Aufwendungen bei nachträglichen Baumaßnahmen ohne weitere Prüfung als Erhaltungsaufwand anzuerkennen, soweit diese 4.000,00 DM netto je Einzelmaßnahme nicht übersteigen.[231]

Erhebliche Instandsetzungs- und Modernisierungsaufwendungen, die in engem zeitlichen Zusammenhang mit der Anschaffung eines Gebäudes gemacht werden, sind nach h.M. und Rechtsprechung als Herstellungskosten zu behandeln (sog. 'anschaffungsnaher' Herstellungsaufwand), wenn durch die Aufwendungen das Wesen des Gebäudes verändert, der Nutzungswert erheblich erhöht oder die Nutzungsdauer erheblich verlängert wird.[232] Der geforderte enge zeitliche **Zusammenhang** ist i.d.R. bei unbeweglichen Wirtschaftsgütern innerhalb der ersten drei Jahre nach dem Anschaffungszeitpunkt, bei beweglichen Wirtschaftsgütern innerhalb des ersten Jahres nach dem Anschaffungszeitpunkt gegeben. '**Erheblichkeit**' der Aufwendungen wird regelmäßig angenommen, wenn diese sowohl der absoluten Höhe nach, wie auch im Verhältnis zum Kaufpreis hoch sind.[233] Die Erheblichkeit der Aufwendungen wird i.d.R. immer dann unterstellt, wenn die Aufwendungen in den ersten drei Jahren nach dem Anschaffungszeitpunkt insgesamt 20 % der (anteiligen) Anschaffungskosten eines Gebäudes übersteigen.[234]

---

[229] R 33 Abs. 8 EStR 1993
[230] vgl. Adler/Düring/Schmaltz 1992, Rn. 256 ff. zu § 255 HGB
[231] R 157 Abs. 4 EStR 1993
[232] R 157 Abs. 5 EStR 1993
[233] BFH vom 11.8.1989, BFH/NV 1990, 494
[234] vgl. z.B. BFH/GrS vom 26.11.1973, BStBl II 1974, 132

4.5.2.3 Ermittlung der Anschaffungs- oder Herstellungskosten

Die Wirtschaftsgüter sind sowohl handelsrechtlich (*§ 252 Abs. 1 Nr. 3 HGB*) wie auch steuerrechtlich (*§ 6 Abs. 1 EStG*) zum Abschlußstichtag **einzeln zu bewerten**, d.h. die Anschaffungs- oder Herstellungskosten eines jeden Wirtschaftsgutes sind einzeln und gesondert zu ermitteln. Durch die grundsätzlich zwingende Beachtung des Prinzips der Einzelbewertung soll insbesondere sichergestellt werden, daß dem Imparitätsprinzip uneingeschränkt entsprochen und den Grundsätzen der Bilanzwahrheit und Willkürfreiheit Rechnung getragen werden kann. Der Dokumentation und dem Nachweis der Einzelbewertung von Wirtschaftsgüter des Anlagevermögens dienen Bestandsverzeichnisse, Anlagekarteien und Anlagenbuchführung,[235] während einzel bewertete Wirtschaftsgüter des Vorratsvermögens in Inventurlisten. Lagerkarteien und/oder der Lagerbuchführung erfaßt werden.[236] Einzelbewertung setzt damit regelmäßig voraus, daß aufgrund des Dokumentationssystems 'Rechnungswesen' der **Identitätsnachweis** geführt werden kann, d.h. die Anschaffungs- oder Herstellungskosten einem einzelnen Wirtschaftsgut unmittelbar aufgrund vorhandener Belege zugeordnet werden können. Vielfach wird es Schwierigkeiten bereiten, den Identitätsnachweis zu führen, wenn z.B. erhebliche Mengenbestände vorhanden sind (z.B. Werkzeuge); denkbar ist auch, daß es nicht möglich ist, die individuellen Anschaffungs- oder Herstellungskosten überhaupt festzustellen (z.B. Silolagerung von chemischen Grundstoffen mit permanenten Zu- und Abgängen).

Soweit es daher **nicht** oder nur mit einem **unverhältnismäßig hohen Aufwand** möglich ist, die Anschaffungs- oder Herstellungskosten eines einzelnen Wirtschaftsgutes individuell zu ermitteln, sind handels- wie auch steuerrechtlich **Bewertungsvereinfachungsverfahren** zulässig.

Abbildung 50 vermittelt einen systematischen Überblick über die zur Ermittlung der Anschaffungs- oder Herstellungskosten in Betracht kommenden Verfahren:

---

[235] vgl. R 31 EStR 1993
[236] R 30 EStR 1993

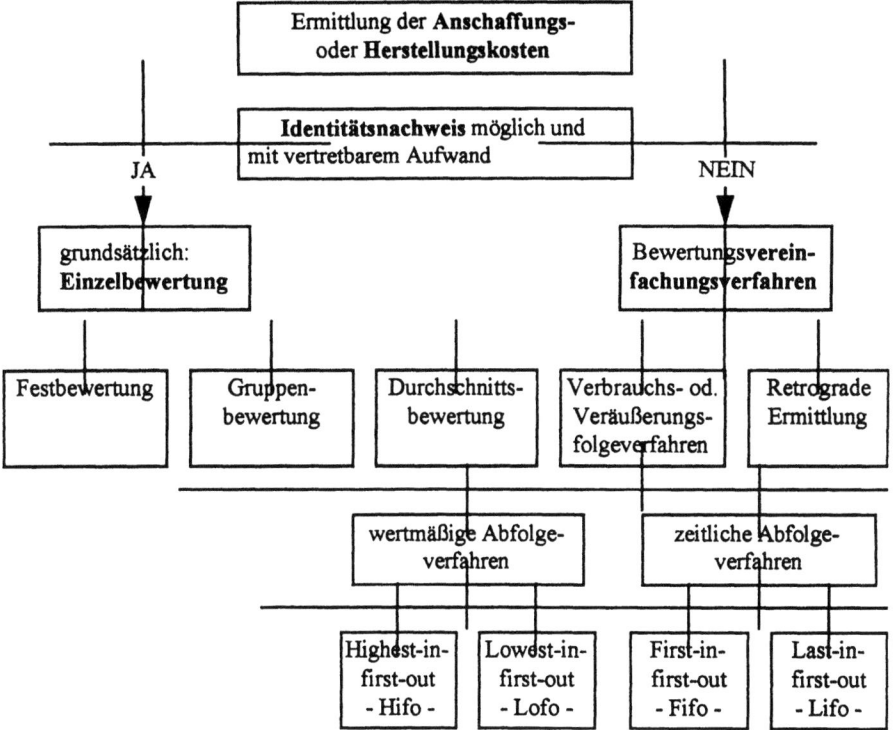

Abb. 50: Verfahren zur Ermittlung der Anschaffungs-oder Herstellungskosten

4.5.2.3.1 Festbewertung

Durch die Festbewertung gemäß § 240 Abs. 3 i.V.m. § 256 S. 2 HGB wird insbesondere eine Vereinfachung von Inventur und Bewertung erreicht, da i.d.R. nur alle drei Jahre eine körperliche Bestandsaufnahme durchgeführt werden muß. Andere Zwecke als die der Inventur- und Bewertungsvereinfachung dürfen nicht verfolgt werden, insbesondere ist ein Ausgleich von Preissteigerungen nicht zulässig.[237]

Die Festbewertung ist handels- und steuerrechtlich zulässig für Wirtschaftsgüter des **Sachanlagevermögens** sowie **Roh-, Hilfs- und Betriebsstoffe**, soweit folgende Voraussetzungen erfüllt sind:

- Die Wirtschaftsgüter müssen **regelmäßig ersetzt**

- Der **Gesamtwert** des Festwertbestandes muß für das Unternehmen von untergeordneter Bedeutung sein (die untergeordnete Bedeutung wird nach *R 36 Abs. 5 S. 2 EStR 1993* regelmäßig als gegeben angenommen, wenn im Durchschnitt der letzten 5 Bilanzstichtage 10 % der Bilanzsumme nicht überschritten werden).
- Der Bestand darf in **Größe, Wert** und **Zusammensetzung** nur **geringfügigen Schwankungen** unterworfen sein.

Soweit für bewegliche Wirtschaftsgüter des Sachanlagevermögens ein Festwertansatz erfolgt, ist dieser Ansatz i.d.R. zu ändern, wenn aufgrund der körperlichen Bestandsaufnahme eine Werterhöhung von mehr als 10 % festgestellt wird.[238]

4.5.2.3.2 Gruppenbewertung

Die Gruppenbewertung gemäß § 240 Abs. 4 i.V.m. § 256 S. 2 HGB stellt wie die Festbewertung auf die Inventur- und Bewertungsvereinfachung ab und ist zulässig für

- **gleichartige Wirtschaftsgüter** des **Vorratsvermögens** sowie
- andere **gleichartige** oder **annähernd gleichwertige bewegliche Wirtschaftsgüter** des Anlage- oder Umlaufvermögens.

Soweit diese Voraussetzungen erfüllt sind, können die Wirtschaftsgüter zu einer Gruppe zusammengefaßt und mit dem gewogenen Durchschnitt angesetzt werden. Die Gruppenbewertung ist sowohl handels- wie auch steuerrechtlich zulässig,[239] und setzt voraus, daß die Wirtschaftsgüter gleichartig oder annähernd gleichwertig sind.

Gleichartigkeit ist regelmäßig gegeben, wenn Art- oder Funktionsgleichheit vorliegt, d.h. Wirtschaftsgüter z.B. derselben Warengattung angehören oder über gleiche Marktgängigkeit verfügen (Artgleichheit) oder z.B. der Verwendungszweck identisch ist (Funktionsgleichheit).

Annähernde Gleichwertigkeit liegt vor, wenn die Einzelwerte der zu einer Gruppe zusammengefaßten Wirtschaftsgüter nur geringfügig differieren. Dies ist regelmäßig der Fall, wenn zwischen dem höchsten und niedrigsten Einzelwert der Gruppe eine Preisdifferenz von nicht mehr als 20 % gegeben ist. Durch das Merkmal der annähernden Gleichwertigkeit soll insbesondere sichergestellt werden, daß die Gruppenbewertung zu keinem signifikant anderen Ergebnis führt, als dies bei der Einzelbewertung der Wirtschaftsgüter der Fall wäre.

---

[238] R 31 Abs. 4 EStR 1993
[239] R 36 Abs. 4 EStR 1993

Die Gruppenbewertung ist sowohl für die Ermittlung der Anschaffungs- oder Herstellungskosten wie auch des Teilwerts zulässig,[240] soweit die geforderten Voraussetzungen erfüllt sind.

4.5.2.3.3 Durchschnittsbewertung

Vertretbare Wirtschaftsgüter, d.h. solche, die im Verkehr nach Maß, Zahl oder Gewicht bestimmt sind, zu schwankenden Preisen eingekauft wurden und durch permanente Zu- und Abgänge während der Rechnungsperiode gekennzeichnet sind, können mit dem gewogenen Durchschnitt der eingekauften Wirtschaftsgüter (ggf. unter Einbeziehung des Anfangsbestands) bewertet werden. Handelsrechtlich ist die Durchschnittsbewertung gemäß § 240 Abs. 4 i.V.m. § 256 S. 2 HGB für Wirtschaftsgüter des Vorratsvermögens sowie gleichartige oder annähernd gleichwertige bewegliche Wirtschaftsgüter des Anlage- und Umlaufvermögens zulässig („sonstige bestimmte Abfolge"). Steuerrechtlich stellt die Durchschnittsbewertung ein zweckentsprechendes Schätzverfahren zur Ermittlung der Anschaffungs- oder Herstellungskosten dar,[241] dessen Anwendung steuerrechtlich auf die Bewertung des Vorratsvermögens beschränkt ist.

4.5.2.3.4 Verbrauchs- oder Veräußerungsfolgeverfahren

Wie Fest-, Gruppen- und Durchschnittsbewertung dienen auch die Verbrauchs- oder Veräußerungsfolgeverfahren (vielfach auch: Sammelbewertungsverfahren) der Bewertungsvereinfachung; es reicht bei diesen Verfahren aus, die Abgänge rein mengenmäßig zu erfassen, die entsprechenden Anschaffungs- oder Herstellungskosten je nach unterstellter Verbrauchs- oder Veräußerungsabfolge zuzuordnen und den Wertansatz des Endbestandes zu ermitteln. Die Verfahren sind handelsrechtlich gemäß § 256 S. 1 HGB für **gleichartige Gegenstände des Vorratsvermögens** zulässig. Die Verfahren sind dadurch charakterisiert, daß der Ermittlung der Anschaffungs- oder Herstellungskosten eine zeitliche, wertmäßige oder auch konzernbezogene Verbrauchs- oder Veräußerungsabfolge zugrunde gelegt wird. Im einzelnen kommen z.B. in Betracht:

- **Fifo-Verfahren**

  Dem Fifo-Verfahren liegt eine zeitliche Abfolgefiktion zugrunde, d.h. es wird unterstellt daß die zuerst angeschafften oder hergestellten Wirtschaftsgüter des Vorratsvermögens zuerst veräußert oder verbraucht werden. Die am Abschlußstichtag zu bewertenden Bestände setzen sich folglich aus den 'jüngsten' Zugän-

---

[240] BFH vom 28.1.1986, BFH/NV 1987, 290
[241] R 36 Abs. 3 EStR 1993

gen der Rechnungsperiode zusammen. Das Verfahren kann als Perioden- oder permanentes Verfahren ausgestaltet werden; bei letzterem erfolgt eine fortlaufende Fifo-Bewertung während der Rechnungsperiode.

Beispiel:

Anfangsbestand 1.1.	10.000 kg	Bestandswert	100.000,00 DM
Zugang 1	10.000 kg	á DM 12,00	120.000,00 DM
Zugang 2	5.000 kg	á DM 13,00	65.000,00 DM
Abgänge:	19.000 kg		
Endbestand:	6.000 kg		

Der Wert des Endbestands wird mit 77.000,00 DM ermittelt (5.000 kg a DM 13,00 + 1.000 kg a DM 12,00).

Bei sinkenden oder schwankenden Einstandspreisen während der Rechnungsperiode sind ggf. Abwertungen geboten, um dem Niederstwertprinzip Rechnung zu tragen. Das Verfahren ist handelsrechtlich zulässig, soweit es den GoB entspricht; dies wird regelmäßig der Fall sein, wenn die unterstellte zeitliche Abfolge der tatsächlichen Abfolge entspricht (z.B. bei Silolagerung, Durchlaufregalen usw.). Strittig ist, ob die Verfahren auch bei Nichtübereinstimmung von fiktiver und tatsächlicher Verbrauchsabfolge zulässig sind.[242]

Steuerrechtlich ist das Verfahren nicht zulässig, es sei denn, die unterstellte Fiktion stimmt mit der tatsächlichen Abfolge überein und die Übereinstimmung kann nachgewiesen oder zumindest glaubhaft gemacht werden.

- **Lifo-Verfahren**

Auch dem Lifo-Verfahren liegt eine unterstellte zeitliche Abfolge zugrunde: Für die zuletzt angeschafften oder hergestellten Wirtschaftsgüter des Vorratsvermögens wird unterstellt, daß sie zuerst veräußert oder verbraucht werden. Der Bestandsbewertung liegen folglich die zeitlich gesehen ältesten Bestände oder Zugänge der Rechnungsperiode zugrunde. Das Verfahren kann als Periodenverfahren oder permanentes Verfahren ausgestaltet werden.

Beispiel:

Anfangsbestand 1.1.	10.000 kg	Bestandswert	100.000,00 DM
Zugang 1	10.000 kg	á DM 12,00	120.000,00 DM
Zugang 2	5.000 kg	á DM 13,00	65.000,00 DM
Abgänge:	19.000 kg		
Endbestand:	6.000 kg		

Der Endbestand wird zu 60.000,00 DM angesetzt (Teilmenge aus Anfangsbestand).

---

[242] bejahend z.B. Adler/Düring/Schmaltz 1992, Rn. 14 ff. zu § 256 HGB

Das Lifo-Verfahren ist handelsrechtlich zulässig, soweit es den GoB entspricht. **Steuerrechtlich** ist das Lifo-Verfahren erstmals ab Wirtschaftsjahr 1990 zulässig (*§ 6 Abs. 1 Nr. 2a EStG*), soweit

- der Gewinn durch Betriebsvermögensvergleich nach § 5 EStG ermittelt wird,
- das Verfahren auch im handelsrechtlichen Jahresabschluß angewandt wird (und den GoB entspricht, d.h. insbesondere das Niederstwertprinzip beachtet wird) und
- kein Bewertungsabschlag nach § 51 Abs. 1 Nr. 2m EStG vorgenommen wird.

I.d.R. wird beim Perioden-Lifo aus Anfangsbestand sowie Zu- und Abgängen der Rechnungsperiode ein neuer Bestand ermittelt, der Anfangsbestand der Folgeperiode darstellt. Anstelle eines solchen Verfahrens ist es jedoch auch zulässig, den Mehrbestand gegenüber der Vorperiode als gesonderten Posten (Ableger oder 'layer') losgelöst von Anfangsbestand fortzuführen. Dies kann entsprechend für jede Periode, die einen Mehrbestand aufweist, wiederholt werden. Bei Minderbeständen sind Layer und Basisbestand dem Lifo-Verfahren entsprechend abzubauen.

Beispiel:

	Menge	Einzelpreis	Wert
Basisbestand 1988:	600 ME	10,00 DM	6.000,00 DM
Layer 1989:	200 ME	11,00 DM	2.200,00 DM
Layer 1990:	100 ME	12,00 DM	1.200,00 DM
Gesamtbestand 1.1.1991:	900 ME		9.400,00 DM

Soweit der Endbestand am 31.12.1991 unterstellte 750 ME beträgt, sind die Layer der Jahre 1990 (in voller Höhe) und 1989 (anteilig 50 ME) aufzulösen. Der Gesamtbestand/Endbestand am 31.12.1991 wird wie folgt ermittelt und bewertet:

	Menge	Einzelpreis	Wert
Basisbestand 1988:	600 ME	10,00 DM	6.000,00 DM
Layer 1989:	150 ME	11,00 DM	1.650,00 DM
Gesamtbestand	750 ME		7.650,00 DM

- **Hifo-Verfahren**
Beim Hifo-Verfahren wird eine wertmäßige Abfolge unterstellt, d.h. es wird angenommen, daß die Wirtschaftsgüter mit den höchsten Anschaffungs- oder Herstellungskosten zuerst veräußert oder verbraucht werden. Der Bewertung des Bestands werden somit die Wirtschaftsgüter mit den niedrigsten Anschaffungs- oder Herstellungskosten zugrunde gelegt, so daß ein extrem vorsichtig bemessener Bestandswert bilanziert wird. Das Verfahren kann als Perioden- oder permanentes Verfahren ausgestaltet werden.
Handelsrechtlich ist das Verfahren uneingeschränkt zulässig, da es dem Vorsichts-, Anschaffungswert- und Imparitätsprinzip entspricht. **Steuerrechtlich** ist das Verfahren **nicht zulässig.**

- **Lofo-Verfahren**
Das Lofo-Verfahren verstößt stets gegen das Vorsichtsprinzip und ist daher handelsrechtlich nicht zulässig. **Steuerrechtlich** ist das Verfahren ebenfalls **nicht zulässig.**

4.5.2.3.5 Retrograde Ermittlung der Anschaffungs- oder Herstellungskosten

Die retrograde Ermittlung kommt insbesondere bei Handelsunternehmen (z.B. Groß- und Einzelhandel) als vereinfachtes Verfahren zur Ermittlung der Anschaffungskosten in Betracht. Bei diesen Unternehmen ist es weitgehend üblich, Warenzugänge und Bestandsaufnahme zu Verkaufspreisen zu erfassen, da es i.a.R. erhebliche Probleme bereitet, die ursprünglichen Anschaffungskosten anhand der Rechnungsunterlagen festzustellen. Rechtsprechung und Finanzverwaltung lassen in solchen Fällen auf der Basis der Verkaufspreise eine Rückrechnung auf die Anschaffungskosten zu: Der Verkaufspreis wird um die Handelsspanne (differenziert nach Warengruppen) vermindert, der verbleibende Wert entspricht den Anschaffungskosten. Soweit am Abschlußstichtag von bereits herabgesetzten Preisen auszugehen ist, muß die ursprünglich kalkulierte Handelsspanne durch den verbleibenden Verkaufsaufschlag ersetzt werden.[243]

Beispiel:

Verkaufspreis (netto)	50,00 DM
- Handelsspanne	30,00 DM
= Anschaffungskosten	20,00 DM.

---

[243] R 32a Abs. 3 EStR 1993

Die retrograde Methode kommt vorrangig zur Ermittlung der Anschaffungskosten in Betracht; ausnahmsweise und unter bestimmten Voraussetzungen kann die retrograde Methode aber auch der Ermittlung der Herstellungskosten bestimmter selbsterstellter Wirtschaftsgüter zugrunde gelegt werden.[244]

4.5.2.3 Erfüllungsbetrag/Rückzahlungsbetrag

Gemäß § 6 Abs. 1 Nr. 3 EStG sind Verbindlichkeiten unter sinngemäßer Anwendung der Vorschriften der Nr. 2 zu bewerten. Daraus folgt, daß die Schulden des Unternehmens mit den 'Anschaffungskosten' anzusetzen sind. Anschaffungskosten im eigentlichen Sinne sind jedoch weder bei einer Schuldübernahme noch in den Fällen denkbar, in der die Schuld unmittelbar durch Vertrag, Gesetz oder Hoheitsakt in der Person des Steuerpflichtigen begründet wird. Aus diesem Grunde wird zur Bestimmung der 'Anschaffungskosten' durch die neuere Rechtsprechung des BFH - an § 253 Abs. 1 HGB anknüpfend - auf den Erfüllungsbetrag abgestellt: Dieser umfaßt alle Aufwendungen, die zur Erfüllung einer Verbindlichkeit erforderlich sind.[245] Der Erfüllungsbetrag entspricht bei

- **Geldleistungsverbindlichkeiten** grundsätzlich dem Nennwert (= Rückzahlungsbetrag) und

- bei **Verbindlichkeiten**, die auf die Erbringung einer **Sach- oder Dienstleistung** abstellen, den Aufwendungen, die der Schuldner voraussichtlich tätigen muß, um seiner Leistungsverpflichtung nachkommen zu können. Dabei sind alle tatsächlichen Aufwendungen zu berücksichtigen, so daß sowohl aufwandsgleiche Einzel- wie auch Gemeinkosten einzurechnen sind (sog. Sachleistungsverpflichtungen).

Sachleistungsverpflichtungen sind i.d.R. Bestandteil schwebender Geschäfte und somit nicht passivierungsfähig. Soweit der Erfüllungsbetrag einer Sachleistung über der vertraglich vereinbarten Gegenleistung liegt, ist eine **Drohverlustrückstellung** zu passivieren.

Bei **Geldleistungsverpflichtungen** bleiben Nebenkosten wie Vermittlungsprovisionen, Bearbeitungsgebühren usw. grundsätzlich unberücksichtigt: Diese dürfen weder in den Erfüllungsbetrag eingerechnet und passiviert werden, noch dürfen diese - dem Realisationsprinzip folgend - zu einem niedrigeren Wertansatz der Verbindlichkeit führen.[246] Soweit der Rückzahlungsbetrag eines Darlehens höher ist als der Ausgabebetrag, ist das **Disagio** oder Damnum unter den Rechnungsabgrenzungsposten zu aktivieren und auf die Kreditlaufzeit zu verteilen; dies gilt für andere Ausgaben, die bei wirtschaftlicher Interpretation Vergütungen für die Kreditüber-

---

[244] vgl. dazu Blümich/Ehmcke, Rz. 64 zu § 6 EStG
[245] BFH vom 4.3.1976, BStBl II 1977, 380; BFH vom 23.6.1988, BStBl II 1988, 1001; BFH vom 17.2.1993, BStBl II 1993, 437
[246] BFH vom 4.5.1977, BStBl II 1977, 802

lassung darstellen, entsprechend, so daß auch Abschluß-, Bearbeitungs- und Verwaltungsgebühren durch Bildung eines aktiven Rechnungsabgrenzungspostens abzugrenzen sind. Sofern der Zinsfestschreibungszeitraum kürzer ist als die vereinbarte Darlehenslaufzeit, ist der gebildete Rechnungsabgrenzungsposten auf den kürzeren Festschreibungszeitraum zu verteilen.[247]

Im Regelfall stimmt bei Geldleistungsverpflichtungen die Rückzahlungsverpflichtung an jedem Bilanzstichtag während der Kreditlaufzeit mit dem Nennwert der Verbindlichkeit überein. Bei **Zero-Bonds** ('Null-Coupon-Anleihen') werden dagegen die Zinszahlungen nicht jährlich, sondern erst am Ende der Laufzeit geleistet und sind in einem gegenüber dem Ausgabebetrag höheren Rücknahmebetrag enthalten. Der Ansatz der Anleihe mit ihrem Rücknahmebetrag würde somit neben der tatsächlichen Rückzahlungsverpflichtung auch die gesamte Zinsschuld des Anleihegebers beinhalten. Zur Ermittlung des Rückzahlungsbetrages am jeweiligen Abschlußstichtag wird in diesem Falle nach der Nettomethode verfahren: Der Rücknahmebetrag wird in einen Kapitalanteil und Zinsanteil aufgespalten. Rückzahlungsbetrag am Abschlußstichtag ist der Kapitalanteil zuzüglich der bis zu diesem Zeitpunkt aufgelaufenen, noch nicht ausgezahlten Zinsen.[248]

Bei **unverzinslichen oder niedrig verzinslichen Verbindlichkeiten** ist eine Abzinsung des Erfüllungsbetrages auf den Barwert grundsätzlich nicht zulässig, so daß der Erfüllungsbetrag mit dem Nennwert übereinstimmt; dies gilt laufzeitunabhängig für kurz-, mittel- oder langfristige Verbindlichkeiten gleichermaßen.[249] Ein Ansatz zum Barwert, wie er noch in der älteren Rechtsprechung des BFH gefordert wurde, würde gegen das Realisationsprinzip verstoßen und zum Ausweis noch nicht realisierter künftiger Erträge führen.

4.5.2.4 Barwert

Gemäß § 253 Abs. 1 S. 2 HGB wie auch § 6a Abs. 3 EStG sind Rentenverpflichtungen, für die eine Gegenleistung nicht mehr zu erwarten ist, mit ihrem Barwert anzusetzen. Der Barwert wird als abgezinster heutiger Wert der künftig wiederkehrenden Versorgungsleistung ermittelt; dabei wird nach versicherungsmathematischen Grundsätzen verfahren, d.h. die künftige Versorgungsleistung wird unter Berücksichtigung von Sterbetafeln, Eintrittswahrscheinlichkeiten usw. auf den heutigen Wert abgezinst. Eine Gegenleistung des Versorgungsberechtigten ist regelmäßig dann nicht mehr zu erwarten, wenn

---

[247] vgl. R 37 Abs. 3 EStR 1993
[248] sog. 'Nettomethode', vgl. BdF-Schreiben vom 5.3.1987, BStBl I 1987, 394
[249] vgl. BFH vom 12.12.1990, BStBl II 1991, 479

(1) der Versorgungsfall eingetreten ist, die Rentenzahlung begonnen hat und der Versorgungsberechtigte keinen 'produktiven Beitrag' mehr für das Unternehmen erbringt oder

(2) der Versorgungsberechtigte aus dem Unternehmen ausgeschieden ist, das erworbene Anwartschaftsrecht jedoch fortbesteht, Rentenleistungen aber noch nicht erbracht werden.

Im erstgenannten Fall ist der Barwert als Rentenbarwert im zweiten Fall als Anwartschaftsbarwert definiert. Der der Barwertermittlung zugrunde zu legende Rechnungszinssatz soll handelsrechtlich nach h.M. 3 % nicht unterschreiten, die Obergrenze wird i.d.R. durch den durchschnittlichen Zinssatz für langfristiges Fremdkapital bestimmt. Steuerrechtlich ist gemäß § 6a Abs. 3 EStG ein Rechnungszinsfuß von 6 % zugrunde zu legen; der handelsrechtliche Barwert entspricht dabei dem steuerrechtlichen Teilwert, bzw. die Pensionsrückstellung darf steuerrechtlich höchstens mit dem Teilwert angesetzt werden, der dem Barwert entspricht.

4.5.2.5 Teilwert

Der Teilwert ist neben den Anschaffungs- oder Herstellungskosten ein zentraler und begrifflich originärer Bewertungsmaßstab des Steuerrechts und ist nach der Legaldefinition des § 6 Abs. 1 Nr. 1 S. 3 EStG definiert als

der Betrag, den ein Erwerber des ganzen Betriebs im Rahmen des Gesamtkaufpreises für das einzelne Wirtschaftsgut ansetzen würde; dabei ist davon auszugehen, daß der Erwerber den Betrieb fortführt.

Regel-Wertansatz stellen die Anschaffungs- oder Herstellungskosten eines Wirtschaftsgutes dar; der Teilwert kommt daneben oder anstelle der Anschaffungs- oder Herstellungskosten in Betracht, wenn

- anstelle der Anschaffungs- oder Herstellungskosten ein niedrigerer oder höherer Wertansatz möglich oder geboten ist. Insoweit ist der Teilwert für die Bewertung von aktiven und passiven Wirtschaftsgütern als **Korrekturwert** definiert, dessen möglicher oder gebotener Ansatz zu einer Korrektur des **Ausgangswertes** Anschaffungs- oder Herstellungskosten führt. Der Ansatz des Teilwertes setzt damit stets einen Wertvergleich mit dem Ausgangswert Anschaffungs- oder Herstellungskosten voraus und dient vorrangig der Erfassung von Wertminderungen gegenüber den Kostenwerten oder fortgeführten Kostenwerten eines Wirtschaftsguts. Gleichzeitig wird damit der Transfer des für den handelsrechtlichen Jahresabschluß geltenden Vorsichts- und Imparitätsprinzips in die steuerliche Gewinnermittlung ermöglicht, da eingetretenen Wertminderungen steuerrechtlich z.B. durch Ansatz eines gegenüber den Anschaffungs- oder Herstellungskosten niedrigeren Teilwertes Rechnung getragen werden kann.

Beispiel:

Die Handels-OHG erwirbt in Periode t1 spekulativ Wertpapiere, die in der Periode t2 wieder veräußert werden sollen; Anschaffungskosten 100.000,00 DM. Der Börsenwert der Papiere liegt am Abschlußstichtag der Periode t1 bei 90.000,00 DM. In der Handelsbilanz führt die OHG dem strengen Niederstwertprinzip entsprechend eine außerplanmäßige Abschreibung durch und setzt die Wertpapiere mit dem im Vergleich mit den Anschaffungskosten niedrigeren Börsenpreis an. In der Steuerbilanz wird (Maßgeblichkeitsprinzip) analog verfahren: anstelle einer außerplanmäßigen Abschreibung wird eine Teilwertabschreibung durchgeführt, so daß in der Steuerbilanz der im Vergleich mit den Anschaffungskosten niedrigere Teilwert ausgewiesen wird; dieser entspricht im Beispiel dem Börsenpreis der Wertpapiere.

4.5.2.5.1 Teilwertkonzeption

Der Teilwert ist damit grundsätzlich als Korrekturwert konzipiert, der die zulässige Ausnahme zum Regel- und Ausgangswert Anschaffungs- oder Herstellungskosten eines Wirtschaftsgutes darstellt.[250] Daneben ist der Teilwert aber auch als **alleiniger oder primärer Bewertungsmaßstab** zur Bewertung von Einlagen oder Entnahmen, zur Bewertung im Rahmen der Eröffnung eines Betriebs sowie bei Wertermittlung im Rahmen des unentgeltlichen Erwerbs eines Betriebes relevant.

Der Ansatz des Teilwertes im Rahmen der Konzeption des § 6 EStG läßt sich damit systematisch vereinfacht wie in der folgenden Abbildung 51 dargestellt zusammenfassen.

Die folgenden Ausführungen zur Teilwertermittlung wie auch zur Bewertungsproblematik beschränken sich im Rahmen dieser Einführung auf den Teilwert in seiner Funktion als steuerlicher Korrekturwert sowie als alleiniger Bewertungsmaßstab zur Bewertung von Einlagen und Entnahmen.

---

[250] so auch BFH vom 7.11.1990, BStBl II 1991, 342

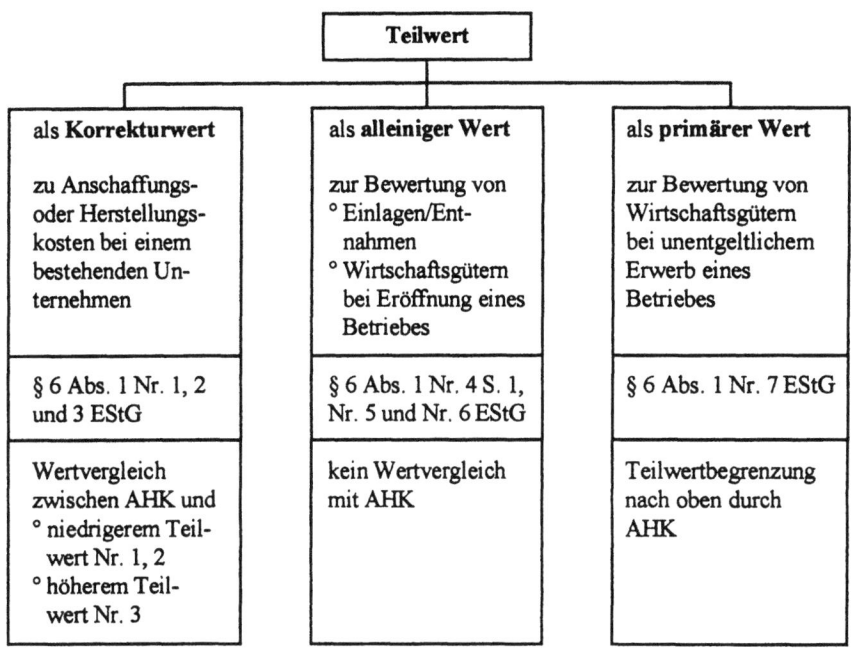

AHK = Anschaffungs- oder Herstellungskosten

Abb. 51: Der Teilwert in der Systematik des § 6 EStG

Neben der bereits beschriebenen **Zwecksetzung** die mit dem Teilwertansatz realisiert wird, einen Transfer des Vorsichts- und Imparitätsprinzip in die Steuerbilanz sicherzustellen, werden durch den Ansatz eines im Vergleich mit den Anschaffungs- oder Herstellungskosten niedrigeren oder höheren Teilwert **weitere Zwecke** verfolgt:

- Durch das Teilwertkonzept wird die isolierte Bewertung eines Wirtschaftsguts durch eine **integrierte Bewertung** ersetzt, da in den Teilwert der Mehr- oder Minderwert einfließt, der sich aus der Zugehörigkeit des Wirtschaftsguts zum jeweils bilanzierenden Unternehmen ergibt. Der Teilwert ist damit kein Einzelwert, der losgelöst von dem dahinterstehenden Unternehmen ermittelt wird, vielmehr werden wertmäßige Synergieeffekte beim Wertansatz des Wirtschaftsgutes und damit bei der steuerlichen Gewinnermittlung berücksichtigt; m.a.W.: Der 'wertbestimmende Einfluß der Betriebszugehörigkeit' eines Wirtschaftsguts[251] ist eine zentrale Komponente des Teilwertkonzepts. Dadurch wird letztlich sichergestellt, daß durch den möglichen oder gebotenen Ansatz von Wirtschaftsgütern mit ihrem Teilwert steuerpflichtige Unternehmer, Mitunternehmer und Unternehmen nur insoweit und in der Höhe steuerlich belastet werden, als

---

[251] Schmidt/Glanegger, § 6 Anm. 50

dies dem Gesamtwert des Unternehmens und damit seiner wirtschaftlichen Leistungsfähigkeit entspricht.[252]

- Durch das Konzept eines integrierten, fortführungsbezogenen Teilwerts, der aus Position und Perspektive eines fiktiven Erwerbers zukünftige Wertminderungen und Wertzuwächse in die Wertermittlung einbezieht, soll zudem sichergestellt werden, daß nicht durch Unterbewertung des Vermögens und Überbewertung von Verbindlichkeiten beliebig und willkürlich **stille Reserven** gebildet werden und die mit der Steuerbilanz verfolgte Zwecksetzung beeinträchtigt wird.

Angesichts einer Konzeption, die den Teilwert als integrativen Wert definiert, der aus der Sicht eines fiktiven Erwerbers im Rahmen des Gesamtkaufpreises für ein einzelnes Wirtschaftsgut bestimmt werden soll, liegt es nahe, daß mit einer derartigen konzeptionellen Ausrichtung erhebliche Ermittlungsprobleme verknüpft sind. Im Sinne einer gedanklichen Phasenabfolge wäre nämlich - der Konzeption entsprechend - zunächst zu jedem Abschlußstichtag der Gesamtwert des Unternehmens zu ermitteln und dieser im folgenden Schritt auf die einzelnen aktiven und passiven Wirtschaftsgüter so aufzuteilen, daß für jedes Wirtschaftsgut ein integrierter Wert ermittelt wird. Da der Gesamtwert eines Unternehmens jedoch maßgeblich von künftig zu erwirtschaftenden Erträgen abhängig ist und diese objektiv nicht festgestellt werden können, ist die Problematik der Teilwertbestimmung auf Basis einer ertragsorientierten Teilwertkonzeption somit letztlich durch drei Komponenten gekennzeichnet:

- **Ermittlung des Gesamtwertes** eines Unternehmens zu jedem Abschlußstichtag, wobei der Gesamtwert zweckmäßigerweise als Ertragswert definiert werden müßte, auch wenn für bestimmte Wirtschaftsgüter Ertragsgesichtspunkte eine eher untergeordnete Rolle spielen (z.B. Transporteinrichtungen, Gebäude usw.) und

- **Aufteilung des Gesamtwertes** auf die einzelnen aktiven und passiven Wirtschaftsgüter des Unternehmens.

- Hinzu kommt, daß dem Grundsatz der Einzelbewertung entsprechend bei der Wertermittlung eines Wirtschaftsgutes nur solche wertbestimmenden Faktoren berücksichtigt werden dürfen, die unmittelbar auf den Wert dieses Wirtschaftsgutes einwirken. Die Aufteilung des Gesamtwertes auf die einzelnen Wirtschaftsgüter darf folglich weder dazu führen, daß zwischen den zu bewertenden Wirtschaftsgütern ein **Bewertungsausgleich** durch Verrechnung von positiven und negativen Wertdifferenzen vorgenommen wird, noch darf die Aufteilung des Gesamtunternehmenswertes auf die Wirtschaftsgüter im Ergebnis bewirken, daß ein **Geschäfts-** oder **Firmenwert** anteilig einzelnen Wirtschaftsgütern **zugeordnet** wird.

---

[252] BFH/GrS vom 16.7.1968, BStBl II 1969, 108

4.5.2.5.2 Teilwertvermutungen

Da die Zuordnungsproblematik Gesamtwert des Unternehmens - ertragsabhängiger Teilwert eines Wirtschaftsgutes (und umgekehrt: Addition der Teilwerte = Gesamtwert des Unternehmen) weder mit der vom RFH entwickelten Differenzmethode noch mit der Zurechnungsmethode im Sinne der ursprünglichen Teilwertkonzeption gelöst werden konnte, hat die Rechtsprechung kasuistisch eine Reihe von **Teilwertvermutungen** entwickelt. Diese Teilwertvermutungen bilden dabei kein in sich geschlossenes System von Regeln zur Teilwertermittlung, sie lassen sich vielmehr als zwar schlüssiges doch nicht geschlossenes System typisierender Einzelfallentscheidungen der Rechtsprechung begreifen, das sich immer dann vor Probleme gestellt sieht, wenn eine der bislang entwickelten Vermutungen auf einen konkreten Fall nicht anwendbar ist, die Merkmale des Sachverhalts den Typisierungskriterien also nicht entsprechen.[253]

Durch die Teilwertvermutungen wird die ursprünglich ertragsorientierte Ermittlungskonzeption des Teilwerts aus pragmatischen Operationalisierungsüberlegungen durch eine eher substanzwertorientierte Ermittlungskonzeption ersetzt: Der notwendigen Einzelbewertung eines Wirtschaftsguts werden letztlich **preis-** und damit **kostenbezogene Werte** zugrunde gelegt. Dadurch wird zwar das Zuordnungsdilemma vermieden, die ursprünglich mit der Teilwertkonzeption verbundenen Intentionen einer integrierten Wertermittlung der Wirtschaftsgüter aber aufgegeben.

Im einzelnen wurden durch die Rechtsprechung folgende **Teilwertvermutungen** entwickelt, die Abbildung 52 in vereinfachter Form zusammenfaßt:

---

[253] vgl. dazu auch Knobbe-Keuk 1993, S. 177

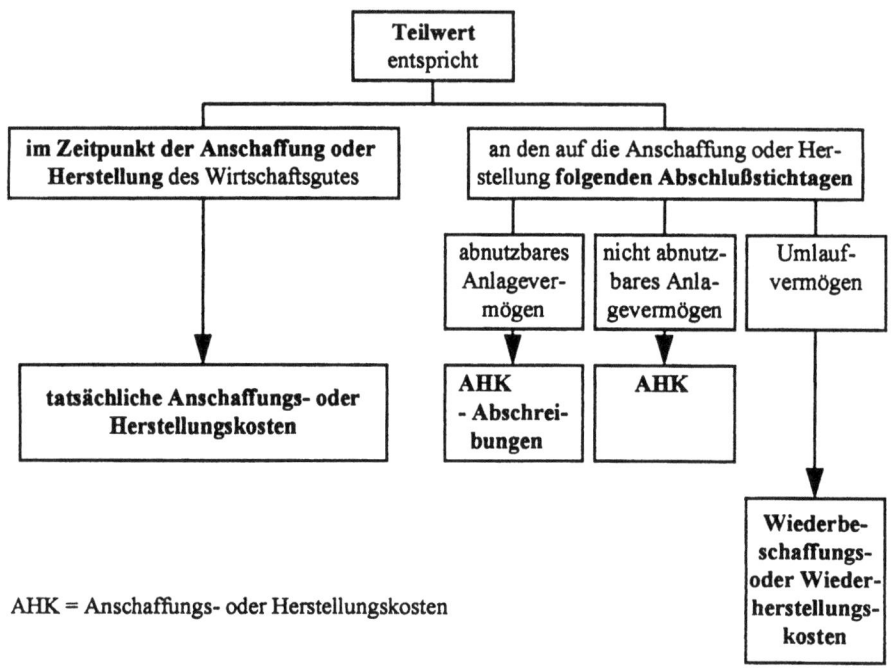

Abb. 52: Systematik der Teilwertvermutungen

(1) **Teilwertvermutung im einzelnen**

Grundsätzlich wird vermutet, daß der Teilwert im Zeitpunkt der Anschaffung oder Herstellung eines Wirtschaftsgutes den **tatsächlichen Anschaffungs- oder Herstellungskosten** entspricht.[254] Die Vermutung basiert auf der Annahme, daß ein gedachter Erwerber, der den Betrieb unverändert fortführt, i.d.R. identische Aufwendungen in Kauf nehmen würde bzw. in Kauf nehmen müßte und sich die identische subjektive Bewertung des Wirtschaftsgutes quasi in den tatsächlichen Anschaffungs- oder Herstellungskosten wertmäßig objektiviert. Die Teilwertvermutung gilt für alle Arten von Wirtschaftsgütern gleichermaßen und unabhängig davon, ob der steuerpflichtige Unternehmer oder das steuerpflichtige Unternehmen Allein-, Mit- oder Teileigentümer ist.

Für den auf den Zeitpunkt der Anschaffung oder Herstellung folgenden Abschlußstichtag sowie darauffolgende spätere Stichtage sind die Teilwertvermutungen je nach der Art der aktiven Wirtschaftsgüter zu differenzieren:

- **Abnutzbare Wirtschaftsgüter des Anlagevermögens**

    Für den auf den Zeitpunkt der Anschaffung oder Herstellung **unmittelbar folgenden Abschlußstichtag** entspricht der Teilwert den Anschaffungs-

---
[254] z.B. BFH vom 31.1.1991, BStBl II 1991, 627

oder Herstellungskosten des Wirtschaftsgutes, vermindert um lineare Abschreibung nach § 7 EStG. Dabei wird unterstellt, daß die buchmäßige Abschreibung der tatsächlichen Wertminderung entspricht.[255] Sonderabschreibungen, überhöhte Abschreibungen und übertragene steuerfreie Rücklagen bleiben unberücksichtigt. Gleichzeitig wird vermutet, daß die Anschaffungs- oder Herstellungskosten, vermindert um Abschreibungen nach § 7 EStG den Wiederbeschaffungskosten des Wirtschaftsgutes entsprechen, da sich der Teilwert in der kurzen Zeitspanne zwischen Anschaffung/Herstellung und dem folgenden Abschlußstichtag i.d.R. nicht wesentlich verändert.

Für die auf die Anschaffungs- oder Herstellungsperiode **folgenden Abschlußstichtage** interpretiert die Rechtsprechung die Teilwertvermutung uneinheitlich:

- Einerseits wird die Auffassung vertreten, der Teilwert entspreche auch an allen folgenden Abschlußstichtagen den fortgeführten Kostenwerten,[256]
- andererseits wird die Teilwertvermutung z.T. zeitlich eingeschränkt und darauf verwiesen, diese könne nur für Stichtage gelten, die kurz nach der Anschaffung/Herstellung eines Wirtschaftsgutes liegen. Als ein Übereinstimmung noch rechtfertigender Zeitabstand wird vielfach ein Zeitraum bis zu drei Jahren nach dem Zeitpunkt der Anschaffung/Herstellung unterstellt; danach schwächt sich die Stichhaltigkeit der Vermutung so stark ab, daß die Vermutung einer Übereinstimmung von Teilwert und fortgeführten Kostenwerten für nicht mehr vertretbar erachtet wird.[257]

Die unterschiedliche Sicht der zeitlichen Reichweite der Teilwertvermutung ist m.E. letztlich für die Teilwertermittlung selbst unbeachtlich, begründet aber gleichzeitig in 'späteren' Perioden zusätzliche Möglichkeiten, die Teilwertvermutung aufgrund ihrer abgeschwächten Stichhaltigkeit zu widerlegen.

- **Nichtabnutzbare Wirtschaftsgüter des Anlagevermögens**

    Die Ausführungen zu den abnutzbaren Wirtschaftsgütern des Anlagevermögens lassen sich entsprechend auf diese Wirtschaftsgütergruppe übertragen: Am ersten auf den Zeitpunkt der Anschaffung/Herstellung folgenden Abschlußstichtag wird vermutet, daß der Teilwert den Anschaffungs- oder Herstellungskosten entspricht. Auch hier gilt für darauffolgende Abschlußstichtage, daß sich die Stichhaltigkeit der Übereinstimmungsvermutung mit zunehmender zeitlicher Reichweite abschwächen wird.

---

[255] z.B. BFH vom 20.9.1989, BStBl II 1990, 206
[256] so z.B. BFH vom 13.3.1991, BStBl II 1991, 595
[257] vgl. z.B. BFH vom 30.11.1988, BStBl II 1990, 117

- **Wirtschaftsgüter des Umlaufvermögens**
  Für alle auf den Zeitpunkt der Anschaffung/Herstellung des Wirtschaftsgutes folgenden Abschlußstichtage gilt die Vermutung, daß der Teilwert
  - bei angeschafften Wirtschaftsgütern den fiktiven Wiederbeschaffungs-(Wiederanschaffungs-)kosten und
  - bei selbsterstellten Wirtschaftsgütern den fiktiven Wiederherstellungs-(Reproduktions-)kosten

  entspricht.

Die gedachten Wiederbeschaffungs- oder Wiederherstellungskosten bilden regelmäßig die **Obergrenze** für den Teilwert eines Wirtschaftsgutes, da konsequenterweise von der Rechtsprechung unterstellt wird, daß der fiktive Erwerber eines Betriebs für das einzelne Wirtschaftsgut nicht mehr ansetzen würde, als er bei marktbezogenem Kauf oder Eigenherstellung aufwenden müßte. Die **Untergrenze** für die Ermittlung des Teilwerts eines Wirtschaftsgutes wird durch den Einzelveräußerungspreis definiert.[258] Der Einzelveräußerungspreis wird im Rahmen der Teilwertermittlung regelmäßig nur für solche Wirtschaftsgüter in Betracht kommen, die für das Unternehmen entbehrlich geworden sind; 'entbehrlich' sind dabei solche Wirtschaftsgüter, deren Fehlen keine Auswirkung auf einen reibungslosen Betriebsablauf hat und die insoweit überflüssig und für den Betrieb von absolut untergeordneter Bedeutung sind.[259] Daraus läßt sich in vereinfachter Form eine Gruppierung für die Teilwertermittlung aktiver Wirtschaftsgüter ableiten:

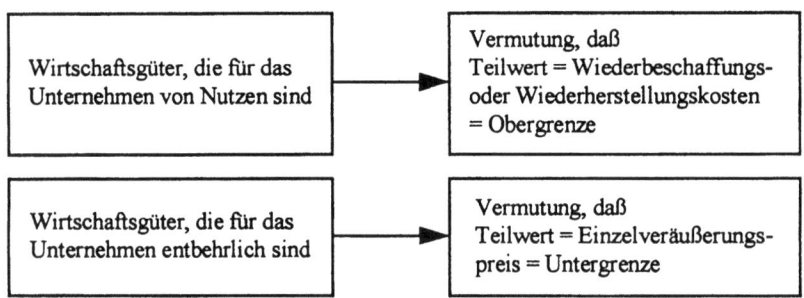

Abb. 53: Teilwertermittlung aktiver Wirtschaftsgüter

---

[258] = Verkehrswert oder gemeiner Wert i.S.v. § 9 BweG, abzüglich voraussichtlich anfallender Veräußerungskosten; vgl. z.B. BFH vom 25.8.1983, BStBl II 1984, 33
[259] BFH vom 15.7.1966, BStBl II 1966, 643

(2) Widerlegung von Teilwertvermutungen für aktive Wirtschaftsgüter

Da die Rechtsprechung zur Ermittlung des Teilwertes Vermutungen entwickelt hat, kann der Teilwert natürlich weder mit den genannten Kostenwerten noch mit den Wiederbeschaffungskosten gleichgesetzt werden. Aufgrund ihrer Ausgestaltung begründen sie zwar eine Übereinstimmungsvermutung, diese kann jedoch sowohl vom Steuerpflichtigen wie auch von der Finanzverwaltung entkräftet und damit widerlegt werden. Soweit ein von der Teilwertvermutung abweichender Wertansatz gewählt wird, sind jedoch konkrete Tatsachen und Umstände darzulegen, die nachweisen oder doch glaubhaft machen, daß der Teilwert des Wirtschaftsgutes den typisierenden Teilwertvermutungen nicht entspricht. Ein von den Teilwertvermutungen abweichender Teilwertansatz kommt aber regelmäßig nur dann in Betracht, wenn der Abweichung 'einiges Gewicht' beizumessen ist.[260]

Die Teilwertvermutungen können insbesondere durch den Nachweis widerlegt werden, daß

- sich die Anschaffung oder Herstellung des Wirtschaftsgutes als **Fehlmaßnahme** erwiesen hat;[261]
- der **Teilwert** des Wirtschaftsgutes am Widerlegungs-Abschlußstichtag unter den Buchwert **gesunken** ist. Hierfür können ursächlich sein
  - Sinken der Wiederbeschaffungs- oder Wiederherstellungskosten,
  - Sinken der voraussichtlich erzielbaren Verkaufserlöse (z.B. bei Vorräten),
  - eine nachhaltig schlechte Rentabilität des Unternehmens.

Die Anschaffung oder Herstellung eines Wirtschaftsgutes stellt immer dann nachweislich eine **Fehlmaßnahme** dar, wenn ihr wirtschaftlicher Nutzen bei objektiver Betrachtung deutlich hinter dem für die Anschaffung oder die Herstellung getätigten Aufwand zurückbleibt und damit der Aufwand so unwirtschaftlich war, daß er von einem gedachten Erwerber des Betriebs nicht honoriert würde.[262] Eine solche, im betriebswirtschaftlichen Sinne als 'Fehlinvestition' einzustufende Fehlmaßnahme kann damit z.B. dann gegeben sein, wenn das Unternehmen die Maßnahme aufgrund falsch eingeschätzter Voraussetzungen geplant und durchgeführt hat oder die wirtschaftlichen Erwartungen des investierenden Unternehmens nicht erfüllt werden, da kein den Anschaffungs- oder Herstellungskosten angemessener Gegenwert erzielt werden kann. Eine Fehlmaßnahme mit der daraus resultierenden Konsequenz einer Teilwertkorrektur setzt jedoch grundsätzlich voraus, daß die Maßnahme auf einer unbewußten und/oder irrtümlichen unternehmerischen Fehleinschätzung

---

[260] BFH vom 9.9.1986, BFH/NV 1987, 442
[261] vgl. z.B. BFH/GrS vom 25.10.1972, BStBl II 1973, 79; BFH vom 20.5.1988, BStBl II 1989, 269; BFH vom 30.11.1988, BStBl II 1990, 117
[262] BFH vom 17.9.1987, BStBl II 1988, 488

basiert. Fehlmaßnahmen die bewußt herbeigeführt wurden, rechtfertigen dagegen keine Teilwertabschreibung. Die Abgrenzung dessen, was unter „irrtümlich" oder „bewußt" zu subsumieren ist, vermag im Einzelfall durchaus Probleme bereiten. Die folgenden Beispiele verdeutlichen Sachverhalte, die nach der BFH-Rechtsprechung als irrtümliche Fehlmaßnahmen qualifiziert werden:

Beispiele:

Anschaffung einer Fertigungsanlage und anschließendem Verbot des Vertriebs der mit dieser Anlage produzierbaren Güter, z.B. aufgrund eines zu hohen Anteils asbesthaltigen Materials (*BFH vom 17.9.1987, BStBl II 1988, 488*)

Bestellung eines Turbinentankers kurz vor Ausbruch der Ölkrise (*BFH vom 17.11.1987, BStBl II 1988, 430*).

Gesunkene Wiederbeschaffungs- oder Wiederherstellungskosten können ebenfalls zu einer Widerlegung der Teilwertvermutung führen und eine Teilwertabschreibung rechtfertigen; Voraussetzung hierfür ist jedoch, daß die Wiederbeschaffungs- oder Wiederherstellungskosten nachhaltig und nicht nur vorübergehend gesunken sind.[263]

Die **Wiederbeschaffungskosten** umfassen die Aufwendungen, die ein fiktiver Erwerber tätigen müßte, um ein nach Art, Güte und Zustand gleiches Wirtschaftsgut wieder anzuschaffen. Bei der Ermittlung der einzubeziehenden Aufwendungen sind dabei die betriebsindividuellen Gegebenheiten zugrunde zu legen: Soweit im Vergleich mit besser organisierten Unternehmen Einkaufsnachteile gegeben sind, wirken sich diese wiederbeschaffungskostenerhöhend aus, während sich z.B. Rationalisierungs- oder Organisationsvorteile wiederbeschaffungskostensenkend auswirken. Die betriebsindividuelle Bewertung hat insbesondere Auswirkungen auf die Ermittlung der Wiederbeschaffungsnebenkosten sowie der Wiederbeschaffungskostenminderungen:

- Die Wiederbeschaffungsnebenkosten (= Anschaffungsnebenkosten) sind dem Grunde und der Höhe nach so anzusetzen, wie sie im Unternehmen des Steuerpflichtigen tatsächlich anfallen würden. Kostennachteile, die im Vergleich mit anderen Unternehmen gegeben sind, führen somit nicht zu einer Minderung der Nebenkosten.

- Soweit z.B. aufgrund mangelnder Liquidität und schlechter Bonität Skonti nicht in Anspruch genommen werden können und seitens der Lieferanten keine sonstigen Preisnachlässe eingeräumt werden, können keine Wiederbeschaffungskostenminderungen berücksichtigt werden, auch wenn möglicherweise in den Vorjahren die Skontoziehung Regelfall war.

---

[263] BFH vom 16.4.1953, BStBl II 1953, 192; BFH vom 8.10.1957; BStBl II 1957, 442; BFH vom 29.7.1965, BStBl III 1965, 648

Für Wirtschaftsgüter, die einen **Börsen- oder Marktpreis** haben, stellt dieser die Wiederbeschaffungskosten dar. Soweit am Abschlußstichtag unterschiedliche Börsen- oder Marktpreise vorliegen, ist der Durchschnittspreis (z.B. Mittelkurs inländischer Börsen) zugrunde zu legen, es sei denn, daß die Wirtschaftsgüter regelmäßig ausschließlich an einem bestimmten Börsenplatz oder Markt bezogen werden.

Die **Wiederherstellungs- oder Reproduktionskosten** umfassen die Aufwendungen, die ein fiktiver Erwerber tätigen müßte, um ein nach Art, Güte und Zustand gleiches Wirtschaftsgut wiederherzustellen. Auch hier ist auf die betriebsindividuellen Gegebenheiten abzustellen, d.h. Kostennachteile im Vergleich zu anderen Unternehmen wirken wiederherstellungskostenerhöhend, Kostenvorteile wiederherstellungskostensenkend. Bei der Ermittlung der Wiederherstellungskosten sind grundsätzlich alle Aufwendungen zu berücksichtigen, die hypothetisch bis zum Abschlußstichtag angefallen sind. Daraus folgt, daß das bei Ermittlung der Herstellungskosten geltende Einbeziehungswahlrecht für Verwaltungs- und Sozial(gemein)kosten nicht greift, diese - wie auch alle anderen Gemeinkosten - vielmehr in die Wiederherstellungskosten eingerechnet werden müssen.[264] Dies gilt für die Vertriebskosten entsprechend: Soweit sie bis zum Abschlußstichtag hypothetisch bereits angefallen sind, müssen sie eingerechnet werden. Die Einbeziehungspflicht für bis zum Stichtag bereits angefallene Vertriebskosten könnte z.B. auf bestimmte Aufwendungen der Vorsortierung, Lagerung, Kennzeichnung, Verpackung und dgl. zutreffen.[265] Inwieweit auch kalkulatorische, aufwandsfremde Zusatzkosten in die Wiederherstellungskosten eingerechnet werden können, ist strittig; entgegen der Auffassung von Blümich/Ehmcke, die eine Einbeziehung für möglich und sachgerecht erachten, sind diese Kosten m.E. nicht einbeziehungsfähig, da sie letztlich als Kosten deklarierte, aufwandsfremde Gewinnkomponenten zu betrachten sind und nach der Rechtsprechung des BFH der kalkulierte anteilige Unternehmergewinn nicht in die Wiederherstellungskosten eingerechnet werden darf.[266] Ermittelt werden können die Wiederherstellungskosten progressiv durch Kostenaddition oder retrograd durch Rückrechnung, ausgehend vom voraussichtlichen Verkaufspreis.[267]

Grundsätzlich ist es denkbar, daß der Teilwert eines Wirtschaftsgutes die Wiederbeschaffungs- oder Wiederherstellungskosten unterschreitet. Dies ist nach der ständigen Rechtsprechung des BFH z.B. dann möglich, wenn der **voraussichtlich erzielbare Veräußerungserlös** die Selbstkosten zuzüglich durchschnittlichem Unternehmergewinn nicht mehr deckt.[268] Dies kann in erster Linie

---

[264] BFH vom 19.5.1972, BStBl II 1972, 748; BFH vom 20.7.1973, BStBl II 1973, 794
[265] vgl. BFH vom 4.10.1989, BStBl II 1989, 962; BFH vom 20.7.1973, BStBl II 1973, 794
[266] Blümich/Ehmcke, Rz. 648 zu § 6 EStG; BFH vom 17.5.1974, BStBl II 1974, 508
[267] BFH vom 29.4.1970, BStBl II 1970, 614
[268] BFH vom 5.5.1966, BStBl III 1966, 370; BFH vom 27.10.1983, BStBl II 1984, 35; BFH vom 12.12.1985, BFH/NV 1986, 470

bei Wirtschaftsgütern des Vorratsvermögens zutreffen, die ihrer Zweckbestimmung nach am Markt veräußert werden sollen (z.B. Handelswaren, Fertigerzeugnisse). Maßgebend ist der am Abschlußstichtag anhand belegbarer Umstände eingeschätzte voraussichtlich erzielbare Verkaufserlös, der z.b. aufgrund konjunktureller Einbrüche, veränderter Nachfrage, einem durch Wettbewerb veränderten Preisgefüge oder aus sonstigen Gründen gegenüber der ursprünglich kalkulierten Preiserwartung gesunken sein kann. Hinsichtlich der Einschätzung des künftig voraussichtlich erzielbaren Verkaufserlöses hat der Unternehmer einen gewissen 'Schätzungsrahmen',[269] so daß der von ihm subjektiv aufgrund betriebs- und marktinterner Kenntnisse ermittelte Preis maßgebend ist, soweit er den objektiv nachprüfbaren Verhältnissen und Umständen entspricht.[270]

Während eine gute Rentabilität des Unternehmens regelmäßig bei der Teilwertermittlung der Wirtschaftsguter unberücksichtigt bleibt und sich nicht teilwerterhöhend auswirkt, kann eine nachhaltig **schlechte Rentabilität** dazu führen, daß sich die Teilwerte der einzelnen Wirtschaftsgüter vermindern. Die positive Rentabilitätslage kann nicht zu einer Teilwerterhöhung führen, da sich diese im Geschäfts- oder Firmenwert niederschlägt und eine 'Umlage' auf die einzelnen Wirtschaftsgüter gegen den Grundsatz der Einzelbewertung verstößt. Für die nachhaltig schlechte Rentabilitätslage gilt jedoch demgegenüber, daß sie unmittelbar auf den Wert der Wirtschaftsgüter wirkt, da der fiktive Erwerber einen entsprechend niedrigeren Gesamtkaufpreis ansetzen würde. Da es nach der ständigen Rechtsprechung des BFH einen negativen Geschäfts- oder Firmenwert nicht gibt,[271] müßte in diesem Falle der (niedrigere) Gesamtverkaufspreis auf die einzelnen Wirtschaftsgüter verteilt werden mit dem Ergebnis, daß der Minderpreis anteilig zu einer Teilwertminderung der Wirtschaftsgüter führt. Mangelnde Rentabilität wird dabei regelmäßig dann angenommen, wenn neben der selbstverständlichen Deckung der Betriebsausgaben kein angemessener Gewinn und keine angemessene Eigenkapitalverzinsung erwirtschaftet werden kann. Voraussetzung für eine darauf begründete Teilwertabschreibung ist aber stets, daß eine nachhaltige und erhebliche 'Unrentabilität' vorliegt, kurzzeitige Verluste allein rechtfertigen einen niedrigeren Teilwert nicht.[272]

(3) **Teilwert von Verbindlichkeiten**

Bei Verbindlichkeiten entspricht der Teilwert dem Betrag, den der fiktive Erwerber eines ganzen Betriebes mehr bezahlen würde, wenn er die das Reinvermögen mindernde Verbindlichkeit nicht übernehmen müßte.[273]

---

[269] BFH vom 7.12.1938, RStBl 1939, 258
[270] BFH vom 19.9.1951, BStBl III 1951, 194; BFH vom 13.3.1964, BStBl III 1964, 426
[271] BFH vom 19.2.1981, BStBl II 1981, 730; BFH vom 17.9.1987, BStBl II 1988, 488
[272] BFH vom 19.10.1972, BStBl II 1973, 54; BFH vom 179.1978, BStBl II 1988, 488
[273] BFH vom 13.12.1972, BStBl II 1973, 217

In ähnlicher Form wie bei den aktiven Wirtschaftsgütern ist auch hier unter zeitlichem Aspekt der Teilwertermittlung zu differenzieren:

- in dem **Zeitpunkt**, in dem die **Verbindlichkeit begründet** wird, entspricht der Teilwert dem **Erfüllungsbetrag**,[274]
- an **späteren Abschlußstichtagen** entspricht der Teilwert dem jeweiligen **Zeitwert**.[275]

Der Zeitwert einer Verbindlichkeit wird regelmäßig mit dem Nennwert übereinstimmen, soweit marktübliche Konditionen vereinbart wurden. Weichen die vereinbarten Konditionen von den marktüblichen Bedingungen ab (z.B. unverzinsliche oder hochverzinsliche Verbindlichkeiten), wird der Zeitwert i.d.R. nicht mit dem Nennbetrag übereinstimmen. In solchen Fällen ergibt sich rein rechnerisch der Wert der Verbindlichkeit zum Abschlußstichtag aus der abgezinsten Summe der Barwerte künftiger Zins- und Tilgungszahlungen des Kreditnehmers. Daraus kann aber nicht notwendigerweise abgeleitet werden, daß die Verbindlichkeit mit ihrem Barwert zum Abschlußstichtag ausgewiesen wird.

Ungewisse Verbindlichkeiten, sowie faktisch begründete Leistungsverpflichtungen sind mit dem Wert anzusetzen, der am Abschlußstichtag nach vernünftiger kaufmännischer Beurteilung erforderlich ist, die Verpflichtung zu erfüllen.

Pensionsverpflichtungen (= Leibrentenverbindlichkeiten), bei denen kein Nennwert gegeben ist, der die 'Anschaffungskosten' wertmäßig verkörpern könnte, sind stets mit ihrem **Barwert** anzusetzen, der zugleich **Teilwert** der Leibrentenverbindlichkeit ist. Gemäß § 253 Abs. 1 S. 2 HGB wie auch § 6a Abs. 3 EStG sind Rentenverpflichtungen, für die eine Gegenleistung nicht mehr zu erwarten ist, mit ihrem Barwert anzusetzen. Der Barwert wird als abgezinster heutiger Wert der künftig wiederkehrenden Versorgungsleistungen ermittelt; dabei wird nach versicherungsmathematischen Grundsätzen verfahren.

4.6 Bewertung aktiver Wirtschaftsgüter

4.6.1 Handelsrechtliche Bewertung von Vermögensgegenständen

Handelsrechtlich sind hinsichtlich der Bewertung von Vermögensgegenständen (= aktive Wirtschaftsgüter im steuerrechtlichen Sinne) die nachfolgend aufgeführten bewertungsrelevanten Gruppen zu unterscheiden:

---

[274] BFH vom 19.1.1972, BStBl II 1972, 392
[275] BFH vom 12.3.1964, BStBl II 1964, 525

(1) **Gegenstände des Anlagevermögens**
    (1.1) Gegenstände des **abnutzbaren Anlagevermögens**
    (1.2) Gegenstände des **nichtabnutzbaren Anlagevermögens**
    (1.3) Gegenstände des **Finanzanlagevermögens**
(2) **Gegenstände des Umlaufvermögens.**

4.6.1.1 Handelsrechtliche Bewertung der Gegenstände des Anlagevermögens

Die **Bewertung des Anlagevermögens** ist in §§ 253 Abs. 1, 2 und 254 i.V.m. §§ 279 bis 281 HGB geregelt. Der Wertansatz ist abhängig von der Art des Vermögensgegenstandes und damit der Zugehörigkeit zu einer der unter (1.1) bis (1.3) genannten Untergruppen sowie von der Unternehmensrechtsform, da zwischen Kapitalgesellschaften und Nichtkapitalgesellschaften erhebliche bewertungsbezogene Unterschiede gegeben sind.

Die **Wertobergrenze** wird - Nominalwertprinzip und Anschaffungswertprinzip entsprechend - durch die Anschaffungs- oder Herstellungskosten bestimmt; ein höherer Wertansatz ist im Interesse des Gläubigerschutzes und als Ausfluß des Vorsichtsprinzips nicht zulässig. Bei Gegenständen des Anlagevermögens, deren Nutzung zeitlich begrenzt ist, sind die Anschaffungs- oder Herstellungskosten um planmäßige Abschreibungen zu vermindern, so daß zu jedem auf den Zeitpunkt der Anschaffung oder Herstellung folgenden Abschlußstichtag die fortgeführten Kostenwerte die Wertobergrenze darstellen. Die **Wertuntergrenze** wird im wesentlichen durch das aus dem Imparitätsprinzip abgeleitete Niederstwertprinzip bestimmt. Abhängig von der Art des Vermögensgegenstandes und der voraussichtlichen Dauer der Wertminderung greift dabei entweder das strenge oder das gemilderte Niederstwertprinzip, so daß Gegenstände des Anlagevermögens gemäß § 253 Abs. 2 S. 3 und § 279 Abs. 1 S. 2 HGB außerplanmäßig auf einen niedrigeren Tageswert abgeschrieben werden müssen bzw. abgeschrieben werden können. Abwertungspflicht bzw. Abwertungswahlrecht auf den niedrigeren Tageswert am Abschlußstichtag greifen losgelöst davon, ob es sich um abnutzbares oder nichtabnutzbares Anlagevermögen handelt. Bei Kapitalgesellschaften ist die Anwendung des gemilderten Niederstwertprinzips allerdings auf Finanzanlagen beschränkt, so daß bei voraussichtlich nur vorübergehender Wertminderung von Sachanlagevermögen und immateriellem Anlagevermögen eine Abwertung nicht in Betracht kommt (Abwertungsverbot). Nichtkapitalgesellschaften wird über die Abwertung auf den niedrigeren beizulegenden Wert am Abschlußstichtag (= Tageswert) zudem die - zurecht umstrittene - Möglichkeit eingeräumt, auf den 'vernünftigen kaufmännischen Wert' gemäß § 253 Abs. 4 HGB abzuschreiben, so daß Nichtkapitalgesellschaften das Vermögen nahezu beliebig und willkürlich unterbewerten und stille Rücklagen/stille Reserven bilden können.

Soweit der Grund, der zum Ansatz eines niedrigeren Tageswertes geführt hat, inzwischen entfallen ist, sind Kapitalgesellschaften grundsätzlich zur **Wertaufholung** verpflichtet (*§ 280 Abs. 1 HGB*). Auf eine Wertaufholung kann jedoch gemäß § 280 Abs. 2 HGB immer dann verzichtet werden, wenn der niedrigere Wertansatz in der Steuerbilanz beibehalten werden darf und wenn steuerrechtlich vorausgesetzt wird, daß der niedrigere Wertansatz in der Handelsbilanz ausgewiesen wird (Maßgeblichkeit/Umkehrmaßgeblichkeit). Nichtkapitalgesellschaften werden demgegenüber keinem Wertaufholungsgebot unterworfen, d.h. der niedrigere Wertansatz darf gemäß § 253 Abs. 5 HGB beibehalten werden.

Die in vorgenannter Weise durch den niedrigeren beizulegenden Wert definierte Wertuntergrenze (= **Wertuntergrenze 1**) kann handelsrechtlich gemäß § 254 i.V.m. § 279 Abs. 2 und § 247 Abs. 3 i.V.m. § 273 HGB durch Ansatz eines niedrigeren steuerlich zulässigen Wertes noch unterschritten werden (= **Wertuntergrenze 2**): Damit wird die Möglichkeit eröffnet, beim Wertansatz in der Handelsbilanz steuerliche zulässige Maßnahmen (z.B. Sonderabschreibungen, Bewertungsabschlag, Übertragung steuerfreier Rücklagen usw.) zu berücksichtigen (Maßgeblichkeit / Umkehrmaßgeblichkeit).

Die Bewertung in der Handelsbilanz läßt sich in Abhängigkeit von der Gruppierung der Gegenstände des Anlagevermögens sowie der Zugehörigkeit eines Unternehmens zu der Gruppe der Kapitalgesellschaften bzw. Nichtkapitalgesellschaften systematisch durch die Abbildungen 54 bis 57 zusammenfassen:

(1.1) Bewertung von abnutzbarem und nichtabnutzbarem Anlagevermögen (ausgenommen: Finanzanlagen)

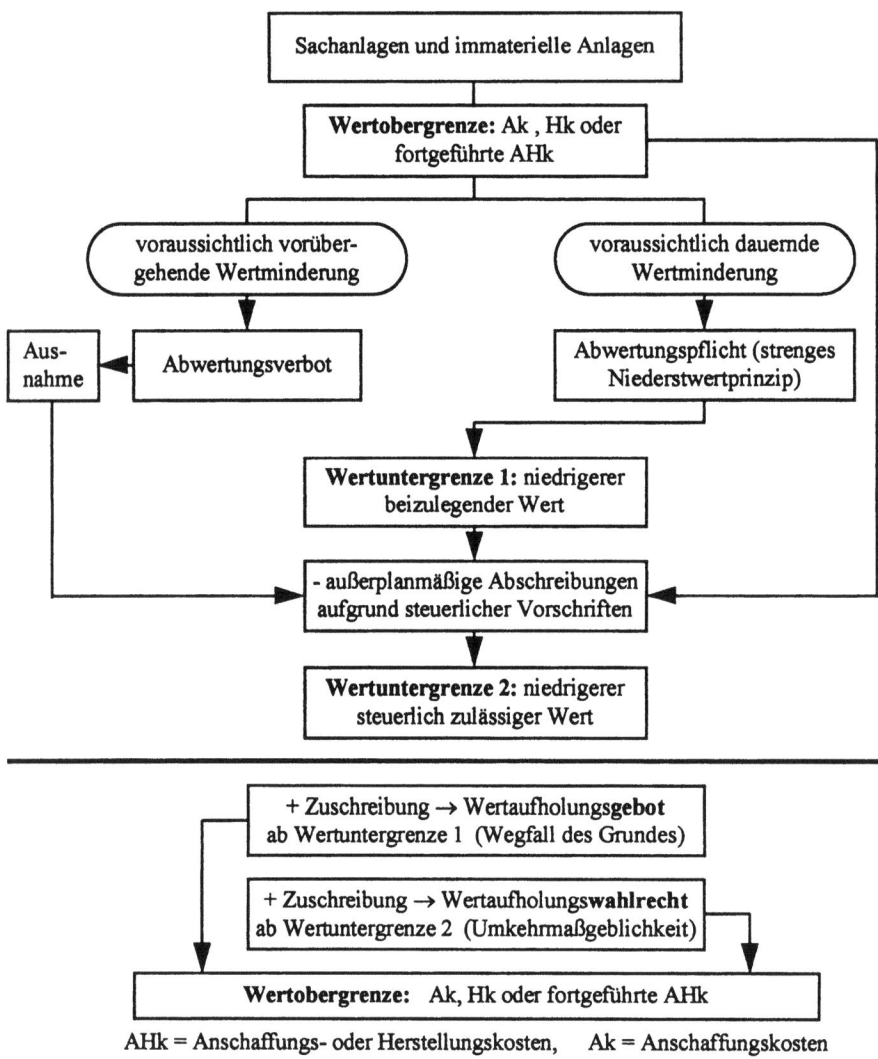

Abb. 54: Bewertung (handelsrechtlich) von Sachanlagen und immateriellen Anlagen bei Kapitalgesellschaften

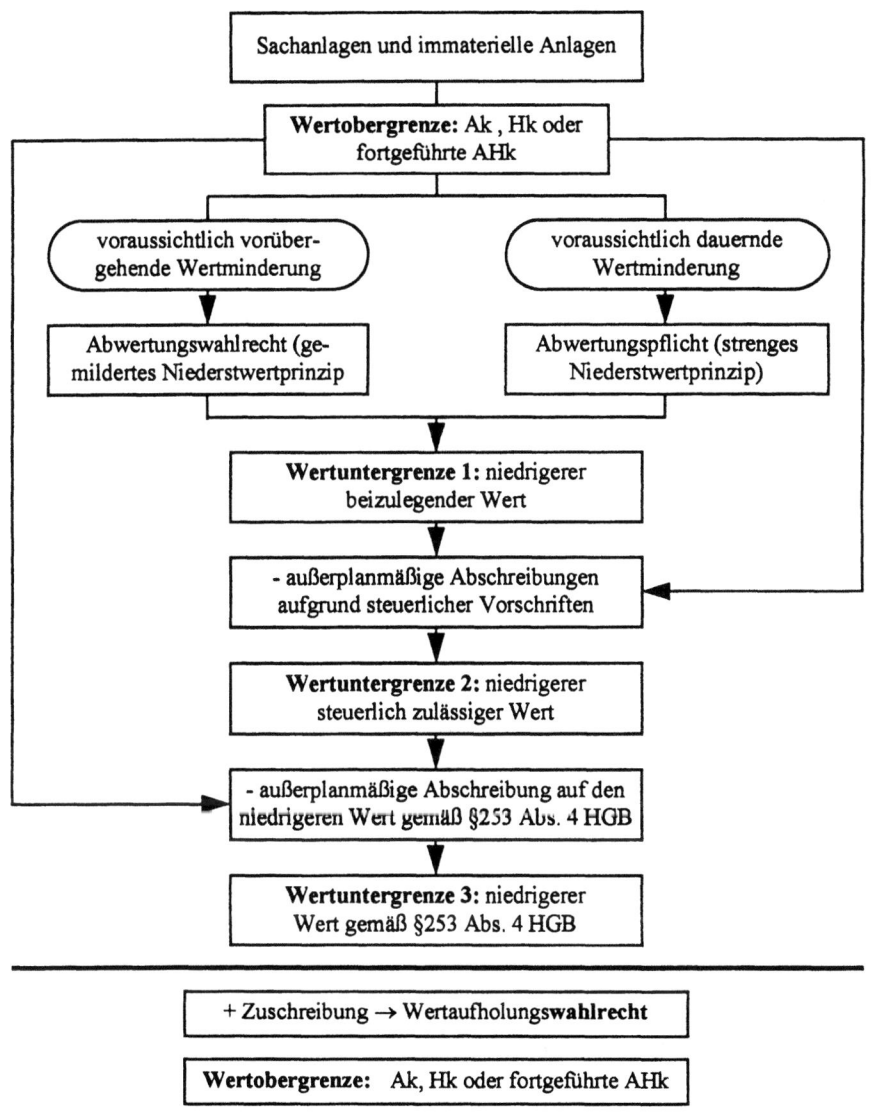

Abb. 55: Bewertung (handelsrechtlich) von Sachanlagen und immateriellen Anlagen bei Nichtkapitalgesellschaften

(1.2) Bewertung der Finanzanlagen

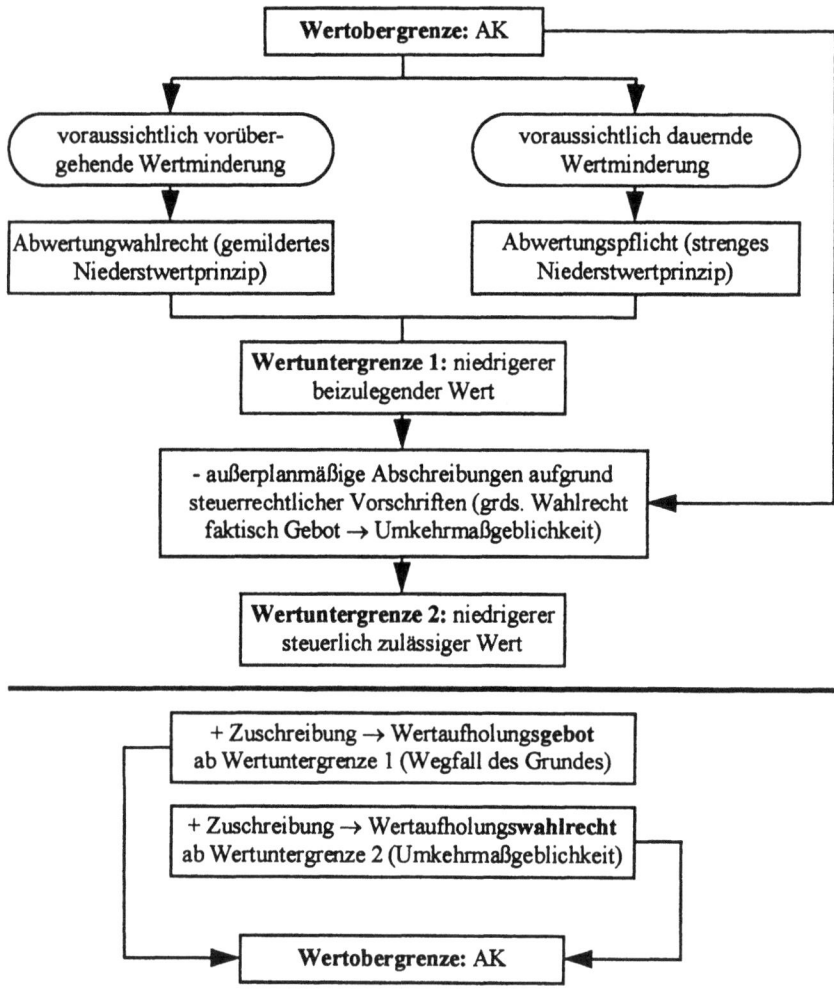

Abb. 56: Bewertung der Finanzanlagen bei Kapitalgesellschaften

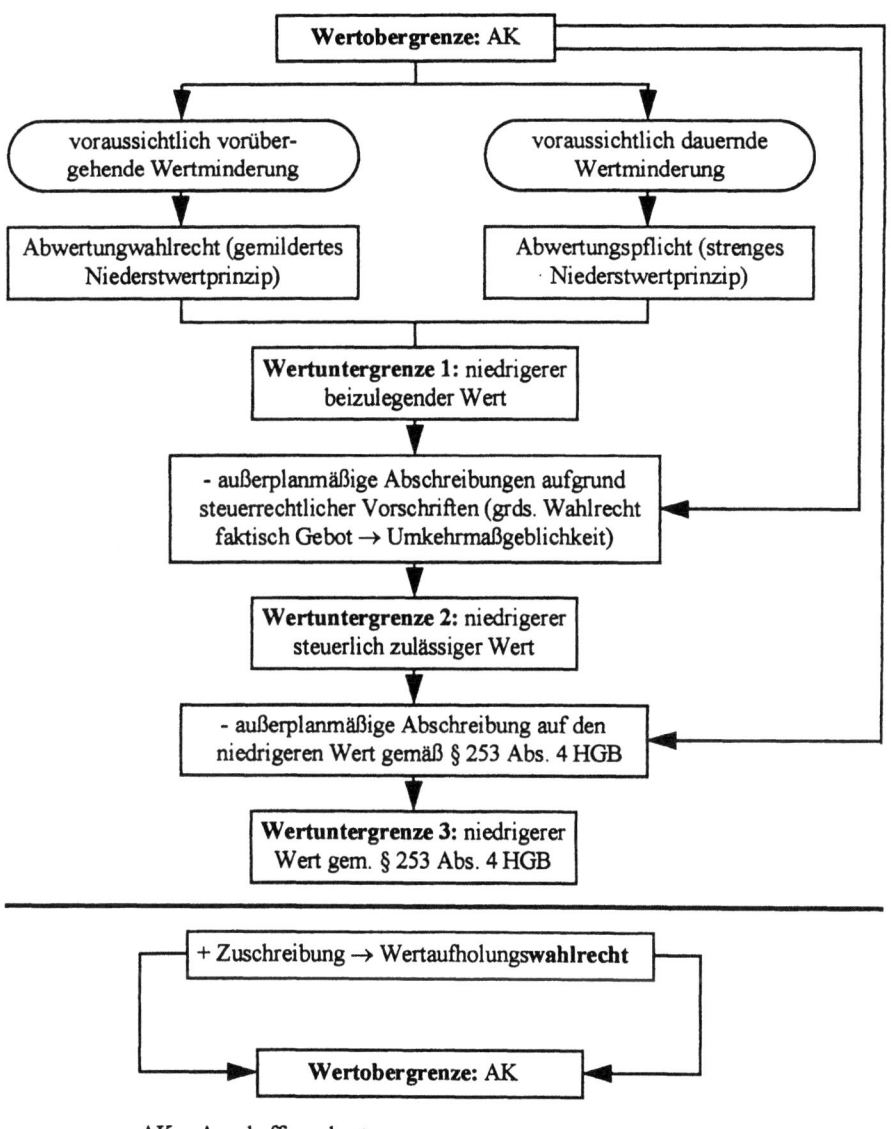

Abb. 57: Bewertung der Finanzanlagen bei Nichtkapitalgesellschaften

4.6.1.2 Handelsrechtliche Bewertung von Gegenständen des Umlaufvermögens

Auch für Gegenstände des Umlaufvermögens ist handelsrechtlich die **Wertobergrenze** durch die Anschaffungs- oder Herstellungskosten definiert. Die **Wertuntergrenze 1** wird durch die Beachtung des strengen Niederstwertprinzips vorgegeben, d.h. es ist gemäß § 253 Abs. 3 S. 1 und 2 HGB außerplanmäßig auf einen niedrigeren Tageswert am Abschlußstichtag abzuschreiben. Die Dauer der Wertminderung ist unbeachtlich. Darüber hinaus sind Abwertungen auf einen noch niedrigeren Zukunftswert möglich (*§ 253 Abs. 3 S. 3 HGB*); dies gilt für Kapitalgesellschaften wie Nichtkapitalgesellschaften gleichermaßen (= **Wertuntergrenze 2**). Wie bei der Bewertung des Anlagevermögens gilt auch für Gegenstände des Umlaufvermögens, daß steuerlich zulässige Maßnahmen gemäß § 254 Abs. 1 i.V.m. § 279 Abs. 2 HGB in der Handelsbilanz durch den Ansatz niedrigerer, steuerlich zulässiger Werte berücksichtigt werden können (Maßgeblichkeit / Umkehrmaßgeblichkeit; = **Wertuntergrenze 3**).

Soweit der Grund der zum Ansatz eines niedrigeren Tageswertes geführt hat, inzwischen entfallen ist, sind Kapitalgesellschaften gemäß § 280 Abs. 1 HGB zur Wertaufholung verpflichtet (**Wertaufholungsgebot**); das Wertaufholungsgebot wird allerdings bei Kapitalgesellschaften aufgrund der Umkehrmaßgeblichkeit zum Wertaufholungswahlrecht, wenn ein niedrigerer, steuerlich zulässiger Wertansatz in der Steuerbilanz beibehalten werden kann und steuerrechtlich vorausgesetzt wird, daß der niedrigere Wertansatz in der Handelsbilanz ausgewiesen wird (*§ 280 Abs. 2 HGB*). Nichtkapitalgesellschaften wird unabhängig hiervon gemäß § 253 Abs. 5 HGB stets die Möglichkeit eingeräumt, auf eine Wertaufholung zu verzichten und den niedrigeren Wertansatz beizubehalten (Beibehaltungswahlrecht).

Nichtkapitalgesellschaften können darüber hinaus auch bei Gegenständen des Umlaufvermögens durch Ansatz des niedrigeren 'vernünftigen kaufmännischen Wertes' gemäß § 253 Abs. 4 HGB die vorgenannten Wertuntergrenzen noch unterschreiten und das Umlaufvermögen nahezu beliebig und willkürlich unterbewerten (= **Wertuntergrenze 4**).

Abbildungen 58 und 59 fassen die handelsrechtliche Bewertung des Umlaufvermögens in systematischer Form zusammen

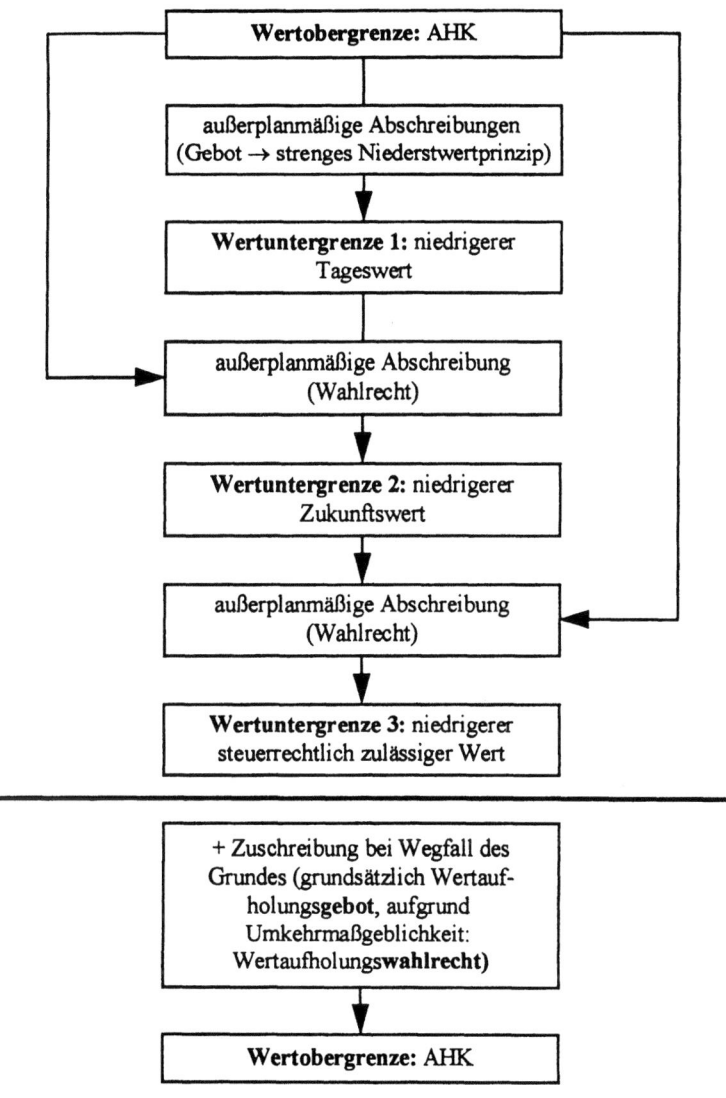

AHK = Anschaffungs- oder Herstellungskosten

Abb. 58: Bewertung des Umlaufvermögens von Kapitalgesellschaften

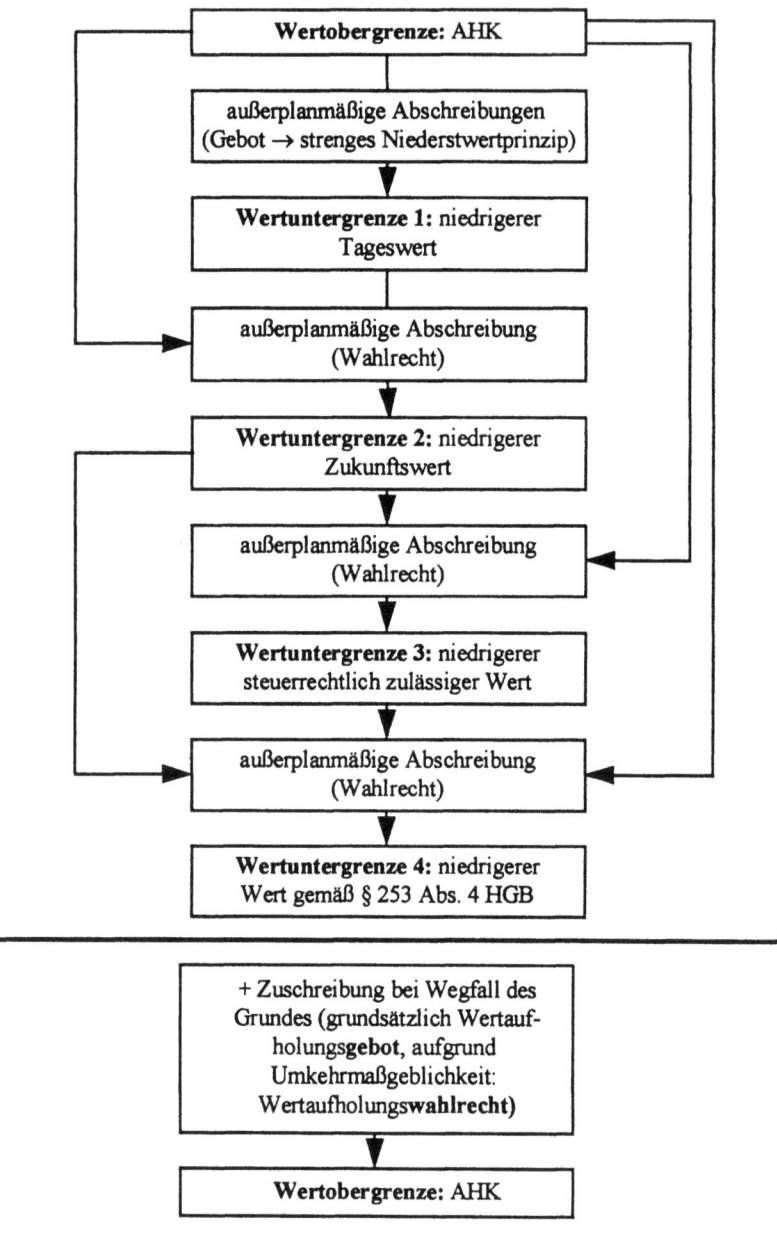

AHK = Anschaffungs- oder Herstellungskosten

Abb. 59: Bewertung des Umlaufvermögens von Nichtkapitalgesellschaften

4.6.2 Steuerrechtliche Bewertung aktiver Wirtschaftsgüter

Im Hinblick auf die steuerrechtliche Bewertung aktiver Wirtschaftsgüter lassen sich folgende **bewertungsrelevante Gruppen** unterscheiden:

(1) **abnutzbare Wirtschaftsgüter** des Anlagevermögens (bewegliche und unbewegliche Wirtschaftsgüter)

(2) **Nichtabnutzbare Wirtschaftsgüter** des Anlagevermögens und **Wirtschaftsgüter** des Umlaufvermögens.

Die handelsrechtlich gebotene Unterscheidung in Kapitalgesellschaften und Nichtkapitalgesellschaften ist steuerrechtlich für die Bewertung irrelevant, da der nach den Vorschriften des EStG ermittelte Gewinn Ausgangsgröße für die Besteuerung von Einzelunternehmen, Mitunternehmerschaften und Kapitalgesellschaften darstellt. Notwendige körperschaftsteuerrechtliche Modifikationen des einkommensteuerpflichtigen Gewinns ändern nichts an der Tatsache, daß die grundlegenden Bilanzierungs- und Bewertungsgrundsätze und -vorschriften des Einkommensteuerrechts auch für Kapitalgesellschaften gelten.

4.6.2.1 Bewegliche und unbewegliche abnutzbare Wirtschaftsgüter des Anlagevermögens

Wirtschaftsgüter des Anlagevermögens, die der Abnutzung unterliegen, sind gemäß § 6 Abs. 1 Nr. 1 S. 1 EStG mit ihren Anschaffungs- oder Herstellungskosten, vermindert um die Absetzung für Abnutzung nach § 7 EStG, anzusetzen. Die um verrechnete Absetzungen für Abnutzung (AfA) fortgeführten Kostenwerte stellen **Wertobergrenze** und **Ausgangswert** für die steuerliche Bewertung abnutzbarer beweglicher und unbeweglicher Wirtschaftsgüter des Anlagevermögens dar. Gemäß § 6 Abs. 1 Nr. 1 S. 2 EStG kann anstelle der fortgeführten Kostenwerte ein niedrigerer Teilwert angesetzt werden. Daraus folgt, daß eine Abwertung auf den niedrigeren Teilwert (= Teilwertabschreibung) losgelöst von der Verrechnung von Absetzungen für Abnutzung nach § 7 EStG durchgeführt wird. Die Absetzung für Abnutzung nach § 7 EStG schließt zudem die Absetzung für außergewöhnliche Abnutzung (*§ 7 Abs. 1 S. 5 EStG*) sowie - obwohl dies durch den Wortlaut des § 6 Ab s. 1 Nr. 1 EStG nicht gedeckt ist - nach h.M. verschiedene Formen der Sonderabschreibung und der erhöhten Abschreibung ein. In solchen Fällen kommt eine Teilwertabschreibung immer nur dann in Betracht, wenn der Teilwert eines Wirtschaftsgutes unter den um erhöhte Abschreibungen oder Sonderabschreibungen verminderten Anschaffungs- oder Herstellungskosten liegt.

Die steuerliche Abschreibungsverrechnung läßt sich damit in vereinfachter Form zunächst wie folgt zusammenfassen:

- Die Anschaffungs- oder Herstellungskosten werden (planmäßig) um **Absetzungen für Abnutzungen** oder **Substanzverringerung** (AfA bzw. AfS) gemäß § 7 EStG vermindert. Das steuerrechtliche Abschreibungsgebot führt zum Ausweis **fortgeführter Kostenwerte**.
- **Neben bzw. anstelle der AfA oder AfS** können bzw. müssen - soweit die Voraussetzungen hierfür erfüllt sind -
  - **Absetzungen für außergewöhnliche Abnutzungen** (*§ 7 Abs. 1 S. 5 EStG*),
  - **Teilwertabschreibungen** (*§ 6 Abs. 1 Nr. 1 S. 2 EStG*) und
  - **Sonderabschreibungen** und **erhöhte Abschreibungen** (*z.B. gemäß § 7d EStG*)

  vorgenommen werden.
- Absetzungen für außergewöhnliche Abnutzung, Teilwertabschreibung und Sonderabschreibungen werden **neben** der Abschreibung für Abnutzung oder Substanzverringerung vorgenommen, erhöhte Abschreibungen **anstelle** der AfA oder AfS.
- Sowohl die Teilwertabschreibung wie die Abschreibung für außergewöhnliche Abnutzung berücksichtigen außergewöhnliche **Wertminderungen** und führen häufig zu einem identischen Wertansatz, unterscheiden sich jedoch in ihren Anwendungsvoraussetzungen.
- Erhöhte Abschreibungen und Sonderabschreibungen sind **wirtschafts- und konjunkturpolitisch motiviert** und werden losgelöst von evtl. Wertminderungen eines Wirtschaftsgutes vorgenommen.

4.6.2.1.1 Absetzungen für Abnutzung (AfA) oder Substanzverringerung (AfS)

Die Korrektur der historischen Anschaffungs- oder Herstellungskosten um Absetzungen für Abnutzung bezweckt eine möglichst dem Werteverzehr entsprechende periodengerechte Verteilung der Kostenwerte auf die Nutzungsdauer des Wirtschaftsgutes, um eine periodengerechte Erfolgsermittlung und damit verbunden eine gleichmäßige, der wirtschaftlichen Leistungsfähigkeit entsprechende Besteuerung sicherzustellen. Die Absetzung für Abnutzung entspricht damit funktional der planmäßigen Abschreibung des Handelsrechts (*§ 253 Abs. 1 HGB*): Durch die planmäßige Abschreibung soll zum einen in statischer Sicht eine notwendige Korrektur der Kostenwerte vorgenommen werden, zum anderen soll in dynamischer Betrachtung eine periodengerechte Aufwandsverrechnung und damit Erfolgsermittlung sichergestellt werden. Hinzu kommt, daß die Verrechnung planmäßiger Abschreibung der nominalen Kapitalerhaltung dient, da durch periodische Aufwandsverrechnung der ausschüttungsfähige und besteuerbare Gewinn geschmälert wird.

Die mit der Abschreibungsverrechnung verbundenen Aufgaben werden in der steuerrechtlichen Literatur wie Rechtsprechung unterschiedlich typisiert. Die Vertreter der sog. '**Wertverzehrthese**' betrachten den Anschaffungs- oder Herstellungsvorgang als erfolgsneutrale Vermögensumschichtung, so daß erst durch die Nutzung des Wirtschaftsgutes ein Wertverzehr ausgelöst wird, der, als Aufwand bzw. Betriebsausgabe quantifiziert, erfolgsmindernd wirkt.[276] Demgegenüber vertreten die Verfechter der '**Aufwandsverteilungsthese**' die Auffassung, daß die angeschafften oder hergestellten Wirtschaftsgüter per se den Tatbestand von Aufwendungen bzw. Betriebsausgaben erfüllen und lediglich nicht deshalb sofort gewinnmindernd berücksichtigt werden können, weil der Gesetzgeber die Verteilung auf die Nutzungsdauerperioden zwingend vorschreibt.[277] § 7 EStG berücksichtigt sowohl die Wertverzehr- wie auch die Aufwandsverteilungsthese und bezweckt, den 'Wertverzehr eines Wirtschaftsgutes durch eine periodengerechte Aufwandsverteilung zu berücksichtigen'.[278]

Die planmäßige Abschreibung des **Handelsrechts** hat grundsätzlich den GoB entsprechend die tatsächliche Wertminderung eines Vermögensgegenstandes abzubilden; die Anwendung einer bestimmten Methode ist nicht vorgeschrieben, die Methodenwahl wird vielmehr in das Ermessen des bilanzierenden Unternehmens gestellt, soweit die gewählte Methode geeignet ist, die Wertminderung eines Vermögensgegenstandes adäquat abzubilden. Dies schließt gleichzeitig ein, daß handelsrechtlich keine Höchstsatzbegrenzung zu beachten ist und z.B. geometrisch-degressiv nach h.M. mit dem 3,5 bis 4-fachen des linearen Abschreibungsprozentsatzes abgeschrieben werden darf, wenn dies dem Wertminderungsverlauf eines Vermögensgegenstandes annähernd entspricht. Handelsrechtlich wird gemäß § 253 Abs. 2 S. 2 HGB grundsätzlich die Erstellung eines Abschreibungsplans gefordert, der als Grunddaten die Anschaffungs- oder Herstellungskosten, Nutzungsdauer oder Leistungspotential und Abschreibungsmethode enthält.

Das **Einkommensteuerrecht** läßt demgegenüber nur bestimmte Abschreibungsmethoden zu, regelt detailliert die Anwendungsvoraussetzungen und schreibt Abschreibungshöchstsätze vor. Durch die relativ detaillierten steuerrechtlichen Regelungen wird insbesondere dem Umstand Rechnung getragen, daß die Absetzung für Abnutzung ein nicht unbedeutendes wirtschaftspolitisches Steuerungsinstrument darstellt und die steuerrechtlichen Regelungen zur Verrechnung von AfA die Steuerplanung eines Unternehmens erheblich beeinflussen können: So ist es z.B. denkbar, daß im Zuge einer Unternehmensumgründung durch Buchwerterhöhung der Wirtschaftsgüter das Abschreibungsvolumen aufgestockt, der zu versteuernde Gewinn gemindert und das Cash Flow erhöht wird; die durch Erhöhung des Abschreibungsvolumens verminderte Steuerlast ist zumindest mit einem Steuerstundungs-, unter bestimmten Voraussetzungen ab er auch mit einem endgültigen Steuerentla-

---

[276] BFH/GrS vom 7.12.1967, BStBl II 1968, 268
[277] BFH vom 23.6.1977, BStBl II 1977, 825
[278] BFH vom 27.6.1978, BStBl II 1979, 38, 39; BFH vom 15.3.1990, BStBl II 1990, 623

stungseffekt verbunden. Für die mit der Entscheidung für eine degressive Abschreibungsverrechnung verbundenen Zins- und Liquiditätseffekte gilt dies entsprechend.

Im Rahmen der steuerlichen Gewinnermittlung haben die steuerrechtlichen Vorschriften über die Abschreibungsverrechnung gemäß § 5 Abs. 6 EStG (**Bewertungsvorbehalt**) **Vorrang** gegenüber den handelsrechtlichen Vorschriften; soweit steuerrechtlich ein Methodenwahlrecht eingeräumt wurde, ist bei der steuerlichen Gewinnermittlung aufgrund des Maßgeblichkeitsprinzips grundsätzlich die in der Handelsbilanz angewandte Methode zugrunde zu legen.[279]

Steuerrechtlich ist die lineare Abschreibung **Regelfall**; daneben sind unter bestimmten Voraussetzungen die geometrisch-degressive Abschreibung, die Abschreibung in fallenden Staffelsätzen sowie die AfA nach Maßgabe der Leistung zulässig. Die Anschaffungs- oder Herstellungskosten werden somit entweder durch zeitbezogene oder durch leistungs- oder substanzbezogene Methoden periodisiert:

- **Zeitbezogene Methoden** (lineare AfA, degressive AfA, AfA in fallenden Staffelsätzen) verteilen die Anschaffungs- oder Herstellungskosten auf die **Nutzungsdauer** des Wirtschaftsgutes. Um den Bewertungsspielraum vergleichsweise gering zu halten und Steuerverlagerungen auf ein vertretbares Maß zu beschränken, richtet sich die voraussichtliche Nutzungsdauer eines Wirtschaftsgutes nach den standardisierten Werten der amtlichen **AfA-Tabellen**, die die betriebsgewöhnliche Nutzungsdauer, differenziert nach Wirtschaftsgüterarten und Branchen, sowie die darauf basierenden Abschreibungssätze enthalten. Bei ganzjähriger Mehrschichtnutzung eines Wirtschaftsgutes erhöhen sich die linearen Abschreibungssätze um 25 % (Zweischichtnutzung) oder 50 % (Dreischichtnutzung). Die Werte der Afa-Tabellen werden üblicherweise auch der Abschreibungsverrechnung im handelsrechtlichen Jahresabschluß zugrunde gelegt.

- **Leistungs- oder substanzbezogene Methoden** (Absetzung für Substanzverringerung) verteilen die Anschaffungs- oder Herstellungskosten auf das geschätzte **Gesamtleistungspotential** oder die nutzbare **Gesamtsubstanz** eines Wirtschaftsgutes. Leistungspotential wie Gesamtsubstanz müssen ebenso wie die voraussichtliche Nutzungsdauer geschätzt werden; standardisierte Werte, wie sie bei zeitbezogenen Methoden durch die AfA-Tabellen bereitgestellt werden, sind hier nicht verfügbar, so daß allenfalls auf Erfahrungswerte oder Herstellerangaben (z.B. Gesamtlaufstunden einer Maschine) zurückgegriffen werden kann.

(1) Zeitbezogene AfA-Methoden

Zu den zeitbezogenen Abschreibungsmethoden allgemein sind die lineare, die degressive, die progressive Abschreibung und die Abschreibung in fallenden Staffelsätzen zu rechnen. Die folgenden Ausführungen klammern die progressive Abschreibung, deren Abschreibungsverlauf eine Umkehrung der degressiven Abschreibung darstellt, aus, da sie handelsrechtlich i.d.R. gegen die GoB ver-

---

[279] vgl. dazu z.B. Wöhe 1992, S. 240 ff.

stößt und somit nur in wenigen Ausnahmefällen zulässig ist (z.B. hohe Anlaufkosten eines Heizkraftwerks). Steuerrechtlich ist die progressive Abschreibung durch die abschließende Methodenaufzählung des § 7 EStG nicht gedeckt und damit nicht zulässig.

- **Lineare AfA**

  Bei der linearen AfA-Methode werden über die gesamte Nutzungsdauer des Wirtschaftsgutes gleichbleibende Abschreibungsbeträge verrechnet:

  $$A_{t1-n} = \frac{AHK}{tn}$$

  AHK = Anschaffungs- oder Herstellungskosten, t_n = Nutzungsdauer

  At_{1-n} = Abschreibungsbetrag der Perioden t_{1-n}.

  Die lineare AfA ist steuerrechtlich **Regelfall** für die Abschreibungsverrechnung beweglicher und unbeweglicher Wirtschaftsgüter, die der Abnutzung unterliegen. Daraus folgt gleichzeitig, daß ein Wechsel von der nur unter bestimmten Voraussetzungen zulässigen degressiven AfA-Methode auf die lineare jederzeit zulässig ist, nicht jedoch der Wechsel von der linearen auf die degressive Methode (*§ 7 Abs. 3 EStG*). Für Gebäude und Gebäudeteile, die selbständige unbewegliche Wirtschaftsgüter sind, werden gemäß § 7 Abs. 4 und 5a EStG folgende Abschreibungsprozentsätze zugrunde gelegt:

  a) Gebäude und Gebäudeteile, die

  - zu einem Betriebsvermögen gehören,
  - nicht Wohnzwecken dienen und
  - für die Bauantrag nach dem 31.3.1985 gestellt wurde: 4% p.a.

  Soweit die tatsächliche Nutzungsdauer weniger als 25 Jahre beträgt, kann entsprechend der tatsächlichen Nutzungsdauer abgeschrieben werden.

  b) Andere Gebäude und Gebäudeteile, die

  vor dem 1.1.1925 fertiggestellt wurden: 2,5% p.a.

  Soweit die tatsächliche Nutzungsdauer weniger als 40 Jahre beträgt, kann entsprechend der tatsächlichen Nutzungsdauer abgeschrieben werden.

  c) Andere Gebäude oder Gebäudeteile, die

  nach dem 31.12.1924 fertiggestellt wurden: 2 %

  Soweit die tatsächliche Nutzungsdauer weniger als 50 Jahre beträgt, kann entsprechend der tatsächlichen Nutzungsdauer abgeschrieben werden.

- **Degressive AfA-Methoden**

Die betriebswirtschaftliche und handelsrechtliche Rechtfertigung finden degressive Abschreibungsmethoden i.d.R. darin, daß ein degressiver Verlauf der Aufwandsverrechnung in vielen Fällen wirtschaftlich angezeigt ist, da in den ersten Nutzungsdauerjahren eine überproportionale Wertminderung eintritt (z.B. Pkw) und in den Folgejahren die verhältnismäßig geringen Abschreibungsbeträge durch steigende Reparatur- und Instandhaltungsaufwendungen kompensiert werden. Losgelöst von diesen betriebswirtschaftlich zweifellos stichhaltigen Argumenten ist die Anwendung der degressiven Methode steuerrechtlich gemäß § 7 Abs. 2 EStG auf **bewegliche Wirtschaftsgüter** beschränkt. Je nach Degressionsverlauf ist zwischen der geometrisch-degressiven und der arithmetisch-degressiven Abschreibung zu unterschieden.

- **Geometrisch-degressive AfA**

Die periodischen Abschreibungsbeträge werden durch Anwendung eines gleichbleibenden Abschreibungsprozentsatzes auf die Anschaffungs- oder Herstellungskosten (1. Jahr) bzw. die jeweiligen Restbuchwerte (Folgejahre) ermittelt, so daß sich aufgrund der sich ständig wertmäßig vermindernden Bezugsbasis ein geometrisch-degressiver Verrechnungsverlauf ergibt. Der konstante Abschreibungsprozentsatz ist handelsrechtlich nach h.M. auf das 3,5 bis 4-fache des linearen Prozentsatzes, steuerrechtlich gemäß § 7 Abs. 2 S. 2 EStG auf das 3-fache des linearen Prozentsatzes begrenzt, wobei steuerrechtlich insgesamt 30 % nicht überschritten werden dürfen.

Da bei Anwendung dieser Methode in der Praxis zum Ende der Nutzungsdauer weder der Wert 'Null' noch ein angemessener Restwert erreicht werden kann, wird i.a.R. innerhalb der Nutzungsdauer auf die lineare Methode gewechselt. Der Übergang wird regelmäßig und zulässig in der Periode vollzogen, in der sich bei Anwendung der linearen Methode höhere Abschreibungsbeträge realisieren lassen, als dies bei Fortführung der degressiven Methode der Fall wäre.

Beispiel geometrisch-degressive Abschreibung:

Anschaffungskosten einer Maschine 100.000,00 DM Nutzungsdauer 5 Jahre, ein evtl. Restwert am Ende der Nutzungsdauer bleibt unberücksichtigt. In der Handels- und Steuerbilanz wird mit dem steuerlich zulässigen Höchstsatz von 30 % geometrisch degressiv abgeschrieben.

Jahr	geometrisch-degressive Abschreibung	Restbuchwert	lineare 'Rest-'Abschreibung
1	30.000,00 DM	70.000,00 DM	
2	21.000,00 DM	49.000,00 DM	
3	14.700,00 DM	34.300,00 DM	
4	10.290,00 DM	24.010,00 DM	
5	7.203,00 DM	16.807,00 DM	
6	5.042,10 DM	11.764,90 DM	
7	3.529,47 DM	8.235,43 DM	
8			2.745,14 DM
9			2.745,14 DM
10			2.745,15 DM

Die bereits angesprochene ordnungspolitische Komponente der steuerrechtlichen AfA-Regelungen wird deutlich, hält man sich die Entwicklung der Höchstsatzbegrenzung vor Augen; die folgende Tabelle zeigt die Höchstsatzregelungen in Abhängigkeit vom Anschaffungs- oder Herstellungszeitpunkt eines Wirtschaftsgutes auf:

Zeitpunkt der Anschaffung oder Herstellung	Höchstsatz
vor dem 1.9.1977	20 %
nach dem 31.8.1977	25 %
nach dem 29.7.1981	30 %

- **Arithmetisch-degressive AfA**

Bei dieser Methode werden die periodischen Abschreibungsbeträge in gleichmäßig fallenden Sätzen auf der Basis der Anschaffungs- oder Herstellungskosten ermittelt, so daß während der gesamten Nutzungsdauer identische Differenzen zwischen den periodisch verrechneten Abschreibungsbeträgen gegeben sind. Dazu wird Summe der Zahlenreihe der Nutzungsdauerjahre ermittelt und in umgekehrter Reihung der Ermittlung der Abschreibungsbeträge zugrunde gelegt.

Beispiel:

Anschaffungskosten 90.000,00 DM, Nutzungsdauer 5 Jahre. Summe der Nutzungsdauerjahre = (1 + 2 + ... + 5) = 15

1. Jahr: 5/15 aus 90.000,00 DM   =   30.000,00 DM

2. Jahr: 4/15 aus 90.000,00 DM   =   24.000,00 DM

3. Jahr: 3/15 aus 90.000,00 DM   =   18.000,00 DM

4. Jahr: 2/15 aus 90.000,00 DM   =   12.000,00 DM

5. Jahr: 1/15 aus 90.000,00 DM   =   6.000,00 DM

Die arithmetisch-degressive AfA (vielfach auch: 'digitale' Abschreibung) ist handelsrechtlich grundsätzlich zulässig, wenn sie wirtschaftlich sinnvoll ist und damit den GoB entspricht. **Steuerrechtlich** ist die arithmetisch-degressive AfA hingegen **nicht** (mehr) **zulässig.**

Die Anwendung der geometrisch-degressiven Abschreibung ist steuerrechtlich - wie eingangs erwähnt - auf bewegliche abnutzbare Wirtschaftsgüter beschränkt. Eine Sonderform der degressiven Abschreibung stellt die **Abschreibung in fallenden Staffelsätzen** dar, die gemäß § 7 Abs. 5 und § 7 Abs. 5a EStG auf Gebäude, Gebäudeteile, Eigentumswohnungen und in Teileigentum stehende Räume angewandt werden kann. Die steuerrechtlichen Regelungen zur 'Gebäudeabschreibung' in fallenden Staffelsätzen wurden in den vergangenen Jahren aus wirtschafts- und konjunkturpolitischen Motiven immer wieder geändert und z.T. ausgesetzt. Die nachfolgende Tabelle gibt einen Überblick über die Staffelsatzabschreibung von im Inland gelegenen Gebäuden und Gebäudeteilen, die vom Unternehmer hergestellt oder bis zum Ende des Jahres der Fertigstellung angeschafft wurden und nicht zu Wohnzwecken dienen. Vorausgesetzt wird dabei, daß der Hersteller für das veräußerte Gebäude keine degressive AfA, erhöhte Abschreibung oder Sonderabschreibung geltend gemacht hat.

Staffelsätze in %

Gebäude und Gebäudeteile, die

a) zu einem Betriebsvermögen gehören,

b) nicht Wohnzwecken dienen und

c) für die der Antrag auf Baugenehmigung vor dem 1.1.1994 gestellt wurde oder

d) die aufgrund eines vor diesem Zeitpunkt geschlossenen rechtswirksamen obligatorischen Vertrags angeschafft wurden

Jahr der Fertigstellung und 3 Folgejahre	je 10%
darauffolgende 3 Jahre	je 5%
darauffolgende 18 Jahre	je 2,5%

Soweit von dem Wahlrecht zur Staffelsatzabschreibung Gebrauch gemacht wird, tritt diese an die Stelle der linearen Abschreibung gemäß § 7 Abs. 4 EStG.

(2) Leistungsbezogene Abschreibung

Bei der leistungs- oder substanzbezogenen Abschreibung (vielfach auch: 'variable' Abschreibung) werden die periodischen Abschreibungsbeträge aufgrund der tatsächlichen Leistungsabgabe oder Inanspruchnahme eines Wirtschaftsgutes in der jeweiligen Rechnungsperiode ermittelt: Ausgehend von den Anschaffungs- oder Herstellungskosten und dem (geschätzten) Gesamtleistungspotential wird der Abschreibungsbetrag je Leistungseinheit ermittelt und mit der tatsächlichen Leistungsabgabe je Rechnungsperiode multipliziert. Die leistungsbezogene Abschreibung ist betriebswirtschaftlich begründet, da der tatsächliche Werteverzehr eines Wirtschaftsgutes der Abschreibungsverrechnung zugrunde gelegt wird und immer dann als besonders geeignet einzustufen, wenn die Inanspruchnahme oder Leistungsabgabe im Zeitablauf Schwankungen unterworfen ist. Handelsrechtlich entspricht diese Methode i.d.R. den GoB; **steuerrechtlich** ist die leistungsbezogene Abschreibung gemäß § 7 Abs. 1 S. 4 EStG für bewegliche Wirtschaftsgüter des Anlagevermögens zulässig, soweit die Methode wirtschaftlich begründet ist und die periodische Leistungsabgabe nachgewiesen wird (z.B. durch Zählwerk, Fahrtenbuch usw.).

Beispiel:

Die Anschaffungskosten einer Werkzeugmaschine belaufen sich auf 500.000,00 DM. Aufgrund von Erfahrungswerten und Herstellerangaben wird das Gesamtleistungspotential auf 20.000 Maschinenstunden veranschlagt. Daraus errechnet sich ein Abschreibungsbetrag je Maschinenstunden in Höhe von 25,00 DM. Bei nachgewiesenen 2.000 Maschinenstunden in Periode t1 werden Abschreibungen in Höhe von 50.000,00 DM verrechnet.

Neben der leistungsbezogenen Abschreibung ist bei Wirtschaftsgütern, die einem Substanzverbrauch unterliegen (z.B. Steinbruch, Kohlegrube, Kiesgrube usw.) nach Maßgabe des periodischen Substanzverzehrs eine **Abschreibung für Substanzverringerung**(AfS) gemäß § 7 Abs. 6 EStG zulässig.

Bei den **zeitbezogenen AfA-Methoden** ist im Jahr des Zugangs und Abgangs des Wirtschaftsgutes grundsätzlich **zeitanteilig** (= 'pro rata temporis') abzuschreiben. Steuerrechtlich kann bei **beweglichen Wirtschaftsgütern** das Verfahren der Abschreibungsverrechnung insoweit vereinfacht werden, als die Finanzverwaltung nach R 44 Abs. 2 EStR 1993 bei

- Wirtschaftsgütern, die in der ersten Hälfte der Rechnungsperiode angeschafft oder hergestellt wurden, die Verrechnung der Ganzjahresabschreibung und
- bei Wirtschaftsgütern, die in der zweiten Hälfte der Rechnungsperiode angeschafft oder hergestellt wurden, die Verrechnung der Halbjahresabschreibung

zuläßt. Die steuerliche Vereinfachungsregel entspricht handelsrechtlich den GoB.

Soweit während der Nutzungsdauer eines Wirtschaftsgutes **nachträgliche Anschaffungs- oder Herstellungskosten** angefallen sind und diese Wirtschaftsgüter nach §7 Abs. 1, 2 oder 4 S. 2 EStG abgeschrieben werden, ist die Restnutzungsdauer nach Beendigung der Maßnahme neu zu schätzen. Die bislang gewählte Abschreibungsmethode kann auch für die Folgejahre beibehalten werden, der Abschreibungsverrechnung ist die um nachträgliche Anschaffungs- oder Herstellungskosten veränderte Bemessungsgrundlage zugrunde zu legen. Für die Rechnungsperiode, in der die Maßnahme abgeschlossen wurde, ist die Ganzjahresabschreibung zu verrechnen.[280]

Beispiel:

Eine Maschine mit Anschaffungskosten von 100.000,00 DM wird gemäß § 7 Abs. 2 EStG geometrisch-degressiv abgeschrieben. Die betriebsgewöhnliche Nutzungsdauer beträgt 12 Jahre, d.h. der geometrisch-degressiven Abschreibung kann somit ein konstanter Abschreibungsprozentsatz von 25 % zugrunde gelegt werden. In der Periode t6 werden nachträgliche Herstellungskosten in Höhe von 59.000,00 DM aufgewendet, die nach Abschluß der Maßnahme neu geschätzte Restnutzungsdauer beläuft sich auf 8 Jahre. Die Abschreibungsverrechnung wird wie folgt vorgenommen:

t1:	25 % aus	100.000,00 DM	=	25.000,00 DM
t2:	25 % aus	75.000,00 DM	=	18.750,00 DM
t3:	25 % aus	56.250,00 DM	=	14.062,50 DM
t4:	25 % aus	42.187,50 DM	=	10.546,88 DM
t5:	25 % aus	31.640,62 DM	=	7.910,16 DM

t6: Restbuchwert Ende t5
= 31.640,62 DM
+ 28.359,38 DM nachträgl. HK
= 60.000,00 DM Bemessungsgrundlage
Abschreibungsprozentsatz ab t6 = 30 %
(für Restnutzungsdauer von 8 Jahren)

t6=t1:	30 % aus	60.000,00 DM	=	18.000,00 DM
t7=t2:	30 % aus	42.000,00 DM	=	12.600,00 DM

usw.

---

[280] vgl. R 44 Abs. 11 EStR 1993, H 44 EStR 1993

4.6.2.1.2 Sofortabschreibung geringwertiger Wirtschaftsgüter

Gemäß § 6 Abs. 2 EStG können die Anschaffungs- oder Herstellungskosten beweglicher abnutzbarer Wirtschaftsgüter, die einer selbständigen Nutzung fähig sind, im Jahr der Anschaffung, Herstellung, Einlage in ein Betriebsvermögen oder der Eröffnung eines Betriebs in voller Höhe als Betriebsausgaben abgesetzt werden, wenn sie für das einzelne Wirtschaftsgut DM 800,00 (exklusive Umsatzsteuer) nicht übersteigen.

Nach h.M. beinhaltet die Möglichkeit zur **Sofortabschreibung** solch geringwertiger Wirtschaftsgüter eine Abschreibungs-Sonderregelung, so daß zweckmäßigerweise von einer die AfA gemäß § 7 EStG ergänzenden Abschreibungs- oder Absetzungsfreiheit und nicht von einer Bewertungsfreiheit auszugehen ist.[281]

Die Abschreibungsfreiheit für geringwertige Wirtschaftsgüter bezweckt primär eine Vereinfachung der Rechnungslegung und soll gleichermaßen Unternehmen wie Finanzverwaltung arbeitsmäßig entlasten.[282] Darüber hinaus verbessert die Sofortabschreibung geringwertiger Wirtschaftsgüter über § 7 EStG hinaus das Abschreibungsinstrumentarium und verstärkt das Selbstfinanzierungspotential von Unternehmen.

Voraussetzung für die Sofortabschreibung ist die **selbständige Nutzbarkeit** eines beweglichen abnutzbaren Wirtschaftsgutes. In Umkehrung der Negativabgrenzung des § 6 Abs. 2 S. 2 EStG ist die selbständige Nutzbarkeit i.d.R. dann gegeben, wenn das Wirtschaftsgut nach seiner betrieblichen Zweckbestimmung für sich genutzt werden kann und nach außen als **einheitliches Ganzes** in Erscheinung tritt.[283]

Beispiele:

a) Nicht selbständig nutzbar sind z.B. Werkzeuge oder PC-Festplatten, wenn sie mit der Werkzeugmaschine oder dem PC verbunden werden müssen, um betrieblich genutzt zu werden (*BFH vom 28.2.1961, BStBl III 1961, 383; BFH vom 17.4.1985, BStBl II 1988, 126*).

b) Selbständig nutzbar sind demgegenüber Müllbehälter eines Müllabfuhrunternehmens, obwohl sie in einen Nutzungszusammenhang mit anderen Wirtschaftsgütern eingefügt und technisch aufeinander abgestimmt und genormt sind (*R 40 Abs. 1 S. 4 EStR 1993*).

---

[281] so auch BFH vom 19.1.1984, BStBl II 1984, 312; Hermann/Heuer/Raupach, § 6 Anm. 1251; Blümich/Ehmcke 1995, Rz. 1100 zu § 6 EStG

[282] Schmidt/Glanegger, § 6 Anm. 105

[283] grundlegend hierzu BFH vom 16.12.1958, BStBl III 1959, 77; die zwischendurch vollzogene Erweiterung der die selbständigen Nutzbarkeit bestimmenden Kriterien durch die Rechtsprechung des BFH wurde vom Gesetzgeber nicht umgesetzt, so daß nach wie vor auf das Kriterium 'einheitliches Ganzes' abzustellen ist; vgl. auch BFH vom 15.3.1991, BStBl II 1991, 682

Nach § 6 Abs. 2 S. 4 EStG sind die geringwertigen Wirtschaftsgüter in einem **besonderen Verzeichnis** zu führen, in dem Zeitpunkt der Anschaffung, Herstellung oder Einlage sowie Anschaffungs- oder Herstellungskosten des Wirtschaftsgutes bezeichnet sind. Auf das Verzeichnis kann gemäß R 40 Abs. 4 S. 3 und 4 R 31 Abs. 3 ff. EStR 1993 verzichtet werden, wenn die Anschaffungs- oder Herstellungskosten nicht mehr als 100 DM betragen oder sich die notwendigen Angaben aus der Buchhaltung (z.B. Anlagenbuchhaltung, Anlagenkartei) entnehmen lassen.

4.6.2.1.3 Absetzung für außergewöhnliche Abnutzung (AfaA)

Gemäß § 7 Abs. 1 S. 5 EStG sind Absetzungen für außergewöhnliche technische und wirtschaftliche Abnutzung **neben** der (planmäßigen) AfA oder AfS zulässig. Eine Absetzung für außergewöhnliche Abnutzung ist grundsätzlich bei beweglichen und unbeweglichen Wirtschaftsgütern des Anlagevermögens möglich und berücksichtigt Wertminderungen, die auf eine **außergewöhnliche technische** oder **wirtschaftliche Abnutzung** zurückzuführen sind. Durch die Vornahme einer AfaA sollen folglich außergewöhnliche Abnutzungen berücksichtigt werden, die beim üblichen und bestimmungsgemäßen Gebrauch eines Wirtschaftsgutes nicht eintreten:[284]

- Eine **außergewöhnliche technische Abnutzung** liegt i.d.R. vor, wenn aufgrund eines Ereignisses ein erhöhter Substanzverzehr eintritt (z.B. Zerstörung oder Beschädigung eines Wirtschaftsgutes durch Brand, Explosion, Hochwasser, Sachbeschädigung, mangelhafte Wartung und Instandhaltung, Korrosion usw.).

Beispiel:

Das Kellergeschoß eines Betriebsgebäudes, das bislang für Lagerzwecke genutzt wurde, wird durch einen Wassereinbruch beschädigt und kann auf absehbare Zeit betrieblich nicht mehr genutzt werden. Auf eine Beseitigung des Schadens wird vorläufig verzichtet. Der eingetretenen außergewöhnlichen technischen Wertminderung wird durch eine AfaA entsprochen.

- Eine **außergewöhnliche wirtschaftliche Abnutzung** liegt vor, wenn durch ein Ereignis die wirtschaftliche Nutzbarkeit des Wirtschaftsgutes gemindert wird (z.B. durch Veralterung, technischen Fortschritt, Nachfrageverschiebungen aufgrund eines Geschmackswandels oder des Verlustes von Absatzgebieten usw.).

Beispiel:

Eine vor 3 Jahren angeschaffte NC-Maschine ist aufgrund technologischer Veränderungen so veraltet, daß sie im Produktionsprozeß nicht mehr sinnvoll eingesetzt werden kann. Der Veralterung kann durch Vornahme einer AfaA Rechnung getragen werden.

---

[284] BFH vom 27.6.1978, BStBl II 1979, 8

Die Vornahme einer AfaA ist nur für abnutzbare Wirtschaftsgüter des Anlagevermögens zulässig, die planmäßig linear oder leistungsbezogen abgeschrieben werden.[285] Soweit die genannten Voraussetzungen erfüllt sind, kann eine AfaA vorgenommen werden (**Wahlrecht**); die Vornahme einer AfaA ist jedoch losgelöst von diesem grundsätzlichen Wahlrecht immer dann zwingend geboten, wenn das Wirtschaftsgut durch das Schadensereignis untergeht und aus dem Betriebsvermögen ausscheidet[286] oder das Maßgeblichkeitsprinzip eine AfaA in der Steuerbilanz notwendig macht, weil handelsrechtlich eine außerplanmäßige Abschreibung gemäß § 253 Abs. 2 S. 3 HGB vorgenommen wurde.

Soweit für die außergewöhnliche Abnutzung eine **Entschädigung** durch Dritte geleistet wird (z.B. in Form einer Versicherungsleistung) führt diese grundsätzlich unabhängig und losgelöst von der AfaA zu besteuerbaren Einnahmen. Nach Rechtsprechung und h.M. ist es jedoch zur Vermeidung von Härten zulässig, die erwartete Entschädigung mit der AfaA zu saldieren oder die AfaA erst in der Rechnungsperiode geltend zu machen, in der die Entschädigung dem Unternehmen zahlungswirksam zugeht.[287]

Die **AfaA** führt zwar in vielen Fällen zu einem identischen Wertansatz wie die **Teilwertabschreibung**, so daß die 'Grenzen zwischen beiden Rechtsinstituten als fließend' eingestuft werden können,[288] dennoch sind AfaA und Teilwertabschreibung durch bedeutsame Unterschiede gekennzeichnet:

- Die AfaA setzt eine außergewöhnliche technische oder wirtschaftliche Abnutzung voraus, so daß reine Wertminderungen eines Wirtschaftsgutes zwar zu einer Teilwertabschreibung führen, nicht jedoch zur Vornahme einer AfaA berechtigen.[289]
- Die Teilwertabschreibung berücksichtigt außergewöhnliche Wertminderungen bei Wirtschaftsgütern des Anlage- und des Umlaufvermögens und stellt darauf ab, diese zum Abschlußstichtag mit dem niedrigeren Teilwert auszuweisen. Gründe für die durch eine Teilwertabschreibung berücksichtigte Wertminderung sind vorrangig gesunkene Wiederbeschaffungskosten eines Wirtschaftsgutes.
- Während - wie vorstehend ausgeführt - die AfaA i.d.R. nur dann zulässig ist, wenn planmäßig linear oder leistungsbezogen abgeschrieben wird, kommt eine Teilwertabschreibung auch bei planmäßig degressiver Abschreibung eines Wirtschaftsgutes in Betracht.

---

[285] Ausnahme: Gebäude, für die die Finanzverwaltung neben der Staffelsatzabschreibung nach § 7 Abs. 5 EStG die Vornahme einer AfaA zuläßt, obwohl dies durch den Gesetzeswortlaut nicht gedeckt ist; vgl. R 44 Abs. 13 EStR 1993
[286] BFH vom 7.5.1969, BStBl II 1969, 464
[287] FG Berlin vom 6.12.1973, EFG 1974, 356; rkr.; BFH vom 6.10.1986, BStBl II 1987, 397
[288] Blümich/Brandis, Rz. 387 zu § 7 EStG
[289] BFH vom 31.1.1992, BStBl II 1992, DB 1992, S. 1025

4.6.2.1.4 Teilwertabschreibung

Gemäß § 6 Abs. 1 Nr. 1 S. 2 EStG kann bei abnutzbaren Wirtschaftsgütern des Anlagevermögens der Teilwert angesetzt werden, wenn dieser unter dem fortgeführten Kostenwert eines Wirtschaftsgutes liegt (Wahlrecht). Aufgrund der Maßgeblichkeit der Handels- für die Steuerbilanz ist jedoch auch steuerrechtlich das **Niederstwertprinzip** zwingend zu beachten, soweit steuerrechtliche Vorschriften einer daraus resultierenden Wertübernahme nicht entgegenstehen. Da bei Gegenständen des Anlagevermögens - abnutzbaren wie nichtabnutzbaren - eine außerplanmäßige Abschreibung stets zwingend vorgenommen werden muß, wenn es sich um eine voraussichtlich dauernde Wertminderung handelt, transformiert das handelsrechtlich zu beachtende Niederstwertprinzip das steuerrechtliche Wahlrecht zur Vornahme einer Teilwertabschreibung in solchen Fällen in ein **Gebot zur Teilwertabschreibung**: Die Teilwertabschreibung muß bei einer voraussichtlich dauernden Wertminderung auch in der Steuerbilanz vorgenommen werden. Dies gilt uneingeschränkt für alle buchführenden Unternehmen, die den Gewinn durch Betriebsvermögensvergleich nach § 5 EStG ermitteln.[290] Eine voraussichtlich dauernde Wertminderung liegt regelmäßig dann vor, wenn der Teilwert nachhaltig, d.h. für einen erheblichen Teil der Restnutzungsdauer eines Wirtschaftsgutes, unter die fortgeführten Anschaffungs- oder Herstellungskosten gesunken ist.[291] Bei einer voraussichtlich dauernden Wertminderung ist die Teilwertabschreibung zwingend zum ersten Abschlußstichtag vorzunehmen, zu dem die Teilwertminderung gegeben ist. Soweit auf die Teilwertabschreibung z.B. bewußt verzichtet wurde, um durch Verlagerung auf Folgeperioden Steuervorteile zu realisieren, ist eine Nachholung nicht mehr zulässig.[292]

Beispiel:
In der Periode t1 hätte eine Teilwertabschreibung in Höhe von 100 TDM vorgenommen werden müssen. Da in t1 ohnehin ein Verlust erwirtschaftet wird und für die Periode t2 ein Gewinn in Höhe von 200 TDM erwartet wird, will das Unternehmen die Teilwertabschreibung in die Periode t2 verlagern, um den erwarteten Gewinn auf 100 TDM zu vermindern. Eine Nachholung der Teilwertabschreibung in t2 ist in diesem Falle jedoch nicht zulässig.

Da für die Bewertung des Anlagevermögens handelsrechtlich grundsätzlich das gemilderte Niederstwertprinzip beachtet werden muß, besteht auch steuerrechtlich bei einer **voraussichtlich vorübergehenden Wertminderung** ein **Wahlrecht** zur Vornahme einer Teilwertabschreibung.[293] Soweit in solchen Fällen handelsrechtlich

---
[290] BFH vom 28.10.1964, BStBl II 1965, 59; BFH vom 28.10.1976, BStBl II 1977, 73
[291] BFH vom 9.9.1985, BFH/NV 1987, 442
[292] BFH vom 28.10.1976, BStBl II 1977, 73
[293] BFH vom 19.5.1987, BStBl II 1987, 848

auf den niedrigeren beizulegenden Wert abgewertet wurde, muß auch in der Steuerbilanz der niedrigere Teilwert angesetzt werden. Wurde in der Handelsbilanz hingegen auf eine außerplanmäßige Abschreibung auf den niedrigeren beizulegenden Wert verzichtet, darf auch in der Steuerbilanz keine Teilwertabschreibung vorgenommen werden. Die Teilwertabschreibung folgt somit den aus dem gemilderten Niederstwertprinzip resultierenden handelsrechtlichen Abwertungspflichten und Abwertungswahlrechten:

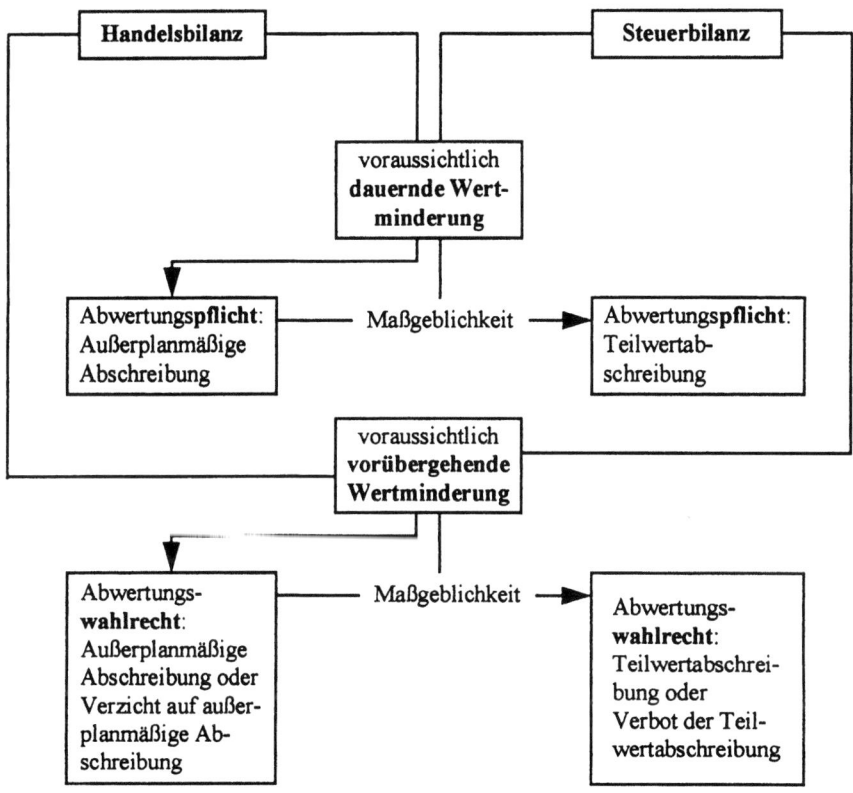

Abb. 60: Niederstwertprinzip und Teilwertabschreibung bei abnutzbaren Wirtschaftsgütern des Anlagevermögens

Beispiel:

Die Wiederbeschaffungskosten einer DV-Anlage sind nachhaltig unter die fortgeführten Anschaffungskosten gesunken. In der Handelsbilanz wurde aufgrund einer 'dauernden Wertminderung' eine außerplanmäßige Abschreibung in Höhe von 50.000,00 DM durchgeführt. Der Grundsatz der Maßgeblichkeit der Handels- für die Steuerbilanz erzwingt in der Steuerbilanz eine Teilwertabschreibung in Höhe von ebenfalls 50.000,00 DM.

Dabei ist zu beachten, daß der handelsrechtliche 'beizulegende Wert' und der steuerrechtliche 'Teilwert' nicht notwendigerweise übereinstimmen. Soweit Teilwert und beizulegender Wert im Einzelfalle nicht übereinstimmen ist regelmäßig wie folgt zu verfahren:

- **Beizulegender Wert > Teilwert**
  Bei einer **voraussichtlich dauernden Wertminderung** ist in der Handelsbilanz außerplanmäßig auf den beizulegenden Wert abzuschreiben; in der Steuerbilanz ist ebenfalls zwingend eine Teilwertabschreibung auf den (handelsrechtlichen) beizulegenden Wert vorzunehmen. Für den Differenzbetrag zwischen beizulegendem Wert und Teilwert besteht ein steuerliches Wahlrecht, das wiederum nur in Übereinstimmung mit der Handelsbilanz ausgeübt werden kann (Maßgeblichkeit und Umkehrmaßgeblichkeit).

Beispiel:

Fortgeführte Anschaffungskosten (handels- und steuerrechtlich)	100.000,00 DM
Beizulegender Wert:	80.000,00 DM
Teilwert:	70.000,00 DM

Unterstellt wird eine voraussichtlich dauernde Wertminderung.

1. Schritt:

Handelsbilanz:
Außerplanmäßige Abschreibung 20.000,00 DM (Abwertungspflicht auf niedrigeren beizulegenden Wert)

Steuerbilanz:
Teilwertabschreibung 20.000,00 DM (Abwertungspflicht)

2. Schritt:

Steuerbilanz:
Teilwertabschreibung 10.000,00 DM; Abwertungswahlrecht sofern
...

Handelsbilanz:
Außerplanmäßige Abschreibung 10.000,00 DM auf niedrigeren steuerlich zulässigen Wert.

Bei einer voraussichtlich vorübergehenden Wertminderung gilt dies analog.

- **Beizulegender Wert < Teilwert**

Da steuerrechtlich eine Abschreibung auf einen unter dem niedrigeren Teilwert liegenden Wert nicht zulässig ist, kommt in diesem Falle bei einer voraussichtlich dauernden Wertminderung steuerlich eine Abschreibung auf den handelsrechtlichen beizulegenden Wert nicht in Betracht. Das Niederstwertprinzip führt insoweit lediglich zu einer im Vergleich zu Handelsbilanz begrenzten steuerlichen Abwertung mit der Folge, daß trotz Niederstwertprinzip und Maßgeblichkeitsprinzip handels- und steuerrechtlicher Wertansatz divergieren. Bei einer voraussichtlich vorübergehenden Wertminderung gilt dies - je nachdem, wie von dem Wahlrecht Gebrauch gemacht wird - entsprechend.

Bei Wirtschaftsgütern, die bereits am Schluß des vorangegangenen Wirtschaftsjahres zum Anlagevermögen des Unternehmens gehört haben, kann der Teilwert gemäß § 6 Abs. 1 Nr. 1 S. 4 EStG in den folgenden Wirtschaftsjahren auch dann angesetzt werden, wenn er höher ist als der letzte Bilanzansatz (= **Wertaufholungswahlrecht, Beibehaltungswahlrecht**). Die Obergrenze bilden in diesem Falle jedoch der fortgeführte Kostenwert (*§ 6 Abs. 1 Nr. 1 S. 4 EStG*) oder der fortgeführte Einlagewert (*§ 6 Abs. 1 Nrn. 5, 6 EStG*). Da die umgekehrte Maßgeblichkeit eine Ausübung steuerrechtlicher Wahlrechte in Übereinstimmung mit dem handelsrechtlichen Jahresabschluß erzwingt und handelsrechtlich gemäß § 280 Abs. 2 HGB auf eine Wertaufholung verzichtet werden kann, wenn der niedrigere Wertansatz bei der steuerlichen Gewinnermittlung beibehalten werden kann, wird das für Kapitalgesellschaften geltende Wertaufholungsgebot gemäß § 280 Abs. 1 HGB durch die Umkehrmaßgeblichkeit faktisch außer Kraft gesetzt. Bei Nichtkapitalgesellschaften stellt sich die Umkehrmaßgeblichkeit demgegenüber insoweit unproblematisch dar, als diese gemäß § 253 Abs. 5 HGB ohnehin die Möglichkeit haben, einen niedrigeren Wertansatz beizubehalten, auch wenn die Gründe, die zu diesem Wertansatz geführt haben, inzwischen entfallen sind. Wertaufholung und Wertbeibehaltung in Handels- und Steuerbilanzen lassen sich - differenziert nach Kapitalgesellschaften und Nichtkapitalgesellschaften - wie folgt zusammenfassen:

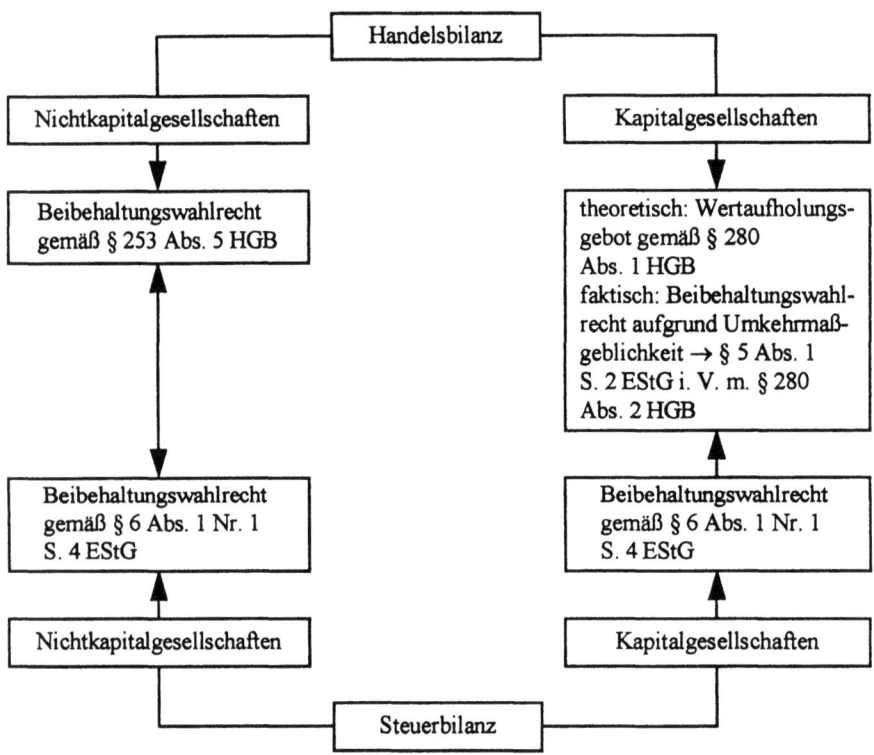

Abb. 61: Wertaufholung und Wertbeibehaltung in Handels- und Steuerbilanz differenziert nach Rechtsformgruppen

Allerdings ist auch hierbei einschränkend zu berücksichtigen, daß bei der ausnahmsweise denkbaren Nichtübereinstimmung von beizulegendem Wert (Handelsbilanz) und Teilwert (Steuerbilanz) differenziert werden muß:

- **Teilwert < beizulegender Wert**

  In diesem Falle kann wie in Abb. 61 dargestellt verfahren werden.

- **Teilwert > beizulegender Wert**

  Da steuerrechtlich nur der niedrigere Teilwert, nicht aber ein unter diesem Wert liegender Wertansatz beibehalten werden darf, greift das handelsrechtliche Wertaufholungsgebot gemäß § 280 Abs. 1 HGB eingeschränkt, d.h. handelsrechtlich muß eine Zuschreibung und damit Wertaufholung bis zum Teilwert vorgenommen werden. Dieser damit erreichte steuerlich zulässige Wertansatz darf dann gemäß § 280 Abs. 2 aufgrund der Umkehrmaßgeblichkeit faktisch beibehalten werden.

Zur '**Reduktion der Komplexität**' dieser insgesamt zweifellos nicht einfachen Problematik sei dem Leser anempfohlen, vom 'Normalfall' ausgehend i.d.R. Übereinstimmung zwischen dem niedrigeren beizulegenden Wert (Handelsbilanz) und dem niedrigeren Teilwert (Steuerbilanz) zu unterstellen. Auf dieser Basis lassen sich die Wertansätze in Handels- und Steuerbilanz wie in Abbildung 60 dargestellt zusammenfassen.

Handelsrechtlich ist das **gemilderte Niederstwertprinzip bei Kapitalgesellschaften auf Finanzanlagen beschränkt**: Bei einer voraussichtlich vorübergehenden Wertminderung kann folglich in der Handelsbilanz einer Kapitalgesellschaft nur dann auf den niedrigeren beizulegenden Wert am Abschlußstichtag abgewertet werden, wenn es sich um einen Gegenstand des Finanzanlagevermögens handelt. Bei abnutzbaren und nicht abnutzbaren Sachanlagen und immateriellen Anlagen hingegen ist ein zwingendes Abwertungsverbot zu beachten. Strittig ist, ob dies analog auf das steuerrechtliche Wahlrecht zur Vornahme einer Teilwertabschreibung übertragen werden kann oder ob dieses Abwertungsverbot durch § 254 i.V.m. § 279 Abs. 2 HGB wieder aufgehoben wird.[294] M.E. hängt die steuerrechtliche Qualifizierung letztlich allein davon ab, ob das für Kapitalgesellschaften zu beachtende Abwertungsverbot bei Sachanlagen und immateriellen Anlagen als Grundsatz ordnungsmäßiger Buchführung oder als spezielle, nur für Kapitalgesellschaften geltende Bewertungsvorschrift interpretiert wird. M.E. ist das Abwertungsverbot nicht aus dem Grundsatz der Vorsicht ableitbar, sondern als rechtsformspezifische HGB-Norm zu werten, so daß - in vereinfachter Form - festgestellt werden kann, daß Kapitalgesellschaften wie Nichtkapitalgesellschaften hinsichtlich der Teilwertabschreibung steuerlich gleich behandelt werden müssen. Das handelsrechtliche Abwertungsverbot greift somit steuerechtlich nicht; dies auch deshalb, weil keine rechtsformspezifischen Argumente steuerlich für eine Ungleichbehandlung dieser Rechtsformgruppen sprechen.

Für **entgeltlich erworbene Güterfernverkehrsgenehmigungen** kann in Hinblick auf die Wertminderung, die mit der Freigabe der Kabotage zum 1.7.1998 verbunden ist, nunmehr eine **pauschale Teilwertabschreibung** vorgenommen werden: Für Wirtschaftsjahre, die nach dem 31.12.1991 enden, können die Anschaffungskosten pauschal um 1/7 verringert werden. Im Gegensatz zum ansonsten zu beachtenden Nachholungsverbot einer Teilwertabschreibung kann dabei, soweit bereits bestandskräftig veranlagt wurde, die Abschreibung auf den niedrigeren Teilwert in der ersten noch offenen Schlußbilanz nachgeholt werden.[295]

---

[294] vgl. dazu Schmidt/Glanegger § 6 Anm. 52b; Blümich/Ehmcke, Rz. 569 zu § 6 EStG
[295] vgl. BdF-Schreiben vom 13.2.1996, IV B 2 - S. 2712

4.6.2.1.5 Zusammenfassende Gegenüberstellung der Abschreibungsverrechnung in Handels- und Steuerbilanz

Die handels- und steuerrechtlichen Begriffe divergieren erheblich; alle Versuche, eine terminologische Vereinheitlichung herbeizuführen, sind bislang erfolglos geblieben. Aus diesem Grunde erscheint es zweckmäßig, die handels- und steuerrechtlichen Begriffe und Regelungen in einer vergleichenden Gegenüberstellung zusammenzufassen:[296]

Handelsrecht	Steuerrecht
1. Planmäßige Abschreibungen § 253 Abs. 1 HGB	1. Absetzungen a) für betriebsgewöhnliche Abnutzung (AfA); § 7 Abs. 1 EStG b) für Substanzverringerung (AfS); § 7 Abs. 6 EStG
2. Außerplanmäßige Abschreibungen a) auf den niedrigeren beizulegenden Wert; §§ 253 Abs. 2 S. 3, 279 Abs. 1 HGB	c) für außergewöhnliche Abnutzung (AfaA); § 7 Abs. 1 S. 5 EStG
	2. Abschreibungen a) Testwertabschreibung; § 6 Abs. 1 Nrn. 1 und 2 EStG
b) auf den niedrigeren steuerrechtlich zulässigen Wert; §§ 254, 279 Abs. 2 HGB	b) Sonderabschreibungen und - soweit AfA oder AfS übersteigend - erhöhte Abschreibungen
c) auf den 'vernünftigen kaufmännischen Wert'; §§ 253 Abs. 4, 279 Abs. 1 S. 1 HGB	c) steuerlich **unzulässig**

Abb. 62: Vergleichende Gegenüberstellung der Abschreibung nach Handels- und Steuerrecht

Zu den unter 2. b) der Gegenüberstellung aufgeführten Sonderabschreibungen und erhöhten Abschreibungen vgl. ausführlich 'Steuerliche Bewertungsfreiheiten'.

---
[296] vgl. dazu Knobbe-Keuk 1993, S. 187; Blümich/Brandis, Rz. 225 zu § 7 EStG

4.6.2.2 Nichtabnutzbare Wirtschaftsgüter des Anlagevermögens und Wirtschaftsgüter des Umlaufvermögens

Zu den **nichtabnutzbaren Wirtschaftsgütern des Anlagevermögens** gehören Grund und Boden (Ausnahme: Abbau, z.B. Kiesgrube), Finanzlagen sowie ein derivativer Geschäfts- oder Firmenwert. Die nichtabnutzbaren Wirtschaftsgüter des Anlagevermögens sind grundsätzlich mit ihren Anschaffungskosten zu bewerten. Gemäß § 6 Abs. 1 Nr. 1 S. 2 EStG kann der **niedrigere Teilwert** angesetzt werden (= **Wahlrecht**). Wie bereits dargestellt ist auch hier bei einer voraussichtlich dauernden Wertminderung eine Abwertung auf den niedrigeren Teilwert zwingend (= Abwertungsgebot), wenn handelsrechtlich eine außerplanmäßige Abschreibung auf den niedrigeren beizulegenden Wert durchgeführt werden muß (Niederstwertprinzip; Maßgeblichkeitsgrundsatz) oder - bei einem handelsrechtlichen Abwertungswahlrecht - durchgeführt wurde (gemildertes Niederstwertprinzip; Maßgeblichkeitsgrundsatz). Damit lassen sich die gemachten Ausführungen zur Teilwertabschreibung und zur Wertbeibehaltung/Wertaufholung auf nichtabnutzbare Wirtschaftsgüter des Anlagevermögens übertragen.

Wirtschaftsgüter des Umlaufvermögens sind mit ihren Anschaffungs- oder Herstellungskosten oder ihrem **niedrigeren Teilwert** anzusetzen (= **Wahlrecht** zur Teilwertabschreibung). In der Handelsbilanz erzwingt das **strenge Niederstwertprinzip** gemäß § 253 Abs. 3 HGB eine Abwertung auf einen niedrigeren Börsen- oder Marktpreis oder beizulegenden Wert am Abschlußstichtag. Aufgrund des Maßgeblichkeitsprinzips ist das strenge Niederstwertprinzip der Bewertung von Wirtschaftsgütern des Umlaufvermögens auch in der Steuerbilanz zugrunde zu legen, so daß das Abwertungswahlrecht gemäß § 6 Abs. 1 Nr. 2 EStG in ein **Abwertungsgebot** transformiert wird.

Gemäß § 6 Abs. 1 Nr. 2 S. 3 EStG darf der niedrigere Teilwert bei Wirtschaftsgütern, die bereits am Schluß des vorangegangenen Wirtschaftsjahres zum Betriebsvermögen gehört haben, beibehalten werden (**Beibehaltungswahlrecht, Wertaufholungswahlrecht**). Da die Beibehaltung des niedrigeren Teilwerts in der Steuerbilanz aufgrund des Maßgeblichkeitsprinzips einen entsprechenden Wertansatz in der Handelsbilanz voraussetzt, verhindert die Umkehrmaßgeblichkeit auch hier, daß das handelsrechtliche Wertaufholungsgebot für Kapitalgesellschaften gemäß § 280 Abs. 1 HGB faktisch zur Wirkung kommt: Der niedrigere steuerlich zulässige Teilwert kann gemäß § 280 Abs. 2 HGB auch in der Handelsbilanz beibehalten werden. Bei Kapitalgesellschaften besteht zudem alternativ die Möglichkeit, den Unterschiedsbetrag zwischen dem handelsrechtlich gemäß § 280 Abs. 1, 2 HGB möglichen Wertansatz und dem niedrigeren Teilwert in einen Sonderposten mit Rücklageanteil einzustellen. Die steuerlichen Abwertungspflichten und -wahlrechte sind somit ebenso wie Aufwertungs- und Beibehaltungswahlrechte durch das Maßgeblichkeitsprinzip an entsprechende Wertansätze der Handelsbilanz gebunden.

4.6.3 Handels- und steuerrechtliche Bewertung von Verbindlichkeiten bzw. passiven Wirtschaftsgüter

Verbindlichkeiten sind gemäß § 6 Abs. 1 Nr. 3 EStG unter sinngemäßer Anwendung der Vorschriften zu bewerten, die für aktive, nichtabnutzbare Wirtschaftsgüter gelten. Daraus folgt, daß Verbindlichkeiten mit ihren '**Anschaffungskosten**' oder ihrem **höheren Teilwert** anzusetzen sind. Für die Bewertung von Verbindlichkeiten wird somit das für aktive, nichtabnutzbare Wirtschaftsgüter zu beachtende Niederstwertprinzip in ein **Höchstwertprinzip** transformiert.[297] Die Umkehrung des Niederstwertprinzips in ein der Bewertung von Verbindlichkeiten zugrunde zulegendes Höchstwertprinzip überträgt gleichzeitig durch Verweis auf die sinngemäße Anwendung der Vorschriften des § 6 Abs. 1 Nr. 2 EStG das dortige Abwertungswahlrecht auf den niedrigeren Teilwert in ein Aufwertungswahlrecht: Anstelle der 'Anschaffungskosten' kann der höhere Teilwert angesetzt werden. Da jedoch aufgrund des Maßgeblichkeitsprinzips steuerrechtliche Wahlrechte stets nur in Übereinstimmung mit der Handelsbilanz ausgeübt werden können und das Handelsrecht beim Höchstwertprinzip keine Differenzierung in eine 'strenge' und 'gemilderte' Variante kennt, ist steuerrechtlich analog § 253 Abs. 1 S. 2 HGB eine Aufwertung auf den höheren Teilwert stets zwingend erforderlich. Dieser entspricht nach der Rechtsprechung des BFH dem Bar- oder Zeitwert[298] bzw. - marktübliche Verzinsung und Rückzahlung unterstellt - dem Rückzahlungsbetrag. Für **ungewisse Verbindlichkeiten** ist nach der ständigen Rechtsprechung analog der Bewertung von Verbindlichkeiten i.e.S. zu verfahren, d.h. die Bewertung ist nach identischen Grundsätzen vorzunehmen.[299]

Das im § 6 Abs. 1 Nr. 2 S. 3 EStG verankerte **Beibehaltungs- und Aufwertungswahlrecht** ist durch den Anwendungsverweis in § 6 Abs. 1 Nr. 3 EStG auf den Ansatz von Verbindlichkeiten entsprechend zu übertragen: Der höhere Teilwert einer Verbindlichkeit entspricht spiegelbildlich dem niedrigeren Teilwert bei nichtabnutzbaren Wirtschaftsgütern des Anlagevermögens.[300] Folglich kann bei Verbindlichkeiten, die bereits am Schluß des vorangegangenen Wirtschaftsjahres zum Betriebsvermögen gehört haben, der Teilwert (= Bar- oder Zeitwert) auch dann angesetzt werden, wenn er niedriger ist als der Wert des letzten Bilanzansatzes. Das Abwertungswahlrecht wird allerdings analog zur Bewertung der Wirtschaftsgüter des Anlagevermögens dadurch begrenzt, als eine Wertansatzminderung aufgrund eines am Bilanzstichtag gesunkenen Zeitwertes nur insoweit zulässig ist, als dadurch die 'Anschaffungskosten' der Verbindlichkeit (= Erfüllungsbetrag) nicht un-

---

[297] vgl. BFH vom 7.8.1951, BStBl III 1951, 190; BFH vom 4.3.1976, BStBl II 1977, 380; BFH vom 31.1.1980, BStBl II 1980, 491
[298] BFH vom 12.3.1964, BStBl III 1964, 525
[299] vgl. BFH vom 19.1.1972, BStBl II 1972, 392
[300] BFH vom 12.3.1964, a.a.O.

terschritten werden.³⁰¹ Ein unter den 'Anschaffungskosten' = Erfüllungsbetrag liegender Teilwertansatz ist grundsätzlich unzulässig, würde zum Ausweis unrealisierter Gewinne führen und somit gegen das Realisationsprinzip verstoßen.³⁰²

Für den Ansatz von Verbindlichkeiten in Handels- und Steuerbilanz gilt somit zusammenfassend:

Handelsbilanz		Steuerbilanz
Wertuntergrenze: Rückzahlungsbetrag	=	Wertuntergrenze: Erfüllungsbetrag
oder (Aufwertungspflicht)	=	oder (Aufwertungspflicht)
Wertobergrenze höherer Zeitwert	=	Wertobergrenze: höherer Teilwert

Abb. 63: Wertansatz von Verbindlichkeiten in Handels- und Steuerbilanz

4.6.4 Steuerliche Bewertungsfreiheiten

Im Rahmen von Wirtschafts- und Sozialzwecknormen werden zahlreiche Steuervergünstigungen eingeräumt, die nicht fiskalpolitisch begründbar sind, sondern ausschließlich wirtschafts-, struktur-, sozial- oder ordnungspolitisch motiviert sind. Derartige Regelungen tragen in nicht unerheblichem Maße zur Intransparenz des Steuerrechts bei und denaturieren gleichzeitig die mit der handelsrechtlichen Rechnungslegung verbundenen Informationsziele, da die Umkehrmaßgeblichkeit in der Handelsbilanz einen Wertansatz erzwingt, der nur steuerlich, nicht jedoch betriebswirtschaftlich zu rechtfertigen ist. Der Vermittlung eines den 'tatsächlichen Verhältnissen' entsprechenden Bildes der Vermögens-, Finanz- und Ertragslage einer Kapitalgesellschaft im Sinne eines 'true and fair view' kann damit aber nur noch eingeschränkt entsprochen werden. Hinzu kommt, daß Wirtschafts- und Sozialzwecknormen m.E. Ausdruck einer nicht mehr zeitgemäßen 'politischen Philosophie' des Staates sind, die darauf abstellt, durch steuerliche Maßnahmen ordnungspolitisch zu agieren um volkswirtschaftlich positive Impulse zu vermitteln und angemessene Standortfaktoren zu schaffen. In einem globalen weltweiten Wettbe-

---

[301] BFH vom 12.3.1964, a.a.O.
[302] BFH vom 4.5.1977, BStBl II 1977, 802

werb mit vermaschten Volkswirtschaften und Kapitalmärkten mutet dies eher als hilfloses Unterfangen an und verhindert gleichzeitig notwendige, ja sogar überfällige Strukturreformen des Steuersystems: Die Ausnahme wird zur Regel und diese wiederum durch weitere Ausnahmen ergänzt, angepaßt und fortgeführt. In diesem Zusammenhang wird m.E. zurecht darauf hingewiesen, daß die Zulässigkeit erhöhter Abschreibungen, von Sonderabschreibungen, Bewertungsabschlägen und steuerfreier Rücklagen zu einer nicht vertretbaren Manipulation der steuerlichen Bemessungsgrundlagen führt und gegen zentrale Prinzipien des Steuerrechts verstößt, da die Besteuerung nach der wirtschaftlichen Leistungsfähigkeit letztlich konterkariert wird: Je ertragskräftiger und damit leistungsfähiger ein Unternehmen ist, desto positiver wirken sich steuerliche Bewertungsfreiheiten auf die periodische Steuerbelastung eines Unternehmens aus.[303]

Steuerliche Bewertungsfreiheiten führen i.d.R. zu einer **Steuerstundung**, da der zu versteuernde Periodengewinn geschmälert und die Besteuerung erst in einer späteren Periode im Zuge der Auflösung gebildeter stiller Rücklagen nachgeholt wird (Ausnahme: Wird in der Periode der Auflösung der stillen Rücklage ein Verlust ausgewiesen, ist mit steuerlichen Bewertungsfreiheiten ein endgültiger Steuerspareffekt verbunden). Mit dem Steuerstundungseffekt sind regelmäßig - bei Großunternehmen z.T. erhebliche - Zins- und Liquiditätsvorteile verbunden, da die gestundeten Steuern zeitlich befristet auf Geld- und Kapitalmärkten angelegt werden können und/oder das Selbstfinanzierungspotential eines Unternehmens verbessern.

In systematischer Form lassen sich die wichtigsten steuerrechtlichen Bewertungsfreiheiten wie folgt zusammenfassen:

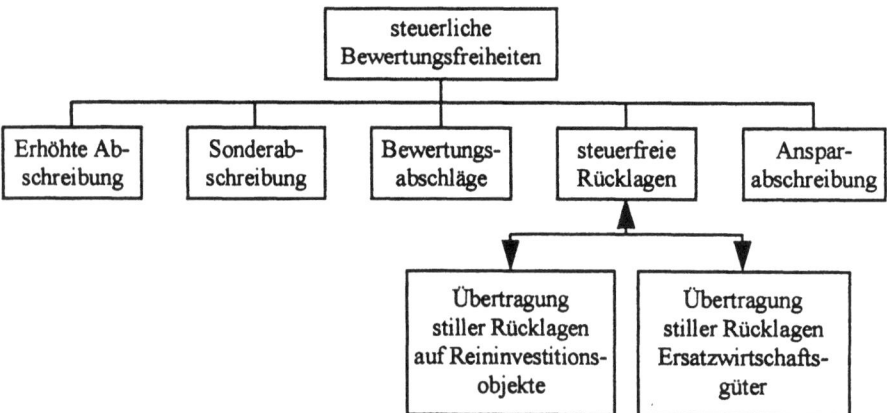

Abb. 64: Übersicht steuerrechtlicher Bewertungsfreiheiten

---

[303] vgl. dazu auch Knobbe-Keuk 1993, S. 204 f.

Entgegen der in R 40 Abs. 2 EStR 1993 gewählten Bezeichnung handelt es sich bei der Sofortabschreibung geringwertiger Wirtschaftsgüter nicht um eine steuerrechtliche Bewertungsfreiheit, sondern eine die AfA nach § 7 EStG ergänzende Abschreibungs-Sonderregelung.[304]

4.6.4.1 Sonderabschreibungen, erhöhte Abschreibungen und Bewertungsabschläge

Sonderabschreibungen beinhalten begriffssystematisch diejenigen Abschreibungen, die losgelöst von der Wertminderung abnutzbarer Wirtschaftsgüter des Anlagevermögens ausschließlich steuerlich motiviert vorgenommen werden um den zu versteuernden Gewinn zu mindern. Sonderabschreibungen werden **ergänzend** zur planmäßigen Abschreibung vorgenommen, sind betriebswirtschaftlich nicht begründet und nicht begründbar und weisen keinen sinnvollen Bezug zur periodischen Gewinnermittlung auf. Dies trifft für **erhöhte Abschreibungen** entsprechend zu. Im Gegensatz zu Sonderabschreibungen werden erhöhte Abschreibungen jedoch nicht ergänzend zur planmäßigen Abschreibung, sondern **anstatt** der planmäßigen Abschreibung durchgeführt. Soweit bei nichtabnutzbarem Anlagevermögen und Umlaufvermögen steuerrechtlich betriebswirtschaftlich nicht begründete Abwertungen zugelassen werden, die zu einem unter den Anschaffungs- oder Herstellungskosten liegenden Wertansatz führen, handelt es sich begriffssystematisch um **Bewertungsabschläge**. Insgesamt läßt sich damit wie in Abbildung 65 dargestellt differenzieren:

Instrument	Bezugs-Wirtschaftsgüter
Sonderabschreibungen	abnutzbare Wirtschaftsgüter des Anlagevermögens; Sonderabschreibung ergänzt die AfA/AfS nach § 7 EStG
Erhöhte Abschreibungen	abnutzbare Wirtschaftsgüter des Anlagevermögens; erhöhte Abschreibung tritt an die Stelle der AfA/AfS nach § 7 EStG
Bewertungsabschläge	nichtabnutzbare Wirtschaftsgüter des Anlagevermögens und Wirtschaftsgüter des Umlaufvermögens

Abb. 65: Systematik der Sonderabschreibungen, erhöhten Abschreibungen und Bewertungsabschläge

---

[304] vgl. dazu auch 4.6.2.1.2

Wesentliche Einzelfragen im Zusammenhang mit der Inanspruchnahme von Sonderabschreibungen und erhöhten Abschreibungen werden in § 7a EStG rechtsvereinheitlichend geregelt, auch wenn im Einzelfalle Begünstigungsregelungen hiervon abweichende Bestimmungen vorsehen können. § 7a EStG gilt unabhängig davon, ob die Begünstigung durch Sonderabschreibung oder erhöhter Abschreibung im EStG, in der EStDV oder in Verwaltungsanweisungen (z.B. EStR) geregelt ist.[305] Nicht anwendbar ist § 7a EStG bei Bewertungsabschlägen (z.B. gemäß § 80 EStDV), der steuerlichen Bewertungsfreiheit für geringwertige Wirtschaftsgüter nach § 6 Abs. 2 EStG und steuerfreien Rücklagen.

Die folgende Aufstellung vermittelt einen Überblick über wesentliche Sonderabschreibungen, erhöhte Abschreibungen und Bewertungsabschläge, die das Einkommensteuerrecht derzeit für Gewerbetreibende zuläßt; die Steuerbegünstigungen sind auf bestimmte Branchen oder Personenkreise bzw. bestimmte Wirtschaftsgütergruppen bezogen oder sollen Standortnachteile ausgleichen, die Investitionstätigkeit anregen oder die volkswirtschaftliche Entwicklung fördern. Eine strukturelle Logik insgesamt ist dabei nicht erkennbar.

Art der Begünstigung	Bezugswirtschaftsgüter	Rechtsgrundlage
Erhöhte Abschreibung (bis 75% der AHK in den ersten 5 Jahren*)	abnutzbare Wirtschaftsgüter des Anlagevermögens	§ 14 BerlinFG
Erhöhte Abschreibung (Zugangsjahr 60%, Folgejahre 10% der AHK*)	abnutzbare Wirtschaftsgüter des Anlagevermögens, die dem Umweltschutz dienen	§ 7d EStG
Sonderabschreibung (bis 50% in der AHK in den ersten 5 Jahren*)	abnutzbare Wirtschaftsgüter des Anlagevermögens	§ 3 ZonenRFG
Sonderabschreibung (bis 30 bzw. 50% der AHK in den ersten 5 Jahren*)	abnutzbare Wirtschaftsgüter des Anlagevermögens privater Krankenanstalten	§ 7f EStG
Sonderabschreibung (bis 20% der AHK in den ersten 5 Jahren*)	bewegliche abnutzbare Wirtschaftsgüter des Anlagevermögens kleiner und mittlerer Betriebe	§ 7g EStG

---

[305] Hermann/Heuer/Raupach, § 7a EStG, Rz. 7 ff.; Blümich/Brandis 1995, Rz. 20 zu § 7a EStG

Sonderabschreibung (bis 30 bzw. 50% der AHK in den ersten 5 Jahren*)	abnutzbare Wirtschaftsgüter des Anlagevermögens im Kohlen- und Erzbergbau	§ 81 EStDV
Sonderabschreibung (bis 30 bzw. 40% der AHK*)	Handelsschiffe, Fischereischiffe und Flugzeuge	§ 82 f EStDV
Sonderabschreibung (bis 40 bzw. 50% der AHK*)	abnutzbare bewegliche Wirtschaftsgüter des Anlagevermögens	§§ 2, 4 FördergebietsG
Sonderabschreibung (bis 20 bzw. 25% der AHK*)	abnutzbare unbewegliche Wirtschaftsgüter des Anlagevermögens und Modernisierungsmaßnahmen	§§ 3, 4 FördergebietsG
Bewertungsabschlag (sog. 'Importwarenabschlag' zeitlich gestaffelt 20, 15, 10% der AHK bzw. des Wiederbeschaffungspreises*)	Wirtschaftsgüter des Umlaufvermögens ausländischer Herkunft, deren Preis auf dem Weltmarkt erheblichen Schwankungen unterliegt.	§ 80 EStDV

* unter den dort jeweils genannten Voraussetzungen

AHK = Anschaffungs- oder Herstellungskosten

Abb. 66: Übersicht über wichtige Sonderabschreibungen, erhöhte Abschreibungen und Bewertungsabschläge

4.6.4.2 Steuerfreie Rücklagen und Übertragung stiller Reserven auf Reinvestitionsobjekte gemäß § 6b EStG

Im Rahmen der Gewinnermittlung durch Betriebsvermögensvergleich sind aktive Wirtschaftsgüter höchstens mit ihren (historischen) Anschaffungs- oder Herstellungskosten bzw. - vermindert um AfA/AfS nach § 7 EStG - ihren fortgeführten Kostenwerten oder ihrem niedrigeren Teilwert anzusetzen. Insbesondere bei Wirtschaftsgütern des Anlagevermögens wird der Bilanzbuchwert mit dem tatsächlichen 'Marktwert' des jeweiligen Wirtschaftsgutes jedoch nicht übereinstimmen, so daß, je weiter der Anschaffungs- oder Herstellungszeitpunkt zeitlich zurückliegt, der Buchwert ggf. nur Bruchteile des tatsächlichen Wertes verkörpert (Bsp.: Betriebsgebäude in Innenstadtlage, 1953 angeschafft). Die Differenz zwischen höherem tatsächlichen Wert und niedrigerem Buchwert beinhaltet erzwungene oder freiwillig gebildete stille Rücklagen / stille Reserven des Unternehmens. Wird nun ein Wirtschaftsgut des Anlagevermögens veräußert, werden die bis zum Veräußerungszeitpunkt gebildeten stillen Rücklagen aufgedeckt und aufgelöst und prinzipiell als Veräußerungsgewinn der Besteuerung unterworfen. Die Besteuerung von Gewinnen aus der Veräußerung von Wirtschaftsgütern des Anlagevermögens schwächt nicht nur das Selbstfinanzierungspotential von Unternehmen, vielmehr kann die Besteuerung solcher Gewinne durchaus dazu führen daß die Substanz des Unternehmens über Gebühr und in einem nicht vertretbaren Maße aufgezehrt wird. Diese Gefahr ist insbesondere dann gegeben, wenn die gebildeten stillen Rücklagen ausschließlich auf Marktpreissteigerungen zurückzuführen sind und das Unternehmen den erzielten Veräußerungserlös aus betriebswirtschaftlichen Gründen in ein funktionsgleiches Wirtschaftsgut reinvestieren muß. Der (versteuerte) Veräußerungserlös reicht in solchen Fällen vielfach nicht aus, das Ersatzwirtschaftsgut aus eigener Kraft wiederzubeschaffen, so daß i.d.R. auf eine kapitalmarktbezogene 'Ergänzungs-Kreditfinanzierung' zurückgegriffen werden muß.

Beispiel:
Verwaltungsgebäude im Innenstadtbereich, Anschaffungskosten 1950 1 Mio. DM. Aus betrieblichen Gründen soll die Verwaltung an die Peripherie verlagert werden, um eine bessere verwaltungslogistische Einbindung in unternehmerische Prozeßabläufe sicherzustellen. Verkehrswert des Verwaltungsgebäudes 1996 = 40 Mio. DM; für den Neubau des Verwaltungsgebäudes werden Herstellungskosten in Höhe von 38 Mio. DM veranschlagt. Bei Veräußerung des 'alten' Verwaltungsgebäude würden stille Rücklagen in Höhe der Differenz zwischen Veräußerungserlös (= 40 Mio. DM) und Buchwert (= 1,-- DM) aufgedeckt; der Veräußerungsgewinn von 40 Mio. DM wird besteuert, so daß bei einer hypothetisch unterstellten Ertragsteuerbelastung des Unternehmens von 50% für die betrieblich veranlaßte 'Ersatzbeschaffung' lediglich 20 Mio. DM zur Verfügung stehen. Der Differenzbetrag in Höhe von 18 Mio. DM müßte anderweitig finanziert werden.

Die Folgen der Besteuerung von Veräußerungsgewinnen bei langlebigen Wirtschaftsgütern des Anlagevermögens könnten dazu führen, daß betriebswirtschaftlich notwendige und sinnvolle Investitionen und Anpassungsmaßnahmen hinausgeschoben oder überhaupt nicht durchgeführt werden und sich damit Wettbewerbsfähigkeit und Flexibilität von Unternehmen verringern. Der Steuergesetzgeber trägt diesen Überlegungen dadurch Rechnung, daß unter bestimmten Voraussetzungen Gewinne aus der Veräußerung langlebige Wirtschaftsgüter des Anlagevermögens steuerlich 'neutralisiert' werden, soweit sie in Reinvestitionsobjekte oder Ersatzwirtschaftsgüter reinvestiert werden. Dadurch werden Veräußerungsgewinne im Wirtschaftsjahr der Veräußerung der Besteuerung entzogen, die Besteuerung wird auf spätere Perioden verlagert (Stundungseffekt).

Gemäß § 6b EStG dürfen stille Rücklagen, die bei der Veräußerung bestimmter Wirtschaftsgüter des Anlagevermögens aufgedeckt und aufgelöst werden, auf bestimmte **Reinvestitionsobjekte** übertragen werden, die im Jahr der Veräußerung oder im vorangegangenen Wirtschaftsjahr neu angeschafft oder hergestellt werden bzw. wurden. Die Übertragung von aufgelösten stillen Rücklagen auf Reinvestitionsobjekte ist

- bei abnutzbaren beweglichen Wirtschaftsgütern des Anlagevermögens mit einer betriebsgewöhnlichen Nutzungsdauer > 25 Jahre, Schiffen und Anteilen an Kapitalgesellschaften auf **50 %** der aufgelösten stillen Rücklagen beschränkt;
- bei der Veräußerung von Grund und Boden, Gebäuden und Aufwuchs auf oder Anlagen im Grund und Boden können demgegenüber die aufgelösten stillen Rücklagen in voller Höhe auf das Reinvestitionsobjekt übertragen werden.
- Soweit Anteile an Kapitalgesellschaften durch Unternehmensbeteiligungsgesellschaften veräußert werden, ist die Übertragung der aufgelösten stillen Rücklage ebenfalls in voller Höhe zulässig.

Die wirtschaftspolitisch motivierte Übertragung stiller Rücklagen auf Reinvestitionsobjekte kann von Einzelunternehmen, Personengesellschaften und Kapitalgesellschaften (*§ 8 KStG*) in Anspruch genommen werden. Vorausgesetzt wird gemäß § 6b Abs. 4 EStG u.a., daß der Gewinn durch Betriebsvermögensvergleich ermittelt wird, das veräußerte Wirtschaftsgut bis zum Zeitpunkt der Veräußerung mindestens sechs Jahre ununterbrochen zum Anlagevermögen einer inländischen Betriebsstätte gehört hat und sich die Übertragung des Veräußerungsgewinns bzw. die Bildung und Übertragung steuerfreier Rücklagen anhand der Buchhaltung nachvollziehen läßt. Das Maßgeblichkeitsprinzip knüpft die Bildung einer steuerfreien Rücklage zudem daran, daß in der Handelsbilanz ein **Sonderposten mit Rücklageanteil** in gleicher Höhe ausgewiesen wird.

Die **Übertragung der Veräußerungsgewinne** erfolgt i.d.R. gemäß § 6 Abs. 1 S. 1 EStG durch Abzug der Gewinne von den Anschaffungs- oder Herstellungskosten des begünstigten Reinvestitionsobjektes, d.h. die stille Rücklage wird unmittelbar auf das Reinvestitionsobjekt übertragen. Soweit es nicht möglich ist, den Veräußerungsgewinn unmittelbar in der Rechnungsperiode zu übertragen, in der das Wirtschaftsgut veräußert und die stille Rücklage aufgelöst wurde, kann (**Wahlrecht**) in der Veräußerungsperiode eine den steuerlichen Gewinn mindernde **steuerfreie Rücklage** gebildet werden. Die steuerfreie Rücklage ist innerhalb einer Reinvestitionsfrist von allgemein 4 Jahren (Gebäude: 6 Jahre) durch Übertragung auf ein angeschafftes oder hergestelltes begünstigtes Reinvestitionsobjekt aufzulösen. Die Übertragung kann somit wahlweise wie folgt vorgenommen werden:

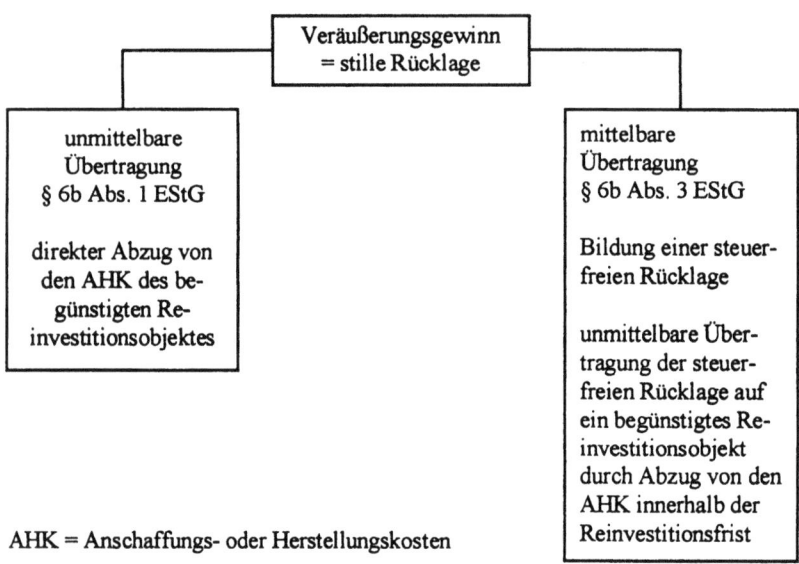

Abb. 67: Übertragung stiller Rücklagen auf Reinvestitionsobjekte nach § 6b EStG

4.6.4.3 Steuerfreie Rücklagen und Übertragung stiller Reserven auf Ersatzwirtschaftsgüter gemäß R 35 EStR

Sieht man von dem vorgenannten Begünstigungs-Sonderfall der Übertragung stiller Rücklagen auf bestimmte Reinvestitionsobjekte ab, werden Veräußerungsgewinne und damit aufgelöste stille Rücklagen besteuert, wenn ein Wirtschaftsgut veräußert oder dem Betriebsvermögen entnommen wird. Unter bestimmten Voraussetzungen kann auf eine Gewinnverwirklichung durch Aufdeckung stiller Reserven jedoch gemäß R 35 EStR 1993 verzichtet werden, wenn das Wirtschaftsgut aus Gründen aus dem Betriebsvermögen ausgeschieden ist, auf die der steuerpflichtige Unternehmer oder das steuerpflichtige Unternehmen i.d.R. keinen Einfluß hat. Dies ist regelmäßig der Fall, wenn

- ein Wirtschaftsgut des Anlage- oder Umlaufvermögens infolge höherer Gewalt (z.B. Brand, Diebstahl) oder infolge oder zur Vermeidung eines behördlichen Eingriffs (z.B. Enteignung) gegen Entschädigung aus dem Betriebsvermögen ausscheidet und

- innerhalb einer bestimmten Frist ein Ersatzwirtschaftsgut angeschafft oder hergestellt wird.

Die stille Rücklage darf gemäß R 35 Abs. 5 EStR 1993 auf ein **funktionsgleiches Wirtschaftsgut** übertragen werden, soweit dieses in dem selben Wirtschaftsjahr angeschafft oder hergestellt wird, in dem das begünstigte Wirtshaftsgut aus dem Betriebsvermögen ausgeschieden ist. Die Übertragung erfolgt i.d.R. durch Abzug der aufgedeckten stillen Rücklage von den Anschaffungs- oder Herstellungskosten des Ersatzwirtschaftsgutes, so daß die für das ausgeschiedene Wirtschaftsgut geleistete Entschädigung in voller Höhe für die Ersatzbeschaffungsmaßnahme zur Verfügung steht. Durch den unmittelbaren Abzug von den Anschaffungs- oder Herstellungskosten des Ersatzwirtschaftsgutes wird der Vorgang insgesamt erfolgsneutral behandelt.

Beispiel:

Eine zum Betriebsvermögen gehörende Werkzeugmaschine wurde durch Feuer zerstört. Der Buchwert der Maschine lag bei 40.000,00 DM, die Versicherung leistet eine Entschädigungszahlung in Höhe von 60.000,00 DM. Durch das Schadensereignis und das Ausscheiden der Maschine aus dem Betriebsvermögen wurde eine stille Rücklage in Höhe von 20.000,00 DM aufgedeckt. Die stille Rücklage wird auf ein in derselben Rechnungsperiode angeschafftes Ersatzwirtschaftsgut (Anschaffungskosten 100.000,00 DM) übertragen, so daß sich die Anschaffungskosten bilanziell auf 80.000,00 DM verringern. Soweit die Entschädigung nicht in voller Höhe für das Ersatzwirtschaftsgut verwendet wird, dürfen jedoch die aufgelösten stillen Reserven nur anteilig auf das Ersatzwirtschaftsgut übertragen werden. Wäre das Ersatzwirtschaftsgut nicht - wie im Beispiel angenommen - zu Anschaffungskosten von 100.000,00 DM, sondern zu Anschaffungskosten von z.B. 45.000,00 DM beschafft worden, hätte lediglich eine aufgelöste stille Reserve in Höhe von 15.000,00 DM auf das Ersatzwirtschaftsgut übertragen werden können (*vgl. H 35 (5) EStR 1993*).

Soweit die Ersatzbeschaffung nicht in dem Jahr erfolgt, in dem das begünstigte Wirtschaftsgut aus dem Betriebsvermögen ausgeschieden ist, darf eine **steuerfreie Rücklage** (= Rücklage für Ersatzbeschaffung oder Rücklage nach R 35 EStR) in Höhe der aufgedeckten stillen Rücklage (= Differenz aus Entschädigungsleistung und Buchwert des ausgeschiedenen Wirtschaftsgutes) gebildet werden. Die Bildung einer steuerfreien Rücklage nach R 35 EStR 1993 setzt voraus, daß eine Ersatzbeschaffung ernstlich geplant ist und in der Handelsbilanz ein entsprechender Sonderposten mit Rücklageanteil ausgewiesen wird (Maßgeblichkeitsprinzip). Die steuerfreie Rücklage für Ersatzbeschaffung kann nur in der Periode gebildet werden, in der das begünstigte Wirtschaftsgut aus dem Betriebsvermögen ausgeschieden ist; eine spätere Nachholung ist nicht möglich (R 35 Abs. 6 EStR 1993). Die Rücklage für Ersatzbeschaffung ist im Zeitpunkt der Ersatzbeschaffung auf das Ersatzwirtschaftsgut zu übertragen und aufzulösen. Gemäß R 36 Abs. 7 EStR 1993 wird dabei für die Ersatzbeschaffung eine Regelfrist von einem Jahr (Grundstück oder Gebäude: 2 Jahre) zugrunde gelegt. Die Frist kann angemessen verlängert werden, wenn glaubhaft gemacht wird, daß die Ersatzbeschaffung noch ernstlich geplant ist, aus besonderen betrieblichen oder außerbetrieblichen Gründen aber noch nicht vorgenommen werden konnte.

4.6.4.4 Ansparabschreibung und Ansparrücklage

Durch Verrechnung von planmäßigen Abschreibungen wird i.d.R. der aus der Nutzung eines abnutzbaren Wirtschaftsgutes resultierende Werteverzehr erfolgswirksam periodisiert. Mit der Verrechnung von Abschreibungen sind dabei regelmäßig mittelbare und unmittelbare Finanzierungswirkungen verbunden, da die zahlungsunwirksamen Abschreibungsaufwendungen über die Umsatzerlöse dem Unternehmen wieder zugeführt werden und durch Aufwandsverrechnung der ausschüttungsfähige und der zu versteuernde Gewinn entsprechend vermindert werden. Kleinen und mittleren Unternehmen soll durch die sog. Ansparabschreibung gemäß § 7g Abs. 3 bis 6 EStG die Möglichkeit eröffnet werden, bereits vor Durchführung bestimmter Investitionen entsprechende Finanzierungsmittel durch erfolgswirksame Verrechnung künftiger Investitionsausgaben anzusammeln. Die Ansparabschreibung wirkt damit materiell vor Durchführung einer Investitionsmaßnahme wie eine **steuerfreie Investitionsrücklage**, nach Durchführung der Investition wie eine vorweggenommene, zeitlich vorverlagerte Abschreibung. Die mit der gebildeten steuerfreien Investitionsrücklage verbundenen Zins- und Liquiditätsvorteile verbessern das Selbstfinanzierungspotential und stehen für die Finanzierung der künftigen Investitionsmaßnahme zur Verfügung.

Die Ansparabschreibung ist für Einzelunternehmer, Personen- und Kapitalgesellschaften zulässig. Soweit mittels Ansparabschreibung ein Wirtschaftsgut angeschafft oder hergestellt werden soll, das zum Sonderbetriebsvermögen eines Mitunternehmers gehört, ist in der Sonderbilanz des Mitunternehmers eine entsprechende Rücklage auszuweisen. Die Inanspruchnahme der Ansparabschreibung setzt nicht notwendigerweise Gewinnermittlung durch Betriebsvermögensvergleich voraus, sie ist gemäß § 7g Abs. 6 EStG auch bei freiberuflich Tätigen, die den Gewinn durch Überschußrechnung ermitteln, anwendbar. Anzuwenden sind die Vorschriften über die Ansparabschreibung erstmals auf Wirtschaftsjahre, die nach dem 31.12.1994 beginnen.

Da die Ansparabschreibung die Investitionstätigkeit kleiner und mittlerer Unternehmen fördern soll, darf sie nur dann in Anspruch genommen werden, wenn bestimmte **Größenmerkmale** nicht überschritten werden:

- Einheitswert des Betriebsvermögen ≤ 240.000,00 DM und - soweit es sich um einen Gewerbebetrieb i.S.d. GewStG handelt -
- Gewerbekapital ≤ 500.000,00 DM.

Die steuerfreie 'Ansparrücklage' darf nur für die Anschaffung oder Herstellung eines **neuen beweglichen Wirtschaftsgutes des Anlagevermögens** gebildet werden und **50 %** der Anschaffungs- oder Herstellungskosten des begünstigten Wirtschaftsgutes nicht überschreiten. Um eine mögliche Doppelförderung auszuschließen, kann eine Ansparrücklage nicht gebildet werden, wenn steuerfreie Rücklagen nach §§ 3 Abs. 1 und 2a ZonenRFG oder nach § 6 FördergebietsG gebildet wurden. Der mit der Ansparabschreibung verfolgten Zwecksetzung zur Förderung kleiner und mittlerer Unternehmen entsprechend kann die Ansparrücklage gemäß § 7g Abs. 3 S. 4 EStG jedoch auch dann gebildet werden, wenn dadurch ein Verlust entsteht oder sich erhöht.

Vorausgesetzt wird zudem, daß das begünstigte Wirtschaftsgut bis zum Ende des zweiten auf die Bildung der steuerfreien Ansparrücklage folgenden Wirtschaftsjahres angeschafft oder hergestellt wird, sich die Bildung und Auflösung der Rücklage anhand der Buchhaltung nachvollziehen läßt und die Ansparrücklagen insgesamt am Abschlußstichtag ein Volumen von 300.000,00 DM je Betrieb des Steuerpflichtigen nicht übersteigen.[306] Das Maßgeblichkeitsprinzip (Umkehrmaßgeblichkeit) erzwingt auch hier in der Handelsbilanz ein entsprechendes Verfahren, d.h. in der Handelsbilanz ist ein Sonderposten mit Rücklageanteil in entsprechender Höhe auszuweisen.

Die Rücklage ist **aufzulösen**, sobald für das begünstigte Wirtschaftsgut Abschreibungen vorgenommen werden dürfen, d.h. sie ist in der Periode aufzulösen, in der das begünstigte Wirtschaftsgut angeschafft oder hergestellt wurde. Die Auflösung erfolgt zwar gewinnerhöhend, doch stehen dem Ertrag aus der Auflösung der Ansparrücklage in der Auflösungsperiode Abschreibungen auf das neu angeschaffte oder hergestellte Wirtschaftsgut gegenüber.

Beispiel:

Ein kunststoffverarbeitendes Unternehmen, daß die Größenordnungsmerkmale für die Inanspruchnahme der Ansparabschreibung erfüllt, beabsichtigt, 1997 eine numerisch gesteuerte Spritzgußmaschine anzuschaffen. Die Anschaffungskosten werden mit 300.000,00 DM veranschlagt. In der Steuerbilanz zum 31.12.1996 wird eine gewinnmindernde Ansparrücklage in Höhe von 150.000,00 DM (= 50% der Anschaffungskosten) ausgewiesen. Die Rücklage muß im Jahr 1997 zwar gewinnerhöhend aufgelöst werden, dem Ertrag aus Auflösung der Ansparrücklage stehen jedoch verrechnete Abschreibungen auf das begünstigte Investitionsgut gegenüber. Die Nutzungsdauer der Spritzgußmaschine wird mit 5 Jahren angenommen, es wird zudem unterstellt, daß 1997 die Ganzjahresabschreibung verrechnet werden kann.

Auflösung Ansparrücklage	150.000,00 DM
Degressive AfA auf das begünstigte Wirtschaftsgut 30 % aus 300.000,00 DM	90.000,00 DM

---

[306] Der Höchstbetrag soll voraussichtlich auf 600.000 DM angehoben und die Frist für die Auflösung von 2 auf 4 Jahre verlängert werden. Zudem ist beabsichtigt, bei Existenzgründen auf den 6%igen Gewinnzuschlag zu verzichten, wenn die geplante Investitionsmaßnahme nicht durchgeführt wurde

Verbleibender Auflösungsgewinn   60.000,00 DM

Wird darüber hinaus im Jahr der Anschaffung noch die Sonderabschreibung gemäß § 7g Abs. 1 EStG in Höhe von 30% in Anspruch genommen, kann der Auflösungsgewinn in voller Höhe neutralisiert werden (20% aus 300 TDM = 60 TDM).

In der Praxis wird die Ansparrücklage i.d.R. nicht genau 50 % der Anschaffungs- oder Herstellungskosten des begünstigten Wirtschaftsgutes betragen. Ist die Ansparrücklage < 50 %, wird sie im üblichen Verfahren gewinnerhöhend aufgelöst; ist sie > 50 % muß der Differenzbetrag im Jahr der Anschaffung oder Herstellung des begünstigten Wirtschaftsgutes ebenfalls gewinnerhöhend vereinnahmt werden. Eine Beibehaltung und Auflösung am Ende des zweiten auf die Bildung folgenden Jahres verstößt m.E. gegen die mit den Ansparrücklage verbundene Zwecksetzung.[307]

Soweit die Ansparrücklage am Ende des zweiten auf die Bildung folgenden Wirtschaftsjahres noch vorhanden ist, ohne daß eine Investition durchgeführt wurde, ist sie zu diesem Zeitpunkt gewinnerhöhend aufzulösen. In diesem Falle ist gemäß § 7g Abs. 5 EStG der Gewinn des Wirtschaftsjahres in dem die Ansparrücklage aufgelöst wurde **fiktiv um 6 %** des Auflösungsbetrages für jedes volle Jahr des Bestehens der Rücklage **zu erhöhen**. Dadurch soll ein Ausgleich dafür geschaffen werden, daß ungerechtfertigterweise Zins- und Liquiditätsvorteile in Anspruch genommen wurden.

Beispiel:

Wird unterstellt, die im obigen Beispiel dargestellte Anschaffung einer Spritzgußmaschine wäre nicht durchgeführt worden, mußte die im Jahre 1996 gebildete Ansparrücklage spätestens zum Ende des Wirtschaftsjahres 1998 aufgelöst werden (Annahme: Rechnungsperiode = Kalenderjahr). In diesem Falle wären 18% aus 150.000,00 DM = 27.000,00 DM dem steuerlichen Gewinn der Rechnungsperiode 1998 hinzuzurechnen. Die Zurechnung erfolgt außerhalb von Buchführung und Steuerbilanz durch eine entsprechende Gewinnkorrektur.

Steuerpflichtige, die in einer **Betriebsstätte im 'Zonenrandgebiet'** Investitionen vornehmen, können gemäß § 3 Abs. 1 und 2a ZonenRFG zudem entsprechende Ansparrücklagen für bewegliche und unbewegliche Wirtschaftsgüter des Anlagevermögens bilden, die bis zum Ende des zweiten auf die Bildung der Ansparrücklage folgenden Wirtschaftsjahres und vor dem 1. Januar 1997 angeschafft oder hergestellt werden. Die Bildung der Ansparrücklage ist letztmals im Wirtschaftsjahr 1995 bzw. 1995/96 zulässig.

---

[307] so auch Brandis in FR 1994, S. 214 ff.; a.A. Pinkos in DB 1993, S. 1688 ff.

4.6.5 Bewertung von Einlagen und Entnahmen

Entnahmen sind gemäß § 6 Abs. 1 Nr. 4 EStG grundsätzlich mit dem **Teilwert** im Zeitpunkt der Entnahme zu bewerten; hiervon abweichend sind bei einer Nutzungs- oder Leistungsentnahme die tatsächlich entstandenen Selbstkosten zugrunde zu legen.[308] Im Gegensatz zur Bewertung aktiver und passiver Wirtschaftsgüter gemäß § 6 Abs. 1 Nrn. 1 bis 3 EStG stellt der Teilwert bei der Bewertung von Entnahmen kein Korrekturwert dar, er ist vielmehr alleiniger und primärer Bewertungsmaßstab. Durch die Bewertung zum Teilwert im Entnahmezeitpunkt soll sichergestellt werden, daß positive und negative Wertänderungen entnommener Wirtschaftsgüter im Zeitablauf im Rahmen der steuerlichen Gewinnermittlung berücksichtigt werden. Dies führt in der Konsequenz dazu, daß stille Rücklagen, die bis zum Entnahmezeitpunkt gebildet wurden, durch die Teilwertbewertung aufgelöst und der Gewinnbesteuerung unterworfen werden. Die im Zuge der Entnahme aufgelöste stille Rücklage (= Entnahmegewinn) ergibt sich als Differenz aus Teilwert einerseits und Buchwert andererseits des entnommenen Wirtschaftsgutes; der Teilwert entspricht dabei konsequenterweise dem Verkehrswert (Marktpreis) des entnommenen Wirtschaftsgutes.[309]

Beispiel:

Der Einzelunternehmer Gerhard B. entnimmt dem Betriebsvermögen einen Pkw, der mit einem Restbuchwert von 500,00 DM zu Buche steht und schenkt diesem seiner Tochter K. zum bestandenen Abitur. Der Verkehrswert des Fahrzeuges liegt laut Schätzgutachten bei 8.000,00 DM. Die Entnahme des Kfz wird mit ihrem Teilwert von 8.000,00 DM bewertet und erhöht den einkommensteuerpflichtigen Gewinn durch Hinzurechnung des Entnahmegewinns um 7.500,00 DM.

Der Teilwert der Entnahme stimmt i.d.R. mit dem Verkehrswert im Entnahmezeitpunkt überein. Unabhängig davon kommen, je nach Art des entnommenen Wirtschaftsgutes, für die Teilwertermittlung unterschiedliche Wertbezugsbasen in Betracht. Die nachfolgende Auflistung dokumentiert beispielhaft die Teilwertermittlung für unterschiedliche Entnahmegegenstände:

---

[308] R 39 S. 1 EStR 1993
[309] BFH vom 14.4.1988, BFH/NV 1989, 95; BFH vom 18.4.1991, BStBl II 1991, 833

Entnahmegegenstand	Teilwert
Barentnahme	Nennbetrag
Durch den steuerpflichtigen Unternehmer hergestellte PC's	Marktpreis
private Nutzung eines zum Betriebsvermögen gehörenden Pkw	anteilige, auf den Privatnutzungsanteil entfallende fixe und variable Aufwendungen oder 1% des Kaufpreises je Kalendermonat pauschal
private Nutzung eines betrieblichen Telefonanschlusses	anteilige, auf den Privatnutzungsanteil entfallende fixe und variable Aufwendungen
private Nutzung eines zum Betriebsvermögens gehörenden Gebäudeteils zu eigenen Wohnzwecken	anteilige Selbstkosten des Betriebsgebäudes

Abb. 68: Entnahmegegenstände und Teilwertermittlung - Beispiele -

Durch die Bewertung der Entnahmen mit ihrem jeweiligen Teilwert wird i.d.R. ein Entnahmegewinn (= aufgelöste stille Rücklage) in die Besteuerung einbezogen, der faktisch nicht am Markt realisiert wurde. Insoweit stellt die Besteuerung des Entnahmegewinns eine im Interesse der Gleichmäßigkeit der Besteuerung zulässige und notwendige Durchbrechung des Realisationsprinzips dar. Auf eine Auflösung stiller Rücklagen kann regelmäßig nur dann verzichtet werden, wenn ihre steuerliche Erfassung auch nach vollzogener Entnahmehandlung sichergestellt bleibt; in solchen Fällen kann durch „*teleologische Reduktion der Bewertungsbestimmung des § 6 Abs. 1 Nr. 4 EStG*"[310] von einer Auflösung der stillen Rücklage und einer Erfassung des Entnahmegewinns immer dann abgesehen werden, wenn der Steuerpflichtige das Wirtschaftsgut zwar entnimmt, aber gleichzeitig in einen anderen Betrieb mit identischer Gewinnermittlungsart überführt. Das entnommene Wirtschaftsgut wird in diesem Falle im 'anderen' Betrieb mit dem Buchwert fortgeführt, die zu einem noch nicht definierten späteren Zeitpunkt erfolgende Besteuerung der stillen Rücklagen im anderen Betrieb ist i.d.R. sichergestellt (es sei denn, das Wirt-

---

[310] Knobbe-Keuk 1993, S. 273 ff.

schaftsgut wird in einen Betrieb überführt, der nachhaltige Verluste erwirtschaftet; eine dann bei diesem Betrieb erfolgende Entnahme würde dazu führen, daß der auf Entnahmestufe 1 eigentlich angefallene Entnahmegewinn der Besteuerung entzogen wird. Zumindest insoweit erscheint es m.E. problematisch, ausschließlich auf Betriebe identischer Gewinnermittlungsart abzustellen).

Auf eine Aufdeckung stiller Rücklagen kann auch dann verzichtet werden, wenn das entnommene Wirtschaftsgut in einen anderen nicht gewerbesteuerpflichtigen land- und forstwirtschaftlichen oder freiberuflichen Betrieb überführt wird, obwohl in diesem Falle der Entnahmegewinn - zumindest teilweise - der Besteuerung mit Gewerbeertragsteuer entzogen wird.[311] Die Fortführung des Buchwertes ist im übrigen auch dann zulässig, wenn ein Betrieb, Teilbetrieb oder Mitunternehmeranteil in eine Kapitalgesellschaft (*§ 20 Abs. 2 UmwStG*) oder eine Personengesellschaft (*§ 24 Abs. 2 UmwStG*) eingebracht wird. Keine Entnahme liegt hingegen vor, wenn das Wirtschaftsgut aus einem inländischen Gewerbebetrieb auf eine im Ausland ansässige Betriebsstätte übertragen wird, da das Wirtschaftsgut in diesem Falle nicht zu einem 'betriebsfremden Zweck' entnommen wird, sondern weiterhin dem Betriebszweck dient; in diesem Falle ist für die bis zum Zeitpunkt der Übertragung aufgelaufenen stillen Rücklagen in der inländischen Steuerbilanz ein Ausgleichsposten zu bilden, der aufgelöst wird, wenn das übertragene Wirtschaftsgut aus der ausländischen Betriebsstätte ausscheidet.[312]

Eine Aufdeckung stiller Rücklagen und damit eine Besteuerung des Entnahmegewinns wird demgegenüber regelmäßig dann notwendig, wenn das entnommene Wirtschaftsgut aus einem Gewerbebetrieb auf eine steuerbefreite Körperschaft übertragen wird. Damit soll sichergestellt werden, daß der Entnahmegewinn nicht durch Transfer und anschließende Entnahme bei der steuerbefreiten Körperschaft der Besteuerung entzogen wird.

Gemäß § 6 Abs. 1 Nr. 4 S. 4 und 5 EStG kann eine Entnahme unter bestimmten Voraussetzungen und abweichend von den allgemeinen Grundsätzen mit dem **Buchwert** angesetzt werden, weil der Gesetzgeber dies aus **wirtschafts- und sozialpolitischen Motiven** für begründet erachtet. Dieses **Buchwertprivileg** greift z.B. dann, wenn das Wirtschaftsgut in unmittelbaren Anschluß an seine Entnahme aus dem Gewerbebetrieb

- einer nach § 5 Abs. 1 Nr. 9 KStG steuerbefreiten Körperschaft, Personenvereinigung oder Vermögensmasse, die ausschließlich und unmittelbar der Förderung **wissenschaftlicher Zwecke** oder der Ausbildung dient, oder

- einer Körperschaft, Anstaltung oder Stiftung des öffentlichen Rechts, die ausschließlich und unmittelbar der Förderung **wissenschaftlicher Zwecke** oder der Ausbildung dient,

unentgeltlich übertragen wird.

---

[311] BFH vom 14.6.1988, BStBl II 1989, 187; Knobbe-Keuk 1993, S. 274 f.
[312] BdF vom 12.2.1990, BStBl I 1990, 72; Knobbe-Keuk 1993, S. 275 f.

Das Buchwertprivileg greift ausschließlich bei Sachentnahmen, Nutzungs- und Leistungsentnahmen sind hiervon ausgenommen. Durch das StandOG vom 13.9.1993 wurde das Buchwertprivileg erheblich erweitert und auf alle steuerbegünstigten Zwecke i.S.d. § 10b Abs. 1 S. 1 EStG ausgedehnt; gemäß § 52 Abs. 7 S. 2 EStG ist die erweiterte Fassung auf alle Entnahmen anzuwenden, die nach dem 31.12.1993 vorgenommen werden.

Einlagen sind gemäß § 6 Abs. 1 Nr. 5 EStG i.d.R. mit dem **Teilwert** im Zeitpunkt der Zuführung des Wirtschaftsgutes anzusetzen. Wertänderungen, die während der Zugehörigkeit des Wirtschaftsgutes zum Privatvermögen eingetreten sind, bleiben damit unberücksichtigt: 'Private' Wertverluste können somit nicht qua Einlage in betriebliche Verluste, 'private' Wertzuwächse nicht in betriebliche Gewinne überführt werden.

Abweichend von der grundsätzlichen Bewertung von Einlagen mit dem Teilwert sind Einlagen **höchstens** mit ihren **Anschaffungs- oder Herstellungskosten** anzusetzen, wenn das eingelegte Wirtschaftsgut

- innerhalb der letzten **drei Jahre** vor dem Zuführungszeitpunkt angeschafft oder hergestellt wurde (*§ 6 Abs. 1 Nr. 5 Buchstabe a EStG*) oder

- ein **Anteil an einer Kapitalgesellschaft** ist und der Steuerpflichtige an der Gesellschaft i.S.d. § 17 Abs. 1 EStG beteiligt ist; § 17 Abs. 2 S. 3 EStG gilt entsprechend (*§ 6 Abs. 1 Nr. 5 Buchstabe b EStG*).

Bei eingelegten abnutzbaren Wirtschaftsgütern sind die Anschaffungs- oder Herstellungskosten um AfA oder AfS zu vermindern, soweit diese auf den Zeitraum bis zur Einlage des Wirtschaftsgutes entfallen; strittig ist, ob auch erhöhte Abschreibungen und Sonderabschreibungen mindernd zu berücksichtigen sind.[313]

Die Anschaffungs- oder Herstellungskosten bzw. die fortgeführten Kostenwerte werden jedoch nur dann der Bewertung der Einlagen zugrunde gelegt, wenn diese niedriger als der Teilwert sind.

4.7 Verlustabzug nach § 10d EStG

Um die mit dem Prinzip der Abschnittsbesteuerung verbundenen Härten zu mindern und in angemessener Form zu berücksichtigen, daß ein Unternehmen während seiner wirtschaftlichen Existenz (= Totalperiode) Gewinne und Verluste erwirtschaftet, sieht das EStG die Möglichkeit eines Verlustabzugs vor: Positive und negative Erfolge können in der zeitlichen Abfolge von Rechnungsperioden grundsätzlich miteinander verrechnet werden. Die Möglichkeit zur Vornahme eines Verlustabzugs durchbricht damit das Prinzip der Abschnittsbesteuerung und verstößt letztlich

---

[313] zustimmend Blümich/Ehmcke, Rz. 1043 zu § 6 EStG; Schmidt/Glanegger § 6 Anm. 100c

gegen steuerrechtliche Fundamentalprinzipien (insbesondere gegen das Gerechtigkeitspostulat und damit gegen das Leistungsfähigkeitsprinzip).

§ 10d EStG i.d.F. des StandOG vom 13.9.1993 gilt gemäß § 52 Abs. 13 EStG und § 54 Abs. 6a KStG erstmals ab Veranlagungszeitraum 1994 und erfaßt grundsätzlich nicht ausgeglichene Verluste aller Einkunftsarten des § 2 Abs. 1 Nr. 1 bis 7 EStG. Danach ist grundsätzlich wie folgt zu verfahren:

Grundverfahren (zwingend für nicht ausgeglichene Verluste bis VZ 1993)

- Nichtausgeglichene Verluste bis zu einem Betrag in Höhe von insgesamt 10 Mio. DM sind gemäß § 10d Abs. 1 S. 2 EStG wie Sonderausgaben vom Gesamtbetrag der Einkünfte der beiden vorangegangenen Veranlagungszeiträume abzuziehen. Der **Verlustrücktrag** in der Abfolge der Veranlagungszeiträume t-2/t-1 ist nach einem Verlustausgleich und vor einem Verlustvortrag vorzunehmen.

- Übersteigt der nichtausgeglichene Verlust den Gesamtbetrag der Einkünfte der Vorjahre t-2/t-1 oder den Höchstrücktragsbetrag von 10 Mio. DM, sind die noch nicht ausgeglichenen Verluste in den folgenden Veranlagungszeiträumen wie Sonderausgaben vom Gesamtbetrag der Einkünfte abzuziehen. Der **Verlustvortrag** ist grundsätzlich nach einem Verlustausgleich und nach einem Verlustrücktrag vorzunehmen und zeitlich unbegrenzt möglich (einschränkend ist jedoch zu beachten, daß ein Verlustvortrag so frühzeitig und so weitgehend wie möglich vorzunehmen ist.[314]

Wahlverfahren (Fakultativ für nicht ausgeglichene Verluste ab VZ 1994)

- Erstmals ab VZ 1994 kann auf Antrag des Steuerpflichtigen von der zeitlichen Abfolge Verlustrücktrag - Verlustvortrag abgewichen werden; dem Steuerpflichtigen wird gemäß § 10d Abs. 1 S. 4, 5 EStG die Möglichkeit eingeräumt, **wahlweise**

  – auf einen Verlustrücktrag zu verzichten und den nichtausgeglichenen Verlust in einem folgenden Veranlagungszeitraum im Rahmen des Verlustabzugs geltend zu machen

  oder

  – im Falle eines Verlustrücktrags darüber zu entscheiden, in welchem Veranlagungszeitraum und in welcher Höhe der Verlustrücktrag geltend gemacht werden soll. Eine Beschränkung auf die beiden vorangegangenen VZ t-2/t-1 greift in diesem Falle nicht mehr.

Unter einem 'Verlust' i.S.d. § 10d EStG sind die negativen Ergebnisse aller Einkunftsarten zu verstehen. Bei Ermittlung des abzugsfähigen Verlustes sind Vorschriften über Steuerbefreiungen und Steuervergünstigungen (z.B. steuerfreie Zinseinnahmen i.S.v. § 3a EStG, steuerfreie Sanierungsgewinne usw.) ebenso zu berücksichtigen, wie dies bei der Ermittlung der Einkünfte geboten ist (*R 115 Abs. 1*

---

[314] vgl. BFH vom 28.6.1969, BStBl II 1968, 774

EStR 1993). Der nach § 10d EStG abzugsfähige Verlust entspricht demnach dem negativen Gesamtbetrag der Einkünfte.

Soweit auf einen Antrag nach § 10 d Abs. 1 S. 4, 5 EStG verzichtet wird, wird der Verlustabzug von Amts wegen (= **Offizialprinzip**) im Rahmen des Veranlagungsverfahrens nach dem Grundverfahren vorgenommen.[315] Der Verlustabzug ist **personenbezogen**, d.h. bei Mitunternehmerschaften kommen nur die Einkünfte der einzelnen Mitunternehmer, nicht jedoch der Verlust der Mitunternehmerschaft für den Verlustabzug in Betracht.[316] Durch den Verlustabzug wird im Ergebnis bewirkt, daß

- die in den Vorjahren gezahlte Einkommensteuer ganz oder anteilig erstattet wird (Verlustrücktrag) bzw.
- die Steuerschuld künftiger Veranlagungszeiträume entsprechend gemindert oder auf 'Null' gestellt wird (Verlustvortrag).

---

[315] Ausnahme: Arbeitnehmer, die gemäß § 46 Abs. 2 Nr. 8 EStG Antrag auf Veranlagung zur Einkommensteuer stellen müssen, sofern ein Verlustabzug berücksichtigt werden soll; vgl. R 115 Abs. 5 EStR 1993

[316] Hermann/Heuer/Raupach § 10d EStG, Rz. 106

5 Einkommensteuertarif, Veranlagung und Erhebung

5.1 Normaltarif und Veranlagung

Die Gestaltung des **Steuertarifs** ist sicherlich zu den steuerpolitischen Grundsatzentscheidungen zu rechnen, die durch ein hohes Maß an Brisanz gekennzeichnet sind. Auf der einen Seite ist die Tarifgestaltung so auszulegen, daß dem **Finanzbedarf** des Staates angemessen entsprochen werden kann, auf der anderen Seite ist im Interesse einer gebotenen Steuergerechtigkeit eine Tarifgestaltung zu wählen, die angemessen berücksichtigt, daß sich die **Leistungsfähigkeit** eines Steuerpflichtigen derzeit primär in der Höhe seines Einkommens dokumentiert. Diese notwendige 'soziale' Komponente darf aber letztlich wiederum nicht dazu führen, daß durch eine unangemessen hohe Besteuerung hoher Einkommen der Leistungswillen gelähmt und insbesondere die unternehmerische Betätigung in einem verschärften globalen Wettbewerb mit nicht vertretbaren Hemmnissen konfrontiert wird, die die Selbstfinanzierungsfähigkeit von Unternehmen beeinträchtigen. Die Entscheidung über die Tarifgestaltung ist insoweit wohl stets ein politisch zu lösendes Problem, da es den in wirtschafts- oder rechtswissenschaftlicher Sicht „richtigen" Tarif nicht geben kann.[317] Grundsätzlich stehen hinsichtlich der Tarifgestaltung unterschiedliche Möglichkeiten zur Verfügung, d.h. der Einkommensteuertarif kann als Stufentarif, Anstoßtarif, Formeltarif oder linearer Tarif gestaltet werden:

- **Lineare Tarife**

Bei linearen Tarifen (sog. „flate rate taxes") wird ein von der Höhe des Einkommens unabhängiger konstanter Steuersatz zugrunde gelegt. Lineare Tarife sind transparent, in der Handhabung einfach, tragen jedoch dem Leistungsfähigkeitsprinzip nur bedingt Rechnung.

- **Stufentarife**

Stufentarife sind i.d.R. so ausgestaltet, daß innerhalb bestimmter Einkommensbereiche definierte Steuersätze zugrunde gelegt werden. Mit dem Übergang zum nächsthöheren Einkommensbereich erhöhen sich Steuersatz und damit Steuerbelastung sprunghaft mit der Konsequenz, daß Einkommen, die im höchsten Einkommensbereich angesiedelt sind, in voller Höhe dem höchsten Stufentarif unterworfen werden.

- **Anstoßtarife**

Auch bei Anstoßtarifen werden definierte Einkommensbereiche gebildet und abgegrenzt, jedoch wird im Unterschied zum Stufentarifkonzept jedes Mehreinkommen innerhalb eines Einkommensbereichs mit einem sich von Einkommens-

---

[317] vgl. dazu z.B. Tipke 1985, S. 301

bereich zu Einkommensbereich sprunghaft erhöhenden festen Spitzensteuersatz besteuert.

- **Formeltarife**

Formeltarife tragen dem Prinzip einer in Abhängigkeit von der Einkommenshöhe progressiven Besteuerung am ehesten Rechnung, da die Steuerbelastung als stetige Funktion des Einkommens definiert wird: Jedes Mehreinkommen innerhalb progressiver Einkommensbereiche wird mit einem kontinuierlich steigenden Spitzensteuersatz belastet.

Der Formeltarif definiert die Steuerschuld y als Funktion des zu versteuernden Einkommens x, d.h. es gilt y = f(x). Auf dieser Grundlage gelten folglich für den

Durchschnittssteuersatz (z) : $z = \dfrac{100y}{x} = \dfrac{100 f(x)}{x}$

und den

Spitzensteuersatz (s) : $s = 100 \dfrac{dy}{dx}$

Das Einkommensteuerrecht sieht derzeit (noch) einen Formeltarif vor, der auf die Bemessungsgrundlage „zu versteuerndes Einkommen einer natürlichen Person" angewandt wird. Der **Einkommensteuertarif**, der in den vergangenen Jahren aus politischen Zweckmäßigkeitsüberlegungen wie auch zur notwendigen Umsetzung verfassungsrechtlicher Vorgaben (z.B. der gebotenen Freistellung des Existenzminimums) immer wieder geändert wurde, weist in der derzeitigen Ausgestaltung gemäß § 32a EStG die vier nachfolgend dargestellten **Tarifbereiche** auf;[318] dabei gilt grundsätzlich, daß das zu versteuernde Einkommen vor Anwendung des Tarifs gemäß § 32a Abs. 2 EStG auf den nächsten durch 54 ohne Rest teilbaren vollen DM-Betrag abzurunden ist, soweit es nicht bereits durch 54 ohne Rest teilbar ist.

- **1. Tarifbereich (= Nullzone)**

Für ein zu versteuerndes Einkommen bis zu einem Grundfreibetrag von 12.095 DM (Tarif 1990 : 5.616 DM) beträgt die tarifliche Einkommensteuer Null DM. Durch den gegenüber dem Einkommensteuertarif 1990 deutlich angehobenen Grundfreibetrag soll in angemessener Form der vom BVerfG geforderten Freistellung des Existenzminimums Rechnung getragen werden.

Durch das Jahressteuergesetz 1996 wurden gleichzeitig und vorab in § 52 Abs. 22b EStG Tarifänderungen normiert, die für die Jahre 1997 bis 1999 folgende Erhöhungen des Grundfreibetrges vorsehen:

1997 und 1998: Grundfreibetrag 12.365 DM

199: Grundfreibetrag 13.067 DM.

---

[318] vgl. dazu auch Laux 1996, S. 567 ff.

- **2. Tarifbereich (= untere Progressionszone)**

  Da nur ein das freigestellte Existenzminimum übersteigendes zu versteuerndes Einkommen als 'disponibles' Einkommen versteuert werden kann, beginnt die untere Progressionszone bei einem zu versteuernden Einkommen von 12.096 DM und endet bei einem zu versteuernden Einkommen von 55.727 DM. Der Grenzsteuersatz steigt innerhalb der Zoneneckeinkommen linear von 25,9 % auf 33,5 % an.

  Durch das JStG 1996 wurden in § 52 Abs. 22b EStG auch für die untere Progressionszone Tarifänderungen normiert, die für die Folgejahre bis 1999 folgende Veränderungen des Zonenendeinkommens vorsehen:

  1997 und 1998:   58.643 DM

  1999:   66.365 DM

  Für VZ 1996 lautet die Tarifformel: $(86{,}83y + 2{,}590)\,y$.

- **3. Tarifbereich (= mittlere Progressionszone)**

  Die mittlere Progressionszone beginnt bei einem zu versteuernden Einkommen von 55.728 DM und endet bei einem zu versteuernden Einkommen von 120.041 DM. Der Grenzsteuersatz steigt innerhalb der mittleren Progressionszone linear von 33,5 % auf 53,0 %.

  Für VZ 1996 lautet die Tarifformel: $(151{,}91z + 3.346)\,z + 12.949$.

- **4. Tarifbereich (obere Proportionalzone)**

  Die Obere Proportionalzone beginnt ab einem zu versteuernden Einkommen von 120.042 DM. Der Grenzsteuersatz beträgt konstant 53 %, wobei sich die Durchschnittsteuerbelastung dem Grenzsteuersatz schrittweise annähert, ohne diesen aber vollständig zu erreichen, da die unterhalb des Eckwertes von 120.042 liegenden Teile des zu versteuernden Einkommens einer unter 53 % liegenden Grenzsteuerbelastung unterliegen.

  Für VZ 1996 lautet die Tarifformel: $0{,}53x - 22.842$.

Für die Tarifbereiche des VZ 1996 ist „y" als ein Zehntausendstel des 12.042 DM übersteigenden Teils des abgerundeten Einkommens, „z" als ein Zehntausendstel des 55.674 DM übersteigenden Teils des abgerundeten zu versteuernden Einkommens und „x" als das abgerundete zu versteuernde Einkommen definiert. Da der Einkommensteuertarif 1996 durch zwei lineare Progressionszonen mit unterschiedlichem Anstieg der Grenzsteuerbelastung gekennzeichnet ist (= Tarifbereiche 2 und 3), läßt sich der Tarif als 'gebrochener linear-progressiver Tarif' charakterisieren.[319] Der gebrochen linear-progressive Tarifverlauf des Einkommensteuertarifs 1996 läßt

---

[319] Im Gegensatz dazu sah der Einkommensteuertarif 1990 eine durchgehend lineare Progression für zu versteuernde Einkommen von 8.154 DM bis 120.041 DM vor

sich anhand der Grenz- und Durchschnittsteuerbelastung graphisch durch Abbildung 69 verdeutlichen:

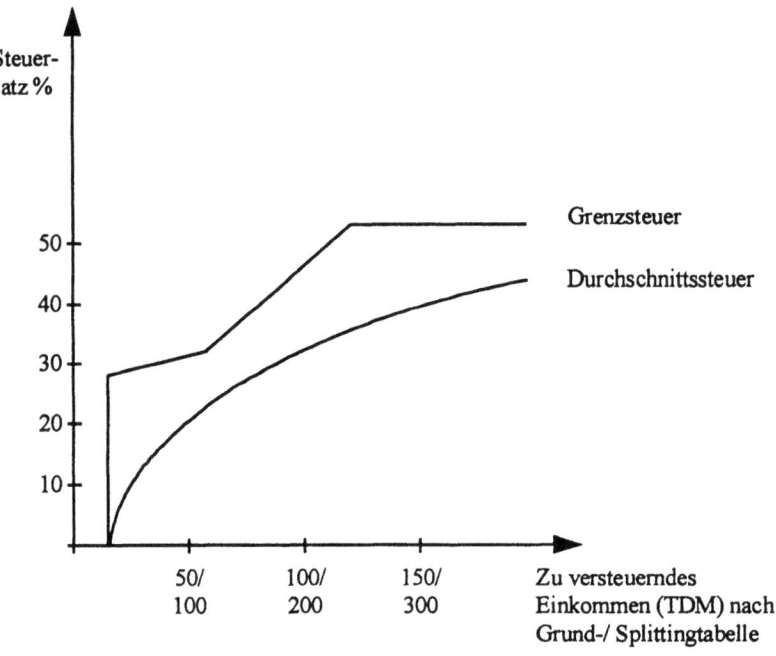

Abb. 69: Grenz- und Durchschnittsteuerbelastung des Tarifs 1996

Die Einkommensteuer ist eine **Jahressteuer** (§ 2 Abs. 7 EStG), die nach dem Ablauf des Veranlagungszeitraumes (= Kalenderjahr/Rechnungsperiode) in einem förmlichen Veranlagungsverfahren auf der Grundlage des in diesem Zeitraum erzielten Einkommens des Steuerpflichtigen ermittelt wird. Der Steuerpflichtige hat hierzu nach § 25 Abs. 3 EStG eine Einkommensteuererklärung abzugeben, das zuständige Finanzamt ermittelt die Besteuerungsgrundlagen und erläßt den **Einkommensteuerbescheid**.[320]

Bei **Veranlagung** greift grundsätzlich das **Individualprinzip**, d.h. jeder Steuerpflichtige hat gesondert und für sich das Einkommen zu versteuern, das im Veranlagungszeitraum bezogen wurde (= **Einzelveranlagung**). Hiervon abweichend können Ehegatten, die beide unbeschränkt steuerpflichtig sind und nicht dauernd getrennt leben, nach § 26 EStG zwischen getrennter Veranlagung und Zusammenveranlagung wählen bzw. im Jahr der Eheschließung auf die Möglichkeit der besonde-

---

[320] vgl. zum Besteuerungsverfahren auch 1.3.1

ren Veranlagung nach § 26c EStG zurückgreifen. Regelfall ist bei Ehegatten, bei denen die genannten Voraussetzungen erfüllt sind, die **Zusammenveranlagung**; hierbei werden die Einkünfte, die beide Ehegatten erzielt haben, zusammengerechnet, den Ehegatten gemeinsam zugerechnet und die Ehegatten prinzipiell gemeinsam als Steuerpflichtiger behandelt (§ 26b EStG). Die wesentlichen, mit der Zusammenveranlagung verbundenen Vorteile bestehen darin, daß Freibeträge, Freigrenzen, Pauschbeträge usw. verdoppelt werden und auf das zu versteuernde Einkommen der Einkommensteuertarif nach Maßgabe des **Splittingverfahrens** angewandt wird (§ 32a Abs. 5 EStG). In solchen Fällen wird das gemeinsam zu versteuernde Einkommen der Ehegatten halbiert, aus dem halbierten Betrag die Einkommensteuer berechnet und anschließend verdoppelt.[321] Die Zusammenveranlagung ist regelmäßig die für Ehegatten günstigere Alternative, wenn die Einkünfte der Höhe nach stark voneinander abweichen und durch das Splittingverfahren erreicht wird, daß die Tarifprogression jeweils nur auf das halbierte Einkommen wirkt mit der Folge, daß Grenz- und Durchschnittsteuersatz vermindert werden. In Ausnahmefällen kommt das Splittingverfahren auch bei Einzelveranlagung in Betracht, soweit die in § 32a Abs. 6 EStG genannten Voraussetzungen erfüllt sind (sog. **'Gnadensplitting'**, z.B. im Jahr der Scheidung).

Die **getrennte Veranlagung** von Ehegatten kommt grundsätzlich nur dann in Betracht, wenn einer von beiden sich schriftlich für diese Veranlagungsform entscheidet (§ 26 Abs. 2 EStG). In diesem Falle werden jedem Ehegatten die von ihm bezogenen Einkünfte zugerechnet und bei Ermittlung und Festsetzung der Einkommensteuer die jeweiligen persönlichen Verhältnisse gesondert berücksichtigt. Soweit nicht eine andere Aufteilung beantragt wird, werden Sonderausgaben und außergewöhnliche Belastungen der Höhe nach wie bei einer Zusammenveranlagung berechnet und der abzugsfähige Betrag jeweils zur Hälfte den Ehegatten zugerechnet.

Besteht das Einkommen ganz oder teilweise aus Einkünften aus nichtselbständiger Arbeit, von denen ein Steuerabzug vorgenommen wurde, wird eine Veranlagung nur in den in § 46 Abs. 2 Nrn. 1 bis 8 EStG genannten Fällen durchgeführt.[322]

Im Regelfall lassen sich tarifliche und festzusetzende Einkommensteuer in Abhängigkeit von der Veranlagungsform unmittelbar der Grund- oder Splittingtabelle entnehmen, es sei denn, daß ein Progressionsvorbehalt, eine Tarifbegrenzung, eine Tarifermäßigung und/oder Steuerermäßigung bzw. nicht tarifliche Steuerforderungen zu berücksichtigen sind.

---

[321] Aus Vereinfachungsgründen wird mit identischem Ergebnis auf die EStG als Anlage beigefügte Splittingtabelle zurückgegriffen, die für zusammenveranlagte Ehegatten die Grundtabelle ergänzt
[322] so z.B. wenn dies ausdrücklich beantragt wird oder der Steuerpflichtige nebeneinander von mehreren Arbeitgebern Arbeitslohn bezogen hat

Einkommensteuertarif, Veranlagung und Erhebung

5.2 Progressionsvorbehalt

Der Progressionsvorbehalt nach § 32b EStG wird regelmäßig - soweit die Voraussetzungen hierfür erfüllt sind - von Amts wegen im Rahmen des Veranlagungsverfahrens angewandt und soll verhindern, daß Steuerpflichtige dadurch im Rahmen der Tarifprogression einen **Tarifvorteil** erlangen, daß von der Besteuerung freigestellte oder nicht besteuerte Einkünfte bei der Bemessung des Steuersatzes unberücksichtigt bleiben. Der Progressionsvorbehalt bewirkt insoweit, daß freigestellte oder nicht besteuerte Einkünfte bei Festsetzung des Durchschnittsteuersatzes auf die steuerpflichtigen Einkünfte mitberücksichtigt werden, auch wenn sie nicht in der Bemessungsgrundlage 'zu versteuerndes Einkommen' enthalten sind. Vom Progressionsvorbehalt erfaßt werden in erster Linie **ausländische Einkünfte** eines Steuerpflichtigen, die nach einem Doppelbesteuerungsabkommen oder einem sonstigen zwischenstaatlichen Abkommen von der deutschen Einkommensteuer freigestellt sind, **steuerfreie Lohn- oder Einkommensersatzleistungen** z.B. Krankengeld, Arbeitslosengeld, Konkursausfallgeld) sowie **nicht der deutschen Einkommensteuer unterliegende Einkünfte beschränkt steuerpflichtiger Arbeitnehmer aus EU- oder EWR-Staaten** (z.B. ausländische Einkünfte eines beschränkt steuerpflichtigen Arbeitnehmers).[323]

Der **besondere Steuersatz** nach § 32b Abs. 1 EStG, der zur Umsetzung des Progressionsvorbehalts erforderlich ist, ist gemäß § 32b Abs. 2 EStG der Steuersatz, der sich ergibt, wenn bei Berechnung der Einkommensteuer von der Besteuerung freigestellte oder nicht besteuerte Einkünfte einbezogen und somit zusätzlich zu den steuerpflichtigen Einkünften berücksichtigt werden. Soweit z.B. die freigestellten ausländischen Einkünfte positiv sind und damit den steuerpflichtigen Einkünften hinzugerechnet werden müssen, liegt dem Sachverhalt nach ein **positiver Progressionsvorbehalt** vor; sind sie negativ, werden sie i.d.R. im Rahmen eines **negativen Progressionsvorbehalts** berücksichtigt.

Ist ein positiver Progressionsvorbehalt (= Regelfall) gegeben, werden die steuerpflichtigen und die freigestellten oder nicht besteuerten Einkünfte addiert; aus der Gesamtsumme nicht besteuerter und steuerpflichtiger Einkünfte wird die tarifliche Einkommensteuer anhand von Grund- oder Splittingtabelle ermittelt. Der sich auf dieser Basis ergebende Durchschnittsteuersatz wird der Berechnung der Einkommensteuer der steuerpflichtigen Einkünfte zugrunde gelegt.

Beispiel:

A hat im VZ ein zu versteuerndes Einkommen i.S.d. § 2 Abs. 5 EStG in Höhe von 40.000 DM erzielt; im selben VZ hat er darüberhinaus Arbeitslosengeld in Höhe von 10.000 DM erhalten. Bei Anwendung der Einkommensteuer-

---
[323] Dem Progressionsvorbehalt unterworfen werden darüberhinaus auch Einkünfte i.S.d. §§ 1 Abs. 3 oder 1a EStG, die nicht der deutschen Einkommensteuer unterliegen

Splittingtabelle ist im Rahmen des Progressionsvorbehalts wie folgt zu verfahren (vgl. dazu auch Abschn. 91 LStR):

steuerpflichtige Einkünfte	
= zu versteuerndes Einkommen	40.000,00 DM
+ Lohnersatzleistung (Arbeitslosengeld)	10.000,00 DM
= Für die Steuerberechnung maßgebendes zu versteuerndes Einkommen	50.000,00 DM
Steuer nach Splittingtabelle (bezogen auf Eingangsbetrag der Tabellenstufe =	6.972,00 DM 49.896,00 DM)
Durchschnittsteuersatz (6.972 : 49.896) x 100 =	13,97 %
Anwendung des Durchschnittsteuersatzes auf den Eingangsbetrag der steuerpflichtigen Einkünfte laut Splittingtabelle (= 39.960 DM)	
Einkommensteuer 39.960 x 0,1397 =	5.582,41 DM

5.3 Tarifbegrenzung für gewerbliche Einkünfte

§ 32c EStG sieht erstmals VZ 1994 eine **Tarifbegrenzung für gewerbliche Einkünfte** vor. Durch die Tarifbegrenzung nach § 32c EStG wird die Tarifprogression für eine bestimmte Einkunftsart, die Einkünfte aus Gewerbebetrieb, nicht bei 53 % belassen, sondern auf 47 % gekappt; begründet wird diese „Deckelung" des Tarifs u.a. damit, daß hiermit eine notwendige Angleichung an den Körperschaftsteuertarif erreicht werde und zudem die Gewerbesteuerbelastung von Gewerbebetrieben solange kompensiert werden könne, bis die notwendige Gewerbesteuerreform realisiert sei. Dabei wird jedoch übersehen, daß die Einkommensteuer eine Subjekt-, die Gewerbesteuer hingegen eine Objektsteuer darstellt, so daß eine Entlastung durch Tarifbegrenzung steuersystematisch unbegründet erscheint, da eine Doppelbelastung i.e.S. nicht gegeben ist, die Gewerbesteuer zudem einkommensteuerlich als Betriebsausgabe abzugsfähig ist und damit dem Nettoprinzip angemessen Rechnung getragen wird. Hinzu kommt, daß durch die Tarifbegrenzung eine bestimmte Einkunftsart begünstigt, während alle anderen Einkünftsarten der vollen Tarifprogression unterworfen werden, so daß zwar der Gesellschafter einer Personengesellschaft in den Genuß der Tarifbegrenzung gelangt, nicht jedoch der Gesellschafter einer Kapitalgesellschaft,[324] freiberuflich Tätige oder Land- und Forstwirte. M.E. begründet wird im Schrifttum nahezu einhellig moniert, die Tarifbegrenzung stelle einen Verstoß gegen die Prinzipien der Leistungsfähigkeit und Gleichmäßigkeit der

---

[324] dieser erzielt nicht tarifbegrenzte Einkünfte aus Kapitalvermögen

Besteuerung dar[325] und sei verfassungsrechtlich nicht haltbar. Dieser Auffassung ist unbeschadet der Intention des Gesetzgebers, die Tarifbegrenzung nach einer Reform der Gewerbesteuer wieder aufzuheben, zuzustimmen, da der Verweis auf eine - zweifellos notwendige - noch ausstehende grundlegende Gewerbesteuerreform nicht zu einer tariflichen Ungleichbehandlung unterschiedlicher Einkunftsarten mißbraucht werden darf.[326]

Die Tarifbegünstigung nach § 32c EStG knüpft vereinfacht an zwei **Voraussetzungen**:

- **Gewerbliche Einkünfte i.S.d. § 32c Abs. 2 EStG.**

    Dies ist regelmäßig der Fall, soweit es sich um Gewinne oder Gewinnanteile handelt, die zugleich der Gewerbesteuer unterliegen.

- **Erreichung der Grenzwerte gemäß § 32c Abs. 1 und 5 EStG.**

    Die Tarifbegrenzung setzt voraus, daß der Anteil der begünstigten gewerblichen Einkünfte am zu versteuernden Einkommen mindestens 100.287 DM (Grundtarif) bzw. 200.556 DM (Splittingtarif) beträgt.[327]

Soweit die vorgenannten Voraussetzungen nicht erfüllt sind, werden die somit nicht begünstigten gewerblichen Einkünfte der normalen Tarifprogression unterworfen, eine Entlastung findet nicht statt, auch wenn gewerbliche Einkünfte erzielt wurden. Das nachfolgende Beispiel erläutert die Tarifbegrenzung gewerblicher Einkünfte.

Beispiel:

Für die Steuerpflichtige E.B. liegen im VZ folgende relevante Informationen vor: Summe der Einkünfte 400.000 DM, zu versteuerndes Einkommen 300.000 DM. In der Summe der Einkünfte enthalten sind tarifbegünstigte gewerbliche Einkünfte in Höhe von 160.000 DM. Im Zuge der Einzelveranlagung ist die Grundtabelle anzuwenden.

1. Schritt:

Zunächst ist der gewerbliche Anteil am zu versteuernden Einkommen zu ermitteln. Hierfür maßgebend ist das Verhältnis der begünstigten gewerblichen Einkünfte zur Summe der Einkünfte des VZ; somit gilt: 160.000 : 400.000 = 0,4. Das Ergebnis wird mit dem zu versteuernden Einkommen multipliziert und ergibt den gewerblichen Anteil am zu versteuernden Einkommen:

---

[325] vgl. z.B. Tipke, StuW 1993, S. 8 ff.; Wendt, FR 1993, S. 1 ff.; Blümich/Gosch § 32c EStG, Rz. 12 ff.
[326] Der Hinweis auf das Ziel, den Tarif nach einer Gewerbesteuerreform für alle Einkunftsarten identisch zu gestalten, verdeutlicht eher das Unbehagen des Gesetzgebers an der von ihm geschaffenen Regelung, als daß er geeignet wäre, die Tarifbegrenzung zu begründen; vgl. BT-Drucks. 12/4158, S. 25 und 12/4487, S. 24
[327] Im Einkommensintervall 100.224 bis 100.227 DM liegt der Grenzsteuersatz bei 47 %, so daß sich konsequenterweise erst danach eine entsprechende Entlastung und damit Tarifbegrenzung ergeben kann

300.000 x 0,4 = 120.000 DM gewerblicher Anteil.

2. Schritt:

Auf Grundlage des ermittelten gewerblichen Anteils ist der Entlastungsbetrag für den VZ zu ermitteln. Dabei ist der gewerbliche Anteil zunächst auf den nächsten durch 54 teilbaren vollen DM-Betrag abzurunden (= 119.988 DM). Die hierauf entfallende Einkommensteuer beträgt 40.751 DM laut Grundtabelle.

Von der Einkommensteuer in Höhe von 40.751 DM sind die sich nach der Grundtabelle für den Grenzbetrag von 100.224 DM ergebende Einkommensteuer sowie die Einkümmensteuer zum Grenzsteuersatz von 47 % auf den übersteigenden Differenzbetrag abzuziehen:

Einkommensteuer laut Grundtabelle	40.751 DM
- Einkommensteuer auf Grenzbetrag 100.224 DM laut Grundtabelle	30.870 DM
- Einkommensteuer auf übersteigenden Differenzbetrag (119.988 - 100.224) x 0,47 =	9.289 DM
= Entlastungsbetrag	592 DM

Die Tarifliche Einkommensteuer wird im Fallbeispiel um einen Entlastungsbetrag von 592 DM verringert.

Die nachfolgende Abbildung verdeutlicht beispielhaft für unterschiedliche hohe absolute Abteile am zu versteuernden Einkommen die Entlastungsbeträge nach Grund- bzw. Splittingtabelle:

Anteil gewerblicher Einkünfte am zu versteuernden Einkommen	Grundtabelle	Splittingtabelle
100.278 bzw. 200.556	0	0
:		
120.000 bzw. 240.000	592	1.184
:		
200.000 bzw. 400.000	5.391	10.782
:		
300.000 bzw. 600.000	11.392	22.784
:		
400.00 bzw. 800.000	17.397	34.784

Abb. 70: Entlastungsbeträge in Abhängigkeit von der Höhe der Anteile gewerblicher Einkünfte am zu versteuernden Einkommen

5.4 Tarifermäßigung für außerordentliche Einkünfte

Soweit in dem Einkommen **außerordentliche Einkünfte** i.S.d. § 34 EStG enthalten sind, wird auf diese ein **ermäßigter Steuersatz** angewandt: Bis zu einem Höchstbetrag von 30 Mio. DM beträgt der Steuersatz die Hälfte des Durchschnittsteuersatzes, der sich ergeben würde, wenn die tarifliche Einkommensteuer nach dem gesamten zu versteuernden Einkommen zuzüglich der dem Progressionsvorbehalt unterliegenden Einkünfte zu bemessen wäre. Zu den begünstigten außerordentlichen Einkünften i.S.d. § 34 EStG rechnen z.b. **Veräußerungsgewinne** aus der Veräußerung und Aufgabe eines Gewerbebetriebs oder Teilbetriebs, aus der Veräußerung und Aufgabe eines land- und forstwirtschaftlichen Betriebs, aus der Veräußerung einer wesentlichen Beteiligung an einer Kapitalgesellschaft oder aus der Veräußerung und Aufgabe von Vermögen, das der Ausübung einer selbständigen Arbeit diente. Ebenfalls dem ermäßigten Steuersatz unterliegen **Entschädigungen** i.S.d. § 24 Nr. 1 EStG (z.B. Ausgleichszahlungen an einen Handelsvertreter nach § 89b HGB) und **Nutzungsvergütungen** und **Zinsen** i.S.d. § 24 Nr. 3, soweit sie für einen Zeitraum von mehr als drei Jahren nachgezahlt werden.[328]

Bei **Vergütungen**, die für eine **mehrjährige Tätigkeit** geleistet werden, greift ebenfalls eine Steuersatzermäßigung: Die Einkommensteuer beträgt das Dreifache des Unterschiedsbetrages zwischen der Einkommensteuer für das um diese Einkünfte verminderte zu versteuernden Einkommen und der Einkommensteuer für das verbleibende zu versteuernde Einkommen zuzüglich eines Drittels der steuersatzbegünstigten Einkünfte. Die Steuersatzermäßigung nach § 34 Abs. 3 EStG soll primär zu einer Milderung der Tarifprogression bei Vergütungen führen, die für mehrere Jahre zusammengefaßt in einer Periode geleistet werden. Für die Tarifbegünstigung von Veräußerungsgewinnen, Entschädigungen usw. gilt dies analog, da z.B. bei Auflösung stiller Reserven im Rahmen einer Betriebsveräußerung Abschnittsbesteuerung und Tarifprogression zur überhöhten Besteuerung von Einkünften führen könnten, die wirtschaftlich anderen Rechnungsperioden zuzurechnen sind. Insoweit trägt die Tarifbegünstigung in solchen Fällen dem Prinzip der Besteuerung nach der Leistungsfähigkeit des Steuerpflichtigen Rechnung.

5.5 Tarifliche Einkommensteuer und festzusetzende Einkommensteuer

Zur Ermittlung der Einkommensteuerbelastung wird die tarifliche Einkommensteuer um **Steuerermäßigungen** vermindert bzw. um nicht tarifliche **Steuerforderungen** erhöht. Dazu zählen z.B. (vgl. auch R 4 EStR 1993):

---

[328] zu Berechnungsbeispielen vgl. H 198 EStR 1993

- Steuerermäßigungen bei ausländischen Einkünften gemäß §§ 34c EStG, 12 AStG (= anrechenbare ausländische Steuern).
- Steuerermäßigungen bei Einkünfte aus Land- und Forstwirtschaft gemäß § 34e EStG.
- Steuerermäßigungen im Rahmen des Baukindergelds gemäß § 34f EStG.
- Steuerermäßigungen bei Mitgliedsbeiträgen und Spenden an politische Parteien gemäß § 34g EStG.
- Hinzuzurechnende pauschaliert besteuerte ausländische Einkünfte nach § 34c Abs. 5 EStG sowie Nachsteuern nach den §§ 30, 31 EStDV.

Daraus folgt, daß die festzusetzende Einkommensteuer nach § 2 Abs. 6 EStG wie folgt zu ermitteln ist:

Tarifliche Einkommensteuer
- Entlastungsbetrag nach § 32c EStG
- Steuerermäßigungen
+ Steuerforderungen

= **Festzusetzende Einkommensteuer**

5.6 Steuererhebung

An die Einkommensteuerveranlagung (Ermittlung der Besteuerungsgrundlagen und Festsetzung der Einkommensteuer) schließt sich die Steuererhebung an: Auf die voraussichtliche Steuerschuld sind gemäß § 37 Abs. 1 EStG vierteljährliche **Vorauszahlungen** zu leisten. Die Vorauszahlungen werden durch Steuerbescheid festgesetzt und bemessen sich der Höhe nach grundsätzlich nach der Einkommensteuer, die sich nach Anrechnung der Steuerabzugsbeträge und der Körperschaftsteuer bei der letzten Veranlagung ergeben hat (*§ 37 Abs. 3 EStG*).

Bei **Einkünften aus nichtselbständiger Arbeit** wird demgegenüber die Einkommensteuer im **Abzugsverfahren** erhoben, d.h. der Arbeitgeber behält die **Lohnsteuer** für Rechnung des Arbeitnehmers ein und führt diese monatlich an das zuständige Finanzamt ab. Die Lohnsteuer stellt insoweit keine eigenständige Steuerart dar, sondern kennzeichnet lediglich eine bsondere Erhebungsform der Einkommensteuer.[329]

Das **Abzugs- oder Quellensteuerverfahren** wird als Erhebungsform der Einkommensteuer darüberhinaus bei bestimmten Kapitalerträgen i.S.d. § 43 EStG prakti-

---

[329] vgl. dazu auch §§ 38 bis 42 f. EStG

ziert. In diesen Fällen wird die Einkommensteuer durch Abzug vom Kapitalertrag erhoben, d.h. der Schuldner oder die die Kapitalerträge auszahlende Stelle behalten die **Kapitalertragsteuer** für Rechnung des Gläubigers ein und führen sie an das Finanzamt ab. Der Kapitalertragsteuer, die im Einzelfall 25, 30 oder 35 % beträgt, unterliegen z.B. im Rahmen der unbeschränkten Steuerpflicht Erträge aus der Beteiligung an einer inländischen Kapitalgesellschaft, Einnahmen aus der Beteiligung an einem Handelsgewerbe als stiller Gesellschafter sowie Zinsen aus bestimmten Teilschuldverschreibungen und aus partiarischen Darlehen.[330]

Gemäß § 36 Abs. 2 EStG werden die für den Veranlagungszeitraum entrichteten Vorauszahlungen, die durch Steuerabzug erhobene Einkommensteuer sowie die anrechenbare Körperschaftsteuer auf die Einkommensteuer angerechnet, so daß Einkommensteuerzahllast oder Einkommensteuererstattungsbetrag wie folgt ermittelt werden:

Festzusetzende Einkommensteuer

- Vorauszahlungen

- Abzugsteuer (Lohnsteuer, Kapitalertragsteuer)

- anrechenbare Körperschaftsteuer

+ gezahltes Kindergeld

= Zahllast oder Erstattungsbetrag

---

[330] vgl. dazu auch §§ 43 bis 45 d EStG

6 Solidaritätszuschlag

Zur Einkommensteuer und Körperschaftsteuer wird gemäß § 1 SolZG ein Solidaritätszuschlag als **Ergänzungsabgabe** i.S.d. Art. 106 Abs. 1 Nr. 6 GG bzw. **Zuschlagsteuer** i.S.d. § 51a EStG erhoben.[331] Abgabepflichtig sind nach § 2 SolZG alle unbeschränkt und beschränkt einkommensteuerpflichtigen natürlichen Personen sowie körperschaftsteuerpflichtige Körperschaften, Personenvereinigungen und Vermögensmassen (z.B. Stiftungen). Der Solidaritätszuschlag bemißt sich gemäß § 3 Abs. 1 EStG beispielhaft wie folgt:[332]

- **Bei Veranlagung zur Einkommen- oder Körperschaftsteuer**

  nach der nach § 51a Abs. 2 EStG berechneten Einkommensteuer oder der festgesetzten Körpeschaftsteuer, vermindert um die anzurechnende oder vergütete Körperschaftsteuer, wenn ein positiver Betrag verbleibt (*§ 3 Abs. 1 Nr. 1 SolZG*).

- **Soweit Vorauszahlungen zur Einkommen- oder Körperschaftsteuer** zu leisten sind nach den Vorauszahlungen.

- **Soweit Lohnsteuer zu erheben oder ein Lohnsteuerjahresausgleich durchzuführen ist** nach der Lohnsteuer i.S.d. § 51a Abs. 2a EStG.

Auf eine Erhebung des Solidaritätszuschlags wird verzichtet, wenn bestimmte Freigrenzen nicht überschritten werden. Durch eine solche **Nullzone** sollen einkommensteuerpflichtige Personen mit geringem Einkommen von dieser Ergänzungsabgabe befreit werden (*§ 3 Abs. 3 bis 5 SolZG*). Der Solidaritätszuschlag beläuft sich (derzeit) gemäß § 4 SolZG auf grundsätzlich 7,5 % der Bemessungsgrundlage, jedoch nicht mehr als 20 % des Unterschiedsbetrages zwischen der Bemessungsgrundlage und der nach § 3 Abs. 3 bis 5 EStG maßgebenden Freigrenze.

---

[331] Solidaritätszuschlagsgesetz 1995 vom 23.6.1993, BGBl. I 1993, S. 944/975
[332] Zur Bemessung des Solidaritätszuschlags bei Erhebung von Kapitalertragsteuer oder dem Zinsabschlag sowie dem Steuerabzugsbetrag bei beschränkt Steuerpflichtigen vgl. § 3 Abs. 1 Nr. 2, Nr. 5 und 6 SolZG

C Besteuerung des Unternehmenserfolges von Kapitalgesellschaften: Körperschaftsteuer

1 Allgemeine Charakteristik der Körperschaftsteuer

Gewinne und Gewinnanteile von Einzelunternehmern und Gesellschaftern von Personengesellschaften werden dem sog. **Einheitsprinzip** folgend unmittelbar der Einkommensteuer unterworfen, da weder das Einzelunternehmen noch die Personengesellschaft über eine eigene, einkommenssteuerlich anerkannte Rechtsfähigkeit verfügen und sie somit für die Gewinnbesteuerung keine eigenständigen Steuersubjekte sein können. Kapitalgesellschaften verfügen demgegenüber als juristische Personen über zivilrechtliche Rechtsfähigkeit und sind aufgrund der vergleichsweise engen Anbindung des Steuerrechts an zivilrechtliche Qualifikationen eigenständige Steuersubjekte: Der Gewinn einer Kapitalgesellschaft wird folgerichtig der Körperschaftsteuer unterworfen. Die Körperschaftsteuer ist wie die Einkommensteuer eine Personensteuer und knüpft damit die Besteuerung an das von einer (natürlichen/Einkommensteuer oder juristischen/Körperschaftsteuer) Person erzielte zu versteuernde Einkommen. Wie die Einkommensteuer folgt auch die Körperschaftsteuer dem Nettoprinzip, im Gegensatz zur Einkommensteuer bleiben jedoch naturgemäß persönliche Merkmale des Steuerpflichtigen wie Alter, Familienstand usw. bei der Ermittlung der Körperschaftsteuerschuld unberücksichtigt. Insoweit kann die Körperschaftsteuer zutreffend als **besondere** oder abgespaltene **Einkommensteuer nicht-natürlicher Personen**, insbesondere von Kapitalgesellschaften, qualifiziert werden. Dieses in Deutschland praktizierte Nebeneinander von Einkommensteuer und Körperschaftsteuer ist dabei keineswegs eine steuersystematisch gebotene Notwendigkeit; in einer Reihe wichtiger Industrienationen - so z.B. den USA - werden auch Kapitalgesellschaften der Einkommensteuer unterworfen, eine Besteuerungspraxis, die bis zum Jahre 1920 auch in Deutschland üblich war.

Während die Gewinnbesteuerung von Einzelunternehmen und Personengesellschaften nach dem Einheitsprinzip ausschließlich auf der Ebene natürlicher, einkommensteuerpflichtiger Personen erfolgt, ist bei Kapitalgesellschaften strikt zwischen der Gewinnbesteuerung auf der Ebene der juristischen Person und der Gewinnbesteuerung auf der Ebene der hinter den Kapitalgesellschaften stehenden natürlichen Personen zu differenzieren. Dem **Trennungsprinzip** folgend wird der Gewinn der Kapitalgesellschaft als das von ihr zu versteuernde Einkommen körperschaftsbesteuert, die anteiligen, an die Anteilseigner ausgeschütteten Gewinne werden in der Periode, in der sie den Anteilseignern zugeflossen sind, auf der Ebene der natürlichen Personen als Einkünfte aus Kapitalvermögen der Einkommensteuer unterworfen (sofern Kapitalgesellschaften als Gesellschafter an einer anderen Kapitalgesellschaft beteiligt sind, unterliegen die ausgeschütteten Gewinne wiederum der Körperschaftsteuer). In jedem Falle ist zwischen der Besteuerung der Kapitalgesellschaft und der Besteuerung der hinter der Kapitalgesellschaft stehenden natürlichen

Personen streng zu trennen, d.h. die periodisch erzielten Einkünfte der juristischen Personen und der hinter ihr stehenden Anteilseigner sind getrennt zu ermitteln und losgelöst voneinander zu besteuern. Neben diesem Besteuerungsdualismus führt das Trennungsprinzip konsequenterweise zudem dazu, daß neben der Kapitalbeteiligung natürlicher Personen an einer Kapitalgesellschaft **schuldrechtliche Leistungsbeziehungen** zwischen der Kapitalgesellschaft und ihren Anteilseignern gegeben sein können. Dienst-, Darlehens-, Miet-, Pacht- oder Werkverträge zwischen der juristischen Person 'Kapitalgesellschaft' und ihren Anteilseignern werden nach dem Trennungsprinzip grundsätzlich wie Verträge zwischen fremden Dritten behandelt. Daraus folgt wiederum grundsätzlich und zwingend, daß die im Rahmen solcher Verträge gezahlten Vergütungen an die Anteilseigner auf der Ebene der Kapitalgesellschaft als Betriebsausgaben gewinnmindernd zu berücksichtigen sind und auf der Ebene der Anteilseigner einer der sieben Einkunftsarten des EStG zuzurechnen und der Einkommensteuer zu unterwerfen sind. Die Einkünftezurechnung auf der Ebene der Anteilseigner richtet sich dabei ausschließlich nach den allgemeinen einkommensteuerrechtlichen Kriterien.

Durch das Trennungsprinzip werden somit die ausgeschütteten Gewinne einer Kapitalgesellschaft prinzipiell **wirtschaftlich doppelbelastet**: Mit Körperschaftsteuer auf der Gesellschafts- und mit Einkommensteuer auf der Gesellschafterebene. Eine derartige Doppelbelastung wird bei **klassisch ausgestalteten Körperschaftsteuersystemen** als vertretbar hingenommen und ist steuerrechtlich prinzipiell unbedenklich, da rechtlich keine Doppelbesteuerung vorliegt: Gewinne von Kapitalgesellschaften und zugeflossene Dividenden der Anteilseigner werden von zwei selbständigen Steuerrechtssubjekten versteuert, auch wenn betriebswirtschaftlich gesehen ein und dieselbe Bezugsgröße 'Gewinn' zweifach belastet wird. Das 'klassisch' ausgestaltete Körperschaftsteuersystem wurde in Deutschland bis 1976 praktiziert und erst im Zuge einer grundlegenden Körperschaftsteuerreform durch ein **Körperschaftsteuersystem mit Anrechnungsverfahren** abgelöst.

Beispiel:

Ein klassisch ausgestaltetes Körperschaftsteuersystem mit Doppelbelastung ausgeschütteter Gewinne - wie es im Rahmen der Einkommenbesteuerung auch heute noch in den USA praktiziert wird - läßt sich bei einem unterstellten Körperschaftsteuertarif von 34 % und einem durchschnittlichen Steuersatz der Anteilseigner folgendermaßen charakterisieren:

Gewinn der Kapitalgesellschaft	100,0
- Steuerbelastung der Kapitalgesellschaft	34,0
= Gewinnausschüttung an Anteilseigner	66,0
- Einkommensteuer der Anteilseigner	
25 % aus 66	16,5
= Nettogewinnzufluß beim Anteilseigner	49,5

Die auf Gesellschafts- und Anteilseignerebene vollzogene Besteuerung führt zu einer kumulativen Gesamtsteuerbelastung 50,5 %.

Durch ein **Anrechnungsverfahren** wird dem Grundsatz nach die von der Kapitalgesellschaft auf ausgeschüttete Gewinne entrichtete Körperschaftsteuer quasi als Vorauszahlung auf die Einkommen- oder Körperschaftsteuerschuld der Anteilseigner (natürliche oder juristische Personen) angerechnet; die Anteilseigner erhalten dazu neben ihrer Dividende eine entsprechende Körperschaftsteuergutschrift, die zusammen mit der Dividende zu versteuern ist. Durch eine derartige **Vollanrechnung** wird sichergestellt, daß im Ergebnis i.d.R. nur der thesaurierte Gewinn der Kapitalgesellschaft mit Körperschaftsteuer belastet und eine Doppelbelastung auf der Ebene der ausschüttenden Kapitalgesellschaft und der dividendenempfangenden Anteilseigner vermieden wird (vgl. dazu ausführlich Teil C, 5). Der deutsche Gesetzgeber hat sich dabei nicht für ein 'einheitliches' Anrechnungsverfahren mit gleicher Körperschaftsteuerbelastung einbehaltener und ausgeschütteter Gewinne, sondern für ein **kombiniertes Verfahren** entschieden, das auf Basis unterschiedlicher Belastungen einbehaltener und ausgeschütteter Gewinne verschiedener Verrechnungsschritte impliziert.

Beispiel:

Ein vereinfachtes Beispiel soll das Grundkonzept eines Körperschaftsteuersystems mit kombiniertem Anrechnungsverfahren verdeutlichen; unterstellt werden der Einfachheit halber eine 'Totalausschüttung' des erwirtschafteten Periodengewinns (= 100), ein Körperschaftsteuersatz von 45 % (= Thesaurierungssteuersatz) und einen Ausschüttungssteuersatz von 30 %.

Gewinn von Körperschaftsteuer der Kapitalgesellschaft	100
- Körperschaftsteuer auf den ausgeschütteten Gewinn (= Ausschüttungsbelastung)	30
= verbleibende Barausschüttung	70
Einkünfte aus Kapitalvermögen des fiktiven Anteilseigners (Bardividende (70) + Steuergutschrift (30) der von der Kapitalgesellschaft getragenen Ausschüttungsbelastung)	100
Einkommensteuer des Anteilseigners bei einem unterstellten Steuersatz von 45 %	45
Vollanrechnung der von der Kapitalgesellschaft entrichteten Körperschaftsteuer auf den ausgeschütteten Gewinn	30
= Einkommensteuerschuld des Anteilseigners	15

Durch das **Anrechnungsverfahren** sollte zum einen die **Doppelbelastung** ausgeschütteter Gewinne **beseitigt**, zum anderen mit der Doppelbelastung verbundenen, nicht erwünschten ökonomischen **Folgewirkungen** wirksam **begegnet** werden.[333] Zu den unerwünschten Konsequenzen eines 'klassisch' ausgestalteten Körperschaftsteuersystems waren aus der Sicht des Gesetzgebers insbesondere zu rechnen:[334]

- Großaktionäre von Publikumskapitalgesellschaften mit breiter Aktienstreuung waren vorrangig an einer für sie steuerlich günstigeren Gewinnthesaurierung interessiert, so daß die berechtigten Renditeinteressen von Kleinaktionären vielfach nicht ausreichend berücksichtigt wurden.[335]

- Kapitalgesellschaften zogen i.d.R. die Kreditfinanzierung der Selbstfinanzierung vor, da Kreditzinsen als Betriebsausgaben gewinnmindernd verrechnet werden konnten und lediglich beim Gläubiger der Besteuerung unterlagen, während die Verzinsung des Eigenkapitals sowohl beim selbstfinanzierenden Unternehmen wie auch beim Anteilseigner besteuert wurde. Das Anrechnungsverfahren sollte insoweit Finanzierungsneutralität sicherstellen und zu einer Verbesserung der Eigenkapitalausstattung von Kapitalgesellschaften beitragen sowie die Möglichkeiten einer Vermögensbeteiligung der Arbeitnehmer verbessern.[336]

- Durch Beseitigung der Doppelbelastung sollte tendenziell erreicht werden, daß die Entscheidung für eine Unternehmensrechtsform steuerneutral getroffen wird und besondere Gestaltungsvarianten, die (auch) die Vermeidung einer Doppelbelastung bezweckten (z.B. *GmbH & Co KG*), künftig an Bedeutung verlieren.[337]

---

[333] BT-Drucks. 7/1470, S. 326 ff.
[334] Tipke 1985, S. 314 f.
[335] vgl. Geiger/Zeitler 1976, S. 12
[336] vgl. Geiger/Zeitler 1976, S. 11
[337] vgl. BT-Drucks. 7/1470, S. 328

2 Aufbau des Körperschaftsteuergesetzes

Das KStG i.d.F. vom 11. Mai 1991 ist in sechs Abschnitte gegliedert, die im einzelnen regeln:

Abschnitt	Regelungsbereich	§§
I	**Steuerpflicht**	1 bis 6
	§§ 1 - 6 regeln die persönliche Steuerpflicht sowie Befreiung von der Körperschaftsteuer	
II	**Einkommen**	7 bis 22
	Abschnitt II regelt die Ermittlung des zu versteuernden Einkommens allgemein und enthält Sondervorschriften zur Organschaft sowie für Versicherungsunternehmen, Bausparkassen und Genossenschaften	
III	**Tarif, Besteuerung bei ausländischen Einkünften**	23 bis 26
	Abschnitt 3 faßt den Körperschaftsteuertarif, Freibeträge für bestimmte Körperschaften sowie Maßnahmen zur Vermeidung der Doppelbesteuerung bei ausländischen Einkünften zusammen	
IV	**Anrechnungsverfahren**	27 bis 47
	Abschnitt IV enthält die Vorschriften zum körperschaftsteuerrechtlichen Anrechnungsverfahren sowie Bestimmungen über verschiedene Bescheinigungen und die gesonderte Feststellung der Besteuerungsgrundlagen	
V	**Entstehung, Veranlagung, Erhebung und Vergütung der Steuer**	48 bis 52
	Abschnitt V beinhaltet verfahrenstechnische Fragen der Körperschaftsteuer	
VI	**Ermächtigungs- und Schlußvorschriften**	53 bis 54a

3 Persönliche und sachliche Steuerpflicht

Die Körperschaftsteuer knüpft wie die Einkommensteuer als Personensteuer an das von einer Person, hier einer juristischen, dort einer natürlichen, erzielte Einkommen (= Steuerobjekt) an, d.h. die **ökonomische und steuerliche Leistungsfähigkeit** einer körperschaftsteuerpflichtigen Körperschaft (= Steuersubjekt) wird an dem von ihr erzielten Einkommen gemessen. Wie im Einkommensteuerrecht wird auch im Körperschaftsteuergesetz der Begriff 'Steuerpflicht' keineswegs einheitlich verwendet, vielmehr wird damit sowohl auf die **persönliche** wie auch die **sachliche Steuerpflicht** abgestellt: Die Abgrenzung der persönlichen Steuerpflicht beantwortet die Frage, welche Körperschaften als Steuersubjekte der Körperschaftsteuer unterliegen, die sachliche Steuerpflicht betrifft die Frage, an welche wirtschaftlichen Tatbestände die Körperschaftsteuer anknüpft, so daß bei deren Vorliegen eine entsprechende Steuerschuld begründet wird.

3.1 Persönliche Steuerpflicht

Die persönliche Steuerpflicht wird in den §§ 1 bis 6 KStG geregelt und knüpft unmittelbar an das Zivilrecht an, da Körperschaften als juristische Personen über eigene Rechtspersönlichkeiten verfügen. Wie das EStG unterscheidet auch das KStG zwischen unbeschränkter und beschränkter persönlicher Steuerpflichtig.

3.1.1 Unbeschränkte Körperschaftsteuerpflicht

Unbeschränkt körperschaftsteuerpflichtig sind gemäß § 1 Abs. 1 KStG **insbesondere**

- **Kapitalgesellschaften** (§ 1 Abs. 1 Nr. 1 KStG)

  Die abschließende Aufzählung der Nr. 1 nennt zwar neben der AG, KGaA und GmbH auch noch die bergrechtliche Gewerkschaft, letztere besitzt heute jedoch keine Rechtsformbedeutung mehr, da bergrechtliche Gewerkschaften zum 1.1.1986 aufgelöst oder in eine andere Rechtsform überführt werden mußten. AG, KGaA und GmbH unterliegen dem vollen Körperschaftsteuersatz, ausgeschüttete Gewinne sind gemäß § 27 Abs. 1 KStG in das Anrechnungsverfahren einzubeziehen.

Daneben unterliegen

- **Erwerbs- und Wirtschaftsgenossenschaften** (§ 1 Abs. 1 Nr. 2 KStG; z.B. Volksbanken e.G., Molkereivereine)

- **Versicherungsvereine auf Gegenseitigkeit** (§ 1 Abs. 1 Nr. 3 KStG)
- **sonstige juristische Personen des privaten Rechts** (§ 1 Abs. 1 Nr. 4 KStG; z.B. eingetragene Vereine e.V.)
- **nichtrechtsfähige Vereine, Anstalten, Stiftungen und andere Zweckvermögen des privaten Rechts** (§ 1 Abs. 1 Nr. 5 KStG; z.B. Einzelgewerkschaften, Deutscher Gewerkschaftsbund) und
- **Betriebe gewerblicher Art von juristischen Personen des privaten Rechts** (§ 1 Abs. 1 Nr. 6 KStG; z.B. öffentlich-rechtliche Sparkassen und Banken)

der unbeschränkten Körperschaftsteuerpflicht.

Bei allen vorgenannten Körperschaften setzt die unbeschränkte Steuerpflicht voraus, daß die jeweilige Körperschaft ihre **Geschäftsleitung** oder ihren **Sitz im Inland** hat. Ort der Geschäftsleitung ist der Ort der „geschäftlichen Oberleitung" (*§ 10 AO*) und i.d.R. dort angesiedelt, wo sich die Büros der Geschäftsleitung befinden.[338] Soweit in der Satzung, dem Gesellschaftsvertrag oder im Stiftungsgeschäft nichts anderes bestimmt ist, stimmt der Ort der Geschäftsleitung mit dem Sitz der Gesellschaft überein. Ansonsten bestimmt sich der Sitz der Gesellschaft nach den statuarischen Festlegungen (*§ 11 AO*); bei AG und KGaA fallen statuarischer Sitz und faktischer Sitz gemäß §§ 5 Abs. 2, 278 Abs. 3 AktG zusammen.

Die Aufzählung unbeschränkt köperschaftsteuerpflichtiger Körperschaften in § 1 Abs. 1 Nrn. 1 bis 6 KStG ist abschließend und erschöpfend und damit weder einer erweiterten Auslegung noch einer Auslegung durch Analogie zugänglich.[339] Allein maßgeblich für die Zuordnung zu einer der Körperschaftsgruppen des Abs. 1 Nr. 1 bis 6 ist die Organisationsrechtsform einer Körperschaft, die wirtschaftliche Ausgestaltung sowie die Zwecksetzung ist hierbei unbeachtlich. Die 'Maßgeblichkeit der zivilrechtlichen Organisationsrechtsform' führt dazu, daß Gestaltungsvarianten, die ausschließlich steuerlich motiviert sind (z.B. Einmanngesellschaften, GmbH & Co KG, Publikums-GmbH & Co KG, Familiengesellschaften), weder als körperschaftsteuerpflichtige Kapitalgesellschaften, noch als körperschaftsteuerpflichtige nichtrechtsfähige Vereine eingestuft werden können.[340]

Die unbeschränkte Körperschaftsteuerpflicht erstreckt sich sowohl auf inländische wie auch auf **ausländische Körperschaften**, die ihre Geschäftsleitung oder ihren Sitz im Inland haben. Daraus folgt, daß auch ausländische Gesellschaften der unbeschränkten Körperschaftsteuerpflicht unterliegen, soweit sie ihre Geschäftsleitung oder ihren Sitz im Inland haben und unter Würdigung ihrer 'wirtschaftlichen Stel-

---

[338] Hermann/Heuer/Raupach, § 1 KStG, Anm. 13
[339] ständige Rechtsprechung des BFH, z.B. BFH/GrS vom 25.6.1984, BStBl. II 1984, 761
[340] BFHGrS vom 25.6.1984, a.a.O.; soweit die gesellschaftsrechtlichen Gestaltungsmöglichkeit steuerrechtlich jedoch offensichtlich mißbraucht werden, kann im Einzelfall jedoch ausnahmsweise ein Abweichen von der Maßgeblichkeit der Organisationsrechtsform geboten sein; allerdings sind hieran strenge Maßstäbe anzulegen, vgl. Blümich/Freericks, Rz. 90 zu § 1 KStG

lung' sowie ihres 'rechtlichen Aufbaus' z.B. einer inländischen Kapitalgesellschaft entsprechen.[341] Danach sind z.b. - soweit die vorgenannten Voraussetzungen erfüllt sind - folgende ausländische Kapitalgesellschaften als Körperschaftsteuersubjekt zu betrachten:[342]

- **Frankreich:**

  Société anonyme (S.A.); Société à responsablititée (S.R.L.); Société en commandité par actions (S.C.P.A.)

- **Großbritannien:**

  Company limited by shares (limited company); joint stock company with unlimited liability (unlimited company)

- **USA:**

  Corporation, Limited Company, Unlimited Company, Foundation, Trust, Association.

Die unbeschränkte Körperschaftsteuerpflicht erfaßt nach dem **Welteinkommensprinzip** sämtliche **in- und ausländische Einkünfte** einer Kapitalgesellschaft bzw. einer anderen, unbeschränkt steuerpflichtigen Körperschaft. Soweit eine Kapitalgesellschaft ausländische Einkünfte erzielt, führt dies zwangsläufig zur Problematik der Doppelbesteuerung durch den ausländischen Quellenstaat und den (deutschen) Sitzstaat. Um die Doppelbesteuerung entweder zu vermeiden oder zumindest in ihren Auswirkungen zu mildern können Doppelbesteuerungsabkommen geschlossen oder die gezahlte ausländische Körperschaftsteuer auf die inländische Körperschaftsteuer angerechnet bzw. bei der Ermittlung des Gesamtbetrages der Einkünfte abgezogen werden.

Die unbeschränkte **Steuerpflicht beginnt** in dem Moment, in dem das Steuersubjekt 'Kapitalgesellschaft' begründet wird und Rechtsfähigkeit erlangt hat; dies ist regelmäßig mit Eintragung in das Handelsregister der Fall (= konstitutive Wirkung). Bei anderen Körperschaften wird die Rechtsfähigkeit z.B. durch Eintrag in das Genossenschaftsregister (*§ 13 GenG*), Erteilung der Erlaubnis durch die zuständige Aufsichtsbehörde (*§ 15 VAG*), Eintragung in das Vereinsregister (*§ 21 BGB*), staatliche Verleihung oder Genehmigung, Feststellung der Satzung oder tatsächliche Aufnahme des Geschäftsbetriebes hergestellt. Bei **Kapitalgesellschaften** sind bis zur Eintragung in das Handelsregister und der damit verbundenen Herstellung der Rechtsfähigkeit zwei **Vorstadien** zu unterscheiden, die hinsichtlich der Auswirkungen auf die Steuerpflicht unterschiedlich zu qualifizieren sind:

---

[341] BFH vom 7.7.1968, BStBl. II 1968, 695; vgl. auch BFH vom 23.6.1992, BStBl. II 1992, 972, wonach ausländische Kapitalgesellschaften mit Sitz der Geschäftsleitung im Inland unbeschränkt körperschaftsteuerpflichtig sind, wenn sie wie eine deutsche Kapitalgeselschaft strukturiert sind

[342] Blümich/Freericks, Rz. 80 zu § 1 KStG und die dortigen Literaturverweise

- **Vorstadium I (Vorgründungsstadium)**

  Das Vorstadium I umfaßt den Zeitraum bis zum Abschluß eines rechtskräftigen Gesellschaftsvertrages bzw. bis zur formgültigen Aufstellung der Satzung einer Kapitalgesellschaft. In diesem Vorstadium fungiert die Gesellschaft als **Vorgründungsgesellschaft**.[343] Die Vorgründungsgesellschaft wird steuerrechtlich als Personengesellschaft (GbR oder, soweit ein Grundhandelsgewerbe betrieben wird, OHG) eingestuft, als Mitunternehmerschaft behandelt und ist nicht körperschaftsteuerpflichtig.

- **Vorstadium II (Voreintragungsstadium)**

  Das Vorstadium II umfaßt den Zeitraum zwischen Abschluß des Gesellschaftsvertrages bzw. Aufstellung der Satzung und Eintragung in das Handelsregister. In diesem Stadium fungiert die Gesellschaft als **Vorgesellschaft**.[344] Die Vorgesellschaft wird als Kapitalgesellschaft behandelt und insoweit steuerrechtlich als mit dem durch Eintragung in das Handelsregister entstehenden Körperschaftsteuersubjekt identisch eingestuft[345] und ist damit unbeschränkt körperschaftsteuerpflichtig.

Die **Steuerpflicht endet** mit der tatsächlichen Einstellung des Geschäftsbetriebs einer Kapitalgesellschaft, d.h. nach rechtsgültigem Abschluß des Liquidationsverfahrens und Ablauf des sog. Sperrjahres (*§§ 272 AktG, 73 GmbHG*); die Löschung im Handelsregister allein ist unbeachtlich.

3.1.2 Beschränkte Körperschaftsteuerpflicht

Beschränkt körperschaftsteuerpflichtig sind gemäß § 2 KStG:

(1) Körperschaften, Personenvereinigungen und Vermögensmassen, die **weder** ihre **Geschäftsleitung noch** ihren **Sitz im Inland** haben, soweit inländische Einkünfte i.S.v. § 49 EStG erzielt werden (*§ 2 Nr. 1 KStG*)

   Beispiel:

   Eine französische Société Anonyme (S.A.) unterhält in Deutschland eine unselbständige Betriebsstätte.

(1) Sonstige Körperschaften, Personenvereinigungen und Vermögensmassen, die **nicht unbeschränkt steuerpflichtig sind**; sie sind mit ihren inländischen Einkünften, von denen ein Steuerabzug vorzunehmen ist, körperschaftsteuerpflichtig (*§ 2 Nr. 2 KStG*).

---

[343] Blümich/Freericks verwenden abweichend hiervon die Bezeichnung 'Vorgesellschaft', vgl. Blümich/Freedricks, Rz. 113 zu § 1 KStG

[344] Blümich/Freericks verwenden hiervon abweichend die Bezeichnung 'Gründergesellschaft'; vgl. Blümich/Freericks, Rz. 113 zu § 1 KStG

[345] BFH vom 12.11.1957, BStBl. III 1958, 42

Die Abgrenzung der beschränkten Steuerpflicht für 'Steuerausländer', die inländische Einkünfte i.S.d. KStG erzielen, stimmt materiell mit der Abgrenzung der beschränkten Steuerpflicht des EStG überein. Daneben sind aber auch noch inländische (= 'sonstige') Körperschaften, Personenvereinigungen und Vermögensmassen, die nicht unbeschränkt körperschaftsteuerpflichtig sind, mit ihren steuerabzugspflichtigen inländischen Einkünften beschränkt körperschaftsteuerpflichtig. Dazu rechnen die Körperschaften des öffentlichen Rechts (Bund, Länder, Gemeinden, Gemeindeverbände, Innungen, Kammern usw.) sowie Betriebe nichtgewerblicher Art von Körperschaften des öffentlichen Rechts (z.B. Hoheitsbetriebe i.s.v. § 4 Abs. 5 KStG wie Wetterwarten, Schlachthöfe und dgl.). Bei dieser Gruppe der nicht unbeschränkt steuerpflichtigen inländischen Körperschaften kommen als abzugspflichtige Einkünfte insbesondere Kapitalerträge in Betracht. Die Körperschaftsteuer ist in diesem Falle mit dem Abzug der Kapitalertragsteuer abgegolten, eine Veranlagung zur Körperschaftsteuer findet ebensowenig statt, wie eine Anrechnung der Ausschüttungsbelastung, die auf den Kapitalerträgen lastet.

Beispiel:
Gewinnausschüttungen einer überregionalen Energieversorgungs-AG an die Stadt Frankfurt am Main.

3.1.3 Körperschaftsteuerbefreiungen

Aus übergeordneten wirtschafts-, sozial und ordnungspolitischen Motiven werden durch § 5 KStG bestimmte Körperschaften, Personenvereinigungen und Vermögensmassen, die gemäß § 1 KStG unbeschränkt körperschaftsteuerpflichtig sind, von der Körperschaftsteuer **befreit**. § 5 KStG enthält sowohl persönliche Befreiungen (z.B. Deutsche Bundesbank, Treuhandanstalt, Finanzierungs-Aktiengesellschaft Rheinland-Pfalz) als auch sachliche Befreiungen (z.B. kleine Versicherungsvereine auf Gegenseitigkeit, politische Parteien, öffentlich-rechtliche Versorgungseinrichtungen, Krankenkassen) und soll sicherstellen, daß diese steuerbefreiten juristischen Personen in ihrer aus übergeordneten Gründen für notwendig erachteten Funktion erhalten bleiben. Die Aufzählung sachlicher und persönlicher Steuerbefreiungen des § 5 KStG ist nicht abschließend; daneben kann die Steuerbefreiung auch durch andere Gesetze[346] begründet werden. Die Steuerbefreiungen nach § 5 Abs. 1 KStG werden durch § 5 Abs. 2 KStG eingeschränkt; sie gelten demnach nicht für:

(1) **inländische Einkünfte**, die dem **Steuerabzug** unterliegen (*§ 5 Abs. 2 Nr. 1 KStG*)

Damit wird für steuerbefreite Körperschaften, Personenvereinigungen und Vermögensmassen eine zumindest partielle Körperschaftsteuer begründet, die allerdings dadurch abgemildert wird, daß unter den Voraussetzungen des § 44c EStG auf Antrag die Hälfte der erhobenen Kapitalertragsteuer erstattet wird;

---
[346] z.B. §§ 38, 44 KAAG, § 13 Absatzfondgesetz, § 12 Abs. 3 Vorruhestandsgesetz

(2) die Fälle, in denen die **Ausschüttungsbelastung** nach § 27 KStG herzustellen ist (*§ 5 Abs. 2 Nr. 2 KStG*)

Durch Abs. 2 Nr. 2 soll sichergestellt werden, daß die Gewinnausschüttungen steuerbefreiter Körperschaften ebenso mit einer 30%igen Ausschüttungsbelastung verbunden sind, wie Gewinnausschüttungen nicht steuerbefreiter Körperschaften, so daß auch bei steuerbefreiten Körperschaften dem Anrechnungsbetrag des Anteilseigners eine korrespondierende Körperschaftsteuer der ausschüttenden steuerbefreiten Körperschaft gegenübersteht.

(3) **beschränkt steuerpflichtige ausländische Körperschaften**, Personenvereinigungen und Vermögensmassen (*§ 5 Abs. 2 Nr. 3 KStG*)

3.2 Sachliche Steuerpflicht

Gemäß § 7 Abs. 1 KStG bemißt sich die Körperschaftsteuer grundsätzlich nach dem **zu versteuernden Einkommen** der steuerpflichtigen Kapitalgesellschaft bzw. anderer steuerpflichtigen Körperschaften.[347] § 7 Abs. 2 KStG verweist hinsichtlich des zu versteuernden Einkommens auf § 8 Abs. 1 KStG: Danach bestimmt sich der **Umfang** und die **Ermittlung** des zu versteuernden Einkommens nach den Vorschriften des Einkommensteuergesetzes (subsidär) sowie den Vorschriften des Körperschaftsteuergesetzes, die als spezielle Vorschriften den einkommensteuerrechtlichen Regelungen vorgehen.[348] Daraus folgt in der Konsequenz, daß das Einkommen einer steuerpflichtigen Körperschaft analog § 2 EStG als Summe der Einkünfte der Einkunftsarten zu ermitteln ist; Modifikationen sind allerdings insoweit erforderlich, als Körperschaften keine Einkünfte aus freiberuflicher Tätigkeit[349] und aus nichtselbständiger Arbeit erzielen können.

Das zu versteuernde Einkommen einer Kapitalgesellschaft oder einer anderen steuerpflichtigen Körperschaft i.S.d. KStG wird schrittweise aus der Summe der Einkünfte aus den Einkunftsarten abgeleitet. Das Ermittlungsschema nach Abschn. 24 KStR legt dabei[350] die Reihenfolge der Zu- und Abrechnungen fest und definiert mittelbar die im KStG nicht geregelten Begriffe „Summe der Einkünfte" und „Gesamtbetrag der Einkünfte". Schematisch ist hinsichtlich der Ermittlung des zu versteuernden Einkommens wie folgt zu verfahren:

---

[347] Ausnahme: Bemessungsgrundlage beim Zweiten Deutschen Fernsehen sind gemäß § 23 Abs. 7 KStG die Entgelte aus Werbesendungen
[348] Hinweise darauf, welche Vorschriften des EStG für die Körperschaftsteuer gelten, enthält Abschn. 27 KStR
[349] BFH vom 20.2.1974, BStBl. II 1974, 511
[350] analog zu R 3 EStR

1		**Summe der Einkünfte aus den Einkunftsarten** nach Abzug der ausländischen Steuern vom Einkommen (*§ 26 Abs. 6 KStG i.V.m. § 34c Abs. 2, 3 und 6 EStG*)
2	+	negative ausländische Einkünfte, die nach einem DBA nicht zu berücksichtigen sind
3	−	positive ausländische Einkünfte, die nach einem DBA - ggf. in Verbindung mit § 8b Abs. 5 KStG - steuerfrei sind
4	−	Verlustabzug nach § 2a Abs. 3 S. 1 EStG
5	−	nach § 8b Abs. 1 KStG steuerfreie Ausschüttungen sowie nach § 8b KStG steuerfreie Gewinne
6	+	Hinzurechnungsbetrag, (*§ 2a Abs. 3 S. 3, Abs. 4 EStG*)
7	−	ausländische Verluste bei DBA (*§ 2a Abs. 3 S. 1 EStG*)
8	=	**Summe der Einkünfte**
9	−	Abzug bei Einkünften aus Land- und Forstwirtschaft (*§ 13 Abs. 3 EStG*)
10	−	Spenden und Beiträge (*§ 9 Abs. 1 Nr. 2 KStG*)
11	+	zuzurechnendes Einkommen von Organgesellschaften (*§§ 14, 17, 18 EStG*)
12	=	**Gesamtbetrag der Einkünfte**
13	−	Verlustabzug (*§ 10d EStG, § 2a Abs. 3 S. 2 EStG*)
14	=	**Einkommen**
15	−	Freibetrag für bestimmte Körperschaften (*§ 24 KStG*)
16	−	Freibetrag für Erwerbs- und Wirtschaftsgenossenschaften sowie Vereine, die Land- und Forstwirtschaft betreiben (*§ 25 KStG*)
17	=	**zu versteuerndes Einkommen**

Abb. 71: Allgemeines Schema zur Ermittlung des zu versteuernden Einkommens einer steuerpflichtigen Körperschaft

Naturgemäß nicht anwendbar im Rahmen der Ermittlung des zu versteuernden Einkommens einer steuerpflichtigen Körperschaft sind personenbezogene Vorschriften des EStG, die mit der besonderen Natur eines Körperschaftsteuertubjektes nicht vereinbar sind (z.B. Vorschriften über einen Altersentlastungsbetrag, Sonderausgaben, außergewöhnliche Belastungen, persönliche Freibeträge).

Kapitalgesellschaften, die als Formkaufleute handels- und steuerrechtlich buchführungspflichtig sind, haben ihre Einkünfte **ausschließlich** als **Einkünfte aus Gewerbebetrieb** i.S.d. EStG zu behandeln (*§ 8 Abs. 2 KStG*) und durch Betriebsvermögensvergleich gemäß § 5 EStG zu ermitteln. Durch Verweis auf das EStG wird das Maßgeblichkeitsprinzip der Handels- für die Steuerbilanz in das Körperschaftsteuerrecht 'transportiert' und das Steuerbilanzrecht des EStG in ein quasi umfassendes, für Nichtkapital- wie Kapitalgesellschaften gleichermaßen geltendes **gemeinsames Steuerbilanzrecht** transformiert.[351] Die bilanzsteuerrechtlichen Gemeinsamkeiten von Nichtkapitalgesellschaften und Kapitalgesellschaften finden allerdings dort ihre Grenze, wo dies durch die Natur einer Kapitalgesellschaft sowie Gesellschaft-Gesellschafter-Beziehungen zwingend geboten ist. Insbesondere die strikte Trennung zwischen der steuerpflichtigen Kapitalgesellschaft und den hinter ihr stehenden Anteilseignern hat dazu geführt, daß Zahlungen aufgrund schuldrechtlicher Verträge (z.B. Dienstverträge, Mietverträge) zwischen Gesellschaft und Gesellschaftern zwar zu abzugsfähigen Betriebsausgaben der Gesellschaft führen, der Betriebsausgabenabzug jedoch nur dann zulässig ist, wenn die Zahlung nicht als 'verdeckte Gewinnausschüttung' i.S.d. § 8 Abs. 3 S. 2 KStG zu qualifizieren ist. Gerade der aus der Natur einer Kapitalgesellschaft als juristische Person mit eigener Rechtspersönlichkeit ableitbare, dem Körperschaftsteuerrecht originäre Begriff der verdeckten Gewinnausschüttung an die Anteilseigner wird vielfach zurecht als eigenständiger Beitrag des Körperschaftsteuerrechts zum Steuerbilanzrecht gewertet.[352] Zusammenfassend läßt sich somit für die Ermittlung des zu versteuernden Einkommens von Kapitalgesellschaften feststellen:

(1) Die **einkommensteuerrechtlichen Vorschriften** zur Gewinnermittlung sind als **lex generalis zentrales Element** auch der körperschaftsteuerlichen Gewinnermittlung von Kapitalgesellschaften. Die körperschaftsteuerliche Gewinnermittlung einer Kapitalgesellschaft basiert somit auf einer nach Maßgabe der handelsrechtlichen GoB sowie der einkommensteuerrechtlichen Bilanzierungs- und Bewertungsvorschriften der §§ 5 bis 7k EStG erstellten **Ertragsteuerbilanz**.

(2) **Modifikationen** sind insbesondere dadurch erforderlich, daß Kapitalgesellschaften als juristische Personen im Gegensatz zu natürlichen Personen über **keine Privatsphäre** verfügen. Daraus resultiert zwingend, daß

---

[351] Blümich/Freericks 1995, Rz. 28 zu § 8 KStG
[352] vgl. z.B. Blümich/Freericks 1995, Rz. 23 zu § 8 KStG

- alle Wirtschaftsgüter, die bürgerlich-rechtlich oder wirtschaftlich im Eigentum der Kapitalgesellschaft stehen, ihrem **Betriebsvermögen** zuzurechnen sind. Die nach EStG gebotene Differenzierung in notwendiges oder gewillkürtes Betriebsvermögen, Sonderbetriebsvermögen und Privatvermögen ist für die Ermittlung der körperschaftsteuerpflichtigen Gewinns nicht relevant.

- im Rahmen der Ertragsteuerbilanz keine **Privatkonten** geführt und **Einlagen und Entnahmen** der Gesellschaft **nicht möglich** sind. An die Stelle von Einlagen und Entnahmen treten solche Eigenkapitaländerungen, die ihre Ursache im Gesellschaft-Gesellschafter-Verhältnis haben; sie sind analog zum EStG wie Einlagen und Einnahmen zu behandeln und zu neutralisieren, d.h. sie bleiben bei der Ermittlung des zu versteuernden Einkommens unberücksichtigt. Im Rahmen der Gesellschaft-Gesellschafter-Beziehungen sind insbesondere zu berücksichtigen:

- **Verdeckte Gewinnausschüttungen**, die im Rahmen schuldrechtlicher Gesellschaft-Gesellschafter-Beziehungen als Betriebsausgaben gewinnmindernd berücksichtigt wurden, das zu versteuernden Einkommen der Kapitalgesellschaft jedoch nicht mindern dürfen.

(3) **Modifikationen** sind im Rahmen der Einkommensermittlung einer Kapitalgesellschaft auch dadurch notwendig, daß - wie im Zusammenhang mit der Ermittlung des zu versteuernden Einkommens einer steuerpflichtigen Körperschaft erwähnt - durch die **Natur** einer **Kapitalgesellschaft** kein Abzug des Altersentlastungsbetrages i.S.v. § 24a EStG, von Sonderausgaben (ausgenommen Steuerberatungskosten), von Freibeträgen und außergewöhnlichen Belastungen in Betracht kommt.

(4) **Modifikationen** sind zudem aufgrund **besonderer Vorschriften des Körperschaftsteuergesetzes** notwendig. Dazu sind insbesondere zu zählen:

- **Abziehbare und nichtabziehbare Betriebsausgaben**, die teilweise systematisch anders abgegrenzt und materiell abweichend von den einkommensteuerrechtlichen Vorschriften definiert werden.

- Berücksichtigung **steuerfreier Einnahmen bzw. Erträge** i.S.d. §§ 8 Abs. 5, 8b KStG sowie

- die Berücksichtigung eines **Verlustabzugs** i.S.d. § 10d EStG, der an die Voraussetzungen gemäß § 8 Abs. 4 KStG gekoppelt ist.

Die **Ermittlung der Bemessungsgrundlage 'zu versteuerndes Einkommen'** läßt sich für Kapitalgesellschaften in vereinfachter Form durch Abbildung 72 zusammenfassen:

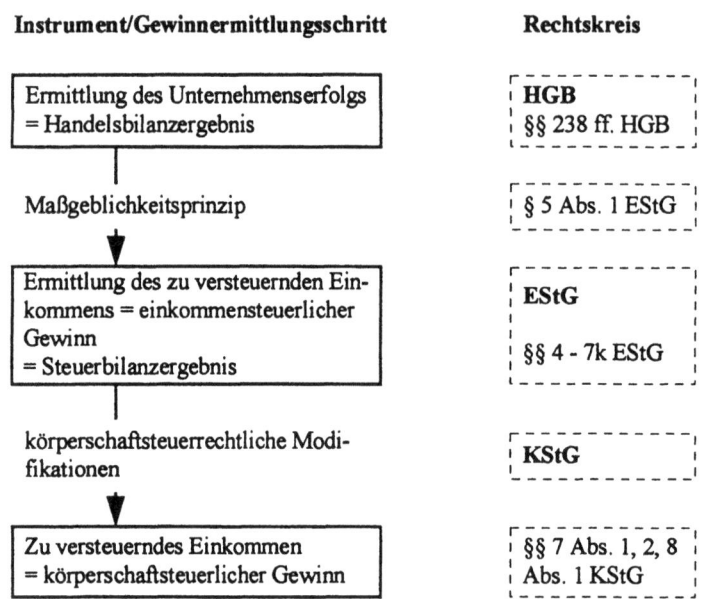

Abb. 72: Ermittlung des zu versteuernden Einkommens (= körperschaftsteuerpflichtiger Gewinn) von Kapitalgesellschaften

In einem ersten Schritt ist somit das Handelsbilanzergebnis in das Steuerbilanzergebnis zu überführen; soweit notwendig, sind entsprechende Korrekturen des Handelsbilanzergebnisses durchzuführen (z.B. durch Berücksichtigung abweichender Bilanzierungs- und Bewertungsvorschriften des EStG, steuerfreier Einnahmen, nichtabziehbarer Betriebsausgaben). In einem zweiten Schritt wird das Steuerbilanzergebnis unter Beachtung notwendiger körperschaftsteuerlicher Modifikationen in das zu versteuernde Einkommen (= körperschaftsteuerpflichtiger Gewinn) der Kapitalgesellschaft überführt. Körperschaftsteuerrechtliche Modifikationen, die eine Korrekturnotwendigkeit des Steuerbilanzergebnisses begründen, ergeben sich vor allem aus Gesellschaft-Gesellschafter-Beziehungen sowie der Berücksichtigung steuerfreier Erträge und eines evtl. Verlustabzugs. Darüber hinaus ist bei den Vorschriften des EStG, die der Ermittlung des Steuerbilanzergebnisses zugrunde zu legen waren, stets zu prüfen, ob sie der Natur einer Kapitalgesellschaft als juristische Person Rechnung tragen; ist dies nicht der Fall, weil sie ausschließlich auf natürliche Personen abstellen, sind weitere Modifikationen und damit Korrekturen erforderlich.

Unbeachtlich für die Ermittlung des steuerpflichtigen Gewinns einer Kapitalgesellschaft ist gemäß § 8 Abs. 3 S. 1 KStG, **ob das Einkommen** (= Gewinn) **verteilt** wird. Damit soll analog dem Einkommensteuerrecht sichergestellt werden, daß das von einer juristischen Person erzielte Einkommen unabhängig von der Art der Verwendung ermittelt und als Bemessungsgrundlage der Besteuerung zugrunde gelegt wird. Insoweit spielt es für die Ermittlung der Besteuerungsgrundlage einer Kapitalgesellschaft keine Rolle, ob der Gewinn thesauriert oder ausgeschüttet wird bzw. werden soll.

Auf der Basis der einkommensteuerrechtlichen Gewinndefinition (*§ 4 Abs. 1 EStG*) stellt sich die Ermittlung des steuerpflichtigen Gewinns einer Kapitalgesellschaft somit wie folgt dar:

	Betriebsreinvermögen am Schluß des Wirtschaftsjahres
-	Betriebsreinvermögen am Schluß des vorangegangenen Wirtschaftsjahres
=	Veränderung des Betriebsreinvermögens (= Eigenkapitaländerung)
+	Kapitalherabsetzung, Gewinnausschüttung, verdeckte Gewinnausschüttung (*§ 4 Abs. 1 S. 1 EStG, §§ 8 Abs. 1, 8a KStG*)
-	Kapitalerhöhung, verdeckte Einlagen, andere Gesellschaftereinlagen (*§ 4 Abs. 1 S. 1 EStG*)
=	Gewinn gemäß §§ 4 Abs. 1, 5 EStG
+	nichtabziehbare Betriebsausgaben (*§§ 4 Abs. 5 - 7, 3c EStG*)
+	nichtabziehbare Aufwendungen (*§§ 9, 10 KStG*)
-	steuerfreie Einnahmen (*§ 3 EStG, steuerfreie Einnahmen aufgrund von DBA. usw.*)
=	**steuerpflichtiger Gewinn** der Kapitalgesellschaft
=	**Einkünfte aus Gewerbebetrieb** der Kapitalgesellschaft

Abb. 73: Ermittlung des steuerpflichtigen Gewinns einer Kapitalgesellschaft auf der Grundlage des Betriebsvermögensvergleichs

3.2.1 Körperschaftsteuerliche Modifikationen des Steuerbilanzergebnisses

3.2.1.1 Offene und verdeckte Einlagen im Rahmen von Gesellschaft-Gesellschafter-Beziehungen

Dem Trennungsprinzip zufolge können gesellschaftsrechtliche Beziehungen zwischen der Kapitalgesellschaft und ihren Anteilseignern keinen Einfluß auf die Höhe des Einkommens haben. Durch **offene Einlagen** von Gesellschaftern in Form von

Geld- oder Sacheinlagen erhöht sich zwar das Betriebsreinvermögen (= Eigenkapital) der Gesellschaft, die Reinvermögensmehrung weist aber keinen kausalen Zusammenhang zur betrieblichen Tätigkeit und zum betrieblichen Erfolg der Kapitalgesellschaft auf und ist erfolgsneutral zu behandeln. Soweit Sacheinlagen geleistet werden, sind diese i.d.R. zum Teilwert zu bewerten und erhöhen das Gesellschaftskapital entsprechend.[353] Werden zugunsten des gezeichneten Kapitals oder der Rücklagen seitens der Gesellschafter Geldeinlagen geleistet (z.B. in Form von Zu- oder Nachschüssen, zusätzliche Gesellschaftereinlagen, Aktienaufgeld/Agio), erhöht sich die entsprechende Eigenkapitalposition der Gesellschaft. Der Vorgang wird sowohl im handelsrechtlichen Jahresabschluß wie auch bilanzsteuerrechtlich als erfolgsneutrale Bilanzverlängerung behandelt.

Beispiele:

Die Gesellschafter einer GmbH leisten vertragsgemäß weitere Einlagen auf das Stammtkapital der Gesellschaft. Der Vorgang wird erfolgsneutral behandelt, die flüssigen Mittel und das Stammkapital erhöhen sich wertentsprechend.

Das Agio bei Ausgabe neuer Gesellschaftsrechte stellt 'Einlage' dar. Der Vorgang wird erfolgsneutral behandelt, flüssige Mittel und Kapitalrücklagen erhöhen sich wertentsprechend.

Verdeckte Einlagen sind - ähnlich wie verdeckte Gewinnausschüttungen - auf die Gesellschaft-Gesellschafter-Beziehung zurückzuführen und lassen sich als Zuwendungen von Anteilseignern an 'ihre' Gesellschaft verstehen, die zwar ohne gesellschaftsrechtliche Verpflichtung erbracht werden, jedoch durch das Gesellschaftsverhältnis veranlaßt sind. Eine Zuwendung seitens der Anteilseigner gilt stets dann als durch das Gesellschaftsverhältnis begründet, wenn ein Nichtgesellschafter bei Anwendung der Sorgfalt eines ordentlichen Kaufmanns der Gesellschaft diesen Vermögensvorteil nicht eingeräumt hätte.[354]

Beispiele:

Ein GmbH-Gesellschafter verzichtet auf eine Forderung gegenüber 'seiner' Gesellschaft (*BFH vom 29.5.1968, BStBl. II 1968, 722*).

Ein GmbH-Gesellschafter verzichtet auf ihm zustehende Nutzungsentgelte für die Überlassung von in seinem Eigentum stehende Gebäudeteile für zurückliegende Zeiträume (*BFH vom 22.11.1983, BFHE 140, 69*).

Ein GmbH-Gesellschafter veräußert ein in seinem Eigentum stehendes Grundstück zu einem weit unter Verkehrswert liegendem Preis an 'seine' Gesellschaft.

---

[353] Bei Einbringung eines Betriebes oder Teilbetriebes kann statt dessen gemäß § 20 UmwStG der Buchwert oder ein Zwischenwert angesetzt werden; dies gilt für Einlagen in eine Kapitalgesellschaft im Rahmen einer Betriebsaufspaltung entsprechend
[354] BFH/GrS vom 26.10.1987, BStBl. II 1988, 348

Verdeckte Einlagen verändern das Gesellschaftskapital zunächst nicht unmittelbar, sondern bewirken regelmäßig eine Aktivmehrung oder Passivminderung, d.h., sie werden zunächst erfolgswirksam vereinnahmt. Sie werden insoweit in 'verdeckter' Form geleistet, als der zugewendete Vermögensvorteil i.d.R. in einen schuldrechtlichen Vertrag gekleidet wird, der den gesellschaftsrechtlichen Hintergrund verschleiert. Da verdeckte Einlagen jedoch durch das Gesellschaftsverhältnis begründet sind, sind sie bilanzsteuerrechtlich wie offene Einlagen i.S.d. § 4 Abs. 1 EStG zu behandeln. Aus dieser Qualifizierung lassen sich für verdeckte Einlagen folgende Konsequenzen ableiten:

- Gegenstand einer verdeckten Einlage können nur **einlagefähige Wirtschaftsgüter** sein; die Abgrenzungskriterien, die einkommensteuerrechtlich zugrunde zu legen sind, gelten auch für die körperschaftsteuerliche Gewinnermittlung. Immaterielle Wirtschaftsgüter sind dabei nach der neueren Rechtsprechung des BFH auch dann einlagefähig, wenn sie beim Gesellschafter originär entstanden sind, da das Trennungsprinzip dem Aktivierungsverbot des § 5 Abs. 2 EStG vorgeht.[355]

- Verdeckte Einlagen sind wie offene Einlagen **erfolgsneutral** zu behandeln und führen zu einer entsprechenden Erhöhung des Gesellschaftskapitals. Dazu ist es erforderlich, das Steuerbilanzergebnis bei Ermittlung des zu versteuernden Einkommens der Kapitalgesellschaft um die erfolgswirksam vereinnahmten Zuwendungen zu kürzen. Auf die vorstehenden Beispiele bezogen ist demnach das vom Gesellschafter zu einem unter dem Verkehrswert liegenden Preis übertragene Grundstück gemäß § 6 Abs. 1 Nr. 1 EStG mit dem Teilwert zu bilanzieren und der Steuerbilanzgewinn in Höhe der Differenz zwischen Teilwert und vereinbarten Verkaufspreis zu kürzen.

Keine verdeckten Einlagen liegen vor, wenn die Kapitalgesellschaft angemessene Gegenleistungen erbringt und die zwischen Gesellschaft und Gesellschaftern geschlossenen Verträge insoweit den Vereinbarungen und Bedingungen entsprechen, die zwischen fremden Dritten üblicherweise getroffen werden. Marktübliche Vergütungen, die die Gesellschaft gegenüber ihren Gesellschaftern für die Überlassung von Wirtschaftsgütern oder die Inanspruchnahme von Dienstleistungen entrichtet, führen somit zu Anschaffungskosten bzw. zur Verrechnung von Betriebsausgaben der Kapitalgesellschaft. **Gebrauchs- oder Nutzungsüberlassungen**, die durch das Gesellschaftsverhältnis begründet sind und unentgeltlich oder erheblich unter marktüblichen Preisen erfolgen, begründen jedoch keine verdeckte Einlage, da kein bilanzierungsfähiges Wirtschaftsgut vorliegt.[356] Dies gilt für unentgeltlich erbrachte Dienstleistungen eines Gesellschafters, die durch das Gesellschaftsverhältnis begründet sind, entsprechend.[357]

---

[355] BFH vom 20.8.1986, BStBl. II 1987, 455
[356] BFH/GrS vom 26.10.1987, a.a.O.; Abschn. 36a Abs. 2 KStR
[357] Abschn. 36a Abs. 2 S. 6 KStR

Beispiele:

Ein GmbH-Gesellschafter, der neben seiner Gesellschafterfunktion freiberuflich als Unternehmensberater tätig ist, erstellt für 'seine' GmbH unentgeltlich ein Organisationsgutachten.

Ein GmbH-Gesellschafter gewährt 'seiner' Gesellschaft ein zinsloses Darlehen.

In beiden vorgenannten Fällen ist der Gewinn der Kapitalgesellschaft um den eingeräumten Vorteil nicht zu kürzen; dies gilt im Falle der zinslosen Darlehensgewährung selbst dann, wenn der Gesellschafter ein verzinsliches Darlehen aufgenommen hat, um es 'seiner' Gesellschaft zinslos zur Verfügung stellen zu können.[358]

3.2.1.2 Verdeckte Gewinnausschüttungen im Rahmen von Gesellschaft-Gesellschafter-Beziehungen

Dem Trennungsprinzip zufolge werden schuldrechtliche Verträge zwischen einer Kapitalgesellschaft und ihren Anteilseignern grundsätzlich steuerrechtlich anerkannt, soweit Leistung und Gegenleistung Äquivalenz aufweisen und marktüblichen Bedingungen entsprechen. Die aufgrund solcher Verträge erbrachten Gegenleistungen einer Kapitalgesellschaft führen zu gewinnmindernden Betriebsausgaben und werden auf der Ebene des Anteilseigners bei einer der sieben Einkunftsarten des EStG erfaßt und der Besteuerung unterworfen. Willkürlich überhöhte Leistungsvereinbarungen zwischen der Kapitalgesellschaft und ihren Anteilseignern, die dem Äquivalenzkriterium nicht entsprechen, können jedoch für den marktunüblich überhöhten Teil nicht als Betriebsausgaben gewinnmindernd berücksichtigt werden, sondern stellen eine verdeckte Form der Einkommensverwendung (= Gewinnverwendung) dar, die bei der Ermittlung des zu versteuernden Einkommens der Kapitalgesellschaft nicht mindernd berücksichtigt werden darf. Verdeckte Gewinnausschüttungen der Kapitalgesellschaft an ihre Anteilseigner i.S.d. §§ 8 Abs. 3 S. 2 und 8a Abs. 1 S. 1 KStG lassen sich nach der neueren und gefestigten Rechtsprechung des BFH als Vermögensminderung oder verhinderte Vermögensmehrung definieren, die durch das Gesellschaftsverhältnis veranlaßt ist, sich auf die Höhe des Einkommens der Kapitalgesellschaft mindernd auswirkt und nicht auf einem den gesellschaftsrechtlichen Vorschriften entsprechenden Gewinnverteilungsbeschluß der Organe der Gesellschaft basiert.[359] Verdeckte Gewinnausschüttungen stellen damit im Gegensatz zu offenen Gewinnausschüttungen nicht Ergebnis eines förmlichen Gewinnverteilungsbeschlusses dar, sondern lassen sich als Gewinnausschüt-

---

[358] BFH/GrS vom 26.10.1987, a.a.O.; Abschn. 36a Abs. 2 S. 4 KStR
[359] BFH vom 1.2.1989, BStBl. II 1989, 522; BFH vom 22.2.1989, BStBl. II 1989, 475; BFH vom 22.2.1989, BStBl. II 1989, 631; BFH vom 10.3.1993, BStBl. II 1993, 635

tungen der Gesellschaft verstehen, die durch andere Rechtsgeschäfte zwischen Kapitalgesellschaft und ihren Anteilseignern verschleiert (= 'verdeckt') werden.

Verdeckte Gewinnausschüttungen sind damit durch folgende **Kriterien** charakterisiert:[360]

- **Vermögensminderung oder verhinderte Vermögensmehrung**

  Eine Vermögensminderung liegt nach der m.E. zutreffenden h.M. regelmäßig dann vor, wenn sich das Betriebsreinvermögen der Kapitalgesellschaft durch das Rechtsgeschäft zwischen Gesellschaft und Anteilseigner verringert. Soweit der Wert der Passiva den Wert der Aktiva übersteigt, ist es im Ausnahmefall jedoch denkbar, daß sich die Saldogröße 'Betriebsreinvermögen' erhöht; auch in diesem Fall liegt eine Vermögensminderung im ertragsteuerrechtlichen Sinn vor. Maßgeblich ist jeweils die Veränderung des Betriebsreinvermögens in dem Zeitpunkt, in dem das Rechtsgeschäft zwischen Gesellschaft und Anteilseignern zu qualifizieren ist.

  Beispiele:

  Einem GmbH-Gesellschafter, der zugleich freiberuflich als Unternehmensberater tätig ist, wird für die Erstellung eines Organisationsgutachtens ein überhöhtes, marktunübliches Honorar gewährt.

  Ein GmbH-Gesellschafter bezieht ein markt- und branchenunübliches Geschäftsführergehalt in Höhe von 500.000,00 DM p.a.

  Eine **verhinderte Vermögensmehrung** liegt i.d.R. dann vor, wenn die Organe einer Kapitalgesellschaft bewußt (= Regelfall) oder unbewußt (= Ausnahmefall) darauf verzichten, die Chance zu einer Mehrung des Betriebsreinvermögens zu nutzen.

  Beispiel:

  Eine GmbH gewährt einem Gesellschafter ein Darlehen zu marktunüblich niedrigen Zinsen.

  Eine verdeckte Gewinnausschüttung setzt dabei nicht voraus, daß die Vermögensminderung oder verhinderte Vermögensmehrung auf einer Rechtshandlung der Organe der Kapitalgesellschaft beruht; auch **tatsächliche Handlungen** (z.B. Untreue oder Unterschlagung durch den Geschäftsführer einer GmbH) können den Tatbestand einer verdeckten Gewinnausschüttung erfüllen.[361]

- **Veranlassung durch das Gesellschaftsverhältnis**

  Die Vermögensminderung oder verhinderte Vermögensmehrung ist durch das Gesellschaftsverhältnis veranlaßt, wenn die Kapitalgesellschaft einem Anteilseigner einen Vermögensvorteil zukommen läßt, der bei Anwendung der Sorgfalt

---

[360] Blümich/Freericks, Rz. 95 zu § 8 KStG
[361] vgl. Abschn. 31 Abs. 3 KStR

eines ordentlichen und gewissenhaften Geschäftsleiters einem Nichtgesellschafter bzw. einer der Gesellschaft fernstehenden Person (z.B. einem stillen Gesellschafter oder Kleinaktionär) nicht gewährt worden wäre. Bei beherrschenden Gesellschaftern wird eine Veranlassung durch das Gesellschaftsverhältnis bereits dann angenommen, wenn die Kapitalgesellschaft Leistungen gegenüber dem Gesellschafter erbringt oder zukünftig zu erbringen hat, ohne daß hierüber eine entsprechende vertragliche Vereinbarung geschlossen wurde.[362]

- **Auswirkung auf die Höhe des Einkommens**

  Eine Auswirkung auf die Höhe des Einkommens der Kapitalgesellschaft ist stets gegeben, wenn die durch das Gesellschaftsverhältnis veranlaßte Vermögensminderung oder verhinderte Vermögensmehrung zu einem geringeren Gewinn oder höheren Verlust der Kapitalgesellschaft führen.[363]

Die Veranlassung durch das Gesellschaftsverhältnis setzt i.d.R. voraus, daß ein Gesellschafterverhältnis vorliegt (bei Körperschaften, die nicht Kapitalgesellschaften sind: Mitgliedschaftsverhältnis) und dem Gesellschafter ein unmittelbarer Vorteil gewährt wird. In zurecht weiter Auslegung der gesellschaftsrechtlichen Veranlassung wird eine verdeckte Gewinnausschüttung aber auch dann angenommen, wenn der Vorteil nicht dem Anteilseigner selbst, sondern einer ihm **nahestehenden Person** gewährt wird. Vorausgesetzt wird dabei jedoch, daß für den Anteilseigner selbst damit zumindest mittelbar ein Vorteil verbunden ist.[364] Der Kreis der 'nahestehenden Personen' ist weit zu fassen und schließt natürliche und juristische Personen sowie ggf. Personengesellschaften ein, denen aufgrund schuldrechtlicher, gesellschaftsrechtlicher oder tatsächlicher Beziehungen zu dem Anteilseigner Vorteile gewährt werden. Verwandtschaftliche Beziehungen zwischen dem Anteilseigner und einer natürlichen Person begründen prima facie die widerlegbare Vermutung, daß es sich um eine 'nahestehende Person' handelt. Besondere Bedeutung erlangt die Tatsache, daß Vorteile, die nahestehenden Personen gewährt werden, zu verdeckten Gewinnausschüttungen führen können, bei Unternehmen, die in einem Konzernverbund integriert sind sowie bei Schwestergesellschaften: Überhöhte Entgelte für Lieferungen und Leistungen zwischen Konzern- oder Schwesterunternehmen führen ebenso zu verdeckten Gewinnausschüttungen wie Zahlungen einer Konzerntochter an die Vorstandsmitglieder des Konzernmutterunternehmens verdeckte Gewinnausschüttungen begründen können.[365]

---

[362] BFH vom 10.3.1993, BStBl. II 1993, 635; vgl. auch BFH vom 13.7.1994, BStBl. II 1995, 198
[363] BFH vom 14.12.1992, BStBl. II 1993, 352
[364] BFH vom 22.2.1989, BStBl. II 1989, 631
[365] RFH vom 4.2.1936, RStBl. 1936, 157; die weite Auslegung des Personenkreises, bei dem eine verdeckte Gewinnausschüttung vorliegen kann, wird vom BVerfG als mit dem GG vereinbar erachtet, vgl. BVerfG, Beschluß vom 8.12.1992, HFR 1993, 201

Beispiele:

A ist als Großaktionär an der X-AG und als Gesellschafter an der Bauträger GmbH beteiligt. Die X-AG überträgt ein zu ihrem Betriebsvermögen gehörendes unbebautes Grundstück in Citylage an die GmbH zu einem weit unter Verkehrswert liegenden Verkaufspreis.

Eine GmbH veräußert an die Ehefrau eines Gesellschafters eine bislang als Gästehaus genutzte Villa zu einem weit unter Verkehrswert liegenden Verkaufspreis; das Gebäude wird künftig von den Eheleuten als Wohnhaus genutzt.

Die inländische Tochter-GmbH A lieferte an die inländische Tochter-GmbH B auf Veranlassung der ausländischen Mutter-AG Waren zu überhöhten Preisen, so daß die Tochter-GmbH B ständig Verluste erwirtschaftete. Die verdeckte Gewinnausschüttung durch die Tochter-GmbH B erfolgte in diesem Falle nicht unmittelbar an die Muttergesellschaft, sondern an die ihr nahestehende Tochter-GmbH A *(BFH vom 21.12.1972, BStBl. II 1973, 449)*.

Verdeckte Gewinnausschüttungen mindern i.d.R. das Steuerbilanzergebnis. Gemäß § 8 Abs. 3 S. 2 KStG ist folglich eine Hinzurechnung der verdeckten Gewinnausschüttung im Rahmen der Einkommensermittlung der Kapitalgesellschaft zwingend geboten. Darüber hinaus sind verdeckte Gewinnausschüttungen in das Anrechnungsverfahren einzubeziehen, unterliegen auf der Ebene der Körperschaft der Ausschüttungsbelastung *(§§ 27 ff. KStG)* und werden der Kapitalertragsteuer unterworfen.

Auf der Ebene des Anteilseigners werden verdeckte Gewinnausschüttungen i.d.R. als Einkünfte aus Kapitalvermögen i.S.d. § 20 Abs. 1 Nr. 1 EStG erfaßt; ggf. sind sie gemäß § 20 Abs. 3 EStG den Einkünften aus Land- und Forstwirtschaft, aus Gewerbebetrieb, aus selbständiger Arbeit oder Vermietung und Verpachtung zuzurechnen.

Die **objektive Beweislast** für das Vorliegen einer verdeckten Gewinnausschüttung liegt regelmäßig beim zuständigen Finanzamt;[366] dennoch ist es im Einzelfall denkbar, daß sich die Beweislast zu Lasten der Kapitalgesellschaft umkehren kann. Eine Beweislastumkehr ist so z.B. denkbar, wenn die betriebliche Veranlassung von Aufwendungen nachzuweisen ist; die Beweislast hierfür liegt beim Steuerpflichtigen.[367]

---

[366] vgl. BFH vom 27.10.1992, BStBl. II 1993, 569; BFH vom 13.7.1994, BFH/NV 1995, 548
[367] weitere „Umkehrfälle" werden beispielhaft in Abschn. 31 Abs. 8a, S. 4 und 5 KStR aufgelistet

3.2.1.3 Verdeckte Gewinnausschüttungen im Rahmen der Gesellschafter-Fremdfinanzierung

Neben den 'klassischen' Varianten der verdeckten Gewinnausschüttung regelt der 1993 durch das Standortsicherungsgesetz[368] neu eingefügte § 8a KStG verdeckte Gewinnausschüttungen im Falle der **Gesellschafter-Fremdfinanzierung.**

Grundsätzlich bleibt es Unternehmen freigestellt, zur Finanzierung betrieblicher Leistungserstellungs- und verwertungsprozesse Eigen- oder Fremdkapital einzusetzen. Der Handelsgesetzgeber hat den Unternehmen diesbezüglich erhebliche Freiräume zugebilligt und insbesondere darauf verzichtet - von bestimmten Mindestvolumina bei Kapitalgesellschaften abgesehen -, quotale Untergrenzen festzulegen (z.B. Mindestquote an haftendem Eigenkapital: 30 %). Ein Verzicht auf quotal definierte Untergrenzen ist i.d.R. sowohl aus betriebswirtschaftlicher wie auch aus steuerlicher Sicht unproblematisch, da die Anteilseigner naturgemäß ein originäres Interesse daran haben werden und haben müssen, 'ihr' Unternehmen mit einem angemessenen haftenden Eigenkapital auszustatten (Bonität, Liquidität, Selbstfinanzierungspotential usw.). Probleme in steuerlicher Hinsicht können sich aber dann ergeben, wenn Anteilseigner 'ihrem' Unternehmen anstelle von Eigenkapital Fremdkapital zur Verfügung stellen:

- Soweit hierfür durch die Kapitalgesellschaft marktunüblich überhöhte Vergütungen gezahlt werden, liegt ein klassischer Fall der **verdeckten Gewinnausschüttung** i.S.d. § 8 Abs. 3 KStG vor. Verdeckte Gewinnausschüttungen werden im Rahmen der Einkommensermittlung durch entsprechende Hinzurechnungen berücksichtigt, in das Anrechnungsverfahren einbezogen und auf der Ebene des Anteilseigners i.d.R. als Einkünfte aus Kapitalvermögen erfaßt und besteuert.

- Wird das Fremdkapital hingegen durch **Anteilseigner** zur Verfügung gestellt, die **nicht oder nur beschränkt steuerpflichtig** sind, können aus der ersatzweisen Überlassung von Fremd- anstelle von Eigenkapital im Rahmen des Körperschaftsteueranrechnungssystems steuerliche Vorteile entstehen, da die Zinsen bei der Kapitalgesellschaft abzugsfähige Betriebsausgaben darstellen und den Gewinn mindern, gleichzeitig aber die steuerbefreite Körperschaft keine Steuern auf die vereinnahmten Zinsen abzuführen hat. Durch § 8a KStG soll diesem Effekt begegnet und die 'Einmal-Besteuerung' der Zinserträge sichergestellt werden. In diesem Zusammenhang soll insbesondere auch verhindert werden, daß ausländische Anteilseigner durch Darlehensvergabe an inländische Kapitalgesellschaften über Steueroasen oder durch Finanzierung über zwischengeschaltete Holdinggesellschaften oder Beteiligungsketten Steuervorteile realisieren können.

Soweit Fremdkapital durch nicht steuerpflichtige (*z.B. steuerbefreite Körperschaften i.S.d. § 5 KStG wie öffentliche Hand, Stiftungen, Gewerkschaften*) oder be-

---

[368] StandOG vom 13.9.1993, BGBl. I, 1569

schränkt steuerpflichtige (z.B. *ausländische*) Anteilseigner zur Verfügung gestellt wird, stellen die Aufwendungen aus einer solchen **Gesellschafter-Fremdfinanzierung** nur dann abziehbare Aufwendungen einer Kapitalgesellschaft dar, wenn ein gesetzlich definierter Fremdfinanzierungsrahmen nicht überschritten wird. Bei Überschreitung der Eckwerte werden Zinsaufwendungen in verdeckte Gewinnausschüttungen. § 8a KStG ist ausschließlich auf unbeschränkt steuerpflichtige fremdfinanzierte Kapitalgesellschaften i.S.d. § 1 Abs. 1 Nr. 1 KStG anwendbar. Vorausgesetzt wird u.a., daß das Fremdkapital von einem Anteilseigner zur Verfügung gestellt wird, der an der Kapitalgesellschaft **wesentlich beteiligt** ist. Eine wesentliche Beteiligung liegt gemäß § 8a Abs. 3 KStG bei einer unmittelbaren oder mittelbaren Beteiligung von mehr als 25 % am Grund- oder Stammkapital oder bei beherrschendem Einfluß auf die Kapitalgesellschaft vor. Ist eine wesentliche Beteiligung gegeben, werden die Vergütungen, die der nichtanrechnungsberechtigte Anteilseigner für das von ihm überlassene Fremdkapital erhält, umqualifiziert, soweit ein nach dem anteiligen Eigenkapital des Anteilseigners zu berechnendes **zulässiges Fremdkapital** überschritten wird. Ausgangsgröße für die Ermittlung des anteiligen Eigenkapitals des Gesellschafters ist das Eigenkapital der Kapitalgesellschaft, das zum Schluß des vorangegangenen Wirtschaftsjahres auf Basis der Handelsbilanz wie folgt festgestellt wird:

	gezeichnetes Kapital
-	ausstehende Einlagen
+	Kapitalrücklagen
+	Gewinnrücklagen
+/-	Gewinnvortrag/Verlustvortrag
+/-	Jahresüberschuß/Jahresfehlbetrag
+	Hälfte der Sonderposten mit Rücklageanteil
-	Buchwert der Beteiligung an einer Kapitalgesellschaft gemäß § 8a Abs. 4 S. 3 KStG
=	Eigenkapital der Kapitalgesellschaft

Die Aufzählung ist abschließend; anteiliges Eigenkapital des Anteilseigners ist der Teil des Eigenkapitals der Kapitalgesellschaft, der zum Schluß des vorangegangenen Wirtschaftsjahres dem quotalen Anteil des Gesellschafters am gezeichneten Kapital entspricht[369] Auf der Basis des anteiligen Eigenkapitals des wesentlich beteiligten, nichtanrechnungsberechtigten Anteilseigners werden **zulässige Fremdkapital-Freibereiche** ('safe havens', 'Toleranzbereiche') definiert, deren Überschreitung zu einer Umqualifizierung von Fremdkapitalvergütungen in verdeckte Gewinnausschüttungen führt. Das Fremdkapital umfaßt grundsätzlich alle passivierungsfähigen Kapitalzuführungen in Geld, die steuerrechtlich nicht zum Eigenkapi-

---

[369] vgl. BMF-Schreiben vom 15. Dezember 1994, BStBl. I 1995, 176

tal gehören.[370]. Die Freibereiche sind als das Vielfache des anteiligen Eigenkapitals ausgestaltet und basieren auf typisierenden Regelungen. **Regelvervielfacher** ist ein Vervielfältiger vom Dreifachen des anteiligen Eigenkapitals; § 8a KStG greift demnach erst dann, wenn der zulässige Gestaltungsfreibereich überschritten und weniger als 25 % der jeweiligen Kapitalanlage haftendes Eigenkapital beinhaltet. Einschränkend ist eine sog. **'Fremderhaltsregel'** zu beachten, d.h. die Fremdfinanzierung wird auch bei Überschreitung des Freibereichs als § 8a-unschädlich akzeptiert, wenn die Kapitalgesellschaft das Gesellschafterfremdkapital bei sonst gleichen Umständen auch von einem außenstehenden Dritten hätte erhalten können. Durch diesen 'Drittvergleich' soll das Verfahren objektiviert und ein an üblichen Gegebenheiten ausgerichteter Finanzierungsrahmen zugrunde gelegt werden (Bei sog. 'hybriden' Finanzierungsformen ist ein Freibereich von lediglich 50% des anteiligen Eigenkapitals zu beachten. Dazu gehören z.B. Fremdkapitalformen, die mit einer Gewinn- oder Umsatzbeteiligung ausgestattet sind; in diesem Falle ist ein Drittvergleich nicht erforderlich).

Beispiel:

An der inländischen A-GmbH sind B und C mit jeweils 50 % am Stammkapital beteiligt. C hat seinen Wohnsitz im Ausland, B ist unbeschränkt steuerpflichtiger Inländer. In der Handelsbilanz zum Schluß des vorangegangenen Wirtschaftsjahres wird ein GmbH-Eigenkapital von 200 TDM ausgewiesen. Das anteilige Eigenkapital des A beläuft sich somit auf 100 TDM. Unterstellt wird, daß C der GmbH ein Gesellschafterdarlehen in Höhe von 400 TDM zur Verfügung gestellt hat, das mit 8 % p.a. verzinst wird. Nach § 8a KStG ist nach dem Regelvervielfacher das zulässige Fremdkapital auf 300 TDM begrenzt, so daß die auf das übersteigende Fremdkapital entfallenden Zinsen (8 % aus 100 TDM) als verdeckte Gewinnausschüttung gilt.

Unterstellt wird, daß die A-GmbH durch den Alleingesellschafter C fremdfinanziert wurde und folgende Daten bekannt sind:

Fremdkapital gesamt	800 TDM
zulässiges Fremdkapital	500 TDM (laut Regelvervielfacher)
zulässiges Fremdkapital	600 TDM (gemäß Drittvergleich)
vereinbarter Kreditzins	10 %
marktüblicher Kreditzins	10 %

---

[370] fest und variabel verzinsliche Darlehen einschl. eigenkapitalersetzender Darlehen i.S.d. § 32a GmbHG, Fremdwährungsschulden, partiarische Darlehen, typische stille Beteiligungen, Gewinnschuldverschreibungen sowie Genußrechtskapital - ausgenommen Genußrechtskapital i.S.d. § 8a Abs. 3 S. 2 KStG -; kurzfristige Lieferantenschulden mit einer Laufzeit ≤ 6 Monate rechnen i.d.R. nicht zum Fremdkapital. Vgl. BMF-Schreiben vom 15.12.1994, a.a.O., Tz. 44 ff.

In diesem Falle sind die das zulässige Fremdkapital gemäß Drittvergleich übersteigenden 200 TDM der Umqualifizierung gemäß § 8a KStG zugrunde zu legen, d.h. die darauf entfallenden Zinsen sind verdeckte Gewinnausschüttungen i.S.d. § 8a KStG.

Die mit einer verdeckten Gewinnausschüttung i.S.d. § 8a KStG verbundenen Rechtsfolgen entsprechen denen, die unter der 3.2.1.2 für die 'normalen' Fälle der verdeckten Gewinnausschüttung dargestellt wurden. Die wesentlichen Unterschiede zwischen der verdeckten Gewinnausschüttung nach § 8 Abs. 3 und § 8a KStG lassen sich vereinfacht wie folgt zusammenfassen:

	vGA* nach § 8 Abs. 3	vGA* nach § 8a
Persönlicher Geltungsbereich	alle Körperschaftsteuersubjekte i.S.d. KStG	nur Kapitalgesellschaften i.S.d. § 1 Abs. 1 Nr. 1
Sachlicher Geltungsbereich	alle Formen der verdeckten Gewinnausschüttung, insbesondere hinsichtlich Angemessenheit von vereinbarten Bedingungen	Sondernorm für Vergütungen im Rahmen von Gesellschafter-Fremdfinanzierung
Voraussetzung für Anerkennung des Leistungsaustausches zwischen Gesellschaft und Gesellschafter	vorab getroffene, klare und tatsächlich durchgeführte Vereinbarungen zwischen Gesellschaft und Gesellschaftern (*BFH vom 5.2.1992, BStBl. II 1992, 532*)	

*vGA = verdeckte Gewinnausschüttung

Abb. 74: Verdeckte Gewinnausschüttungen nach §§ 8 und 8a KStG

3.2.1.4 Abziehbare Aufwendungen

Die köperschaftsteuerliche Gewinnermittlung basiert - wie dargestellt - auf dem unter Beachtung der GoB ermittelten Ergebnis der Ertragsteuerbilanz. Abweichend von den allgemeinen ertragsteuerrechtlichen Gewinnermittlungsvorschriften **mindern** jedoch bei Kapitalgesellschaften **zusätzlich** bestimmte Spenden *(§ 9 Abs. 1 Nr. 2 KStG)* sowie die Gewinnanteile der persönlich haftenden Gesellschafter einer KGaA *(§ 9 Abs. 1 Nr. 1 KStG)* das **steuerpflichtige Einkommen.**

- **Abziehbare Spenden** (§ 9 Abs. 1 Nr. 2 KStG)

Ertragsteuerrechtlich werden Spenden grundsätzlich dem Bereich der privaten Einkommensverwendung zugerechnet und sind bei natürlichen Personen nur ausnahmsweise im Rahmen von § 10b EStG als Sonderausgaben bei der Einkommensermittlung abzugsfähig. Da bei Kapitalgesellschaften ein Privatbereich nicht gegeben ist, kommt ein Ansatz von Sonderausgaben nicht in Betracht; § 9 Abs. 1 Nr. 2 KStG ergänzt insoweit für Kapitalgesellschaften einkommensteuerrechtliche Regelungen, die auf natürliche Personen zugeschnitten sind und überträgt die Abzugsfähigkeit von Spenden, die unter § 10b EStG fallen, auf Kapitalgesellschaften und andere Körperschaften, so daß abzugsfähige Spenden bei der Ermittlung des körperschaftsteuerpflichtigen Einkommens abgezogen werden können.

Abzugsfähig sind Ausgaben zur Förderung mildtätiger, kirchlicher, religiöser und wissenschaftlicher Zwecke und der als besonders förderungswürdig anerkannten gemeinnützigen Zwecke bis zu 5 % des Einkommens oder 2 v.T. der Summe aus Umsatz und Löhnen/Gehältern des Kalenderjahres. Für wissenschaftliche, mildtätige und als besonders förderungswürdig anerkannte kulturelle Zwecke erhöht sich der Vonhundertsatz auf 10 %.

Der bis einschließlich VZ 1993 gemäß § 9 Nr. 3 KStG a.F. zulässige Abzug von Spenden an politische Parteien (≤ 60.000,00 DM) sowie politische Vereine ohne Parteicharakter (≤ 1.200,00 DM) ist, da verfassungswidrig, nicht mehr zulässig.[371] Soweit anstelle von Geldspenden Sachspenden i.S.v. § 9 Abs. 1 Nr. 2, Abs. 2 S. 2 KStG geleistet werden, sind diese mit dem Teilwert oder dem Buchwert anzusetzen *(§ 6 Abs. 1 Nr. 4 S. 1 und 2 EStG).*

- **Gewinnanteile der persönlich haftenden Gesellschafter einer KGaA** (§ 9 Abs. 1 Nr. 1 KStG)

Die KGaA ist als Kapitalgesellschaft eigenständiges Körperschaftsteuersubjekt, das von ihr erzielte zu versteuernde Einkommen unterliegt der Körperschaftsteuer. Demgegenüber erzielten die **Komplementäre** der KGaA in Höhe ihrer Gewinnanteile einschließlich der auf sie entfallenden Sondervergütungen **Einkünfte aus Gewerbebetrieb** i.S.d. § 15 Abs. 1 Nr. 3 EStG. Um zu verhindern, daß die Gewinnanteile und Sondervergütungen (z.B. Tantieme) für die Geschäftsführung der Komplementäre einer KGaA sowohl einkommen- als auch körperschaftbesteuert werden, sind diese als Betriebsausgaben der KGaA abzugsfähig. Der Abzug i.S.d. § 9 Abs. 1 Nr. 1 KStG ist auf den Gewinnanteil auf die Einlagen des

---

[371] BVerfG vom 9.4.1992, BStBl II 1992, 766

Komplementärs beschränkt. Ist der Komplementär darüber hinaus am Kommanditkapital beteiligt, fällt der daraus resultierende Gewinnanteil nicht unter § 9 Abs. 1 Nr. 1 KStG, der Abzug ist gemäß § 8 Abs. 3 KStG ausgeschlossen.

Andere Sondervergütungen (z.B. für die Überlassung von Wirtschaftsgütern, Gewährung von Darlehen) fallen nicht unter den Abzug nach § 9 Abs. 1 Nr. 1 KStG, sondern sind nach den allgemeinen Vorschriften (*§ 4 Abs. 4 EStG i.V.m. § 8 Abs. 1 KStG*) als Betriebsausgaben der KGaA abzugsfähig. Vorauszusetzen ist naturgemäß, daß es sich um angemessene Zahlungen im Rahmen des Leistungsaustausches KGaA - Komplementär handelt; ist dies nicht der Fall, liegen verdeckte Gewinnausschüttungen vor.

3.2.1.5 Nichtabziehbare Aufwendungen (nichtabziehbare Betriebsausgaben)

Aufwendungen, die dem Bereich der Einkommensverwendung zuzurechnen sind, vermindern zwar das handelsrechtliche Ergebnis, dürfen die ertragsteuerrechtliche Bemessungsgrundlage aber grundsätzlich nicht mindern (Ausnahme z.B. Spenden). Soweit sie bei der Kapitalgesellschaft als Aufwand in der GuV-Rechnung berücksichtigt wurden, müssen sie dem Steuerbilanzergebnis wieder hinzugerechnet und bei Ermittlung des zu versteuernden Einkommens der Kapitalgesellschaft berücksichtigt werden. Über die bereits nach einkommensteuerrechtlichen Vorschriften nichtabziehbaren Aufwendungen hinaus (*§§ 3c, 4 Abs. 5, 7 und § 50 Abs. 1 EStG*) ergänzt § 10 KStG den Katalog nichtabziehbarer Aufwendungen für Kapitalgesellschaften und andere Körperschaften i.S.d. KStG. Damit lassen sich die nichtabziehbaren Aufwendungen von Kapitalgesellschaften und anderen Körperschaften wie folgt zusammenfassen:

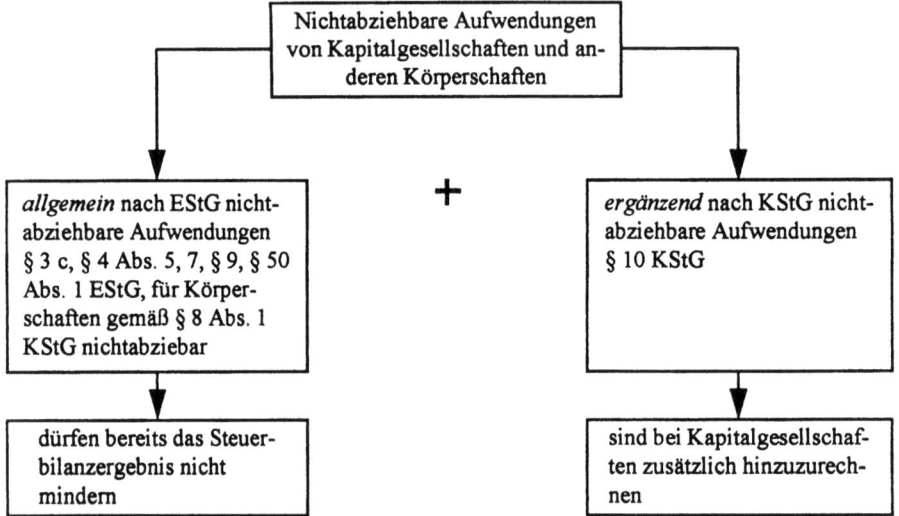

Abb. 75: Systematik nichtabziehbarer Aufwendungen von Kapitalgesellschaften und anderen Körperschaften i. S. d. KStG

§ 10 KStG enthält **vier Gruppen** nicht abziehbarer Aufwendungen:

- **Aufwendungen zur Erfüllung von Satzungszwecken** (§ 10 Nr. 1 KStG)

§ 10 Nr. 1 KStG hat vor allem für **Stiftungen** und andere Zweckvermögen Bedeutung, gilt gleichwohl aber auch für alle Kapitalgesellschaften und andere Körperschaften i.S.d. KStG. Danach sind Aufwendungen für die Erfüllung von Zwecken des Steuerpflichtigen, die durch Stiftungsgeschäft, Satzung oder sonstige Verfassung vorgeschrieben sind, nicht als Betriebsausgaben abzugsfähig (*§ 10 Nr. 1 S. 1 KStG*). Der Abzug von Spenden im Rahmen der in § 9 Abs. 1 Nr. 2 KStG genannten Grenzen bleibt hiervon jedoch unberührt.

Aufwendungen zur Erfüllung von Satzungszwecken sind grundsätzlich dem Bereich der Einkommensverwendung zuzurechnen und dürfen somit den Gewinn nicht mindern. Sieht z.B. die Satzung einer Kapitalgesellschaft vor, daß der Gewinn ganz oder anteilig einer gemeinnützigen Einrichtung zugeführt oder an einen bestimmten Gesellschafter ausgeschüttet werden soll, ist die Abzugsfähigkeit solcher Ausgaben nach den allgemeinen Bestimmungen zu qualifizieren: Die Gewinnabführungen an den Gesellschafter mindern gemäß § 8 Abs. 3 KStG das zu versteuernde Einkommen der Kapitalgesellschaft nicht, die Gewinnabführungen an eine gemeinnützige Einrichtung sind im Rahmen des Spendenabzugs des § 9 Abs. 1 Nr. 2 KStG unter Beachtung der dort genannten Grenzen abzugsfähig.

- **Nichtabziebare Steuern (§ 10 Nr. 1 KStG)**

Steuern vom Einkommen, sonstige Personensteuern sowie die Umsatzsteuer für den Eigenverbrauch dürfen im Rahmen der Ermittlung des Einkommens der Kapitalgesellschaft nicht abgezogen werden. Zu den nichtabziehbaren **Steuern vom Einkommen** gehören neben der festgesetzten Körperschaftsteuer einschließlich Solidaritätszuschlag auch Körperschaftsteuer-Vorauszahlungen, Rückstellungen für die Körperschaftsteuer sowie die Kapitalertragsteuer. Zu den nicht abziehbaren **sonstigen Personensteuern** zählen insbesondere die Vermögensteuer, die Erbschaft- und Schenkungssteuer sowie die Pauschsteuer nach § 5 Abs. 2 KapErhStG. Die **Umsatzsteuer für den Eigenverbrauch** kommt bei Kapitalgesellschaften mangels Privatsphäre nur hinsichtlich der Umsatzsteuerbelastung nichtabzugsfähiger Betriebsausgaben i.S.d. § 4 Abs. 5 EStG in Betracht (*§ 1 Abs. 1 Nr. 2c UStG*). Für vergleichbare ausländische Steuern gilt § 10 Nr. 2 KStG entsprechend.

Nicht abzugsfähig sind zudem Nebenleistungen wie Säumniszuschläge, Verspätungszuschläge, Zwangsgelder, Hinterziehungszinsen und Vollstreckungskosten, soweit sie mit den vorgenannten Steuern in unmittelbarem Zusammenhang stehen.

Zweck der Nichtabzugsfähigkeit der unter § 10 Nr. 2 KStG fallenden Steuern ist es, den steuerpflichtigen Gewinn einer Kapitalgesellschaft so zu ermitteln, als ob die vorgenannten Steuern weder gezahlt werden müssen, noch geschuldet werden. Die Nichtabzugsfähigkeit bezweckt damit letztlich die Trennung zwischen Einkommensermittlung und Einkommensverwendung der Kapitalgesellschaft und weist analog § 12 EStG die vorgenannten Steuern dem Bereich der Einkommensverwendung zu. Insoweit stellt § 10 Nr. 2 KStG eine auf die Spezifika von Kapitalgesellschaften abstellende Parallelvorschrift zu § 12 EStG dar, der ausschließlich auf natürliche Personen anwendbar ist. Natürliche und juristische Personen werden somit hinsichtlich der Ermittlung des zu versteuernden Einkommens weitgehend gleich behandelt.

Da die vorgenannten Steuern bei buchführungspflichtigen Kapitalgesellschaften regelmäßig als Betriebsausgaben gewinnmindernd berücksichtigt werden, muß das Steuerbilanzergebnis außerhalb der Bilanz durch eine entsprechende Hinzurechnung korrigiert werden.

- **Geldstrafen und ähnliche Aufwendungen (§ 10 Nr. 3 KStG)**

Gemäß Nr. 3 sind in einem Strafverfahren festgesetzte Geldstrafen, sonstige Rechtsfolgen vermögensrechtlicher Art, bei denen der Strafcharakter überwiegt, und Leistungen zur Erfüllung von Auflagen oder Weisungen, soweit die Auflagen oder Weisungen nicht lediglich der Wiedergutmachung des durch die Tat verursachten Schadens dienen, nichtabziehbare Aufwendungen, die den Gewinn nicht mindern dürfen. § 10 Nr. 3 KStG entspricht § 12 Nr. 4 EStG, der die genannten Aufwendungen der privaten Lebensführung des Steuerpflichtigen zuweist.

- **Hälfte der Aufsichtsratsvergütungen (§ 10 Nr. 4 KStG)**
Nach § 10 Nr. 4 KStG ist die Hälfte der Vergütungen jeder Art, die an Mitglieder des Aufsichtsrats, Verwaltungsrats, Grubenvorstands oder andere mit der Überwachung der Geschäftsführung beauftragte Personen gewährt werden, nichtabziehbarer Aufwand. Die Vorschrift ist systemfremd und widerspricht den Grundsätzen ertragsteuerlicher Gewinnermittlung, da es sich eindeutig um betrieblich veranlaßte Ausgaben einer Körperschaft handelt. Das Abzugsverbot der Hälfte der Aufsichtratsvergütungen und vergleichbarer Vergütungen (z.B. Beirats-, Verwaltungsratsvergütungen) basiert auf der pauschalierenden Vermutung, daß die Vergütungen, die an Mitglieder der Kontrollorgane einer Kapitalgesellschaft oder einer anderen Körperschaft i.S.d. KStG gezahlt werden, überhöht sind und nur in Höhe des hälftigen Teils als angemessenes leistungs- und funktionsbezogenes Entgelt eingestuft werden können. Unter den Begriff 'Vergütung' werden dabei alle Barvergütungen, Sachvergütungen und geldwerten Vorteile subsumiert (Tantiemen, Tagegelder, kostenlose Nutzung von Dienstfahrzeugen usw.), die den genannten Personen im Zusammenhang mit der Wahrnehmung ihrer Überwachungsfunktion gewährt werden. Nicht unter das Abzugsverbot gemäß § 10 Nr. 4 KStG fallen erstattete Auslagen (z.B. Reisekosten) sowie Vergütungen, die für über die Überwachungstätigkeit hinausgehende Sonderleistungen gezahlt werden (z.B. Erstellungen eines Organisationsgutachtens durch ein Mitglied des Aufsichtsrats). Voraussetzung ist jedoch, daß die Sonderleistung gegenüber der eigentlichen Überwachungs- und Beratungsaufgabe klar abgegrenzt werden kann und auf der Grundlage einer gesonderten vertraglichen Vereinbarung erbracht wird. Die Beratung des Vorstands einer AG durch derzeitige oder ehemalige Mitglieder des Aufsichtsrats erfüllt diese Voraussetzungen nicht und unterliegt dem Abzugsverbot des § 10 Nr. 4 KStG uneingeschränkt.[372]
Soweit diese Aufwendungen in der GuV-Rechnung gewinnmindernd berücksichtigt wurden, sind sie dem Steuerbilanzergebnis zur Hälfte wieder hinzuzurechnen.

3.2.1.6 Steuerfreie Einnahmen (Erträge)

Die sachlichen Steuerbefreiungen des EStG sowie anderer Gesetze gelten gemäß § 8 Abs. 1 KStG auch für die Ermittlung des körperschaftsteuerpflichtigen Gewinns einer Kapitalgesellschaft. Zu den betrieblich veranlaßten, nicht steuerpflichtigen Erträgen gehören demnach z.B. ein **Sanierungsgewinn** gemäß § 3 Nr. 66 EStG und

---

[372] BFH vom 4.12.1991, BStBl. II 1992, 686

Investitionszulagen gemäß § 5 InvZulG. Darüber hinaus sind nach Maßgabe körperschaftsteuerrechtlicher Vorschriften sachlich steuerbefreit:

- Gewinne aus Anteilen an einem nicht steuerbefreiten Betrieb gewerblicher Art einer juristischen Person des öffentlichen Rechts nach § 8 Abs. 5 KStG.

- Einkünfte aus bestimmten Beteiligungen an ausländischen Gesellschaften (z.B. Schachteldividenden) gemäß § 8b KStG unter den dort genannten Voraussetzungen.

Aufwendungen, die mit diesen steuerfreien Einnahmen in Zusammenhang stehen, dürfen gemäß § 3c EStG i.V.m. § 8 Abs. 1 KStG das Steuerbilanzergebnis nicht mindern (Nettoprinzip).

Darüber hinaus sind rückerstattete nichtabziehbare Aufwendungen (z.B. Rückerstattungen von Personensteuern i.S.d. § 10 Nr. 2 KStG) körperschaftsteuerfrei; das Steuerbilanzergebnis ist folglich entsprechend zu kürzen.[373]

3.2.1.7 Verlustabzug

Kapitalgesellschaften können im jeweiligen Wirtschaftsjahr positive oder negative **Einkünfte aus Gewerbebetrieb** erwirtschaften. Da regelmäßig und ausschließlich Einkünfte aus Gewerbebetrieb erzielt werden, ist ein Ausgleich eines erwirtschafteten Verlustes mit positiven Einkünften anderer Einkunftsarten nicht möglich; dies gilt für die Verrechnung von Verlusten und Gewinnen zwischen unterschiedlichen Kapitalgesellschaften entsprechend (Ausnahme: Organschaft). Verluste einer Kapitalgesellschaft können somit lediglich in zeitlicher Abfolge mit positiven Ergebnissen anderer Wirtschaftsjahre verrechnet und ausgeglichen werden. Die Inanspruchnahme eines Verlustabzugs nach § 10d EStG setzt allerdings gemäß § 8 Abs. 4 KStG voraus, daß die jeweilige Kapitalgesellschaft (oder anderer Körperschaft i.S.d. KStG) **rechtlich und wirtschaftlich** mit der Kapitalgesellschaft **identisch** ist, die den Verlust erlitten hat. Die geforderte wirtschaftliche Identität fehlt insbesondere, wenn mehr als 75 % der Anteile an der Kapitalgesellschaft (oder anderen Körperschaft i.S.d. KStG) übertragen werden und danach die Gesellschaft ihren Geschäftsbetrieb mit überwiegend neuem Betriebsvermögen wieder aufnimmt (*§ 8 Abs. 4 S. 2 KStG*). Damit soll vor allem sichergestellt werden, daß Verlustvorträge von Kapitalgesellschaften nicht an Dritte veräußert und steuerlich abgezogen werden können.

Die **fehlende wirtschaftliche Identität** knüpft insbesondere an folgende Voraussetzungen an:[374]

---

[373] RFH vom 8.2.1938, RStBl. 1938, 494
[374] Blümich/Freericks 1995, Rz. 213 ff. zu § 8 KStG

- **Übertragung von mehr als 75 % der Anteile**

  Darunter fällt nicht nur die unmittelbare oder mittelbare Übertragung von mehr als 75 % der Anteile, sondern auch eine **Kapitalerhöhung** durch neu eintretende Gesellschafter, soweit diese nach der Kapitalerhöhung zu mehr als 75 % an der Gesellschaft beteiligt sind.[375] Das Kriterium ist zudem dann erfüllt, wenn ein Betrieb oder Teilbetrieb in die Verlust-Kapitalgesellschaft eingebracht wird und die neuen Gesellschafter zu mehr als 75 % beteiligt sind; für den Fall der Verschmelzung auf die Verlust-Kapitalgesellschaft gilt dies entsprechend.

- **Zuführung von überwiegend neuem Betriebsvermögen**

  Eine Zuführung von überwiegend neuem Betriebsvermögen liegt stets dann vor, wenn das neu zugeführte Aktiv-Betriebsvermögen wertmäßig das vorhandene Aktiv-Betriebsvermögen übersteigt. Der Wertvergleich ist nach h.M. zutreffend auf der Basis von Teilwertansätzen vorzunehmen (ein Buchwertvergleich ist ungeeignet, da der Vergleich manipulativ gesteuert werden könnte bzw. der Zufallskomponente zu starkes Gewicht beigemessen werden müßte).

- **Wiederaufnahme des Geschäftsbetriebs**

  Das Kriterium 'Wiederaufnahme des Geschäftsbetriebs' ist nicht eindeutig definiert. In enger Interpretation setzt die 'Wiederaufnahme' eine vorherige Einstellung des Geschäftsbetriebs voraus, so daß der bloße Wechsel des Unternehmenszwecks und die damit verbundene Verlagerung der unternehmerischen Betätigung auf andere Geschäftsfelder die geforderte Voraussetzung nicht erfüllt.[376]

Soweit die vorgenannten Voraussetzungen kumulativ erfüllt sind, fehlt die wirtschaftliche Identität, ein steuerlicher Abzug des Verlustvortrags ist bei einer Kapitalgesellschaft oder einer anderen Körperschaft i.S.d. KStG nicht möglich.

3.2.2 Schema zur Ermittlung des zu versteuernden Einkommens von Kapitalgesellschaften

Da Kapitalgesellschaften gemäß § 8 Abs. 2 KStG ausschließlich Einkünfte aus Gewerbebetrieb erwirtschaften, ist das zu versteuernde Einkommen in Modifikation des Grundschemas gemäß Abschn. 24 KStR wie folgt zu ermitteln:

---

[375] Dötsch/Hundt in DB 1988, S. 1767 ff.
[376] a.A. Dötsch/Hundt, a.a.O., S. 1769

	Steuerbilanzgewinn (*§§ 4 Abs. 1; 5 - 7k EStG*)
+	Kapitalherabsetzung (*§ 4 Abs. 1 S. 1 EStG*)
-	Kapitalerhöhungen (*§ 4 Abs. 1 S. 1 EStG*)
+	Nichtabziehbare Betriebsausgaben (*(4 Abs. 5 bis 7 EStG*)
-	Steuerfreie Einnahmen
=	**Einkünfte aus Gewerbebetrieb** (*§ 2 Abs. 1 Nr. 2 EStG*)
-	Verdeckte Einlagen (*§ 4 Abs. 1 S. 1 EStG*)
+	Verdeckte Gewinnausschüttungen (*§§ 8 Abs. 3, 8a KStG*)
-	Gewinnanteile des Komplementärs einer KGaA (*§ 9 Abs. 1 Nr. 1 KStG*)
+	Nichtabziehbare Aufwendungen (*§ 10 KStG*)
=	**Summe der Einkünfte der Einkunftsart**
-	Verlustabzugsbetrag (*§ 2a Abs. 3 S. 1 EStG*)
+	Hinzurechnungsbetrag (*3 „ Abs. 1 S. 3 AlG, § 2a Abs. 3 S. 2, Abs. 5 und 6 EStG*)
-	Freibetrag bei Einkünften aus Land- und Forstwirtschaft (*§ 13 Abs. 3 EStG*)
-	Ausländische Steuern vom Einkommen (*§§ 26 Abs. 6 KStG; § 34c Abs. 2, 3 und 6 EStG*)
-	Abziehbare Spenden und Beiträge (*§ 9 Abs. 1 Nr. 2 KStG*)
+	Zuzurechnendes Einkommen von Organgesellschaften (*§§ 14, 17, 18 KStG*)
=	**Gesamtbetrag der Einkünfte**
-	ggf. Steuerberatungskosten, soweit nicht als Betriebsausgabe abziehbar
-	Verlustabzug (*§ 10d EStG, § 2 Abs. 1 S. 2 AlG, § 2a Abs. 3 S. 2, Abs. 5, 6 EStG*)
=	**Zu versteuerndes Einkommen der Kapitalgesellschaft**

Abb. 76: Schema zur Ermittlung des zu versteuernden Einkommens von Kapitalgesellschaften

4 Körperschaftsteuertarif und Veranlagung

Das zu versteuernde Einkommen der Kapitalgesellschaft unterliegt zunächst der **Tarifbelastung** von derzeit 45 % (*§ 23 Abs. 1 KStG*). Der Normalsatz von 45 % liegt damit 2 % unter dem Spitzensteuersatz für gewerbliche Einkünfte natürlicher Personen. Der Steuersatz von 45 % **ermäßigt sich**

(1) **gemäß § 23 Abs. 2 KStG**

für Versicherungsvereine auf Gegenseitigkeit, sonstige juristische Personen des privaten Rechts (z.B. rechtsfähige Vereine, Anstalten und andere Zweckvermögen des privaten Rechts) und Betriebe gewerblicher Art von juristischen Personen des öffentlichen Rechts **auf 42 %**, sofern diese Körperschaften oder Personenvereinigungen nicht in das Anrechnungsverfahren einzubeziehen sind, weil deren Leistungen bei den Empfängern zu den steuerpflichtigen Einnahmen i.S.d. § 20 Abs. 1 Nr. 1 oder 2 EStG gehören. Die Ermäßigung ist damit ausgeschlossen, wenn z.B. ein Verein Mitgliedschaftsrechte gewährt, die einer kapitalmäßigen Beteiligung gleichstehen.[377]

Nicht anwendbar ist der ermäßigte Steuersatz auf **private Stiftungen**, obwohl diese keine Gewinne ausschütten und nicht in das Anrechnungsverfahren einbezogen sind. Diese an sich systemfremde Ausnahme wird - trotz erheblicher und begründeter verfassungsrechtlicher Bedenken - damit legitimiert, daß Familienstiftungen vielfach als Holdinggesellschaften fungieren und insoweit Wettbewerbsvorteile über den Steuersatz zu kompensieren sind.

(2) **gemäß § 23 Abs. 3 KStG**

für beschränkt steuerpflichtige ausländische Körperschaften, Personenvereinigungen und Vermögensmassen i.S.d. § 2 Nr. 1 KStG **auf 42 %**.

Für das Zweite Deutsche Fernsehen (ZDF) sieht § 23 Abs. 6 KStG eine **Sonderregelung** vor: Aus Vereinfachungsgründen werden die Entgelte aus Werbesendungen, die einen Betrieb gewerblicher Art begründen, mit 6,7 % körperschaftbesteuert. **Steuerfreie Einnahmen** wie Sanierungsgewinne, Investitionszulagen und steuerbefreite ausländische Einkünfte unterliegen generell nicht der Körperschaftsteuer; ihre Tarifbelastung beträgt damit 0 %.

Soweit eine Kapitalgesellschaft keine Gewinne ausschüttet, entspricht die Tarifbelastung der Körperschaftsteuerbelastung des zu versteuernden Einkommens im jeweiligen Veranlagungszeitraum. Werden hingegen Gewinne an die Anteilseigner ausgeschüttet, ist die **Ausschüttungsbelastung** herzustellen. Gewinnausschüttungen unterliegen einem einheitlichen **Ausschüttungssteuersatz von 30 %** auf den Gewinn vor Abzug der Körperschaftsteuer (*§ 27 Abs. 1 KStG*). Dies kann zu ent-

---

[377] Blümich/Freericks, Rz. 21 zu § 23 KStG

sprechend notwendigen Minderungen oder Erhöhungen der festzusetzenden Körperschaftsteuer einer gewinnausschüttenden Kapitalgesellschaft führen:

(1) Eine **Minderung** der endgültigen Körperschaftsteuerbelastung tritt ein, wenn Gewinne aus dem Teil des Einkommens ausgeschüttet werden, der vorab mit der Tarifbelastung von 45 % zu versteuern war. In Höhe der Differenz zwischen Tarifbelastung und Ausschüttungsbelastung (= 15 %) tritt eine Körperschaftsteuerminderung ein. Damit gilt:

Tarifbelastung>Ausschüttungsbelastung: Körperschaftsteuerminderung.

(2) Eine **Erhöhung** der endgültigen Körperschaftsteuerbelastung tritt demgegenüber immer dann ein, wenn Gewinne aus dem Teil des Einkommens ausgeschüttet werden, der bis zu diesem Zeitpunkt aufgrund von Steuerbefreiungen nicht der inländischen Körperschaftsteuer unterlag. In Höhe der Differenz zwischen Ausschüttungsbelastung und Tarifbelastung (= 30 %) tritt eine Körperschaftsteuererhöhung ein. Damit gilt:

Tarifbelastung<Ausschüttungsbelastung: Körperschaftsteuererhöhung.

Die Körperschaftsteuer, die sich nach § 23 KStG auf das zu versteuernde Einkommen ergibt, ist somit um Körperschaftsteuerminderungen und Körperschaftsteuererhöhungen zu korrigieren:

  Tarifliche Körperschaftsteuer nach § 23 KStG
- Körperschaftsteuerminderungen nach § 27 Abs. 1 KStG
+ Körperschaftsteuererhöhungen nach § 27 Abs. 1 KStG
= Festzusetzende Körperschaftsteuer (§ 27 KStG)
= Körperschaftsteuerschuld

Durch die notwendige Korrektur um Minderungen und Erhöhungen wird eine für alle Gewinnausschüttungen einheitliche Steuerbelastung erreicht und sichergestellt, daß die auf der Ebene der Anteilseigner anrechenbare Körperschaftsteuer einheitlich und ohne individuelle Belastungsrechnung in das Anrechnungsverfahren einbezogen werden kann. Minderungen und Erhöhungen der tariflichen Körperschaftsteuer können nebeneinander gegeben sein; soweit die Körperschaftsteuerminderung die Körperschaftsteuer eines Veranlagungszeitraums übersteigt, ergibt sich in Höhe der Differenz eine Körperschaftsteuererstattung.

Der Körperschaftsteuertarif wurde seit der Einführung des gespaltenen Körperschaftsteuersatzes durch das KStG 1953 mehrmals geändert, angehoben und abgesenkt. Die nachfolgende Tabelle dokumentiert die bis VZ 1993 und ab VZ 1994 geltenden Körperschaftsteuersätze:

Steuersätze	Bis einschließlich VZ 1993	Ab VZ 1994
Thesaurierungssätze:		
Normalsteuersatz	50 %	45 %
ermäßigter Steuersatz	46 %	42 %
Sondersteuersatz ZDF	7,4 %	6,7 %
Ausschüttungssteuersatz	36 %	30 %

Abb. 77: Körperschaftsteuersätze

Das **Solidaritätszuschlagsgesetz** führt auch bei Kapitalgesellschaften und anderen Körperschaften i.S.d. KStG zu einer zusätzlichen Belastung. Der Zuschlag beträgt derzeit 7,5 % und bemißt sich gemäß § 3 SolZG

- nach der festgesetzten Körperschaftsteuer, vermindert um die anzurechnende oder vergütete Körperschaftsteuer, wenn ein positiver Betrag verbleibt (*§ 3 Abs. 1 Nr. 2 SolZG*),
- soweit Vorauszahlungen zu leisten sind, nach den Vorauszahlungen auf die Körperschaftsteuer (*§ 3 Abs. 1 Nr. 2 SolZG*),
- der Kapitalertragsteuer, dem Zinsabschlag (*§ 3 Abs. 1 Nr. 5 SolZG*) oder dem Steuerabzugsbetrag beschränkt Steuerpflichtiger (*§ 3 Abs. 1 Nr. 6 SolZG*).

Der Solidaritätszuschlag stellt eine **Ergänzungsabgabe** zur Einkommen- und Körperschaftsteuer dar, durch die gleichermaßen natürliche und juristische Personen belastet werden. Bei steuerpflichtigen Körperschaften erhöht sich dadurch der Normalsteuersatz auf 48,38 % (45 % + (7,5 % aus 45 %)).

Die Körperschaftsteuer ist eine **Jahressteuer**; die Grundlagen für ihre Festsetzung sind jeweils für ein Kalenderjahr (= Veranlagungszeitraum) zu ermitteln. Die Körperschaftsteuer entsteht gemäß § 48 KStG mit Ablauf des Veranlagungszeitraums, sofern nicht Steuerabzugsbeträge oder vierteljährliche Körperschaftsteuervorauszahlungen zu leisten sind. Die Körperschaftsteuer ist zudem eine **Veranlagungssteuer**, d.h. die steuerpflichtige Kapitalgesellschaft reicht - unter Beifügung von Jahresabschluß und Steuerbilanz - eine Körperschaftsteuererklärung ein, auf deren Grundlage ein Steuerbescheid der Finanzbehörde ergeht. Auf die Durchführung der Besteuerung einschließlich der Anrechnung, Entrichtung und Vergütung der Körperschaftsteuer sind gemäß § 49 Abs. 1 KStG grundsätzlich die für die Einkommensteuer geltenden Vorschriften entsprechend anzuwenden. Daraus folgt u.a., daß die Kapitalgesellschaft vierteljährliche **Vorauszahlungen** auf die voraussichtliche Körperschaftsteuerschuld des laufenden Veranlagungszeitraums zu entrichten hat (*§ 37 Abs. 1 S. 1 EStG*). Die vierteljährlichen Vorauszahlungen, durch Steuerabzug erhobene Kapitalertragsteuer und anrechenbare Körperschaftsteuer werden auf die festgesetzte Körperschaftsteuer angerechnet (*§ 36 Abs. 2 EStG*); als Saldo aus festzusetzender Körperschaftsteuer und anzurechnender Beträge ergibt sich die jeweilige Abschlußzahlung (= Körperschaftsteuerzahllast) oder der Erstattungsbetrag der Veranlagungszeitraums.

Die Ermittlung der „festzusetzenden" und der „verbleibenden" Körperschaftsteuer wird schematisch durch den in die Körperschaftsteuer-Richtlinien 1995 neu eingefügten Abschn. 25 geregelt; danach ist wie folgt zu verfahren:

1		Steuerbetrag nach §§ 23, 26 Abs. 6 S. 1 und 4 KStG i.V.m. § 34c Abs. 4 oder 5 EStG)
2	-	anzurechnende ausländische Steuern nach § 26 Abs. 1 bis 3, 5 KStG, § 12 AStG
3	-	Steuergutschrift für Grund des DBA Frankreich
4	=	**Tarifbelastung**
5	+-	Minderung oder Erhöhung der Körperschaftsteuer nach § 27 KStG
6	=	**festzusetzende Körperschaftsteuer**
7	+-	festgesetzte Erstattung oder Nachforderung von Körperschaftsteuer nach § 11 Abs. 2 und 3 AStG
8	-	anzurechnende Kapitalertragsteuer einschl. Zinsabschlag
9	-	anzurechnende Körperschaftsteuer
10	=	**verbleibende Körperschaftsteuer**

Abb. 78: Schema zur Ermittlung der festzusetzenden und der verbleibenden Körperschaftsteuer nach Abschn. 25 KStR

5 Körperschaftsteuerliches Anrechnungsverfahren

5.1 Zielsetzung und Konzeption

Das körperschaftsteuerliche Anrechnungsverfahren ist Kern der durch das Körperschaftsteuerreformgesetz vom 31.8.1976 vollzogenen Körperschaftsteuerreform.

In das **Anrechnungsverfahren** werden nur unbeschränkt steuerpflichtige **Kapitalgesellschaften** und unbeschränkt steuerpflichtige **sonstige Körperschaften**, deren Leistungen beim Empfänger zu Einkünften aus Kapitalvermögen i.S.d. § 20 Abs. 1 Nr. 1, 2 EStG führen, **einbezogen** (*§ 43 KStG*). Nicht in das Anrechnungsverfahren einbezogen werden Versicherungsvereine aus Gegenseitigkeit, sonstige juristische Personen des privaten Rechts, nichtrechtsfähige Vereine, Anstalten, Stiftungen und andere Zweckvermögen des privaten Rechts, Betriebe gewerblicher Art von juristischen Personen des öffentlichen Rechts, beschränkt steuerpflichtige ausländische Körperschaften mit inländischen Betriebsstätten sowie steuerbefreite Körperschaften i.S.d. § 5 KStG, soweit diese Gewinne an körperschaftsteuerbefreite Anteilseigner oder an juristische Personen des öffentlichen Rechts ausschütten. Körperschaften i.S.d. KStG, die nicht in das Anrechnungsverfahren einbezogen werden, unterliegen dem ermäßigten Körperschaftsteuersatz von derzeit 42 %.

Durch das körperschaftsteuerliche Anrechnungsverfahren soll eine **Doppelbelastung** ausgeschütteter Gewinne mit Körperschaftsteuer (auf der Ebene der gewinnausschüttenden Kapitalgesellschaft) und mit Einkommensteuer oder Körperschaftsteuer (auf der Ebene des ausschüttungsempfangenden Anteilseigners) **verhindert** werden. Die Verhinderung der Doppelbelastung wird dadurch erreicht, daß im Zuge der Steuererhebung

- der auf die Gewinnausschüttung entfallende Teil des zu versteuernden Einkommens der Kapitalgesellschaft den Anteilseignern zugerechnet wird und

- die auf der Gewinnausschüttung lastende Körperschaftsteuer quasi als Vorauszahlung der Kapitalgesellschaft auf die Einkommen- oder Körperschaftsteuer der Anteilseigner behandelt wird.

Die aus der Gewinnausschüttung resultierenden einkommen- oder körperschaftsteuerpflichtigen **Einnahmen der Anteilseigner** setzen sich damit aus **zwei Komponenten** zusammen:

- der **Bruttobardividende** (einschl. Kapitalertragsteuer) und

- dem **Anspruch auf Anrechnung** der von der Kapitalgesellschaft auf die ausgeschütteten Gewinne entrichteten **Körperschaftsteuer**. Der Anrechnungsanspruch des Anteilseigners entspricht der Ausschüttungsbelastung der Kapitalgesellschaft und steht unbeschränkt steuerpflichtigen Anteilseignern zu (*§ 36 Abs. 2 Nr. 3 EStG i.V.m. §§ 50, 51 KStG*).

Die den Anteilseignern zugerechnete Bruttobardividende sowie der Anrechnungsanspruch werden als Einkünfte aus Kapitalvermögen i.S.d. § 20 Abs. 1 Nr. 1, 3 EStG auf der Ebene natürlicher Personen der Einkommensteuer unterworfen. Auf die sich hieraus ergebende Einkommensteuerbelastung des Anteilseigners wird die von der Kapitalgesellschaft entrichtete Körperschaftsteuer angerechnet, so daß eine Doppelbelastung ausgeschütteter Gewinne mit Körperschaftsteuer und Einkommensteuer vermieden und sichergestellt wird, daß auf der Ebene natürlicher Personen die ausgeschütteten Gewinne der Kapitalgesellschaft nach den persönlichen Verhältnissen des Empfängers der Einkünfte besteuert werden (soweit es sich bei den Anteilseignern um körperschaftsteuerpflichtige juristische Personen handelt, bei denen die Beteiligung zum Betriebsvermögen gehört, gilt dies der Wirkungsrichtung nach entsprechend, auch wenn eine Besteuerung nach den 'individuellen, persönlichen Verhältnissen' hierbei nicht in Betracht kommt).

Durch die Anrechnung der Ausschüttungsbelastung auf die Einkommen- oder Körperschaftsteuer der Anteilseigner wird die Ausschüttungsbelastung **neutralisiert**. Da die Ausschüttungsbelastung auf der Ebene der Kapitalgesellschaft **einheitlich 30 %** beträgt wird sichergestellt, daß der Anteilseigner losgelöst von den Verhältnissen der gewinnausschüttenden Kapitalgesellschaft zur Einkommen- oder Körperschaftsteuer veranlagt und der Anrechnungsanspruch des Anteilseigners aufgrund der ihm zugeflossenen Bruttobardividende ermittelt werden kann:

$$Anrechnungsanspruch = \frac{Ausschüttungsbelastung}{Ausschüttungsbetrag} = \frac{30(\%)}{70(\%)}$$

Der Gewinnzufluß des Anteilseigners beinhaltet somit einen Anrechnungsanspruch in Höhe von 3/7 des ausgeschütteten Betrags vor Abzug der Kapitalertragsteuer (= 3/7 der Bruttobardividende).

Beispiel:

Die neugegründete Telenorma AG erzielt in der Periode to ein inländisches zu versteuerndes Einkommen in Höhe von 10.000.000,00 DM. Da es sich um eine Familien-AG handelt, an der 5 Aktionäre zu gleichen Teilen am Grundkapital beteiligt sind, soll durch Organbeschluß auch weiterhin der gesamte Gewinn an die Anteilseigner ausgeschüttet werden (Vollausschüttung). Die Einkommensteuerbelastung der Anteilseigner ist unterschiedlich hoch und beläuft sich

bei den Aktionären A, B, C	auf 30 %
bei Aktionär D	auf 40 % und
bei Aktionär E	auf 20 % des jeweils zu versteuernden Einkommens.

(Die Annahme, daß eine neugegründete Gesellschaft ein zu versteuerndes Einkommen von 10.000.000,00 DM erwirtschaftet, ist zugegebenermaßen unrealistisch und stellt eine aus didaktischen Gründen notwendige Vereinfachung dar, die im Folgenden aufgelöst wird.)

Auf der Ebene der Telenorma AG stellt sich die Vollausschüttung wie folgt dar:

Zu versteuerndes Einkommen	10.000.000,00 DM
- Tarifbelastung 45 %	4.500.000,00 DM
= Verwendbares Eigenkapital	5.500.000,00 DM
+ Körperschaftsteuerminderung	1.500.000,00 DM
= Bruttobardividende	7.000.000,00 DM

Den Aktionären fließt damit eine anteilige Bruttobardividende von jeweils 1.4000.000,00 DM zu. Da ihre steuerpflichtigen Einnahmen neben der Bruttobardividende den Anrechnungsanspruch beinhalten, sind die Einkünfte aus Kapitalvermögen der Aktionäre wie folgt zu ermitteln:

Ebene der Aktionäre:

Bruttobardividende je Aktionär	1.400.000,00 DM (gesamt: 7.000.000,00 DM)
+ Körperschaftsteueranrechnungsanspruch	600.000,00 DM (gesamt: 3.000.000,00 DM)
= Einkünfte aus Kapitalvermögen	2.000.000,00 DM (gesamt: 10.000.000,00 DM)

Die steuerpflichtigen Einkünfte aus Kapitalvermögen aller Aktionäre in Höhe von 10.000.000,00 DM stimmen mit dem Gewinn der Telenorma AG vor Abzug der Körperschaftsteuer überein: Bruttobardividende (7 Mio. DM) + Anrechnungsanspruch (3/7 aus 7 Mio. DM = 3 Mio. DM) = steuerpflichtiges Einkommen der Aktionäre = Gewinnausschüttung.

Der Körperschaftsteueranrechnungsanspruch in Höhe von insgesamt 3 Mio. DM entspricht der festzusetzenden Körperschaftsteuer der Telenorma AG:

Tarifbelastung Telenorma AG	4.500.000,00 DM (= 45 %)
- Körperschaftsteuerminderung	1.500.000,00 DM (= 15 %)
= Festzusetzende Körperschaftsteuer	3.000.000,00 DM (= 30 %)

Da die auf die Gewinnausschüttung der Telenorma AG entfallende Körperschaftsteuer (bei Vollausschüttung 30 %) gemäß § 36 Abs. 2 EStG bei der Ermittlung der festzusetzenden Einkommensteuer der Aktionäre anrechenbar ist, wird wie folgt verfahren:

	Aktionäre A, B, C	Aktionär D	Aktionär E
Einkünfte aus Kapitalvermögen	6 Mio. DM*	2 Mio. DM	2 Mio. DM
Tarifliche Einkommensteuer	1,8 Mio. DM*	0,8 Mio. DM	0,4 Mio. DM
- Körperschaftsteueranrechnung	1,8 Mio. DM*	0,6 Mio. DM	0,6 Mio. DM
= Abschlußzahlung-/Erstattung+	0	- 0,2 Mio. DM	+ 0,2 Mio. DM

* zusammengefaßte Zahlen

Daraus ergibt sich folgende Steuerbelastung für die Telenorma AG und ihre Anteilseigner:

	Telenorma AG	Anteilseigner
Körperschaftsteuer	3.000.000,00 DM	
+ Abschlußzahlung A, B, C		0 DM
+ Abschlußzahlung D		200.000,00 DM
- Erstattung E		200.000,00 DM
= Steuerbelastung	-3.000.000,00 DM	0 DM

Im gewählten Beispiel errechnet sich aus der Körperschaftsteuer der Telenorma AG (= 3 Mio. DM), der Abschlußzahlung von D und der Erstattung an E eine Gesamtsteuerbelastung des ausgeschütteten Gewinns in Höhe von 3 Mio. DM (= 30 % = Ausschüttungsbelastung der Telenorma AG). Eine hiervon abweichende Gesamtsteuerbelastung der AG und ihrer Anteilseigner hätte sich ergeben, wenn die Einkommensteuerbelastung der Aktionäre nicht - wie im Beispiel unterstellt - gleichverteilt gewesen wäre. Wird z.B. angenommen, daß die Aktionäre A bis D eine durchschnittliche Einkommensteuerbelastung von 40 % und lediglich Aktionär E von beispielsweise 20 % aufweisen, wären folgende Modifikationen notwendig:

Körperschaftsteuerliches Anrechnungsverfahren

	Aktionäre A, B, C, D	Aktionär E
Einkünfte aus Kapitalvermögen	8,0 Mio. DM*	2,0 Mio. DM
Tarifliche Einkommensteuer	3,2 Mio. DM*	0,4 Mio. DM
Körperschaftsteueranrechnung	2,4 Mio. DM*	0,6 Mio. DM
Abschlußzahlung-/Erstattung	- 0,9 Mio. DM*	+ 0,2 Mio. DM

Die Gesamtsteuerbelastung der Telenorma AG und ihrer Anteilseigner verändert sich wie folgt:

	Telenorma AG	Anteilseigner
Körperschaftsteuer	3.000.000,00 DM	
Abschlußzahlung A, B, C, D		800.000,00 DM
Erstattung E		200.000,00 DM
= Steuerbelastung	3.000.000,00 DM	600.000,00 DM

In diesem Falle errechnet sich aus der Körperschaftsteuer der Telenorma AG (= 3 Mio. DM) sowie Abschlußzahlungen und Erstattungen der Anteilseigner eine Gesamtsteuerbelastung des erwirtschafteten und ausgeschütteten Gewinns von 3,6 Mio. DM (= 36 %).

Wie im Beispiel dargestellt, unterliegen die Gewinne einer Kapitalgesellschaft zunächst der Tarifbelastung von 45 % (= Normalsteuersatz); soweit Gewinne ausgeschüttet werden, wird die Tarifbelastung dadurch korrigiert, daß für ausgeschüttete Gewinne die Ausschüttungsbelastungs hergestellt wird:

(1) Auf der Ebene der Kapitalgesellschaft wird eine **Körperschaftsteuerminderung** von 15 % (Tarifbelastung 45 % - Ausschüttungsbelastung 30 %) vollzogen, damit die Tarifbelastung auf die tatsächliche Ausschüttungsbelastung vermindert werden kann und

(2) auf der Ebene der Anteilseigner wird die **Ausschüttungsbelastung** auf die individuelle Steuerschuld der Anteilseigner **angerechnet**.

Zeitlich setzt die Besteuerung auf der Ebene der Anteilseigner zu unterschiedlichen Zeitpunkten ein, je nachdem, welcher Einkunftsart die Gewinnanteile zuzurechnen sind:

- Soweit die Anteile an der Kapitalgesellschaft zum Privatvermögen eines steuerpflichtigen Anteilseigners gehören, werden die Gewinnausschüttungen als Einkünfte aus Kapitalvermögen erfaßt (= Übeschußeinkunftsart). Nach § 11 EStG greift das Zuflußprinzip, d.h. die Gewinnausschüttungen werden in dem Zeitpunkt erfaßt und besteuert, in dem die Gewinnausschüttung real durch eine entsprechende Habenbuchung auf dem Bankkonto des Anteilseigners gutgeschrieben wird.

- Gehören die Anteile an der Kapitalgesellschaft zu einem Betriebsvermögen des Anteilseigners, werden die Gewinnausschüttungen als Einkünfte aus Gewerbebetrieb erfaßt (= Gewinneinkunftsart). In diesem Falle greift das Realisationsprinzip, d.h. die Gewinnausschüttung (= Beteiligungserträge) gilt in dem Zeitpunkt als realisiert, in dem ein entsprechender Gewinnanspruch des Anteilseigners begründet wird; i.d.R. wird dies der Zeitpunkt sein, zu dem die Organe der gewinnausschüttenden Kapitalgesellschaft einen Gewinnverwendungsbeschluß gefaßt haben.

5.2 Herstellung der Ausschüttungsbelastung

Der Gewinn der Kapitalgesellschaft wird, unabhängig von der Gewinnverwendung, in jedem Falle zunächst der Tarifbelastung unterworfen. Insoweit werden thesaurierte und ausgeschüttete Gewinne zunächst 'gleich' behandelt. Da ausgeschüttete Gewinne aber der niedrigeren Ausschüttungsbelastung von 30 % unterliegen, muß im Falle der Gewinnausschüttung die Körperschaftsteuer durch eine Minderungs- und Erhöhungsrechnung korrigiert werden: Die Differenz zwischen Tarifbelastung und Ausschüttungsbelastung wird ausgeglichen, für ausgeschüttete Gewinne wird die 'Ausschüttungsbelastung hergestellt'. Die Belastungsdifferenz zwischen Tarif- und Ausschüttungsbelastung führt zu einer entsprechenden Minderung oder Erhöhung der Körperschaftsteuer:

(1) Soweit für die Gewinnausschüttung an die Anteilseigner Einkommensteile verwendet werden, deren Tarifbelastung über der Ausschüttungsbelastung liegt, führt der Differenzbetrag zu einer **Körperschaftsteuerminderung**.

Beispiel:

Ausgeschüttet werden Einkommensteile, die mit 45 % tarifbelastet sind. In Höhe der Differenz von 15 % vermindert sich die Körperschaftsteuer.

(2) Werden für die Gewinnausschüttung hingegen Einkommensteile verwendet, deren Tarifbelastung unter der Ausschüttungsbelastung von 30 % liegt, ist die Gewinnausschüttung mit einer Nachbelastung verbunden, die durch eine **Körperschaftsteuererhöhung** berücksichtigt wird.

Beispiel:

Ausgeschüttet werden steuerfreie Einkünfte (Tarifbelastung 0); in diesem Fall wird eine Körperschaftsteuererhöhung von 30 % notwendig, so daß die Steuerfreiheit dieser Einnahmen durch die Weiterleitung an die Anteilseigner aufgehoben wird.

Das Herstellen einer einheitlichen Ausschüttungsbelastung hat zur Folge, daß eine Kapitalgesellschaft stets eine Bruttobardividende von 70 % des Gewinns vor Körperschaftsteuer an die Anteilseigner ausschütten kann, unabhängig davor, wie hoch die Tarifbelastung der für die Gewinnausschüttung verwendeten Einkommensteile ist. Werden allerdings - wie im vorstehenden Beispiel - steuerfreie Einkommensteile ausgeschüttet, muß eine Körperschaftsteuererhöhung vorgenommen werden mit der Folge, daß die ursprüngliche Steuerfreiheit durch die Ausschüttung an die Anteilseigner verloren geht.

Ähnliche Probleme ergeben sich, wenn die Kapitalgesellschaft Einkommensteile ausschüttet, die sie aus dem Ausland bezogen hat. Zwar erfolgt gemäß §§ 40 S. 1 Nr. 1, 30 Abs. 2 Nr. 1 KStG keine Körperschaftsteuererhöhung, der Anrechnungsanspruch des Anteilseigners entfällt jedoch, so daß die individuelle Steuerbelastung der Anteilseigner an die Stelle der Tarifbelastung tritt (*§ 36 Abs. 2 Nr. 3 KStG*). Konsequenz hieraus ist, daß Maßnahmen zur Vermeidung einer internationalen Doppelbesteuerung keine Auswirkungen auf die hinter der Kapitalgesellschaft stehenden Anteilseigner haben.

Das Grundkonzept der Herstellung der Ausschüttungsbelastung sieht somit stets vor, daß bei Gewinnausschüttungen einer Kapitalgesellschaft die einheitlich herzustellende Ausschüttungsbelastung der Tarifbelastung des jeweils für die Ausschüttung als verwendet geltenden Eigenkapitals gegenübergestellt wird. Die sich aus einer derartigen Belastungsrechnung ergebenden Differenzen führen zu entsprechenden Körperschaftsteuerminderungen und/oder Körperschaftsteuererhöhungen. Daraus folgt, daß sich die Ausschüttungsbelastung letztlich nur herstellen läßt, wenn das für die Gewinnausschüttung **verwendete Eigenkapital** und dessen **Tarifbelastung** bekannt sind. Eine derartige **Belastungsrechnung** könnte beispielhaft, wie nachstehend dargestellt, aufgebaut werden:

Ausschüttungs-belastung	Tarifbelastung	Körperschaftsteuer-erhöhungen / minderungen	
30 %	56 %*		- 26 %
30 %	50 %*		- 20 %
30 %	36 %*		- 6 %
30 %	45 %		- 15 %
30 %	30 %	---	---
30 %	0 %	+ 30 %	

*Nach der Tarifänderung mit Wirkung ab VZ 1994 gelten die Normalsteuersätze von 45 % auf thesaurierte und 30 % auf ausgeschüttete Gewinne. Die mit 56 % oder 50 % belasteten Einkommensbestandteile sind nach einer Übergangszeit gemäß § 54 Abs. 11, 11a KStG umzugliedern; mit 36 % tarifbelastete Einkommensteile sind gemäß § 54 Abs. 11b KStG anteilig den mit 45 % und 30 % belasteten Teilen hinzuzurechnen. Damit sind künftig lediglich die in der vorstehenden Abbildung unter dem Strich ausgewiesene Größen relevant.

Abb. 79: Schematische Darstellung einer körperschaftsteuerlichen Belastungsrechnung

5.3 Verwendbares Eigenkapital

Der Belastungsvergleich setzt - wie unter 5.2 dargelegt - voraus, daß bekannt ist, welche Einkommensteile der Kapitalgesellschaft für die Gewinnausschüttung als verwendet gelten; nur so läßt sich die jeweilige Tarifbelastung ermitteln und nach Vergleich mit der einheitlichen Ausschüttungsbelastung von derzeit 30 % in entsprechende Körperschaftsteuererhöhungen und -verminderungen transformieren. Die Größe 'verwendbares Eigenkapital' stellt dabei Informationen darüber zur Verfügung, welche Einkommensteile der Kapitalgesellschaft für Ausschüttungszwecke verwendet werden und wie hoch die jeweilige Tarifbelastung dieser Einkommensteile ist; damit übernimmt die Größe 'verwendbares Eigenkapital' eine zeitliche und eine **belastungsmäßige Puffer- und Transformationsfunktion:**[378]

(1) Der Zeitpunkt der Gewinnentstehung bei der Kapitalgesellschaft und der Zeitpunkt der Gewinnausschüttung an die Anteilseigner müssen nicht notwendigerweise übereinstimmen. Gewinne, die erst zu einem späteren Zeitpunkt ausgeschüttet werden sollen, werden in der Größe 'verwendbares Eigenkapital' bis zu ihrer Ausschüttung 'gespeichert' (= **zeitliche Transformationsfunktion** des verwendbaren Eigenkapitals).

(2) Für die Herstellung der Ausschüttungsbelastung ist es unabdingbar, daß die Einkommensteile einer Kapitalgesellschaft und ihre jeweilige Tarifbelastung, die für die Ausschüttung verwendet werden, erfaßt und im Zeitablauf fortgeschrieben werden; nur so ist sichergestellt, daß im Falle der Gewinnausschüttung der Ausgleich durchgeführt und entsprechende Körperschaftsteuererhöhungen und -minderungen vorgenommen werden können (= **belastungsmäßige Transformationsfunktion** des verwendbaren Eigenkapitals).

Verwendbares Eigenkapital ist dabei der Teil des Eigenkapitals einer Kapitalgesellschaft, der für die **Gewinnausschüttung an die Anteilseigner verfügbar** ist. § 29 KStG definiert zunächst die für das Anrechnungsverfahren relevante Größe Eigenkapital und legt fest, daß das Eigenkapital in das 'verwendbare Eigenkapital' und das 'übrige Eigenkapital' aufzuspalten ist. Damit ist wie folgt zweistufig zu verfahren:

1. Stufe:	**Ermittlung des Eigenkapitals** als **'arteigene' Größe** des Anrechnungsverfahrens:[379]
	Betriebsreinvermögen laut Steuerbilanz
	+ Körperschaftsteuerminderung nach § 27 KStG
	- Körperschaftsteuererhöhung nach § 27 KStG
	+ andere Ausschüttungen des Wirtschaftsjahres
	= Eigenkapital i.S.v. § 29 KStG
	Die Korrektur des Betriebsreinvermögens um Erhöhungen und/ oder Minderungen nach § 27 KStG ist notwendig, da das Eigenkapital i.S.d. § 29 Abs. 1 KStG Ausgangsgröße für die Herstellung der Ausschüttungsbelastung darstellt; Körperschaftsteueränderun-

---

[378] Rose 1992, S. 160 spricht von dem verwendbaren Eigenkapital als „Puffer- und Transformationseinrichtung"
[379] Blümich/Freericks, Rz. 2 zu § 29 KStG

	gen sind bereits bei der Ermittlung des Eigenkapitals in Handels- und Steuerbilanz berücksichtigt, so daß jetzt für das Anrechnungsverfahren in umgekehrter Richtung korrigiert werden muß. Die zudem erforderliche Korrektur um andere Ausschüttungen des Wirtschaftsjahres betrifft Gewinnausschüttungen, die nicht auf den gesellschaftsrechtlichen Vorschriften entsprechenden Gewinnverwendungsbeschlüssen basieren: Darunter fallen vorrangig verdeckte Gewinnausschüttungen, Vorabausschüttungen und sonstige Leistungen i.S.d. § 41 KStG, die bei der Kapitalgesellschaft zu einem Mittelabfluß und damit zu einer Vermögensminderung geführt haben. Die Korrektur ist notwendig, da zur Herstellung der Ausschüttungsbelastung des verwendbaren Eigenkapital zum Ende des Wirtschaftsjahres zugrunde zu legen ist, in dem die Gewinnausschüttung erfolgt. Insoweit müssen andere Ausschüttungen dem Eigenkapital wieder hinzugerechnet werden, bevor in der Folgestufe 2 die Gesamtgröße Eigenkapital aufgeteilt wird.
Stufe 2	**Aufteilung der Gesamtgröße Eigenkapital** in • **verwendbares Eigenkapital** und • **übriges Eigenkapital.** Da der Vergleich zwischen Tarifbelastung und Ausschüttungsbelastung voraussetzt, daß das verwendbare Eigenkapital sowie die jeweilige Tarifbelastung seiner Teile bekannt ist, muß in Stufe 2 die Gesamtgröße Eigenkapital zunächst in verwendbares und übriges Eigenkapital gegliedert werden.

Abb. 80: Eigenkapital, verwendbares und übriges Eigenkapital i.S.d. § 29 KStG

Das für die Gewinnausschüttung an die Anteilseigner verwendbare Eigenkapital umfaßt in erster Linie thesaurierte Gewinne und solche Einlagen der Anteilseigner, die nicht zum Nennkapital der Gesellschaft rechnen; das übrige Eigenkapital läßt sich grundsätzlich mit dem Nennkapital gleichsetzen. Der Umfang der Größe verwendbares Eigenkapital wird über § 29 Abs. 2 S. 2 KStG hinaus durch § 29 Abs. 3 KStG erweitert. Danach sind im Nennkapital enthaltene Beträge, die durch Umwandlung von nach dem 31.12.1976 entstandenen Gewinnrücklagen gebildet wurden, dem verwendbaren Eigenkapital zuzurechnen. In vereinfachter Form lassen sich somit die Größen verwendbares Eigenkapital und übriges Eigenkapital wie folgt zusammenfassen:

Verwendbares Eigenkapital	Übriges Eigenkapital
• Kapitalrücklagen • Gewinnrücklagen • Periodengewinn • Nennkapital, das seit 1977 durch Umwandlung von Gewinnrücklagen gebildet wurde	Nennkapital (= gezeichnetes Kapital) abzüglich des Teils, der seit 1977 durch Umwandlung von Gewinnrücklagen gebildet wurde

Abb. 81: Positionen des verwendbaren Eigenkapitals und des übrigen Eigenkapitals i.S.d. § 29 Abs. 2, 3 KStG

Das verwendbare Eigenkapital wird in einem weiteren Schritt zum Schluß eines jeden Wirtschaftsjahrs entsprechend seiner Tarifbelastung gegliedert, wobei die einzelnen Teilbeträge jeweils aus der Gliederung für das vorangegangene Wirtschaftsjahr abzuleiten sind (*§ 30 Abs. 1 S. 1, 2 KStG*). Aufgabe und Ziel einer solchen **Gliederungsrechnung des verwendbaren Eigenkapitals** ist es, die mit inländischer Körperschaftsteuer unterschiedlich hoch belasteten Einkommensteile sowie die Ausschüttungen zu erfassen und im Zeitablauf fortzuschreiben, damit über die Belastungsrechnung die erforderlichen Körperschaftsteuererhöhungen und -minderungen festgestellt und durchgeführt werden können. Während das verwendbare Eigenkapital aus dem Betriebsreinvermögen der Steuerbilanz abgeleitet wird (vgl. vorstehend Stufe 1 und 2), basiert die Gliederungsrechnung des § 30 KStG auf dem Einkommen und anderen Vermögensmehrungen der Kapitalgesellschaft. Durch Gliederung des verwendbaren Eigenkapitals nach § 30 KStG wird die Körperschaftsteuerbelastung von Gewinnausschüttungen ermittelt und unter Einbeziehung der Verwendungsfiktion des § 28 KStG die einheitliche Ausschüttungsbelastung von 30 % hergestellt.[380] **Ergebnis der Gliederungsrechnung** ist eine Gruppierung des verwendbaren Eigenkapitals in Gruppen mit unterschiedlicher Tarifbelastung. Im Grunde müßten eigentlich so viele Gruppen gebildet werden, wie Bestandteile des verwendbaren Eigenkapitals mit unterschiedlich hoher Tarifbelastung gegeben sind. Aus Vereinfachungsgründen beschränkt der Gesetzgeber jedoch die Zahl der Gruppen auf grundsätzlich drei:

---

[380] auf eine Darstellung der Gliederungsrechnung nach § 30 KStG wird im Rahmen dieser einführenden Darstellung verzichtet; vgl. dazu ausführlich z.B. Blümich/Freericks, Rz. 1 ff. zu § 30 KStG; Herzig/Schuler 1989, S. 495 ff.

Gruppe 1: **EK 45** Eigenkapitalbestandteile, die der normalen Tarifbelastungen von 45 % unterlegen haben

Gruppe 2: **EK 30** Eigenkapitalbestandteile, die der ermäßigten Belastung von 30 % unterlegen haben

Gruppe 3: **EK 0** nicht belastete Eigenkapitalbestandteile.

Gemäß § 30 Abs. 2 KStG wird das nicht belastete EK 0 nach der Herkunft der Einkommensbestandteile in vier Untergruppen weiter untergliedert:

EK 01 ausländische Einkünfte (Z.B. nach § 8b KStG)

EK 02 sonstige steuerfreie Einkommensbestandteile, soweit sie nicht EK 01, 03 oder 04 zuordenbar sind (z.B. steuerfreie Einnahmen)

EK 03 sog. 'Altrücklagen', die vor Einführung des körperschaftsteuerlichen Anrechnungsverfahrens gebildet wurden

EK 04 Einlagen der Anteilseigner, die nach dem 31.12. 1976 geleistet wurden und nicht zu einer Erhöhung des Nennkapitals führten (z.B. Zuzahlungen der Gesellschafter gegen Gewährung von Vorzügen).

Die **Zuordnung von Eigenkapitalmehrungen** (= Zugänge zum verwendbaren Eigenkapital) zu einem der vorgenannten Teilbeträge ist von der Tarifbelastung der jeweiligen Eigenkapitalmehrung abhängig. I.d.R. bereitet die Zuordnung keine Probleme: Soweit die Tarifbelastung 45 %, 30 % oder 0 % beträgt, ist die Eigenkapitalmehrung unmittelbar der entsprechenden Gruppe als Zugang zuzuordnen. Daraus folgt, daß z.B. steuerfreie Einnahmen unmittelbar dem EK 0 und in vollem Umfang tarifbelastete Einkommensteile unmittelbar dem EK 45 zugeordnet werden. Schwierigkeiten ergeben sich jedoch immer dann, wenn die Tarifbelastung einer Eigenkapitalmehrung keine Übereinstimmung mit einem der vorgenannten Gruppenwerte aufweist; in solchen Fällen ist eine Aufteilung vorzunehmen, wobei nach § 32 Abs. 2 KStG i.V.m. Abschn. 87 KStR zu verfahren ist. § 32 Abs. 2 KStG sieht dabei i.V.m. Abschn. 87 KStR zwei **Aufteilungsmethoden** (besser: Aufteilungsgruppen) vor:

(1) Liegt die **Tarifbelastung** einer Eigenkapitalmehrung **über 30 %**, ist diese auf das EK 30 und das EK 45 aufzuteilen (*§ 32 Abs. 2 Nr. 2 KStG*).

(2) Liegt die **Tarifbelastung** einer Eigenkapitalmehrung **unter 30 %**, ist die Eigenkapitalmehrung auf das EK 30 und das EK 0 aufzuteilen (*§ 32 Abs. 2 Nr. 1 KStG*).

Beispiele:

(1) Tarifbelastung < 30 %

Das zu versteuernde Einkommen der Telenorma AG enthält ausländische Einkünfte in Höhe von 200.000,00 DM, die mit 50.000,00 DM besteuert wurden. Nach § 26 Abs. 2 KStG i.V.m. § 34c Abs. 1 EStG kann die gezahlte ausländische Steuer in voller Höhe auf die inländische Körperschaftsteuer angerechnet werden. Daraus folgt:

	Inländische Körperschaftsteuer 45 % aus 200.000,00 DM	=	80.000,00 DM
-	Anrechenbare ausländische Steuer	=	50.000,00 DM
=	Tarifbelastung	=	30.000,00 DM

Die Tarifbelastung mit inländischer Körperschaftsteuer entspricht einer Belastung der ausländischen Einkünfte in Höhe von 15 %, so daß eine Aufteilung auf EK 30 und EK 0 notwendig wird.

Dabei ist wie folgt zu verfahren:

1. Schritt: Ermittlung des ermäßigt belasteten aufzuteilenden Eigenkapitals

	Ausländische Einkünfte	200.000,00 DM
-	Ausländische Steuer	50.000,00 DM
=	verbleibendes ausländisches Einkommen	150.000,00 DM
-	inländische Körperschaftsteuer auf 200 TDM	80.000,00 DM*
+	gezahlte ausländische Steuer	50.000,00 DM*
=	Aufzuteilender Eigenkapitalteil	120.000,00 DM

*Verrechnet ergibt sich die Tarifbelastung von 30 TDM = 15 %.

2. Schritt: Aufteilung auf EK 30 und EK 0

Die Tarifbelastung des aufzuteilenden Eigenkapitals von 120.000,00 DM ist mit der Ausschüttungsbelastung des gesuchten, mit 30 % belasteten Betrags identisch. Bei einer Belastung mit 30 % beträgt die Körperschaftsteuer, bezogen auf das Eigenkapital, 30/70 = 3/7. Umgekehrt beträgt das mit Körperschaftsteuer belastete Eigenkapital, bezogen auf die Körperschaftsteuer, 70/30 = 7/3. Daraus folgt:

	Aufzuteilender Eigenkapitalteil	120.000,00 DM
-	Zugang zu EK 30: 30.000 x 7/3	70.000,00 DM
=	Restbetrag nach Zuordnung EK 30	50.000,00 DM

Der nach Zuordnung zu EK 30 verbleibende Restbetrag von 50.000,00 DM wird als nicht belasteter Teilbetrag EK 0 (Untergruppe 01) zugeordnet und dort als Zugang erfaßt.

Mathematisch ausgedrückt, läßt sich die Aufteilung bei einer Tarifbelastung < 30 % wie folgt zusammenfassen:

Ausgangsdaten:

Et	= 200.000,00 DM	= Tarifbelastetes Einkommen
St	= 15 %	= Tarifbelastung
Zugang vEK	= 120.000,00 DM	= Aufzuteilendes verwendbares Einkommen, wobei
E 30		= verwendbares Einkommen mit Belastung 30 %
E 0		= verwendbares Einkommen mit Belastung 0 %.

Ausgangsgleichungen:

$Et = E\,30 + E\,0$ \qquad (1)

$E\,30 = Et - E0$ \qquad (2)

$St/100 \times Et = 0{,}30\,E\,30 + 0\,E0$ \qquad (3)

$EK\,30 = E\,30 - (0{,}30 \times E\,30)$ \qquad (4)

Werden die Ausgangsdaten in die Ausgangsgleichungen eingesetzt, gilt:

(3) \quad $0{,}15 \times 200.000 = 0{,}30 + 0\,E0$

\qquad $0{,}15 \times 200.000 = 0{,}30\,E\,30$

\qquad $30.000 = 0{,}30\,E\,30$

\qquad $100.000 = E\,30$

(4) \quad $EK\,30 = 100.000 - (0{,}30 \times 100.000)$

\qquad $EK\,30 = 70.000$.

Da Zugang vEK = EK 30 + EK 0 ist, stellt die Differenz zwischen aufzuteilendem Eigenkapital gesamt und Zugang vEK 30 Zugang zu vEK 0 dar (= 50.000).

Allgemein: gilt damit: $EK\,30 = 7/3 \times (Et \times St)$ und

\qquad $vEK - EK\,30 = EK\,0$ (= Restgröße).

(2) Tarifbelastung > 30 %

Unterstellt werden folgende Ausgangsdaten:

Ermäßigt besteuerter Einkommensteil der Telenorma AG		400.000,00 DM
Körperschaftsteuer 45 %	180.000,00 DM	
Steuerermäßigung z.B. nach §§ 16, 17 BerlinFG	20.000,00 DM	
= Tarifbelastung	160.000,00 DM = 40 %	

Daraus errechnet sich ein aufzuteilender Eigenkapitalteil von

	Ermäßigt besteuerter Einkommensteil	400.000,00 DM
−	Tarifbelastung	160.000,00 DM
=	Aufzuteilender Eigenkapitalteil	240.000,00 DM

Das Einkommen E ist aufzuteilen in einen Einkommensteil, der mit 45 % belastet ist (= E 45) und einen Einkommensteil, der mit 30 % belastet ist (= E 30). Wird die Tarifbelastung mit St symbolisiert, gelten folgende Ausgangsdaten:

Et	= 400.000,00 DM
St	= 40 %
Zugang vEK	= 240.000,00 DM = aufzuteilendes verwendbares Eigenkapital, wobei
E 45	= verwendbares Eigenkapital mit Belastung 45 %
E 30	= verwendbares Eigenkapital mit Belastung 30 %.

Analog Abschn. 87 KStR ist wie folgt zu verfahren:

Ausgangsgleichungen:

Et = E 45 + E 30

E 45 = Et − E 30 und E 30 = Et − E 45

St × Et = 0,45 E 45 + 0,30 E 30

St × Et = 0,45 (Et − E 30) + 0,30 E 30

Werden die Ausgangsdaten in die Ausgangsgleichungen eingesetzt, gilt vereinfacht und zusammengefaßt:

E 30 = (0,45 - 0,15) / (0,45 - 0,30) x Et

E 30 = (0,33 x 400.000 = (aufgerundet) 133.333

Da E 45 = Et - E 30, gilt:

400.000 - 133.333 = E 45 = 266.667

Daraus folgt:

EK 30 = E 30 - (0,30 x E 30)

EK 30 = 133.333 - (0,30 x 133.333)

EK 30 = 93.333.

EK 45 = 240.000 - 93.333 = 146.667.

Somit wird bei EK 30 ein Zugang von 93.333 DM und bei EK 45 ein Zugang von 146.667 DM vorgenommen; das verwendbare Eigenkapital ist damit vollständig auf EK 45 und EK 30 verteilt.

Allgemein gilt damit: EK 30 = 0,7 x (0,45 - St) x Et/0,15 und

vEK* - EK 30 = EK 45 (= Restgröße).

*vEK = verwendbares Eigenkapital

Soweit an die Anteilseigner **Gewinne ausgeschüttet** werden, ist festzulegen, welchen Teilen des verwendbaren Eigenkapitals die Gewinnausschüttungen zuzurechnen sind. Die Zuordnung der Gewinnausschüttungen zum verwendbaren Eigenkapital basiert dabei auf einer in § 28 Abs. 3 KStG festgelegten **Verwendungsfiktion**, d.h. der Gesetzgeber hat die Reihenfolge der sachlichen Zuordnung festgelegt. Danach gelten die Teile des verwendbaren Eigenkapitals zuerst als verwendet, die die höchste Belastung aufweisen, d.h. die Teilbeträge gelten in der Reihung abnehmender Tarifbelastung als verwendet. Daraus resultiert folgende **Reihenfolge der Zuordnung**: EK 45, EK 30, EK 01, EK 02, EK 03, EK 04. Die auf der Verwendungsfiktion des § 28 Abs. 3 KStG basierende Verwendungsreihenfolge wirkt sich für Kapitalgesellschaften positiv aus, da zunächst ungemindert mit Körperschaftsteuer belastetes vEK 45 herangezogen wird mit der Folge, daß entsprechende Körperschaftsteuerminderungen durchgeführt werden müssen, sich das Ausschüttungsvolumen erhöht und geringer oder unbelastete Teile des vEK thesauriert werden können. Auf diese Weise bleiben Tarifermäßigungen und Steuerbefreiungen, die nicht an die Anteilseigner weitergegeben werden können, der Kapitalgesellschaft zeitlich verhältnismäßig lange erhalten.

Da die einzelnen Teile des verwendbaren Eigenkapitals in unterschiedlicher Höhe tarifbelastet sind und durch die Verwendungsfiktion die Zuordnungsreihenfolge der Gewinnausschüttungen festgelegt ist, muß geprüft werden, welche Konsequenzen sich hieraus für das potentielle **Gewinnausschüttungsvolumen** ergeben. Da stets die einheitliche Ausschüttungsbelastung von 30% herzustellen ist, führt dies, wie dargelegt, z.B. dazu, daß sich bei Ausschüttung von EK 45 das Ausschüttungsvolumen um die 15%ige Körperschaftsteuerminderung erhöht; umgekehrt führt dies aber auch dazu, daß sich bei Ausschüttung von EK 0 das Ausschüttungsvolumen um die Ausschüttungsbelastung von 30% verringert. Für die einzelnen Teile des verwendbaren Eigenkapitals läßt sich dabei das **potentielle Ausschüttungsvolumen** wie folgt ermitteln:

(1) **Verwendung von EK 45 für Ausschüttungszwecke**

Gilt EK 45 als für die Ausschüttung verwendet, ergibt sich eine Körperschaftsteuerminderung von 15%, da die Tarifbelastung auf die einheitliche Ausschüttungsbelastung von 30% verringert werden muß. Die Körperschaftsteuerminderung erhöht das Ausschüttungspotential, da der Minderungsanspruch gemäß § 28 Abs. 4 KStG in den Ausschüttungsbetrag einbezogen wird. Das Ausschüttungspotential läßt sich somit wie folgt errechnen:

EK 45+ Körperschaftsteuerminderung (15/55 des vEK 45)

= **potentielles Ausschüttungsvolumen = 70/55 des vEK 45**

(2) **Verwendung von EK 30 für Ausschüttungszwecke**

In diesem Fall stimmen Tarifbelastung und Ausschüttungsbelastung überein, so daß weder Körperschaftsteuerminderungen noch -erhöhungen vorzunehmen sind. Da sich durch die Gewinnausschüttung die Körperschaftsteuerbelastung nicht ändert, gilt:

EK 30 = potentielles Ausschüttungsvolumen

(3) **Verwendung von EK 01, EK 02 oder EK 03 für Ausschüttungszwecke**

Da die Ausschüttungsbelastung von 30% hergestellt werden muß, erhöht sich die Körperschaftsteuer: Bislang unbelastete Teile des verwendbaren Eigenkapitals werden ausgeschüttet, so daß eine Körperschaftsteuererhöhung um 30 % vorzunehmen ist. Das potentielle Ausschüttungsvolumen vermindert sich somit entsprechend. Es gilt:

EK 01 bis 03 -Körperschaftsteuererhöhung (30/100 des vEK 01 bis 03)

= **potentielles Ausschüttungsvolumen = 7/10 des vEK 01 bis 03**

Das Eigenkapital gilt allerdings nur insoweit als für die Ausschüttung verwendet, als es den Körperschaftsteuererhöhungsbetrag übersteigt.

(4) **Verwendung von EK 04 für Ausschüttungszwecke**

Im EK 04 sind Einlagen der Anteilseigner ausgewiesen, die nicht auf das Nennkapital geleistet wurden. Nach § 40 S.1 Nr. 1 KStG wird in diesem Falle keine Körperschaftsteuererhöhung durchgeführt, so daß ihre Rückzahlung an die Anteilseigner steuerfrei gestellt wird. Das potentielle Ausschüttungsvolumen entspricht somit dem Teilbetrag des EK 04. Es gilt:

EK 04 = potentielles Ausschüttungsvolumen.

In tabellarischer Form lassen sich die unterschiedlichen Ausschüttungspotentiale in Abhängigkeit von der jeweiligen Tarifbelastung der Teilbeträge des verwendbaren Eigenkapitals in Abbildung 82 zusammenfassen:

Teilbetrag des verwendbaren Eigenkapitals ⟶	potentielles Ausschüttungsvolumen
EK 45 ⟶	EK 45 x 70/55
EK 30 ⟶	EK 30
EK 01, EK 02 oder EK 03 ⟶	EK 01, EK 02 oder EK 03 x 7/10
EK 04 ⟶	EK 04

Abb. 82: Potentielle Ausschüttungsvolumina der Teilbeträge des vEK

Das strukturierte verwendbare Eigenkapital sowie die für Ausschüttungszwecke verwendeten Teile des Eigenkapitals einer Kapitalgesellschaft werden durch die Finanzverwaltung in einem gesonderten Feststellungsverfahren ermittelt und jährlich fortgeschrieben.

Neben einer sachlichen Zuordnung der Gewinnausschüttung zum verwendbaren Eigenkapital ist eine **zeitliche Zuordnung der Ausschüttungen** erforderlich. Dabei ist wie folgt zu differenzieren:

(1) **Gewinnausschüttungen**, die auf einem **gesellschaftsrechtlichen Gewinnverteilungsbeschluß** beruhen und eine zurückliegende Rechnungsperiode betreffen, sind mit dem verwendbaren Eigenkapital zum Schluß des letzten vor dem Gewinnverteilungsbeschluß abgelaufenen Wirtschaftsjahres zu verrechnen. Dadurch wird die Körperschaftsteuer des Wirtschaftsjahres korrigiert, für das die Ausschüttung erfolgt.

(2) **Andere Gewinnausschüttungen** wie z.B. Vorabausschüttungen, verdeckte Gewinnausschüttungen und sonstige Leistungen sind gemäß § 28 Abs. 2 KStG mit dem verwendbaren Eigenkapital zum Schluß des Wirtschaftsjahres zu verrechnen, in dem die Ausschüttung erfolgt.

Die Ermittlung der einzelnen Teilbeträge im Rahmen des körperschaftsteuerlichen Anrechnungsverfahrens stellt sich nur dann vergleichsweise einfach dar, wenn das auf die Ausschüttung entfallende zu versteuernde Einkommen bekannt ist. In diesem Falle betragen die Bruttobardividende 70 %, die Körperschaftsteuerminderung 15 % und die Körperschaftsteuererhöhung 30 % des zu versteuernden Einkommens. Wird jedoch nur ein Teil des zu versteuernden Einkommens ausgeschüttet, ist regelmäßig eine In-Hundert-Rechnung erforderlich, um die einzelnen Teilbeträge zu ermitteln; dabei wird zur Verfahrensvereinfachung i.a.R. auf Vergleichsrelationen, sog. **Multiplikatoren**, zurückgegriffen.

Die nachfolgende Tabelle faßt exemplarisch die wichtigsten Multiplikatoren für Steuerminderungs- und Steuererhöhungsrechnungen zusammen (dabei gilt: vorhandene Größe x Multiplikator = gesuchte Größe):

Steuerminderungsrechnung:		
vorhandene Größe	gesuchte Größe	Multiplikator
Bruttobardividende	Körperschaftsteuerminderung	3/14
Bruttobardividende	verwendbares Eigenkapital	11/14
verwendbares Eigenkapital	Körperschaftsteuerminderung	3/11
verwendbares Eigenkapital	Bruttobardividende	14/11
Steuererhöhungsrechnung:		
vorhandene Größe	gesuchte Größe	Multiplikator
Bruttobardividende	Körperschaftsteuererhöhung	3/7
Bruttobardividende	verwendbares Eigenkapital	10/7
verwendbares Eigenkapital	Körperschaftsteuererhöhung	3/10
verwendbares Eigenkapital	Bruttobardividende	7/10

Abb. 83: Übersicht über Multiplikatoren im Anrechnungsverfahren

Beispiel:

Festgestellt werden soll, welcher Betrag aus dem EK 45 entnommen werden muß, um eine Dividende in Höhe von z.B. 42 an die Anteilseigner ausschütten zu können.

Werden die Ausgangsgrößen zugrunde gelegt, beträgt bei einer Bruttobardividende von 70 die Körperschaftsteuerminderung 15, das EK 45 beträgt 55 (70 - 15). Wird dieses Verhältnis von 55 : 70 (= 11 : 14) auf die gesuchte Bruttobardividende von 42 bezogen, errechnet sich ein Betrag von 42 bezogen, errechnet sich ein Betrag von 42 x 11/14 = 33, d.h. dem EK 45 muß für Ausschüttungszwecke ein Betrag in Höhe von 33 entnommen werden, um eine Bruttobardividende von 42 ausschütten zu können. Dies gilt für die Ermittlung der Körperschaftsteuerminderung entsprechend, d.h. die Bruttobardividende wird mit dem Verhältnis 15 : 70 (= 3 : 14) multipliziert, so daß sich bei einer Bruttobardividende von 42 eine Körperschaftsteuerminderung von 9 ergibt (42 x 3/14 = 9).

5.4 Nichtabziehbare Betriebsausgaben und Anrechnungsverfahren

Das verwendbare Eigenkapital wird aus dem Betriebsreinvermögen der Steuerbilanz abgeleitet, das sich ohne Körperschaftsteueränderungen nach § 27 KStG und ohne verdeckte Gewinnausschüttungen ergeben würde. Das Betriebsreinvermögen wurde dabei durch abzugsfähige Betriebsausgaben der jeweiligen Rechnungsperiode vermindert; soweit nun betriebliche veranlaßte Aufwendungen nicht oder nicht in voller Höhe abziehbar sind (*z.B. gemäß § 10 Nr. 2 oder 4 KStG*), müssen diese bei Ermittlung des zu versteuernden Einkommens der Kapitalgesellschaft dem Steuerbilanzergebnis wieder hinzugerechnet werden. Nichtabziehbare Aufwendungen werden somit steuerlich wie Gewinne behandelt und unterliegen der vollen Tarifbelastung von 45 %. Aus der Erhöhung des zu versteuernden Einkommens um nichtabziehbare Betriebsausgaben folgt zwangsläufig, daß die aus dem Einkommen der Kapitalgesellschaft abgeleiteten Zugänge zum verwendbaren Eigenkapital um die nichtabziehbaren Betriebsausgaben zu hoch ausgewiesen werden. Dabei ist zu berücksichtigen, daß nichtabziehbare Betriebsausgaben als Aufwendungen in betriebswirtschaftlichen Sinne unabhängig von ihrer Nichtabziehbarkeit bereits zu einer Vermögensminderung geführt haben und konsequenterweise weder für eine Gewinnausschüttung noch eine Gewinnthesaurierung verfügbar sind. § 31 KStG trägt diesem Sachverhalt dadurch Rechnung, daß die um nichtabziehbare Betriebsausgaben überhöhten Zugänge zum verwendbaren Eigenkapital korrigiert werden: Bei Berechnung der Teilbeträge des verwendbaren Eigenkapitals sind die nichtabziehbaren Betriebsausgaben wie folgt abzuziehen:

(1) **Körperschaftsteuererhöhung** (*§ 31 Abs. 1 Nr. 1 KStG*)

Wird aus dem EK 01, EK 02 oder EK 03 ausgeschüttet, ist damit eine entsprechende Körperschaftsteuererhöhung verbunden, da die Tarifbelastung herzustellen ist. Die durch die Ausschüttung ausgelöste Körperschaftsteuererhöhung ist in diesem Falle von dem Teilbetrag abzuziehen, auf den sie entfällt. Damit steht bei Ausschüttung von EK 01, EK 02 oder EK 03 nur der um die Ausschüttungsbelastung verminderte Betrag zur Verfügung.

(2) **Tarifliche Körperschaftsteuer** (*§ 31 Abs. 1 Nr. 2 KStG*)

Die tarifliche Körperschaftsteuer (ungemilderte Körperschaftsteuer mit 45 % oder ermäßigte Körperschaftsteuer) ist von dem Einkommensteil abzusetzen, der ihr unterliegt. Durch Abzug beim jeweiligen Einkommensteil vermindert sich der Zugang zum verwendbaren Eigenkapital entsprechend.

Beispiel:

Das Einkommen der A-GmbH enthält einen ungemildert um 45 % zu versteuernden Einkommensteil von 100.000,00 DM und einen nach § 26 Abs. 6 S. 1 KStG i.V.m. § 34c Abs. 5 EStG pauschal zu versteuernden ausländischen Einkommensteil in Höhe von 10.000,00 DM.

Die ungemilderte Körperschaftsteuer von 45.000,00 DM ist von den 100.000,00 DM abzuziehen, so daß sich ein Zugang bei EK 45 in Höhe von 55.000,00 DM ergibt.

Die ermäßigte Körperschaftsteuer von 2.250,00 DM (= 22,5 % der ausländischen Einkünfte in Höhe von 10.000,00 DM) ist von den ausländischen Einkünften abzuziehen, der verbleibende Betrag von 7.750,00 DM ist auf EK 30 und EK 01 aufzuteilen.

(3) **Ausländische Steuern** (*§ 31 Abs. 1 Nr. 3 KStG*)

Der Zwecksetzung des § 31 KStG zufolge kommen hierbei ausschließlich nichtabziehbare ausländische Steuern vom Einkommen in Betracht; keine Rolle spielt, ob diese der deutschen Körperschaftsteuer entsprechen (*Abschn. 88 Abs. 1 S. 1 KStR*). Die ausländische Steuer vom Einkommen wird bei den ihr unterliegenden ausländischen Einkünften abgezogen.

Beispiel:

Die A-GmbH erzielt steuerpflichtige ausländische Einkünfte in Höhe von 100.000,00 DM; darin enthalten sind anrechenbare ausländische Steuern vom Einkommen in Höhe von 20.000,00 DM.

Steuerpflichtige ausländische Einkünfte		100.000,00 DM
Körperschaftsteuer 45 %	45.000,00 DM	
- anrechenbare ausländische Steuer	20.000,00 DM	
= Tarifbelastung	25.000,00 DM	- 25.000,00 DM
Zugang zum EK 01		75.000,00 DM

(4) **Sonstige nichtabziehbare Betriebsausgaben** (*§ 31 Abs. 1 Nr. 4 KStG*)

Hierunter fallen z.B. die Vermögensteuer, die Hälfte der Aufsichtsratsvergütungen sowie nach § 4 Abs. 5 EStG nichtabziehbare Betriebsausgaben. Sie sind grundsätzlich vom EK 45 abzuziehen; reicht dieses nicht aus, erfolgt der Abzug bei EK 30. Reicht auch dieses für den Abzug nicht aus, ist der nicht ausgeglichene Unterschiedsbetrag in den Folgejahren EK 45 zuzuordnen. Dies kann dazu führen, daß das EK 45 negativ wird.

Durch die nichtabziehbaren sonstigen Betriebsausgaben wird bewirkt, daß die Möglichkeit zur Gewinnthesaurierung einer Kapitalgesellschaft eingeschränkt wird.

Beispiel:

Die A-AG erwirtschaftet ein zu versteuerndes Einkommen von 100.000,00 DM. Als nichtabziehbare Betriebsausgabe ist eine Vermögensteuerzahlung in Höhe von 11.000,00 DM zu berücksichtigen:

	zu versteuerndes Einkommen	100.000,00 DM
-	Tarifbelastung	45.000,00 DM
-	nichtabziehbare Vermögensteuer	11.000,00 DM
=	Zugang zum EK 45	44.000,00 DM

Der Zugang zum verwendbaren EK 45 wird durch die nichtabziehbare Vermögensteuer um 11.000,00 DM geschmälert.

Nichtabziehbare Betriebsausgaben bewirken nicht nur eine Einschränkung der Gewinnthesaurierung, darüber hinaus sind diese Betriebsausgaben in Höhe der auf sie entfallenden Tarifbelastung mit einer endgültigen Körperschaftsteuer von 45 % belastet (Definitivkörperschaftsteuer). Dies bewirkt, daß die Kapitalgesellschaft sowohl die nichtabziehbaren Betriebsausgaben, wie auch die darauf lastende Körperschaftsteuer erwirtschaften muß, will sie zumindest das Ziel der Nominalkapitalerhaltung erreichen (sog. '**Schattenwirkung**' der Körperschaftsteuer). So müssen z.B. allein 8.181,81 DM Gewinn erwirtschaftet werden, um die Körperschaftsteuerlast auszugleichen, die auf einer nichtabziehbaren Vermögensteuer von 10.000,00 DM lastet; die damit verbundene Schattenwirkung der Körperschaftsteuer auf die nichtabziehbare Vermögensteuer beläuft sich somit auf der Ebene der Kapitalgesellschaft auf 81,81 %.[381] Die Schattenwirkung auf Gesellschaftsebene wird allerdings im Falle der Gewinnausschüttung auf der Ebene der Anteilseigner durch eine entsprechende Verminderung der Einkommensteuerschuld kompensiert.

Beispiel:

Das vorstehende Beispiel wird fortgeführt und unterstellt, daß die AG im Zuge der Vollausschüttung den gesamten Gewinn an die Aktionäre ausschüttet. Der Einfachheit halber wird zudem angenommen, daß die Aktionäre eine durchschnittliche Einkommensteuerbelastung von 40 % haben:

---

[381] vgl. Dötsch/Eversberg, § 31 KStG, Tz. 7 ff.

Ebene der Gesellschaft:

	ohne	mit
	\multicolumn{2}{c}{Vermögensteuer}	
Zu versteuerndes Einkommen	100.000,00 DM	100.000,00 DM
- Tarifbelastung 45 %	45.000,00 DM	45.000,00 DM
= Zugang EK 45	55.000,00 DM	55.000,00 DM
- nichtabziehbare Vermögensteuer	----	11.000,00 DM
= verwendbares EK 45	55.000,00 DM	44.000,00 DM
+ Körperschaftsteuerminderung	15.000,00 DM	12.000,00 DM
= Bruttobardividende (EK 45 x 70/55)	70.000,00 DM	56.000,00 DM

Ebene der Anteilseigner:

	ohne	mit
Bruttobardividende	70.000,00 DM	56.000,00 DM
+ Körperschaftsteueranrechnungsanspruch (3/7 aus Bruttobardividende)	30.000,00 DM	24.000,00 DM
Einkünfte Anteilseigner	100.000,00 DM	80.000,00 DM
- Tarifliche Einkommensteuer 40 %	40.000,00 DM	32.000,00 DM
- Körperschaftsteueranrechnungsanspruch	30.000,00 DM	24.000,00 DM
= Abschlußzahlung	30.000,00 DM	24.000,00 DM

Schattenwirkung:

	ohne	mit
Tarifliche Körperschaftsteuer	45.000,00 DM	45.000,00 DM
- Körperschaftsteuerminderung	15.000,00 DM	12.000,00 DM
= festzusetzende Körperschaftsteuer	30.000,00 DM	33.000,00 DM
- Körperschaftsteueranrechnungsanspruch	30.000,00 DM	24.000,00 DM
= Schattenwirkung	0,00 DM	9.000,00 DM

Die Schattenwirkung von 9.000,00 DM entspricht im Beispiel 81,81 % der nichtabziehbaren Vermögensteuer von 11.000,00 DM.

Obwohl die Vermögensteuer lediglich 0,5 % (Einzelunternehmer und Mitunternehmer) bzw. 0,6 % (Kapitalgesellschaften) des steuerpflichtigen Betriebsvermögens beträgt, macht die Schattenwirkung deutlich, daß die zum 1.1.1997 vorgesehene Abschaffung der Vermögensteuer zu einer durchaus spürbaren steuerlichen Entlastung im Rahmen der Unternehmensbesteuerung beizutragen vermag.

5.5 Betriebswirtschaftliche Aspekte der Körperschaftsteuer: Anrechnungs-, Definitiv- und Interimkörperschaftsteuer

Anrechnungsverfahren, nichtabziehbare Betriebsausgaben sowie der time-lag zwischen Gewinnentstehung und Gewinnausschüttung einer Kapitalgesellschaft führen dazu, daß im Rahmen der Belastungswirkung der Körperschaftsteuer drei auch in betriebswirtschaftlicher Sicht wesentliche Komponenten der Körperschaftsteuer zu berücksichtigen sind: Die grundsätzliche Anrechnung der Ausschüttungsbelastung der Gesellschaft auf Ebene der Anteilseigner führt zur Anrechnungskörperschaftsteuer, nichtabziehbare Betriebsausgaben bewirken auf Ebene der Gesellschaft eine Definitivkörperschaftsteuerbelastung und das zeitliche Auseinanderfallen von Gewinnentstehung und Gewinnausschüttung bewirkt, daß noch nicht ausgeschüttete Gewinne mit Interimkörperschaftsteuer belastet sind.

(1) **Anrechnungskörperschaftsteuer**

Die Ausschüttungsbelastung einer Kapitalgesellschaft ist grundsätzlich auf 30 % beschränkt. Die Ausschüttungsbelastung auf Ebene der Gesellschaft wird auf der Ebene der Anteilseigner durch das Anrechnungsverfahren kompensiert, so daß diese Anrechnungskörperschaftsteuer[382] wie eine Vorauszahlung der Gesellschaft auf die Steuerschuld der Anteilseigner wirkt.

(2) **Definitivkörperschaftsteuer**

Nichtabziehbare Betriebsausgaben mindern das zu versteuernde Einkommen einer Kapitalgesellschaft nicht, führen zu einer Verringerung des verwendbaren Eigenkapitals und stehen damit für Ausschüttungszwecke nicht zur Verfügung. Im Ergebnis wird damit bewirkt, daß auf Ebene der Gesellschaft der Umfang der mit der Gewinnausschüttung verbundenen Steuerminderung und auf Ebene der Anteilseigner der Anrechnungsanspruch entsprechend geschmälert werden. Die auf den nichtabziehbaren Betriebsausgaben lastende Körperschaftsteuer wird insoweit auf Ebene der Gesellschaft definitiv (= Definitivkörperschaftsteuer) und kann beim Anteilseigner nicht angerechnet werden. Kompensiert wird die Definitivkörperschaftsteuer der Kapitalgesellschaft auf der Ebene der Anteilseigner, da sich deren Einkommensteuerschuld entsprechend verringert. Je

---

[382] vgl. Rose 1992, S. 185 ff.

höher dabei die individuelle Einkommensteuerbelastung der Anteilseigner, desto größer ist der Effekt der Kompensation der Definitivkörperschaftsteuer.

(3) **Interimkörperschaftsteuer**

Noch nicht ausgeschüttete, thesaurierte Gewinne einer Kapitalgesellschaft sind mit der tariflichen Körperschaftsteuer von i.d.R. 45 % belastet. Werden die Gewinne zu einem späteren Zeitpunkt an die Anteilseigner ausgeschüttet, wird die Ausschüttungsbelastung hergestellt und die bis dahin höhere Belastung durch die tarifliche Körperschaftsteuer aufgehoben. Die auf nicht bzw. noch nicht ausgeschütteten Gewinnen lastende tarifliche Körperschaftsteuer wird als Interimkörperschaftsteuer bezeichnet.

6 Körperschaftsteuerliche Organschaft

6.1 Konzeption und Zielsetzung der körperschaftsteuerlichen Organschaft

Kapitalgesellschaften wie auch andere Körperschaften i.S.d. KStG verfügen sowohl zivil- wie auch steuerrechtlich als juristische Personen über eigenständige Rechtsfähigkeit. Die (ständig zunehmende) Konzernierung hat jedoch verstärkt zur Folge, daß rechtlich selbständige Kapitalgesellschaften in einem tatsächlichen und rechtlichen Unterordnungsverhältnis zu einem anderen Unternehmen stehen, das bewirkt, daß untergeordnete Tochter-Kapitalgesellschaften ihre wirtschaftliche Selbständigkeit verlieren und als unselbständige Tochterunternehmen unter einheitlicher Leitung des Mutterunternehmens geführt werden. Der wirtschaftlichen und fiktivrechtlichen Einheit 'Konzern' wird körperschaftsteuerlich durch das Institut der Organschaft Rechnung getragen mit der Konsequenz, daß die für die Körperschaftbesteuerung rechtlich und wirtschaftlich selbständiger Kapitalgesellschaften geltenden Grundsätze ganz oder teilweise auf rechtlich zwar selbständige, wirtschaftlich jedoch unselbständige Kapitalgesellschaften nicht übertragen werden. Wirtschaftlich unselbständige Kapitalgesellschaften werden vielmehr als unselbständiger Teil des übergeordneten Mutterunternehmens qualifiziert und steuerlich entsprechend behandelt. Insoweit beinhalten die §§ 14 bis 19 KStG mit den dort verankerten Sondervorschriften für die körperschaftsteuerliche Organschaft den Kern des sog. **Konzernsteuerrechts**.[383]

Die körperschaftsteuerliche Organschaft trägt als besonderes Rechtsinstitut des Steuerrechts Konzerntatbeständen naturgemäß nur eingeschränkt Rechnung. Zwar wird regelmäßig ein **Mutter-Tochter-Verhältnis** (Über-/Unterordnungsverhältnis) vorausgesetzt, dieser Konzerntatbestand wird aber körperschaftsteuerlich nur dann und insoweit umgesetzt, als zwischen Organträger (= Mutterunternehmen) und Organgesellschaft (= Tochterunternehmen) ein Gewinnabführungsvertrag abgeschlossen wird. Die Organschaft greift damit nur dann, wenn

- ein **Über-Unterordnungs-Verhältnis** zwischen zwei oder mehr Unternehmen vorliegt, die untergeordneten Unternehmen in den Gewerbebetrieb des Organträgers **eingegliedert** sind und

- zwischen Organträger und Organgesellschaft ein **Gewinnabführungsvertrag** geschlossen wird.

Andere, die handelsrechtliche Konzernrechnungslegung begründende Tatbestände bleiben unberücksichtigt (dies gilt insbesondere für 'Control'-Tatbestände und -verhältnisse). Den Unterschieden, die sowohl materiell wie auch der Zielsetzung

---
[383] vgl. dazu auch Blümich/Danelsing, Rz. 1 zu Vorbemerkungen zu §§ 14 - 19 KStG

nach gegenüber der Konzernrechnungslegung gegeben sind, wird durch eine von der Rechnungslegung losgelöste, eigenständige Terminologie entsprochen. **'Organträger'** kennzeichnet das herrschende Mutterunternehmen, **'Organgesellschaft'** die eingegliederte und beherrschte Tochter-Kapitalgesellschaft und **'Organkreis'** den Kreis all der Unternehmen, bei denen die Voraussetzungen einer Organschaft i.S.d. KStG erfüllt sind.

Durch die körperschaftsteuerliche Organschaft wird eine Zwei- oder Mehrfachbelastung abgeführter Gewinne verhindert, da der von der Organgesellschaft an den Organträger abgeführte Gewinn dem Einkommen des Organträgers unmittelbar zugerechnet und bei diesem der Besteuerung unterworfen wird. Das Einkommen von Organträger und Organgesellschaft bilden damit steuerlich eine Einheit. Die Regelungen des KStG zur körperschaftsteuerlichen Organschaft folgen insoweit der **Zurechnungskonzeption**, d.h. die Gewinne einer Kapitalgesellschaft werden, soweit die Organschaftvoraussetzungen erfüllt sind, nicht bei dieser, sondern beim herrschenden Organträger einkommen- oder körperschaftbesteuert. Auch nach Einführung des Anrechnungsverfahrens wurde das Rechtsinstitut der Organschaft beibehalten, da die Wirkungsmechanismen der Organschaft über die des Anrechnungsverfahrens hinausreichen. Die Organschaft vermeidet nicht nur eine Doppelbelastung ausgeschütteter/abgeführter Gewinne, sie ermöglicht vielmehr darüberhinaus eine Verlustrechnung innerhalb des Organkreises, da der Organträger auf der Basis eines Gewinnabführungsvertrages zur Übernahme des Verlustes einer Organgesellschaft verpflichtet ist. Der Organträger kann damit bei ihm erwirtschaftete Gewinne mit dem Verlust von Organgesellschaften ebenso verrechnen, wie er seine Verluste mit den Gewinnen abführungsverpflichteter Organgesellschaften verrechnen kann.

Da der Organschaft u.a. die finanzielle, wirtschaftliche und organisatorische **Eingliederung** der Organgesellschaft in den Gewerbebetrieb des Organträgers voraussetzt, die Organgesellschaft damit ähnlich einer Division oder Abteilung durch die Leitungsorgane des Organträgers geführt wird oder geführt werden kann, erscheint es durchaus gerechtfertigt, in solchen Fällen das ansonsten für Kapitalgesellschaften geltende Trennungsprinzip aufzugeben und bestimmte Unternehmensverbindungen als steuerliche Einheit zu behandeln. Damit wird letztlich sichergestellt, daß 'organschaftliche Konzerne' steuerlich nicht schlechter gestellt werden als Großunternehmen, die nur deshlab eine rechtliche und wirtschaftliche Einheit bilden, weil auf eine Ausgliederung und rechtliche Verselbständigung bestimmter Sparten verzichtet wurde. Die Organschaft löst sich insoweit von zivilrechtlichen Wertungen und behandelt wirtschaftlich vergleichbare Sachverhalte steuerlich gleich.

Neben dieser „organschaftlichen Ergebnisgemeinschaft" der Körperschaftsteuerrechts wird auch bei der Gerwerbesteuer und der Umsatzsteuer durch vergleichbare Rechtsinstitute versucht, steuerliche Nachteile bei Unternehmensverbindungen zu verhindern und eine Mehrfachbelastung auszuschließen. Die **gewerbesteuerliche** und **umsatzsteuerliche Organschaft** setzen jedoch im Gegensatz zur körperschaftsteuerlichen Organschaft keinen Gewinnabführungsvertrag voraus, vielmehr reicht in diesen Fällen eine faktische Abhängigkeit der Organgesellschaft vom Organträger aus. Die gewerbe- und umsatzsteuerliche Organschaft tragen insoweit einem 'Control'-Verhältnis ansatzweise Rechnung.

6.2 Voraussetzungen der Organschaft

Eine Organschaft i.S.d. §§ 14 ff. KStG setzt voraus, daß eine inländische Kapitalgesellschaft als Organgesellschaft finanziell, wirtschaftlich und organisatorisch in den Gewerbebetrieb eines inländischen Unternehmens (= Organträger) eingegliedert ist und sich vertraglich verpflichtet hat, den gesamten Gewinn an den Organträger abzuführen.

6.2.1 Organträger und Organgesellschaft

Als **Organträger** kommen gemäß § 14 S. 1 KStG ausschließlich **inländische gewerbliche Unternehmen** in Betracht. Die Rechtsform des Organträgers ist unbeachtlich, so daß sowohl Gewerbebetriebe kraft gewerblicher Betätigung, Gewerbebetriebe kraft Rechtsform wie auch Gewerbebetriebe kraft wirtschaftlichen Geschäftsbetriebs Organträger sein können. Im einzelnen kommen somit in Betracht:

- **Unbeschränkt steuerpflichtige natürliche Personen**

  Gemäß § 14 Nr. 3 KStG können unbeschränkt einkommensteuerpflichtige natürliche Personen i.S.d. § 1 EStG Organträger sein, soweit sie ein inländisches gewerbliches Unternehmen betreiben (Einzelunternehmer). Freiberuflich Tätige sowie Land- und Forstwirte können nicht als Organträger fungieren.

- **Personengesellschaften**

  Gemäß § 14 Nr. 3 KStG i.V.m. § 15 Abs. 1 Nr. 2 EStG können Mitunternehmerschaften, die einen Gewerbebetrieb mit Sitz und Geschäftsleitung im Inland unterhalten, Organträger sein. Organträger sind dabei regelmäßig die unbeschränkt einkommen- oder körperschaftsteuerpflichtigen Gesellschafter-Mitunternehmer der Personengesellschaft. Sind ein oder mehrere Gesellschafter-Mitunternehmer beschränkt einkommen- oder körperschaftsteuerpflichtig, setzt die Organschaft voraus, daß die finanzielle, wirtschaftliche und organisatorische Eingliederung im Verhältnis zur Personengesellschaft gegeben ist, d.h. die Anteile an der Personengesellschaft zum Gesamthandsvermögen gehören oder zumindest im wirtschaftlichen Eigentum der Personengesellschaft stehen.[384]

---

[384] vgl. BFH vom 28.4.1993, BStBl. II 1983, 690

Anteile an der Organgesellschaft, die nicht zum Gesamthandsvermögen gehören, sind somit notwendiges Sonderbetriebsvermögen des/der Gesellschafter-Mitunternehmer (*Abschn. 52 Abs. 2 S. 4 KStR*).

- **Kapitalgesellschaften und andere Körperschaften i.S.d. § 1 Abs. 1 KStG**

Gemäß § 14 Nr. 3 KStG kann eine Kapitalgesellschaft oder andere Körperschaft i.S.d. § 1 Abs. 1 KStG Organträger sein, wenn sie ihren Sitz *und* ihre Geschäftsleitung im Inland hat. § 14 Nr. 3 KStG geht insoweit über § 1 Abs. 1 KStG hinaus, als die unbeschränkte Körperschaftsteuerpflicht an den inländischen Sitz *oder* die inländische Gesschäftsführung gekoppelt werden. Kapitalgesellschaften können damit regelmäßig nur dann Organträger sein, wenn sie unbeschränkt körperschaftsteuerpflichtig sind und ihren Sitz und ihre Geschäftsleitung im Inland haben.[385]

Ausländische Kapitalgesellschaften können nur dann Organträger sein, wenn die nach § 18 i.V.m. § 14 KStG genannten Voraussetzungen erfüllt sind: Ausländische Kapitalgesellschaften mit Sitz oder Geschäftsleitung im Inland können Organträger sein, soweit sie im Inland eine im Handelsregister eingetragene Zweigniederlassung unterhalten und die Voraussetzungen des § 14 KStG sinngemäß erfüllen.[386]

Subjektiv **steuerbefreite Körperschaften** können demgegenüber nicht Organträger sein; damit soll sichergestellt werden, daß abgeführte Gewinne der Organgesellschaft(en) nicht durch das Rechtsinstitut der Organschaft der Besteuerung entzogen werden können.

Da die Organschaft die finanzielle, wirtschaftliche und organisatorische Eingliederung der Organgesellschaft in das Unternehmen des Organträgers vorausetzt, wird die sog. „**Einmutter-Organschaft**" Regelfall sein: Eine Kapitalgesellschaft als Organgesellschaft kann i.d.R. nicht in die Unternehmen mehrerer Organträger eingegliedert sein, sondern stets nur zu einem Organträger in einem Organschaftsverhältnis stehen.[387] Unter bestimmten Voraussetzungen kommt jedoch ausnahmsweise auch eine **Mehrmütterorganschaft** als Organträger in Betracht. Soweit sich mehrere gewerbliche Unternehmen im Innenverhältnis zu einer Gesellschaft bürgerlichen Rechts zusammenschließen, gemeinsam die Eingliederungsvoraussetzungen erfüllen und über die GbR eine einheitliche Willensbildung gegenüber der Organgesellschaft sicherstellen, kann die Mehrmütter-GbR als Organträger fungieren. Die GbR selbst ist nicht gewerblich tätig und dient als reine Innengesellschaft lediglich der Erfüllung der Organschaftsvoraussetzungen. Die in der GbR zusammenge-

---

[385] z.Z. wird geprüft, inwieweit es sinnvoll ist, die § 14 Nr. 3 an § 1 Abs. 1 KStG anzupassen; vgl. Dötsch in Dötsch/Jost, 1996, S. 18

[386] nach dem Urteil des BFH vom 13.11.1991, BStBl. II 1992, 263 kann eine ausländische Kapitalgesellschaft mit Sitz im Ausland und Geschäftsleitung im Inland weder Organträger i.S.d. § 14 Nr. 3 noch des § 18 KStG sein

[387] vgl. Blümich/Danelsing, Rz. 26 zu § 14 KStG

schlossenen gewerblichen Unternehmen stehen außerhalb des Organkreises, so daß der Gewinnabführungs- oder Ergebnisübernahmevertrag unmittelbar zwischen der jeweiligen Organgesellschaft und der GbR abgeschlossen werden muß.

Während bei der Einmutter-Organschaft das in § 14 Nr. 1 S. 2 KStG verankerte **Additionsverbot** unmittelbarer und mittelbarer Beteiligungen zur Sicherstellung der finanziellen Eingliederung zwingend beachtet werden muß, greift dieses bei der Mehrmütterorganschaft nach der ständigen Rechtsprechung des BFH nicht; die in der GbR zusammengeschlossenen gewerblichen Unternehmen können vielmehr gemeinsam die organschaftlichen Eingliederungsvoraussetzungen erfüllen und sind damit nicht an das Additionsverbot des § 14 Nr. 1 S. 2 KStG gebunden.[388]

Organgesellschaft kann nur eine **Kapitalgesellschaft** (AG, KGaA, GmbH) mit **Sitz und Geschäftsleitung im Inland** sein (*§ 14 S. 1 i.V.m. § 17 S. 1 KStG*). Die Art der Tätigkeit der Organgesellschaft ist unbeachtlich, so daß sowohl inländische Kapitalgesellschaften, die gewerblich tätig sind wie auch solche, die sich auf die Vermögensverwaltung beschränken, Organgesellschaften sein können. Personengesellschaften kommen als Organgesellschaften nicht in Betracht; dies gilt uneingeschränkt auch für die GmbH & Co KG oder die AG & Co KG, die nicht allein dadurch, daß eine Kapitalgesellschaft als Komplementär fungiert, zur Kapitalgesellschaft umgedeutet werden können.[389]

6.2.2 Eingliederung der Organgesellschaft in den Gewerbebetrieb des Organträgers

Die Organgesellschaft muß gemäß § 14 Nr. 1 und 2 KStG vom Beginn ihres Wirtschaftsjahres an finanziell, wirtschaftlich und organisatorisch in den gewerblichen Betrieb des Organträgers eingegliedert sein.

(1) **Finanzielle Eingliederung**

Finanzielle Eingliederung liegt nach § 14 Nr. 1 KStG vor, wenn dem Organträger unmittelbar oder mittelbar die **Mehrheit der Stimmrechte** aus den Anteilen an der Organgesellschaft zusteht; der reine Anteilsbesitzt an der Organgesellschaft ist demgegenüber von untergeordneter Bedeutung.

Beispiel:

Kapitalmäßige Beteiligung und Stimmrechtsverhältnisse können z.B. dann voneinander abweichen, wenn Vorzugsaktien ohne Stimmrecht oder Mehrstimmrechtsaktien ausgegeben wurden.

---

[388] vgl. BFH vom 14.4.1993, BStBl. II 1994, 124; Abschn. 52 Abs. 6 Nr. 1 KStR; vgl. zum Additionsverbot auch 6.2.2
[389] BFH vom 11.3.1992, BStBl. II 1982, 707

Die Stimmrechtsmehrheit muß unmittelbar gegeben sein und errechnet sich aus dem Verhältnis der Anzahl der Stimmrechte, die dem Organträger zustehen und der Gesamtzahl aller Stimmrechte bei der Organgesellschaft; Stimmrechte aus eigenen Anteilen bleiben bei Ermittlung der Stimmrechtsmehrheit unberücksichtigt.

Beispiel:

Die X-GmbH hat ein Stammkapital von 500.000 DM, das sich wie folgt strukturiert:

* Eigener Geschäftsanteil der GmbH   100.000 DM
* Geschäftsanteil der Y-AG   220.000 DM
* Geschäftsanteil der Z-GmbH   60.000 DM
* Geschäftsanteile der Gesellschafter
  A, B und C jeweils   40.000 DM.

Gemäß § 47 Abs. 2 GmbHG gewähren jeweils 100 DM ein Stimmrecht. Daraus errechnen sich 500.000 - 100.000 : 100 = 400 Stimmrechte insgesamt, so daß die Y-AG mit 220 Stimmrechten die Stimmrechtsmehrheit innehat. Das Kriterium der finanziellen Eingliederung der X-GmbH in den gewerblichen Betrieb der Y-AG ist damit erfüllt *(dabei wird unterstellt, daß Gesellschaftsvertrag oder Satzung zur Beschlußfassung nicht mehr als die einfache Stimmenmehrheit vorsieht)*.

Die Stimmrechtsmehrheit muß grundsätzlich aus einer **unmitelbaren Beteiligung** resultieren, mittelbare Beteiligungen über Schwester- oder Tochtergesellschaften führen regelmäßig nicht zu einer finanziellen Eingliederung beim Ordensträger, es sei denn, daß jede der Beteiligungen, auf denen die mittelbare Beteiligung beruht, die Mehrheit der Stimmrechte gewährt *(§ 14 Nr. 1 S. 2 KStG)*. Eine Zusammenfassung unmittelbarer und mittelbarer Beteiligungen mit dem Ziel, dadurch rechnerisch die Stimmrechtsmehrheit zu erreichen und die Voraussetzungen für die finanzielle Eingliederung zu erfüllen, ist unzulässig (Additionsverbot; Ausnahme: Mehrmütter-Organschaft).

Die **finanzielle Eingliederung** der Organgesellschaft in den gewerblichen Betrieb des Organträgers **setzt damit i.d.R. voraus:**

- unmittelbare Beteiligung + Stimmrechtsmehrheit oder
- mittelbare Beteiligung + Stimmrechtsmehrheit jeder Beteiligung, auf denen die mittelbare Beteiligung beruht.

Die nachfolgenden Beispiele verdeutlichen Erfüllung oder Nichterfüllung der vorgenannten Voraussetzungen:

Beispiele:

Prämisse:

X-AG ist an der Y-AG zu 100 % und an der Z-GmbH zu 50 % beteiligt; die Y-AG ist ihrerseits an der Z-GmbH zu 40 % beteiligt. Unterstellt wird, daß Kapitalbeteiligung und Stimmrechtsverhältnise übereinstimmen.

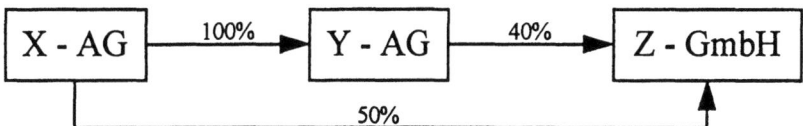

Die Y-AG ist finanziell in den gewerblichen Betrieb des Organträgers X-AG eingegliedert (unmittelbare Stimmrechtsmehrheitsbeteiligung). Z ist nicht finanziell eingegliedert, da die Beteiligung von X und Y nicht zusammengefaßt werden dürfen und auch eine mittelbare Beteiligung mit Stimmrechtsmehrheit jeder Beteiligung, auf denen die mittelbare Beteiligung beruht, nicht gegeben ist.

Prämisse:

X-AG ist an der Y-AG zu 100 % und diese an der Z-GmbH zu 51 % beteiligt. Unterstellt wird, daß Kapitalbeteiligung und Stimmrechtsverhältnise übereinstimmen.

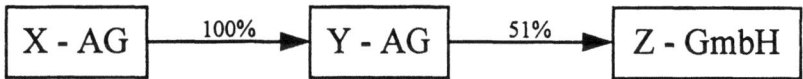

Die Y-AG ist aufgrund einer unmittelbaren Stimmrechtsmehrheitsbeteiligung in den gewerblichen Betrieb des Organträgers X-AG finanziell eingegliedert, Z-GmbH aufgrund einer die Voraussetzungen nach § 14 Nr. 1 S. 2 KStG erfüllenden mittelbaren Beteiligung, da jede der Beteiligungen, auf denen die mittelbare Beteiligung beruht, die Mehrheit der Stimmrechte gewährt (= 100 % bzw. 51 %).

(2) **Wirtschaftliche Eingliederung**

Gemäß § 14 Nr. 2 KStG muß die Organgesellschaft von Beginn ihres Wirtschaftsjahres an ununterbrochen nach dem Gesamtbild der tatsächlichen Verhältnisse wirtschaftlich in das Unternehmen des Organträgers eingegliedert sein. Das Tatbestandsmerkmal der 'wirtschaftlichen Eingliederung' ist nicht definiert und gegenüber der 'organisatorischen Eingliederung' nicht immer eindeutig und schlüssig abgrenzbar. Im Lichte der BFH-Rechtsprechung wird die „wirtschaftliche Eingliederung" regelmäßig als **Zweckabhängigkeit** der Organgesellschaft vom Organträger zu interpretieren sein: Das beherrschte Unternehmen muß wirtschaftlich den gewerblichen Zwecken des herrschenden Unternehmens dienen. Dies wird nach der Rechtsprechung des BFH stets dann zu bejahen sein, wenn die Organgesellschaft im Sinne eigener wirtschaftlicher Unselbständigkeit die i.d.R. gewerbliche Tätigkeit des Organträgers fördert oder ergänzt. Wirtschaftliche Unselbständigkeit impliziert dabei, daß die Organgesellschaft wie eine unselbständige Abteilung des Organträgers agiert.[390]

Damit setzt die wirtschaftliche Eingliederung im Regelfall voraus, daß der **Organträger** eine **gewerbliche Tätigkeit** ausübt, die als „übergeordnete" oder „Haupttätigkeit" durch die Organgesellschaft gefördert oder ergänzt wird. Insoweit reicht es nicht aus, daß der Organträger Gewerbebetrieb kraft Rechtsform oder gewerblich geprägte Personengesellschaft ist, vielmehr müssen die Definitionsmerkmale eines Gewerbebetriebs i.S.d. § 15 Abs. 2 EStG erfüllt sein.[391] Daraus folgt u.a. daß der Organträger sich selbständig und nachhaltig betätigt und am allgemeinen wirtschaftlichen Verkehr teilnimmt:

- **Selbständige und nachhaltige Betätigung**

    des Organträgers wird bereits dann als gegeben bejaht, wenn dieser als herrschendes Unternehmen die einheitliche Leitung über zwei oder mehr abhängige Kapitalgesellschaften in erkennbarer Form ausübt.[392] Für diesen Fall, in dem der Organträger als geschäftsleitende **Holdinggesellschaft** fungiert, wird die wirtschaftliche Eingliederung anerkannt; der Abschluß eines Beherrschungsvertrages allein reicht jedoch nicht aus, vielmehr fordert die Rechtsprechung begründet, daß die einheitliche Leitung in nach außen erkennbarer Form, d.h. tatsächlich, ausgeübt wird.[393]

- **Teilnahme am allgemeinen wirtschaftlichen Verkehr**

    des Organträgers liegt nach der Rechtsprechung des BFH bereits dann vor, wenn dieser selbst nach außen in Erscheinung tritt; hierfür wird i.d.R. der Handelsregistereintrag als ausreichend erachtet, so daß an die Erfüllung dieses Kritteriums keine allzu strengen Maßstäbe anzulegen sind.

Bei einer **Betriebsaufspaltung**, bei der das herrschende Unternehmen (= Besitzpersonengesellschaft) wesentliche Teile des Betriebsvermögens an das be-

---

[390] vgl. BFH vom 13.9.1989, BStBl. II 1990, 24
[391] vgl. dazu ausführlich Teil B 3.2.4.2.1
[392] BFH vom 17.12.1969, BStBl. II 1970, 257; die Anerkennung der wirtschaftlichen Eingliederung wird insofern an das konzernrechtlich relevante Kriterium der „einheitlichen Leitung" gekoppelt
[393] vgl. BFH vom 13.9.1989, a.a.O.; vermögensverwaltende Holdinggesellschaften erfüllen dieses Kriterium nicht, so daß in solchen Fällen eine wirtschaftliche Eingliederung nicht vorliegen kann

herrschte Unternehmen (= Betriebsgesellschaft) vermietet oder verpachtet und sich auf die Verwaltung der Beteiligung beschränkt, liegt keine wirtschaftliche Eingliederung vor, da der Zweck des herrschenden Unternehmens ausschließlich darauf gerichtet ist, dem beherrschten Unternehmen zu dienen und dessen Zwecke zu fördern. Eine derartige Zweckrichtung schließt naturgemäß und folgerichtig die wirtschaftliche Eingliederung bei der Besitzgesellschaft aus.[394]

(3) **Organisatorische Eingliederung**

Gemäß § 14 Nr. 2 KStG muß die Organgesellschaft nach dem Gesamtbild der tatsächlichen Verhältnisse auch organisatorisch in das Unternehmen des Organträgers eingegliedert sein. Organisatorische Eingliederung wird regelmäßig gegeben sein, wenn die Organgesellschaft wie eine unselbständige Betriebsabteilung des Organträgers geführt werden kann, d.h. im Rahmen von Entscheidungsprozessen bei der Organgesellschaft der Wille des Organträgers durchsetzbar und eine hiervon abweichende Willensbildung nicht möglich ist.[395] Die organisatorische Eingliederung ist damit davon abhängig, daß geeignete Maßnahmen ergriffen werden, die eine Willensdurchsetzung des Organträgers sicherstellen (z.B. Personalunion in der Geschäftsführung). **Unwiderlegbar** wird die organisatorische Eingliederung stets in zwei Fällen **vermutet**:

- Abschluß eines **Beherrschungsvertrages** i.S.d. § 291 Abs. 1 AktG, durch den eine AG oder KGaA die Leitung ihres Unternehmens einem anderen Unternehmen unterstellt. Wird ein solcher Unternehmensvertrag mit einer GmbH geschlossen, wird die organisatorische Eingliederung nicht unwiderlegbar, sondern widerlegbar vermutet.

- **Aktienrechtliche Eingliederung** einer AG in eine andere AG (= Hauptgesellschaft) i.S.d. §§ 319 - 327 AktG. Eine derartige Eingliederung kann durch die Hauptversammlung der eingegliederten Gesellschaft beschlossen werden, wenn sich entweder alle Aktien oder Aktien von anteilig mindestens 95 % in der Hand der künftigen Hauptgesellschaft befinden.

In allen übrigen, nicht durch die vorgenannten unwiderlegbaren Vermutungen gedeckten Fällen liegt eine organisatorische Eingliederung nur vor, wenn die Willensdurchsetzung des Organträgers nach dem Gesamtbild der tatsächlichen Verhältnisse möglich und ggf. rechtlich durchsetzbar ist und tatsächlich praktiziert wird.[396]

---

[394] BFH vom 21.1.1988, BStBl. II 1988, 456; BFH vom 13.9.1989, a.a.O.; eine wirtschaftliche Eingliederung kann jedoch bei einer Betriebsaufspaltung dann angenommen werden, wenn die Besitzgesellschaft über die reine Verpachtungstätigkeit hinaus selbst gewerblich tätig wird oder die Voraussetzungen einer geschäftsleitenden Holdinggesellschaft erfüllt, vgl. BFH vom 18.4.1973, BStBl. II 1973, 740

[395] die Willensdurchsetzung des Organträgers bezieht sich vorrangig auf Personalentscheidungen, Rechts- und Steuerangelegenheiten, Rechnungslegung, Finanzierung, also zentrale unternehmerische Entscheidungsfelder

[396] vgl. dazu Blümich/Danelsing, Rz. 72 zu § 14 KStG

Die drei vorgenannten Eingliederungsvoraussetzungen müssen gemäß § 14 Nrn. 1 und 2 KStG vom Beginn des Wirtschaftsjahres der Organgesellschaft an ununterbrochen erfüllt sein. Die formell-materiellen Eingliederungsvoraussetzungen werden somit durch eine **zeitliche Eingliederungsvoraussetzung** ergänzt. Die nicht abdingbaren Eingliederungsvoraussetzungen lassen sich damit schematisch vereinfacht durch Abbildung 84 zusammenfassen.

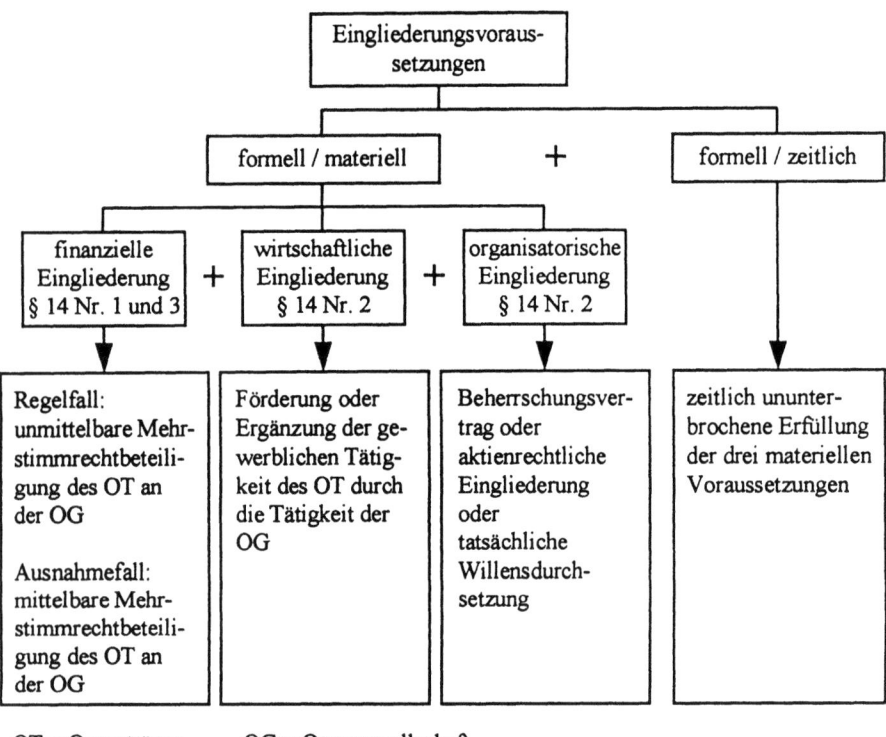

Abb. 84: Eingliederungsvoraussetzung nach § 14 KStG

6.2.3 Gewinnabführungsvertrag

Soweit die Eingliederungsvoraussetzungen erfüllt sind, liegt zwischen dem herrschenden Unternehmen (= Organträger) und dem beherrschten Unternehmen (= Organgesellschaft) ein Organschaftsverhältnis vor. Dieses Organschaftsverhältnis ist aber nur insoweit **körperschaftsteuerlich relevant**, als zwischen Organgesellschaft und Organträger ein Gewinnabführungsvertrag geschlossen wird. Durch Abschluß eines Gewinnabführungsvertrages verpflichtet sich die Organgesellschaft, ihren **gesamten Gewinn** an den Organträger **abzuführen** bzw. der Organträger, den **gesamten Verlust** der Organgesellschaft auszugleichen.[397] In Abhängigkeit von der Rechtsform der Organgesellschaft ist dabei wie folgt zu differenzieren:

(1) **Organgesellschaft = AG oder KGaA**

Ist die Organgesellschaft eine AG oder KGaA, muß gemäß § 14 S. 1 KStG ein **Gewinnabführungsvertrag i.S.d. § 291 AKtG** geschlossen werden. Der Gewinnabführungsvertrag bedarf der Schriftform, der Zustimmung der Hauptversammlung mit Dreiviertelmehrheit sowie der Eintragung in das Handelsregister (Ausnahmen bei aktienrechtlicher Eingliederung) und muß die Abführung des gesamten Gewinns für eine **Vertragsmindestlaufzeit** von fünf Jahren beinhalten. Bei aktienrechtlich nicht eingegliederten bzw. eingegliederten Gesellschaften ist dabei hinsichtlich der Höhe der Gewinnabführung wie folgt zu differenzieren:

- **Nicht eingegliederte Gesellschaften**

  Bei nicht eingegliederten AG oder KGaA ist grundsätzlich der Höchstbetrag nach § 310 AktG an den Organträger abzuführen; dies ist der **Jahresüberschuß**, vermindert um einen Verlustvortrag aus dem Vorjahr sowie Einstellungen in die gesetzlichen und ggf. freien Rücklagen. Ein Gewinnvortrag bleibt unberücksichtigt. Vorvertragliche Rücklagen dürfen nicht in die Gewinnabführung einbezogen werden, während der Vertragslaufzeit gebildete Rücklagen hingegen können aufgelöst und abgeführt werden. Dies gilt für vorvertraglich gebildete und während der Vertragslaufzeit aufgelöste stille Reserven und steuerfreie Rücklagen entsprechend. Sie können aufgelöst und an den Organträger abgeführt werden. Die Verpflichtung, den gesamten Gewinn abzuführen, wird gemäß § 14 Nr. 5 KStG durch die Bildung von Rücklagen für eigene Anteile sowie Einstellungen in die freien Gewinnrücklagen durchbrochen. In die freien Gewinnrücklagen dürfen aber nur solche Beträge abführungsmindernd eingestellt werden, die bei vernünftiger kaufmännischer Beurteilung wirtschaftlich begründet sind (z.B. Gewinnanteile, die zum Ausgleich besonderer unternehmerischer Risiken oder zur Durchführung konkret geplanter Erweiterungsinvestitionen benötigt werden).

  Der geschlossene Gewinnabführungsvertrag schließt die Verpflichtung des Organträgers ein, einen während der Vertragslaufzeit entstehenden **Jahresfehlbetrag** auszugleichen (= *Verlustübernahme i.S.d. § 302 AktG*), es sei denn, der Vorstand der Organgesellschaft beschließt, den

---

[397] Ein Gewinnabführungsvertrag ist kein schuldrechtlicher, sondern ein auf Gesellschaftsrecht basierender organisationsrechtlicher Vertrag, der als besondere konzernrechtliche Variante der Gewinnverteilung konstitutiven (Satzungs-) Charakter besitzt; vgl. Geßler/ Hefermehl/ Erhardt/ Kropff AktG, 6. Aufl., Rz. 21 ff. zu § 291

Jahresfehlbetrag durch Entnahmen aus freien Gewinnrücklagen auszugleichen.

- **Eingegliederte Gesellschaften**

  Bei eingegliederten AG ist der **Bilanzgewinn**, der ohne Gewinnabführungsverpflichtung entstehen würde, maßgeblicher Höchstbetrag; gesetzliche Rücklagen sind dabei gemäß § 324 Abs. 1 AktG nicht zu bilden. Bei eingegliederten Gesellschaften ist zudem die Verlustübernahmeverpflichtung des Organträgers auf einen die Gewinn- und Kapitalrücklagen übersteigenden **Bilanzverlust** beschränkt (§ 324 Abs. 3 AktG).

(2) **Organgesellschaft = GmbH**

Da das GmbHG keine Regelungen hinsichtlich eines Gewinnabführungsvertrages beinhaltet und die aktienrechtlichen Nromen nur bedingt auf die GmbH übertragbar sind, ist in solchen Fällen ergänzend § 17 KStG zu beachten. Danach

- muß sich die Organgesellschafts-GmbH rechtswirksam verpflichten, ihren gesamten Gewinn an den Organträger abzuführen,
- darf die Gewinnabführung den Höchstbetrag nach § 301 AktG nicht überschreiten und
- muß eine Verlustübernahme gemäß § 302 AktG vereinbar werden.

Dabei setzt die Rechtswirksamkeit eines zwischen der GmbH und dem Organträger vereinbarten Gewinnabführungsvertrages voraus, daß notariell beurkundete Zustimmungsbeschlüsse der Gesellschafterversammlung beider Gesellschaften gefaßt werden und der Gewinnabführungsvertrag bei der Organgesellschaft in das Handelsregister eingetragen wird.

6.3 Ermittlung und Zurechnung des Einkommens der Organgesellschaft

Gemäß § 14 S. 1 KStG ist das **Einkommen** der Organgesellschaft dem Organträger **zuzurechnen**, sofern die Voraussetzungen der körperschaftsteuerlichen Organschaft erfüllt sind. Die Organgesellschaft bleibt zwar weiterhin selbständig körperschaftsteuerpflichtig, durch den Gewinntransfer (oder die Verlustübernahme) wird die Organgesellschaft jedoch einkommenslos gestellt, die Besteuerung erfolgt auf der Ebene des Organträgers. Ist Organträger eine natürliche Person oder eine Personengesellschaft, wird das von der gewinnabführenden Kapitalgesellschaft erwirtschaftete Einkommen der Einkommensteuer, ist Organträger eine Kapitalgesellschaft, wird es der Körperschaftsteuer unterworfen. Die Besteuerung auf der Ebene des Organträgers erfolgt damit so, als ob dieser das Einkommen der Organgesellschaft selbst erwirtschaftet hätte.

Da jedoch das Einkommen und nicht der abgeführte Gewinn der Organgesellschaft dem Organträger zugerechnet werden, ist zur Ermittlung des zuzurechnenden Einkommens der Organgesellschaft eine duale Schrittabfolge notwendig:

(1) **Abzuführender Gewinn und handelsrechtliches Ergebnis**

Die Höhe des abzuführenden Gewinns wird im handelsrechtlichen Jahresabschluß ermittelt. Die Gewinnabführungsverpflichtung der Organgesellschaft wird als Verbindlichkeit gegenüber verbundenen Unternehmen passiviert und in der GuV-Rechnung als Aufwand erfaßt. Da der gesamte Gewinn an den Organträger abzuführen ist, wird im Ergebnis stets ein Handelsbilanzgewinn von „Null" ausgewiesen. Das folgende Rechenbeispiel verdeutlicht diesen Sachverhalt.

Beispiel:

Unterstellt wird ein Jahresüberschuß der Organgesellschaft in Höhe von 200.000,00 DM und eine Verpflichtung zur Bildung gesetzlicher Gewinnrücklagen in Höhe von 10.000,00 DM.

Erträge der Periode t1	500.000,00 DM
- Aufwendungen der Periode t1	300.000,00 DM
= Jahresüberschuß vor Gewinnabführung	200.000,00 DM
- Gewinnabführung an Organträger	190.000,00 DM
= Jahresüberschuß nach Gewinnabführung	10.000,00 DM
- Einstellung in gesetzliche Gewinnrücklagen	10.000,00 DM
= Bilanzgewinn	0,00 DM

(2) **Einkommensermittlung bei der Organgesellschaft**

Das zuzurechnende Einkommen der Organgesellschaft ist nach den allgemeinen bilanzsteuerrechtlichen Vorschriften des EStG und KStG unter Beachtung der besonderen Vorschriften des § 15 KStG zu ermitteln. Da das Einkommen der Organgesellschaft und des Organträgers getrennt zu ermitteln und die allgemeinen einkommen- und körperschaftsteuerlichen Vorschriften zu beachten sind, greifen bei der Einkommensermittlung die Vorschriften über verdeckte Gewinnausschüttungen und verdeckte Einlagen, berücksichtigungsfähige Spenden usw. jeweils getrennt bei Organgesellschaft und Organträger. Vereinfacht läßt sich das vorstehende Beispiel damit wie folgt fortführen:

Beispiel:

Die der Ermittlung des Jahresüberschusses von 200.000,00 DM zugrunde liegenden Aufwendungen der Periode t1 beinhalten - unterstellt - nichtabziehbare Aufwendungen in Höhe von 20.000,00 DM, die bei der Einkommensermittlung wieder hinzugerechnet werden müssen. Damit ist für die Ermittlung des Einkommens der Organgesellschaft wie folgt zu verfahren:

Handelsbilanzgewinn	0,00 DM
+ Gewinnabführungsverpflichtung	200.000,00 DM
+ nichtabziehbare Aufwendungen	20.000,00 DM
= Einkommen der Organgesellschaft	220.000,00 DM
- dem Organträger zuzurechnendes Einkommen	220.000,00 DM
= von der Organgesellschaft zu versteuern	0,00 DM

Schematisch vereinfacht läßt sich die Ermittlung des dem Organträger zuzurechnenden Einkommens der Organgesellschaft damit in allgemeiner Form wie nachfolgend dargestellt zusammenfassen:

Abgeführter Gewinn der Organgesellschaft

+ zulässigerweise gebildete Gewinnrücklagen

+ Hinzurechnung außerhalb der Bilanz (z.B. nichtabziehbare Aufwendungen)

- Kürzungen außerhalb der Bilanz (z.B. steuerfreie Einnahmen)

= Zuzurechnendes Einkommen

Grundsätzlich ist das gesamte Einkommen der Organgesellschaft dem Organträger zuzurechnen. Das **Prinzip der Gesamtzurechnung** wird jedoch gemäß §§ 15, 16 KStG in vier Fällen **durchbrochen**:

- **Verlustabzug nach § 10d EStG**

  Bei der Ermittlung des Einkommens der Organgesellschaft kann gemäß § 15 Nr. 1 KStG ein Verlustabzug nach § 10d EStG nicht vorgenommen werden. Dies ist zweifellos folgerichtig, da während der Laufzeit eines Gewinnabführungsvertrages keine Verluste bei der Organgesellschaft entstehen können und verhindert werden soll, daß vorvertragliche Verluste der Organgesellschaft auf den Organträger verlagert werden.[398]

- **Internationales Schachtelprivileg**

    Gemäß § 15 Nr. 2 KStG kann das auf Doppelbesteuerungsabkommen basierende internationale Schachtelprivileg, nach dem Dividenden aus einer Beteiligung an einer ausländischen Tochterkapitalgesellschaft bei der Besteuerung des inländischen Anteilseigners unberücksichtigt bleiben, nur in Anspruch genommen werden, wenn der Organträger zu den nach einem DBA begünstigten Personen gehört. Dies ist i.d.R. nur dann der Fall, wenn der Organträger eine Kapitalgesellschaft ist. Soweit eine Personengesellschaft Organträger ist, kann das Schachtelprivileg nur insoweit in Anspruch genommen werden, als das zuzurechnende Einkommen der Organgesellschaft auf einen Gesellschafter entfällt, der die Rechtsform einer Kapitalgesellschaft aufweist.

- **Steuerbefreiung nach § 8b Abs. 1 und 2 KStG**

    § 15 Nr. 3 KStG[399] regelt, daß die Steuerfreistellung nach § 8b Abs. 1 und 2 KStG bei einer Organgesellschaft nur dann gewährt wird, wenn der Organträger eine nach § 8b begünstigte Körperschaft ist. Damit soll verhindert werden, daß Steuerpflichtige, die originär nicht zu den nach § 8b begünstigten Personenkreis gehören, über eine körperschaftsteuerliche Organschaft in den Genuß der Steuerfreistellung nach § 8b Abs. 1 und 2 KStG kommen.

- **Ausgleichszahlungen an Minderheitsaktionäre**

    Obwohl die Organgesellschaft durch einen Gewinnabführungsvertrag verpflichtet wird, ihren gesamten Gewinn an den Organträger abzuführen, haben Minderheitsaktionäre gemäß § 304 Abs. 1 S. 1 AktG einen Anspruch auf einen angemessenen Ausgleich (Ausgleichszahlungen in Form sog. „Garantiedividenden"). Gemäß § 16 KStG hat die Organgesellschaft die geleisteten Ausgleichszahlungen zuzüglich der darauf entfallenden Ausschüttungsbelastung (= 3/7) als eigenes Einkommen zu versteuern. Dies gilt auch dann, wenn die Verpflichtung, die Ausgleichszahlung zu leisten, vom Organträger übernommen wird. Daraus folgt in der Konsequenz, daß die von der Organgesellschaft selbst zu versteuernden Ausgleichszahlungen nicht in das ermittelte und dem Organträger zuzurechnende Einkommen einzubeziehen sind. Dadurch wird zum einen eine Doppelbesteuerung der Garantiedividenden verhindert, zum anderen sichergestellt, daß Minderheitsgesellschafter auch dann in den Genuß der

---

[398] In der Praxis werden deshalb Gewinnabführungsverträge i.d.R. erst nach vollzogenem Verlustabzug nach § 10d EStG geschlossen

[399] Abs. 3 wurde durch das Mißbrauchsbekämpfungs- und Steuerbereinigungsgesetz (StMBG) vom 21.12.1993, BStBl. II 1994, 50 neu in das KStG eingefügt

Körperschaftsteueranrechnung kommen, wenn als Organträger ein Einzelunternehmen oder eine Personengesellschaft fungiert.

Gemäß § 16 S. 1 KStG ist das Einkommen der Organgesellschaft dem Organträger für das Kalenderjahr zuzurechnen, für das die Organgesellschaft ihr Einkommen bezogen hat. Soweit der Organträger körperschaftsteuerpflichtig ist, sind die Gewinnzurechnungen in der Gliederung des verwendbaren Eigenkapitals des Organträgers wie eigene Vermögensmehrungen zu berücksichtigen, während die Gewinnabführungen in der Gliederung des verwendbaren Eigenkapitals der Organgesellschaft unberücksichtigt bleiben. Damit entfällt auch die Verpflichtung der Organgesellschaft, das verwendbare Eigenkapital im Zeitablauf fortzuschreiben (Ausnahmen z.B. bei Einlagen des Organträgers, Bildung von Gewinnrücklagen durch die Organgesellschaft).

Beispiel:

Organträger ist eine unbeschränkt körperschaftsteuerpflichtige AG, Organgesellschaft eine ebenfalls unbeschränkt steuerpflichtige GmbH. Bei beiden Gesellschaften stimmt das Wirtschaftsjahr mit dem Kalenderjahr überein. Unterstellt werden folgende vereinfachte Ausgangsdaten:

Ausgleichszahlung der Organgesellschaft gemäß § 16 KStG	21.000,00 DM
Gewinn der Organgesellschaft vor Abführung	100.000,00 DM
Gewinn des Organträgers vor Abführung durch die Organgesellschaft	300.000,00 DM
Nichtabziehbare Aufwendungen der Organgesellschaft	5.000,00 DM

Abgeführter Gewinn der Organgesellschaft:

Gewinn	100.000,00 DM
- geleistete Ausgleichszahlung	21.000,00 DM
- Körperschaftsteuer auf Ausgleichszahlung (= 3/7)	9.000,00 DM
= abgeführter Gewinn an Organträger	70.000,00 DM

Jahresüberschuß des Organträgers:

Gewinn des Organträgers vor Abführung durch die Organgesellschaft	300.000,00 DM
+ abgeführter Gewinn der Organgesellschaft	70.000,00 DM
= Jahresüberschuß des Organträgers	370.000,00 DM

Ermittlung des Einkommens der Organgesellschaft:

Abgeführter Gewinn	70.000,00 DM
+ geleistete Ausgleichszahlung	21.000,00 DM
+ Körperschaftsteuer hierauf	9.000,00 DM
+ nichtabziehbare Aufwendungen	5.000,00 DM
= Einkommen der Organgesellschaft	105.000,00 DM
- von der Organgesellschaft nach § 16 zu versteuern	30.000,00 DM
= dem Organträger zuzurechnendes Einkommen	75.000,00 DM

Das verwendbare Eigenkapital (EK 45) des Organträgers erhöht sich um insgesamt 370.000,00 DM, da die nichtabziehbaren Aufwendungen der Organgesellschaft auch auf der Ebene des Organträgers den Zugang zum verwendbaren Eigenkapital mindern. Bei der Organgesellschaft ändert sich das verwendbare Eigenkapital per Saldo nicht, da das verwendbare EK 45 zwar um das von der Organgesellschaft zu versteuernde Einkommen erhöht, jedoch gleichzeitig um die Ausgleichszahlung verringert wird:

Verwendbares Eigenkapital der Organgesellschaft:		*vEK 45*
Von der Organgesellschaft zu versteuerndes Einkommen	30.000,00 DM	
- darauf entfallende Körperschaftsteuer 45 %	13.500,00 DM	
= möglicher Zugang vEK 45		+ 16.500,00 DM
- Verringerung des vEK 45 durch Ausgleichszahlung um 55/70 (11/14) aus 21.000,00 DM		- 16.500,00 DM
= Veränderung des verwendbaren Eigenkapitals		0,00 DM

6.4 Vorteile der Organschaft

Die wesentlichen, mit dem Rechtsinstitut der körperschaftsteuerlichen Organschaft verbundenen Vorteile lassen sich plakativ vereinfacht wie folgt zusammenfassen:

(1) **Verlustausgleich innerhalb des Organkreises**

Eine Organschaft erlangt steuerlich nur dann Relevanz, wenn zwischen einer Organgesellschaft und dem Organträger ein Gewinnabführungsvertrag geschlossen wird, der zwingend die Verlustübernahme impliziert. Dadurch wird ein vollständiger Ausgleich von Verlusten einer Organgesellschaft durch Verrechnung mit Gewinnen des Organträgers ermöglicht, der nach dem ansonsten bei Kapitalgesellschaften zu beachtenden Trennungsprinzip nicht möglich wäre. Die der Organschaft zugrunde liegende Zurechnungskonzeption bewirkt insoweit eine weitgehende Gleichstellung der Kapitalgesellschaft mit Einzelunternehmen und Personengesellschaften.

(2) **Vermeidung von Zins- und Liquiditätsnachteilen**

Durch die Organschaft werden Zins- und Liquiditätsnachteile vermieden, da die Besteuerung steuerpflichtiger Einkünfte unmittelbar in der Periode erfolgt, in der die Gewinne erwirtschaftet wurden und dabei die persönlichen Verhältnisse von Anteilseignern berücksichtigt werden. Beim Anrechnungsverfahren ist demgegenüber zunächst eine 45 %ige Tarifbelastung gegeben, die erst im Zeitpunkt der Gewinnausschüttung an die Anteilseigner durch eine entsprechende Körperschaftsteuerminderung und Anrechnung der Ausschüttungsbelastung auf die Steuerschuld der Anteilseigner kompensiert wird.

(3) **Vermeidung steuerlicher Nachteile bei Ausschüttung ermäßigt besteuerter oder steuerfreier Einkommensteile**

Werden durch eine nicht organschaftlich verbundene Kapitalgesellschaft ermässigt besteuerte oder steuerfreie Einkommensteile an ihre Anteilseigner ausgeschüttet, gehen die Steuervorteile verloren, da die 30 %ige Ausschüttungsbelastung hergestellt werden muß und die Bruttobardividende beim Anteilseigner besteuert wird. Im Falle der Organschaft wird durch Zurechnung der Einkünfte auf den Organträger der steuerliche Nachholeffekt durch die Regelung des § 19 KStG verhindert. Soweit die entsprechenden Voraussetzungen erfüllt sind, werden die besonderen Tarifvorschriften, die einen Abzug von der Körperschaftsteuer vorsehen, auf den Organträger übertragen, d.h. die in solchen Fällen gegebenen Steuervorteile werden an den Organträger 'weitergereicht', so daß im Ergebnis auch hier eine weitgehende Gleichstellung mit Einzelunternehmen und Personengesellschaften bewirkt wird.

Die vorgenannten Vorteile der körperschaftsteuerlichen Organschaft greifen nicht, soweit es sich um eine sog. „**verunglückte Organschaft**" handelt. Eine solche liegt stets dann vor, wenn alle Beteiligten - einschl. des zuständigen Finanzamtes - von einem körperschaftsteuerrechtlich wirksamen Organschaftsverhältnis ausgingen, sich jedoch zu einem späteren Zeitpunkt herausstellt, daß die Voraussetzungen nach §§ 14 bis 17 KStG entweder von Beginn an nicht erfüllt waren oder nachträglich weggefallen sind.[400] Konsequenz aus einer solchermaßen zwar gewollten aber letztlich „verunglückten" Organschaft ist, daß das Einkommen der Organgesellschaft nicht dem Organträger zugerechnet werden kann, sondern vielmehr nach den allgemeinen einkommen- und körperschaftsteuerlichen Normen von der Organgesellschaft selbst zu versteuern ist. **Gewinnabführungen** der **Organgesellschaft** werden dabei als verdeckte Gewinnausschüttungen i.S.d. § 8 Abs. 3 KStG behan-

---

[400] z.B. Nichterfüllung der Eingliederungsvoraussetzungen und/oder Nichtdurchführung des Gewinnabführungsvertrages

delt, für die nach § 27 KStG die Ausschüttungsbelastung herzustellen ist. Daraus folgt, daß die Organschaft die Ausschüttungsbelastung von 9/16 der Barausschüttung herzustellen hat und eine entsprechende Körperschaftsteuererhöhung vorzunehmen ist, während beim Organträger ein Körperschaftsteuer-Anrechungsanspruch in Höhe von 9/16 der Barausschüttung begründet wird. An die Stelle der besonderen Vorteile einer körperschaftsteuerlichen Organschaft treten insoweit die allgemeinen, mit dem Anrechnungsverfahren verbundenen Vorteile.

Die Einstufung der Gewinnabführung der Organgesellschaft an den Organträger als verdeckte Gewinnausschüttung erfolgt dabei nach Auffassung von Rechtsprechung und Finanzverwaltung stets unabhängig davon, ob ein Erstattungsanspruch der Organgesellschaft gegenüber dem Organträger begründet wurde oder nicht, da Rückforderungsansprüche allenfalls eine erfolgsneutrale Einlage in die Kapitalgesellschaft zur Folge haben.[401]

Soweit im Zuge einer verunglückten Organschaft **Verluste** der Organgesellschaft durch den Organträger übernommen wurden, sind die übernommenen Verluste bei der Organgesellschaft als verdeckte Einlage einzustufen, die außerhalb der Bilanz zu einer Kürzung des Einkommens der Gesellschaft führen.[402] Die Behandlung übernommener Verluste beim Organträger wird demgegenüber kontrovers diskutiert; analog zur Einstufung bei der Organgesellschaft wird von einer verdeckten Einlage auszugehen sein, die mittelbar den Beteiligungsbuchwert erhöht und folglich beim Organträger zu aktivieren und damit erfolgsneutral zu behandeln ist.[403]

Soweit innerhalb der Fünfjahresfrist i.S.d. § 14 Nr. 4 KStG ein die Organschaft begründendes Tatbestandsmerkmal wegfällt, gilt der **Gewinnabführungsvertrag** von diesem Zeitpunkt an als tatsächlich nicht durchgeführt. In diesem Falle ist der Gewinnabführungsvertrag nach Abschn. 55 Abs. 9 Nr. 1 KStR von Anfang an als steuerrechtlich unwirksam anzusehen mit der Folge, daß bereits bestandskräftige Veranlagungen von Organgesellschaft und Organträger gemäß § 175 S. 1 Nr. 2 AO zu berichtigen sind. Entfällt ein Tatbestandsmerkmal hingegen erst nach Ablauf der Fünfjahresfrist, ist der Gewinnabführungsvertrag erst ab diesem Jahr als steuerrechtlich unwirksam anzusehen, sofern er bereits mindestens fünf aufeinanderfolgende Jahre durchgeführt wurde.[404] Um zu verhindern, daß Unternehmen in solchen Fällen ständig zwischen einer Organschaftsbesteuerung und einer 'normalen' Einkommen- oder Körperschaftbesteuerung variieren könne, sieht Abschn. 55 Abs. 9 Nr. 2 S. 2 KStR vor, daß die erneute Anerkennung einer körperschaftsteuerlichen

---

[401] vgl. z.B. BFH vom 26.4.1989, BStBl. II 1989, 668; BFH vom 29.4.1987, BStBl. II 1987, 733; BFH vom 13.9.1989, BStBl. II 1990, 24; BdF vom 26.8.1981, BStBl. I 1989, 599; A.A. z.B. Döllerer, der bei gesetzlich begründeten Rückforderungsansprüchen i.S.v. §§ 57, 58, 62 AktG oder §§ 30, 31 GmbHG das Vorliegen einer verdeckten Gewinnausschüttung verneint; vgl. Döllerer, DStR 1980, S. 395

[402] BFH vom 26.1.1977, BStBl. II 1977, 441

[403] a.A. BFH vom 16.5.1990, BStBl. II 1990, der die Verlustübernahme als betrieblich und nicht gesellschaftsrechtlich veranlaßt qualifiziert

[404] Abschn. 55 Abs. 9 Nr. 2 KStR

Organschaft in einer Folgeperiode voraussetzt, daß die Kriterien 'Mindestlaufzeit 5 Jahre' und 'tatsächliche ununterbrochene Durchführung des Gewinnabführungsvertrages' erneut erfüllt sind.

Literaturverzeichnis

Adler/Düring/Schmaltz, Rechnungslegung und Prüfung der Unternehmen, Kommentar zum HGB, AktG, GmbHG, PublG nach den Vorschriften des Bilanzrichtlinien-Gesetzes bearbeitet von K.-H. Forster, R. Goerdeler, J. Laufermann u.a., 5. Aufl. Stuttgart 1997, Stand 11/1992

Anrdt, H.W., Steuerliche Leistungsfähigkeit und Verfassungsrecht, in: Damrau, J. (Hrsg.), Festschrift für Otto Mühl, Stuttgart/Berlin/Köln/Bonn 1981, S. 17 ff.

Arndt, W.-W./Zierlinger, S., Steuerrecht, 2. Aufl. Heidelberg 1991

Bach, S., Die Perspektiven des Leistungsfähigkeitsprinzips im gegenwärtigen Steuerrecht, in: StuW 1991, S. 116 ff.

Baetge, J. (Hrsg.), Das neue Bilanzrecht - Ein Kompromiß divergierender Interessen?, Düsseldorf 1985

Ballwieser, W., Grundsätze der Aktivierung und Passivierung, in: BHdR, Abschn. B 130, München 1995

Ballwieser, W., Ist das Maßgeblichkeitsprinzip überholt?, in: BFuP 1990, S. 477 ff.

Bareis, P., Geiger, A., Höflacher, S., Überlegungen zur Körperschaftsteuerreform 1990, in: GmbHR 1988, S. 312 ff.

Bareis, P., Existenzminimum, Bemessungsgrundlage und Tarifstruktur bei der Einkommensteuer, in: FR 1991, S. 405 ff.

Bauch, G., Oestreicher, A., Handels- und Steuerbilanzen, 5. Aufl. Heidelberg 1993

Beisse, H., Die wirtschaftliche Betrachtungsweise bei der Auslegung der Steuergesetze in der neueren deutschen Rechtsprechung, in: StuW 1981, S. 1 ff.

Beisse, H., Grundsatzfragen in der Auslegung des neuen Bilanzrechts, in: BB 1990, S. 2007 ff.

Beiser, R., Nutzungseinlagen in Körperschaften, in: StuW 1991, S. 136 ff.

Biergans, E., Die einkommen- und körperschaftsteuerliche Behandlung der Einlagen von originären immateriellen Wirtschaftsgütern, Nutzungsrechten und Nutzungen, in: DStR 1989, S. 367 ff.

Biergans, E., Einkommensteuer, 6. Aufl. München 1992

Birk, D., Das Leistungsfähigkeitsprinzip als Maßstab der Steuernorm, Ein Beitrag zu den Grundlagen des Verhältnisses Steuerrecht und Verfassungsrecht, Köln 1983

Bitz, B., Grundstücksgeschäfte: Abgrenzung zwischen privater Vermögensverwaltung und gewerblichem Grundstückshandel nach der neueren Rechtsprechung und Verwaltungsauffassung, in: FR 1991, S. 438 ff.

Blümich, W., Einkommensteuergesetz, Körperschaftsteuergesetz, Gewerbesteuergesetz, Loseblatt-Kommentar, Ebeling, K. und Freericks, W. (Hrsg.), Stand 1996

Bordewin, A., Zur Maßgeblichkeit der Handelsbilanz für die steuerliche Gewinnermittlung, in: DStR 1988, S. 668 ff.

Bordewin, A., Rechtsprechung der Finanzgerichte zum Bilanzsteuerrecht 1990, in: NWB Fach 17 1991, S. 1147 ff.

Bossert, R., Manz, U.L., Externe Unternehmensrechnung. Grundlagen der Einzelrechnungslegung, Konzernrechnungslegung und internationalen Rechnungslegung, Heidelberg 1996

Buob, H., Der Zukunftstarif, in: DStZ 1993, S. 161 ff.

Castan, E., Heymann, G., Müller, E., Ordelheide, D., Scheffler, E. (Hrsg.), Beck'sches Handbuch der Rechnungslegung (BHdR), München 1995

Döllerer, G., Verdeckte Gewinnausschüttung und verdeckte Einlagen nach neuem Körperschaftsrecht, in: BB 1979, S. 57 ff.

Döllerer, G., Handelsbilanz und Steuerbilanz nach den Vorschriften des Bilanzrichtlinien-Gesetzes, in: BB 1987, Beilage 12, S. 1 ff.

Döllerer, G., Die Rechtsprechung des Bundesfinanzhofs zum Steuerrecht der Unternehmen, in: ZGR 1992, S. 587 ff.

Dötsch, E., Vereinfachung des körperschaftsteuerlichen Anrechnungsverfahrens, - Vergleich des sog. Steuerguthabenmodells mit dem Modell der vereinfachten Gliederungsrechnung -, in: DB 1987, S. 1858 ff.

Dötsch, E., Der Referentenentwurf des Körperschaftsteuer-Vereinfachungsgesetzes, in: DB 1988, S. 2426 ff.

Dötsch, E./Eversberg, H./Jost, W.F./Witt, G., Die Körperschaftsteuer. Kommentar zum Körperschaftsteuergesetz und zu den einkommensteuerlichen Vorschriften des Anrechnungsverfahrens, Stuttgart 1983 ff.

Dötsch, E., Gottstein, S., Steegmüller, H., Zehnthöfer, W., Körperschaftsteuer, 10. Aufl. Stuttgart 1991

Dötsch, E., Jost, W.F., Die Körperschaftsteuer-Richtlinien 1995, in: DB 1996, Beilage 4/96 zu Heft Nr. 8

Dötsch, E., Witt, G., Organschaft und Anrechnungsverfahren - Zur Abgrenzung der beiden Besteuerungssysteme bei Beginn und Beendigung der Organschaft -, in: DB 1996, S. 1592 ff.

Dziedkowski, D., Zur Dominanz der Steuerbilanz über die Handelsbilanz - Die Umkehrung des Maßgeblichkeitsprinzips durch das Steuerreformgesetz 1990, in: Wpg 1988, S. 409 ff.

Dziedkowski, D., Einkommensteuertarif, Grundfreibetrag und Existenzminimum der Familie, in: BB 1991, S. 805 ff.

Dziedkowski, D., 50 Jahre „demokratischer" Einkommensteuertarif in Deutschland, in: BB 1996, S. 1193 ff.

Eibelshäuser, M., Immaterielle Anlagewerte in der höchstrichterlichen Finanzrechtsprechung, Wiesbaden 1983

Elschen, R., Institutionale oder personale Besteuerung von Unternehmensgewinnen?, Hamburg 1989

Flaßkühler, A., Die Abgrenzung des Betriebs- und Privatvermögens in Handels- und Steuerbilanz des Einzelkaufmanns, Frankfurt am.M. 1982

Franz, C., Einkommensbegriffe in Steuer- und Sozialrecht, in: StuW 1988, S. 17 ff.

Freericks, W., Bilanzierungsfähigkeit und Bilanzierungspflicht in Handels- und Steuerbilanz, Köln 1976

Friauf, K.H., Substanzeingriff durch Steuer-Kumulation und Eingetumsgarantie, in: StuW 1977, S. 59 ff.

Friauf, K.H., Unser Steuerstaat als Rechtsstaat, in: StbJb, Köln 1977/78, S. 39 ff.

Friauf, K.H., Steuergleichheit, Systemgerechtigkeit und Dispositionssicherheit als Prämissen einer rechtsstaatlichen Einkommenbesteuerung - Zur verfassungsrechtlichen Problematik des § 2a EStG, in: StuW 1985, S. 308 ff.

Gebhardt, C., Die wirtschaftliche Gleichstellung von Mitunternehmern und wesentlich Beteiligten nach § 17 EStG, in: DStR 1989, S. 64 ff.

Geiger, K./Zeitler, F.-C., Körperschaftsteuerreform 1977 einschließlich der Auswirkungen auf die Einkommensteuer und das Umwandlungsteuerrecht, Frankfurt am Main 1976

Greif, M./Münzer, H./Krebs, H.J., Körperschaftsteuer. Eine systematische Darstellung des neuen Rechts, Stuttgart 1978

Groh, M., Zur Bilanztheorie des BFH, in: StbJb 1979/80, S. 121 ff.

Groh, M., Zur Struktur der betrieblichen Überschußrechnung. BFH-Urteil vom 17.4.1986 IV R 115/84 (FR 1986, 414), in: FR 1986, S. 393 ff.

Groh, M., Verbindlichkeitsrückstellung und Verlustrückstellung: Gemeinsamkeiten und Unterschiede, in: BB 1988, S. 27 ff.

Groh, M., Nutzungseinlage, Nutzungsentnahme und Nutzungsausschüttung (Teil I) - Zum Beschluß des Großen Senats vom 26.10.1987 GrS 2/86, DB 1988 S. 529 -, in: DB 1988, S. 514 ff.

Groh, M., Die wirtschaftliche Betrachtungsweise im rechtlichen Sinne, in: StuW 1989, S. 227 ff.

Gruber, T., Der Bilanzansatz in der neueren BFH-Rechtsprechung, Stuttgart 1991

Haase, K.D., Zur Körperschaftsteuerbelastung nichtabziehbarer Aufwendungen, in: BB 1981, S. 1063 ff.

Haller, A., Der Grundsatz der Maßgeblichkeit der Handels- für die Steuerbilanz, in: RIW 1992, S. 43 ff.

Handwörterbuch des Rechnungswesens (HWR), hrsg. von Kosiol, E., Chmielewicz, K., Schweitzer, M., 3. Aufl. Stuttgart 1993

Henscheid, M., Ökonomische Wirkungen der umgekehrten Maßgeblichkeit, in: BB 1992, S. 1243 ff.

Herb, F., Der Einkommensteuertarif 1990 auf dem Prüfstand - Eine Analyse der Tarifreform bei konstantem Geldwert, in: DB 1989, S. 62 ff.

Hermann, C./Heuer, G./Raupach, A. (Hrsg.), Einkommensteuer- und Körperschaftsteuergesetz, Kommentar, Köln 1950 ff.

Herzig, N., Das verwendbare Eigenkapital - eine zentrale Größe des körperschaftsteuerlichen Anrechnungsverfahrens, in: BFuP 1977, S. 325 ff.

Herzig, N., Verluste im körperschaftsteuerlichen Anrechnungsverfahren, in: StbJb 1982/83, S. 141 ff.

Herzig, N., Schuler, R.U., Die Vereinfachung der Gliederungsrechnung wird vertagt - Eine vertane Chance zur Steuervereinfachung, in: DB 1989, S. 495 ff.

Herzig, N., Söffing, A., Rechnungsabgrenzung und die Lehre vom Mindestzeitraum, in: BB 1993, S. 465 ff.

Herzog, R., Leitlinien und Entwicklungstendenzen der Rechtsprechung des Bundesverfassungsgerichts in Steuerfragen, in: StbJb 1985/86, S. 27 ff.

Hettlage, K.M., Wirtschaftsordnung und Steuerpolitik, in: StbJb 1965/66, S. 55 ff.

Heuermann, B., Anschaffungsnaher Aufwand - Überlegungen zur neuesten Rechtsprechung des BFH, in DB 1992, S. 600 ff.

Icking, J., Deutsches Einkommensteuerrecht zwischen Quellen- und Reinvermögenszugangstheorie, Wiesbaden 1993

Jacobs, O.H., Unternehmensbesteuerung und Rechtsform, München 1988

Jacobs, O.H. (Hrsg.), Internationale Unternehmensbesteuerung. Handbuch zur Besteuerung deutscher Unternehmen mit Auslandsbeziehungen, 2. Aufl. München 1991

Jacobs, O.H. (Hrsg.), Fälle mit Lösungen zur Rechnungslegung und Besteuerung, Band I: Einführende Aufgaben und Fallstudien, Band II. Weiterführende Aufgaben und Fallstudien, Herne/Berlin 1992

Kießling, H., Pelikan, H., Jäger, B., Körperschaftsteuer, 14. Aufl. Achim 1995

Kirchhof, P., Der verfassungsrechtliche Auftrag zur Besteuerung nach der finanziellen Leistungsfähigkeit, in: StuW 1985, S. 319 ff.

Klemm, G., Die verdeckte Gewinnausschüttung im Körperschaftsteuerrecht, in: DStR 1988, S. 484 ff.

Knobbe-Keuk, B., Bilanz- und Unternehmenssteuerrecht, 9. Aufl., Köln 1993

Knobbe-Keuk, B., Klein, F., Moxter, A. (Hrsg.), Handels- und Steuerrecht. Festschrift für Georg Döllerer, Düsseldorf 1988

Kraft, C., Steuergerechtigkeit und Gewinnermittlung - Eine vergleichende Analyse des deutschen und US-amerikanischen Steuerrechts, Wiesbaden 1991

Kruse, H.W., Über die Gleichmäßigkeit der Besteuerung, in: StuW 1990, S. 322

Küting, K., Auswirkungen der umgekehrten Maßgeblichkeit auf die handelsrechtliche Rechnungslegung, in: BFuP 1989, S. 109 ff.

Lang, L., Reform der Unternehmensbesteuerung, in: StuW 1989, S. 3 ff.

Lange, J., Die Körperschaftsteuer - Gesamtdarstellung, in: NWB Fach 41992, S. 3771 ff.

Lause, B., Sievers, H., Maßgeblichkeitsprinzip und Steuerreform 1990, in: BB 1990, S. 24 ff.

Laux, H., Die Einkommensteuertarife 1996, 1997 und 1999, in: BB 1996, S. 567 ff.

Leichmann, M., Das Teilwertkonzept und das Bilanzieren von Änderungen zwischen Entscheidungszeitpunkt und Bilanzstichtag, in: DB 1990, S. 2481 ff.

Leiner, W., Von der Leistung zur Leistungsfähigkeit - die soziale Nivellierung. - Ein Beitrag wider das Leistungsfähigkeitsprinzip -, in: StuW 1983, S. 97

Leingärtner, W., Die Dreiteilung der Wirtschaftsgüter in notwendiges Betriebsvermögen, gewillkürtes Betriebsvermögen, notwendiges Privatvermögen und ihre Folgen. Anmerkungen zum BFH-Urteil v. 4.11.1982 IV R 159/79, in: FR 1983 S. 214 ff.

Lüders, J., Der Zeitpunkt der Gewinnrealisierung in Handels- und Steuerbilanzrecht, Köln 1987

Mathiak, W., Rechtsprechung zum Bilanzsteuerrecht, in: DStR 1992, S. 449 ff.

Meincke, J.P., Die sog. umgekehrte Maßgeblichkeit der Handelsbilanz für die Steuerbilanz aus rechtswissenschaftlicher Sicht, in: StuW 1990, S. 15 ff.

Mellwig, W., Erfolgsteuerliche Aktivierungsprobleme bei Mobilien-Leasingverträgen, in: BB 1981, S. 1808 ff.

Mellwig, W., Bilanzrechtsprechung und Betriebswirtschaftslehre. Zu einigen Grundlagen der steuerlichen Bilanzrechtsprechung und ihrer betriebswirtschaftlichen Kritik, in: BB 1983, S. 1613 ff.

Meyer-Scharenberg, D.E., Zweifelsfragen bei der Bilanzierung transitorischer Rechnungsabgrenzungsposten, in: DStR 1991, S. 754 ff.

Moxter, A., Betriebswirtschaftliche Gewinnermittlung, Tübingen 1982

Moxter, A., Wirtschaftliche Gewinnermittlung und Bilanzsteuerrecht, in: StuW 1983, S. 300 ff.

Moxter, A., Bilanzlehre, Band I: Einführung in die Bilanztheorie, 3. Aufl. Wiesbaden 1984

Moxter, A., Bilanzlehre, Band II: Einführung in das neue Bilanzrecht, 3. Aufl. Wiesbaden 1986

Moxter, A., Bilanzierung nach der Rechtsprechung des Bundesfinanzhofs, Tübingen 1982

Moxter, A., Rückstellungen für ungewisse Verbindlichkeiten und Höchstwertprinzip, in: BB 1989, S. 945 ff.

Moxter, A., Die wirtschaftliche Betrachtungsweise im Bilanzrecht, in: StuW 1989, S. 232 ff.

Moxter, A., Bilanzrechtsprechung, Tübingen 1985

Müller-Dott, J.P., Zur Maßgeblichkeit von Handels- und Steuerbilanz bei der Wertaufholung, in: BB 1990, S. 2075 ff.

Neumark, F., Grundzüge gerechter und ökonomisch rationaler Steuerpolitik, Tübingen 1990

Pausch, W., Gegenüberstellung der Bewertungsvorschriften des Handels- und Steuerrechts, in: SteuerStud 1989, S. 126 ff.

Pezzer, H.-J., Die verdeckte Gewinnausschüttung im Körperschaftsteuerrecht. Erfassung, Voraussetzungen, Rechtsfolgen, Rückgängigmachungen, Köln 1986

Pohmer, D., Einige Anmerkungen zu Inhal und Bedeutung des Leistungsfähigkeitsprinzips, in: FA 1988, S. 135 ff.

Raupach, A., Die Systematik der Grundvorschriften des körperschaftsteuerlichen Anrechnungsverfahrens, in: FR 1978, S. 570 ff.

Rendels, H.J., Die Änderungen des Steuerrechts durch das Zinsabschlagsgesetz, in: DStR 1992, S. 1037 ff.

Rose, G., Die Steuerbelastung der Unternehmung. Grundzüge der Teilsteuerrechnung, Wiesbaden 1973

Rose, G., Grundzüge des Internationales Steuerrechts, 2. Aufl. Wiesbaden 1992

Rose, G., Konsumorientierte Neuordnung des Steuersystems - Bericht über den Heidelberger Konsumsteuerkongreß, in: StuW 1990, S. 88 ff.

Rose, G., Betrieb und Steuer. Grundlagen zur Betriebswirtschaftlichen Steuerlehre, Erstes Buch: Die Ertragsteuern, 12. Aufl. Wiesbaden 1992

Sarrazin, T., Mit Mut ist eine gute Steuerreform möglich, in: FAZ Nr. 185, S. 13

Sarrazin, V., Umgekehrte Maßgeblichkeit bei ausschließlich steuerlichem Bilanzierungswahlrecht, in: DB 1992, S. 489 ff.

Sarrazin, V., Änderungen des Einkommensteuergesetzes durch das Steueränderungsgesetz 1992 im Bereich der Unternehmensbesteuerung, in: NWB Fach 3b 1992, S. 3959

Scheffler, W., Leasing im Vergleich zum (Kredit-)Kauf - Ein EDV-gestützter Wirtschaftlichkeitsvergleich, Gelsenkirchen 1984

Scheffler, W., Besteuerung von Unternehmen. Band I: Ertrag-, Substanz- und Verkehrssteuern, Heidelberg 1992

Schildbach, T., Überlegungen zur Zukunft des Verhältnisses von Handels- und Steuerbilanz, in: BFuP 1989, S. 123 ff.

Schildbach, T., Niedriger Zeitwert versus Teilwert und das Verhältnis von Handels- und Steuerbilanz, in: StbJb 1990/91, S. 31 ff.

Schalembach, E., Dynamische Bilanz, 3. Aufl. Köln/Opladen 1962

Schmidt, K., Die Besteuerung nach der Leistungsfähigkeit. Reflexionen über ein altes Thema, in: JbFSt 1995/96, Deutsches Anwaltsinstitut (Hrsg.), S. 31 ff.

Schmidt, Einkommensteuergesetz, Kommentar, 12. Aufl. München 1993

Schmidt-Liebig, A., Das verfassungsrechtlich geschützte, das sozialrechtlich gewährte und das einkommensteuerlich zu beachtende Existenzminimum - Ein Diskussionsbeitrag -, in: BB 1992, S. 107 ff.

Schneeloch, D., Bilanzrichtlinien-Gesetz und Besteuerung, in: Wpg 1985, S. 585 ff.

Schneeloch, D., Herstellungskosten in Handels- und Steuerbilanz, in: DB 1989, S. 285 ff.

Schneeloch, D., Die Grundsätze der Maßgeblichkeit, in: DStR 1990, S. 51 ff.

Schneider, D., Steuerbilanzen, Rechnungslegung als Messung steuerlicher Leistungsfähigkeit, Wiesbaden 1978

Schneider, D., Grundzüge der Unternehmensbesteuerung, 5. Aufl. Wiesbaden 1990

Schulze-Osterloh, J., Handelsbilanz und steuerrechtliche Gewinnermittlung, in: StuW 1991, S. 2854 ff.

Soffing, G., Der Stetigkeitsgrundsatz aus steuerrechtlicher Sicht, in: DB 1987, S. 2598 ff.

Söffing, G., Offene Fragen beim umgekehrten Maßgeblichkeitsgrundsatz, Teile 1 und 2, in: DB 1988, S. 241 ff und 297 ff.

Speich, G., Die Maßgeblichkeit der Handels- für die Steuerbilanz, in: NWB Fach 17 1989, S. 1207 ff.

Speich, G., Liebhaberei im Steuerrecht, in: NWB Fach 3, 1993, S. 8481 ff.

Stobbe, T., Die Ausübung „steuerrechtlicher Wahlrechte" nach § 5 Abs. 1 Satz 2 EStG, in: StuW 1991, S. 17 ff.

Tipke, K., Steuergerechtigkeit in Theorie und Praxis, Köln 1982

Tipke, K., Einkommensteuerliches Existenzminimum auch für Reiche?, in: FR 1990, S. 349 ff.

Tipke, K., Steuerlegislative unter Verfassungsdruck, in: StuW 1993, S. 8 ff.

Tipke, K., Die Steuerrechtsordnung, Band I, Wissenschaftsorganisatorische, systematische und grundrechtlich-rechtsstaatliche Grundlagen, Band II, Steuerrechtfertigungstheorie, Anwendung auf alle Steuerarten, sachgerechtes Steuersystem, Band III, Förderative Steuerverteilung, Rechtsanwendung und Rechtsschutz, Gestalter der Steuerrechtsordnung, Köln 1993

Veit, K.-R., Die Funktion von Bilanzierungshilfen, in: DB 1992, S. 101 ff.

Wagner, F.W., Zum 'Schatteneffekt' der Vermögensteuer bei Kapitalgesellschaften, in: FR 1978, S. 480 ff.

Wallis, H.v., Die wirtschaftliche Betrachtungsweise im Steuerrecht, in: Spitaler, A. (Hrsg.), Probleme des Finaz- und Steuerrechts, Festschrift für Ottmar Bühler, Köln 1954, S. 249 ff.

Wallis, H.v., Der Bundesfinanzhof zum Bilanzsteuerrecht im Jahre 1982, in: DStZ 1983, S. 287 ff.

Wassermeyer, F., 20 Jahre BFH-Rechtsprechung zu Grundsatzfragen der verdeckten Gewinnausschüttung, in: FR 1989, S. 218 ff.

Wassermeyer, F., Zur neuen Definition der verdeckten Gewinnausschüttung, in: GmbHR 1989, S. 298 ff.

Weirich, K., Neue Formeln für die Eigenkapitalaufteilung ab 1990 bei einer Tarifbelastung von mehr als 36%, in: DB 1989, S. 454

Wendt, R., Steuerreform durch Tarifbegrenzung für gewerbliche Einkünfte als Rechtsproblem. Sicherung des Wirtschaftsstandortes Deutschland durch Senkung des Spitzensteuersatzes ausschließlich für gewerbliche Einkünfte?, in: FR 1993, S. 1 ff.

Wittstock, W., Klein, H.-D., Zur Tragweite der umgekehrten Maßgeblichkeit nach neuem Recht, in: Wpg 1987, S. 385 ff.

Woerner, L., Grundsatzfragen zur Bilanzierung schwebender Geschäfte, in: FR 1984, S. 489 ff.

Zeitler, F.-C./Krebs, H.-J., „Europatauglisches" Anrechnungsverfahren im Standortsicherungsgesetz. Anrechnung „ausländischer Körperschaftsteuer" bei Weiterausschüttung von Auslandserträgen, in: DB 1993, S. 1051 ff.

Zuber, B., Anknüpfungsmerkmale und Reichweite der internationalen Besteuerung, Hamburg 1991

Stichwortverzeichnis

A

Abflußprinzip 6
Abschnittbesteuerung 61, 262
Abschreibung
   außerplanmäßige ....16 ff., 237, 239, 240, 244 ff
   degressive ....230 ff., 237
   erhöhte ....225, 226, 244, 248, 249 ff.
   in fallenden Staffelsätzen ....232 f.
   lineare 228, 229, 237
   planmäßige ....226 f., 237, 244, 249
   Sofort- ....235 f.
   Sonder- ....20, 209, 217, 225, 226, 244, 248, 249 ff.
   Teilwert- ....212, 214, 226, 236, 237 ff., 244 ff.
Abschreibungsmethoden ....226 ff.
   zeitbezogene ....228 ff.
   leistungsbezogene ....233 ff.
Abschreibungsplan 227
Absetzung
   für Abnutzung ....225, 226 ff., 244, 249
   für außergewöhnliche technische und wirtschaftliche Abnutzung 225, 226,
   ....236 ff., 244
   für Substanzverringerung ....225, 226 ff., 233, 244
Abziehbare Aufwendungen ....303 ff.
Abzugsverfahren 275
Afa-Tabelle 228
Aktives Wirtschaftsgut ....127 ff., 215 ff., 225 ff.
Aktivierungs-
   pflicht ....137 ff., 156
   verbot ....137 ff., 140
   wahlrecht ....38 f., 156, 166
Anlagevermögen ....134, 175, 208 ff., 216 ff.
   handelsrechtliche Bewertung ....175, 216 ff.
   steuerrechtliche Bewertung ....25 ff., 245 ff.
Anrechnungsverfahren ....279 ff., 316 ff., 342
Anschaffungs-
   nebenkosten ....175 f., 177 ff.
   preis 75
   preisminderung ....175, 178 f.
   wertprinzip ....21 f., 216
Anschaffungskosten ....138, 175, 176 ff., 203, 208 ff., 245, 246

Stichwortverzeichnis

Begriff 176
Ermittlung ....176 ff.
fiktive 180
handelsrechtliche 176
nachträgliche ....177 ff., 234
steuerrechtliche 76
vorweggenommene ....177 f.
Ansparabschreibung ....248, 256 ff.
Ansparrücklage ....256 ff.
Anstoßtarif 165
Anzahlungen ....154 f.
   erhaltene 57
   geleistete ....154 f.
Äquivalenzprinzip 5, 6
Aufbewahrungspflicht 27
Aufgabegewinn ....0 ff.
Aufsichtsratsvergütung 308
Aufwandseinlage 104
Aufwandsrückstellung ....146, 150 f.
Aufwandsverteilungsthese 227
Aufwendungen
   abziehbare ....303 ff.
   der privaten Lebensführung ....100 f.
   gemischte ....100 f.
   nichtabziehbare ....305 ff., 335 ff.
Ausschüttungsbelastung ....312 ff., 317, 321 ff.
Außenprüfung ....34, 35 ff.

B

Bagatellsteuern 8
Barwert ....121, 202 f., 215, 245
Bauzeitzinsen 178
Beherrschungsvertrag 349
Beiträge 6
Beitragstheorie ....76 f.
Beizulegender Wert ....16 ff., 239, 240 ff., 245
Bemessungsgrundlage
   Einkommensteuer ....56 f.
   Körperschaftsteuer ....11 f.
Besteuerung
   Gleichmäßigkeit der ....15, 17 ff., 21, 26, 39, 107, 175, 271
   nach der Leistungsfähigkeit ....5 ff., 46, 62, 107, 175, 206, 226,
   ....263, 265, 271, 274

Rechtssicherheit der	15, 18
Tatbestandsbestimmtheit der	17 f.
Tatbestandsmäßigkeit der	5, 17
Besteuerungsprinzipien	14 ff.
Besteuerungsverfahren	
Erhebungsverfahren	265 ff., 314 f.
Ermittlungsverfahren	26 ff.
Festsetzungsverfahren	26 ff.
Veranlagungsverfahren	26 ff., 265 ff., 314 f.
Besteuerungsziele	14 ff., 19 ff., 247 f.
fiskalische	14, 19 f.
außerfiskalische	19 f., 46, 226, 247, 287
Beteilungsentwertungskonto	140
Betriebsaufspaltung	349 f.
Betriebsausgaben	96 ff., 291
Abgrenzungsgrundsätze	100 f.
Begriff	99
beschränkt abziehbare	101 ff.
nichtabziehbare	101 ff., 291, 305 ff., 335 ff.
Betriebseinnahmen	6 ff.
Begriff	97 f.
steuerfreie	99
Betriebsprüfung	38 ff.
Allgemein	38 ff.
Ergebnisse	42 f.
Größenklassen	39 f.
Kontrollmaterial	44 f.
Prüfungsbericht	44
Schwerpunkte	41 f.
Betriebsvergleich	42
Betriebsvermögen	88, 125, 157 ff., 165 ff., 175, 291
Abgrenzung	157 ff.
gewillkürtes	158 f., 161 f.
notwendiges	158 ff.
Betriebsvermögensvergleich	85, 97, 106, 157 f., 174 f., 238, 251, 256
nach § 4 Abs. 1 EStG	85, 87 ff., 157
nach § 5 EStG	85, 89 ff., 174 f., 238
Bewertung	171 ff.
handelsrechtlich	215 ff., 222 ff.
steuerrechtlich	28, 225 ff., 245 ff., 259 ff.
Bewertungsabschlag	217, 248, 249 ff.
Bewertungsausgleich	114, 206
Bewertungsfreiheiten	172, 174, 247 ff.
Bewertungsmaßstäbe	172, 175 ff.

Bewertungsstetigkeit 116
Bewertungsvereinfachungsverfahren .... 194 ff.
Bewertungsvorbehalt .... 107 f., 186, 228
Bilanz 29, 136
Bilanzbündeltheorie .... 76 ff.
Bilanzzusammenhang .... 116 ff.
Bilanzierungs-.
   fähigkeit .... 125 f.
   hilfen 140, 150
   hilfen sui generis 140
   konzeption .... 125 ff.
   pflicht .... 137 ff., 146, 148, 150
   verbot .... 137 ff., 148 f., 150
   wahlrechte 146, 148, 172, 174
Bilanzidentität 116
Bilanzklarheit 115
Bilanzkontinuität .... 115 ff.
Bilanzsteuerrecht .... 22, 90 f., 107 f.
Bilanzwahrheit 113
Börsen- oder Marktpreis 213, 245
Boni 179
Bruttobardividende 316, 317, 318, 322, 334, 358
Buchführungspflicht .... 26, 93 f.
   derivative 93
   originäre .... 93 f.
Buchwertprivileg 261
Bundesfinanzhofentscheidungen .... 13 f.

D

Diferenzmethode 207
Disagio 156, 171, 201
Doppelbelastung 271, 279, 281, 342
Doppelbesteuerungsabkommen .... 11, 12 f., 270, 355
Drohverlustrückstellung .... 120, 146, 148 ff.
Durchschnittsbewertung 195
Durchschnittsatzrechnung .... 94 f.

E

Eigenkapital .... 323 ff.
   bestandteile .... 324 ff.
   gliederung .... 326 ff.
   -Mehrungen 327
   übriges... .... 324 ff.

verwendbares... ...323 ff.
-Verwendungsfiktion ...331 f.
Eigentum, wirtschaftliches ...22, 168, 170
Eingliederung ...341, 345 ff.
   aktienrechtliche ...349
   finanzielle ...345 ff.
   wirtschaftliche ...347 ff.
   organisatorische ...349 f.
Eingliederungsvoraussetzungen ...345 ff.
Einheitsbilanz ...109
Einheitsprinzip ...278
Einkommen
   Begriff ...16, 47 f., 54 f., 96
   zu versteuerndes ...46 f., 54 f., 56 f., 62, 289, 290, 292, 311
Einkommensteuer-
   aufkommen ...8 f.
   belastung ...1 ff.
   erhebung ...275 f.
   erklärung ...29
   gesetz, Aufbau ...49 f.
   pflicht, persönliche ...51 ff.
   pflicht, sachliche ...54 ff.
   tarif ...1, 46, 265 ff.
   tarifgestaltung ...265 ff.
   veranlagung ...265 ff.
Einkünfte aus Gewerbebetrieb ...55, 56, 59, 62, 65 ff., 75, 77 ff., 82, 106,
...165 ff., 290, 293, 304, 309, 311, 321
Einkünfte
   außerordentliche ...274
   aus Kapitalvermögen ...55, 59, 278, 318
   aus Land- und Forstwirtschaft ...55, 59, 63 f.
   aus nichtselbständiger Arbeit ...55, 59
   aus Vermietung und Verpachtung ...55, 59 f., 62
   Gesamtbetrag der ...55, 288, 289, 311
   gewerbliche ...1, 64, 271 ff.
   Summe der ...56, 272, 288, 289, 311
   Sonstige ...60
Einkunfts-
   arten ...58 ff.
   ermittlung ...56 ff.
   erzielungsabsicht ...55
Einkunftsarten
   Gewinn- ...59, 60 ff., 63
   Haupt- ...59 f.

Neben- ....59 f.
Überschuß- ....59 ff.
Einlagen ....87, 88, 103 ff., 204 f., 259 ff., 291, 293 ff.
    offene ....293 f.
    verdeckte ....294 ff., 359
Einmutter-Organschaft 344
Einnahmen, steuerfreie ....99, 101 ff.
Einzelbewertung ....114, 131 ff., 175, 195, 206, 214
Einzelveräusserungspreis 210
Entnahmen ....87, 88, 103 ff., 204 f., 291
Entschädigung 237, 255, 274
Erfüllungsbetrag ....175, 201 f., 215, 245 f.
Ergänzungsbilanz ....74, 166 f., 256
Erhaltungsaufwand 193
Erhebungsverfahren ....265 ff., 314 f.
Ermittlungsverfahren ....26 ff.
Ersatzwirtschaftsgut ....251 ff., 254 ff.
Ertragsteuern 1, 7

F

Fehlertransportfunkton 117
Fehlmaßnahme ....211 f.
Festbewertung ....114, 195 f.
Festsetzungsverfahren 30
Fifo-Verfahren ....195, 197 f.
Finanzanlagen 133. 139, 243
Finanzierungskosten ....178, 190 f.
Finanz-Wirtschaftsgüter 133, 139
Firmenwert ....129, 131, 132, 137 f., 165 f., 206, 214
    derivativer 138
    originärer 138
Fremderhaltsregel 302
Fremdkapital-Freibereiche ....301 f.

G

Gebühren 6
Gemeinkosten ....180, 189 f., 192 f., 213
Gemischt genutztes Wirtschaftsgut ....159 f.
Geprägerechtsprechung 68
Geringwertiges Wirtschaftsgut ....235 f., 249
Geschäftswert ....(siehe Firmenwert)
Gesellschafter-Fremdfinanzierung ....300 ff.
Gesellschaft-Gesellschafter-Beziehungen ....291 f., 293 ff.

Gewährleistungsrückstellung ....143 f.
Gewerbebetrieb ....64, 65 ff.
   Ausprägungen ....67 f.
   Begriff 65
   Merkmale ....65 ff.
Gewerbetreibende 92
Gewerbliche Einkünfte ....1, 271 ff.
Gewinnabführungsvertrag ....341, 350 ff., 357, 359
Gewinnausschüttung
   offene ....296 f., 333
   verdeckte ....291, 296 ff., 333
Gewinneinkunftsarten ....60 ff.
Gewinnermittlung ....1, 4, 79 ff., 84 ff., 106 ff.
Gewinnermittlungsmethoden ....84 ff., 95 f.
Gewinnermittlungsstufen ....73 ff.
Gewinnerzielungsabsicht ....65 f.
Gnadensplitting 269
Grundsatz der
   Bilanzklarheit 115
   Bilanzkontinuität ....115 ff.
   Bilanzwahrheit 113
   Einzelbewertung ....113 ff., 175, 206
   Periodenabgrenzung 119
   Stichtagbezogenheit ....122 ff.
   Unternehmensfortführung 124
   Vollständigkeit 113
   Vorsicht 118, 138, 149, 200, 203, 205, 216
   Wesentlichkeit ....124 f.
Grundsätze ordnungsmäßiger Buchführung ....112 ff.
   Begriff 112
   Ermittlung 112
   Quellen 112
Gruppenbewertung ....115, 195 f.

H

Handelsspanne 200
Haupteinkunftsarten ....59 f.
Herstellungsaufwand 193
Herstellungskosten ....175, 184 ff., 203, 208 ff.
   Begriff ....184 ff.
   Ermittlung ....189 ff., 194 ff.
   handelsrechtliche ....186 ff.
   nachträgliche ....184 f.

steuerrechtliche ....186 ff.
Hifo-Verfahren 195, 200
Höchstwertprinzip 120, 245

I

Immaterielle Anlagen ....218 f.
Immaterielles Wirtschaftsgut ....131 d., 138, 154 f.
Imparitätsprinzip ....120 f., 194, 203, 205, 216
Infektionstheorie 68
Informationsfunktion ....109 ff.
Ingangsetzungskosten 140
Instandhaltungsrückstellung 150
Investitionszulage 309
Investitionszuschuß ....179 f.

J

Jahresabschluß
    Aufgaben und Ziele ....109 ff.
Jahresfehlbetrag 351

K

Kapitalertragsteuer 276, 277, 287, 307, 316
Katalogberufe 83
Körperschaftsteuer ....278 ff.
    Anrechnungs- 339
    Definitiv- 339
    Interims- ....229 f.
Körperschaftsteuer-Anrechnungsverfahren ....279 ff., 316 ff.
Körperschaftsteuerbefreiungen ....287 f.
Körperschaftsteuererhebung ....314 f.
Körperschaftsteuererhöhung ....313, 321 ff., 332, 334 f.
Körperschaftsteuerminderung ....313, 320, 321 ff., 332, 334
Körperschaftsteuerpflicht ....283 ff.
    persönliche ....283 ff.
    sachliche ....288 ff.
Körperschaftsteuer-Systeme ....279 f.
Körperschaftsteuertarif ....312 ff.
Körperschaftsteuer-Veranlagung ....314 f.
Körperschaftsteuerliche Veranlagung ....314 f.
Körperschaftsteuerliche Organschaft ....(s. Organschaft)
Kontrollmitteilungen 38
Kostenwerte ....(s. Anschaffungs- und Herstellungkosten)
Kulanzrückstellung 143

L

Latente Steuern	140
Layer	199
Leasing	22, 156, 157, 168 ff.
Teilamortisation	169 f.
Vollamortisation	169 ff.
Spezialleasing	169
Leistungsfähigkeitsprinzip	15 ff., 62, 175, 206, 226, 263, 265, 271, 274
horizontal	16
vertikal	16
Liebhaberei	55
Lifo-Verfahren	195, 198 f.
Linearer Tarif	265
Lofo-Verfahren	195, 200
Lohnsteuer	275

M

Maßgeblichkeitsgrundsatz	4, 89, 92, 107 ff., 147, 174, 204, 217, 222, 237
Ausprägungen	107 ff.
Umkehrmaßgeblichkeit	4, 108 f., 110, 172, 174, 217, 218 ff., 222
Mehrmütter-Organschaft	344 f.
Mehr-oder-Weniger-Rechnung	29, 166 f.
Mitunternehmer	69 f., 76
Mitunternehmerinitiative	70 ff.
Mitunternehmerrisiko	70 ff.
Mitunternehmerschaft	69 ff., 79 ff., 92, 1^50, 163 ff., 264
Begriff	70
faktische	70 f.
Merkmale	70 ff.
Qualifikation	72 f.
Mitwirkungsgrundsatz	26
Mitwirkungspflichten	26 ff.
Multiplikatoren	334

N

Nebeneinkunftsarten	59 f.
Nettoprinzip	55, 61, 101, 309
Nichtabziehbare Aufwendungen	305 ff.
Nichtabziehbare Steuern	307
Niederstwertprinzip	120 f., 199, 204, 216, 218 ff., 222 ff., 238, 243, 245, 246
Nominalwertprinzip	122, 216
Nutzungseinlage	260
Nutzungsentnahme	259

O

Objektsteuern ...7
Organgesellschaft ...342, 343 ff., 351 f.
Organkreis ...342
Organträger ...342, 343 ff.
Organschaft ...341 ff.
   Begriff ...341 f.
   Eingliederung ...345 ff.
   Einmutter- ...344
   gewerbliche ...342 f.
   Konzeption ...341 ff.
   Mehrmütter- ...344 f.
   umsatzsteuerliche ...342 f.
   verunglückte... ...358 ff.
   Voraussetzungen ...341, 343 ff.
   Vorteile ...342, 357 f.
   Zwecke ...342

P

Passives Wirtschaftsgut ...134 f., 141 ff.
Passivierungs-
   fähigkeit ...141 ff., 150
   pflicht ...146, 148 f., 150 f., 157
   verbot ...146, 150 f.
   wahlrecht ...146, 148, 150 f.
Pensionsrückstellungen ...121, 147
Periodenabgrenzung
   sachlich ...119
   zeitlich ...119
Privatvermögen ...157 ff., 163
Progressionsvorbehalt ...269, 270 f.

Q

Quellentheorie ...47, 54, 61

R

Rabatt ...179
Realisationsprinzip ...114, 118 f., 201, 202, 246, 247
Realisationszeitpunkt ...48, 118 f., 181 ff.
Rechnungsabgrenzung ...152
   antizipative ...152
   transitorische ...152, 153

Rechnungsabgrenzungsposten ....152 ff., 201 f.
    aktiver ....152 ff.
    passiver ....156 ff.
Reinvermögenszugangstheorie 47, 54, 60, 96
Reinvermögenszuwachstheorie ....47 f.
Rentenverpflichtungen ....121, 147, 202 f.
Reproduktionskosten ....(s. Wiederherstellungskosten)
Retrograde Ermittlung ....195, 200 f.
Richtsatzsammlung 42
Richtsatzschätzung 95
Rücklage für Ersatzbeschaffung ....254 ff.
Rückstellungen ....141 ff.
    Arten ....146 ff.
    Aufwands- ....146, 150 f.
    Bilanzierung der ....141 ff.
    für drohende Verluste aus schwebenden Geschäften ....120, 146, 148 ff.
    für Gewährleistungen ....141 ff.
    für ungewisse Verbindlichkeiten ....141 ff., 147 f.
    Instandhaltungs- 146
    Schuld- ....141 ff.
Rückzahlungsbetrag ....(s. Erfüllungsbetrag)

S

Sachleistungsverpflichtung 201
Sammelbewertungsverfahren ....197 ff.
Sanierungsgewinn 308, 312
Schachtelprivileg 355
Schätzung 85, 95
Schattenwirkung ....337 ff.
Scheingeschäft 24
Schulden ....121, 126, 141 ff., 175, 201, 214 f., 245 f.
    rechtlich begründet ....141 ff.
    wirtschaftlich begründet ....142 ff.
    ungewisse ....141 ff., 245
Schuldrückstellungen 120
Selbstanzeige 44
Sicherheitsübereignung 23
Skonto 179, 212
Sofortabschreibung ....235 f., 249
Software ....131 f.
Solidaritätszuschlag 277, 314
Sonderabgaben 6
Sonderabschreibung ....20, 209, 217, 225, 248, 249 ff.

Sonderausgaben 57
Sonderbetrieb ....72 ff., 76
Sonderbetriebsausgaben 97
Sonderbetriebseinnahmen 97
Sonderbetriebsvermögen ....72, 164 ff., 256, 344
Sonderbilanz ....(s. Ergänzungsbilanz)
Sonderposten mit Rücklagenanteil 245, 253, 255
Sondervergütung ....73, 79 f.
Sonderverlustkonto 140
Spekulationsgeschäfte 60
Spenden 304
Splittingverfahren 269
Steuerarten ....6 ff.
Steueraufkommen ....8 ff., 10
Steueraufsicht 34
Steuerbegriff ....5 ff.
Steuerbescheid 29, 30
Steuerbilanz ....4, 29, 73 ff., 106 ff., 165 ff., 171, 290 f., 314
  derivative ....89, 92, 106 ff., 165 ff., 290 f., 314
  originäre 88
  Ziele der... ....109 ff.
Steuererhöhungsrechnung 334
Steuerfreie Einnahmen ....291, 308 f., 312
Steuerfreie Rücklage ....209, 217, 248, 251 ff.
Steuergeheimnis 28
Steuern, nichtabziehbare 307
Steuererklärung 29, 314
Steuerermäßigungen
Steuerhohheit 10
Steuerminderungsrechnung 334
Steuerpflicht ....31, 51 ff., 283 ff.
  beschränkte ....52 ff., 286 f.
  persönliche ....51 ff., 283 ff.
  sachliche ....54 ff., 288 ff.
  unbeschränkte ....52, 283 ff.
Steuerpflichtverhältnis ....32 f.
Steuerstundung 227, 248, 252
Steuersystem ....1 ff.
Steuervereinbarung 18
Steuervergünstigungen ....81 f., 247 ff.
Steuerschuldverhältnis 33
Steuertarif ....1, 265 ff., 312 ff.
Stichtagsprinzip ....122 ff.
Stille Reserve ....(s. stille Rücklage)

Stille Rücklage ....111, 206, 217, 248, 251 ff., 254 ff., 259, 261
Stufentarif 265
Substanzsteuern 1, 7
Subjektsteuern 7

T

Tarifbegrenzung ....269, 271 ff.
Tarifbelastung ....312 f., 315, 327 ff.
Tarifbereiche ....267 ff.
Tarifermäßigung 274
Tatbestandsbestimmtheit ....17 f.
Tatbestandsmäßigkeit 5, 17
Teilamortisationsvertrag ....169 f.
Teilkosten 191
Teilwert ....175, 203 ff., 225 f., 245 ff., 251, 259 ff.
 -begriff 203
 -ermittlung ....205 ff.
Teilwertabschreibung ....212, 214, 225, 236, 237 ff., 240, 245
Teilwertkonzeption ....204 ff.
Teilwertvermutungen ....207 ff.
 allgemein ....207 ff.
 Widerlegung ....211 ff.
Totalgewinn 55, 65, 86
Transformationsfunktion 324
Trennungsprinzip ....278 f., 293, 296, 358
Trennsystem 10
Treuhandverhältnisse 23
Typisierung ....20 f., 207, 211
Typusbegriff 69, 207

Ü

Überschuß-
 einkunftsarten ....60 ff.
 rechnung ....85 f., 97, 162, 256
Umlaufvermögen ....134 f., 175, 222 ff., 345
 handelsrechtliche Bewertung ....222 ff.
 steuerrechtliche Bewertung 245
Unrentabilität 214
Unternehmensfortführung 124
Unternehmerinitiative 69
Unternehmerrisiko 69
Untersuchungsgrundsatz 26

V

Veräußerungsfolgeverfahren	197 ff.
Veräußerungsgewinn	54, 64, 80 ff., 252, 274
Verbrauchsfolgeverfahren	197 ff.
Verbrauchsteuern	7, 10
Verbindlichkeiten	(s. Schulden)
Verbundsystem	10
Verkehrsteuern	7
Verlust-	
abzug	62, 262 ff., 291, 309 f., 354 f.
ausgleich	61 f., 357
rücktrag	263 f.
übernahme	351, 352, 257
verrechnung	
vortrag	62, 263 f.
Vermögensverwaltung	67
Vermögensteuer	307, 338
Vernünftiger kaufmännischer Wert	175, 216 f., 219, 221, 222, 224
Verwaltungskosten	189 f., 213
Vertriebskosten	189 f., 213
Verwendungsfiktion	331 f.
Vollamortisationsvertrag	169 ff.
Vollständigkeitsprinzip	113
Vorgesellschaft	51, 286
Vorgründungsgesellschaft	51, 286
Vorsichtsprinzip	118, 138, 149, 200, 203, 205, 216

W

Wechseldiskont	182
Welteinkommensprinzip	52, 265
Wertaufholung-	
gebot	216 ff., 222 ff., 245, 247
wahlrecht	216 ff., 222 ff., 241 ff., 245, 246
Wertminderung	
voraussichtlich dauernde	216 ff., 222, 238 ff.
voraussichtlich vorübergehende	216 ff., 222, 238 ff.
Wertneutralität	23 ff.
Wertstetigkeit	116
Wertverzehrthese	227
Wesentlichkeitsprinzip	124 f.
Wiederbeschaffungskosten	209 f., 211, 212 f.
Wiederherstellungskosten	209 f., 211, 213 f.
Wirtschaftliche Betrachtungsweise	21 ff., 69, 181 f.

Wirtschaftliches Eigentum 22, 168, 170
Wirtschaftsgut .... 26 ff., 171
    abnutzbares .... 133, 208 f., 225 ff., 237
    aktives .... 126, 127 ff., 157, 208 ff., 225 ff.
    bewegliches .... 30, 132 f., 159, 161, 225 ff., 230, 233, 236
    gemischt genutztes .... 159 f.
    geringwertiges .... 35 f., 249
    immaterielles .... 131 f., 138, 154 f.
    materielles .... 30 f.
    nichtabnutzbares .... 133, 209 f., 225 ff.
    passives .... 126, 141 ff., 157
    unbewegliches .... 132 f., 161, 225 ff., 236

Z

Zero Bonds 202
Zielkonflikt
    Rechnungslegung und Besteuerung 4, 91, 109, 247
Zinskosten .... 178, 190 f.
Zölle 7, 153
Zuflußprinzip 86, 321
Zukunftswert 123, 175, 222
Zurechnung .... 125 f.
    persönliche .... 125 f., 157 ff.
    sachliche .... 125 f., 157 ff.
    zeitliche 125
Zurechnungskonzeption 342, 358
Zuschuß .... 179 f
Zweischichtnutzung 228

If you have any concerns about our products,
you can contact us on
ProductSafety@springernature.com

In case Publisher is established outside the EU,
the EU authorized representative is:
**Springer Nature Customer Service Center GmbH
Europaplatz 3, 69115 Heidelberg, Germany**

Printed by Libri Plureos GmbH
in Hamburg, Germany

MIX
Papier aus verantwortungsvollen Quellen
Paper from responsible sources
FSC® C105338